Do Espírito das Leis

Montesquieu

TEXTO INTEGRAL

Série Ouro

Tradução
Roberto Leal Ferreira

A ortografia deste livro foi atualizada segundo o Acordo Ortográfico da Língua Portuguesa de 1990, que passou a vigorar em 2009.

Dados Internacionais de Catalogação na Publicação (CIP)
(Câmara Brasileira do Livro, SP, Brasil)

Montesquieu, Charles de Secondat, Baron de, 1689-1755.
Do espírito das leis / Montesquieu ; tradução Roberto Leal Ferreira. -- São Paulo : Martin Claret, 2010. -- (Coleção a obra-prima de cada autor ; 9)

Título original : De l'Esprit des lois
"Texto integral"
ISBN 978-85-7232-644-5

1. Direito - Filosofia 2. O Estado I. Título. II. Série.

10-02721 CDU-340.12

Índices para catálogo sistemático:

1. Direito : Filosofia 340.12
2. Filosofia do direito 340.12

COLEÇÃO A OBRA-PRIMA DE CADA AUTOR

Série Ouro

DO ESPÍRITO DAS LEIS

Montesquieu

TEXTO INTEGRAL

TRADUÇÃO: JOSÉ ANTONIO DE FREITAS

MARTIN CLARET

CRÉDITOS

Título original francês: *De l'esprit des lois* (1748-1758)

Idealização e Coordenação
Martin Claret

Assistente Editorial
Rosana Gilioli Citino

Capa
Ilustração
Heródoto *(1806)*,
Jean-Guillaume Moitte,
Palácio do Louvre.

Miolo
Tradução
Roberto Leal Ferreira

Revisão
Durval Cordas
Waldir Moraes

Projeto Gráfico
José Duarte T. de Castro

Direção de Arte
José Duarte T. de Castro

Editoração Eletrônica
Editora Martin Claret

Papel
Off-Set, 70g/m²

Impressão e Acabamento
Meta Brasil

Editora Martin Claret Ltda. – Rua Alegrete, 62 – Bairro Sumaré
CEP: 01254-010 – São Paulo – SP
Tel.: (0xx11) 3672-8144 – Fax: (0xx11) 3673-7146

www.martinclaret.com.br / editorial@martinclaret.com.br

Agradecemos a todos os nossos amigos e colaboradores — pessoas físicas e jurídicas — que deram as condições para que fosse possível a publicação deste livro.

3ª REIMPRESSÃO - 2025

A história do livro e a coleção "A Obra-Prima de Cada Autor"

MARTIN CLARET

Que é o livro? Para fins estatísticos, na década de 1960, a UNESCO considerou o livro "uma publicação impressa, não periódica, que consta de no mínimo 56 páginas, sem contar as capas".

O livro é um produto industrial.

Mas também é mais do que um simples produto. O primeiro conceito que deveríamos reter é o de que o livro como objeto é o veículo, o suporte de uma informação. O livro é uma das mais revolucionárias invenções do homem.

A *Enciclopédia Abril* (1972), publicada pelo editor e empresário Victor Civita, no verbete "livro" traz concisas e importantes informações sobre a história do livro. A seguir, transcrevemos alguns tópicos desse estudo didático.

O livro na Antiguidade

Antes mesmo que o homem pensasse em utilizar determinados materiais para escrever (como, por exemplo, fibras vegetais e tecidos), as bibliotecas da Antiguidade estavam repletas de textos gravados em tabuinhas de barro cozido. Eram os primeiros "livros", depois progressivamente modificados até chegarem a ser feitos — em grandes tiragens — em papel impresso mecanicamente, proporcionando facilidade de leitura e transporte. Com eles, tornou-se possível, em todas as épocas, transmitir fatos, acontecimentos históricos, descobertas, tratados, códigos ou apenas entretenimento.

Como sua fabricação, a função do livro sofreu enormes modificações dentro das mais diversas sociedades, a ponto de constituir uma mercadoria especial, com técnica, intenção e utilização determinadas. No moderno movimento editorial das chamadas sociedades de consumo, o livro pode ser considerado uma mercadoria cultural, com maior ou menor significado no contexto socioeconômico em que é publicado. Enquanto mercadoria, pode ser comprado, vendido ou trocado. Isso não ocorre, porém, com sua função intrínseca, insubstituível: pode-se dizer que o livro é essencialmente um instrumento cultural de difusão de ideias, transmissão de conceitos, documentação (inclusive fotográfica e iconográfica), entretenimento ou ainda de condensação e acumulação do conhecimento. A palavra escrita venceu o tempo, e o livro conquistou o espaço. Teoricamente, toda a humanidade pode ser atingida por textos que difundem ideias que vão de Sócrates e Horácio a Sartre e McLuhan, de Adolf Hitler a Karl Marx.

Espelho da sociedade

A história do livro confunde-se, em muitos aspectos, com a história da humanidade. Sempre que escolhem frases e temas, e transmitem ideias e conceitos, os escritores estão elegendo o que consideram significativo no momento histórico e cultural que vivem. E, assim, fornecem dados para a análise de sua sociedade. O conteúdo de um livro — aceito, discutido ou refutado socialmente — integra a estrutura intelectual dos grupos sociais.

Nos primeiros tempos, o escritor geralmente vivia em contato direto com seu público, que era formado por uns poucos letrados, já cientes das opiniões, ideias, imaginação e teses do autor, pela própria convivência que tinham com ele. Muitas vezes, mesmo antes de ser redigido o texto, as ideias nele contidas já haviam sido intensamente discutidas pelo escritor e parte de seus leitores. Nessa época, como em várias outras, não se pensava na enorme porcentagem de analfabetos. Até o século XV, o livro servia exclusivamente a uma pequena minoria de sábios e estudiosos que constituíam os círculos intelectuais (confinados aos mosteiros durante o começo da Idade Média) e que tinham acesso às bibliotecas, cheias de manuscritos ricamente ilustrados.

Com o reflorescimento comercial europeu, nos fins do século XIV, burgueses e comerciantes passaram a integrar o mercado livreiro da época. A erudição laicizou-se e o número de escritores aumentou, surgindo também as primeiras obras escritas em línguas que não o latim e o grego (reservadas aos textos clássicos e aos assuntos considerados dignos de atenção). Nos séculos XVI e XVII, surgiram diversas literaturas nacionais, demonstrando, além do florescimento intelectual da época, que a população letrada dos países europeus estava mais capacitada a adquirir obras escritas.

Cultura e comércio

Com o desenvolvimento do sistema de impressão de Gutenberg, a Europa conseguiu dinamizar a fabricação de livros, imprimindo, em cinquenta anos, cerca de 20 milhões de exemplares para uma população de quase 10 milhões de habitantes, cuja maioria era analfabeta. Para a época, isso significou enorme revolução, demonstrando que a imprensa só se tornou uma realidade diante da necessidade social de ler mais.

Impressos em papel, feitos em cadernos costurados e posteriormente encapados, os livros tornaram-se empreendimento cultural e comercial: os editores passaram logo a se preocupar com melhor apresentação e redução de preços. Tudo isso levou à comercialização do livro. E os livreiros baseavam-se no gosto do público para imprimir, principalmente obras religiosas, novelas, coleções de anedotas, manuais técnicos e receitas.

Mas a porcentagem de leitores não cresceu na mesma proporção que a expansão demográfica mundial. Somente com as modificações socioculturais e econômicas do século XIX — quando o livro começou a ser utilizado também como meio de divulgação dessas modificações e o conhecimento passou a significar uma conquista para o homem, que, segundo se acreditava, poderia ascender socialmente se lesse — houve um relativo aumento no número de leitores, sobretudo na França e na Inglaterra, onde alguns editores passaram a produzir obras completas de autores famosos, a preços baixos. O livro era então interpretado como símbolo de liberdade, conseguida por conquistas culturais. Entretanto, na maioria dos países, não houve nenhuma grande modificação nos índices porcentuais até o fim da Primeira Guerra Mundial (1914/18), quando surgiram as primeiras grandes tiragens de um só livro, principalmente romances, novelas e textos didáticos. O número elevado de cópias, além de baratear o preço da unidade, difundiu ainda mais a literatura. Mesmo assim, a maior parte da população de muitos países continuou distanciada, em parte porque o livro, em si, tinha sido durante muitos séculos considerado objeto raro, atingível somente por um pequeno número de eruditos. A grande massa da população mostrou maior receptividade aos jornais, periódicos e folhetins, mais dinâmicos e atualizados, e acessíveis ao poder aquisitivo da grande maioria. Mas isso não chegou a ameaçar o livro como símbolo cultural de difusão de ideias, como fariam, mais tarde, o rádio, o cinema e a televisão.

O advento das técnicas eletrônicas, o aperfeiçoamento dos métodos fotográficos e a pesquisa de materiais praticamente imperecíveis fazem alguns teóricos da comunicação de massa pensarem em um futuro sem os livros tradicionais (com seu formato quadrado ou retangular, composto de folhas de papel, unidas umas às outras por um dos lados). Seu conteúdo e suas mensagens (racionais ou emocionais) seriam transmitidos por outros meios, como por exemplo microfilmes e fitas gravadas.

A televisão transformaria o mundo todo em uma grande "aldeia" (como afirmou Marshall McLuhan), no momento em que todas as sociedades decretassem sua prioridade em relação aos textos escritos. Mas a palavra escrita dificilmente deixaria de ser considerada uma das mais importantes heranças culturais, entre todos os povos.

Através de toda a sua evolução, o livro sempre pôde ser visto como objeto cultural (manuseável, com forma entendida e interpretada em função de valores plásticos) e símbolo cultural (dotado de conteúdo, entendido e interpretado em função de valores semânticos). As duas maneiras podem fundir-se no pensamento coletivo, como um conjunto orgânico (onde texto e arte se completam, por exemplo, em um livro de arte) ou apenas como um conjunto textual (onde a mensagem escrita vem em primeiro lugar — em um livro de matemática, por exemplo).

A mensagem (racional, prática ou emocional) de um livro é sempre intelectual e pode ser revivida a cada momento. O conteúdo, estático em si, dinamiza-se em função da assimilação das palavras pelo leitor, que pode discuti-las, reafirmá-las, negá-las ou transformá-las. Por isso, o livro pode ser considerado instrumento cultural capaz de liberar informação, sons, imagens, sentimentos e ideias através do tempo e do espaço. A quantidade e a qualidade de ideias colocadas em um texto podem ser aceitas por uma sociedade, ou por ela negadas, quando entram em choque com conceitos ou normas culturalmente admitidos.

Nas sociedades modernas, em que a classe média tende a considerar o livro como sinal de *status* e cultura (erudição), os compradores utilizam-no como símbolo mesmo, desvirtuando suas funções ao transformá-lo em livro-objeto. Mas o livro é, antes de tudo, funcional — seu conteúdo é que lhe dá valor (os livros de ciências, filosofia, religião, artes, história e geografia, que representam cerca de 75% dos títulos publicados anualmente em todo o mundo).

O mundo lê mais

No século XX, o consumo e a produção de livros aumentaram progressivamente. Lançado logo após a Segunda Guerra Mundial (1939/45), quando uma das características principais da edição de um livro eram as capas entreteladas ou cartonadas, o livro de bolso constituiu um grande êxito comercial. As obras — sobretudo *best sellers* publicados algum tempo antes em edições de luxo — passaram a ser impressas em rotativas, como as revistas, e distribuídas nas bancas de jornal. Como as tiragens elevadas permitiam preços muito baixos, essas edições de bolso popularizaram-se e ganharam importância em todo o mundo.

Até 1950, existiam somente livros de bolso destinados a pessoas de baixo poder aquisitivo; a partir de 1955, desenvolveu-se a categoria do livro de bolso "de luxo". As características principais destes últimos eram a abundância de coleções — em 1964 havia mais de duzentas, nos Estados Unidos — e a variedade de títulos, endereçados a um público intelectualmente mais refinado. A essa diversificação das categorias adiciona-se a dos pontos de venda, que passaram a abranger, além das bancas de jornal, farmácias, lojas, livrarias, etc. Assim, nos Estados Unidos, o número de títulos publicados em edições de bolso chegou a 35 mil em 1969, representando quase 35% do total dos títulos editados.

Proposta da coleção “A Obra-Prima de Cada Autor”

“Coleção” é uma palavra há muito tempo dicionarizada e define o conjunto ou reunião de objetos da mesma natureza ou que têm alguma relação entre si. Em um sentido editorial, significa o conjunto não limitado de obras de autores diversos, publicado por uma mesma editora, sob um título geral indicativo de assunto ou área, para atendimento de segmentos definidos do mercado.

A coleção “A Obra-Prima de Cada Autor” corresponde plenamente à definição acima mencionada. Nosso principal objetivo é oferecer, em formato de bolso, a obra mais importante de cada autor, satisfazendo o leitor que procura qualidade.*

Desde os tempos mais remotos existiram coleções de livros. Em Nínive, em Pérgamo e na Anatólia existiam coleções de obras literárias de grande importância cultural. Mas nenhuma delas superou a célebre biblioteca de Alexandria, incendiada em 48 a.C. pelas legiões de Júlio César, quando estas arrasaram a cidade.

A coleção “A Obra-Prima de Cada Autor” é uma série de livros a ser composta por mais de 400 volumes, em formato de bolso, com preço altamente competitivo, e pode ser encontrada em centenas de pontos de venda. O critério de seleção dos títulos foi o já estabelecido pela tradição e pela crítica especializada. Em sua maioria, são obras de ficção e filosofia, embora possa haver textos sobre religião, poesia, política, psicologia e obras de autoajuda. Inauguram a coleção quatro textos clássicos: *Dom Casmurro*, de Machado de Assis; *O Príncipe*, de Maquiavel; *Mensagem*, de Fernando Pessoa; e *O lobo do mar*, de Jack London.

Nossa proposta é fazer uma coleção quantitativamente aberta. A periodicidade é mensal. Editorialmente, sentimo-nos orgulhosos de poder oferecer a coleção “A Obra-Prima de Cada Autor” aos leitores brasileiros. Nós acreditamos na função do livro.

---

* Atendendo a sugestões de leitores, livreiros e professores, a partir de certo número da coleção começamos a publicar, de alguns autores, outras obras além da sua obra-prima.

Do Espírito das Leis

Prefácio

Se, em meio à infinidade de coisas que estão neste livro, alguma houver que, contra as minhas expectativas, possa ser considerada ofensiva, nenhuma há que tenha sido introduzida com má intenção. Por natureza, não tenho o espírito desaprovador. Platão agradecia ao céu por ter nascido no tempo de Sócrates; e eu lhe dou graças por ter-me feito nascer sob o governo em que vivo, e por ter querido que eu obedecesse aos que me fez amar.

Peço uma graça que receio não me seja concedida: que não se julgue, pela leitura de um momento, um trabalho de vinte anos; que se aprove ou condene o livro inteiro, e não algumas frases. Se se quiser desvendar a intenção do autor, ela só pode ser descoberta no plano da obra.

Primeiro examinei os homens, e julguei que, nesta infinita diversidade de leis e de costumes, não eram conduzidos unicamente por suas fantasias.

Coloquei os princípios e vi os casos particulares a eles se adaptarem como por si mesmos, as histórias de todas as nações serem apenas consequências deles, e cada lei particular estar ligada a outra lei ou depender de outra mais geral.

Quando fui levado a considerar a Antiguidade, procurei captar o seu espírito, para não considerar semelhantes casos na realidade diferentes, e não deixar passar as diferenças dos que parecem semelhantes.

Não tirei meus princípios dos meus preconceitos, mas da natureza das coisas.

Aqui, muitas verdades só se deixarão perceber depois que se tiver visto o vínculo que as liga às outras. Quanto mais refletirmos sobre os pormenores, mais perceberemos a certeza dos princípios. Não apresentei todos esses mesmos pormenores, pois quem poderia tudo dizer sem um tédio mortal?

Não se encontrarão aqui aqueles traços salientes que parecem caracterizar as obras de hoje. Quando se veem as coisas com certa extensão, as saliências desaparecem; normalmente elas só nascem porque o espírito se lança todo para um lado e esquece todos os outros.

Não escrevo para censurar o que está estabelecido em nenhum país. Cada nação encontrará aqui as razões das suas máximas; e daí se tirará naturalmente a consequência de que só cabe propor mudanças aos que tiveram um nascimento tão feliz, que os permita penetrar por um golpe de gênio toda a constituição de um Estado.

Não é indiferente que o povo seja esclarecido. Os preconceitos dos magistrados começaram sendo os preconceitos da nação. Em tempos de ignorância, não temos nenhuma dúvida, mesmo quando perpetramos os maiores males; em tempos de luzes, trememos mesmo quando nos propiciam os maiores bens. Percebemos os abusos antigos, vemos a sua correção; mas vemos também os abusos da própria correção. Deixamos o mal se tememos o pior; deixamos o bem se temos dúvidas sobre o melhor. Só consideramos as partes para julgar todo o conjunto; examinamos todas as causas para ver todos os resultados.

Se eu pudesse fazer que todos tivessem razões novas para amar os deveres, o príncipe, a pátria, as leis, que todos pudessem sentir-se felizes em cada país, sob cada governo, em cada cargo em que se encontram, eu seria o mais feliz dos mortais.

Se pudesse fazer que os que mandam aumentassem seus conhecimentos sobre o que devem prescrever e os que obedecem sentissem um renovado prazer em obedecer, eu me acharia o mais feliz dos mortais.

Seria o mais feliz dos mortais se pudesse fazer que os homens se curassem dos preconceitos. Chamo aqui preconceitos, não ao que faz que eu ignore certas coisas, mas ao que faz que nos ignoremos a nós mesmos.

Ao procurarmos instruir os homens, podemos praticar esta virtude geral que compreende o amor de todos. O homem, este ser flexível, que se dobra em sociedade aos pensamentos e às impressões dos outros, é também capaz de conhecer a sua própria natureza quando ela lhe é mostrada, e de perder até o sentimento dela quando lhe é ocultada.

Comecei e abandonei muitas vezes este livro; lancei mil vezes aos ventos as folhas que escrevera[1]; sentia todos os dias caírem as minhas mãos paternas[2]; seguia o meu objeto sem formar nenhum plano; não conhecia nem as regras, nem as exceções; só encontrava a verdade para perdê-la; mas quando descobri os meus princípios, tudo o que eu procurava veio a mim; e, ao longo de vinte anos, vi o meu livro começar, crescer, avançar e terminar.

Se este livro tiver bom êxito, muito deverei à majestade do meu tema; não creio, porém, ter-me faltado de todo o gênio. Quando vi o que tantos grandes homens, em França, na Inglaterra e na Alemanha, escreveram antes de mim, enchi-me de admiração, mas não perdi a coragem. "E eu também sou pintor", disse eu, com Correggio[3].

---

[1] *Ludibria ventis* [O joguete dos ventos; Virgílio, *Eneida*, VI, 75]. (N. do A.)

[2] *Bis patriae cecidere manus* [Duas vezes caíram as minhas mãos paternas; Virgílio, *Eneida*, VI, 33]. (N. do A.)

[3] *Ed io anche son pittore*. (N. do A.)

Aviso

1º Para o entendimento dos quatro primeiros livros desta obra, cumpre observar que o que chamo *virtude* na república é o amor da pátria, ou seja, o amor da igualdade. Não é uma virtude moral, nem uma virtude cristã, é a virtude *política*; e essa é a mola que move o governo republicano, como a *honra* é a mola que move a monarquia. Chamei, pois, virtude *política* o amor da pátria e da igualdade. Tive ideias novas: precisei descobrir novas palavras ou dar às velhas novas acepções. Aqueles que não o compreenderam me fizeram dizer coisas absurdas, que seriam revoltantes em todos os países do mundo, pois em todos os países do mundo a moral é benquista.

2º Cumpre atentar para uma diferença muito grande entre dizer que certa qualidade, modificação da alma ou virtude não é a mola que faz agir um governo, e dizer que não existe nesse governo. Se eu dissesse que tal roda, tal engrenagem não são a mola que move este relógio, concluir-se-ia que não estejam presentes no relógio? As virtudes morais e cristãs estão longe de faltar à monarquia, pois dela não está excluída nem mesmo a virtude política. Numa palavra, a honra está na república, embora a virtude política seja a sua mola; a virtude política está na monarquia, embora a honra seja a sua mola.

Enfim, o homem de bem de que se fala no livro III, capítulo V, não é o homem de bem cristão, mas o homem de bem político, que tem a virtude política a que me referi. É o homem que ama as leis do país e age por amor das leis do país. Lancei uma nova luz sobre todas essas coisas nesta edição, fixando ainda mais as ideias; e, na maior parte dos lugares em que me servira da palavra *virtude*, troquei-a por *virtude política*.

*...Prolem sine matre creatam**

Ovídio

* Criança gerada sem mãe. (N. do T.)

PRIMEIRA PARTE

Livro I
Das leis em geral

Capítulo I
Das leis, na relação que têm com os diversos seres

As leis, no significado mais amplo, são as relações necessárias que derivam da natureza das coisas, e, neste sentido, todos os seres têm as suas leis: a Divindade[1] tem as suas leis, o mundo material tem as suas leis, as inteligências superiores ao homem têm as suas leis, os animais têm as suas leis, o homem tem as suas leis.

Os que disseram que uma cega fatalidade produziu todos os efeitos que vemos no mundo disseram um grande absurdo; pois que maior absurdo há do que uma fatalidade cega que tivesse produzido seres inteligentes?

Há, pois, uma razão primitiva; e as leis são as relações que se encontram entre essa razão e os diversos seres, e as relações desses diversos seres entre si.

Deus se relaciona com o universo como criador e como conservador; as leis segundo as quais criou são as mesmas segundo as quais Ele conserva: age Ele segundo essas regras porque as conhece; conhece-as porque as fez; fê-las porque se relacionam com sua sabedoria e potência.

Como vemos que o mundo, formado pelo movimento da matéria e carente de inteligência, segue subsistindo, é preciso que os seus

---

[1] "A lei", diz Plutarco, "é a rainha de todos os mortais e imortais". No tratado *Que o príncipe deve ser culto*. (N. do A.)

movimentos tenham leis invariáveis; e, se pudéssemos imaginar um mundo diferente deste, tal mundo teria regras constantes ou seria destruído.

Assim, a criação, que parece ser um ato arbitrário, supõe regras tão invariáveis quanto a fatalidade dos ateus. Seria absurdo dizer que o Criador, sem essas regras, poderia governar o mundo, pois o mundo não subsistiria sem elas.

Essas regras são uma relação estabelecida constantemente. Entre um corpo movido e outro corpo movido, é segundo as relações da massa e da velocidade que todos os movimentos são adquiridos, aumentados, diminuídos, perdidos: cada diversidade é uniformidade, cada mudança é constância.

Os seres particulares, inteligentes, podem ter leis que eles mesmos fizeram; mas têm também leis que não fizeram. Antes de haver seres inteligentes, eles eram possíveis: tinham, pois, relações possíveis e, por conseguinte, leis possíveis. Antes de haver leis feitas, havia relações possíveis de justiça. Dizer que nada há de justo ou de injusto além do que ordenam ou proíbem as leis positivas é dizer que, antes de se ter traçado um círculo, todos os raios não eram iguais.

Cumpre, pois, admitir relações de equidade anteriores à lei positiva que as estabelece: como, por exemplo, que, supondo haver sociedades de homens, seria justo conformarmo-nos a suas leis; que, se tiver havido seres inteligentes que receberam algum favor de outro ser, eles deveriam ser-lhe reconhecidos por isso; que, se um ser inteligente tivesse criado um ser inteligente, o criado deveria permanecer na dependência em que estava desde a origem; que um ser inteligente que fez mal a um ser inteligente merece receber o mesmo mal; e assim por diante.

Mas o mundo inteligente está longe de ser tão bem governado quanto o mundo físico. Pois, embora aquele também tenha leis que, por natureza, são invariáveis, não as obedece com a constância com que o mundo físico obedece as suas. A razão disso é que os seres particulares inteligentes são limitados por sua natureza e, por conseguinte, estão sujeitos ao erro; e, por outro lado, é de sua natureza agirem por si mesmos. Não obedecem, pois, com constância as suas leis primitivas; e nem sempre obedecem mesmo aquelas que eles mesmos se impõem.

Não sabemos se os animais são governados pelas leis gerais do movimento ou por uma moção particular. Seja como for, não têm com Deus relações mais íntimas do que o resto do mundo material, e o sentimento só lhes serve na relação que mantêm entre si, ou com outros seres particulares ou consigo mesmos.

Pela atração do prazer, conservam seu ser particular, e pela mesma atração conservam sua espécie. Têm leis naturais, porque estão unidos pelo sentimento; não têm leis positivas, porque não estão unidos pelo conhecimento. Não obedecem, porém, invariavelmente suas leis naturais: as plantas, em que não se observa nem conhecimento, nem sentimento, obedecem-nas melhor.

Os animais não dispõem das supremas vantagens de que dispomos, e têm outras que não temos. Não têm as nossas esperanças, mas não têm nossos temores; padecem como nós a morte, mas sem conhecê-la: a maioria deles conserva-se até melhor do que nós e não faz um uso tão ruim de suas paixões.

O homem, como ser físico, é, assim como os outros corpos, governado por leis invariáveis; como ser inteligente, viola sem cessar as leis estabelecidas por Deus e modifica as que ele mesmo estabeleceu. Deve orientar-se e, no entanto, é um ser limitado; está sujeito à ignorância e ao erro, como todas as inteligências finitas; os poucos conhecimentos que tem, ele ainda os perde. Como criatura sensível, vê-se sujeito a mil paixões. Tal ser poderia a todo momento se esquecer das leis da religião; tal ser poderia a todo momento se esquecer de si mesmo: os filósofos advertiram-no pelas leis da moral; feito para viver em sociedade, poderia esquecer os outros: os legisladores chamaram-no de volta ao dever pelas leis políticas e civis.

Capítulo II
Das leis da natureza

Antes de todas essas leis estão as da natureza, assim chamadas porque derivam unicamente da constituição do nosso ser. Para bem conhecê-las, cumpre considerar o homem antes do estabelecimento das sociedades. As leis da natureza seriam as que ele aceitaria em tal estado.

Essa lei, que, ao imprimir em nós mesmos a ideia de um Criador, nos leva a Ele, é a primeira das leis naturais pela importância, e não na ordem das suas leis. O homem, no estado de natureza, teria mais a faculdade de conhecer do que propriamente conhecimentos. É claro que as suas primeiras ideias não seriam especulativas: ele se preocuparia com a conservação do seu ser antes de buscar a origem dele. Tal homem de início sentiria apenas fraqueza, sua timidez seria extrema, e, se quanto a isso precisássemos da experiência, encontraram-se nas florestas homens selvagens[2]; tudo os faz tremer, tudo os faz fugir.

Nesse estado, cada qual se sente inferior aos outros, raramente alguém se sente o igual dos outros. Ninguém buscaria, portanto, atacar, e a paz seria a primeira lei natural.

O desejo que Hobbes dá em primeiro lugar aos homens de se subjugarem uns aos outros não é razoável. A ideia da supremacia e do domínio é tão complexa e depende de tantas outras ideias, que não seria a primeira que o homem teria.

Pergunta Hobbes[3] por que, se os homens não estão naturalmente em estado de guerra, andam sempre armados, e por que usam chaves para trancar as casas. Mas não se percebe que se atribui aos homens, antes do estabelecimento das sociedades, o que só lhes pode advir depois desse estabelecimento, que lhes faz descobrir motivos para atacar e defender-se.

Ao sentimento de fraqueza o homem somaria o sentimento das necessidades; assim, outra lei natural seria a que lhe inspiraria a busca do alimento.

Disse eu que o temor levaria os homens a fugir, mas as marcas do temor recíproco logo os levariam a se aproximar; eles, aliás, seriam levados a isso pelo prazer que o animal sente à aproximação de outro animal de sua espécie. Além disso, esse encanto que os dois sexos inspiram um ao outro por sua diferença aumentaria esse prazer, e o pedido natural que eles sempre se fazem um ao outro seria uma terceira lei.

Além do sentimento que os homens têm inicialmente, também conseguem ter conhecimentos: assim, têm eles um segundo laço que os outros animais não têm. Têm, portanto, um novo motivo de se unir, e o desejo de viver em sociedade é uma quarta lei natural.

---

[2] Prova disto é o selvagem encontrado nas florestas de Hanôver, e que vimos na Inglaterra sob o reinado de Jorge I. (N. do A.)

[3] *In praefat. lib. de Cive*. (N. do A.)

Capítulo III
Das leis positivas

Tão logo os homens se veem em sociedade, perdem o sentimento de fraqueza, cessa a igualdade que havia entre eles e começa o estado de guerra.

Cada sociedade particular vem a sentir a sua própria força: o que produz um estado de guerra de nação contra nação. Os particulares, em cada sociedade, começam a sentir a sua própria força; procuram reverter em seu favor as principais vantagens dessa sociedade: o que cria um estado de guerra entre eles.

Esses dois tipos de estado de guerra fazem que sejam estabelecidas as leis entre os homens. Considerados como habitantes de um planeta tão grande, que é necessário haver diferentes povos, eles têm leis sobre a relação que esses povos têm entre si: tal é O DIREITO DAS GENTES. Considerados como seres que vivem numa sociedade que deve ser conservada, têm leis sobre a relação que os que governam têm com os que são governados: tal é O DIREITO POLÍTICO. Têm ainda leis sobre a relação que todos os cidadão têm entre si: é O DIREITO CIVIL.

O direito das gentes funda-se naturalmente no princípio de que, na paz, as diversas nações devem fazer o máximo de bem, e na guerra, o mínimo possível de mal, sem prejudicar seus interesses autênticos.

O objetivo da guerra é a vitória; o da vitória, a conquista; o da conquista, a conservação. Deste princípio e do anterior devem decorrer todas as leis que formam o direito das gentes.

Todas as nações têm um direito das gentes; até os iroqueses, que comem seus prisioneiros, o têm. Enviam e recebem embaixadas, conhecem direitos da guerra e da paz: o mal é que esse direito das gentes não se fundamenta nos verdadeiros princípios.

Além do direito das gentes, que diz respeito a todas as sociedades, há um direito político para cada uma delas. Não poderia subsistir uma sociedade sem um governo. A reunião de todas as forças particulares, diz muito bem Gravina, forma o que chamamos ESTADO POLÍTICO.

A força geral pode ser posta nas mãos de um só ou de muitos. Alguns pensaram que, tendo a natureza estabelecido o poder paternal, o governo de um só seria o mais conforme à natureza. Mas o exemplo do poder paternal nada prova. Pois, se o poder do pai está relacionado com o poder de um só, depois da morte do pai o poder dos irmãos, ou depois da morte dos irmãos, o dos primos-irmãos, estão relacionados com o governo de vários. O poder político compreende necessariamente a união de muitas famílias.

Mais vale dizer que o governo mais conforme à natureza é aquele cuja disposição particular melhor se adapte à disposição do povo para o qual tenha sido estabelecido.

As forças particulares não podem reunir-se sem que todas as vontades se reúnam. A reunião dessas vontades, diz ainda muito bem Gravina, é o que chamamos ESTADO CIVIL.

A lei, em geral, é a razão humana, enquanto governa todos os povos da terra; e as leis políticas e civis de cada nação devem ser apenas os casos particulares a que se aplica tal razão humana.

Tais leis devem ser tão próprias ao povo para o qual foram feitas, que é grande sorte se as de uma nação puderem convir a outra.

Tais leis devem relacionar-se com a natureza e o princípio do governo estabelecido ou que se pretende estabelecer, quer o formem, como as leis políticas, quer o mantenham, como as leis civis.

Devem estar relacionadas ao físico do país; ao clima gelado, tórrido ou temperado; à qualidade do solo, à sua situação, ao tamanho; ao gênero de vida dos povos, lavradores, caçadores ou pastores. Devem relacionar-se com o grau de liberdade que a constituição pode tolerar; com a religião dos habitantes, com as inclinações, com as riquezas, com o número, com o comércio, com os costumes, com os comportamentos. Enfim, tais leis mantêm relações entre si; estão relacionadas à sua origem, ao objetivo do legislador, à ordem das coisas sobre as quais foram estabelecidas. É segundo todas essas perspectivas que devem ser consideradas.

É o que tento fazer neste livro. Examinarei todas essas relações: elas formam juntas o que chamamos O ESPÍRITO DAS LEIS.

Não separei as leis políticas das civis: pois, como não trato das leis, mas do espírito das leis, e tal espírito consiste nas diversas relações que as leis podem ter com diversas coisas, tive de seguir menos a ordem natural das leis do que a dessas relações e dessas coisas.

Examinarei inicialmente as relações que as leis têm com a natureza e com o princípio de cada governo; e, como esse princípio tem sobre as leis uma influência suprema, empenhar-me-ei em bem conhecê-lo; e, se puder estabelecê-lo uma vez, veremos fluírem as leis como de sua nascente. Passarei em seguida às outras relações, que parecem ser mais particulares.

Livro II
Das leis que derivam diretamente da natureza do governo

Capítulo I
Da natureza dos três diferentes governos

Há três espécies de governos; O REPUBLICANO, O MONÁRQUICO e O DESPÓTICO. Para descobrir a sua natureza, basta a ideia que deles têm os homens menos instruídos. Suponho três definições, ou melhor, três fatos: primeiro, que o governo republicano é aquele em que o corpo do povo, ou somente parte do povo, tem o poder soberano; o monárquico, aquele em que um só governa, mas por leis fixas e estabelecidas; ao passo que no despótico um só, sem lei e sem regra, tudo determina por seus caprichos.

É a isso que chamo a natureza de cada governo. Cumpre ver quais são as leis que se seguem diretamente dessa natureza e são, por conseguinte, as primeiras leis fundamentais.

Capítulo II
Do governo republicano e das leis relativas à democracia

Quando, na república, o corpo do povo tem o poder soberano, temos a democracia. Quando o poder soberano está nas mãos de parte do povo, temos o que se chama aristocracia.

O povo, na democracia, é, sob certos aspectos, o monarca; sob outros, é o súdito.

Só pode ser monarca pelos sufrágios, que são as suas vontades. A vontade do soberano é o próprio soberano. As leis que estabelecem o direito de voto são, pois, fundamentais nesse governo. É, com efeito, tão importante definir como e por quem, para quem, sobre o que os sufrágios devem ser dados, quanto o é na monarquia saber quem é o monarca e de que maneira deve governar.

Diz Libânio[1] que em Atenas um estrangeiro que se introduzisse na assembleia do povo era punido com a morte. Isto porque tal homem usurpava o direito de soberania.

É essencial determinar o número de cidadãos que devem formar as assembleias; sem isso, poder-se-ia ignorar se foi o povo que falou ou só parte dele. Na Lacedemônia, eram necessários dez mil cidadãos. Em Roma, nascida na pequenez para chegar à grandeza; em Roma, feita para padecer todas as vicissitudes da fortuna; em Roma, que tinha ora quase todos os cidadãos fora das suas muralhas, ora toda a Itália e mais parte da terra dentro de suas muralhas, esse número não fora determinado[2]; e essa foi uma das grandes causas de sua ruína.

O povo que detém o poder soberano deve fazer ele próprio tudo o que possa fazer bem; e o que não pode fazer bem, cumpre fazê-lo por seus ministros.

Os ministros não lhe pertencem se ele não os nomear: é, pois, uma máxima fundamental desse governo que o povo nomeie os ministros, ou seja, os magistrados.

Como os monarcas, e até mais do que eles, o povo precisa ser conduzido por um conselho ou senado. Mas, para haver confiança, é preciso que ele eleja os seus membros; quer se ele mesmo os escolher, como em Atenas; quer por algum magistrado por ele estabelecido para elegê-los, como se praticava em Roma em certas ocasiões.

O povo é admirável na escolha daqueles a quem deve confiar parte da autoridade. Deve decidir-se apenas por coisas que não pode ignorar e por fatos ao alcance dos sentidos. Sabe muito bem que um homem esteve muitas vezes na guerra, que foi bem-sucedido nisto ou naquilo: é, portanto, bem capaz de eleger um general. Sabe que um juiz é assíduo, que muita gente sai do tribunal satisfeita com ele, que não foi condenado por corrupção; e isso é o bastante para eleger um pretor. Ficou impressionado com a magnificência ou com as riquezas de um cidadão; isso basta para poder escolher um edil.

---

[1] *Declamações* 17 e 18. (N. do A.)

[2] Vide as *Considerações sobre as causas da grandeza dos romanos e de sua decadência*, capítulo IX. (N. do A.)

Todas essas coisas são fatos sobre os quais o povo se instrui melhor na praça pública do que um monarca no palácio. Mas será que o povo sabe tocar um projeto, conhecer os lugares, as ocasiões, os momentos, aproveitar-se deles? Não: isso ele não vai saber.

Se pudéssemos duvidar da capacidade natural que o povo tem de discernir o mérito, bastaria considerar esta sequência contínua de escolhas admiráveis que os atenienses e os romanos fizeram; o que, sem dúvida, não se há de atribuir ao acaso.

Sabe-se que em Roma, embora o povo se outorgasse o direito de elevar aos cargos os plebeus, não podia resolver-se a elegê-los; e, embora em Atenas se pudesse, pela lei de Aristides, tirar os magistrados de todas as classes, jamais aconteceu, diz Xenofonte[3], que a arraia-miúda pedisse as que podiam interessar a sua salvação ou a sua glória.

Como a maior parte dos cidadãos ricos o bastante para eleger não dispõe do bastante para ser eleita, assim também o povo, que tem capacidade bastante para examinar as contas da gestão dos outros, não é capaz de gerir por si mesmo.

É mister que os negócios vão em frente, e isso de um modo nem muito lento nem muito rápido. Mas o povo sempre ou age demais, ou pouco demais. Ora com cem mil braços derruba tudo; ora com cem mil pés caminha como os insetos.

No Estado popular, o povo é dividido em certas classes. Foi na maneira de fazer essa divisão que os grandes legisladores se assinalaram; e sempre dependeu disso a duração da democracia e a sua prosperidade.

Sérvio Túlio seguiu, na composição das suas classes, o espírito da aristocracia. Vemos em Tito Lívio[4] e em Dionísio de Halicarnasso[5] como ele entregou o direito de voto aos principais cidadãos. Dividira o povo de Roma em cento e noventa e três centúrias, que formavam seis classes. E, pondo os ricos, mas em menor número, nas primeiras centúrias, e os menos ricos, mas em maior número, nas seguintes, lançou na última a multidão dos indigentes: e como cada centúria

---

[3] Páginas 691 e 692, edição de Wechelius, do ano 1596. (N. do A.)
[4] Livro I. (N. do A.)
[5] Livro IV, artigos 15 e seguintes. (N. do A.)

só tinha um voto[6] os recursos e as riquezas é que votavam, mais do que as pessoas.

Dividiu Sólon o povo de Atenas em quatro classes. Guiado pelo espírito da democracia, não as fez para determinar os que deviam eleger, mas os que podiam ser eleitos: e, deixando a cada cidadão o direito de eleição, determinou[7] que em cada uma das quatro classes se pudessem eleger juízes; mas que só das três primeiras, onde estavam os cidadãos abastados, se pudessem extrair os magistrados.

Como a divisão dos que têm direito de voto é, na república, uma lei fundamental, a maneira de concedê-lo é outra lei fundamental.

O sufrágio por sorteio é da natureza da democracia; o sufrágio por escolha é da natureza da aristocracia.

O sorteio é um modo de eleger que não aflige ninguém; deixa a cada cidadão uma esperança razoável de servir a pátria.

Mas, como é defeituoso em si mesmo, os grandes legisladores se superaram para regulá-lo e corrigi-lo.

Sólon estabeleceu em Atenas que fossem nomeados por escolha todos os titulares de cargos militares e fossem os senadores e os juízes eleitos por sorteio.

Determinou que se concedessem por escolha as magistraturas civis que exigissem grandes despesas e as outras fossem concedidas por sorteio.

Mas, para corrigir o sorteio, determinou que só pudessem ser eleitos aqueles que se apresentassem; que aquele que fosse eleito seria examinado por juízes[8], e que cada qual poderia acusá-lo de ser indigno[9]: o que tinha algo de sorteio e algo de escolha. Quando alguém terminava o tempo da sua magistratura, tinha de passar por outro julgamento sobre a maneira como se comportara. As pessoas

---

[6] Vide, nas *Considerações sobre as causas da grandeza dos romanos e de sua decadência*, capítulo IX, como esse espírito de Sérvio Túlio se conservou na República. (N. do A.)

[7] Dionísio de Halicarnasso, *Elogio de Isócrates*, p. 97, t. 2, edição de Wechelius. Pólux, livro VIII, capítulo X, artigo 130. (N. do A.)

[8] Vide a oração de Demóstenes, *De falsa legatione*, e a oração contra Timarco. (N. do A.)

[9] Extraíam-se até para cada cargo dois bilhetes: um que dava o cargo, outro que nomeava quem deveria sucedê-lo caso o primeiro fosse rejeitado. (N. do A.)

sem capacidade deviam sentir grande repugnância em entregar o nome para o sorteio.

A lei que determina a maneira de dar as cédulas de sufrágio também é uma lei fundamental na democracia. É uma questão séria saber se os sufrágios devem ser públicos ou secretos. Escreve Cícero[10] que as leis[11] que os tornaram secretos nos últimos tempos da república romana foram uma das grandes causas da sua queda. Como se trata de algo que se pratica de modos diversos em diferentes repúblicas, eis, creio eu, o que devemos pensar a seu respeito.

Sem dúvida, quando o povo dá os seus votos, estes devem ser públicos[12]; e isso deve ser considerado uma lei fundamental da democracia. É preciso que a arraia-miúda seja esclarecida pelos principais, e contida pela gravidade de certos personagens. Assim, na república romana, ao tornarem secretos os sufrágios, destruíram tudo; já não foi possível esclarecer um populacho que se perdia. Mas quando, numa aristocracia, vota o corpo dos nobres[13] ou, numa democracia, o senado[14], como se trata apenas de impedir os conluios, os votos não poderiam ser secretos demais.

O conluio é perigoso num senado, é perigoso num corpo de nobres: não o é no povo, cuja natureza é agir por paixão. Nos Estados em que o povo não participa do governo, ele se entusiasmará por um ator, como o faria com os negócios. A desgraça da república é quando não há mais conluios; e isso acontece quando se corrompe o povo com dinheiro: ele se torna indiferente, apega-se ao dinheiro, mas já não cuida dos negócios; sem preocupar-se com o governo e com o que ali se propõe, aguarda com tranquilidade o seu salário.

É também lei fundamental da democracia que só o povo faça as leis. Há, porém, mil ocasiões em que é necessário que o senado possa tomar uma decisão; muitas vezes é até bom testar uma lei antes

---

[10] Livros I e III das *Leis*. (N. do A.)

[11] Eram chamadas leis tabelárias. Davam-se a cada cidadão duas tábuas: a primeira marcada com um A, para *antiquo* [= rejeito]; a outra, com um U e um R, *uti rogas* [= como propões]. (N. do A.)

[12] Em Atenas, erguiam as mãos. (N. do A.)

[13] Como em Veneza. (N. do A.)

[14] Os trinta tiranos de Atenas determinaram que os sufrágios dos areopagitas fossem públicos, para manipulá-los à vontade (Lísias, *Orat. contra Agorat*, capítulo VIII). (N. do A.)

de promulgá-la. As constituições de Roma e de Atenas eram muito sábias. As decisões do senado[15] tinham força de lei durante um ano; só se tornavam perpétuas pela vontade do povo.

Capítulo III
Das leis relativas à natureza da aristocracia

Na aristocracia, o poder soberano está nas mãos de certo número de pessoas. Elas é que fazem as leis e as fazem aplicar; e o resto do povo está, no máximo, em relação a elas, como, numa monarquia, os súditos estão para o monarca.

Na aristocracia não deve haver sufrágio por sorteio; isso só traria inconvenientes. Com efeito, num governo que já estabeleceu as distinções mais penosas, quando a escolha se fizesse pela sorte, nem por isso tal governo deixaria de ser odioso: inveja-se o nobre, não o magistrado.

Quando os nobres são muito numerosos, é preciso haver um senado que solucione os casos que o corpo da nobreza não possa decidir e que prepare os que possa. Neste caso, podemos dizer que a aristocracia está, por assim dizer, no senado; a democracia, no corpo da nobreza; e que o povo nada é.

Será algo de bom agouro na aristocracia se, por alguma via indireta, se fizer o povo sair de sua prostração: assim, em Gênova, o banco de São Jorge, que é administrado em boa parte pelos principais do povo[16], dá a este último certa influência no governo, o que faz toda a sua prosperidade.

Os senadores não devem ter o direito de substituir os que faltam ao senado; nada seria mais capaz de perpetuar os abusos. Em Roma, que foi em seus primórdios uma espécie de aristocracia, o senado não se renovava por si mesmo; os novos senadores eram nomeados[17] pelos censores.

Uma autoridade exorbitante, dada de súbito a um cidadão numa república, forma uma monarquia, ou mais que uma monarquia. Nestas

---

[15] Vide Dionísio de Halicarnasso, livros IV e IX. (N. do A.)
[16] Vide Addison, *Voyages d'Italie*, p. 16. (N. do A.)
[17] Inicialmente, eram-no pelos cônsules. (N. do A.)

as leis proveram a constituição ou a ela se acomodaram; o princípio do governo detém o monarca; mas, numa república em que um cidadão consegue[18] um poder exorbitante, o abuso desse poder é maior, porque as leis, que não o previram, nada fazem para detê-lo.

A exceção a essa regra ocorre quando a constituição do Estado é tal que se faz necessária uma magistratura com um poder exorbitante. Tal era Roma com os seus ditadores, tal é Veneza com os seus inquisidores de Estado; são magistraturas terríveis, que trazem o Estado violentamente de volta à liberdade. Mas por que razão essas magistraturas são tão diferentes nas duas repúblicas? É que Roma defendia os restos da sua aristocracia contra o povo; ao passo que Veneza se vale de seus inquisidores de Estado para defender a sua aristocracia contra os nobres. É por isso que em Roma a ditadura só durava pouco tempo, pois o povo age por impulso e não segundo um plano. Era preciso que essa magistratura se exercesse com estrépito, pois se tratava de intimidar o povo, e não de puni-lo; que o ditador fosse criado para resolver um único caso e só tivesse uma autoridade sem limites em razão desse caso, pois era sempre criado para um caso imprevisto. Em Veneza, ao contrário, é mister uma magistratura permanente: é lá que os planos podem ser iniciados, prosseguidos, suspensos, retomados; que a ambição de um só se torna a de uma família e a ambição de uma família, a de muitos. Precisam de uma magistratura oculta, porque os crimes que esta pune, sempre profundos, se formam no segredo e no silêncio. Tal magistratura deve ter uma inquisição geral, porque não visa a deter os males conhecidos, mas a prevenir mesmo os que não são conhecidos. Enfim, esta última é estabelecida para vingar os crimes de que suspeita; e a primeira se valia mais de ameaças do que de punições para os crimes, mesmo quando confessados pelos autores.

Em toda magistratura, cumpre compensar a grandeza do poder com a brevidade da duração. Um ano é o tempo determinado pela maioria dos legisladores; um tempo mais longo seria perigoso, um mais curto iria de encontro à natureza da coisa. Quem é que gostaria de governar assim os seus negócios domésticos? Em Ragusa[19], o chefe

---

[18] Foi o que derrubou a república romana. Vide as *Considerações sobre as causas da grandeza dos romanos e de sua decadência*. (N. do A.)

[19] *Viagens* de Tournefort. (N. do A.)

da república muda todos os meses, os outros oficiais toda semana, o governador do castelo todos os dias. Isso só pode acontecer numa república pequena[20] rodeada de potências formidáveis, que corromperiam com facilidade os pequenos magistrados.

A melhor aristocracia é aquela em que a parte do povo que não participa do poder é tão pequena e tão pobre, que a parte dominante não tem nenhum interesse em oprimi-la. Assim, quando Antipater[21] determinou em Atenas que os que não tivessem duas mil dracmas seriam excluídos do direito de voto, formou a melhor aristocracia possível; porque esse censo era tão pequeno que só excluía pouca gente, e ninguém que gozasse de certa consideração na cidade.

As famílias aristocráticas devem, pois, na medida do possível, ser povo. Quanto mais a aristocracia aproximar-se da democracia, mais será perfeita; e se tornará menos perfeita à medida que se aproximar da monarquia.

A mais imperfeita de todas é aquela em que a parte do povo que obedece está na escravidão civil daquela que comanda, como a aristocracia da Polônia, onde os camponeses são escravos da nobreza.

Capítulo IV
Das leis em sua relação com a natureza do governo monárquico

Os poderes intermediários subordinados e dependentes constituem a natureza do governo monárquico, ou seja, daquele em que um só governa por meio de leis fundamentais. Eu disse os poderes intermediários, subordinados e dependentes: com efeito, na monarquia, o príncipe é a origem de todo poder político e civil. Essas leis fundamentais supõem necessariamente canais intermediários pelos quais flui o poder: pois se só houver no Estado a vontade momentânea e caprichosa de um só, nada pode ser fixo e, por conseguinte, nenhuma lei fundamental.

O poder intermediário subordinado mais natural é o da nobreza.

---

[20] Em Lucca, os magistrados ocupam seus cargos por apenas dois meses. (N. do A.)

[21] Diodoro, livro XVIII, p. 601, edição de Rhodoman. (N. do A.)

Esta participa, por assim dizer, da essência da monarquia, cuja máxima fundamental é: sem monarca, nada de nobreza; sem nobreza, nada de monarca; mas tem-se um déspota.

Há pessoas que imaginaram, em alguns Estados europeus, abolir todas as justiças dos senhores. Não viam que queriam fazer o que o parlamento da Inglaterra fizera. Aboli na monarquia as prerrogativas dos senhores, do clero, da nobreza e das cidades; logo tereis um Estado popular ou um Estado despótico.

Os tribunais de um grande Estado europeu vêm há muitos séculos golpeando sem cessar a jurisdição patrimonial senhorial e a eclesiástica. Não queremos censurar magistrados tão sábios; mas deixamos por decidir até que ponto a constituição pode ser modificada com isso.

Não morro de amores pelos privilégios eclesiásticos: mas gostaria que se definisse de vez a sua jurisdição. Não se trata de saber se tiveram razão em estabelecê-la, mas se esta está estabelecida; se faz parte das leis do país, e se é em toda parte relativa; se, entre dois poderes reconhecidamente independentes, as condições não devem ser recíprocas; e se não é o mesmo, para um bom súdito, defender a justiça do príncipe ou os limites que a jurisdição eclesiástica desde sempre se prescreveu.

Na mesma medida em que o poder do clero é perigoso na república, é conveniente na monarquia, sobretudo naquelas que tendem ao despotismo. O que seria da Espanha e de Portugal depois de perderem suas leis, sem esse poder, que é o único a deter a potência arbitrária? Barreira sempre boa, quando não há outra: pois, como o despotismo causa à natureza humana males terríveis, o próprio mal que o limita é um bem.

Como o mar, que parece querer cobrir toda a terra, é detido pelas ervas e pelos menores seixos que se acham na praia, assim os monarcas, cujo poder parece sem limites, detêm-se diante dos menores obstáculos e submetem sua altivez natural às queixas e aos rogos.

Os ingleses, para favorecer a liberdade, acabaram com todas as potências intermediárias que formavam a sua monarquia. Eles têm razão de conservar essa liberdade; se viessem a perdê-la, seriam um dos povos mais escravos da terra.

O sr. Law, por ignorância tanto da constituição republicana quanto da monárquica, foi um dos maiores promotores do despotismo já vistos na Europa. Além das mudanças que fez, tão bruscas, tão inusitadas, tão inauditas, queria suprimir as condições intermediárias e aniquilar os corpos políticos: dissolvia[22] a monarquia com seus reembolsos quiméricos e parecia querer resgatar a própria constituição.

Não basta que haja na monarquia condições intermediárias; deve haver também um depósito das leis. Esse depósito só pode existir nos corpos políticos, que anunciam as leis quando são feitas e as recordam quando são esquecidas. A ignorância natural à nobreza, sua inatenção, seu desprezo do governo civil exigem que haja um corpo que faça sem cessar saírem as leis da poeira em que estavam enterradas. O conselho do príncipe não é um depósito adequado. É, por natureza, o depósito da vontade momentânea do príncipe que executa, e não o depósito das leis fundamentais. Além disso, o conselho do monarca muda sem cessar; não é permanente; não pode ser numeroso; não conta com um alto grau de confiança do povo: não está, pois, em condições de esclarecê-lo nos tempos difíceis nem de reconduzi-lo à obediência.

Nos Estados despóticos, em que não há leis fundamentais, não há tampouco depósito das leis. É por isso que, nesses países, a religião costuma ter tanta força; é porque forma uma espécie de depósito e de permanência: e, se não é a religião, são os costumes que ali se veneram em lugar das leis.

Capítulo V
Das leis relativas à natureza do Estado despótico

Decorre da natureza do poder despótico que o homem só que o exerce o faça também ser exercido por um só. Um homem a quem os cinco sentidos dizem sem cessar que ele é tudo e os outros são nada é naturalmente preguiçoso, ignorante, voluptuoso. Abandona, portanto, os afazeres. Mas, se os confiasse a vários, haveria disputas entre eles; fariam conluios para serem o primeiro escravo; o príncipe seria obrigado a voltar à administração. É, portanto, mais simples

[22] Fernando, rei de Aragão, fez-se grão-mestre das ordens, e isso bastou para alterar a constituição. (N. do A.)

entregá-lo a um vizir[23], que terá inicialmente o mesmo poder que ele. A nomeação de um vizir é em tal Estado uma lei fundamental.

Conta-se que um papa, ao ser eleito, convicto de sua incapacidade, criou de início dificuldades infinitas. Acabou por aceitar o cargo e entregou ao sobrinho todos os negócios. Admirado, dizia: "Jamais pensei que fosse tão fácil". O mesmo ocorre com os príncipes do Oriente. Quando o tiram daquela prisão, em que eunucos lhe debilitaram o coração e a mente e não raro lhe deixaram ignorar até sua própria condição, para instalá-lo sobre o trono, ficam de início pasmos: mas, quando nomeiam um vizir e no harém se entregam às paixões mais brutais, quando em meio a uma corte corrupta seguem os caprichos mais estúpidos, jamais teriam acreditado que teria sido tão fácil.

Quanto mais amplo o império, mais cresce o harém e, por conseguinte, mais o príncipe se embriaga de prazeres. Assim, nesses Estados, quanto mais pessoas para governar tem o príncipe, menos ele pensa em governar; quanto maiores forem os negócios, menos se delibera sobre eles.

---

[23] Os reis do Oriente têm sempre vizires, diz o sr. Chardin. (N. do A.)

Livro III
Da diferença dos três governos

Capítulo I
Diferença da natureza do governo e de seu princípio

Depois de ter examinado quais são as leis relativas à natureza de cada governo, cumpre ver as que o são ao seu princípio.

Entre a natureza do governo e o seu princípio, a diferença[1] é que a sua natureza é o que faz ser tal, e o seu princípio, o que o faz agir. Uma é a sua estrutura particular, e a outra, as paixões humanas que o fazem mover-se.

Ora, as leis não devem ser menos relativas ao princípio de cada governo que à sua natureza. Cumpre, pois, investigar qual seja esse princípio. É o que vou fazer neste livro.

Capítulo II
Do princípio dos diversos governos

Eu disse que a natureza do governo republicano é que o povo em seu conjunto, ou certas famílias, tenham o poder soberano; a do governo monárquico, que o príncipe tenha o poder soberano, mas o exerça segundo leis estabelecidas; a do governo despótico, que um só governe segundo as suas vontades e caprichos. Nada mais necessito para descobrir seus três princípios, que deles derivam naturalmente. Começarei pelo governo republicano, e falarei primeiro do democrático.

---

[1] Esta distinção é importantíssima, e dela extrairei muitas consequências; é ela a chave de uma infinidade de leis. (N. do A.)

Capítulo III
Do princípio da democracia

Não é necessária muita probidade para que um governo monárquico ou um governo despótico se mantenham ou sustentem. A força das leis num, o braço do príncipe, sempre erguido, no outro, tudo resolvem ou contêm. Mas, num Estado popular, é necessária uma mola a mais, que é a VIRTUDE.

O que digo é confirmado pelo conjunto inteiro da história e é muito conforme à natureza das coisas. Pois é claro que numa monarquia, em que aquele que faz que as leis sejam executadas se julga acima das leis, menos virtude é necessária que num governo popular, em que aquele que faz executar as leis sente que está ele próprio submetido a elas e que carregará o seu peso.

É claro também que o monarca que, mal aconselhado ou por negligência, deixa de fazer executar as leis, pode facilmente reparar o mal: basta mudar de conselho ou corrigir-se dessa mesma negligência. Mas quando, num governo popular, as leis deixarem de ser executadas, como isso só pode vir da corrupção da república, o Estado já estará perdido.

Foi um belo espetáculo, no século passado, ver os vãos esforços dos ingleses para estabelecerem a democracia em seu país. Como os que participavam dos negócios não tinham virtude, como a ambição deles era atiçada pelo bom sucesso de quem mais ousara[2], como o espírito de uma facção só era reprimido pelo espírito de outra, o governo mudava sem parar; o povo, pasmo, procurava a democracia e não a encontrava em lugar nenhum. Enfim, depois de muita agitação, choques e abalos, foi preciso repousarem no mesmo governo que proscreveram.

Quando Sula quis devolver a liberdade a Roma, esta não pôde mais recebê-la; já não tinha mais do que um mísero resto de virtude e, como esse resto continuava encolhendo, em vez de despertar depois de César, Tibério, Caio, Cláudio, Nero e Domiciano, Roma se tornou cada vez mais escrava; todos os golpes atingiram os tiranos, nenhum a tirania.

Os políticos gregos, que viviam sob o governo popular, não re-

---

[2] Cromwell. (N. do A.)

conheciam nenhuma outra força que pudesse sustentá-los, além da virtude. Os de hoje só nos falam de manufaturas, de comércio, de finanças, de riquezas e até de luxo.

Quando cessa tal virtude, a ambição entra nos corações que podem recebê-la, e a avareza em todos. Os desejos mudam de objeto: já não se ama o que se amava; a gente era livre com as leis, agora quer ser livre contra elas. Cada cidadão é como um escravo que escapou da casa do senhor; o que era máxima, chamam de rigor; o que era regra, chamam de tortura; o que era atenção, chamam de temor. Ali, a frugalidade é que é avareza, não o desejo de ter. Outrora o bem dos particulares era o tesouro público; mas então o tesouro público se torna o patrimônio dos particulares. A república é uma presa; e a sua força não é mais que o poder de alguns cidadãos e a licença de todos.

Atenas teve dentro de si as mesmas forças, enquanto dominou com tanta glória e enquanto serviu com tanta vergonha. Tinha vinte mil cidadãos[3] quando defendeu os gregos contra os persas, disputou o império com a Lacedemônia e atacou a Sicília. Tinha vinte mil quando Demétrio de Falera os contou[4] como num mercado se contam os escravos. Quando Filipe ousou dominar a Grécia, quando surgiu às portas de Atenas[5], ela ainda nada perdera, senão o tempo. Podemos ver em Demóstenes quão difícil foi despertá-la: temiam a Filipe, não como ao inimigo da liberdade, mas dos prazeres[6]. Essa cidade, que resistira a tantas derrotas, que renascera depois das destruições, foi vencida em Queroneia, e para sempre. Que importa que Filipe devolvesse todos os prisioneiros? Não devolve homens. Era sempre tão fácil triunfar das forças de Atenas quanto era difícil triunfar de sua virtude.

Como Cartago teria podido manter-se? Quando Aníbal, já pretor, quis impedir os magistrados de pilhar a república, não foram eles acusá-lo diante dos romanos? Coitados, que queriam ser cidadãos sem haver cidade, e receber as suas riquezas das mãos de seus destruidores! Logo Roma lhes exigiu como reféns trezentos de seus principais

---

[3] Plutarco, em *Pericle*; Platão, em *Critia*. (N. do A.)

[4] Contaram-se em Atenas vinte e um mil cidadãos, dez mil estrangeiros e quatrocentos mil escravos. Vide Ateneu, livro VI. (N. do A.)

[5] Contava vinte mil cidadãos. Vide Demóstenes, em *Aristog*. (N. do A.)

[6] Haviam promulgado uma lei para punir com a morte quem propusesse converter às despesas de guerra o dinheiro destinado aos teatros. (N. do A.)

cidadãos; fez que lhe entregassem as armas e as embarcações, e em seguida lhes declarou guerra. Pelas coisas provocadas pelo desespero em Cartago desarmada[7] podemos avaliar o que teria podido fazer se tivesse suas forças.

Capítulo IV
Do princípio da aristocracia

Como deve haver virtude no governo popular, o mesmo ocorre no aristocrático. É bem verdade que aqui a virtude não é tão absolutamente necessária.

O povo, que está para os nobres como os súditos estão para o monarca, é refreado pelas leis. Tem, pois, menos necessidade de virtude que o povo da democracia. Mas como refrear os nobres? Os que devem fazer executar as leis contra seus colegas logo sentirão que agem contra si mesmos. Deve, pois, haver virtude nesse corpo, pela natureza da constituição.

O governo aristocrático tem por si só certa força que a democracia não tem. Os nobres formam um corpo que, por suas prerrogativas e por seu interesse particular, reprime o povo: basta haver leis para que, sob esse aspecto, sejam executadas.

Mas, assim como é fácil para esse corpo reprimir os outros, assim também é difícil que se reprima a si mesmo[8]. Tal é a natureza dessa constituição, que parece que ela ponha a mesma gente sob o jugo das leis para depois retirá-la.

Ora, um tal corpo só pode reprimir-se a si mesmo de duas maneiras: ou por uma grande virtude, que faça que os nobres se vejam de certa forma como iguais ao seu povo, o que pode formar uma grande república; ou por uma virtude menor, que consiste em certa moderação que torna os nobres pelo menos iguais entre si, o que faz a sua conservação.

A moderação é, portanto, a alma desses governos. Entendo a que se funda na virtude, não na que vem da covardia ou da preguiça da alma.

---

[7] Esta guerra durou três anos. (N. do A.)

[8] Os crimes públicos poderão ser punidos, porque é o interesse de todos; os crimes particulares não serão punidos, porque é o interesse de todos não puni-los. (N. do A.)

Capítulo V
Que a virtude não é o princípio do governo monárquico

Nas monarquias, a política proporciona as grandes coisas com o mínimo de virtude possível; como nas mais belas máquinas, a arte utiliza o mínimo possível de movimentos, de forças e de engrenagens.

O Estado subsiste independentemente do amor da pátria, do desejo da autêntica glória, da renúncia de si mesmo, do sacrifício dos mais caros interesses e de todas essas virtudes heroicas que encontramos nos antigos e de que apenas ouvimos falar.

Nelas, as leis ocupam o lugar de todas essas virtudes, de que não se tem nenhuma necessidade; o Estado as dispensa: uma ação que se faz sem estardalhaço não tem, por assim dizer, consequências.

Embora todos os crimes sejam públicos por natureza, distinguimos os crimes verdadeiramente públicos dos crimes privados, assim chamados porque ofendem mais a um particular do que à sociedade inteira.

Ora, nas repúblicas, os crimes privados são mais públicos, vale dizer, chocam mais a constituição do Estado do que os particulares; e, nas monarquias, os crimes públicos são mais privados, ou seja, atingem mais os bens particulares do que a constituição do próprio Estado.

Suplico que ninguém se ofenda com o que disse; falo de acordo com todas as histórias. Sei muito bem que não é raro haver príncipes virtuosos; mas digo que numa monarquia é dificílimo que o povo o seja[9].

Leia-se o que os historiadores de todos os tempos disseram sobre a corte dos monarcas; lembrem-se as conversações dos homens de todos os países sobre o caráter miserável dos cortesãos: não são coisas de especulação, mas de triste experiência.

A ambição na ociosidade, a baixeza no orgulho, o desejo de se enriquecer sem trabalhar, a aversão à verdade, a adulação, a traição, a perfídia, o abandono de todos os compromissos, o desprezo dos

---

[9] Refiro-me aqui à virtude política, que é a virtude moral, no sentido de se dirigir ao bem geral; refiro-me muito pouco às virtudes morais particulares, e de modo algum a essa virtude que se relaciona com as verdades reveladas. Examinaremos isso no livro V, capítulo II. (N. do A.)

deveres do cidadão, o temor da virtude do príncipe, a esperança de suas fraquezas e, acima de tudo, o ridículo perpétuo lançado sobre a virtude formam, creio, o caráter da maior parte dos cortesãos, assinalado em todos os lugares e em todos os tempos. Ora, é muito mau que a maioria dos principais de um Estado sejam pessoas desonestas e os inferiores sejam pessoas de bem; que aqueles sejam enganadores e estes consintam em só serem enganados.

Pois, se no povo se encontrar algum infeliz homem de bem[10], o cardeal de Richelieu, em seu testamento político, insinua que um monarca deve evitar valer-se dele[11]. Tanto é verdade que a virtude não é a mola desse governo! Certamente ela não está excluída dele; mas não constitui a sua mola.

Capítulo VI
Como se supre a virtude no governo monárquico

Apresso-me e caminho a passos largos, para não crerem que faço uma sátira do governo monárquico. Não; se lhe falta uma mola, dispõe de outra: A HONRA, ou seja, o preconceito de cada pessoa e de cada condição assume o lugar da virtude política a que me referi e a representa em toda parte. Pode ela inspirar as mais belas ações; pode, unida à força das leis, conduzir ao objetivo do governo, como a própria virtude.

Assim, nas monarquias bem regradas, todos serão mais ou menos bons cidadãos, e raramente se encontrará alguém que seja um homem de bem; pois para ser homem de bem[12] cumpre ter a intenção de sê-lo[13] e amar o Estado menos para proveito próprio do que por ele mesmo.

---

[10] Entenda-se isto no sentido da nota anterior. (N. do A.)

[11] "Não se deve", diz-se ali, "empregar gente de baixa extração; são austeras e difíceis demais". (N. do A.)

[12] Esta expressão, *homem de bem*, só é entendida aqui no sentido político. (N. do A.)

[13] Vide a nota 9 do capítulo anterior. (N. do A.)

Capítulo VII
Do princípio da monarquia

O governo monárquico supõe, como dissemos, preeminências, hierarquias e até uma nobreza de origem. A natureza da honra é exigir preferências e distinções; está, portanto, pela própria coisa, inserida nesse governo.

É perniciosa a ambição numa república. Tem bons efeitos na monarquia; dá a vida a esse governo; e há a vantagem de não ser perigosa, pois sempre pode ser reprimida.

Diríeis que tudo se passa como no sistema do universo, onde há uma força que sem cessar afasta todos os corpos do centro, e uma força de gravidade que ao centro os reconduz. A honra faz mover todas as partes do corpo político; une-as por sua própria ação; e acontece de cada qual ir ao bem comum, crendo ir aos seus interesses particulares.

É verdade que, filosoficamente falando, é uma honra falsa que conduz todas as partes do Estado; mas essa honra falsa é tão útil ao público quanto a verdadeira o seria aos particulares que a poderiam ter.

E já não é muito obrigar os homens a fazerem todas as ações difíceis e que exigem força sem outra recompensa além da fama dessas ações?

Capítulo VIII
Que a honra não é o princípio dos Estados despóticos

A honra não é o princípio dos Estados despóticos: como neles os homens são todos iguais, não se pode ser preferido aos outros; como os homens são todos escravos, não se pode ser preferido a nada.

Além disso, como a honra tem as suas leis e as suas regras e não poderia dobrar-se, como depende muito dos seus próprios caprichos e não dos de outra pessoa, só pode encontrar-se nos Estados em que a constituição seja fixa e que tenham leis certas.

Como a honra poderia ser suportada pelo déspota? Ela se gaba de desprezar a vida, e o déspota só tem força porque pode suprimi-la. Como poderia então suportar o déspota? Ela tem regras fixas e caprichos constantes; o déspota não tem regra nenhuma, e os seus caprichos destroem todos os outros.

A honra, desconhecida nos Estados despóticos, em que muitas

vezes não se tem sequer a palavra para exprimi-la[14], reina nas monarquias; nelas, dá vida a todo o corpo político, às leis e até às virtudes.

Capítulo IX
Do princípio do governo despótico

Como deve haver virtude na república e honra na monarquia, deve haver TEMOR num governo despótico: quanto à virtude, esta não é de modo algum necessária, e a honra seria perigosa.

O poder imenso do príncipe passa integralmente àqueles a quem o confia. Pessoas capazes de se estimarem muito a si mesmas teriam a possibilidade de fazer revoluções. É preciso, pois, que o temor abata todas as coragens e extinga o menor sentimento de ambição.

Um governo moderado pode, quanto quiser e sem perigo, distender suas molas. Mantém-se pelas leis e por sua própria força. Mas quando, no governo despótico, o príncipe cessa um momento de erguer o braço; quando não pode aniquilar instantaneamente os que ocupam os primeiros lugares[15], tudo está perdido: pois, como a mola do governo, que é o temor, não está mais lá, o povo fica sem protetor.

É aparentemente nesse sentido que os cádis sustentaram que o grão-senhor não tinha a obrigação de manter a palavra ou o juramento, quando com isso limitava a sua autoridade[16].

O povo deve ser julgado pelas leis, e os grandes pela fantasia do príncipe; a cabeça do último dos súditos deve estar em segurança, e a dos paxás, sempre exposta. Não podemos falar sem tremor desses governos monstruosos. O sófi da Pérsia, destronado recentemente por Mirivéis, viu o governo perecer antes da conquista, porque não derramara sangue suficiente[17].

Diz-nos a história que as horríveis crueldades de Domiciano assustaram a tal ponto os governadores, que o povo se recuperou um pouco em seu reinado[18]. Assim é que uma enchente, que destrói

---

[14] Vide Perry, p. 447. (N. do A.)

[15] Como acontece com frequência na aristocracia militar. (N. do A.)

[16] Ricaut, *Do Império otomano*. (N. do A.)

[17] Vide a história dessa revolução, de autoria do padre Du Cerceau. (N. do A.)

[18] Seu governo era militar; o que é uma das espécies do governo despótico. (N. do A.)

tudo de um lado, deixa do outro lado campos onde o olho distingue de longe alguns prados.

Capítulo X
Diferença da obediência nos governos moderados e nos governos despóticos

Nos Estados despóticos, a natureza do governo exige uma obediência extrema; e a vontade do príncipe, uma vez conhecida, deve produzir seu efeito tão infalivelmente quanto uma bola lançada contra outra.

Não há moderações, modificações, compromissos, termos, equivalentes, negociações, admoestações; nada de igual ou melhor a propor. O homem é uma criatura que obedece a uma criatura que manda.

Ali não se podem representar os temores quanto a um acontecimento futuro, como tampouco se podem desculpar os próprios fracassos pelos caprichos da fortuna. O quinhão dos homens, como o dos animais, é o instinto, a obediência, o castigo.

De nada serve opor os sentimentos naturais, o respeito pelo pai, a ternura pelas crianças e pelas esposas, as leis da honra, o estado de saúde; a ordem foi recebida, e isso basta.

Na Pérsia, quando o rei tiver condenado alguém, já não se pode falar com tal pessoa, nem pedir indulto. Se estivesse embriagado ou fora de si, a sentença deveria ser executada do mesmo jeito[19]; sem isso, o rei se teria contradito, e a lei não pode contradizer-se. Essa maneira de pensar sempre prevaleceu ali: como a ordem dada por Assuero de exterminar os judeus não podia ser revogada, tomaram o partido de dar-lhes permissão de se defender.

Há, porém, algo que às vezes se pode opor à vontade do príncipe[20]: a religião. Abandonarão o pai, até mesmo o matarão, se o príncipe o ordenar; mas não beberão vinho, ainda que ele o queira e ordene. As leis da religião são de um preceito superior, porque vêm de uma instância superior, tanto ao príncipe quanto aos súditos. No que se refere ao direito natural, porém, não acontece o mesmo; considera-se que o príncipe já não é um homem.

---

[19] Vide Chardin. (N. do A.)
[20] Ibid. (N. do A.)

Nos Estados monárquicos e moderados, o poder é limitado pelo que constitui a sua mola; vale dizer, a honra, que reina como um monarca sobre o príncipe e sobre o povo. Não se alegarão contra a honra as leis da religião. Um cortesão julgar-se-ia ridículo. Alegarão sem cessar as leis da honra. Decorrem daí algumas modificações necessárias na obediência; a honra está naturalmente sujeita a esquisitices, e a obediência as acatará a todas.

Embora a maneira de obedecer seja diferente nesses dois governos, o poder é o mesmo. Seja qual for o lado para o qual penda o monarca, ele arrasta e precipita a balança para o seu lado, e é obedecido. Toda a diferença é que, na monarquia, o príncipe é esclarecido e os ministros são infinitamente mais hábeis e mais tarimbados do que no Estado despótico.

Capítulo XI
Reflexões sobre tudo isso

Tais são os princípios dos três governos: o que não significa que, em determinada república, todos sejam virtuosos; mas que deveriam ser. Isso tampouco prova que, em determinada monarquia, todos sejam honrados; e que, num determinado Estado despótico, todo o povo tenha medo; mas que deveria tê-lo: sem o que, o governo será imperfeito.

Livro IV
Que as leis da educação devem ser relativas aos princípios do governo

Capítulo I
Das leis da educação

As leis da educação são as primeiras que recebemos. E, como nos preparam para sermos cidadãos, cada família deve ser governada no plano da grande família que as abrange a todas.

Se o povo em geral tem um princípio, as partes que o compõem, ou seja, as famílias, também o têm. As leis da educação serão, portanto, diferentes em cada espécie de governo. Nas monarquias, terão por objeto a honra; nas repúblicas, a virtude; no despotismo, o temor.

Capítulo II
Da educação nas monarquias

Não é nos estabelecimentos públicos em que se instrui a infância que se recebe, nas monarquias, a principal educação; a educação começa, por assim dizer, quando entramos no mundo. Ali está a escola do que chamamos honra, esse mestre universal que nos deve conduzir em toda parte.

É lá que vemos e ouvimos sempre dizer três coisas: que é preciso misturar às virtudes certa nobreza; aos costumes, certa franqueza; às maneiras, certa polidez.

As virtudes que ali nos são mostradas são sempre menos o que devemos aos outros do que o que devemos a nós mesmos: não são tanto o que nos atrai aos nossos concidadãos, quanto o que deles nos distingue.

As ações dos homens não são ali julgadas como boas, mas como belas; não como justas, mas como grandes; não como razoáveis, mas como extraordinárias.

Tão logo a honra pode nelas encontrar algo de nobre, torna-se ou o juiz que as faz legítimas ou o sofista que as justifica.

Permite a galantaria quando esta esteja unida à ideia dos sentimentos do coração ou à ideia de conquista; e essa é a verdadeira razão pela qual os costumes jamais são tão puros nas monarquias quanto nos governos republicanos.

Permite a astúcia quando vem unida à ideia da grandeza do espírito ou da grandeza dos negócios, como na política, cujas sutilezas não a ofendem.

Só proíbe a adulação quando separada da ideia de uma grande riqueza e ligada apenas ao sentimento de sua própria baixeza.

No que se refere aos costumes, disse eu que a educação das monarquias deve introduzir certa franqueza. Querem, pois, a verdade nos discursos. Mas será por amor a ela? De modo algum. Querem-na porque um homem acostumado a dizê-la parece ousado e livre. De fato, tal homem parece depender só das coisas, e não da maneira como alguém as recebe.

É por isso que, na mesma medida em que se aprecia essa espécie de franqueza, também se despreza a do povo, que tem só a verdade e a simplicidade como objetivo.

Enfim, a educação nas monarquias exige certa polidez nas maneiras. Nascidos para viver juntos, os homens nasceram também para agradar uns aos outros; e aquele que não observa as boas normas, chocando todos aqueles com quem vive, se desacredita a ponto de tornar-se incapaz de fazer qualquer bem.

Mas não é em fonte tão pura que a polidez costuma ter origem. Nasce ela do desejo de distinguir-se. Somos polidos por orgulho: sentimo-nos orgulhosos de ter maneiras que provam que não tivemos um nascimento baixo e não vivemos com aquele tipo de gente que desde sempre foi abandonada.

Nas monarquias, a polidez se aclimata na corte. Um homem alto demais torna baixos todos os demais. Daí os gestos de consideração que devemos a todos; daí nasce a polidez, que lisonjeia tanto os que são polidos quanto aqueles com os quais eles o são; porque a polidez faz compreender que somos da corte ou somos dignos de sê-lo.

O ar da corte consiste em trocar nossa grandeza própria por uma grandeza de empréstimo. Esta última lisonjeia mais o cortesão do que a sua própria. Confere certa modéstia soberba que se espalha ao longe, mas cujo orgulho diminui imperceptivelmente, em proporção à distância em que nos encontramos da origem dessa grandeza.

Encontramos na corte uma delicadeza de gosto em todas as coisas, que vemos no uso contínuo das superfluidades de uma grande riqueza, na variedade e sobretudo no cansaço dos prazeres, na multiplicidade, na confusão mesmo das fantasias, que, quando agradáveis, são sempre acolhidas.

É sobre todas essas coisas que a educação se debruça para criar aquele a quem chamam cavalheiro, possuidor de todas as qualidades e de todas as virtudes exigidas nesse governo.

Nele a honra, introduzindo-se em toda parte, participa de todos os modos de pensar e de todas as maneiras de sentir, e dirige até mesmo os princípios.

Essa estranha honra faz que as virtudes sejam só o que ela quer e como quer: põe, por iniciativa própria, regras em tudo o que nos é prescrito; amplia ou restringe nossos deveres, à vontade, quer tenham eles origem na religião, quer na política ou na moral.

Nada há na monarquia que as leis, a religião e a honra prescrevam tanto quanto a obediência às vontades do príncipe: mas essa honra nos dita que o príncipe não deve jamais ordenar-nos uma ação que nos desonre, porque tal ação nos tornaria incapazes de servi-lo.

Crillon recusou-se a assassinar o duque de Guise, mas ofereceu a Henrique III lutar contra ele. Depois do dia de São Bartolomeu, tendo Carlos IX escrito a todos os governadores que massacrassem os huguenotes, o visconde Dorte, comandante em Bayonne, escreveu ao rei[1]: "Majestade, não encontrei entre os habitantes e os militares senão bons cidadãos, bravos soldados e nenhum carrasco; assim, eles e eu suplicamos a Vossa Majestade o emprego de nossos braços e de nossa vida em coisas viáveis". Essa grande e generosa coragem considerava a covardia algo impossível.

Nada há que a honra exija mais da nobreza do que servir ao príncipe na guerra. Com efeito, essa é a profissão favorita, porque seus riscos, seus êxitos e até as suas desgraças conduzem à grandeza. Mas, ao impor essa lei, a honra pretende ser seu árbitro; e, se se vir contrariada, exige ou permite que se volte para casa.

Manda a honra que possamos aspirar indiferentemente aos empregos ou recusá-los; estima essa liberdade mais do que a própria riqueza.

---

[1] Vide a *História* de d'Aubigné. (N. do A.)

A honra tem, pois, as suas regras supremas, e a educação é obrigada a se conformar a elas[2]. A primeira dessas regras é a permissão de ter nossa riqueza em grande conta, mas a soberana proibição de ter nossa vida em tão alto apreço.

A segunda é que, uma vez postos numa condição, não devemos nada fazer nem tolerar que demonstre que nos consideramos inferiores a essa mesma condição.

A terceira, que as coisas que a honra proíbe são proibidas com mais rigor quando as leis não concorrem para proscrevê-las; e que aquilo que a honra exige é mais fortemente exigido quando as leis não o requerem.

Capítulo III
Da educação no governo despótico

Como a educação nas monarquias busca apenas elevar o coração, só procura abaixá-lo nos Estados despóticos. Deve ser servil. Será um bem, mesmo no comando, ter recebido tal educação, pois ali ninguém é tirano sem ser ao mesmo tempo escravo.

A extrema obediência supõe certa ignorância em quem obedece; supõe-na até em quem comanda: este não deve deliberar, duvidar, raciocinar, mas apenas mandar.

Nos Estados despóticos, cada casa é um império separado. A educação, que consiste principalmente em viver com os outros, é, portanto, muito limitada: reduz-se a introduzir o temor no coração e em dar ao espírito o conhecimento de alguns princípios muito simples de religião. O saber será perigoso, funesta a emulação; e, quanto às virtudes, Aristóteles não crê que exista nenhuma própria dos escravos[3]; o que muito limitaria a educação nesse governo.

Ali, portanto, a educação é por assim dizer nula. Cumpre tirar tudo para dar alguma coisa; e começar fazendo um mau súdito, para fazer um bom escravo.

Ora! Por que se empenharia a educação em formar um bom cidadão,

---

[2] Dizemos aqui o que é, e não o que deve ser: a honra é um preconceito que a religião se empenha ora em destruir, ora em regular. (N. do A.)

[3] *Política*, livro I, capítulo III. (N. do A.)

que se preocupasse com a desgraça pública? Se ele amasse o Estado, seria tentado a afrouxar as molas do governo: se não o conseguisse, perder-se-ia; se fosse bem-sucedido, correria o risco de se perder a si mesmo, ao príncipe e ao império.

Capítulo IV
Diferença dos efeitos da educação entre os antigos e entre nós

A maior parte dos povos antigos vivia sob governos que têm por princípio a virtude; e, quando estavam em pleno gozo de suas forças, faziam-se coisas que já não vemos hoje e deixam pasmas nossas almas pequenas.

Sua educação tinha outra vantagem sobre a nossa; jamais era desmentida. Epaminondas, no último ano de vida, dizia, escutava, via, fazia as mesmas coisas que na época em que começara a se instruir.

Hoje recebemos três educações diferentes ou contrárias: a de nossos pais, a de nossos mestres, a do mundo. O que nos dizem nesta última inverte todas as ideias das primeiras. Isso decorre, em certa medida, do contraste que existe, em nosso meio, entre os compromissos da religião e os do mundo; algo que os antigos não conheciam.

Capítulo V
Da educação no governo republicano

É no governo republicano que se faz necessária toda a força da educação. O temor dos governos despóticos nasce por si mesmo entre as ameaças e as punições; a honra das monarquias é favorecida pelas paixões e, por sua vez, as favorece: mas a virtude política é uma renúncia de si mesmo, o que é sempre algo muito duro.

Podemos definir essa virtude como o amor das leis e da pátria. Esse amor, que exige uma preferência contínua do interesse público ao próprio, proporciona todas as virtudes particulares: elas não são senão essa preferência.

Esse amor é singularmente adequado às democracias. Só nelas o governo é confiado a cada cidadão. Ora, o governo é como todas as coisas do mundo; para conservá-lo, é preciso amá-lo.

Jamais se ouviu dizer que os reis não amassem a monarquia e os déspotas odiassem o despotismo.

Tudo depende, portanto, de estabelecer na república esse amor; e é a inspirá-lo que a educação deve estar atenta. Mas para que as crianças possam adquiri-lo existe um meio seguro: que os pais o tenham.

Dispomos normalmente da faculdade de dar aos nossos filhos os nossos conhecimentos e, ainda mais, as nossas paixões.

Se isso não acontecer é que o que foi feito na casa paterna é destruído pelas impressões vindas de fora.

Quem se degenera não é a nova geração; ela só se perde quando os adultos já estão corrompidos.

Capítulo VI
De algumas instituições dos gregos

Os gregos antigos, cientes da necessidade de que os povos que viviam sob um governo popular fossem educados para a virtude, fizeram, para inspirá-la, curiosas instituições. Quando virdes, na vida de Licurgo, as leis que ele deu aos lacedemônios, crereis ler a *Histoire des Sévarambes*[4]. As leis de Creta eram o original das da Lacedemônia; e as de Platão, a sua correção.

Peço que se preste atenção na vastidão do gênio que esses legisladores tiveram de ter para ver que, ao contrariar todos os costumes estabelecidos, ao confundir todas as virtudes, mostrariam ao universo a sua sabedoria. Licurgo, mesclando o furto ao espírito de justiça, a mais dura escravidão à extrema liberdade, os sentimentos mais atrozes à maior moderação, deu estabilidade à sua cidade. Pareceu retirar-lhe todos os recursos, as artes, o comércio, o dinheiro, as muralhas; tinha-se a ambição sem esperança de serem melhores; tinha-se os sentimentos naturais, e não se era nem filho, nem marido, nem pai: o próprio pudor é tirado da castidade. Foi por esses caminhos que Esparta foi levada à grandeza e à glória, mas com tal infalibilidade

[4] *Histoire des Sévarambes, peuples qui habitent une partie du troisième continent, communément appellé la Terre Australe*, de Denis Vairasse d'Alais, obra publicada pela primeira vez em inglês, em 1675. É um romance utópico ambientado na Austrália. [N. do T.]

das suas instituições, que nada se obtinha contra ela ao se vencerem batalhas, se não se conseguisse tirar-lhe sua política[5].

Creta e a Lacônia foram governadas por essas leis. A Lacedemônia foi a última a ceder aos macedônios, e Creta[6] foi a última presa dos romanos. Os samnitas tiveram essas mesmas instituições, que foram para esses romanos ocasião de vinte e quatro triunfos[7].

Esse caráter extraordinário das instituições da Grécia, vimo-lo na lia e na corrupção de nossos tempos modernos[8]. Um legislador cavalheiro [*honnête homme*] formou um povo, em que a probidade parece tão natural quanto a bravura entre os espartanos. O sr. Pen é um autêntico Licurgo; e, embora o primeiro tenha tido a paz como meta, como o outro teve a guerra, eles se parecem na trilha singular em que puseram seu povo, na ascendência que tiveram sobre homens livres, nos preconceitos que venceram, nas paixões que subjugaram.

O Paraguai pode fornecer-nos outro exemplo. Pretenderam imputá-lo como um crime à Companhia que considera o único bem da vida o prazer de comandar; mas sempre será belo governar os homens, tornando-os mais felizes[9].

É uma glória para ela ter sido a primeira a mostrar naquelas paragens a ideia da religião unida à da humanidade. Ao reparar as devastações dos espanhóis, começou a curar uma das grandes chagas ainda padecidas pelo gênero humano.

Um sentimento refinado que essa Companhia tem por tudo o que ela chama de honra, seu zelo por uma religião que humilha muito mais os que a escutam do que os que a pregam, fizeram que empreendesse grandes coisas; e nisso ela foi bem-sucedida. Retirou das matas os povos dispersos; garantiu-lhes a subsistência; vestiu-os; e, mesmo

---

[5] Filopémen obrigou os lacedemônios a abandonarem a maneira de alimentar os filhos, sabendo muito bem que sem isso teriam sempre uma alma grande e um coração altivo. Plutarco, *Vida de Filopémen*. Vide Tito Lívio, livro XXXVIII. (N. do A.)

[6] Ela defendeu durante três anos as suas leis e a sua liberdade. Vide os livros XCVIII, XCIX e C de Tito Lívio, no *Epítome* de Floro. Resistiu mais do que os maiores reis. (N. do A.)

[7] Floro, livro I. (N. do A.)

[8] *In fece Romuli*, Cícero. (N. do A.)

[9] Os índios do Paraguai não dependem de um senhor particular, pagam só um quinto dos tributos e têm armas de fogo para se defender. (N. do A.)

que com isso só tivesse conseguido aumentar a indústria entre os homens, já teria feito muito.

Os que quiserem fazer instituições semelhantes estabelecerão a comunidade de bens da república de Platão, esse respeito pelos deuses que ele exigia, essa separação dos estrangeiros para a conservação dos costumes, e o comércio entregue à cidade, não aos cidadãos; darão as nossas artes sem o nosso luxo, e as nossas necessidades sem os nossos desejos.

Banirão o dinheiro, cujo efeito consiste em engordar a riqueza dos homens para além dos limites que a natureza estabelecera, em aprender a conservar inutilmente o que se juntara também inutilmente, em multiplicar ao infinito os nossos desejos, e em suprir a natureza, que nos dera meios muito limitados de excitarmos as nossas paixões e de nos corrompermos uns aos outros.

"Os epidamnienses[10], ao sentirem que os costumes se corrompiam pela comunicação com os bárbaros, elegeram um magistrado para fazer todo o comércio em nome da cidade e pela cidade." Dessa forma o comércio não corrompe a constituição, e a constituição não priva a sociedade das vantagens do comércio.

Capítulo VII
Em que caso essas instituições singulares podem ser boas

Esse tipo de instituições pode convir às repúblicas, pois a virtude política é o princípio delas: mas, para levar à honra nas monarquias ou para inspirar temor nos Estados despóticos, não é preciso tantos trabalhos.

Essas instituições só podem, aliás, existir num Estado pequeno[11], em que se possa dar uma educação geral e criar todo um povo como uma só família.

As leis de Minos, de Licurgo e de Platão supõem uma atenção especial de todos os cidadãos uns com os outros. Não é possível prometer isso em meio à confusão, às negligências e à amplidão dos negócios de um grande povo.

---

[10] Plutarco, *Questões gregas*. (N. do A.)

[11] Como eram as cidades da Grécia. (N. do A.)

É preciso, como foi dito, banir o dinheiro nessas instituições. Mas, nas grandes sociedades, o número, a variedade, a complexidade, a importância dos negócios, a facilidade das compras, a lentidão das trocas exigem uma medida comum. Para espalhar por toda parte o seu poder, ou para defendê-lo em toda parte, é preciso ter aquilo a que os homens vincularam em toda parte o poder.

Capítulo VIII
Explicação de um paradoxo dos antigos relacionado aos costumes

Diz-nos Políbio, o judicioso Políbio, que a música era necessária para suavizar os costumes dos árcades, que habitavam uma região onde o ar é triste e frio; que os de Cineta, que desdenharam a música, superaram em crueldade todos os gregos e não havia cidade onde se tivessem visto tantos crimes. Não teme Platão dizer que não se pode fazer uma mudança na música que não o seja na constituição do Estado. Aristóteles, que parece não ter edificado a sua política senão para opor os seus sentimentos aos de Platão, está, porém, de acordo com ele no que se refere ao poder da música sobre os costumes. Teofrasto, Plutarco[12], Estrabão[13], todos os antigos pensaram assim. Não se trata de uma opinião irrefletida; é um dos princípios da sua política[14]. Era assim que eles promulgavam leis, era assim que queriam que as cidades fossem governadas.

Creio poder explicá-lo. Devemos ter em mente que, nas cidades gregas, sobretudo as que tinham como principal objetivo a guerra, todos os trabalhos e todas as profissões que pudessem levar a ganhar dinheiro eram consideradas indignas de um homem livre. "A maioria das artes", diz Xenofonte[15], "corrompe o corpo dos que as exercem; obrigam a sentar-nos à sombra ou junto ao fogo: não temos tempo

[12] *Vida de Pelópidas*. (N. do A.)

[13] Livro I. (N. do A.)

[14] Diz Platão (livro IV das *Leis*) que a administração da música e da ginástica são os mais importantes cargos da cidade; e, em sua *República*, livro III, "Dâmon vos dirá", diz ele, "quais são os sons capazes de fazer nascer a baixeza de alma, a insolência e as virtudes contrárias". (N. do A.)

[15] Livro V, *Ditos memoráveis*. (N. do A.)

nem para os amigos, nem para a república". Foi só na corrupção de certas democracias que os artesãos conseguiram tornar-se cidadãos. É o que nos ensina Aristóteles[16]; e afirma que uma boa república jamais lhes concederá direito de cidade[17].

A agricultura ainda era uma profissão servil, e normalmente era exercida por algum povo vencido; os ilotas, entre os lacedemônios; os periecos entre os cretenses; os penestas entre os tessálios; outros[18] povos escravos, em outras repúblicas.

Enfim, todo baixo comércio[19] era considerado infame entre os gregos. Um cidadão tinha de prestar serviços a um escravo, a um locatário, a um estrangeiro: essa ideia chocava o espírito da liberdade grega. Assim, pretende Platão[20] em suas leis que se puna o cidadão que exerça o comércio.

Havia, pois, grande embaraço nas repúblicas gregas. Não queriam que os cidadãos trabalhassem no comércio, na agricultura, nas artes; tampouco queriam que fossem ociosos[21]. Ocupavam-se com os exercícios vinculados à ginástica e com os relacionados com a guerra[22]. A instituição não lhes oferecia outras ocupações. Cumpre, pois, encarar os gregos como uma sociedade de atletas e de combatentes. Ora, esses exercícios, tão adequados a formar gente dura e selvagem[23], precisavam ser temperados por outros que pudessem abrandar os costumes. A música, que se liga ao espírito por meio dos

---

[16] *Política*, livro III, capítulo IV. (N. do A.)

[17] "Diofanto", diz Aristóteles na *Política*, capítulo VI, "determinou antigamente em Atenas que os artesãos seriam escravos do público". (N. do A.)

[18] Assim, Platão e Aristóteles querem que os escravos cultivem as terras, *Leis*, livro VII; *Política*, livro VII, capítulo X. É verdade que a agricultura não era em toda parte exercida por escravos: ao contrário, como diz Aristóteles, as melhores repúblicas eram aquelas em que os cidadãos se dedicavam a essa atividade; mas isso só aconteceu pela corrupção dos antigos governos, que se tornaram democráticos, pois, nos primeiros tempos, as cidades da Grécia viviam na aristocracia. (N. do A.)

[19] *Cauponatio*. (N. do A.)

[20] Livro II. (N. do A.)

[21] Aristóteles, *Política*, livro X. (N. do A.)

[22] *Ars corporum exercendorum, gymnastica; variis certaminibus terendorum, paedotribica*. Aristóteles, *Política*, livro VIII, capítulo III. (N. do A.)

[23] Diz Aristóteles que as crianças dos lacedemônios, que começavam esses exercícios na mais tenra idade, adquiriam com eles uma ferocidade excessiva. *Política*, livro VIII, capítulo IV. (N. do A.)

órgãos do corpo, era muito adequada a isso. É um intermediário entre os exercícios do corpo, que tornam duros os homens, e as ciências de especulação, que os tornam selvagens. Não se pode dizer que a música inspirasse a virtude; isso seria inconcebível; a música, porém, impedia o efeito da ferocidade da instituição, e fazia que a alma tivesse na educação uma parte que sem isso não teria tido.

Suponhamos haver entre nós um grupo de gente tão apaixonada pela caça, que se ocupasse exclusivamente dela; com certeza contrairia certa rudeza. Se essa mesma gente adquirisse também certo gosto pela música, logo veríamos uma mudança em suas maneiras e em seus costumes. Enfim, os exercícios dos gregos só excitavam neles um tipo de paixões, a rudeza, a cólera, a crueldade. A música excita todas elas, e pode fazer a alma sentir a doçura, a piedade, a ternura, o doce prazer. Os nossos autores morais, que, entre nós, proscrevem com tanto vigor os teatros, fazem-nos sentir bastante o poder que a música tem sobre as nossas almas.

Se à sociedade de que falei só se dessem tambores e árias de trombeta, não é verdade que se alcançaria menos o objetivo do que se lhes dessem uma música suave? Os antigos tinham, portanto, razão, quando, em certas circunstâncias, preferiam para os costumes um modo musical a outro.

Mas, dirão, por que escolher de preferência a música? Porque, de todos os prazeres dos sentidos, nenhum há que menos corrompa a alma. Coramos ao ler em Plutarco[24] que os tebanos, para abrandar os costumes de seus jovens, estabeleceram pelas leis um amor que deveria ser banido por todas as nações do mundo.

[24] *Vida de Pelópidas*. (N. do A.)

Livro V
Que as leis que o legislador decreta devem estar relacionadas com o princípio do governo

Capítulo I
Ideia deste livro

Acabamos de ver que as leis da educação devem ser relativas ao princípio de cada governo. O mesmo acontece com as que o legislador dá a toda a sociedade. Essa relação das leis com esse princípio retesa todas as molas do governo, e o princípio recebe daí, por sua vez, nova força. Assim é que, nos movimentos físicos, a ação é sempre seguida de uma reação.

Vamos examinar essa relação em cada governo; e começaremos com o Estado republicano, que tem como princípio a virtude.

Capítulo II
Que é a virtude no Estado político

A virtude, numa república, é algo muito simples: é o amor da república; é um sentimento e não uma série de conhecimentos: o último homem do Estado pode ter esse sentimento, como também o primeiro. Uma vez que o povo tenha boas máximas, ele as conserva por mais tempo do que os que são chamados de gente de bem [*honnêtes gens*]. É raro que a corrupção comece pelo povo; muitas vezes ele tira da mediocridade de suas luzes um apego mais forte ao que está estabelecido.

O amor da pátria leva à excelência dos costumes; e a excelência dos costumes leva ao amor da pátria. Quanto menos podemos satisfazer as nossas paixões particulares, mais nos entregamos às gerais. Por que amam tanto os monges as suas ordens? Justamente por aquilo que faz que lhes sejam insuportáveis. A regra priva-os de todas as coisas sobre as quais as paixões ordinárias se apoiam: resta, pois, essa paixão pela própria regra que os aflige. Quanto mais austera for, ou seja, quanto mais contrariar as suas inclinações, mais força dará às que lhes deixa.

Capítulo III
Que é o amor da república na democracia

O amor da república, numa democracia, é o da democracia; o amor da democracia é o da igualdade.

O amor da democracia é também o amor da frugalidade. Como nela cada qual deve ter a mesma felicidade e as mesmas vantagens, cada qual deve também experimentar os mesmos prazeres e formar as mesmas esperanças; algo que só se pode esperar da frugalidade geral.

O amor da igualdade, numa democracia, limita a ambição apenas ao desejo, à felicidade de prestar à pátria maiores serviços do que os outros cidadãos. Nem todos podem prestar-lhe serviços iguais: mas todos devem igualmente prestar-lhe serviços. Ao nascer, contrai-se com ela uma dívida imensa, que nunca se pode quitar.

Assim, as distinções nela nascem do princípio da igualdade, mesmo quando esta parece suprimida por serviços bem-sucedidos ou por talentos superiores.

O amor da frugalidade limita o desejo de possuir à atenção exigida pelo necessário para a família e até o supérfluo para a pátria. As riquezas dão um poder de que o cidadão não pode servir-se para si; pois ele não seria igual. Elas proporcionam delícias de que ele tampouco deve gozar, porque também contrariariam a igualdade.

Assim, as boas democracias, ao estabelecerem a frugalidade doméstica, abriram as portas para os gastos públicos, como aconteceu em Atenas e em Roma. Na época, a magnificência e a profusão nasciam do fundo da própria frugalidade: e, como a religião exige que as oferendas aos deuses sejam feitas de mãos limpas, as leis exigiam costumes frugais ao se fazer oferendas à pátria.

O bom senso e a felicidade dos particulares consiste em boa medida na mediocridade dos talentos e das riquezas. Uma república em que as leis tiverem formado muita gente medíocre, composta por gente moderada, governar-se-á moderadamente; composta por gente feliz, será muito feliz.

Capítulo IV
Como se inspira o amor da igualdade e da frugalidade

O amor da igualdade e da frugalidade é extremamente estimulado pelas próprias igualdade e frugalidade, quando se vive numa sociedade em que as leis estabeleceram uma e outra.

Nas monarquias e nos Estados despóticos, ninguém aspira à igualdade; isso nem sequer passa pela cabeça de ninguém: cada qual busca a superioridade. As pessoas de condição mais baixa não desejam dela sair senão para serem senhoras das outras.

O mesmo ocorre com a frugalidade: para amá-la, cumpre fruí-la. Não são os que estão corrompidos pelas delícias que amarão a vida frugal; e se isso fora natural e comum, Alcibíades não teria conquistado a admiração do universo. Tampouco amarão a frugalidade os que invejam ou admiram o luxo dos outros: pessoas que só têm diante dos olhos homens ricos ou homens miseráveis como elas mesmas detestam sua miséria, sem amar ou conhecer o que põe fim à miséria.

É, pois, uma máxima muito verdadeira a de que, para amarmos a igualdade e a frugalidade numa república, é preciso que as leis as tenham estabelecido.

Capítulo V
Como as leis estabelecem a igualdade na democracia

Alguns legisladores antigos, como Licurgo e Rômulo, dividiram igualmente as terras. Isso só podia ocorrer na fundação de uma nova república; ou quando a antiga estava tão corrompida e os espíritos numa tal disposição que os pobres se acreditavam obrigados a usar, e os ricos obrigados a suportar tal remédio.

Se, quando o legislador faz semelhante partilha, não promulga leis para mantê-la, não faz senão uma constituição passageira; a desigualdade entrará pelo lado que as leis não tiverem protegido, e a república estará perdida.

É preciso, pois, que se regulem com esse fim os dotes das mulheres, as doações, as sucessões, os testamentos; enfim, todas as maneiras de contratar. Pois, se fosse permitido dar os bens a quem se quisesse e como se quisesse, cada vontade particular perturbaria a disposição da lei fundamental.

Sólon, que permitia em Atenas que se deixassem os bens por testamento a quem se quisesse, contanto que tal cidadão não tivesse filhos[1], contradizia as leis antigas que ordenavam que os bens permanecessem na família do testador[2]. Contradizia as suas próprias; pois, ao suprimir as dívidas, buscara a igualdade.

Era uma boa lei para a democracia aquela que proibia ter duas heranças[3]. Tinha origem na divisão igual das terras e das partes dadas a cada cidadão. A lei não quisera que um só homem tivesse várias partes.

A lei que ordenava que o parente mais próximo desposasse a herdeira tinha origem semelhante. Vigorava entre os judeus depois de tal partilha. Platão[4], que funda as suas leis em tal divisão, também a promulga; e era uma lei ateniense.

Havia em Atenas uma lei cujo espírito, que eu saiba, ninguém compreendeu. Era permitido desposar a irmã consanguínea, e não a irmã uterina[5]. Essa prática tinha origem nas repúblicas, cujo espírito consistia em não caber à mesma pessoa duas porções de terra e, por conseguinte, duas heranças. Quando um homem desposava a irmã por parte de pai, só podia ter uma herança, que era a do pai: mas, quando desposava a irmã uterina, podia acontecer de o pai dessa irmã, não tendo filhos varões, lhe deixar a sua sucessão; e que, por conseguinte, seu irmão, que a desposara, tivesse duas heranças.

Não me venham objetar o que diz Fílon[6], que, embora em Atenas se desposasse a irmã consanguínea e não a irmã uterina, na Lacedemônia se podia desposar a irmã uterina, e não a consanguínea. Pois vejo em Estrabão[7] que, quando na Lacedemônia uma irmã desposava o irmão, tinha como dote a metade da parte do irmão. É claro que essa

---

[1] Plutarco, *Vida de Sólon*. (N. do A.)

[2] Id., ibid. (N. do A.)

[3] Filolau de Corinto determinou, em Atenas, que o número de lotes de terra e o de heranças fosse sempre o mesmo. Aristóteles, *Política*, livro II, capítulo XII. (N. do A.)

[4] *República*, livro VIII. (N. do A.)

[5] Cornélio Nepo, em *Praefat*. Esta prática era a dos primeiros tempos. Assim disse Abraão de Sara: "Ela é minha irmã. Filha do meu pai, e não da minha mãe". As mesmas razões fizeram que fosse promulgada a mesma lei em diferentes povos. (N. do A.)

[6] *De specialibus legibus quae pertinent ad praecepta Decalogi*. (N. do A.)

[7] Livro X. (N. do A.)

segunda lei era feita para impedir as más consequências da primeira. Para impedir que os bens da família da irmã passassem para a do irmão, dava-se em dote à irmã a metade dos bens do irmão.

Ao falar de Silano, que desposara a irmã, diz Sêneca[8] que em Atenas a permissão era restrita, mas geral em Alexandria. No governo de um só, quase não era necessário manter a divisão dos bens.

Para manter essa partilha das terras na democracia, era uma boa lei a que ordenava que um pai que tivesse muitos filhos escolhesse um deles para herdar a sua porção[9] e desse os outros em adoção a alguém que não tivesse filhos, para que o número de cidadãos pudesse continuar igual ao das partilhas.

Faleas de Calcedônia[10] imaginara um modo de tornar iguais as riquezas numa república em que estas não o fossem. Determinara que os ricos dessem dotes aos pobres e não os recebessem; e que os pobres recebessem dinheiro para suas filhas, e não o dessem. Mas, que eu saiba, nenhuma república nunca se conformou com semelhante regra. Põe essa regra os cidadãos sob condições cujas diferenças são tão evidentes, que eles detestariam essa mesma igualdade que se buscava introduzir. Às vezes é bom que as leis não pareçam ir tão diretamente ao fim que se propõem.

Embora na democracia a igualdade real seja a alma do Estado, tal igualdade é tão difícil de implantar, que uma exatidão extrema a esse respeito nem sempre seria conveniente. Basta estabelecer um censo[11] que reduza ou defina as diferenças em certo ponto; depois disso, cabe a leis particulares igualizar, por assim dizer, as desigualdades, pelas taxas que impõem aos ricos e o alívio que oferecem aos pobres. Só as riquezas medianas podem dar ou receber essa espécie de compensação; pois, para as riquezas enormes, consideram uma injúria toda honra e todo poder que não lhes sejam concedidos.

Na democracia, toda desigualdade deve ser tirada da natureza da

---

[8] *Athenis dimidium licet, Alexandriae totum*. Sêneca, *De morte Claudii*. (N. do A.)

[9] Platão faz uma lei semelhante, livro III das *Leis*. (N. do A.)

[10] Aristóteles, *Política*, livro II, capítulo VII. (N. do A.)

[11] Sólon criou quatro classes; a primeira, daqueles que tinham quinhentas minas de renda, tanto em grãos quanto em frutos líquidos; a segunda, dos que tinham trezentas minas e podiam sustentar um cavalo; a terceira, dos que tinham apenas duzentas; a quarta, de todos os que viviam de seus braços. (N. do A.)

democracia e do próprio princípio de igualdade. Por exemplo: é de temer que pessoas que tenham necessidade de um trabalho contínuo para viver sejam empobrecidas demais por uma magistratura ou negligenciem as suas funções; que os artesãos se tornem orgulhosos; que um número excessivo de libertos os torne mais poderosos do que os cidadãos antigos. Nesse caso, a igualdade entre os cidadãos[12] pode ser suprimida na democracia, para proveito da democracia. Mas essa igualdade suprimida não é senão aparente: pois um homem arruinado por uma magistratura estaria em piores condições do que os outros cidadãos; e esse mesmo homem, que seria obrigado a negligenciar as suas funções, poria os outros cidadãos numa condição pior do que a sua; e assim por diante.

Capítulo VI
Como as leis devem cultivar a frugalidade na democracia

Numa boa democracia, não basta que os lotes de terra sejam iguais; eles têm de ser pequenos, como entre os romanos. "Não queira Deus", dizia Cúrio aos seus soldados[13], "que um cidadão considere pouca terra o que é suficiente para alimentar um homem".

Como a desigualdade das riquezas é propícia à frugalidade, a frugalidade é propícia à igualdade das riquezas. Essas coisas, embora diferentes, são tais, que uma não pode subsistir sem a outra; cada uma delas é a causa e o efeito; se se retirar da democracia uma delas, a outra sempre a seguirá.

É verdade que, quando a democracia se funda no comércio, pode muito bem acontecer de os particulares terem grandes riquezas e os costumes não serem corrompidos. Isso porque o espírito de comércio traz consigo o de frugalidade, de economia, de moderação, de trabalho, de sabedoria, de tranquilidade, de ordem e de regra. Assim, enquanto subsistir esse espírito, as riquezas por ele produzidas não provocarão nenhum mau efeito. O mal acontece quando o excesso de

---

[12] Sólon excluiu do fisco todos os do quarto censo. (N. do A.)

[13] Pediam uma parte maior da terra conquistada. Plutarco, *Obras morais*, *Vida dos antigos reis e capitães*. (N. do A.)

riqueza destrói esse espírito de comércio: vemos nascer de repente as desordens e a desigualdade, que ainda não se haviam mostrado.

Para conservar o espírito de comércio, os principais cidadãos têm de praticá-lo; esse espírito tem de reinar sozinho e não ser contrariado por outro; todas as leis devem favorecê-lo; dividindo essas mesmas leis, por suas disposições, as riquezas, à medida que o comércio as faz crescer, tais leis devem propiciar a todo cidadão pobre uma situação financeira razoavelmente boa, para que ele possa trabalhar como os outros; e pôr cada cidadão rico numa tal mediocridade, que ele precise trabalhar para conservar ou para adquirir.

Numa república mercante, é uma ótima lei aquela que dá a todos os filhos uma parte igual na sucessão dos pais. Com isso, sendo os filhos menos ricos que o pai, seja qual for a fortuna por este juntada, eles são levados a evitar o luxo e a trabalhar como ele. Falo apenas das repúblicas mercantes; pois, quanto àquelas que não o são, o legislador conta com outras normas que estabelecer[14].

Havia na Grécia dois tipos de repúblicas. Umas eram militares, como a Lacedemônia; outras eram mercantes, como Atenas. Numas, queriam que os cidadãos permanecessem ociosos; nas outras, procurava-se promover o amor do trabalho. Sólon tornou a ociosidade um crime, e ordenou que cada cidadão prestasse contas da maneira como ganhava a vida. Com efeito, numa boa democracia, em que só se deve gastar para o necessário, cada qual deve tê-lo; pois de quem o receberia?

Capítulo VII
Outros meios de favorecer o princípio da democracia

Não se pode estabelecer uma divisão igual das terras em todas as democracias. Há circunstâncias em que tal arranjo seria impraticável, perigoso e até se chocaria contra a constituição. Nem sempre é necessário adotar medidas extremas. Ao se perceber, numa democracia, que essa divisão, que deve cultivar os costumes, não é conveniente a isso, cumpre recorrer a outros meios.

---

[14] Nelas, muito se deve limitar o dote das mulheres. (N. do A.)

Se se estabelecer um corpo fixo que seja por si mesmo a regra dos costumes, um senado a que a idade, a virtude, a gravidade, os serviços deem entrada, os senadores, expostos aos olhos do povo como os simulacros dos deuses, inspirarão sentimentos que chegarão ao seio de todas as famílias.

É preciso, sobretudo, que esse senado se apegue às instituições antigas e faça que o povo e os magistrados nunca se afastem delas.

Em matéria de costumes, muito há a ganhar em conservar os antigos. Como os povos corruptos raramente fazem grandes coisas; como quase não estabeleceram sociedades, fundaram cidades, criaram leis; e como, ao contrário, os que tinham costumes simples e austeros fizeram a maior parte das instituições, lembrar aos homens as máximas antigas costuma ser trazê-los de volta à virtude.

Além disso: se tiver havido alguma revolução e tiverem nova forma para o Estado, isso quase sempre só pode ser feito com esforços e trabalhos infinitos e raramente com ociosidade e costumes corrompidos. Aqueles mesmos que fizeram a revolução quiseram fazer que fosse apreciada; e só puderam consegui-lo por meio de boas leis. As instituições antigas, portanto, costumam ser correções, e as novas, abusos. Durante um longo governo, vamos ao mal por um declive imperceptível, e só com esforço tornamos a subir.

Foi discutido se os membros do senado a que nos referimos devem ser vitalícios ou temporários. Sem dúvida devem ser vitalícios, como o eram em Roma[15], na Lacedemônia[16] e até em Atenas. Pois não devemos confundir o que chamavam de senado em Atenas, que era um corpo que mudava a cada três meses, com o Areópago, cujos membros eram nomeados a título vitalício, como modelos perpétuos.

Máxima geral: num senado feito para ser a regra e, por assim dizer, o depósito dos costumes, os senadores devem ser eleitos a título vitalício; num senado feito para preparar os negócios, os senadores podem mudar.

O espírito, diz Aristóteles, envelhece com o corpo. Essa reflexão

[15] Os magistrados eram anuais, e os senadores, vitalícios. (N. do A.)

[16] "Licurgo", diz Xenofonte, *De republ. Lacedaem.*, "determinou que se elegessem os senadores dentre os anciãos, para que não se tornassem negligentes, mesmo no fim da vida; e, ao nomeá-los juízes da coragem dos jovens, tornou a velhice daqueles mais honrosa do que a força destes". (N. do A.)

só vale para um magistrado único e não pode ser aplicada a uma assembleia de senadores.

Além do Areópago, havia em Atenas guardiães dos costumes e guardiães das leis[17]. Na Lacedemônia, todos os velhos eram censores. Em Roma, dois magistrados particulares tinham a censura. Como o senado vela pelo povo, é preciso que os censores vigiem o povo e o senado. É preciso que eles restabeleçam na república tudo o que foi corrompido; que registrem a indiferença, julguem as negligências e corrijam os erros, como os reis punem os crimes.

Era admirável para manter a pureza dos costumes a lei romana que exigia fosse pública a acusação de adultério; intimidava as mulheres, intimidava também os que deviam velar por elas.

Nada preserva mais os costumes do que a extrema subordinação dos jovens aos velhos. Uns e outros serão refreados, aqueles pelo respeito que terão pelos anciãos, e estes pelo respeito que terão por si mesmos.

Nada confere mais força às leis do que a subordinação extrema dos cidadãos aos magistrados. "A grande diferença que Licurgo estabeleceu entre a Lacedemônia e as outras cidades", diz Xenofonte[18], "consiste sobretudo em ter feito que os cidadãos obedecessem as leis; eles vêm correndo quando o magistrado os chama. Em Atenas, porém, um homem rico cairia em desespero se acreditassem que ele dependesse do magistrado".

A autoridade paterna é também utilíssima para a preservação dos costumes. Já dissemos que, na república, não há uma força tão repressiva quanto nos outros governos. É preciso, pois, que as leis busquem supri-la: fazem isso por meio da autoridade paterna.

Em Roma, os pais tinham o direito de vida e morte sobre os filhos[19]. Na Lacedemônia, cada pai tinha o direito de corrigir o filho de outro.

Com a república, perdeu-se o poder paternal em Roma. Nas monarquias, em que costumes tão puros não têm serventia, vemos que cada qual vive sob o poder dos magistrados.

---

[17] O próprio Areópago estava sujeito à censura. (N. do A.)

[18] República da Lacedemônia. (N. do A.)

[19] Podemos ver na história romana com que proveito para a república se serviram desse poder. Mencionarei apenas o tempo de maior corrupção. Aulo Fúlvio pôs-se a caminho para encontrar Catilina; seu pai o chamou e o mandou matar. Salústio, *De bello Catil.* Vários outros cidadãos fizeram o mesmo. Díon, livro XXXVII. (N. do A.)

As leis de Roma, que haviam habituado os jovens à dependência, estabeleceram uma longa minoridade. Talvez tenhamos errado em adotar essa prática: na monarquia, não há necessidade de tanta disciplina.

Essa mesma subordinação, na república, poderia exigir que o pai permanecesse durante toda a vida senhor dos bens dos filhos, como foi estabelecido em Roma. Mas isso não é do espírito da monarquia.

Capítulo VIII
Como as leis devem relacionar-se com o princípio do governo, na aristocracia

Se, na aristocracia, o povo for virtuoso, a felicidade será quase a mesma do governo popular, e o Estado se tornará poderoso. Mas, como é raro haver muita virtude onde as riquezas dos homens são tão desiguais, é preciso que as leis tendam a propiciar, na medida do possível, um espírito de moderação e procurem restabelecer essa igualdade que a constituição do Estado necessariamente suprime.

O espírito de moderação é o que chamam virtude na aristocracia; nela, ele ocupa o lugar do espírito de igualdade no Estado popular.

Se o fasto e o esplendor que circundam os reis formam parte da sua potência, a modéstia e a simplicidade de maneiras fazem a força dos nobres aristocráticos[20]. Quando não ostentam nenhuma distinção, quando se confundem com o povo, quando se vestem como ele, quando o fazem compartilhar todos os seus prazeres, o povo esquece a sua própria fraqueza.

Cada governo tem a sua natureza e o seu princípio. A aristocracia, portanto, não deve assumir a natureza e o princípio da monarquia, o que aconteceria, se os nobres tivessem alguma prerrogativas pessoais e particulares, distintas das do corpo da nobreza: os privilégios devem ser para o senado, e o simples respeito para os senadores.

Há duas fontes principais de desordem nos Estados aristocrá-

[20] Recentemente, os venezianos, que, sob muitos aspectos, se comportaram com muita prudência, decidiram um litígio entre um nobre veneziano e um fidalgo de Terra Firme, a península italiana, por uma questão de precedência numa igreja; estabeleceu-se que, fora de Veneza, um nobre veneziano não tinha preeminência sobre outro cidadão. (N. do A.)

ticos: a desigualdade extrema entre os que governam e os que são governados; e a mesma desigualdade entre os diferentes membros do corpo governante. Dessas duas desigualdades decorrem ódios e ciúmes, que as leis devem prevenir ou deter.

Ocorre a primeira desigualdade sobretudo quando os privilégios dos principais só são honrosos porque são vergonhosos ao povo. Tal foi em Roma a lei que vedava aos patrícios unir-se pelo matrimônio com os plebeus[21]; o que tinha como único efeito, por um lado, tornar os patrícios mais soberbos e, por outro, mais odiosos. Veja-se o proveito que os tribunos tiraram disso em suas arengas.

Ainda se encontrará essa desigualdade se a condição dos cidadãos for diferente em relação aos subsídios; o que acontece de quatro maneiras: quando os nobres se dão o privilégio de não pagá-los; quando cometem fraudes para isentar-se deles[22]; quando os reclamam para si, sob pretexto de retribuições ou honorários pelos empregos que exercem; enfim, quando tornam o povo tributário e dividem entre si os impostos que dele recolhem. Este último caso é grave; a aristocracia, num caso desses, é o mais duro de todos os governos.

Enquanto Roma se inclinava para a aristocracia, evitou muito bem esses inconvenientes. Os magistrados jamais aceitavam honorários por sua magistratura. Os principais da república pagavam impostos como os outros; pagavam até mais e por vezes foram os únicos a pagá-los. Por fim, muito longe de dividirem entre si as rendas do Estado, tudo o que puderam tirar dos cofres públicos, toda a riqueza que a fortuna lhes enviou, eles a distribuíram ao povo, para se fazerem perdoar pelas honras[23].

É máxima fundamental a que diz que as distribuições feitas ao povo têm tantos efeitos perniciosos na democracia quantos são os bons efeitos delas no governo aristocrático. As primeiras fazem perder o espírito de cidadania, as outras o fazem recuperar.

Se as rendas não forem distribuídas ao povo, cumpre demonstrar que elas são bem administradas: mostrá-las é, de certa forma, fazer

---

[21] Essa lei foi colocada pelos decênviros nas duas últimas tábuas. Vide Dionísio de Halicarnasso, livro X. (N. do A.)

[22] Como em algumas aristocracias atuais. Nada enfraquece tanto o Estado. (N. do A.)

[23] Vide em Estrabão, livro XIV, como os ródios se comportaram a este respeito. (N. do A.)

que as fruam. Esta corrente de ouro estendida em Veneza, as riquezas que eram levadas a Roma nos triunfos, os tesouros guardados no templo de Saturno eram realmente as riquezas do povo.

É sobretudo essencial, na aristocracia, que os nobres não arrecadem os tributos. A primeira ordem do Estado não lidava com isso em Roma; a segunda foi encarregada disso; e mesmo isso teve, mais tarde, graves inconvenientes. Numa aristocracia em que os nobres arrecadariam impostos, todos os particulares estariam sob o jugo dos homens de negócios; não haveria tribunal superior que os corrigisse. Aqueles dentre eles encarregados de coibir os abusos prefeririam gozar dos abusos. Os nobres seriam como os príncipes dos Estados despóticos, que confiscam os bens de quem quiserem.

Logo os lucros assim auferidos seriam considerados um patrimônio que a avareza ampliaria à vontade. Cairiam as arrecadações; reduziriam a nada as rendas públicas. É com isso que alguns Estados, sem terem sofrido revezes notáveis, caem numa prostração com que os vizinhos se surpreendem e que espanta os próprios cidadãos.

É mister que as leis também lhes proíbam o comércio: mercadores tão conceituados formariam todo tipo de monopólio. O comércio é a profissão dos iguais; e, dentre os Estados despóticos, os mais miseráveis são aqueles em que o príncipe é mercador.

As leis de Veneza[24] proíbem aos nobres o comércio, que poderia proporcionar-lhes, mesmo inocentemente, riquezas exorbitantes.

As leis devem empregar os meios mais eficazes para que os nobres façam justiça ao povo. Se não tiverem estabelecido um tribuno, devem as próprias leis ser o tribuno.

Toda espécie de asilo contra a execução das leis faz perder-se a aristocracia; e a tirania está por perto.

As leis devem mortificar, sempre, o orgulho da dominação. É preciso haver, durante certo tempo ou para sempre, um magistrado que faça os nobres tremerem, como os éforos na Lacedemônia e os inquisidores de Estado em Veneza, magistraturas que não estão sujeitas a nenhuma formalidade. Esse governo precisa de molas muito violentas: abre-se uma boca de pedra[25] para todo delator em Veneza; dir-se-ia que é a da tirania.

---

[24] Amelot de la Houssaye, *Do governo de Veneza*, parte III. (N. do A.)

[25] Os delatores nela introduzem seus bilhetes. (N. do A.)

Essas magistraturas tirânicas, na aristocracia, relacionam-se com a censura da democracia, que, por natureza, não é menos independente. Com efeito, os censores não devem ser investigados sobre as coisas que fizeram durante a censura; é preciso dar-lhes confiança, nunca desencorajá-los. Eram admiráveis os romanos; podia-se exigir que todos os magistrados[26] prestassem conta de seus atos, salvo os censores[27].

Duas coisas são perniciosas na aristocracia; a pobreza extrema dos nobres e a riqueza exorbitante. Para prevenir a pobreza, cumpre sobretudo obrigá-los a pagarem logo as suas dívidas. Para moderar as riquezas, são necessárias medidas sábias e paulatinas; não confiscos, leis agrárias, abolições de dívidas, que causam males infinitos.

As leis devem suprimir o direito de primogenitura entre os nobres[28]; para que, pela divisão contínua das sucessões, as riquezas retornem sempre à igualdade.

Não deve haver substituições, reversões familiares, morgados de nobreza, adoções. Todos os recursos inventados para perpetuar a grandeza das famílias nos Estados monárquicos não teriam utilidade na aristocracia[29].

Quando as leis tiverem igualado as famílias, resta-lhes manter a união entre elas. Os litígios entre os nobres devem ser decididos prontamente; sem isso, as contestações entre as pessoas transformam-se em contestações entre famílias. Árbitros podem terminar o processo ou impedir que nasça.

Enfim, não deve acontecer de as leis favorecerem as distinções provocadas pela vaidade entre as famílias, sob pretexto de serem mais nobres ou mais antigas; isso deve ser relegado à condição de mesquinharias de particulares.

Basta considerar a Lacedemônia; veremos como os éforos souberam combater as fraquezas dos reis, dos grandes e do povo.

---

[26] Vide Tito Lívio, livro XLIX. Um censor não podia sequer ser incomodado por um censor: cada um fazia a sua nota sem consultar a opinião do colega; e, quando se mudou esta prática, a censura foi, por assim dizer, aniquilada. (N. do A.)

[27] Em Atenas, os logistas, a quem prestavam contas todos os magistrados, não prestavam contas. (N. do A.)

[28] Assim está estabelecido em Veneza, Amelot de la Houssaye, pp. 30 e 31. (N. do A.)

[29] Parece que o objetivo de algumas aristocracias seja menos preservar o Estado do que o que chamam sua nobreza. (N. do A.)

Capítulo IX
Como as leis são relativas a seu princípio, na monarquia

Como a honra é o princípio desse governo, as leis devem estar relacionadas com ela.

É preciso que as leis trabalhem para sustentar essa nobreza, de que a honra é, por assim dizer, o filho e o pai.

É preciso que a tornem hereditária; não para ser o termo entre o poder do príncipe e a fraqueza do povo, mas o laço entre ambos.

As substituições, que conservam os bens nas famílias, serão muito úteis nesse governo, embora não convenham aos outros.

A reversão por linhagem devolverá às famílias nobres as terras que a prodigalidade de um parente tiver alienado.

As terras nobres terão privilégios, como as pessoas. Não se pode separar a dignidade do monarca da do reino; também é difícil separar a dignidade do nobre da do feudo.

Todas essas prerrogativas serão particulares à nobreza e não passarão ao povo, se não quisermos contrariar o princípio do governo, se não quisermos diminuir a força da nobreza e do povo.

As substituições prejudicam o comércio; a reversão por linhagem torna necessária uma infinidade de processos; e todas as propriedades do reino que forem vendidas ficam pelo menos, de algum modo, sem dono durante um ano. As prerrogativas ligadas aos feudos dão um poder muito oneroso aos que o suportam. São esses inconvenientes particulares da nobreza, que desaparecem diante da utilidade geral por ela proporcionada; mas, quando são comunicados ao povo, contrariam-se inutilmente todos os princípios.

Nas monarquias, pode-se permitir que se deixe a maior parte dos bens a um único filho; essa permissão só é boa nesse tipo de governo.

As leis devem favorecer todo o comércio[30] que a constituição desse governo puder proporcionar; para que os súditos possam, sem arruinarem-se, satisfazer as necessidades sempre renovadas do príncipe e da corte.

Devem as leis estabelecer certa ordem na maneira de arrecadar os tributos, para que a arrecadação não seja mais onerosa do que os próprios impostos.

---

[30] Só é permitido ao povo. Vide a lei terceira no código *De comm. et mercatoribus*, que está repleta de bom senso. (N. do A.)

O peso dos encargos produz primeiro o trabalho; o trabalho, a exaustão; a exaustão, o espírito de preguiça.

Capítulo X
Da presteza da execução na monarquia

Tem o governo monárquico uma grande vantagem sobre o republicano: como os negócios são conduzidos por um só, há maior presteza na execução. Mas, como essa presteza poderia degenerar em precipitação, as leis nela introduzirão certa morosidade. Não devem apenas favorecer a natureza de cada constituição, mas também remediar os abusos que poderiam decorrer dessa mesma natureza.

O cardeal de Richelieu[31] quer que se evitem, nas monarquias, os inconvenientes das companhias, que criam dificuldade para tudo. Se esse homem não tivesse tido o despotismo no coração, tê-lo-ia tido na cabeça.

Os corpos que detêm o depósito das leis nunca obedecem melhor do que quando caminham a passo lento e trazem aos negócios do príncipe essa ponderação que não se pode esperar da falta de luzes da corte acerca das leis do Estado, nem da precipitação dos seus conselhos[32].

Que seria da mais bela monarquia do mundo se os magistrados, com sua morosidade, com suas queixas, com seus rogos, não tivessem detido o curso das próprias virtudes de seus reis, quando esses monarcas, consultando apenas as suas grandes almas, gostariam de recompensar sem medida os serviços prestados com uma coragem e uma fidelidade também imensas?

Capítulo XI
Da excelência do governo monárquico

O governo monárquico tem uma grande vantagem sobre o despótico. Como é de sua natureza ter sob o poder do príncipe várias

---

[31] *Testam. polit.* (N. do A.)

[32] *Barbaris cunctatio servilis; statim exequi regium videtur*, Tácito, *Anais*, livro V, 32 [Para os bárbaros a hesitação era servil; a execução imediata, régia]. (N. do A.)

ordens ligadas à constituição, o Estado é mais fixo, a constituição mais inabalável, a pessoa dos que governam mais protegida.

Crê Cícero[33] que a criação dos tribunos de Roma foi a salvação da república. "Com efeito", diz ele, "a força do povo que não tem chefe é mais terrível. Um chefe sente que o caso depende dele e se preocupa com ele: mas o povo, em sua impetuosidade, não conhece o perigo em que se lança". Podemos aplicar essa reflexão a um Estado despótico, que é um povo sem tribunos; e a uma monarquia, em que o povo tem, de certa forma, seus tribunos.

Com efeito, vemos em toda parte que, nos movimentos do governo despótico, o povo, conduzido por si mesmo, sempre leva as coisas o mais longe possível; todas as desordens que comete são extremas: ao passo que, nas monarquias, as coisas são muito raramente levadas ao excesso. Os chefes temem por si mesmos; têm medo de ser abandonados; as potências intermediárias dependentes[34] não querem uma supremacia excessiva do povo. É raro que as ordens do Estado sejam inteiramente corruptas. Depende o príncipe dessas ordens: e os rebeldes, que não têm nem vontade nem esperança de derrubar o Estado, não podem nem querem derrubar o príncipe.

Nessas circunstâncias, intervêm as pessoas que têm prudência e autoridade; adotam-se compromissos, fazem-se acordos e correções; as leis retomam seu vigor e se fazem ouvir.

Por isso, todas as nossas histórias estão cheias de guerras civis sem revoluções; as dos Estados despóticos estão cheias de revoluções sem guerras civis.

Aqueles que escreveram a história das guerras civis de alguns Estados, aqueles mesmos que as fomentaram, demonstram suficientemente como a autoridade que os príncipes deixam a certas ordens para serviço deles lhes deve ser pouco suspeita; pois, na própria confusão, só suspiravam pelas leis e por seus deveres, e retardavam o ardor e a impetuosidade dos facciosos mais do que podiam servi-la[35].

O cardeal de Richelieu, julgando talvez que tivesse rebaixado demais as ordens do Estado, recorreu, para sustentá-las, às virtudes do príncipe e dos seus ministros[36]; e exigiu deles tantas coisas, que,

---

[33] Livro III, *Das leis*. (N. do A.)

[34] Vide supra a primeira nota do livro II, capítulo IV. (N. do A.)

[35] *Memórias* do cardeal de Retz e outras histórias. (N. do A.)

[36] *Testam. polit*. (N. do A.)

na verdade, apenas um anjo poderia ter tanta atenção, tantas luzes, tanta firmeza, tantos conhecimentos; e, de hoje até a dissolução das monarquias, dificilmente poderemos nos gabar de que possa haver um tal príncipe e tais ministros.

Como os povos que vivem sob uma boa política são mais felizes do que os que, sem regra e sem chefes, erram nas florestas, assim os monarcas que vivem sob as leis fundamentais de seu Estado são mais felizes que os príncipes despóticos, que nada têm que possa regrar o coração de seus povos, nem o seu.

Capítulo XII
Continuação do mesmo assunto

Não se busque magnanimidade nos Estados despóticos; o príncipe não daria uma grandeza que ele mesmo não tem: junto a ele, não existe glória.

Nas monarquias é que veremos ao redor do príncipe os súditos receberem os seus raios; ali é que, como cada qual ocupa, por assim dizer, um espaço maior, o príncipe pode exercitar essas virtudes que dão à alma, não a independência, mas a grandeza.

Capítulo XIII
Ideia do despotismo

Quando os selvagens da Luisiana querem obter uma fruta, cortam a árvore na base e colhem a fruta[37]. Eis o governo despótico.

Capítulo XIV
Como as leis são relativas ao princípio do governo despótico

O governo despótico tem como princípio o temor: mas aos povos tímidos, ignorantes, prostrados não são necessárias muitas leis.

Tudo deve basear-se em duas ou três ideias: não são, pois, necessá-

---

[37] *Lettres édifiantes*, coletânea 2, p. 315. (N. do A.)

rias outras novas. Quando instruímos um animal, evitamos mudar-lhe o mestre, a lição e o jeito; impressionamos seu cérebro com dois ou três movimentos, não mais.

Quando o príncipe está recluso, não pode sair da morada da volúpia sem desolar todos os que ali o retêm. Não podem suportar que sua pessoa e seu poder passem a outras mãos. Assim, ele raramente faz a guerra em pessoa, e dificilmente ousa fazê-la por meio de seus lugares-tenentes.

Tal príncipe, acostumado em seu palácio a não encontrar nenhuma resistência, indigna-se com a que lhe fazem de armas na mão: costuma, pois, ser arrastado pela cólera ou pela vingança. Não pode, aliás, ter nenhuma ideia da verdadeira glória. As guerras devem, pois, travar-se com todo o seu furor natural, e o direito das gentes ocupar menos espaço do que alhures.

Tal príncipe tem tantos defeitos, que seria de temer expor à luz do dia a sua estupidez natural. Ele se esconde e o povo ignora o estado em que se encontra. Felizmente, tais são os homens nesses países, que só precisam de um nome que os governe.

Estando Carlos XII em Bender e encontrando certa resistência no senado da Suécia, escreveu que enviaria uma de suas botas para comandar. Essa bota teria comandado como um rei despótico.

Se o príncipe está prisioneiro, julga-se que esteja morto e outro sobe ao trono. Os tratados feitos pelo prisioneiro são nulos; seu sucessor não os ratificaria. Com efeito, como ele são as leis, o Estado e o príncipe; como, tão logo não seja mais príncipe, nada será; se não fosse considerado morto, o Estado seria destruído.

Uma das coisas que mais determinaram os turcos a assinarem a paz em separado com Pedro I foi que os moscovitas disseram ao vizir que na Suécia haviam entronizado um outro rei[38].

A conservação do Estado não é senão a conservação do príncipe, ou melhor, do palácio em que está encerrado. Tudo o que não ameace diretamente esse palácio ou a capital não impressiona mentes ignorantes, orgulhosas e parciais: e, quanto à sequência de eventos, não conseguem acompanhá-la, prevê-la ou sequer pensar nela. A política,

---

[38] Continuação de Pufendorf, *Hist. universal*, ao tratado da Suécia, capítulo X. (N. do A.)

seus motores e suas leis devem ser ali muito limitados; e o governo político é tão simples quanto o governo civil[39].

Tudo se reduz a conciliar o governo político e civil com o governo doméstico, os oficiais do Estado com os do harém.

Tal Estado estará em sua melhor situação quando puder considerar-se o único no mundo, cercado de desertos e separado dos povos que chamará de bárbaros. Não podendo contar com a milícia, será bom que destrua uma parte de si mesmo.

Como o princípio do governo despótico é o temor, sua meta é a tranquilidade: mas não é uma paz, é o silêncio dessas cidades que o inimigo está prestes a ocupar.

Como a força não está no Estado, mas no exército que o fundou, seria preciso, para defender o Estado, conservar esse exército: mas ele inspira pavor ao príncipe. Como, então, conciliar a segurança do Estado com a segurança da pessoa?

Peço-vos que vede com que indústria o governo moscovita procura sair do despotismo, que lhe é mais pesado do que aos próprios povos. Dissolveram os grandes corpos de tropa, diminuíram-se as penas dos crimes, estabeleceram-se tribunais, as leis começaram a ser conhecidas, instruíram-se os povos. Mas existem causas particulares que talvez o reconduzam à desgraça de que queria fugir.

Nesses Estados, a religião tem mais influência do que em qualquer outro; é um temor somado ao temor. Nos impérios maometanos, é da religião que os povos tiram, em parte, o espantoso respeito que têm pelo príncipe.

A religião corrige um pouco a constituição turca. Os súditos que não são apegados à glória e à grandeza do Estado pela honra são-no pela força ou pelo princípio da religião.

De todos os governos despóticos, nenhum há que mais se prejudique a si mesmo do que aquele em que o príncipe se declara proprietário de todos os lotes de terra e o herdeiro de todos os súditos. Sempre decorre daí o abandono do cultivo das terras; e se, aliás, o príncipe for mercador, se arruína toda espécie de indústria.

Nesses Estados, não se conserta nem se melhora nada[40]. Constroem-se casas só para viver; não se furam poços, não se plantam

---

[39] Segundo o sr. Chardin, não existe conselho de Estado na Pérsia. (N. do A.)
[40] Vide Ricaut, *État de l'empire ottoman*, p. 196. (N. do A.)

árvores; tudo se tira da terra, nada lhe é devolvido; tudo é agreste, tudo é deserto.

Credes que leis que anulam a propriedade das terras e a sucessão dos bens diminuirão a avareza e a cupidez dos poderosos? Não: elas excitarão essa cupidez e essa avareza, porque só acreditarão possuir o ouro e a prata que puderem roubar ou esconder.

Para que nem tudo se perca, é bom que a avidez do príncipe seja moderada por algum costume. Assim, na Turquia, o príncipe contenta-se por ordinário em tomar três por cento das sucessões[41] dos populares. Mas, como o grão-senhor dá a maior parte das terras à milícia e dela dispõe a seu bel-prazer, como se apodera de todas as heranças dos oficiais do império, como, quando um homem morre sem filhos varões, o grão-senhor tem a propriedade e as filhas têm apenas o usufruto, acontece que a maioria dos bens do Estado é possuída de maneira precária.

Pela lei de Bantão[42], o rei recebe a sucessão, até mesmo a mulher, os filhos e a casa. São obrigados, para escapar à mais cruel disposição dessa lei, a casar as crianças com oito, nove ou dez anos e às vezes até menos, para que não façam desgraçadamente parte da herança do pai.

Nos Estados em que não há leis fundamentais, a sucessão do império não poderia ser fixa. Neles, a coroa é eletiva pelo príncipe, em sua família ou fora dela. Em vão se determinaria que o primogênito seria o sucessor; o príncipe sempre poderia escolher outro. O sucessor é nomeado pelo próprio príncipe ou por seus ministros ou por uma guerra civil. Assim, esse Estado tem uma razão de dissolução a mais do que uma monarquia.

Como cada príncipe da família real tem igual capacidade de ser eleito, acontece que aquele que sobe ao trono começa por estrangular os irmãos, como na Turquia; ou manda cegá-los, como na Pérsia; ou os enlouquece, como no país do Mogol; ou, se não se tomarem essas precauções, como no Marrocos, cada vacância do trono é seguida de uma medonha guerra civil.

---

[41] Vide, sobre as sucessões dos turcos, *Lacédémone ancienne et moderne*. Vide também Ricaut, *Do império otomano*. (N. do A.)

[42] *Recueil des voyages qui ont servi à l'établissement de la compagnie des Indes*, t. I. A lei de Pegu é menos cruel; quando se têm filhos, o rei só herda dois terços. Ibid., t. III, p. 1. (N. do A.)

Pelas Constituições de Moscóvia[43], o czar pode escolher quem quiser para seu sucessor, quer dentro, quer fora da família. Tal determinação da sucessão causa mil revoluções e torna o trono tão vacilante quanto arbitrária a sucessão. Como a ordem de sucessão é uma das coisas que mais importam ao povo saber, a melhor é a mais clara aos olhos, como o nascimento e certa ordem de nascimento. Tal disposição detém as conspirações, sufoca a ambição; já não se cativa a mente de um príncipe frágil e já não se faz falarem os moribundos.

Quando a sucessão é estabelecida por uma lei fundamental, um só príncipe é o sucessor, e os seus irmãos não têm nenhum direito real ou aparente de lhe disputar a coroa. Não se pode presumir nem fazer valer uma vontade particular do pai. Já não é o caso de mandar prender ou matar o irmão do rei, tanto quanto qualquer outro súdito.

Mas nos Estados despóticos, em que os irmãos do príncipe são igualmente seus escravos e seus rivais, manda a prudência que se tomem precauções contra eles; sobretudo nos países maometanos, em que a religião considera a vitória ou o bom êxito um juízo de Deus; assim, neles, ninguém é soberano de direito, mas só de fato.

A ambição é muito mais atiçada em Estados em que príncipes de sangue veem que, se não subirem ao trono, serão presos ou mortos, do que entre nós, em que os príncipes de sangue gozam de uma condição que, se não é tão satisfatória para a ambição, talvez o seja mais para os desejos moderados.

Os príncipes dos Estados despóticos sempre abusaram do casamento. Costumam ter várias mulheres, sobretudo na parte do mundo em que o despotismo está, por assim dizer, aclimatado, que é a Ásia. Têm tantos filhos com elas, que mal podem ter afeto por eles, nem eles pelos irmãos.

Assemelha-se a família reinante ao Estado: é débil demais, e seu chefe, forte demais; parece ampla, e se reduz a nada. Mandou Artaxerxes[44] matar todos os filhos, por terem conspirado contra ele. Não é verossímil que cinquenta filhos conspirem contra o pai; e ainda menos que conspirem porque ele não quis ceder a concubina ao filho mais velho. É mais simples crer que haja aí mais uma daquelas intrigas de harém do Oriente, desses lugares onde o artifício, a maldade, a astúcia

---

[43] Vide as diferentes constituições, sobretudo a de 1711. (N. do A.)

[44] Vide Justino. (N. do A.)

reinam no silêncio e se cobrem de uma espessa noite, onde um velho príncipe, a cada dia mais imbecil, é o primeiro prisioneiro do palácio.

Depois de tudo o que acabamos de dizer, poderia parecer que a natureza humana se revoltaria continuamente contra o governo despótico. Mas, apesar do amor dos homens pela liberdade, apesar de seu ódio contra a violência, a maior parte dos povos está sujeita a ele. É fácil compreendê-lo. Para formar um governo moderado, cumpre combinar os poderes, regrá-los, temperá-los, fazê-los agir; dar, por assim dizer, lastro a um para que possa resistir a outro; é uma obra-prima de legislação, que o acaso faz raramente e raramente é deixada à prudência fazer. Um governo despótico, ao contrário, é mais claro do que o sol; é uniforme em toda parte; como bastam as paixões para estabelecê-lo, todos são capazes dele.

Capítulo XV
Continuação do mesmo assunto

Nos climas quentes, em que costuma reinar o despotismo, as paixões fazem-se sentir mais cedo e também se desvanecem mais cedo[45]; a inteligência está mais avançada; os perigos da dissipação dos bens são menores; há menos facilidade de se distinguir, menos comércio entre os jovens fechados em casa; casam mais cedo: chega-se, pois, à maioridade antes do que em nossos climas da Europa. Na Turquia, ela começa aos quinze anos[46].

A cessão de bens não pode ocorrer; num governo em que ninguém tem a riqueza garantida, os empréstimos se fazem mais pela garantia da pessoa do que dos bens.

Ocorre a cessão de bens naturalmente nos governos moderados[47] e sobretudo nas repúblicas, por causa da maior confiança que se deve ter na probidade dos cidadãos, e da moderação que deve inspirar uma forma de governo que cada qual parece ter ele próprio escolhido.

Se na república romana os legisladores tivessem estabelecido a cessão de bens[48], não se teria caído em tantas sedições e discórdias

---

[45] Vide o livro *Das leis*, na relação com a natureza do clima. (N. do A.)

[46] La Guilletière, *Lacédémone ancienne et moderne*, p. 463. (N. do A.)

[47] O mesmo ocorre com as moratórias nas falências de boa-fé. (N. do A.)

[48] A cessão de bens só foi estabelecida pela lei Júlia, *De cessione bonorum*. Evitavam-se as prisões e a cessão ignominiosa dos bens. (N. do A.)

civis e não se teriam corrido os perigos dos males nem os riscos dos remédios.

A pobreza e a incerteza das riquezas, nos Estados despóticos, faziam que a usura neles se aclimatasse, com cada qual aumentando o preço do seu dinheiro proporcionalmente ao perigo que corria em emprestá-lo. A miséria vem, pois, de toda parte nesses países infelizes; tudo lhes é subtraído, até o recurso a empréstimos.

Decorre daí que um mercador não pode praticar um grande comércio; vive o dia a dia; se fizesse um grande estoque de mercadorias, perderia mais pelos juros que daria para pagá-las do que ganharia com as mercadorias. Por isso as leis sobre o comércio quase não vigoram ali; reduzem-se à mera polícia.

O governo não poderia ser injusto, se não tivesse mãos que praticam as suas injustiças: ora, é impossível que essas mãos não trabalhem para si mesmas. O peculato, é, pois, natural nos Estados despóticos.

Como neles esse é o crime comum, os confiscos são úteis. Com estes se consola o povo; o dinheiro que dele se extrai é um tributo considerável, que o príncipe arrecadaria com dificuldade entre súditos falidos: não há, nesse país, nem ao menos uma família que se queira conservar.

Nos Estados moderados, é tudo muito diferente. Os confiscos tornariam incerta a propriedade dos bens; despojariam crianças inocentes; destruiriam uma família, tratando-se apenas de punir um culpado. Nas repúblicas, eles fariam o mal de violar a igualdade, que é a sua alma, privando um cidadão do que lhe é fisicamente necessário[49]. Uma lei romana ordena[50] que só haja confisco em caso de crime de lesa-majestade de máxima gravidade. Não raro seria muito sábio seguir o espírito dessa lei e limitar os confiscos a certos crimes. Nos países onde um costume local dispôs dos bens próprios, Bodin[51] diz muito bem que só se deveriam confiscar os bens adquiridos.

---

[49] Parece-me que se tinha amor demasiado pelos confiscos na república de Atenas. (N. do A.)

[50] *Authent. bona damnatorum*. Código *De bon. proscript. seu damn*. (N. do A.)

[51] Livro V, capítulo III. (N. do A.)

Capítulo XVI
Da comunicação do poder

No governo despótico, o poder passa integralmente às mãos daquele a quem é confiado. O vizir é o próprio déspota; e cada oficial particular é o vizir. No governo monárquico, aplica-se o poder menos imediatamente; o monarca, ao dá-lo, ameniza-o[52]. Faz tal distribuição da sua autoridade, que não dá jamais uma parte sem não reter outra maior.

Assim, nos Estados monárquicos, os governadores particulares das cidades dependem menos do governador da província do que do príncipe; e cada um dos oficiais dos corpos militares depende menos do general do que do príncipe.

Na maioria dos Estados monárquicos, determinou-se com sabedoria que aqueles que têm um comando de certa importância não sejam adidos a nenhum corpo de milícia; assim, dispondo do comando apenas pela vontade particular do príncipe, podendo ser empregados ou não, estão, de certa forma, em serviço e, de certa forma, fora dele.

Isso é incompatível com o governo despótico. Pois, se aqueles que não têm um emprego atual tivessem, porém, prerrogativas e títulos, haveria no Estado homens importantes por si mesmos; o que contradiria a natureza de tal governo.

Pois, se o governador de uma cidade fosse independente do paxá, seriam necessários todos os dias certos compromissos para acomodá-lo; algo absurdo num governo despótico. E, além disso, se o governador particular pode não obedecer, como o outro poderia responder pela sua província com a vida?

Nesse governo, a autoridade não pode ser equilibrada; a do menor magistrado não mais do que a do déspota. Nos países moderados, a lei é em toda parte prudente, em toda parte conhecida e os menores magistrados podem segui-la. No despotismo, porém, em que a lei é só a vontade do príncipe, mesmo se o príncipe fosse prudente, como o magistrado poderia seguir uma vontade que não conhece? Ele tem de seguir a sua própria.

E há mais: como a lei é apenas o que quer o príncipe e como o

---

[52] *Ut esse Phoebi dulcius lumen solet / Jamjam cadentis...* [Sêneca, *Trôades*, 1140-41. "Como costuma Febo dar seus raios mais doces quando já declina..."] (N. do A.)

príncipe só pode querer o que conhece, é preciso haver uma infinidade de pessoas que queiram por ele e como ele.

Enfim, como a lei é a vontade momentânea do príncipe, é necessário que aqueles que queiram por ele queiram subitamente como ele.

Capítulo XVII
Dos presentes

Trata-se de um costume, nos países despóticos, não abordar ninguém de condição superior à sua sem lhe dar um presente, mesmo os reis. O imperador Mogol[53] só recebe as solicitações dos súditos se receber algo. Tais príncipes chegam a corromper até mesmo as suas graças.

Isso deve ser assim num governo em que ninguém é cidadão; num governo em que existe a convicção de que o superior nada deve ao inferior; num governo em que os homens só se julgam unidos pelos castigos que uns infligem aos outros; num governo em que há poucos negócios e é raro apresentar-se alguém diante de um poderoso, fazer-lhe solicitações e sobretudo queixas.

Numa república, os presentes são algo odioso, porque a virtude não precisa deles. Na monarquia, a honra é um motivo mais forte do que os presentes. Mas no Estado despótico, em que não há nem honra nem virtude, as pessoas só se determinam a agir pela esperança das comodidades da vida.

Em conformidade com as ideias da república, pretendia Platão[54] que aqueles que recebessem presentes para fazer seu dever fossem punidos com a morte. Não devem ser aceitos, dizia ele, nem pelas coisas boas, nem pelas más.

Era má a lei romana[55] que permitia aos magistrados aceitarem pequenos presentes[56], contanto que não passassem de cem escudos por ano. Aqueles a quem nada se dá nada desejam; aqueles a quem se dá um pouco logo desejarão um pouco mais e depois muito. É mais

---

[53] *Recueil des voyages qui ont servi à l'établissement de la compagnie des Indes*, t. I, p. 80. (N. do A.)

[54] Livro XII, *Das leis*. (N. do A.)

[55] Leg., 6, § 2, *Dig. ad leg. Jul. rep.* (N. do A.)

[56] *Munuscula*. (N. do A.)

fácil, aliás, convencer aquele que, não devendo ganhar nada, ganha algo, do que aquele que ganha mais, quando deveria ganhar menos e para isso sempre arruma pretextos, desculpas, causas e razões plausíveis.

Capítulo XVIII
Das recompensas dadas pelo soberano

Nos governos despóticos, em que, como dissemos, o único motivo para agir é a esperança das comodidades da vida, a única coisa que o príncipe que recompensa pode dar é dinheiro. Na monarquia, em que a honra reina sozinha, o príncipe só recompensaria com distinções se as distinções que a honra estabelece não estivessem unidas a um luxo que provoca necessariamente necessidades: o príncipe recompensa, portanto, com honras que levam à riqueza. Numa república, porém, em que reina a virtude, motivo que se basta a si mesmo e exclui todos os outros, o Estado só recompensa por testemunhos dessa virtude.

É regra geral que as grandes recompensas, na monarquia e na república, são sinal de decadência, pois provam que seus princípios estão corrompidos; que, por um lado, a ideia da honra já não tem mais tanta força; que, por outro, a qualidade de cidadão se enfraqueceu.

Os piores imperadores romanos foram os que mais presentearam; por exemplo, Calígula, Cláudio, Nero, Otão, Vitélio, Cômodo, Heliogábalo e Caracala. Os melhores, como Augusto, Vespasiano, Antonino Pio, Marco Aurélio e Pertinax, foram econômicos. Sob os bons imperadores, o Estado recuperava os seus princípios: o tesouro da honra supria os outros tesouros.

Capítulo XIX
Novas consequências dos princípios dos três governos

Não consigo decidir-me a encerrar este livro sem fazer ainda algumas aplicações dos meus três princípios.

Primeira questão. Devem as leis obrigar o cidadão a aceitar os empregos públicos? Digo que sim, no governo republicano, e não, no monárquico. No primeiro, as magistraturas são testemunhos de virtude, tesouros que a pátria confia ao cidadão, que só deve viver, agir e pensar por ela: ele não pode, pois, recusá-los[57]. No segundo, as magistraturas são testemunhos de honra: ora, a honra é tão estranha, que se compraz em só aceitá-los quando quer e como quer.

O falecido rei da Sardenha[58] punia os que recusavam as dignidades e os empregos do seu Estado; ele seguia sem saber as ideias republicanas. A sua maneira de governar, aliás, prova suficientemente que essa não era a sua intenção.

Segunda questão. É boa a máxima de que o cidadão possa ser obrigado a aceitar, no exército, um posto inferior ao que já ocupou? Muito se via, entre os romanos, o capitão servir no ano seguinte sob o seu lugar-tenente[59]. Isso porque, nas repúblicas, a virtude exige que se faça ao Estado o sacrifício contínuo de si mesmo e das suas repugnâncias. Nas monarquias, porém, a honra verdadeira ou falsa não pode suportar o que considera degradação.

Nos governos despóticos, em que também se abusa da honra, dos postos e das hierarquias, faz-se indiferentemente de um príncipe um boçal e de um boçal um príncipe.

Terceira questão. Pode-se dar a uma mesma pessoa empregos civis e militares? Cumpre uni-los na república e separá-los na monarquia. Nas repúblicas, seria muito perigoso fazer da profissão das armas um estado particular, distinto daquele que tem as funções civis; e nas monarquias não haveria menos perigo em dar as duas funções à mesma pessoa.

Alguém só toma armas, na república, na qualidade de defensor das leis e da pátria; é por ser cidadão que alguém se torna, durante certo tempo, soldado. Se houvesse dois estados distintos, dar-se-ia a entender àquele que, sob as armas, se crê cidadão que ele é apenas um soldado.

Nas monarquias, os militares têm por objetivo apenas a glória, ou pelo menos a honra ou a riqueza. Cumpre evitar dar os empregos civis a tais pessoas: é mister, pelo contrário, que sejam refreados pelos

---

[57] Platão, em sua *República*, livro VIII, põe essa recusa entre as marcas de corrupção da república. Nas *Leis*, livro VI, pretende que seja punida com uma multa. Em Veneza, é punida com o exílio. (N. do A.)

[58] Vítor Amadeu. (N. do A.)

[59] Tendo alguns centuriões apelado ao povo para pedir o cargo que tinham tido: "É justo, companheiros", diz um centurião, "que considereis honrosos os cargos em que defendereis a república". Tito Lívio, livro XLII. (N. do A.)

magistrados civis e que a mesma gente não tenha, ao mesmo tempo, a confiança do povo e a força para abusar disso[60].

Vemos, numa nação em que a república se oculta sob a forma de monarquia, quanto se teme um Estado particular de militares, e como o guerreiro permanece sempre cidadão, ou até magistrado, para que essas qualidades sejam uma garantia para a pátria e isso jamais seja esquecido.

Essa divisão das magistraturas entre civis e militares feita pelos romanos depois da perda da república não foi algo arbitrário. Foi uma consequência da mudança da constituição de Roma: esta pertencia à natureza do governo monárquico. E o que apenas começara sob Augusto[61] os imperadores seguintes[62] foram obrigados a concluir, para moderar o governo militar.

Assim Procópio, concorrente de Valente ao império, nada disso compreendia quando, dando a Hormisda, príncipe de sangue real da Pérsia, a dignidade de procônsul[63], devolveu a essa magistratura o comando dos exércitos que antes ela possuíra; a menos que tivesse razões particulares. Um homem que aspira à soberania busca menos o útil ao Estado do que o útil à sua causa.

Quarta questão. Convém que os cargos sejam venais? Não devem sê-lo nos Estados despóticos, em que é preciso que os súditos sejam nomeados ou demitidos instantaneamente pelo príncipe.

Essa venalidade é boa nos Estados monárquicos; porque faz que se faça como um ofício de família o que não se gostaria de fazer por virtude; pois destina cada qual ao seu dever e torna permanentes as ordens do Estado. Diz muito bem Suidas[64] que Anastácio fizera do império uma espécie de aristocracia, ao vender todas as magistraturas.

---

[60] *Ne imperium ad optimos nobilium transferretur, senatum militia vetuit Gallienus; etiam adire exercitum* [Para evitar que os principais cidadãos tivessem o poder supremo, Galiano proibiu que os senadores se alistassem e até se aproximassem do exército]. Aurélio Vítor, *De viris illustrib*. (N. do A.)

[61] Augusto tirou dos senadores, dos procônsules e governadores o direito de portar armas. Díon, livro XXXIII. (N. do A.)

[62] Constantino. Vide Zózimo, livro II. (N. do A.)

[63] Amiano Marcelino, livro XXVI. *More veterum et bella recturo*. (N. do A.)

[64] Fragmentos tirados das *Embaixadas* de Constantino Porfirogeneta. (N. do A.)

Platão[65] não pode admitir essa venalidade. "É", diz ele, "como se num navio nomeassem alguém piloto ou marujo pelo dinheiro. Será possível que a regra seja ruim para qualquer outro emprego na vida e boa apenas para a chefia da república?" Mas fala Platão de uma república fundada na virtude, e nós falamos de uma monarquia. Ora, numa monarquia em que, se os cargos não fossem vendidos segundo uma norma pública, seriam de qualquer jeito vendidos pela indigência e pela avidez dos cortesãos, o acaso fará melhores súditos que a escolha do príncipe. Enfim, a maneira de progredir pelas riquezas inspira e fomenta a indústria[66]; algo de que essa espécie de governo precisa muito.

Quinta questão. Em que governo são necessários censores? Eles são necessários na república, em que o princípio do governo é a virtude. Não são só os crimes que destroem a virtude; mas ainda as negligências, as falhas, certa tepidez no amor da pátria, exemplos perigosos, sementes de corrupção; o que não contraria as leis, mas as contorna; o que não as destrói, mas as enfraquece: tudo isso deve ser corrigido pelos censores.

Espanta-nos a punição desse areopagita que matara um pardal que, perseguido por um gavião, se refugiara em seu colo. Surpreende-nos que o Areópago tenha condenado à morte uma criança que furara os olhos de um passarinho. Atente-se ao fato de que não se trata de uma condenação por crime, mas de um juízo de costumes numa república fundada nos costumes.

Nas monarquias, não são necessários os censores: elas se fundamentam na honra, e a natureza da honra é ter como censor o universo inteiro. Todo homem que peca contra a honra está sujeito às censuras daqueles mesmos que não a têm.

Ali, os censores seriam corrompidos por aqueles mesmos que deveriam corrigir. Eles não seriam bons contra a corrupção de uma monarquia; mas a corrupção de uma monarquia seria profunda demais para eles.

Bem percebemos que não são necessários censores nos governos despóticos. O exemplo da China parece derrogar essa regra: mas veremos, na sequência desta obra, as razões singulares dessa instituição.

---

65 *República*, livro VIII. (N. do A.)

66 Preguiça da Espanha; ali todos os cargos são dados. (N. do A.)

Livro VI
Consequências dos princípios dos diversos governos em relação à simplicidade das leis civis e criminais, a forma dos julgamentos, a determinação das penas

Capítulo I
Da simplicidade das leis civis, nos diferentes governos

O governo monárquico não comporta leis tão simples quanto o despótico. Nele, são necessários os tribunais. Tais tribunais tomam decisões. Devem estas ser conservadas; devem ser aprendidas, para que se julgue segundo tais decisões hoje como se julgou ontem, e a propriedade e a vida dos cidadãos sejam asseguradas e fixadas como a própria constituição do Estado.

Numa monarquia, a administração de uma justiça que não decide apenas sobre a vida e os bens, mas também sobre a honra, exige investigações escrupulosas. A delicadeza do juiz aumenta à medida que seja maior o que lhe seja confiado e que ele decida sobre interesses maiores.

Não devemos, pois, espantar-nos em encontrar, nas leis desses Estados, tantas regras, restrições, extensões que multiplicam os casos particulares e parecem fazer da própria razão uma arte.

A diferença de posição social, de origem, de condição que se estabelece no governo monárquico muitas vezes acarreta distinções na natureza dos bens; e leis relativas à constituição desse Estado podem aumentar o número dessas distinções. Assim, em nosso país, os bens são próprios, adquiridos ou conquistados; dotais, parafernais; paternais ou maternais; móveis de vária espécie; livres, substituídos; de linhagem ou não; nobres, alodiais ou plebeus; rendas fundiárias ou constituídas em dinheiro. Cada tipo de bens está sujeito a regras particulares; cumpre segui-las, para deles dispor: o que afasta ainda mais a simplicidade.

Em nossos governos, tornaram-se hereditários os feudos. Foi preciso que a nobreza tivesse certa consistência para que o proprietário do feudo pudesse servir o príncipe. Isso produziu muitas variedades: por exemplo, países há em que não se podiam dividir os feudos entre irmãos; em outros, os filhos mais moços puderam ter a sua subsistência com maior folga.

O monarca que conhece cada uma das suas províncias pode estabelecer diversas leis ou tolerar diferentes costumes. Mas o déspota nada conhece e não pode ter atenções com nada; precisa ter uma postura geral; governa com uma vontade rígida, a mesma em toda parte; tudo se nivela sob os seus pés.

À medida que nas monarquias se multiplicam os juízos dos tribunais, a jurisprudência encarrega-se de decisões que por vezes se contradizem; ou porque os juízes que se sucedem pensam diferentemente ou porque os casos são ora bem, ora mal defendidos; ou enfim por uma infinidade de abusos que se introduzem em tudo o que passa pela mão dos homens. É um mal necessário, que o legislador corrige de quando em quando, como contrário até ao espírito dos governos moderados. Pois, quando somos obrigados a recorrer aos tribunais, isso deve decorrer da natureza da constituição e não das contradições e da incerteza das leis.

Nos governos em que há necessariamente distinções entre as pessoas, deve haver privilégios. Isso diminui ainda mais a simplicidade, e causa mil exceções.

Um dos privilégios menos custosos à sociedade e sobretudo a quem o confere é o de defender-se diante de um tribunal de preferência a outro. Surgem novos problemas; ou seja, o de saber diante de que tribunal se deve defender.

Os povos dos Estados despóticos estão numa situação muito diferente. Não sei sobre o que, nesses países, o legislador poderia estatuir ou o magistrado, julgar. Segue-se do fato de as terras pertencerem ao príncipe que quase não haja leis civis sobre a propriedade das terras. Segue-se do direito que o soberano tem de suceder que tampouco haja leis sobre as sucessões. O comércio exclusivo que ele faz em alguns países torna inútil todo tipo de leis sobre o comércio. Os casamentos contraídos com jovens escravas fazem que raramente haja leis civis sobre os dotes e sobre as vantagens das mulheres. Também decorre dessa prodigiosa multidão de escravos que quase não haja gente com vontade própria e, por conseguinte, que deva responder de seus atos perante um juiz. A maioria das ações morais, que não são senão as vontades do pai, do marido, do amo, são acertadas com eles, e não pelos magistrados.

Esquecia de dizer que, como o que chamamos honra mal é conhecido nesses Estados, todos os problemas relacionados com essa honra, que ocupa um lugar tão importante para nós, não existem para eles. O despotismo basta-se a si mesmo; tudo é vazio ao seu redor. Assim, quando os viajantes nos descrevem os países em que reina o despotismo, raramente nos falam de leis civis[1].

Todas as ocasiões de litígio e processo são, portanto, suprimidas. É o que faz que, em parte, tanto se maltratem os queixosos: a injustiça de sua queixa é mostrada claramente, não sendo escondida, diminuída ou protegida por uma infinidade de leis.

Capítulo II
Da simplicidade das leis criminais nos diversos governos

Ouvimos muitas vezes dizer que a justiça deveria ser feita em toda parte como na Turquia. Será, então, que apenas os povos mais ignorantes terão visto com clareza a coisa do mundo que mais importa aos homens saber?

Se examinardes as formalidades da justiça no que tange à dificuldade que um cidadão tem para recuperar seu bem ou para obter satisfação por um ultraje, sem dúvida as achareis excessivas; se as considerardes na relação que têm com a liberdade e a segurança dos cidadãos, não raro as considerareis poucas demais; e vereis que as dificuldades, as despesas, as demoras, os próprios perigos da justiça são o preço que cada cidadão paga pela liberdade.

Na Turquia, onde se dá muito pouca atenção à riqueza, à vida, à honra dos súditos, terminam rapidamente, de um ou de outro modo, todas as disputas. A maneira de terminá-las é indiferente, contanto

---

[1] No Masulipatão, não se conseguiu descobrir que houvesse lei escrita. Vide o *Recueil des voyages qui ont servi à l'établissement de la compagnie des Indes*, t. IV, parte I, p. 391. Os indianos só se pautam, em seus julgamentos, por certos costumes. Os *Vedas* e outros livros que tais não contêm leis civis, mas preceitos religiosos. Vide *Lettres édifiantes*, coletânea 14. (N. do A.)

que terminem. O paxá, que é o primeiro a ser informado, faz distribuir à vontade pauladas na sola dos pés dos litigantes e os manda de volta para casa.

E seria muito perigoso ter ali as paixões dos queixosos: tais paixões supõem um desejo ardente de obter justiça, um ódio, uma atividade na mente, uma constância para prosseguir. Tudo isso deve ser evitado num governo em que não se deve ter outro sentimento senão o temor e em que tudo leva subitamente, e sem que se possa prever, a revoluções. Cada qual deve saber que o magistrado não deve ouvir falar dele e que o preço da segurança é a própria nulidade.

Nos Estados moderados, porém, em que se tem consideração pelo último dos cidadãos, não lhe tiram a honra e os bens senão depois de longo exame: só lhe tiram a vida quando a própria pátria o ataca; e ela só o ataca deixando-lhe todos os meios possíveis de defesa.

Assim, quando um homem se torna mais absoluto[2], pensa logo em simplificar as leis. Nesse Estado, começa-se a levar mais em conta os inconvenientes particulares do que a liberdade dos súditos, a que não se dá a mínima importância.

Vemos que nas repúblicas é preciso pelo menos tantas formalidades quanto nas monarquias. Num e noutro governo, tais formalidades aumentam na medida do valor que se da à honra, à riqueza, à vida, à liberdade dos cidadãos.

Os homens são todos iguais no governo republicano; são iguais no governo despótico: no primeiro, porque são tudo; no segundo, porque não são nada.

Capítulo III
Em que governos e em que casos deve-se julgar segundo um texto preciso da lei

Quanto mais o governo se aproxima da república, mais rígida se torna a maneira de julgar; e era um defeito da república da Lacedemônia que os éforos julgassem arbitrariamente, sem que houvesse leis para dirigi-los. Em Roma, os primeiros cônsules julgaram como os éforos: notaram-se inconvenientes e fizeram-se leis precisas.

Nos Estados despóticos, não há leis: o juiz é ele próprio a regra.

---

[2] César, Cromwell e muitos outros. (N. do A.)

Nos Estados monárquicos, há uma lei; e onde tal lei é precisa, o juiz a segue; onde não o é, ele procura descobrir o seu espírito. No governo republicano, é da natureza da constituição que os juízes sigam a letra da lei. Não há um cidadão contra o qual se possa interpretar uma lei, quando se trata dos seus bens, da sua honra ou da sua vida.

Em Roma, os juízes apenas pronunciavam que o réu era culpado de certo crime; e a pena se achava na lei, como vemos em diversas leis que foram promulgadas. Da mesma forma, na Inglaterra, os jurados decidem se o réu é culpado ou não a partir do fato que foi levado ante eles; e, se for declarado culpado, o juiz pronuncia a pena que a lei determina para aquele fato: e para tanto lhe basta ter olhos.

Capítulo IV
Da maneira de formar os julgamentos

Seguem-se daí as diferentes maneiras de formar os julgamentos. Nas monarquias, os juízes assumem a postura dos árbitros; deliberam juntos, trocam ideias, conciliam-se; muda-se de opinião, para torná-la conforme à de outro; as opiniões menos numerosas são reduzidas às duas maiores. Isso não é da natureza da república. Em Roma e nas cidades gregas, os juízes não se comunicavam: cada qual dava a sua opinião de uma destas três maneiras: absolvo, condeno, não me parece[3]; isso porque o povo é que julgava, pelo menos supostamente. O povo, porém, não é jurisconsulto; todas essas modificações e abrandamentos dos árbitros não são para ele; é preciso apresentar-lhe um só objeto, um e um só fato; e que ele só tenha de condenar, absolver ou adiar o julgamento.

Os romanos, a exemplo dos gregos, introduziram fórmulas de ações[4] e estabeleceram a necessidade de dirigir cada caso pela ação que lhe era própria. Isso era necessário em sua maneira de julgar: era preciso definir o estado da questão, para que o povo o tivesse sempre diante dos olhos. Caso contrário, no curso de um grande processo, esse estado da questão mudaria continuamente e já não o reconheceriam.

---

[3] *Non liquet*. (N. do A.)

[4] *Quas actiones ne populus, prout vellet, institueret, certas solemnesque esse voluerunt*, leg. 2, § 6, Digest. *de orig. jur*. (N. do A.)

Seguia-se daí que os juízes, entre os romanos, só resolviam a demanda específica, sem nada aumentar, diminuir ou modificar. Mas os pretores imaginaram outras fórmulas de ação, que foram chamadas de boa-fé[5], em que a maneira de pronunciar estava mais na disposição do juiz. Isso era mais conforme ao espírito da monarquia. Por isso dizem os jurisconsultos franceses: em França, todas as ações são de boa-fé[6].

Capítulo V
Em que governos o soberano pode ser juiz

Atribui Maquiavel[7] a perda da liberdade de Florença ao fato de o povo não julgar em conjunto, como em Roma, os crimes de lesa-majestade cometidos contra ele. Contava para isso com oito juízes nomeados: mas, diz Maquiavel, poucos são corrompidos por poucos. Adotaria eu a máxima desse grande homem; mas, como nesses casos o interesse político força, por assim dizer, o interesse civil (pois é sempre inconveniente que o próprio povo julgue as suas ofensas), para remediá-lo é preciso que as leis garantam, na medida do possível, a segurança dos particulares.

Com esta ideia, os legisladores de Roma fizeram duas coisas: permitiram que os acusados se exilassem[8] antes do julgamento[9] e determinaram que os bens dos condenados fossem consagrados, para que o povo não tivesse o confisco. Veremos no livro XI as outras limitações impostas ao poder que o povo tinha de julgar.

Sólon soube muito bem prevenir o abuso que o povo poderia fazer de seu poder no julgamento dos crimes: determinou que o Areópago revisse o caso; se considerasse o réu injustamente absol-

---

[5] Nas quais se inseriam estas palavras: *ex bona fide*. (N. do A.)

[6] Nelas se condena às custas aquele mesmo a que se pede mais do que deve, se não houver oferecido ou consignado o que deve. (N. do A.)

[7] *Discurso sobre a primeira década* de Tito Lívio, livro I, capítulo VII. (N. do A.)

[8] Isto está bem explicado na oração de Cícero *Pro Caecinna*, no fim. (N. do A.)

[9] Era uma lei de Atenas, como fica claro por Demóstenes. Recusou-se Sócrates a se valer dela. (N. do A.)

vido[10], acusava-o de novo ante o povo; se o considerasse injustamente condenado[11], suspendia a execução e fazia que o caso fosse julgado novamente: lei admirável, que submetia o povo à censura da magistratura que ele mais respeitava e também à sua própria!

Será bom usar de certa morosidade em casos semelhantes, sobretudo a partir do momento em que o réu for preso, para que o povo possa acalmar-se e julgar serenamente.

Nos Estados despóticos, o próprio príncipe pode julgar. Não o pode nas monarquias: seria destruída a constituição; os poderes intermediários dependentes, aniquilados; veríamos cessarem todas as formalidades dos julgamentos; o temor tomaria conta de todos os espíritos; a palidez se instalaria em todos os rostos; não haveria mais confiança, nem honra, nem amor, nem segurança, nem monarquia.

Eis outras reflexões. Nos Estados monárquicos, o príncipe é a parte que persegue os acusados e os faz serem punidos ou absolvidos: se ele mesmo julgasse, seria o juiz e a parte.

Nesses mesmos Estados, muitas vezes o príncipe recebe os confiscos: se julgasse os crimes, seria outra vez juiz e parte.

E mais: perderia o mais belo atributo da soberania, que é o de anistiar[12]. Seria insensato que ele fizesse e desfizesse os seus julgamentos: ele não gostaria de estar em contradição consigo mesmo.

Isso, ademais, confundiria todas as ideias; não se saberia se um homem fora absolvido ou anistiado.

Quando Luís XIII quis ser juiz no processo do duque de La Valette[13] e convocou com esse fim ao seu gabinete alguns funcionários do parlamento e alguns conselheiros de Estado, quando o rei os obrigou a opinar sobre o decreto de prisão, disse o presidente De Bélièvre: "Que via no caso algo estranho: um príncipe opinar no processo de um dos seus súditos; que os reis se reservavam apenas as graças e remetiam as condenações aos funcionários. E Vossa Majestade gostaria de ver diante dela no banco dos réus um homem que fosse morrer em uma

---

[10] Demóstenes, *Sobre a coroa*, p. 494, edição de Frankfurt do ano 1604. (N. do A.)

[11] Vide Filóstrato, *Vida dos sofistas*, livro I, *Vida de Ésquines*. (N. do A.)

[12] Não julga Platão que os reis, que são, diz ele, sacerdotes, possam assistir ao julgamento em que se condene à morte, ao exílio, à prisão. (N. do A.)

[13] Vide a relação do processo feita ao sr. duque de la Valette. Está impressa nas *Mémoires* de Montrésor, t. II, p. 62. (N. do A.)

hora! Que o rosto do príncipe, que traz as graças, não pode suportar isso; que bastava a sua visão para suspender as interdições das igrejas; que todos deveriam sair contentes da presença do príncipe". Quando se julgou o fundamento, disse o mesmo presidente em seu parecer: "Este é um julgamento sem exemplos ou até mesmo contra todos os exemplos do passado até hoje, que um rei de França tenha condenado na qualidade de juiz, por seu parecer, um fidalgo à morte"[14].

Os julgamentos feitos pelo príncipe seriam fonte inesgotável de injustiças e abusos; os cortesãos extorquiriam, com a importunidade, os julgamentos. Tiveram alguns imperadores romanos o furor de julgar; nenhum reinado espantou mais o universo com as suas injustiças.

"Cláudio", diz Tácito[15], "tendo tomado para si o julgamento dos processos e as funções dos magistrados, deu ocasião a toda espécie de rapina". Assim, Nero, chegando ao império depois de Cláudio e querendo apaziguar os espíritos, declarou: "Que evitaria ser o juiz de todos os processos; para que os acusadores e os acusados, entre as paredes do palácio, não ficassem expostos ao poder iníquo de alguns libertos"[16].

Sob o reinado de Arcádio, diz Zózimo[17], "a nação dos caluniadores ampliou-se, rodeou a corte e a infectou. Quando um homem era morto, supunha-se que não deixara filhos[18]; seus bens eram dados por um rescrito. Pois como o príncipe era estranhamente estúpido e a imperatriz, excessivamente audaciosa, ela servia a insaciável avareza dos domésticos e dos confidentes; assim, para as pessoas moderadas, nada havia de mais desejável do que a morte".

"Havia antigamente", diz Procópio[19], "muito pouca gente na corte: mas, sob Justiniano, como os juízes já não tinham a liberdade de fazer justiça, os seus tribunais estavam desertos, enquanto no palácio do príncipe ressoavam os clamores das partes que ali defendiam os seus casos". Todos sabem como ali eram vendidos julgamentos e até leis.

As leis são os olhos do príncipe; ele vê por seu intermédio o que

---

[14] Isto foi mais tarde mudado. Vide a mesma relação. (N. do A.)
[15] *Anais*, livro XI. (N. do A.)
[16] *Anais*, livro XIII. (N. do A.)
[17] *Hist.*, livro V. (N. do A.)
[18] A mesma desordem sob Teodósio, o Moço. (N. do A.)
[19] *História secreta*. (N. do A.)

não poderia ver sem elas. Quer ele exercer a função dos tribunais? Trabalha não para si mesmo, mas para os seus sedutores, contra si mesmo.

Capítulo VI
Que na monarquia os ministros não devem julgar

É também um grande inconveniente, na monarquia, que os próprios ministros do príncipe julguem os casos contenciosos. Vemos ainda hoje Estados em que há inúmeros juízes para julgar os processos fiscais e em que os ministros — quem diria! — inda querem julgá-los. Ocorrem-me reflexões em abundância: farei apenas as seguintes.

Pela natureza das coisas, há uma espécie de contradição entre o conselho do monarca e os seus tribunais. O conselho dos reis deve ser composto de poucas pessoas; e os tribunais de judicatura exigem muitas. Isso porque no primeiro devemos tomar os casos com certa paixão e segui-los também assim, o que só poderíamos esperar de quatro ou cinco homens que façam disso o seu trabalho. Nos tribunais de judicatura, pelo contrário, é preciso serenidade e que para tais juízes os processos sejam, de certa forma, indiferentes.

Capítulo VII
Do magistrado único

Tal magistrado só pode existir no governo despótico. Vemos na história romana a que ponto um juiz único pode abusar do poder. Como não teria desprezado as leis Ápio, em seu tribunal, já que violou até mesmo a que ele próprio fizera?[20] Tito Lívio mostrou-nos a iníqua distinção do decênviro. Subornara ele um homem que reivindicava, perante ele, Virgínia como sua escrava; os pais de Virgínia pediram-lhe que, em virtude da sua lei, ela lhes fosse devolvida até a sentença definitiva. Declarou ele que a sua lei fora feita apenas em favor do pai; e que, estando ausente Virgínia, tal lei não podia ser aplicada[21].

---

[20] Vide a lei II, § 24ss, *De orig. jur.* (N. do A.)

[21] *Quod pater puellae abesset, locum, injuriae esse ratus*. Tito Lívio, *Década*, I, livro III. (N. do A.)

Capítulo VIII
Das acusações nos diferentes governos

Em Roma[22], era permitido que um cidadão acusasse outro. Isso era conforme ao espírito da república, em que cada cidadão deve ter, para o bem público, um zelo sem limites, em que cada cidadão deve ter nas mãos todos os direitos da pátria. Seguiram-se, sob os imperadores, as máximas da república; e logo se viu surgir um gênero funesto de homens, um bando de delatores. Quem quer que tivesse muitos defeitos e muitos talentos, uma alma muito baixa e um espírito ambicioso buscava um criminoso cuja condenação pudesse agradar ao príncipe: era o caminho para chegar às honras e à riqueza[23], algo que não vemos entre nós.

Temos hoje uma lei admirável; é a que determina que o príncipe, coroado para fazer executar as leis, aponte um oficial em cada tribunal, para perseguir em seu nome todos os crimes: de sorte que a função dos delatores é desconhecida em nosso meio. E se se suspeitar que esse vingador público abuse do seu ministério, ele será obrigado a dar o nome do seu denunciante.

Nas leis de Platão[24], quem negligencia avisar os magistrados ou dar-lhes ajuda deve ser punido. Isso não seria conveniente hoje. A procuradoria pública vela pelos cidadãos; a procuradoria age, e eles permanecem tranquilos.

Capítulo IX
Da severidade das penas nos diversos governos

Convém mais a severidade das penas ao governo despótico, cujo princípio é o terror, do que à monarquia e à república, que têm como mola a honra e a virtude.

Nos Estados moderados, o amor da pátria, a vergonha e o temor da censura são motivos inibidores, que podem impedir muitos crimes. A maior pena de uma má ação será ser condenado por ela. As leis

---

[22] E em muitas outras cidades. (N. do A.)

[23] Vide em Tácito as recompensas concedidas a tais delatores. (N. do A.)

[24] Livro IX. (N. do A.)

civis, portanto, terão maior facilidade para corrigir e não precisarão exercer tanto a força.

Nesses Estados, um bom legislador se empenhará menos em punir os crimes do que em preveni-los; empenhar-se-á mais em inspirar bons costumes do que em infligir suplícios.

Os autores chineses sempre observam que, quanto mais aumentavam em seu império os suplícios, mais próxima estava a revolução[25]. Isso porque se aumentavam os suplícios na proporção da falta de bons costumes.

Seria fácil provar que, em todos ou quase todos os Estados da Europa, as penas diminuíram ou aumentaram conforme se estivesse mais próximo ou mais longe da liberdade.

Nos países despóticos, a gente é tão infeliz, que se teme mais a morte do que se lastima a vida; os suplícios devem ser mais rigorosos ali, portanto. Nos Estados moderados, teme-se mais perder a vida do que se receia a morte em si mesma; os suplícios que simplesmente tiram a vida são, portanto, suficientes.

Os homens extremamente felizes e os homens extremamente infelizes têm igual tendência à dureza; prova disso são os monges e os conquistadores. Só a mediocridade e a mescla da boa e da má sorte provocam a mansuetude e a piedade.

O que vemos nos homens em particular se encontra nas diversas nações. Entre os povos selvagens, que levam uma vida duríssima, e entre os povos dos governos despóticos, em que só há um homem exorbitantemente favorecido pela sorte, enquanto todos os demais são por ele ultrajados, a gente é igualmente cruel. Reina a brandura nos governos moderados.

Quando lemos nas histórias os exemplos da atroz justiça dos sultãos, sentimos com uma espécie de dor os males da natureza humana.

Nos governos moderados, tudo, para um bom legislador, pode servir para definir castigos. Não é extraordinário que, em Esparta, uma das principais penas era a de não poder emprestar a mulher a outro, nem receber a de outro, de sempre estar em casa só com virgens? Numa palavra, tudo a que a lei chama castigo é efetivamente um castigo.

---

[25] Mostrarei a seguir que a China, sob este aspecto, está no caso de uma república ou de uma monarquia. (N. do A.)

Capítulo X
Das antigas leis francesas

É mesmo nas antigas leis francesas que encontramos o espírito da monarquia. Nos casos em que se trata de penas pecuniárias, os não nobres são menos punidos do que os nobres[26]. Acontece o contrário nos crimes[27]: o nobre perde a honra e a voz na corte, enquanto o camponês, que não tem honra, é punido corporalmente.

Capítulo XI
Que, quando o povo é virtuoso, poucas penas são necessárias

Tinha probidade o povo romano. Essa probidade foi tão forte, que não raro o legislador só precisou mostrar-lhe o bem para fazer que o seguisse. Parecia que, em vez de ordenações, bastava dar-lhe conselhos.

As penas das leis régias e as das leis das Doze Tábuas foram quase todas suprimidas na república, quer em consequência da lei Valeriana[28], quer em decorrência da lei Pórcia[29]. Não se observou que com isso a república ficasse menos bem ordenada nem resultou daí nenhum prejuízo à ordem.

Essa lei Valeriana, que proibia aos magistrados toda via de fato contra um cidadão que tivesse apelado ao povo, só infligia a quem a violasse a pena de ser considerado mau[30].

---

[26] "Por exemplo, se, para prevenir a execução de um mandado, os não nobres devem pagar uma multa de quarenta soldos e os nobres, de quarenta libras." *Somme rurale*, livro II, p. 198, ed. got. do ano 1512; e Beaumanoir, capítulo 61, p. 309. (N. do A.)

[27] Vide o *Conselho* de Pierre Défontaines, capítulo XIII, sobretudo o artigo 22. (N. do A.)

[28] Esta lei foi feita por Valério Publícola, logo após a expulsão dos reis: foi renovada duas vezes, sempre por magistrados da mesma família, como diz Tito Lívio, livro X. O problema não era dar-lhe mais força, mas aperfeiçoar-lhe as desproporções. *Diligentius sanctum*, diz Tito Lívio, ibid. (N. do A.)

[29] *Lex Porcia pro tergo civium lata*. Foi promulgada no ano 454 da fundação de Roma. (N. do A.)

[30] *Nihil ultra quam improbe factum adjecit* [Nada mais acrescenta do que ser considerado mau], Tito Lívio. (N. do A.)

Capítulo XII
Do poder das penas

Mostra a experiência que, nos países em que as penas são suaves, o espírito dos cidadãos é tão afetado por essas penas quanto o é em outros lugares pelas punições severas.

Surge algum inconveniente num Estado? Um governo violento quer corrigi-lo de uma vez; e, em vez de empenhar-se em fazer executar as velhas leis, estabelece uma pena cruel que detém o mal instantaneamente. Mas com isso se desgasta o mecanismo do governo; a imaginação acostuma-se com essa grande punição, como se acostumara com a menor; e, como se diminui o temor às punições menores, logo são obrigados a estabelecer as maiores em todos os casos. Os roubos nas estradas eram comuns em alguns Estados; quiseram acabar com eles: inventaram o suplício da roda, que os suspendeu durante certo tempo. Passado esse tempo, voltou-se a roubar como antes nas estradas.

Recentemente, a deserção passou a ser muito frequente; estabeleceu-se a pena de morte contra os desertores, e a deserção não diminuiu. A razão disso é muito natural: acostumado a arriscar a vida todos os dias, um soldado despreza ou se gaba de desprezar o perigo. Está acostumado a todos os dias temer a vergonha: seria preciso aplicar uma punição[31] que o marcasse como uma ferida por toda a vida. Pretenderam aumentar a pena, e na realidade a diminuíram.

Não se deve conduzir os homens pelos caminhos extremos; devemos ser econômicos quanto aos meios que a natureza nos dá para conduzi-los. Examine-se a causa de todas as corrupções; ver-se-á que vêm da impunidade dos crimes, e não da moderação das penas.

Sigamos a natureza, que deu aos homens a vergonha como flagelo; e que a maior parte do castigo seja a infâmia de recebê-lo.

Pois, se houver países em que a vergonha não seja uma consequência do suplício, será por causa da tirania, que infligiu as mesmas penas aos celerados e às pessoas de bem.

E, se virdes outros em que os homens só são refreados por suplícios cruéis, ficai certos de que isso ocorre, em boa medida, pela violência do governo, que empregou tais suplícios para delitos leves.

---

[31] Fendia-se o nariz, cortavam-se as orelhas. (N. do A.)

Muitas vezes um legislador que quer corrigir um mal só pensa nessa correção, de olhos abertos para esse objetivo e fechados para os inconvenientes. Uma vez corrigido o mal, só se vê a dureza do legislador; mas permanece um defeito no Estado, produzido por essa dureza: os espíritos estão corrompidos, acostumaram-se ao despotismo.

Tendo Lisandro[32] alcançado a vitória contra os atenienses, os prisioneiros foram julgados; acusaram os atenienses de terem precipitado todos os cativos de duas galeras e de terem decidido em assembleia cortar os punhos de todos os prisioneiros que fizessem. Todos foram degolados, salvo Adimanto, que se opusera àquele decreto. Censurou Lisandro a Filocles, antes de fazê-lo morrer, ter depravado os espíritos e dado aulas de crueldade a toda a Grécia.

"Tendo os argivos", diz Plutarco[33], "matado mil e quinhentos de seus cidadãos, os atenienses ordenaram sacrifícios expiatórios, para que os deuses afastassem do coração dos atenienses um pensamento tão cruel".

Há dois tipos de corrupção: um quando o povo não observa as leis; outro quando é corrompido pelas leis; mal incurável, pois está no próprio remédio.

Capítulo XIII
Insuficiência das leis japonesas

As punições exageradas podem corromper o próprio despotismo. Consideremos o Japão.

Ali são punidos com a morte quase todos os crimes[34], porque a desobediência a um tão grande imperador quanto o do Japão é um crime enorme. Não se trata de corrigir o culpado, mas de vingar o príncipe. Essas ideias são tiradas da servidão; e vêm sobretudo do fato de, sendo o imperador proprietário de todos os bens, quase todos os crimes serem cometidos diretamente contra os seus interesses.

---

[32] Xenofonte, *Hist.*, livro II. (N. do A.)
[33] *Obras morais*, Dos que manipulam as coisas do Estado. (N. do A.)
[34] Vide Kempfer. (N. do A.)

Punem-se com a morte as mentiras contadas diante dos magistrados[35]; algo contrário à defesa natural.

O que não tem sequer aparência de crime é lá castigado com severidade: por exemplo, um homem que arrisca dinheiro no jogo é punido com a morte.

É verdade que o caráter espantoso desse povo teimoso, caprichoso, determinado, estranho e que enfrenta todos os perigos e todas as desgraças parece, à primeira vista, absolver os seus legisladores da atrocidade das leis. Mas será que pessoas que desprezam naturalmente a morte e abrem seus próprios ventres pela menor fantasia são corrigidos ou refreados pela visão contínua dos suplícios? E não se familiarizam com tal visão?

Dizem-nos as narrativas de viagem, acerca da educação dos japoneses, que é preciso tratar as crianças com carinho, porque elas são teimosas contra os castigos; que os escravos não devem ser tratados de modo rude, porque logo se põem na defensiva. Pelo espírito que deve reinar no governo doméstico não se poderia julgar o que se deveria adotar no governo político e civil?

Um legislador prudente teria buscado recuperar os espíritos com uma justa moderação dos castigos e das recompensas; com máximas de filosofia, de moral e de religião adequadas a tais temperamentos; com a justa aplicação das regras da honra; pelo suplício da vergonha; pelo gozo da felicidade constante e da doce tranquilidade. E, se temesse que os espíritos, acostumados a ser refreados apenas pelas penas cruéis, já não pudessem sê-lo por uma mais branda, teria agido[36] de maneira silenciosa e imperceptível; teria, nos casos particulares mais agraciáveis, moderado a pena do crime, até que conseguisse modificá-la em todos os casos.

Mas o despotismo não conhece tais mecanismos; não conduz por tais caminhos. Pode abusar de si mesmo, mas é tudo o que pode fazer. No Japão, esmerou-se; tornou-se mais cruel do que si mesmo.

Almas em toda parte assustadas e tornadas mais atrozes não puderam ser conduzidas senão por uma atrocidade ainda maior.

---

[35] *Recueil des voyages qui ont servi à l'établissement de la compagnie des Indes*, t. III, parte II, p. 428. (N. do A.)

[36] Observe-se isto como uma máxima prática, para o caso de os espíritos estarem corrompidos por penalidades rigorosas demais. (N. do A.)

Eis a origem, eis o espírito das leis do Japão. Mas tiveram mais furor do que força. Conseguiram destruir o cristianismo: mas esforços tão inauditos são prova de sua insuficiência. Quiseram estabelecer uma boa política, mas a sua fraqueza ficou ainda mais evidente.

Todos devem ler o relato da entrevista do imperador e do dairo em Meaco[37]. É incrível o número dos que ali foram sufocados ou assassinados por meliantes: raptaram-se moças e rapazes; eram reencontrados todos os dias expostos em lugares públicos, a desoras, nus, cobertos por sacos de pano, para que não reconhecessem os lugares por onde passaram; roubaram tudo o que quiseram; rasgou-se o ventre de cavalos, para derrubar os que os montavam; viraram carros para roubar senhoras. Os holandeses, a quem disseram que não podiam passar a noite sobre cadafalsos sem serem assassinados, desceram dali, etc.

Não me demorarei sobre uma outra característica. O imperador, dado a prazeres infames, não se casava: corria o risco de morrer sem sucessor. O dairo enviou-lhe duas belíssimas moças: ele desposou uma delas por respeito, mas não teve nenhum comércio com ela. Sua ama mandou trazer as mais belas mulheres do império. Tudo foi em vão. A filha de um armeiro encantou-o[38]; ele se decidiu e teve um filho com ela. As damas da corte, indignadas por terem sido preteridas por uma pessoa de tão baixa origem, sufocaram a criança. Esse crime foi escondido do imperador; ele teria derramado rios de sangue. A atrocidade das leis impede, pois, a sua aplicação. Quando a pena é desmedida, muitas vezes somos forçados a lhe preferir a impunidade.

Capítulo XIV
Do espírito do senado de Roma

Sob o consulado de Acílio Glabrião e de Pisão, promulgou-se a lei Acília[39] para impedir os conluios. Diz Díon que o senado incen-

---

[37] *Recueil des voyages qui ont servi à l'établissement de la compagnie des Indes*, t. V, parte II. (N. do A.)

[38] Ibid. (N. do A.)

[39] Os culpados eram condenados a uma multa; já não podiam ser admitidos na ordem dos senadores e nomeados para qualquer magistratura. Díon, Livro XXXVI. (N. do A.)

tivou os cônsules a propô-la, porque o tribuno C. Cornélio resolvera instituir penalidades terríveis contra esse crime, a que o povo tinha grande propensão[40]. Julgava o senado que penas imoderadas lançariam o terror nos espíritos; mas teriam o efeito de fazer que já não se encontrasse ninguém para acusar nem para condenar: ao passo que, se fossem propostas penas módicas, disporiam de juízes e acusadores.

Capítulo XV
Das leis dos romanos acerca das penalidades

Sinto-me seguro sobre as minhas máximas quando tenho ao meu lado os romanos; e creio que as penalidades dependam da natureza do governo, quando vejo esse grande povo mudar, sob esse aspecto, de leis civis, à medida que mudava de leis políticas.

As leis régias, feitas por um povo composto de fugitivos, de escravos e de bandidos, foram muito severas. O espírito da república teria exigido que os decênviros não tivessem incluído essas leis em suas doze tábuas; mas pessoas que aspiravam à tirania não se preocupavam em seguir o espírito da república.

Diz Tito Lívio[41], acerca do suplício de Mécio Sufécio, ditador de Alba, que foi condenado por Tulo Hostílio a ser puxado por duas carruagens, que esse foi o primeiro e o último suplício em que se demonstrou ter-se perdido a memória da humanidade. Engano seu: a lei das Doze Tábuas está cheia de artigos muito cruéis[42].

O que melhor revela os propósitos dos decênviros é a pena capital pronunciada contra os autores dos libelos e os poetas. Isso não é muito do gênio da república, em que o povo gosta de ver os poderosos humilhados. Mas pessoas que queriam acabar com a liberdade temiam os escritos que podiam fazer reviver o espírito da liberdade[43].

Depois da expulsão dos decênviros, foram suprimidas quase todas as leis que haviam determinado as penalidades. Não foram expres-

---

[40] Id., ibid.

[41] Livro I. (N. do A.)

[42] Ali encontramos o suplício do fogo, penalidades quase sempre capitais, o roubo punido com a morte, etc. (N. do A.)

[43] Sula, animado pelo mesmo espírito que os decênviros, aumentou, como eles, as penas contra os escritores satíricos. (N. do A.)

samente revogadas: mas, como a lei Pórcia havia proibido condenar à morte um cidadão romano, já não tiveram aplicação.

Esta é a hora de lembrar o que Tito Lívio[44] disse dos romanos, que jamais um povo amou tanto quanto eles a moderação das penas.

Pois, se somarmos à brandura das penalidades o direito que o acusado tinha de se retirar antes do julgamento, veremos que os romanos tinham obedecido a esse espírito que afirmei ser natural à república.

Sula, que confundia a tirania, a anarquia e a liberdade, fez as leis Cornélias. Parecia estipular regulamentos só para estabelecer crimes. Assim, qualificando uma infinidade de atos com o nome de assassínio, encontrou assassinos em toda parte; e, por uma prática que foi seguida até demais, armou ciladas, semeou espinhos, cavou abismos no caminho de todos os cidadãos.

Quase todas as leis de Sula só continham a interdição da água e do fogo. César acrescentou a isso o confisco dos bens[45]; porque os ricos, guardando no exílio seu patrimônio, eram mais ousados na execução dos crimes.

Tendo os imperadores estabelecido um governo militar, logo sentiram que este não era menos terrível contra eles do que contra os súditos; procuraram abrandá-lo; julgaram precisar de dignidades e do respeito que se tinha por estas.

Aproximaram-se um pouco da monarquia e as penalidades foram divididas em três classes[46]: as que diziam respeito às primeiras pessoas do Estado[47] e eram bastante suaves; as que eram infligidas às pessoas de condição inferior[48] e eram mais severas; por fim, as que diziam respeito às baixas condições[49], as mais rigorosas.

O feroz e insensato Maximino irritou, por assim dizer, o governo militar, que ele deveria ter acalmado. O senado era informado, diz Capitolino[50], de que uns haviam sido crucificados, outros expostos

---

44 Livro I. (N. do A.)

45 *Poenas facinorum auxit, cum locupletes eo facilius scelere se obligarent, quod integris patrimoniis exularent*. Suetônio, em *Julio Caesare*. (N. do A.)

46 Vide a lei 3, § *Legis ad leg. Cornel. de sicariis*; e um sem-número de outras, no digesto e no código. (N. do A.)

47 *Sublimiores*. (N. do A.)

48 *Medios*. (N. do A.)

49 *Infimos. Leg.* 3, § *Legis ad leg. Cornel. de sicariis*. (N. do A.)

50 *Jul. Cap., Maximini duo*. (N. do A.)

às feras ou enfiados dentro de peles de animais recém-abatidos, sem nenhuma consideração pelas dignidades. Parecia querer exercer a disciplina militar, sob o modelo da qual pretendia tratar os negócios civis.

Pode-se encontrar nas *Considerações sobre a grandeza dos romanos e de sua decadência* como Constantino transformou o despotismo militar num despotismo militar e civil e se aproximou da monarquia. Podem-se acompanhar as diversas revoluções desse Estado; e ver como se passou do rigor à indolência e da indolência à impunidade.

Capítulo XVI
Da justa proporção entre as penas e o crime

É essencial que as penas tenham certa harmonia entre si; porque é essencial que antes se evite um grande crime do que um menor; o que ataca mais a sociedade do que o que a prejudica menos.

"Um impostor[51], que se chamava Constantino Ducas, provocou um grande levante em Constantinopla. Foi preso e condenado à chibata: mas tendo acusado pessoas eminentes, foi condenado à fogueira, como caluniador." É estranho que se tenham assim proporcionado as penas entre os crimes de lesa-majestade e de calúnia.

Isso faz lembrar uma frase de Carlos II, rei da Inglaterra. Viu, de passagem, um homem no pelourinho. Perguntou por que estava ali. "Majestade", disseram-lhe, "porque escreveu libelos contra os vossos ministros". "Que basbaque!", disse o rei: "Por que não os escreveu contra mim? Nada lhe teria acontecido".

"Setenta pessoas conspiraram contra o imperador Basílio[52]: ele os mandou fustigar; tiveram os cabelos e os pelos queimados. Tendo um veado o tomado com seus chifres pelo cinto, alguém de seu séquito tomou a espada, cortou a cinta e o libertou: ele mandou cortar-lhe a cabeça; porque, dizia ele, erguera a espada contra ele." Quem diria que, sob o mesmo príncipe, teriam pronunciado essas duas sentenças?

É um grande mal, entre nós, aplicar a mesma penalidade a quem rouba numa estrada e a quem rouba e assassina. É evidente que, para a segurança pública, cumpriria introduzir certa diferença entre as penas.

---

[51] *Hist.* de Nicéforo, patriarca de Constantinopla. (N. do A.)

[52] *Hist.* de Nicéforo. (N. do A.)

Na China, os ladrões cruéis são cortados em pedacinhos[53], os outros não: essa diferença faz que lá se roube, mas não se assassine.

Em Moscóvia, onde a pena contra os ladrões e os assassinos é a mesma, sempre se assassina[54]. Os mortos, dizem por lá, não dão com a língua nos dentes.

Quando não há diferença nas penas, é preciso introduzi-la na esperança da graça. Na Inglaterra, não há assassínios, pois os ladrões podem ter a esperança de ser enviados para as colônias, mas não os assassinos.

As cartas de indulto são um grande recurso dos governos moderados. Esse poder que o príncipe tem de perdoar, exercido com sabedoria, pode produzir efeitos admiráveis. O princípio do governo despótico, que não perdoa e a quem não se perdoa jamais, priva-o dessas vantagens.

Capítulo XVII
Da tortura ou do interrogatório sob suplício contra os criminosos

Porque os homens são maus, a lei é obrigada a supô-los melhores do que são. Assim, o depoimento de duas testemunhas basta para a punição de todos os crimes. A lei crê nelas, como se falassem pela boca da verdade. Julga-se também ser legítima toda criança concebida durante o casamento: a lei tem confiança na mãe, como se ela fosse a própria pudicícia. Mas o interrogatório sob suplício contra os criminosos não apresenta o mesmo caráter de necessidade desses casos. Vemos hoje uma grande nação[55] muito civilizada rejeitá-lo sem inconvenientes. Esse tipo de interrogatório não é, portanto, necessário por natureza[56].

---

[53] Padre Du Halde, t. I, p. 6. (N. do A.)

[54] *Estado presente da grande Rússia*, de Perry. (N. do A.)

[55] A nação inglesa. (N. do A.)

[56] Os cidadãos de Atenas não podiam ser torturados (Lísias, *Orat. in Argorat.*), salvo pelo crime de lesa-majestade. Ocorria o interrogatório sob suplício trinta dias depois da condenação (Cúrio Fortunato, *Rethor. schol.*, livro II). Não havia tortura preparatória. Quanto aos romanos, as leis 3 e 4 *ad leg. Juliam majest.* mostram que o nascimento, a dignidade e a profissão militar protegiam contra a tortura, salvo no crime de lesa-majestade. Vide as sábias restrições que as leis dos visigodos introduziam a essa prática. (N. do A.)

Tanta gente competente e tantos altos engenhos escreveram contra essa prática, que não ouso falar depois deles. Eu ia dizer que tal prática poderia convir aos governos despóticos, em que tudo o que inspira o temor é mais adequado aos mecanismos do governo; ia dizer que os escravos, entre os gregos e os romanos... Mas ouço a voz da natureza que clama contra mim.

Capítulo XVIII
Das penas pecuniárias e das penas corporais

Nossos pais, os germanos, quase só admitiam penas pecuniárias. Esses homens guerreiros e livres julgavam que seu sangue só deveria ser derramado de arma na mão. Os japoneses[57], ao contrário, rejeitam esse tipo de pena, alegando que os ricos escapariam da punição. Mas os ricos não temem perder os bens? As penas pecuniárias não podem ser proporcionais à riqueza? E, enfim, não se pode somar a infâmia a tais penas?

O bom legislador adota um justo meio-termo: nem sempre prescreve penas pecuniárias; nem sempre inflige castigos corporais.

Capítulo XIX
Da lei do talião

Os Estados despóticos, que apreciam as leis simples, muito se valem da lei do talião[58]: os Estados moderados por vezes a admitem. Mas com uma diferença: os primeiros aplicam-na com rigor, e os outros quase sempre a atenuam.

A lei das Doze Tábuas admitia duas penas desse tipo: só condenava ao talião quando não se conseguira apaziguar o queixoso[59]. Depois da condenação, podiam-se pagar as perdas e danos[60], e a pena corporal se convertia em pena pecuniária[61].

---

[57] Vide Kempfer.

[58] É estabelecida no Alcorão. Vide o capítulo *Da vaca*. (N. do A.)

[59] *Si membrum rupit, ni cum eo pacit, talio esto*. Aulo Gélio, livro XX, capítulo I. (N. do A.)

[60] Id., ibid. (N. do A.)

[61] Vide também a lei dos visigodos, livro VI, título 4, § 3 e 5. (N. do A.)

Capítulo XX
Da punição dos pais em lugar dos filhos

Na China os pais são punidos pelas culpas dos filhos. Era a prática no Peru[62]. Isso também vem das ideias despóticas.

Por mais que se diga que na China se pune o pai, por não ter-se valido do poder paternal estabelecido pela natureza e que as próprias leis confirmaram, isso sempre supõe que não há honra entre os chineses. Em nosso meio, os pais cujos filhos são condenados ao suplício e os filhos[63] cujos pais sofreram a mesma sorte são tão punidos pela vergonha quanto o seriam na China com a perda da vida.

Capítulo XXI
Da clemência do príncipe

A clemência é a qualidade distintiva dos monarcas. Na república, cujo princípio é a virtude, é menos necessária. No Estado despótico, em que reina o temor, é menos praticada; porque é preciso refrear os poderosos do Estado com exemplos de severidade. Nas monarquias, em que reina a honra, que não raro exige o que a lei proíbe, a clemência é mais necessária. Nelas, a desgraça é o equivalente da pena: as próprias formalidades dos julgamentos são punições. É ali que a vergonha vem de toda parte, para formar os gêneros particulares de penalidades.

Nelas, os poderosos são punidos tão profundamente pela desgraça, pela perda não raro imaginária da riqueza, do crédito, dos hábitos, dos prazeres, que é inútil o rigor com eles: só pode servir para tirar dos súditos o amor que eles têm pela pessoa do príncipe e o respeito que devem ter pelos cargos.

Tal como a instabilidade dos poderosos faz parte da natureza do governo despótico, a segurança deles é da natureza da monarquia.

As monarquias têm tanto a ganhar com a clemência, esta é acompanhada de tanto amor e extrai-se dela tanta glória, que é quase

---

[62] Vide Garcilaso, *História das guerras civis dos espanhóis*. (N. do A.)

[63] "Em vez de puni-los", dizia Platão, "devemos louvá-los por não se parecerem com o pai", livro IX, *Das leis*. (N. do A.)

sempre uma felicidade terem a ocasião de exercê-la; e em nossos países isto é quase sempre possível.

Disputarão talvez algum setor da sua autoridade, quase nunca a autoridade inteira; e, se por vezes combatem pela coroa, não combatem pela vida.

Mas, dirão, quando se deve punir? Quando perdoar? É algo que mais se sente do que se prescreve. Ainda que a clemência tenha os seus riscos, esses riscos são muito visíveis. É fácil distingui-la dessa fraqueza que leva o príncipe a ser desprezado e até à incapacidade de punir.

O imperador Maurício[64] tomou a decisão de jamais derramar o sangue dos súditos. Anastácio[65] não punia os crimes. Isaac, o Anjo, jurou que em seu reinado não faria ninguém morrer. Esqueceram os imperadores gregos que não carregavam a espada em vão.

[64] Évagro, *Hist*. (N. do A.)

[65] Fragm. de Suidas, em Constantino Porfirogênito. (N. do A.)

Livro VII
Consequências dos diferentes princípios dos três governos, em relação às leis suntuárias, ao luxo e à condição das mulheres

Capítulo I
Do luxo

O luxo é sempre proporcional à desigualdade das riquezas. Se, num Estado, as riquezas forem igualmente divididas, não haverá luxo, pois este se baseia apenas nas comodidades obtidas com o trabalho dos outros.

Para que as riquezas permaneçam divididas igualmente, é preciso que a lei só dê a cada um o necessário físico. Se for além disso, uns gastarão, outros adquirirão e se estabelecerá a desigualdade.

Supondo o necessário físico igual a uma dada soma, o luxo dos que só tiverem o necessário será igual a zero; o que tiver o dobro terá um luxo igual a um; o que tiver o dobro dos bens deste último terá um luxo igual a três; quando alguém tiver mais o dobro, o luxo será igual a sete: de modo que, sendo supostos o dobro dos do anterior os bens do particular seguinte, o luxo crescerá pelo dobro mais uma unidade, nesta progressão 0, 1, 3, 7, 15, 31, 63, 127.

Na república de Platão[1] se poderia calcular exatamente o luxo. Havia quatro tipos de censo. O primeiro era exatamente o limite em que acabava a pobreza; o segundo era o dobro; o terceiro, o triplo; o quarto, o quádruplo do primeiro. No primeiro censo, o luxo era igual

---

[1] O primeiro censo era a parte hereditária de terras; e Platão não queria que se pudesse ter de outros bens mais que o triplo da parte hereditária. Vide *Das leis*, livro V. (N. do A.)

a zero; era igual a um no segundo, a dois no terceiro, a três no quarto; e seguia assim a proporção aritmética.

Considerando o luxo dos diversos povos, uns em relação aos outros, em cada Estado este está na razão composta da desigualdade das riquezas que existe entre os cidadãos e da desigualdade das riquezas dos diversos Estados. Na Polônia, por exemplo, as riquezas são extremamente desiguais; mas a pobreza do total impede que haja tanto luxo quanto num Estado mais rico.

O luxo é também proporcional ao tamanho das cidades e sobretudo da capital; assim, está na razão composta das riquezas do Estado, da desigualdade das riquezas dos particulares e do número de homens reunidos em certos lugares.

Quanto mais homens juntos há, mais são vaidosos e sentem nascer dentro de si o desejo de se destacar nas pequenas coisas[2]. Se formarem um número tão grande, que, em sua maioria, sejam desconhecidos uns dos outros, redobra o desejo de se distinguirem, pois há maior esperança de serem bem-sucedidos. O luxo proporciona essa esperança; cada qual assume as marcas da condição imediatamente superior à sua. Mas de tanto quererem assinalar-se, tudo se torna igual, e ninguém se distingue mais: como todos querem ser olhados, ninguém olha ninguém.

Segue-se de tudo isso um incômodo geral. Os que excelem em sua profissão põem o preço que quiserem em sua arte; os talentos menores seguem o exemplo; não há mais harmonia entre as necessidades e os meios. Quando sou forçado a me defender, é necessário que possa pagar um advogado; quando estou doente, devo poder ter um médico.

Pensaram alguns que reunindo tanta gente numa capital se diminuísse o comércio; porque os homens já não estariam a certa distância uns dos outros. Não o creio; temos mais desejos, mais necessidades, mais fantasias quando estamos juntos.

---

[2] Numa grande cidade, diz o autor da *Fable des abeilles*, t. I, p. 133, as pessoas vestem-se acima de sua condição, para serem julgadas mais do que são pela multidão. Este é, para uma inteligência fraca, um prazer quase tão grande quanto a realização de seus desejos. (N. do A.)

Capítulo II
Das leis suntuárias na democracia

Acabo de dizer que nas repúblicas em que as riquezas são divididas igualmente não pode haver luxo: e, como vimos no livro quinto[3] que essa igualdade na distribuição constituía a excelência de uma república, segue-se que, quanto menor o luxo numa república, mais perfeita ela é. Não havia luxo entre os primeiros romanos; tampouco entre os lacedemônios; e, nas repúblicas em que a igualdade não está totalmente perdida, o espírito de comércio, de trabalho e de virtude faz que cada qual possa e queira viver de seus próprios bens e, por conseguinte, haja pouco luxo.

As leis da nova partilha dos campos, exigida com tanta insistência em algumas repúblicas, eram salutares por sua natureza. Só são perigosas quando são bruscas. Retirando subitamente as riquezas de uns e aumentando proporcionalmente as de outros, são em cada família uma revolução e devem produzir uma revolução geral no Estado.

À medida que se estabelece o luxo numa república, as mentes voltam-se para o interesse particular. Para pessoas a quem nada falta além do necessário só resta a desejar a glória da pátria e a sua própria. Mas uma alma corrompida pelo luxo tem muitos outros desejos: logo ela se torna inimiga das leis que a incomodam. O luxo em que a guarnição de Reggio começou a viver fez que ela degolasse os seus habitantes.

Quando os romanos se corromperam, seus desejos tornaram-se imensos. Basta ver o preço que deram às coisas. Um cântaro de vinho de Falerno era vendido por cem denários romanos[4]; um barril de carne salgada do Ponto custava quatrocentos; um bom cozinheiro, quatro talentos; os rapazinhos não tinham preço. Quando, por uma excitação[5] geral, todos se entregavam à volúpia, que era da virtude?

---

[3] Cap. III e IV. (N. do A.)

[4] Fragmento do livro 365 de Diodoro, citado por Constantino Porfirogeneta, *Seleta das virtudes e dos vícios*. (N. do A.)

[5] *Cum maximus omnium impetus ad luxuriam esset*, id., ibid. (N. do A.)

Capítulo III
Das leis suntuárias na aristocracia

A aristocracia mal constituída sofre do mal de terem os nobres as riquezas e no entanto não deverem gastá-las; o luxo contraria o espírito de moderação, deve ser dela banido. Assim, há apenas gente muito pobre que não pode receber e gente muito rica que não pode gastar.

Em Veneza, as leis obrigam os nobres à modéstia. São tão acostumados à poupança, que só as cortesãs conseguem fazê-los gastar dinheiro. Servem-se desse expediente para fomentar a indústria: as mulheres mais desprezíveis gastam sem riscos, enquanto seus tributários levam a vida mais obscura.

As boas repúblicas gregas tinham a esse respeito instituições admiráveis. Os ricos gastavam o dinheiro em festas, em coros musicais, em carruagens, em cavalos de corrida, numa magistratura onerosa. As riquezas eram tão pesadas quanto a pobreza.

Capítulo IV
Das leis suntuárias nas monarquias

"Os suiões, nação germânica, prestam homenagem às riquezas", diz Tácito[6]; "o que faz que vivam sob o governo de um só". Isso significa que o luxo é especialmente adequado às monarquias e que nelas não deve haver leis suntuárias.

Como pela constituição das monarquias as riquezas são divididas desigualmente, é forçoso que haja luxo. Se os ricos não gastarem muito, os pobres morrerão de fome. Os ricos devem até gastar proporcionalmente à desigualdade das riquezas; e, como dissemos, o luxo ali cresce na mesma proporção. As riquezas particulares só aumentaram porque significaram para uma parte dos cidadãos o necessário para sobreviverem: é preciso, pois, que este lhes seja dado.

Assim, para que o Estado monárquico se sustente, o luxo deve ir num crescendo, do lavrador ao artesão, ao comerciante, aos nobres, aos magistrados, aos grão-senhores, aos principais financistas, aos príncipes; sem o que tudo estaria perdido.

No senado de Roma, formado por graves magistrados, juris-

---

[6] *De moribus Germanorum*. (N. do A.)

consultos e homens obcecados pela ideia dos tempos primitivos, foi proposta, sob Augusto, a correção dos costumes e do luxo das mulheres. É curioso ver, em Díon[7], com que arte ele se furtou às solicitações importunas desses senadores. Isso porque ele fundava uma monarquia e dissolvia uma república.

Sob Tibério, os edis propuseram no senado o restabelecimento das antigas leis suntuárias[8]. Esse príncipe, pessoa esclarecida, opôs-se a isso: "O Estado não poderia subsistir", dizia ele, "na situação em que estão as coisas. Como Roma poderia viver? Como poderiam viver as províncias? Éramos frugais quando éramos cidadãos de uma cidade só: hoje, consumimos riquezas de todo o universo; trabalham para nós os senhores e os escravos". Compreendia que já não deveria haver leis suntuárias.

Quando, sob o mesmo imperador, propuseram ao senado proibir que os governadores levassem as mulheres para as províncias, por causa da dissolução que provocavam, a proposta foi rejeitada. Disseram que os exemplos da dureza dos antigos se haviam transformado num modo de vida mais agradável[9]. Perceberam que eram necessários outros costumes.

O luxo, portanto, é necessário aos Estados monárquicos: também o é aos Estados despóticos. Nos primeiros, é um uso que se faz da liberdade de que se goza; nos outros, é um abuso que se faz das vantagens da servidão, quando um escravo, escolhido pelo amo para tiranizar os outros escravos, incerto quanto ao futuro da sorte de cada dia, tem como única felicidade satisfazer o orgulho, os desejos e as volúpias de cada dia.

Tudo isso conduz a uma reflexão: as repúblicas acabam pelo luxo; as monarquias, pela pobreza[10].

---

[7] Díon Cássio, livro XIV. (N. do A.)

[8] Tácito, *Anais*, livro III. (N. do A.)

[9] *Multa duritiei veterum melius et laetius mutata* [Muito do rigor dos antigos foi substituído por coisas melhores e mais alegres]. Tácito, *Anais*, livro III. (N. do A.)

[10] *Opulentia paritura mox egestatem* [A opulência logo há de parir a miséria], Floro, livro III. (N. do A.)

Capítulo V
Em que caso as leis suntuárias são úteis numa monarquia

No espírito da república ou por circunstâncias particulares, em meados do século XIII se promulgaram leis suntuárias em Aragão. Jaime I ordenou que nem o rei nem nenhum de seus súditos poderia comer mais de dois tipos de carnes em cada refeição e que cada carne só seria preparada de uma única maneira; a menos que se tratasse de uma caça morta pela própria pessoa[11].

Recentemente se fizeram também na Suécia leis suntuárias; têm estas, porém, objetivos diferentes das de Aragão.

Pode um Estado fazer leis suntuárias com o objetivo de uma frugalidade absoluta: é o espírito das leis suntuárias das repúblicas; e a natureza da coisa mostra que tal foi o objetivo das de Aragão.

As leis suntuárias também podem ter como objetivo uma frugalidade relativa; quando um Estado, percebendo que mercadorias estrangeiras de preço excessivamente alto exigiriam uma tal exportação das suas próprias, que ele se privaria mais por estas das suas necessidades, do que as satisfaria com aquelas, proíbe absolutamente a entrada delas: e esse é o espírito das leis promulgadas recentemente na Suécia[12]. São as únicas leis suntuárias que convêm às monarquias.

Em geral, quanto mais pobre o Estado, mais arruinado pelo seu luxo relativo; e mais, por conseguinte, precisa de leis suntuárias relativas. Quanto mais rico o Estado, mais o seu luxo relativo o enriquece; e cumpre evitar fazer leis suntuárias relativas. Explicaremos isso melhor no livro sobre o comércio[13]. Tratamos aqui apenas do luxo absoluto.

---

[11] Constituição de Jaime I, do ano 1234, artigo 6, em *Marca Hisp.*, p. 1429. (N. do A.)

[12] Foram proibidos os vinhos finos e outras mercadorias preciosas. (N. do A.)

[13] Vide t. II, livro XX, capítulo XX. (N. do A.)

Capítulo VI
Do luxo na China

Razões particulares exigem leis suntuárias em alguns Estados. O povo, pela força do clima, pode tornar-se tão numeroso e, por outro lado, os meios de fazê-lo subsistir podem ser tão incertos, que é bom aplicá-lo inteiro na cultura das terras. Nesses Estados, é perigoso o luxo, e as leis suntuárias devem ser rigorosas. Assim, para saber se cumpre encorajar o luxo ou proscrevê-lo, devemos primeiro examinar a relação entre a população e a facilidade de prover à sua subsistência. Na Inglaterra, o solo produz muito mais grãos do que o necessário para alimentar os que lavram a terra e os que produzem vestimentas: pode, portanto, haver artes frívolas e, por conseguinte, luxo. Na França, cresce trigo suficiente para a alimentação dos lavradores e dos que se empregam nas manufaturas: além disso, o comércio com os estrangeiros pode trazer, em troca de coisas frívolas, tantas coisas necessárias, que não se deve temer o luxo.

Na China, pelo contrário, as mulheres são tão fecundas e a espécie humana se multiplica tanto, que as terras, por mais cultivadas que sejam, mal bastam para nutrir os habitantes. O luxo é, portanto, prejudicial, e o espírito de trabalho e de economia é tão necessário quanto em quaisquer repúblicas[14]. É necessário empenhar-se nas artes necessárias e deixar de lado as da volúpia.

Este é o espírito das belas ordenações dos imperadores chineses: "Nossos antepassados", diz um imperador da família Tang[15], "tinham por máxima que, se houvesse um homem que não lavrasse, uma mulher que não se ocupasse em fiar, alguém sentiria frio ou fome no império"... E, com base nesse princípio, mandou destruir um sem-número de mosteiros dos bonzos.

O terceiro imperador da vigésima primeira dinastia[16], a quem levaram pedras preciosas encontradas numa mina, mandou-a fechar, não querendo cansar o seu povo com o trabalho por algo que não podia nem nutri-lo, nem vesti-lo.

"O nosso luxo é tão grande", diz Kiayventi[17], "que o povo enfeita

---

[14] Lá o luxo sempre foi proibido. (N. do A.)

[15] Numa ordenação relatada pelo padre Du Halde, t. II, p. 497. (N. do A.)

[16] *Hist. de la Chine*, 21ª dinastia, na obra do padre Du Halde, t. I. (N. do A.)

[17] Num discurso citado pelo padre Du Halde, t. II, p. 418. (N. do A.)

com bordados os sapatos dos rapazes e das moças que é obrigado a vender". Estando tantos homens ocupados em fazer roupas para um só, como não haveria gente que não tenha o que vestir? Há dez homens que comem a renda das terras, contra um lavrador: como não haveria gente que não tenha o que comer?

Capítulo VII
Consequência fatal do luxo na China

Vemos na história da China que essa nação teve vinte e duas dinastias que se sucederam; ou seja, passou por vinte e duas revoluções gerais, sem contar um sem-número de particulares. As três primeiras dinastias duraram bastante tempo, porque foram governadas com sabedoria e o império era menos extenso do que viria a ser. Mas podemos dizer, em geral, que todas essas dinastias começaram bastante bem. A virtude, a atenção, a vigilância são necessárias na China: elas existiam no começo das dinastias e faltavam no fim. Com efeito, era natural que imperadores acostumados com as fadigas da guerra, que conseguiam derrubar do trono uma família imersa em delícias, conservassem a virtude que haviam experimentado ser tão útil e temessem as volúpias que tinham visto serem tão funestas. Mas, depois desses três ou quatro primeiros príncipes, a corrupção, o luxo, a ociosidade, as delícias apoderaram-se dos seus sucessores; eles se trancam no palácio; debilita-se o espírito, encurta-se a vida, declina a família; erguem-se os poderosos, ganham crédito os eunucos; só crianças são elevadas ao trono; torna-se o palácio inimigo do império; um grupo de gente ociosa que o habita arruína quem trabalha; o imperador é assassinado ou destruído por um usurpador, que funda uma família, cujo terceiro ou quarto sucessor vai, no mesmo palácio, trancar-se mais uma vez.

Capítulo VIII
Da continência pública

Há tantas imperfeições ligadas à perda da virtude nas mulheres, toda a sua alma se degrada tão profundamente, suprimido este ponto principal faz caírem tantos outros, que podemos considerar, num Estado popular, a incontinência pública como a última das desgraças, e a certeza de uma mudança na constituição.

Por isso os bons legisladores exigiram das mulheres certa gravidade nos costumes. Proscreveram de suas repúblicas não só o vício, mas a própria aparência do vício. Baniram até o comércio de galantaria que produz o ócio, que faz que as mulheres corrompam antes mesmo de serem corrompidas, que dá valor a todas as ninharias e rebaixa o que é importante e faz que todos se comportem segundo as máximas do ridículo, que as mulheres são tão hábeis em estabelecer.

Capítulo IX
Da condição das mulheres nos diversos governos

As mulheres têm pouca modéstia nas monarquias; porque, como a distinção das condições as atrai à corte, elas ali vão adquirir esse espírito de liberdade que é praticamente o único ali tolerado. Cada qual se serve de seus encantos e de suas paixões para fazer crescer a riqueza; e como sua fraqueza não lhes permite o orgulho, mas a vaidade, com elas o luxo sempre reina.

Nos Estados despóticos, as mulheres não introduzem o luxo; mas são elas mesmas um objeto de luxo. Devem ser extremamente escravas. Cada qual segue o espírito do governo e traz para casa o que vê estabelecido alhures. Como as leis são severas e executadas de imediato, teme-se que a liberdade das mulheres os exponha ao perigo. As briguinhas, as indiscrições, as repugnâncias, as quedas, os ciúmes, as indiretas, essa arte que têm as almas pequenas de interessar as grandes não poderiam deixar de ter suas consequências.

Além disso, como nesses Estados os príncipes não levam a sério a natureza humana, têm muitas mulheres; e mil considerações os obrigam a mantê-las confinadas.

Nas repúblicas, as mulheres são livres pelas leis e cativas pelos costumes; o luxo é banido e, com ele, a corrupção e os vícios.

Nas cidades gregas, onde não se vivia sob esta religião que estabelece que, mesmo entre os homens, a pureza dos costumes seja parte da virtude; nas cidades gregas, onde reinava desenfreadamente um vício cego; onde o amor assumia uma só forma que não ousamos dizer, ao passo que a simples amizade se refugiara nos casamentos[18]; a virtude, a simplicidade, a castidade das mulheres eram tais, que dificilmente se tenha visto um povo com melhor política[19] a esse respeito.

Capítulo X
Do tribunal doméstico entre os romanos

Os romanos não tinham, como os gregos, magistrados especiais que inspecionassem o comportamento das mulheres. Vigiavam-nas os censores, como o faziam com o resto da república. A instituição do tribunal doméstico[20] supriu a magistratura estabelecida entre os gregos[21].

Reunia o marido os parentes da mulher e a julgava diante deles[22]. Esse tribunal preservava os costumes na república. Mas esses mesmos costumes preservavam esse tribunal. Devia julgar, não só a violação das leis, mas também a violação dos costumes. Ora, para julgar a violação dos costumes, é preciso tê-los.

Deviam ser arbitrárias as penas desse tribunal, e de fato o eram: pois tudo o que se refere aos costumes, tudo o que se refere às regras da modéstia dificilmente pode ser compreendido num código de leis. É fácil definir por meio de leis o que devemos aos outros; é difícil nelas incluir tudo o que devemos a nós mesmos.

---

[18] "Quanto ao verdadeiro amor", diz Plutarco, "as mulheres dele não participam de modo algum". *Oeuvres morales*, tratado *De l'Amour*, p. 600. Falava como o seu século. Vide Xenofonte, no diálogo intitulado *Híeron*. (N. do A.)

[19] Em Atenas, havia um magistrado especial que zelava pela conduta das mulheres. (N. do A.)

[20] Instituiu Rômulo este tribunal, como evidencia Dionísio de Halicarnasso, livro II, p. 96. (N. do A.)

[21] Vide em Tito Lívio, livro XXXIX, o uso que se fez deste tribunal durante a conjuração das bacanais: chamaram-se conjuração contra a república certas reuniões em que se corrompiam os costumes das mulheres e dos jovens. (N. do A.)

[22] Segundo Dionísio de Halicarnasso, livro II, pela instituição de Rômulo o marido, nos casos ordinários, julgava sozinho diante dos parentes da mulher; e, nos grandes crimes, julgava com cinco deles. Assim, Ulpiano, no título 6, § 9, 12 e 13, distingue nos julgamentos de costumes os que chama de graves dos que o eram menos: *mores graviores, mores leviores*. (N. do A.)

O tribunal doméstico lidava com o comportamento geral das mulheres. Mas havia um crime que, além da animadversão desse tribunal, ainda estava sujeito a uma acusação pública: o adultério; quer porque, numa república, uma tão grande violação dos costumes interessasse ao governo; quer porque a depravação da mulher pudesse fazer que se suspeitasse da do marido; quer, enfim, porque temessem que as próprias pessoas de bem não preferissem esconder esse crime a puni-lo, ignorá-lo a vingá-lo.

Capítulo XI
Como as instituições em Roma mudaram com o governo

Como o tribunal doméstico supunha costumes, a acusação pública também os supunha; e isso fez que ambas as coisas caíssem com os costumes e acabassem com o fim da república[23].

O estabelecimento de questões perpétuas, ou seja, da divisão da jurisdição entre os pretores, e o costume que se introduziu cada vez mais de esses mesmos pretores julgarem[24] todos os casos enfraqueceram o uso do tribunal doméstico: o que fica claro pela surpresa dos historiadores, que consideram fatos estranhos e uma renovação da prática antiga os julgamentos que Tibério fez esse tribunal proferir.

O estabelecimento da monarquia e a mudança dos costumes também fizeram cessar a acusação pública. Podia-se temer que um homem desonesto, movido pelo desprezo pela mulher, indignado com a recusa dela, furioso com a virtude dela, concebesse um plano para perdê-la. A lei Júlia ordena que só se possa acusar uma mulher de adultério depois de ter acusado o marido de favorecer os seus desregramentos; o que limitou muito tal acusação e, por assim dizer, a aniquilou[25].

---

[23] *Judicio de moribus (quod antea quidem in antiquis legibus positum erat, non autem frequentabatur) penitus abolito*. Leg. XI, § 2, cód. *de repud.* (N. do A.)

[24] *Judicia extraordinaria*. (N. do A.)

[25] Suprimiu-a completamente Constantino: "Trata-se de algo indigno", dizia ele, "que casamentos tranquilos sejam perturbados pela audácia de estranhos". (N. do A.)

Sixto V pareceu querer resgatar a acusação pública[26]. Mas basta um pouco de reflexão para ver que essa lei, numa monarquia como a sua, estaria ainda mais deslocada do que em qualquer outra.

Capítulo XII
Da tutela das mulheres entre os romanos

As instituições dos romanos submetiam as mulheres a uma perpétua tutela, a menos que estivessem sob a autoridade de um marido[27]. Essa tutela era dada ao parente varão mais próximo; e parece, por uma expressão vulgar[28], que isso as incomodava muito. Isso era bom para a república e desnecessário na monarquia[29].

Parece, pelos diversos códigos das leis bárbaras, que as mulheres entre os primeiros germanos também estavam sob perpétua tutela[30]. Essa prática passou para as monarquias que eles fundaram, mas não subsistiu.

Capítulo XIII
Das penas estabelecidas pelos imperadores contra a incontinência das mulheres

Estabeleceu a lei Júlia uma pena contra o adultério. Mas longe de serem essa lei e as outras que depois se fizeram a esse respeito um sinal de bondade dos costumes, foram, pelo contrário, um sinal de sua depravação.

Na monarquia, todo o sistema político, no que se refere às mulheres, mudou. Já não houve a preocupação de estabelecer entre elas a pureza dos costumes, mas de punir seus crimes. Só se criavam novas leis para punir esses crimes porque não se puniam mais as violações que não fossem esses crimes.

---

[26] Ordenou Sixto V que um marido que não se queixasse a ele da devassidão da mulher seria punido com a morte. Vide Leti. (N. do A.)

[27] *Nisi convenissent in manum viri*. (N. do A.)

[28] *Ne sis mihi patruus oro*. (N. do A.)

[29] A lei papiana previu, sob Augusto, que as mulheres que tivessem três filhos estariam fora dessa tutela. (N. do A.)

[30] Entre os germanos, tal tutela se chamava *mundeburdium*. (N. do A.)

A medonha dissolução dos costumes obrigava os imperadores a fazerem leis, para deter, até certo ponto, a impudicícia: mas a intenção deles não foi corrigir os costumes em geral. Fatos positivos citados pelos historiadores provam-no mais do que todas essas leis poderiam provar em contrário. Podemos ver em Díon a conduta de Augusto a esse respeito; e como ele evitou, tanto enquanto pretor como enquanto censor, os pedidos que lhe foram feitos[31].

Deparamo-nos sim, nos historiadores, com julgamentos rígidos pronunciados, sob Augusto e sob Tibério, contra a impudicícia de algumas damas romanas: mas, ao nos fazerem conhecer o espírito desses reinados, fazem-nos conhecer o espírito de tais julgamentos.

Augusto e Tibério procuravam sobretudo punir a devassidão de seus parentes. Não puniam a depravação dos costumes, mas certo crime de impiedade ou de lesa-majestade[32] que eles haviam inventado, útil para o respeito, útil para a vingança. Por isso os autores romanos se erguem tão veementemente contra tal tirania.

Era leve a pena da lei Júlia[33]. Os imperadores quiseram que, nos julgamentos, se aumentasse a pena da lei que tinham feito. Esse foi o alvo das invectivas dos historiadores. Não examinavam se as mulheres mereciam ser punidas, mas se a lei havia sido violada para puni-las.

Uma das principais tiranias de Tibério[34] foi o abuso que ele fez das leis antigas. Quando quis punir alguma dama romana além da

---

[31] Quando lhe levaram um rapaz que desposara uma mulher com a qual tivera antes um mau comércio, por muito tempo ele hesitou, não ousando nem aprovar, nem punir aquelas coisas. Por fim, voltando a si: "As sedições foram causa de muitos males", disse ele; "esqueçamo-las". Díon, livro LIV. Tendo-lhe os senadores pedido regulamentos sobre os costumes das mulheres, ele se furtou à solicitação, dizendo-lhes que corrigissem suas mulheres, como ele corrigia a sua. Pediram-lhe, então, que lhes dissesse como agia com sua esposa. Pergunta, a meu ver, muito indiscreta. (N. do A.)

[32] *Culpam inter viros et feminas vulgatam gravi nomine laesarum religionum appellando, clementiam majorum suasque ipse leges egrediabatur.* Tácito, *Anais*, livro III. (N. do A.)

[33] Esta lei é citada no digesto; mas não puseram a pena. Julgamos que não era senão uma relegação, uma vez que a do incesto não era senão uma deportação. Leg. *Si quis viduam, ff. de quest.* (N. do A.)

[34] *Proprium id Tiberio fuit, scelera nuper reperta priscis verbis obtegere.* Tácito. (N. do A.)

pena estabelecida pela lei Júlia, restabeleceu contra ela o tribunal doméstico[35].

Essas disposições em relação às mulheres só diziam respeito às famílias dos senadores e não às do povo. Queriam pretextos para as acusações contra os poderosos, e a devassidão das mulheres os fornecia em abundância.

Enfim, o que eu disse, que a bondade dos costumes não é o princípio do governo de um só, nunca melhor se confirmou do que sob esses primeiros imperadores; e, se houver alguma dúvida a esse respeito, basta ler Tácito, Suetônio, Juvenal e Marcial.

Capítulo XIV
Leis suntuárias entre os romanos

Falamos da incontinência pública; porque está ligada ao luxo, é sempre seguida por este e sempre o segue. Se deixardes em liberdade os movimentos do coração, como podereis combater as fraquezas do espírito?

Em Roma, além das instituições gerais, os censores fizeram que magistrados criassem muitas leis particulares para manter a frugalidade das mulheres. Tiveram esse objetivo as leis Fânia, Licínia e Ápia. Podemos ver em Tito Lívio[36] como o senado se agitou quando tais leis exigiram a revogação da lei Ápia. Valério Máximo data a época do luxo, entre os romanos, da ab-rogação dessa lei.

Capítulo XV
Dos dotes e das vantagens nupciais nas diversas constituições

Nas monarquias, devem os dotes ser consideráveis, para que os maridos possam manter sua condição e o luxo estabelecido. Devem

---

[35] *Adulterii graviorem poenam deprecatus, ut, exemplo majorum, propinquis suis ultra ducentesimum lapidem removeretur, suasit. Adultero Manlio Italia atque Africa interdictum est.* Tácito, *Anais*, livro II. (N. do A.)

[36] Década IV, livro IV. (N. do A.)

ser medíocres nas repúblicas, em que não deve reinar o luxo[37]. Devem ser quase nulos nos Estados despóticos, em que as mulheres são, de certo modo, escravas.

A comunidade dos bens introduzida pelas leis francesas entre o marido e a mulher é muito conveniente no governo monárquico, porque faz as mulheres se interessarem pelos trabalhos domésticos e as atrai, como contra a vontade, ao cuidado da casa. É-o menos na república, em que as mulheres têm mais virtude. Seria absurda nos Estados despóticos, em que quase sempre as mulheres são elas mesmas parte da propriedade do senhor.

Como as mulheres, por sua condição, são bastante propensas ao matrimônio, são inúteis os ganhos sobre os bens do marido que a lei lhes proporciona. Tais ganhos seriam, porém, muito perniciosos na república, pois suas riquezas particulares produzem o luxo. Nos Estados despóticos, os ganhos vindos do casamento devem ser a sua subsistência, e nada mais.

Capítulo XVI
Belo costume dos samnitas

Tinham os samnitas um costume que, numa república pequena e sobretudo na situação em que se achava a sua, devia produzir efeitos admiráveis. Reuniam-se e julgavam-se todos os jovens. Aquele que fosse declarado o melhor tomava como esposa a jovem que quisesse: aquele que tivesse os sufrágios seguintes escolhia também; e assim por diante[38]. Era admirável só considerarem entre os bens dos rapazes as belas qualidades e os serviços prestados à pátria. Aquele que fosse o mais rico nesse tipo de bens escolhia para si uma jovem em toda a nação. O amor, a beleza, a castidade, a virtude, o nascimento, as próprias riquezas, tudo isso era, por assim dizer, o dote da virtude. Seria difícil imaginar recompensa mais nobre, maior e menos onerosa a um Estado pequeno e mais capaz de agir sobre um e outro sexo.

---

[37] Marselha foi a mais sábia república do seu tempo: os dotes não podiam superar os cem escudos de prata, e cinco em roupas, diz Estrabão, livro IV. (N. do A.)

[38] Fragmento de Nicolau de Damasco, tirado de Estobeu, na *Coletânea* de Constantino Porfirogeneta. (N. do A.)

Os samnitas descendiam dos lacedemônios; e Platão, cujas instituições não são senão a perfeição das leis de Licurgo, propôs uma lei mais ou menos semelhante[39].

Capítulo XVII
Da administração das mulheres

É contrário à razão e à natureza que as mulheres sejam soberanas em casa, como estava estabelecido entre os egípcios: mas não o é que governem um império. No primeiro caso, o estado de fraqueza em que se encontram não lhes permite a preeminência: no segundo, sua própria fraqueza dá-lhes mais doçura e moderação; o que pode proporcionar um bom governo, em vez das virtudes duras e ferozes.

Nas Índias, vive-se muito bem sob o governo das mulheres; e se estabeleceu que, se os varões não vierem de uma mãe do mesmo sangue, sucedem as filhas que têm mãe de sangue real[40]. Dão-lhes certo número de pessoas para ajudá-las a suportar o peso do governo. Segundo o sr. Smith[41], vive-se muito bem sob o governo das mulheres na África. Se somarmos a isso o exemplo de Moscóvia e da Inglaterra, veremos que elas se saem bem tanto no governo moderado quanto no governo despótico.

---

[39] Ele lhes permite verem-se com mais frequência. (N. do A.)

[40] *Lettres édif.*, coletânea 14. (N. do A.)

[41] *Voyage de Guinée*, segunda parte, p. 165 da tradução francesa, sobre o reino de Angola, na Costa do Ouro. (N. do A.)

Livro VIII
Da corrupção dos princípios dos três governos

Capítulo I
Ideia geral deste livro

A corrupção de cada governo quase sempre começa com a dos princípios.

Capítulo II
Da corrupção do princípio da democracia

Corrompe-se o princípio da democracia não só quando se perde o espírito de igualdade, mas também quando se assume o espírito de igualdade extrema e cada qual quer ser igual aos que escolheu para comandá-lo. O povo, então, não podendo suportar o próprio poder que delega, quer tudo fazer por si mesmo, deliberar em lugar do senado, executar em lugar dos magistrados e destituir todos os juízes.

Já não pode haver virtude na república. O povo quer exercer as funções dos magistrados: estes, portanto, deixam de ser respeitados. As deliberações do senado já não têm peso: não se tem mais consideração pelos senadores e, por conseguinte, pelos idosos. Porque não se tem mais respeito pelos idosos, tampouco os pais serão respeitados: os maridos já não merecem deferência, nem os senhores submissão. Todos chegarão a amar essa libertinagem: o incômodo do comando não cansará menos que o da obediência. As mulheres, as crianças, os escravos não se submeterão a ninguém. Já não haverá bons costumes, amor da ordem, enfim, já não haverá virtude.

Vemos no *Banquete* de Xenofonte uma pintura bastante ingênua de uma república em que o povo abusou da igualdade. Cada conviva dá, por seu turno, a razão por que está contente consigo mesmo. "Estou contente comigo mesmo", diz Cármides, "por causa da minha pobreza. Quando era rico, era obrigado a cortejar os caluniadores, sabendo muito bem que era mais provável receber algum mal deles do que fazer algum a eles; a república sempre me exigia alguma nova quantia: não podia ausentar-me. Desde que sou pobre, ganhei autoridade; ninguém me ameaça, eu ameaço os outros: posso ir embora ou ficar. Já os ricos se erguem de onde estão e me cedem o lugar. Sou um rei, era escravo; pagava um tributo à república, hoje esta me alimenta: já não receio perder, espero adquirir".

Cai o povo nessa desgraça quando aqueles a quem ele se confia, querendo esconder a sua própria corrupção, buscam corrompê-lo. Para que o povo não veja a ambição deles, só lhe falam da grandeza popular; para que o povo não se dê conta da avareza deles, lisonjeiam sem cessar a popular.

Aumentará a corrupção entre os corruptores e aumentará entre os que já estão corrompidos. O povo distribuirá entre si todo o dinheiro público; e, como terá unido à preguiça a gestão dos negócios, vai querer unir a sua pobreza às diversões do luxo. Com a preguiça e com o luxo, porém, só mesmo o tesouro público poderá ser um objetivo para ele.

Não devemos admirar-nos se virmos os sufrágios se venderem por dinheiro. Não se pode dar muito ao povo sem tirar ainda mais dele: para tirar dele, porém, é preciso derrubar o Estado. Quanto mais parecer tirar vantagem da liberdade, mais se aproximará do momento em que deve perdê-la. O povo cria pequenos tiranos, que têm todos os vícios de um só. Logo o que resta de liberdade se torna insuportável. Ergue-se um único tirano; e o povo perde tudo, até mesmo as vantagens de sua corrupção.

Tem a democracia, portanto, dois excessos que evitar: o espírito de desigualdade, que a leva à aristocracia ou ao governo de um só; e o espírito de igualdade extrema, que a leva ao despotismo de um só, assim como o despotismo de um só termina com a conquista.

É verdade que aqueles que corromperam as repúblicas gregas nem sempre se tornaram tiranos. Isso porque eram mais dados à eloquência do que à arte militar: além disso, havia no coração de todos os gregos um ódio implacável contra os que derrubavam o governo republicano;

o que fez que a anarquia degenerasse em aniquilamento, em vez de se transformar em tirania.

Mas Siracusa, que se situava no meio de grande número de pequenas oligarquias transformadas em tiranias[1]; Siracusa, que tinha um senado[2] de que quase nunca se faz menção na história, padeceu desgraças que a corrupção ordinária não provoca. Essa cidade, sempre na licenciosidade[3] ou na opressão; igualmente corroída pela liberdade e pela servidão; sempre a receber uma e outra como uma tempestade; e, apesar de seu poder externo, sempre levada à revolução pela menor força estrangeira, tinha em seu seio um povo imenso, que nunca teve senão esta alternativa, entregar-se a um tirano ou ser ele mesmo tirano.

Capítulo III
Do espírito de igualdade extrema

Tão distante está o céu da terra quanto o verdadeiro espírito de igualdade está do espírito de igualdade extrema. O primeiro não consiste em fazer que todos comandem ou que ninguém seja comandado; mas em obedecer e em comandar a seus iguais. Não procura não ter senhor, mas só ter iguais por senhor.

No estado de natureza, nascem os homens na igualdade: mas não podem nela permanecer. A sociedade faz que a percam, e só voltam a ser iguais pelas leis.

Tal é a diferença entre a democracia regulada e a que não o é; na primeira, só somos iguais como cidadãos; na outra, somos iguais também como magistrados, senadores, juízes, pais, maridos, patrões.

O lugar natural da virtude é junto à liberdade, mas não se encontra mais junto à liberdade extrema do que junto à servidão.

---

[1] Vide Plutarco, nas *Vidas de Timoleonte e de Díon*. (N. do A.)

[2] É o dos seiscentos, de que fala Diodoro. (N. do A.)

[3] Tendo expulsado os tiranos, transformaram em cidadãos alguns estrangeiros e soldados mercenários; o que provocou guerras civis. Aristóteles, *Política*, livro V, capítulo III. Tendo o povo sido causa da vitória sobre os atenienses, a república mudou: id., ibid., capítulo IV. A paixão de dois jovens magistrados, quando um roubou ao outro um rapazinho, e este seduziu a sua mulher, fez mudar a forma dessa república: id., ibid., livro VII, capítulo IV. (N. do A.)

Capítulo IV
Causa particular da corrupção do povo

Os grandes êxitos, sobretudo aqueles a que o povo muito contribui, dão-lhe tal orgulho, que já não é possível conduzi-lo. Com ciúme dos magistrados, tem-no também da magistratura: inimigo dos que governam, logo se torna também inimigo da constituição. Assim é que a vitória de Salamina, sobre os persas, corrompeu a república de Atenas[4]; assim é que a derrota dos atenienses foi a perdição da república de Siracusa[5].

A república de Marselha jamais teve essas grandes passagens da prostração à grandeza: por isso sempre se governou com sabedoria; por isso conservou seus princípios.

Capítulo V
Da corrupção do princípio da aristocracia

Corrompe-se a aristocracia quando o poder dos nobres se torna arbitrário: não pode mais haver virtude nos que governam, nem nos que são governados.

Quando as famílias reinantes observam as leis, é uma monarquia com muito monarcas, e muito boa por natureza; quase todos esses monarcas estão atados pelas leis. Mas, quando as famílias não as observam, é um Estado despótico com muitos déspotas.

Nesse caso, a república só subsiste no âmbito dos nobres, e só lá. Está no corpo que governa, e o Estado despótico está no corpo que é governado; o que faz destes os dois corpos mais desunidos do mundo.

A extrema corrupção é quando os nobres se tornam hereditários[6]: raramente conseguem ter moderação. Se são poucos, seu poder é maior, mas a segurança diminui; se são mais numerosos, seu poder é menor e a segurança, maior; assim, o poder vai crescendo e a segurança, diminuindo, até o déspota, sobre cuja cabeça está o excesso de poder e de perigo.

---

[4] Aristóteles, *Política*, livro V, capítulo IV. (N. do A.)

[5] Id., ibid. (N. do A.)

[6] A aristocracia transforma-se em oligarquia. (N. do A.)

Na aristocracia hereditária, o grande número de nobres tornará, portanto, menos violento o governo; mas, como haverá pouca virtude, cair-se-á num espírito de indolência, de preguiça, de abandono, que fará que o Estado não tenha mais força nem ímpeto[7].

A aristocracia pode manter a força de seu princípio se as leis forem tais, que façam que os nobres sintam mais os riscos e os trabalhos do comando do que as suas delícias; e, se o Estado estiver em tal situação, que tenha algo que temer; e que a segurança venha de dentro, e a incerteza de fora.

Como certa confiança faz a glória e a segurança da monarquia, é preciso, ao contrário, que a república tema algo[8]. O temor dos persas preservou a lei entre os gregos. Cartago e Roma intimidaram-se uma à outra e se firmaram. Coisa estranha! Quanto mais segurança têm esses Estados, mais, como as águas demasiado calmas, estão sujeitos a se corromper.

Capítulo VI
Da corrupção do princípio da monarquia

Como as democracias se perdem quando o povo demite o senado, os magistrados e os juízes de suas funções, as monarquias corrompem-se quando se retiram paulatinamente as prerrogativas dos corpos ou os privilégios das cidades. No primeiro caso se caminha para o despotismo de todos; no outro, para o despotismo de um só.

"O que perdeu as dinastias de Tsin e de Sui", diz um autor chinês, "é que em vez de se limitarem, como os antigos, a uma inspeção geral, única digna do soberano, os príncipes quiseram governar tudo imediatamente por si mesmos"[9]. Dá-nos aqui o autor chinês a causa da corrupção de quase todas as monarquias.

Perde-se a monarquia quando o príncipe crê demonstrar melhor

---

[7] Veneza é uma das repúblicas que melhor corrigiram, com as leis, os inconvenientes da aristocracia hereditária. (N. do A.)

[8] Atribui Justino à morte de Epaminondas a extinção da virtude em Atenas. Já não havendo emulação, gastaram suas rendas em festas, *frequentius coenam quam castra visentes*. Foi então que os macedônios saíram da obscuridade: livro VI. (N. do A.)

[9] Compilação dos trabalhos feitos sob os Mings, relatados pelo padre Du Halde. (N. do A.)

o seu poder mudando a ordem das coisas do que seguindo-a, quando suprime as funções naturais de uns para dá-las arbitrariamente a outros e quando tem mais amor pelas fantasias do que pelas vontades.

Perde-se a monarquia quando o príncipe, reivindicando tudo unicamente para si, chama Estado à sua capital, capital à sua corte e corte à sua pessoa.

Perde-se a monarquia, enfim, quando o príncipe ignora a sua autoridade, a sua situação, o amor de seus povos, e quando não percebe bem que o monarca deve julgar-se em segurança, como o déspota deve crer-se em perigo.

Capítulo VII
Continuação do mesmo assunto

Corrompe-se o princípio da monarquia quando as primeiras dignidades são as marcas da primeira servidão; quando se retira dos grandes o respeito dos povos, transformando-os em vis instrumentos do poder arbitrário.

Corrompe-se ainda mais quando a honra é posta em contradição com as honras e se pode estar ao mesmo tempo coberto de infâmia[10] e de dignidades.

Corrompe-se quando o príncipe transforma a justiça em severidade; quando põe, como os imperadores romanos, uma cabeça de Medusa sobre o peito[11]; quando assume aquele ar ameaçador e terrível que Cômodo mandava dar às suas estátuas[12].

O princípio da monarquia corrompe-se quando almas especial-

---

[10] No reinado de Tibério, ergueram-se estátuas e ofereceram-se os ornamentos triunfais aos delatores; o que avilta de tal modo essas honras, que os que as haviam merecido as desdenharam. Fragmento de Díon, livro LVIII, tirado da *Seleta das virtudes e dos vícios* de Constantino Porfirogeneta. Vide em Tácito como Nero, ao descobrir e punir uma suposta conjuração, deu a Petrônio Turpiliano, a Nerva e a Tigelino os ornamentos triunfais. *Anais*, livro XIV. Vide também como os generais desdenharam fazer a guerra, porque desprezavam as suas honras, *pervulgaris triumphi insignibus*. Tácito, *Anais*, livro XIII. (N. do A.)

[11] Nesse Estado, o príncipe sabia bem qual era o princípio do seu governo. (N. do A.)

[12] Herodiano. (N. do A.)

mente covardes se vangloriam da pompa que possa acompanhar a sua servidão; e acreditam que o que faz que devamos tudo ao príncipe faz que nada devamos à pátria.

Se, porém, é verdade (o que em todos os tempos se viu) que, à medida que o poder do monarca se torna imenso, diminui a sua segurança, corromper esse poder, até fazê-lo mudar de natureza, não seria um crime de lesa-majestade contra ele?

Capítulo VIII
Perigo da corrupção do princípio do governo monárquico

O inconveniente não é quando o Estado passa de um governo moderado a outro governo moderado, como da república à monarquia ou da monarquia à república, mas quando cai e se precipita do governo moderado para o despotismo.

A maior parte dos povos da Europa ainda é governada pelos costumes. Mas, se, por um longo abuso do poder; se, por uma grande conquista, o despotismo se estabelecesse em determinado lugar, não haveria costumes nem clima que resistissem; e, nessa bela parte do mundo, a natureza humana sofreria, pelo menos por certo tempo, os insultos que lhe fazem as três outras.

Capítulo IX
O quanto a nobreza está pronta a defender o trono

Sepultou-se a nobreza inglesa, com Carlos I, sob as ruínas do trono; e antes disso, quando Filipe II fez os ouvidos franceses ouvirem a palavra liberdade, a coroa foi sempre sustentada por essa nobreza que tem como pundonor obedecer a um rei, mas considera a máxima infâmia compartilhar o poder com o povo.

Vimos a casa de Áustria trabalhar sem cessar para oprimir a nobreza húngara. Ignorava quão valiosa esta um dia lhe seria. Buscava entre esses povos o dinheiro que ali não havia: não via os homens que ali estavam. Enquanto tantos príncipes compartilhavam entre si seus Estados, todas as partes da sua monarquia, imóveis e sem ação, caíam, por assim dizer, umas sobre as outras: só havia vida nessa nobreza que se indignou, esqueceu tudo para combater e acreditou que era sua glória perecer e perdoar.

Capítulo X
Da corrupção do princípio do governo despótico

Corrompe-se de contínuo o princípio do governo despótico, pois é corrompido por natureza. Perecem os outros governos porque acidentes particulares violam o seu princípio: este perece por seu defeito interno, quando causas acidentais não impedem que seu princípio se corrompa. Só se mantém, pois, quando circunstâncias tiradas do clima, da religião, da situação ou do gênio do povo o forçam a seguir alguma ordem e a aceitar certa regra. Essas coisas forçam a sua natureza, sem mudá-la: permanece a ferocidade; esta é, por certo tempo, domesticada.

Capítulo XI
Efeitos naturais da bondade e da corrupção dos princípios

Uma vez corrompidos os princípios do governo, as leis tornam-se más e se voltam contra o Estado: quando os princípios são sadios, as más têm efeito de boas; a força do princípio tudo arrebata.

Para manter os principais magistrados na dependência das leis, empregavam os cretenses um recurso extraordinário: a insurreição. Parte dos cidadãos sublevava-se[13], afugentava os magistrados e obrigava-os a retornar à condição privada. Isso supostamente era feito em consequência da lei. Semelhante instituição, que estabelecia a sedição para impedir o abuso do poder, parecia dever derrubar qualquer república. Não destruiu a de Creta; eis por quê[14]:

Quando os antigos queriam falar de um povo que tivesse o maior amor da pátria, citavam os cretenses: “A pátria”, dizia Platão[15], “nome

---

[13] Aristóteles, *Política*, livro II, capítulo X. (N. do A.)

[14] Reuniam-se sempre primeiro os inimigos externos, o que se chamava sincretismo. Plutarco, *Morais*, p. 88. (N. do A.)

[15] *República*, livro IX. (N. do A.)

tão caro aos cretenses". Davam-lhe um nome que exprime o amor de uma mãe pelos filhos[16]. Ora, o amor da pátria corrige tudo.

As leis de Polônia também têm a sua insurreição. Mas os inconvenientes provocados por isso mostram bem que só o povo de Creta era capaz de empregar com sucesso tal remédio.

Os exercícios de ginástica, estabelecidos entre os gregos, não dependiam menos da bondade do princípio do governo. "Os lacedemônios e os cretenses", diz Platão[17], "é que abriram essas famosas academias que os fizeram ter uma situação tão distinta no mundo. De início, o pudor alarmou-se: mas cedeu à utilidade pública". Na época de Platão, eram admiráveis essas instituições[18]: estavam ligadas a um grande objetivo, que era a arte militar. Mas, quando os gregos deixaram de ter virtude, destruíram até a arte militar: já não desceram à arena para formar-se, mas para corromper-se[19].

Diz-nos Plutarco[20] que em seu tempo os romanos achavam que esses jogos haviam sido a principal causa da servidão em que haviam caído os gregos. Era, ao contrário, a servidão dos gregos que corrompera aqueles exercícios. No tempo de Plutarco[21], as arenas em que combatiam nus e os jogos de luta tornavam covardes os jovens, incentivavam os amores infames e os transformavam em meros dançarinos. No tempo de Epaminondas, porém, o exercício da luta fez que os gregos vencessem a batalha de Leuctos[22].

Poucas leis há que não sejam boas quando o Estado não perdeu os seus princípios; e, como dizia Epicuro ao falar das riquezas, não é o licor que está corrompido, mas a ânfora.

---

[16] Plutarco, *Morais*, no tratado *Se o homem idoso deve participar dos negócios públicos*. (N. do A.)

[17] *República*, livro V. (N. do A.)

[18] Dividia-se a ginástica em duas partes; a dança e a luta. Via-se em Creta as danças armadas dos curetes; na Lacedemônia, as de Cástor e Pólux; em Atenas, as danças armadas de Palas, muito adequadas aos que ainda não têm idade para ir à guerra. "A luta é a imagem da guerra", diz Platão, *Leis*, livro VII. Louva a antiguidade por só ter estabelecido duas danças, a pacífica e a pírrica. Vide como esta última dança se aplicava à arte militar. Platão, ibid. (N. do A.)

[19] *...Aut libidinosae / Ledaeas Lacaedemono palestras* [...Ou as palestras ledianas da libidinosa Lacedemônia], Marcial, livro 4, epig. 55. (N. do A.)

[20] *Obras morais*, no tratado *Questões acerca das coisas romanas*. (N. do A.)

[21] Plutarco, ibid. (N. do A.)

[22] Plutarco, *Morais*. *Palavras à mesa*, livro II. (N. do A.)

Capítulo XII
Continuação do mesmo assunto

Escolhiam-se em Roma os juízes na ordem dos senadores. Os Gracos transferiram essa prerrogativa para os cavaleiros. Druso deu-a aos senadores e aos cavaleiros; Sula, só aos senadores; Cota, aos senadores, aos cavaleiros e aos tesoureiros públicos. César excluiu estes últimos. Antônio fez decúrias de senadores, cavaleiros e centuriões.

Quando uma república se corrompe, só se podem remediar os males que nascem erradicando a corrupção e restaurando os princípios: toda outra correção é ou inútil ou um novo mal. Enquanto Roma conservou os seus princípios, os julgamentos puderam ficar sem abuso nas mãos dos senadores; mas, quando se corrompeu, fosse qual fosse o corpo a que se transferissem os julgamentos, aos senadores, aos cavaleiros, aos tesoureiros públicos, a dois desses corpos, aos três juntos, a algum outro corpo qualquer, o mal persistia. Os cavaleiros não tinham mais virtude do que os senadores, os tesoureiros públicos não mais do que os cavaleiros e estes tão pouca quanto os centuriões.

Quando o povo de Roma obteve a participação nas magistraturas patrícias, era natural pensar que seus aduladores iriam ser os árbitros do governo. Não: vimos esse povo, que entregava as magistraturas comuns aos plebeus, continuar elegendo patrícios. Por ser virtuoso, era magnânimo; por ser livre, desdenhava o poder. Mas, quando perdeu tais princípios, quanto mais poder tivesse, menos precauções tomava; até que finalmente, transformado em seu próprio tirano e seu próprio escravo, perdeu a força da liberdade, para cair na fraqueza da licenciosidade.

Capítulo XIII
Efeito do juramento em meio a um povo virtuoso

Nunca houve um povo, diz Tito Lívio[23], em que a dissolução se tenha introduzido mais tarde do que entre os romanos e em que a moderação e a pobreza tenham sido honradas por mais tempo.

O juramento teve tanta força entre esse povo, que nada o prendeu

---

[23] Livro I. (N. do A.)

mais às leis. Muitas vezes fez coisas para observá-lo que jamais teria feito pela glória, nem pela pátria.

Tendo Quíncio Cincinato, cônsul, querido recrutar um exército na cidade contra os équos e os volscos, os tribunos se opuseram. "Pois bem!", disse ele, "que todos os que prestaram juramento ao cônsul do ano passado marchem sob o meu estandarte"[24]. Em vão os tribunos exclamaram que aquele juramento já havia expirado; que, quando fora feito, Quíncio era um simples particular: o povo foi mais religioso do que os que tratavam de guiá-lo; não ouviu nem as distinções, nem as interpretações dos tribunos.

Quando o mesmo povo quis retirar-se sobre o monte sagrado, sentiu-se retido pelo juramento que prestara aos cônsules de segui-los na guerra[25]. Fez planos de matá-los: explicaram-lhe que o juramento não perderia a validade com isso. Podemos julgar a ideia que o povo tinha da violação do juramento pelo crime que quis cometer.

Depois da batalha de Canes, o povo apavorado quis retirar-se na Sicília: Cipião fê-lo jurar que permaneceria em Roma; o temor de violar o juramento superou todo outro temor. Roma era um navio sustentado por duas âncoras durante a tempestade, a religião e os costumes.

Capítulo XIV
Como a menor mudança na constituição provoca a ruína dos princípios

Fala-nos Aristóteles da república de Cartago como de uma república muito bem ordenada. Diz-nos Políbio que na segunda guerra púnica[26] havia em Cartago o inconveniente de que o senado perdera quase toda a autoridade. Ensina-nos Tito Lívio que quando Aníbal voltou a Cartago descobriu que os magistrados e os principais cidadãos desviavam para proveito próprio o dinheiro público e abusavam do poder. A virtude dos magistrados, portanto, caiu juntamente com a autoridade do senado; tudo decorreu do mesmo princípio.

São notórios os prodígios da censura entre os romanos. Houve

[24] Tito Lívio, livro III. (N. do A.)
[25] Tito Lívio, livro II. (N. do A.)
[26] Cerca de cem anos depois. (N. do A.)

um tempo em que essa censura se tornou pesada: mas foi sustentada, porque havia mais luxo do que corrupção. Cláudio a enfraqueceu; e, com esse enfraquecimento, a corrupção tornou-se ainda maior do que o luxo; e a censura[27] se aboliu, por assim dizer, por si mesma. Perturbada, solicitada, restaurada, suprimida, interrompeu-se totalmente até o tempo em que se tornou inútil, ou seja, os reinados de Augusto e de Cláudio.

Capítulo XV
Meios muito eficazes para a conservação dos três princípios

Só poderei fazer-me entender depois de lidos os quatro capítulos a seguir.

Capítulo XVI
Propriedades distintivas da república

É da natureza da república ter apenas um território pequeno: sem isso, dificilmente pode subsistir. Numa grande república, há grandes fortunas e, por conseguinte, pouca moderação nos espíritos; há depósitos grandes demais entre as mãos de um cidadão; os interesses particularizam-se: um homem primeiro sente que pode ser feliz, grande, glorioso, sem a pátria; e depois que pode ser o único grande sobre as ruínas da pátria.

Numa grande república, o bem comum é sacrificado a mil considerações: está subordinado a exceções, depende dos acidentes. Numa pequena, o bem público é mais sentido, mais bem conhecido, mais próximo de cada cidadão: os abusos são menos amplos e, por conseguinte, menos protegidos.

O que fez que a Lacedemônia subsistisse por tanto tempo foi que, depois de todas as suas guerras, permaneceu sempre com o seu território. O único objetivo dos lacedemônios era a liberdade; a única vantagem da liberdade, a glória.

---

[27] Vide Díon, liv. XXXVIII: a vida de Cícero em Plutarco; Cícero a Ático, livro IV, cartas 10 e 15; Ascânio, sobre Cícero, *De divinatione*. (N. do A.)

Foi o espírito das repúblicas gregas contentar-se com suas terras e com suas leis. Atenas contraiu a ambição e passou-a à Lacedemônia: mas foi mais para comandar povos livres do que para governar escravos; mais para estar na chefia da união do que para rompê-la. Tudo se perdeu quando se ergueu uma monarquia, governo cujo espírito está mais voltado para a expansão.

Sem circunstâncias particulares[28], é difícil que qualquer outro governo, senão o republicano, possa subsistir numa só cidade. O príncipe de um Estado tão pequeno buscaria naturalmente oprimir, pois teria grande poder e poucos meios para dele gozar ou para fazê-lo respeitar: maltrataria muito, portanto, os seus povos. Por outro lado, tal príncipe seria facilmente oprimido por uma força estrangeira ou mesmo por uma força doméstica: o povo poderia, a todo instante, juntar-se e reunir-se contra ele. Ora, quando o príncipe de uma cidade é expulso dela, o processo chega ao fim: se tiver muitas cidades, o processo apenas começou.

Capítulo XVII
Propriedades distintivas da monarquia

O Estado monárquico deve ser de tamanho mediano. Se fosse pequeno, tomaria a forma de república. Se fosse muito extenso, os principais do Estado, poderosos por si mesmos, não estando sob a vigilância do príncipe, tendo sua corte fora da corte do príncipe, protegidos, aliás, pelas leis e pelos costumes contra as execuções rápidas, poderiam cessar de obedecer; não temeriam uma punição lenta e distante demais.

Por isso Carlos Magno mal fundou o seu império e já teve de dividi-lo; quer porque os governadores das províncias não obedeciam; quer porque, para torná-los mais obedientes, foi necessário dividir o império em muitos reinos.

Depois da morte de Alexandre, seu império foi dividido. Como esses poderosos da Grécia e da Macedônia, livres ou pelo menos chefes dos conquistadores espalhados por aquela vasta conquista, poderiam obedecer?

---

[28] Como quando um pequeno soberano se mantém entre dois grandes Estados, pelo ciúme recíproco: mas só existe precariamente. (N. do A.)

Depois da morte de Átila, seu império foi desmembrado: um sem-número de reis que não estavam mais subjugados não podia voltar a se acorrentar.

O pronto restabelecimento do poder ilimitado é o remédio que, nestes casos, pode impedir a dissolução: uma nova desgraça depois da expansão!

Correm os rios para misturar-se ao mar: as monarquias vão perder-se no despotismo.

Capítulo XVIII
Que a monarquia de Espanha era um caso particular

Não me venham citar o exemplo da Espanha; este antes prova o que digo. Para conservar a América, fez o que o próprio despotismo não faz: destruiu seus habitantes. Foi preciso para conservar a sua colônia que ela a mantivesse na dependência de sua própria subsistência.

Tentou introduzir o despotismo nos Países Baixos; e, tão logo o abandonou, seus problemas aumentaram. Por um lado, os valões não queriam ser governados por espanhóis; e, por outro, os soldados espanhóis não queriam obedecer aos oficiais valões[29].

Só se manteve na Itália, enriquecendo-a e arruinando-se: pois os que gostariam de se livrar do rei de Espanha nem por isso estavam dispostos a renunciar ao seu dinheiro.

Capítulo XIX
Propriedades distintivas do governo despótico

Um grande império supõe uma autoridade despótica naquele que governa. É preciso que a rapidez das resoluções supra a distância dos lugares aonde são enviadas; que o temor impeça a negligência do governador ou do magistrado distante; que a lei esteja numa só pessoa; e que mude sem cessar, como os acidentes, que sempre se multiplicam no Estado proporcionalmente à sua grandeza.

---

[29] Vide a *História das Províncias Unidas*, do sr. Le Clerc. (N. do A.)

Capítulo XX
Consequência dos capítulos anteriores

Se a propriedade natural dos pequenos Estados é serem governados como repúblicas, a dos medianos é estarem submetidos a um monarca, a dos grandes impérios serem dominados por um déspota; segue-se daí que, para conservar os princípios do governo estabelecido, é preciso manter o Estado no tamanho que já tinha; e que esse Estado mude de espírito à medida que encolher ou estender seus limites.

Capítulo XXI
Do império da China

Antes de terminar este livro, responderei a uma objeção que se pode fazer sobre tudo o que disse até agora.

Falam-nos nossos missionários do vasto império da China como de um governo admirável, que mescla em seu princípio o temor, a honra e a virtude. Fiz, portanto, uma distinção vã, quando estabeleci os princípios dos três governos.

Ignoro o que seja essa honra, de que falam, entre povos que só a bordoadas se consegue que façam alguma coisa[30].

Além disso, nossos comerciantes estão longe de nos dar a ideia dessa virtude de que nos falam os nossos missionários: podemos consultá-los sobre o banditismo dos mandarins[31]. Tomo ainda como testemunha este grande homem, milorde Anson.

Aliás, as cartas do padre Parennin acerca do processo que o imperador moveu contra alguns príncipes reais neófitos[32] que lhe desagradaram mostram-nos um plano de tirania seguido sistematicamente e injúrias feitas organizadamente à natureza humana, ou seja, com sangue-frio.

Temos também as cartas do sr. De Mairan e do mesmo padre Parennin acerca do governo da China. Depois de perguntas e respostas muito sensatas, a maravilha se desvaneceu.

---

[30] Quem governa a China é o bastão, diz o padre Du Halde. (N. do A.)

[31] Vide, entre outras, a relação de Lange. (N. do A.)

[32] Da família de Surniama, *Lettres édifiantes*, coletânea 18. (N. do A.)

Não pode ser que os missionários se tenham enganado com uma aparência de ordem, que se tenham impressionado com esse exercício contínuo da vontade de um só pelo qual eles mesmos são governados e que tanto gostam de encontrar nas cortes dos reis da Índia? Pois, lá indo só para empreender grandes mudanças, é para eles mais fácil convencer os príncipes de que podem fazer tudo do que persuadir os povos de que podem tudo suportar[33].

Enfim, muitas vezes há algo de verdade até nos erros. Circunstâncias particulares e talvez únicas podem fazer que o governo da China não seja tão corrupto quanto deveria ser. Causas ligadas em sua maioria à física do clima podem ter forçado as causas morais naquele país e feito como que prodígios.

O clima da China é tal, que favorece prodigiosamente a propagação da espécie humana. As mulheres têm tão grande fertilidade, que não há igual no mundo. A mais cruel tirania não detém o progresso da propagação. O príncipe não pode dizer, como faraó, oprimamo-los com sabedoria. Seria ele antes reduzido a formar o desejo de Nero, de que o gênero humano tivesse só uma cabeça. Apesar da tirania, a China, pela força do clima, sempre se povoará e triunfará da tirania.

Como todos os países em que cresce o arroz[34], a China está sujeita a fomes constantes. Quando o povo morre de fome, dispersa-se para procurar o sustento. Formam-se em toda parte bandos de três, quatro ou cinco ladrões: a maioria é logo exterminada; outros crescem e também são exterminados. Mas num número tão grande de províncias, e tão distantes, pode acontecer que alguma horda seja bem-sucedida. Esta se conserva, se fortifica, se organiza como um exército, vai direto à capital e o chefe sobe ao trono.

É tal a natureza da coisa, que o mau governo é logo punido. A desordem nasce bruscamente, porque esse povo prodigioso não tem o que comer. O que faz que, em outros países, seja tão difícil a recuperação dos abusos é que estes não têm efeitos sensíveis; o príncipe não é alertado de maneira rápida e espalhafatosa, como na China.

Ele não sentirá, como os nossos príncipes, que se governar mal

---

[33] Vide no padre Du Halde como os missionários se serviram da autoridade de Canhi para calar os mandarins, que sempre diziam que, pelas leis do país, não podia estabelecer-se nenhum culto estrangeiro ali. (N. do A.)

[34] Vide abaixo, livro XXIII, capítulo XIV. (N. do A.)

será menos feliz na outra vida, menos poderoso e menos rico nesta: sabe que se seu governo não for bom perderá o império e a vida.

Como, apesar da exposição das crianças, a população continua a aumentar na China[35], é preciso um trabalho infatigável para fazer as terras produzirem o alimento para satisfazê-la: isso exige grande atenção da parte do governo. Este está sempre interessado em que todos possam trabalhar, sem temor de ser frustrado de sua diligência. Deve ser menos um governo civil do que um governo doméstico.

Eis o que produziu os regulamentos de que tanto se fala. Quiseram fazer as leis reinarem lado a lado com o despotismo: mas o que se une ao despotismo perde a força. Em vão esse despotismo, pressionado pelas desgraças, quis acorrentar-se; arma-se com essas correntes e se torna ainda mais terrível.

É, portanto, a China um Estado despótico, cujo princípio é o temor. É possível que nas primeiras dinastias, não sendo o império tão vasto, o governo se afastasse um pouco desse espírito. Mas não é o que acontece hoje.

[35] Vide o memorando de um Tsong Tou para que se arroteie a terra. *Lettres édifiantes*, coletânea 21. (N. do A.)

SEGUNDA PARTE

LIVRO IX
Das leis na relação que têm com a força defensiva

Capítulo I
Como as repúblicas cuidam da segurança

Se a república for pequena, será destruída por uma força estrangeira; se for grande, será destruída por um vício interno.

Esse duplo inconveniente aflige igualmente as democracias e as aristocracias, tanto as boas quanto as más. O mal está na própria coisa: não há nenhuma forma que possa remediá-lo.

Assim, é muito plausível que os homens fossem por fim obrigados a viver sempre sob o governo de um só, se não tivessem imaginado um tipo de constituição com todas as vantagens internas do governo republicano e a força externa do monárquico. Refiro-me à república federativa.

Essa forma de governo é uma convenção, pela qual diversos corpos políticos consentem em se tornar cidadãos de um Estado maior que querem formar. É uma sociedade de sociedades, que forma uma nova sociedade, a qual pode expandir-se com novos associados que se unam a ela.

Foram essas associações que fizeram florescer durante muito tempo o corpo da Grécia. Por elas, os romanos atacaram o universo; e só por elas o universo se defendeu contra eles; e, quando Roma chegou ao cúmulo da grandeza, foi por associações de além do Danúbio e do Reno, associações que o pavor criara, que os bárbaros puderam resistir-lhe.

É com tais associações que a Holanda[1], a Alemanha, as ligas suíças são na Europa consideradas repúblicas eternas.

---

[1] É formada por cerca de cinquenta repúblicas, todas diferentes umas das outras. *Estado das Províncias Unidas*, do sr. Janisson. (N. do A.)

As associações das cidades eram antigamente mais necessárias do que hoje. A cidade sem potência corria os maiores perigos. A conquista fazia que perdesse não só os poderes executivo e legislativo, como hoje, mas também tudo o que há de propriedade entre os homens[2].

Essa espécie de república, capaz de resistir à força exterior, pode conservar-se em sua grandeza, sem que o interior se corrompa: a forma dessa sociedade impede todos os inconvenientes.

Aquele que quisesse usurpar dificilmente conseguiria receber igual crédito em todos os Estados confederados. Se em um ano se tornasse poderoso demais, alarmaria todos os outros: se subjugasse uma parte, a que permanecesse livre ainda poderia resistir-lhe com forças independentes das que ele teria usurpado e derrotá-lo antes que ele pudesse estabelecer-se.

Se acontecer uma sedição num dos membros, os outros podem apaziguá-la. Se se introduzirem abusos em algum lugar, serão corrigidos pelas partes sãs. Esse Estado pode perecer por um lado, sem perecer pelo outro; a confederação pode ser dissolvida e os confederados podem permanecer soberanos.

Composto por pequenas repúblicas, usufrui a bondade do governo interior de cada uma delas; e, em relação ao exterior, goza, pela força da associação, de todas as vantagens das grandes monarquias.

Capítulo II
Que a constituição federativa deve ser composta por Estados de mesma natureza, sobretudo por Estados republicanos

Os cananeus foram destruídos, porque eram pequenas monarquias, que não se haviam confederado e não se defenderam em conjunto. Isso porque a natureza das pequenas monarquias não é a confederação.

Compõe-se a república federativa da Alemanha de cidades livres e de pequenos Estados submetidos a príncipes. Mostra a experiência que essa constituição é mais imperfeita do que as da Holanda e da Suíça.

O espírito da monarquia é a guerra e a expansão: o espírito da re-

---

[2] Liberdade civil, bens, mulheres, filhos, templos e até sepulturas. (N. do A.)

pública é a paz e a moderação. Esses dois tipos de governo não podem subsistir numa república federativa, a não ser de maneira forçada.

Vemos, assim, na história romana que quando os veios escolheram um rei, todas as pequenas repúblicas da Toscana os abandonaram. Tudo se perdeu na Grécia quando os reis da Macedônia obtiveram um lugar entre os anfictiões.

Composta por príncipes e cidades livres, a república federativa da Alemanha subsiste, porque tem um chefe, que é, de certa forma, o magistrado da união e, de certa forma, o monarca.

Capítulo III
Outras coisas necessárias na república federativa

Na república da Holanda, uma província não pode contrair aliança sem o consentimento das outras. Essa lei é muito boa e até necessária na república federativa. Falta à constituição germânica, em que preveniria as desgraças que podem acontecer a todos os membros, pela imprudência, pela ambição ou pela avareza de um só. Uma república que se uniu por uma confederação política entregou-se inteiramente, e nada mais tem que entregar.

É difícil que os Estados que se associam sejam do mesmo tamanho e tenham uma potência igual. A república dos lícios[3] era uma associação de vinte e três cidades: as grandes tinham três votos no conselho comum; as médias, dois; as pequenas, um. A república da Holanda é composta de sete províncias, grandes ou pequenas, que têm cada uma um voto.

As cidades da Lícia[4] pagavam os tributos proporcionalmente aos sufrágios. As províncias da Holanda não podem seguir essa proporção; é preciso que sigam a de sua potência.

Na Lícia[5], os juízes e os magistrados das cidades eram eleitos pelo conselho comum e segundo a proporção que mencionamos. Na república da Holanda, eles não são eleitos pelo conselho comum e cada cidade nomeia os seus magistrados. Se tivesse de apresentar um modelo de uma bela república federativa, eu escolheria a república da Lícia.

---

3 Estrabão, livro XIV. (N. do A.)

4 Id., ibid. (N. do A.)

5 Id., ibid. (N. do A.)

Capítulo IV
Como os Estados despóticos cuidam da segurança

Como as repúblicas, unindo-se, cuidam de sua segurança, os Estados despóticos fazem o mesmo separando-se e conservando-se, por assim dizer, sozinhos. Sacrificam parte do país, devastam as fronteiras e as tornam desertas; o corpo do império torna-se inacessível.

É sabido na geometria que, quanto mais extensão tiver um corpo, menor será, relativamente, a sua circunferência. Essa prática de devastar as fronteiras é, portanto, mais tolerável nos grandes Estados do que nos medianos.

Esse Estado faz contra si mesmo todo o mal que poderia causar um inimigo cruel, mas um inimigo que não se pudesse deter.

Conserva-se o Estado despótico por outro tipo de separação, que consiste em pôr as províncias distantes nas mãos de um príncipe que seja seu feudatário. O Mogol, a Pérsia, os imperadores da China têm seus feudatários; e os turcos deram-se muito bem em ter posto entre si e os seus inimigos, os tártaros, os moldávios, os valáquios e, antigamente, os transilvanos.

Capítulo V
Como a monarquia cuida da segurança

A monarquia não se destrói a si mesma, como o Estado despótico; mas um Estado de dimensões medianas logo pode ser invadido. Conta, pois, com praças fortes que defendem as suas fronteiras e com exércitos para defender as suas praças fortes. Cada palmo do terreno é disputado com arte, coragem, teimosia. Os Estados despóticos invadem-se entre si; só as monarquias travam guerras.

Pertencem as praças fortes às monarquias; os Estados despóticos temem possuí-las. Não ousam confiá-las a ninguém; pois ninguém ama nem o Estado nem o príncipe.

Capítulo VI
Da força defensiva dos Estados em geral

Para que um Estado tenha toda a sua força, é preciso que o seu tamanho seja tal, que haja certa relação entre a velocidade com a qual se pode empreender contra ele alguma ação e a rapidez com que pode evitá-la. Como aquele que ataca pode inicialmente aparecer em toda parte, é preciso que aquele que se defende também possa mostrar-se em toda parte; e, por conseguinte, que a extensão do Estado seja mediana, para que seja proporcional ao grau de velocidade que a natureza deu aos homens para se transportarem de um lugar a outro.

A França e a Espanha têm exatamente o tamanho necessário. As forças comunicam-se tão bem, que logo chegam aonde querem; os exércitos se reúnem e passam rapidamente de uma fronteira a outra; e não temem nenhuma das coisas que precisam de certo tempo para ser executadas.

Por uma admirável boa sorte, na França, a capital se acha mais perto das diferentes fronteiras de modo justamente proporcional à fraqueza delas; e assim vê o príncipe melhor cada parte do país, à medida que esteja mais exposta.

Mas, quando um vasto Estado, como a Pérsia, é atacado, são necessários muitos meses para que as tropas dispersas possam reunir-se; e não se pode forçar sua marcha durante tanto tempo, como se faz durante quinze dias. Se o exército que está na fronteira for vencido, será com certeza desbaratado, porque não há um lugar próximo para a retirada: o exército vitorioso, que não encontra resistência, avança rapidamente, surge diante da capital e fecha o cerco sobre a cidade, quando os governadores das províncias ainda mal tiveram tempo de ser avisados para mandar socorro. Aqueles que julgam próxima a revolução a apressam, não obedecendo. Pois as pessoas fiéis unicamente porque a punição está próxima não o são mais quando está distante; cuidam dos seus interesses particulares. Dissolve-se o império, é tomada a capital, e disputa o conquistador as províncias com os governadores.

A verdadeira força do príncipe não consiste tanto na facilidade que tem de conquistar, quanto na dificuldade que existe em atacá-lo; e, se ouso dizê-lo, na imutabilidade da sua condição. Mas a expansão dos Estados faz que mostrem novos lados por onde podem ser atacados.

Assim, como os monarcas devem ter sabedoria para aumentar seu poder, não devem ter menos prudência para limitá-lo. Fazendo cessar os inconvenientes da pequenez, devem vigiar constantemente os inconvenientes da grandeza.

Capítulo VII
Reflexões

Os inimigos de um grande príncipe que reinou durante tanto tempo o acusaram mil vezes — mais, creio, com base em seus temores do que em razões — de ter formado e levado adiante o projeto de uma monarquia universal. Se tivesse sido bem-sucedido, nada teria sido mais fatal à Europa, aos seus velhos súditos, a ele mesmo, à sua família. O céu, que conhece o que é vantajoso de verdade, serviu-o melhor com derrotas do que o teria feito com vitórias. Em vez de torná-lo o único rei da Europa, favoreceu-o mais, tornando-o o mais poderoso de todos.

A sua nação, que, nos países estrangeiros, jamais é tocada senão pelo que abandonou; que, ao sair de casa, encara a glória como o soberano bem e, nos países distantes, como um obstáculo ao retorno; que indispõe por suas próprias boas qualidades, porque parece somar a elas o desprezo; que pode suportar as feridas, os perigos e os trabalhos, e não a perda dos prazeres; que nada ama tanto quanto a alegria e se consola da perda de uma batalha com canções contra o general, jamais teria ido até o fim de uma empresa que não pode faltar a um país sem faltar a todos os outros, nem faltar por um momento sem faltar para sempre.

Capítulo VIII
Caso em que a força defensiva de um Estado é inferior à sua força ofensiva

Dizia o sr. de Coucy ao rei Carlos V "que os ingleses não são jamais tão fracos nem tão fáceis de se vencer que em seu próprio país". É o que se dizia dos romanos; é aquilo por que passaram os cartagineses; é o que acontecerá a toda potência que tiver enviado exércitos para longe, para reunir, pela força da disciplina e do poder militar, aqueles que estão divididos em seu país por interesses políticos ou civis. Enfraquece-se o Estado, por causa do mal que permanece; e ainda foi debilitado pelo remédio.

A máxima do sr. de Coucy é uma exceção à regra geral, que aconselha a não empreender guerras distantes. E essa exceção confirma a regra, pois só vale contra aqueles mesmos que violaram a regra.

Capítulo IX
Da força relativa dos Estados

Toda grandeza, toda força, toda potência é relativa. Deve-se tomar cuidado para que, ao buscar aumentar a grandeza real, não se diminua a grandeza relativa.

No meio do reinado de Luís XIV, a França estava no mais alto ponto da sua grandeza relativa. A Alemanha ainda não tinha os grandes monarcas que teve mais tarde. A Itália estava no mesmo caso. A Escócia e a Inglaterra não formavam um corpo monárquico. Aragão não estava unido a Castela; com isso, as partes separadas da Espanha se enfraqueciam e a enfraqueciam. A Moscóvia não era mais conhecida na Europa do que a Crimeia.

Capítulo X
Da fraqueza dos Estados vizinhos

Quando temos como vizinho um Estado que está em decadência, devemos evitar apressar a sua ruína; porque, sob esse aspecto, estamos na melhor situação possível; pois não existe nada tão cômodo para um príncipe quanto estar junto a outro que recebe em seu lugar todos os golpes e todos os ultrajes da fortuna. E é raro que, pela conquista de um tal Estado, se ganhe tanta potência real, quanto se perde em potência relativa.

Livro X
Das leis, na relação que têm com a força ofensiva

Capítulo I
Da força ofensiva

A força ofensiva é regulada pelo direito das gentes, que é a lei política das nações consideradas na relação que têm umas com as outras.

Capítulo II
Da guerra

A vida dos Estados é como a dos homens. Estes têm o direito de matar, em caso de defesa natural; aqueles têm o direito de guerrear por sua própria conservação.

Em caso de defesa natural, tenho o direito de matar, porque a minha vida a mim pertence, como a vida daquele que me ataca pertence a ele: assim também um Estado entra em guerra porque a sua conservação é justa, como qualquer outra conservação.

Entre os cidadãos, o direito de defesa natural não traz consigo a necessidade do ataque. Em vez de atacar, basta-lhes recorrer aos tribunais. Só podem, pois, exercer tal direito de defesa nos casos momentâneos em que estariam perdidos se aguardassem o socorro das leis. Mas entre as sociedades o direito de defesa natural implica às vezes a necessidade de atacar, quando um povo vê que uma paz mais longa deixaria outro povo em condições de destruí-lo, e quando o ataque é, nesse momento, o único meio de impedir essa destruição.

Segue-se daí que as pequenas sociedades têm com mais frequência o direito de entrar em guerra do que as grandes; porque estão com maior frequência na situação de temerem ser destruídas.

O direito da guerra deriva, portanto, da necessidade e da estrita justiça. Se aqueles que dirigem a consciência ou os conselhos dos príncipes não se limitarem a isso, tudo estará perdido; e, quando se basearem em princípios arbitrários de glória, de conveniência, de utilidade, rios de sangue inundarão a terra.

Não se fale sobretudo da glória do príncipe: a sua glória seria o seu orgulho; é uma paixão, e não um direito legítimo.

É verdade que a reputação de poder poderia aumentar as forças do seu Estado; mas a reputação de sua justiça as aumentaria em igual medida.

Capítulo III
Do direito de conquista

Deriva do direito de guerra o de conquista, que é a sua consequência; deve, portanto, seguir o seu mesmo espírito.

Quando um povo é conquistado, o direito que o conquistador tem sobre ele segue quatro tipos de leis; a lei da natureza, que faz que tudo tenda à conservação das espécies; a lei da luz natural, que exige que façamos aos outros o que queremos que nos façam; a lei que forma as sociedades políticas, que são tais, que a natureza não limitou a sua duração; enfim, a lei tirada da própria coisa. A conquista é uma aquisição; o espírito de aquisição traz consigo o espírito de conservação e de uso, e não o de destruição.

Um Estado que conquistou outro trata-o de uma das quatro seguintes maneiras: continua a governá-lo segundo as leis dele e não toma para si senão o exercício do governo político e civil; ou lhe dá um novo governo político e civil; ou destrói a sociedade e a dispersa pelas outras; ou, enfim, extermina todos os cidadãos.

A primeira maneira é conforme ao direito das gentes que seguimos hoje; a quarta é mais conforme ao direito das gentes dos romanos: e quanto a isso deixo que julguem a que ponto nos tornamos melhores. Cumpre prestar aqui homenagem aos nossos tempos modernos, à razão presente, à religião de hoje, à nossa filosofia, aos nossos costumes.

Os autores do nosso direito público, fundamentados nas histórias antigas, tendo saído dos casos estritos, cometeram grandes erros. Caíram na arbitrariedade; supuseram nos conquistadores um não sei qual direito de matar; o que fez que tirassem consequências tão terríveis como o princípio; e estabelecessem máximas que os próprios conquistadores, quando usaram de um mínimo de bom senso, jamais adotaram. É claro que, uma vez feita a conquista, o conquistador não tem mais o direito de matar; pois não está mais em situação de defesa natural e de sua própria conservação.

O que os levou a pensar assim foi terem acreditado que o conquistador tivesse o direito de destruir a sociedade: daí terem concluído que tivesse também o de destruir os homens que a compõem; o que é uma consequência tirada falsamente de um falso princípio. Pois, do fato de a sociedade ter sido aniquilada, não se segue que os homens que a formam também devam ser aniquilados. A sociedade é a união dos homens, e não os homens; o cidadão pode perecer e o homem permanecer.

Do direito de matar na conquista, os políticos tiraram o direito de reduzir à servidão: mas a consequência é tão mal fundada quanto o princípio.

Só temos o direito de reduzir à servidão quando esta for necessária para a conservação da conquista. O objetivo da conquista é a conservação: a servidão não é jamais o objetivo da conquista; mas pode acontecer de ser um meio necessário para chegar à conservação.

Nesse caso, é contra a natureza da coisa ser eterna essa servidão. O povo escravo deve poder tornar-se súdito. Na conquista, a escravidão é algo acidental. Quando depois de certo tempo todas as partes do Estado conquistador se unirem às do Estado conquistado, por costumes, casamentos, leis, associações e certa conformidade de espírito, deve cessar a servidão. Pois os direitos do conquistador só se baseiam na inexistência dessas coisas e em haver um distanciamento entre as duas nações, de modo que uma não pode confiar na outra.

Assim, o conquistador que reduz o povo à servidão deve sempre reservar-se meios (tais meios são inúmeros) para fazê-lo dela sair.

Não digo aqui coisas vagas. Os nossos pais, que conquistaram o império romano, agiram assim. As leis que fizeram no ardor, na ação, na impetuosidade, no orgulho da vitória, eles as abrandaram: suas leis eram duras, eles as tornaram imparciais. Os borguinhões, os godos e os lombardos queriam que os romanos continuassem sendo o povo vencido; as leis de Eurico, de Gundebaldo e de Rotáris fizeram do bárbaro e do romano concidadãos[1].

Carlos Magno, para domar os saxões, tirou-lhes a liberdade e a propriedade dos bens. Luís, o Bonachão, libertou-os[2]: nada de melhor fez em todo o seu reinado. O tempo e a servidão haviam abrandado os costumes deles; foram-lhes sempre fiéis.

Capítulo IV
Algumas vantagens do povo conquistado

Em vez de tirar do direito de conquista consequências tão fatais, seria melhor que os políticos falassem das vantagens que esse direito pode às vezes trazer ao povo vencido. Tais vantagens teriam sido mais bem percebidas se o nosso direito das gentes fosse estritamente obedecido e se tivesse sido estabelecido no mundo inteiro.

Os Estados que são conquistados não costumam estar em plena força de sua instituição: a corrupção neles se introduziu; as leis deixaram de ser executadas; tornou-se opressor o governo. Quem pode duvidar de que um tal Estado não ganhasse e não tirasse certo proveito da própria conquista, se esta não fosse destrutiva? Um governo que tivesse chegado ao ponto de não poder reformar-se a si mesmo, que perderia em ser refundido? O conquistador que entra no país de um povo em que, por mil astúcias e mil artifícios, o rico imperceptivelmente forjou um sem-número de meios de usurpar, em que o coitado que geme, vendo o que julgava serem abusos tornar-se leis, está sob a opressão e crê estar errado em senti-la: um conquistador, digo, pode mudar tudo; e a tirania oculta é a primeira coisa a sofrer violência.

Vimos, por exemplo, Estados oprimidos pelos bandidos serem aliviados pelo conquistador, que não tinha nem os compromissos nem as necessidades que o príncipe legítimo tinha. Os abusos eram corrigidos, até mesmo sem que o conquistador os corrigisse.

Às vezes a frugalidade da nação conquistadora dá-lhe condições de dar ao vencido o necessário, que lhe era recusado sob o príncipe legítimo.

---

[1] Vide o código das leis dos bárbaros e o livro XXVIII, abaixo. (N. do A.)
[2] Vide o autor desconhecido da vida de Luís, o Bonachão, no *Recueil* de Duchesne, t. II, p. 296. (N. do A.)

Pode uma conquista destruir os preconceitos nocivos; e pôr, se me atrevo a assim exprimir-me, a nação sob um melhor gênio.

Que bem os espanhóis não podiam fazer aos mexicanos? Tinham para lhes dar uma religião doce; trouxeram-lhes uma superstição furiosa. Poderiam ter libertado os escravos; e tornaram escravos os homens livres. Podiam esclarecê-los sobre o abuso dos sacrifícios humanos; em vez disso, exterminaram-nos. Eu jamais terminaria se quisesse enumerar todos os bens que não fizeram e todos os males que fizeram.

Cabe a um conquistador reparar parte dos males que cometeu. Assim defino o direito de conquista: um direito necessário, legítimo e infeliz, que deixa sempre por pagar uma dívida imensa para com a natureza humana.

Capítulo V
Gélon, rei de Siracusa

O mais belo tratado de paz de que fala a história é, creio, o que Gélon concluiu com os cartagineses. Ordenou que se abolisse o costume de imolar crianças[3]. Coisa admirável! Depois de ter derrotado trezentos mil cartagineses, impunha uma condição que só a eles era útil; ou melhor, estipulava em prol do gênero humano.

Os bactrianos entregavam seus pais idosos para serem comidos por canzarrões: Alexandre proibiu-lhes tal prática[4]; e foi um triunfo que obteve contra a superstição.

Capítulo VI
De uma república que conquista

É contra a natureza da coisa que, numa constituição federativa, um Estado confederado conquiste algo do outro, como vimos recentemente entre os suíços[5]. Nas repúblicas federativas mistas, em que a

[3] Vide a *Coletânea* do sr. De Barbeyrac, artigo 112. (N. do A.)
[4] Estrabão, livro II. (N. do A.)
[5] Em Tockembourg. (N. do A.)

associação ocorre entre pequenas repúblicas e pequenas monarquias, isso é menos chocante.

Também é contra a natureza da coisa que uma república democrática conquiste cidades que não poderiam entrar na esfera da democracia. Deve o povo conquistado gozar dos privilégios da soberania, como estabeleceram os romanos no começo. Deve-se limitar a conquista ao número máximo de cidadãos que se determinar para a democracia.

Se uma democracia conquistar um governo para governá-lo como súdito, exporá sua própria liberdade, porque confiará um poder grande demais aos magistrados que enviar ao Estado conquistado.

Que perigo não teria corrido a república de Cartago se Aníbal tivesse tomado Roma? Que não teria feito em sua própria cidade depois da vitória, ele que ali causou tantas revoluções depois da derrota[6]?

Jamais poderia ter Hano persuadido o senado a não enviar socorro a Aníbal, se só tivesse dado voz ao ciúme. Só razões sensatas poderiam determinar esse senado, que Aristóteles nos diz ter sido tão sábio (algo que a prosperidade dessa república tão bem nos prova). Tinham de ser estúpidos demais para não verem que um exército a trezentas léguas de lá sofria perdas necessárias, que deviam ser reparadas.

O partido de Hano queria entregar Aníbal[7] aos romanos. Não podiam, naquele momento, temer os romanos; temiam, pois, Aníbal.

Não podiam crer, dizem, nas vitórias de Aníbal: mas como duvidar delas? Espalhados por toda a terra, ignoravam os cartagineses o que se passava na Itália? É porque não o ignoravam que não queriam enviar socorro a Aníbal.

Hano tornou-se mais firme depois de Trébia, depois de Trasimeno, depois de Canes: o que aumentou não foi a incredulidade, mas o temor.

Capítulo VII
Continuação do mesmo assunto

Há mais um inconveniente nas conquistas feitas pelas democracias. Seu governo é sempre odioso aos Estados submetidos. Pela

[6] Estava no comando de uma facção. (N. do A.)

[7] Hano queria entregar Aníbal aos romanos, como Catão queria entregar César aos gauleses. (N. do A.)

ficção, é monárquico: mas, na verdade, é mais duro que o monárquico, como o demonstra a experiência de todos os tempos e de todos os países.

Os povos conquistados são reduzidos a um triste estado; não gozam nem das vantagens da república, nem da monarquia.

O que disse acerca do Estado popular pode aplicar-se à aristocracia.

Capítulo VIII
Continuação do mesmo assunto

Assim, quando uma república mantém algum povo sob sua dependência, deve buscar reparar os inconvenientes que nascem da natureza da coisa, dando-lhe um bom direito político e boas leis civis.

Uma república da Itália mantinha insulanos sob sua obediência: mas o seu direito político e civil, em relação a eles, era defeituoso. Lembramo-nos desse ato[8] de anistia que determina que ninguém mais seria condenado a penas aflitivas em consequência da consciência informada do governador[9]. Vimos muitas vezes povos pedirem privilégios: aqui, o soberano concede o direito de todas as nações.

---

[8] De 18 de outubro de 1738, impresso em Gênova, por Franchelli. *Vietiamo al nostro general-governatore in detta isola di condanare in avvenire solamente* ex informata conscientia *persona alcuna nazionale in pena afflitiva. Potrà ben far arrestare ed incarcerare le persone che gli saranno sospette; salvo di renderne poi a noi sollecitamente*, artigo VI [Proibimos ao nosso governador-geral na dita ilha condenar no futuro somente *ex informata conscientia* algum nacional a pena aflitiva. Poderá mandar deter e encarcerar as pessoas que lhe forem suspeitas, contanto que no-las entregue solicitamente em seguida] (N. do A.)

[9] Montesquieu aqui vernaculiza a expressão jurídica latina *ex informata conscientia*. Condenar alguém *ex informata conscientia* é condenar de antemão, com julgamento já formado. (N. do T.)

Capítulo IX
De uma monarquia que faz conquistas ao seu redor

Se uma monarquia puder agir muito tempo antes que a expansão a enfraqueça, tornar-se-á temível; e a sua força durará todo o tempo em que estiver pressionada pelas monarquias vizinhas.

Só deve, pois, fazer conquistas enquanto permanecer nos limites naturais do seu governo. Exige a prudência que se detenha tão logo ultrapasse esses limites.

Nesse tipo de conquista, cumpre deixar as coisas como foram encontradas; os mesmos tribunais, as mesmas leis, os mesmos costumes, os mesmos privilégios. Nada deve ser mudado, a não ser o exército e o nome do soberano.

Quando a monarquia tiver estendido as fronteiras com a conquista de algumas províncias vizinhas, deve tratá-las com grande carinho.

Numa monarquia que se empenhou durante muito tempo em fazer conquistas, as províncias de seus antigos domínios serão de ordinário muito maltratadas. Deverão sofrer os novos abusos e os antigos; e não raro uma grande capital, que tudo engole, as despovoou. Ora, se, depois de ter feito conquistas ao redor desses domínios, os povos vencidos fossem tratados como os seus antigos súditos, o Estado estaria perdido: os tributos que as províncias conquistadas enviariam à capital não voltariam mais; as fronteiras ficariam arruinadas e, por conseguinte, mais fracas; os povos ficariam descontentes com isso; tornar-se-ia mais precária a subsistência dos exércitos que ali deveriam permanecer e agir.

Tal é o estado necessário da monarquia conquistadora; um luxo horrível na capital, a miséria nas províncias distantes, a abundância nas extremidades. O mesmo ocorre com o nosso planeta: o fogo está no centro; o verde, na superfície; uma terra árida, fria e estéril entre os dois.

Capítulo X
Da monarquia que conquista outra monarquia

Por vezes uma monarquia conquista outra. Quanto menor for esta, melhor será contida com fortalezas; quanto maior for, melhor será conservada com colônias.

Capítulo XI
Dos costumes do povo vencido

Nessas conquistas, não basta deixar à nação vencida as suas leis: talvez seja preciso deixar-lhe os seus costumes; porque o povo sempre conhece, ama e defende mais os costumes do que as leis.

Nove vezes foram os franceses expulsos da Itália, por causa, dizem os historiadores[10] da insolência com as mulheres e as moças. É demasiado para uma nação ter de suportar o orgulho do vencedor e também a sua incontinência; e também a sua indiscrição, sem dúvida mais intolerável, pois multiplica ao infinito os ultrajes.

Capítulo XII
De uma lei de Ciro

Não considero uma boa lei a que promulgou Ciro, para que os lídios só pudessem exercer profissões vis ou infames. Vamos ao mais urgente; pensamos nas revoltas e não nas invasões. Mas as invasões logo virão; os dois povos se unem, os dois se corrompem. Prefiro manter pelas leis a rudez do povo vencedor, a proteger com elas a indolência do povo vencido.

Procurou Aristodemo, tirano de Cumas[11], debilitar a coragem da juventude. Ordenou que os rapazes deixassem crescer os cabelos, como as meninas; que se enfeitassem de flores; e vestissem trajes de diferentes cores até os calcanhares; que, quando fossem à casa do professor de dança e de música, mulheres carregassem guarda-sóis, perfumes e leques para eles; que, no banho, lhes dessem pentes e espelhos. Essa educação durava até os vinte anos de idade. Isso só pode convir a um tiranete, que expõe a soberania para defender a vida.

Capítulo XIII
Carlos XII

Esse príncipe, que só fez uso de suas próprias forças, determinou

---

[10] Consultai a *História do universo* do sr. Pufendorf. (N. do A.)

[11] Dionísio de Halicarnasso, livro VII. (N. do A.)

a sua própria queda ao conceber planos que só podiam ser executados com uma longa guerra; o que o seu reino não podia suportar.

Não era um Estado que estivesse em decadência que ele tratou de derrubar; era um império nascente. Serviram-se os moscovitas da guerra que ele lhes fez como de uma escola. A cada derrota, ficavam mais próximos da vitória; e, perdendo fora, aprendiam a se defender dentro.

Julgava-se Carlos o senhor do mundo nos desertos da Polônia, onde errava, e onde a Suécia como que se esparramava, enquanto o seu principal inimigo se fortalecia contra ele, o cercava, se estabelecia no Mar Báltico, destruía ou tomava a Livônia.

Assemelhava-se a Suécia a um rio, cujas águas se cortavam na origem, enquanto eram desviadas do seu curso.

Não foi Pultova que perdeu Carlos: se não tivesse sido destruído naquele lugar, tê-lo-ia sido em outro. Os acidentes da fortuna facilmente se reparam: não é possível proteger-se de acontecimentos que nascem continuamente da natureza das coisas.

Mas nem a natureza nem a fortuna jamais foram tão fortes contra ele quanto ele próprio.

Não se orientava ele pela disposição atual das coisas, mas por certo modelo que tinha tomado: e ainda o seguia muito mal. Não era Alexandre; mas teria sido o melhor soldado de Alexandre.

O projeto de Alexandre só deu certo porque ele era sensato. Os insucessos dos persas nas invasões da Grécia, as conquistas de Agesilau e a retirada dos Dez Mil haviam mostrado claramente a superioridade dos gregos na maneira de combater e no gênero das armas; e se sabia muito bem que os persas eram grandes demais para se corrigirem.

Já não podiam enfraquecer a Grécia com divisões; essa nação agora estava reunida sob um chefe que não tinha melhor meio de lhe esconder sua servidão do que deslumbrá-la com a destruição de seus eternos inimigos e com a esperança da conquista da Ásia.

Um império cultivado pela mais industriosa nação do mundo, e que lavrava as terras por princípio religioso, fértil e abundante em tudo, dava a um inimigo todo tipo de facilidade para nele subsistir.

Podia-se julgar pelo orgulho desses reis, sempre vaidosamente mortificados com as derrotas, que precipitariam sua queda, sempre oferecendo batalhas; e que a adulação jamais permitiria que pudessem duvidar de sua grandeza.

E o projeto não só era sábio, como foi sabiamente executado. Na rapidez das ações, no próprio fogo das paixões, Alexandre tinha, se me atrevo a usar deste termo, ataques de lucidez que o guiavam; e que aqueles que quiseram escrever o romance de sua história e que tinham a mente mais corrompida do que a dele não conseguiram ocultar-nos. Falemos sobre isso com maior vagar.

Capítulo XIV
Alexandre

Ele só partiu depois de ter protegido a Macedônia dos povos bárbaros que eram seus vizinhos e de ter completado a submissão dos gregos; serviu-se dessa submissão apenas para a execução de sua empresa: tornou impotentes os ciúmes dos lacedemônios; atacou as províncias marítimas; fez que o exército de terra seguisse a linha litorânea, para não ser separado da frota; serviu-se admiravelmente bem da disciplina contra o número; não lhe faltou o abastecimento; e se é verdade que a vitória lhe deu tudo, também é preciso tudo para obter a vitória.

No começo da empresa, ou seja, num tempo em que um fracasso poderia derrubá-lo, deixou pouca coisa ao acaso: quando a fortuna o pôs acima dos acontecimentos, a temeridade foi por vezes um dos seus recursos. Quando, antes da partida, marcha contra os tribalos e os ilírios, vemos uma guerra[12] como a que César travou mais tarde nas Gálias. Quando volta à Grécia[13], é como que contra a vontade que ele toma e destrói Tebas: acampado perto da cidade, aguarda que os tebanos queiram fazer a paz; eles precipitam sua própria ruína. Quando se trata de combater[14] as forças marítimas dos persas, o ousado é antes Parmênion; Alexandre é o que usa de prudência. Sua arte foi separar os persas do litoral e forçá-los a abandonar eles próprios sua marinha, na qual eram superiores. Tiro era, por princípio, ligada aos persas, que não podiam dispensar o seu comércio e a sua marinha; Alexandre a destruiu. Tomou o Egito, que Dario deixara desguarnecido de tropas, enquanto reunia exércitos infinitos em outro universo.

A travessia do Granico fez que Alexandre se assenhoreasse das

[12] Vide Arriano, *De expedit. Alexandri*, livro I. (N. do A.)
[13] Id., ibid. (N. do A.)
[14] Id., ibid. (N. do A.)

colônias gregas; a batalha de Isso deu-lhe Tiro e o Egito; a batalha de Arbelos deu-lhe toda a terra.

Depois da batalha de Isso, ele deixou Dario escapar e só tratou de assentar e regular as suas conquistas: depois da batalha de Arbelos, segue-o de tão perto[15], que não lhe deixa nenhum lugar de refúgio em seu império. Dario só entra em suas cidades e em suas províncias para logo sair: as marchas de Alexandre são tão rápidas, que cremos ver o império do universo mais como o prêmio de uma corrida, como nos jogos da Grécia, do que como o prêmio da vitória.

Foi assim que ele fez as suas conquistas: vejamos como as conservou.

Resistiu aos que queriam que ele tratasse[16] os gregos como senhores e os persas como escravos: preocupou-se em unir as duas nações e em apagar as distinções entre o povo conquistador e o povo vencido: abandonou, depois da conquista, todos os preconceitos que lhe haviam ajudado a fazê-la: assumiu os costumes dos persas para não os desolar, fazendo-os adotarem os costumes dos gregos; isso fez que demonstrasse tanto respeito pela mulher e pela mãe de Dario e mostrasse tanta continência. Que conquistador é esse, que é chorado por todos os povos que submeteu? Que usurpador é esse, em cuja morte a família que ele derrubou do trono derrama lágrimas? É um traço dessa vida de que os historiadores não nos dizem que algum outro conquistador possa gabar-se.

Nada fortalece mais uma conquista do que a união que se faz entre dois povos pelos casamentos. Alexandre casou com mulheres da nação que vencera; quis que os membros de sua corte[17] fizessem o mesmo; o resto dos macedônios seguiu esse exemplo. Os francos e os borguinhões[18] permitiram tais casamentos; os visigodos proibiram--nos[19] na Espanha e mais tarde os permitiram; os lombardos não só os permitiram, mas até os favoreceram[20]; quando os romanos quiseram

---

[15] Id., ibid., livro III. (N. do A.)

[16] Era o conselho de Aristóteles. Plutarco, *Obras morais: da fortuna de Alexandre*. (N. do A.)

[17] Vide Arriano, *De expedit. Alexandri*, livro VII. (N. do A.)

[18] Vide a lei dos borguinhões, tít. XII, artigo 5. (N. do A.)

[19] Vide a lei dos visigodos, livro III, título V, § 1, que ab-roga a lei antiga, que tinha mais consideração, diz-se ali, pela diferença das nações do que das condições. (N. do A.)

[20] Vide a lei dos lombardos, liv. II, título VII, § 1 e 2. (N. do A.)

enfraquecer a Macedônia, estabeleceram que não poderia haver casamentos entre os povos das províncias.

Alexandre, que procurava unir os dois povos, pensou em estabelecer na Pérsia grande número de colônias gregas: construiu um sem-número de cidades; e cimentou tão bem todas as partes desse novo império, que depois de sua morte, na desordem e na confusão das mais horrendas guerras civis, depois que os gregos se foram, por assim dizer, aniquilados por si mesmos, nenhum província da Pérsia se revoltou.

Para não esgotar a Grécia e a Macedônia, enviou a Alexandria uma colônia de judeus[21]: pouco lhe importava que costumes tivessem esses povos, contanto que lhe fossem fiéis.

Não só deixou aos povos vencidos os seus costumes; deixou-lhes também as suas leis civis e, muitas vezes, até os reis e os governadores que tinha encontrado. Estabelecia macedônios[22] no comando das tropas, e gente do lugar no comando do governo, preferindo correr o risco de alguma infidelidade particular (o que lhe aconteceu algumas vezes) a uma revolta geral. Respeitou as tradições antigas e todos os monumentos da glória ou da vaidade dos povos. Os reis da Pérsia haviam destruído os templos dos gregos, dos babilônios e dos egípcios; ele os reconstruiu[23]: poucas nações se submeteram a ele sobre cujos altares ele não tenha feito sacrifícios. Parecia que só conquistava para ser o monarca particular de cada nação e o primeiro cidadão de cada cidade. Tudo conquistaram os romanos, para tudo destruírem; ele quis conquistar tudo, para tudo conservar; e, em todo país que percorria, suas primeiras ideias, seus primeiros planos foram sempre os de fazer algo que pudesse aumentar a prosperidade e a potência daquele mesmo país. Encontrou os primeiros meios para tanto na grandeza do seu gênio; os segundos, na sua frugalidade e economia particulares[24]; os terceiros, na imensa prodigalidade para as coisas grandes. Sua mão fechava-se para as despesas privadas; abria-se para as despesas públicas. Tratava-se de administrar sua

---

[21] Os reis da Síria, abandonando o plano dos fundadores do império, quiseram obrigar os judeus a adotar os costumes dos gregos, o que provocou terríveis perturbações em seu Estado. (N. do A.)

[22] Vide Arriano, *De expedit. Alexandri*, livro III e outros. (N. do A.)

[23] Id., ibid. (N. do A.)

[24] Id., ibid., livro VII. (N. do A.)

casa? Era um macedônio. Tratava-se de pagar as dívidas dos soldados, compartilhar a conquista com os gregos, fazer a riqueza dos homens do seu exército? Era Alexandre.

Cometeu duas ações más; incendiou Persépolis e matou Clito. Tornou-as célebres com seu arrependimento: de sorte que suas ações criminosas foram esquecidas, para lembrar seu respeito pela virtude; de sorte que foram consideradas mais como infelicidades do que como coisas que lhe fossem próprias; de sorte que a posteridade encontra a beleza da sua alma como que ao lado de seus arroubos e de suas fraquezas; de sorte que era preciso lamentá-lo e não era possível odiá-lo.

Vou compará-lo a César. Quando César quis imitar os reis da Ásia, desesperou os romanos com algo de pura ostentação; quando Alexandre quis imitar os reis da Ásia, fez algo que participava do seu plano de conquista.

Capítulo XV
Novos meios de conservar a conquista

Quando um monarca conquista um grande Estado, existe uma prática admirável, igualmente própria para moderar o despotismo e para conservar a conquista: adotaram-na os conquistadores da China.

Para não desesperar o povo vencido e não orgulhar o vencedor; para impedir que o governo se torne militar e para manter os dois povos no respeito ao dever, a família tártara, que hoje reina na China, estabeleceu que cada corpo de tropas, nas províncias, seria composto em partes iguais por chineses e tártaros. Isso produz muitos bons efeitos. 1º) As duas nações refreiam-se uma à outra. 2º) Conservam ambas a potência militar e civil, e uma não é aniquilada pela outra. 3º) A nação conquistadora pode espalhar-se por toda parte, sem se enfraquecer e se perder; torna-se capaz de resistir às guerras civis e estrangeiras. Instituição tão sensata, que foi a falta de uma semelhante que arruinou quase todos os que fizeram conquistas na terra.

Capítulo XVI
De um Estado despótico que conquista

Quando a conquista é imensa, supõe o despotismo. Não basta, então, o exército disperso por todas as províncias. Deve haver sempre ao redor do príncipe um corpo militar especialmente fiel, sempre pronto para se lançar sobre a parte do império que possa agitar-se. Essa milícia deve conter as outras e fazer tremer todos aqueles a quem se teve de deixar alguma autoridade no império. Há ao redor do imperador da China uma grande guarda de tártaros, sempre pronta para o que der e vier. Junto ao Mogol, aos turcos, no Japão, há um exército a soldo do príncipe, independentemente daquele sustentado pela renda das terras. Essas forças particulares mantêm o respeito das gerais.

Capítulo XVII
Continuação do mesmo assunto

Dissemos que os Estados conquistados pelo monarca despótico devem ser feudatários. Os historiadores derretem-se em elogios à generosidade dos conquistadores que devolveram a coroa aos príncipes que haviam vencido. Eram, pois, muito generosos os romanos, que criavam reis por toda parte, para terem instrumentos de servidão[25]. Tal ação é necessária. Se o conquistador conservar o Estado conquistado, os governadores que enviar não serão capazes de conter os súditos, nem ele próprio os seus governadores. Será obrigado a desproteger de tropas o seu antigo patrimônio, para garantir o novo. Todas as desgraças dos dois Estados serão comuns; a guerra civil de um será a guerra civil do outro. Pois, se, pelo contrário, o conquistador devolver o trono ao príncipe legítimo, terá um aliado necessário, que, com as forças que lhe serão próprias, aumentará as suas. Acabamos de ver o Xá-Nadir conquistar os tesouros do Mogol e lhe deixar o Industão.

---

[25] *Ut haberent instrumenta servitutis et reges* [Para ter instrumentos de servidão e reis. Tácito, *Agrícola*, 14]. (N. do A.)

Livro XI
Das leis que formam a liberdade política em sua relação com a constituição

Capítulo I
Ideia geral

Distingo as leis que formam a liberdade política em sua relação com a constituição das que a formam em sua relação com o cidadão. As primeiras são o tema deste livro; tratarei das segundas no próximo livro.

Capítulo II
Diversos significados dados à palavra liberdade

Não há palavra que tenha recebido significados mais diversos e impressionado os espíritos de tantas maneiras como liberdade. Uns a tomaram como a facilidade de depor aquele a quem haviam dado um poder tirânico; outros, como a faculdade de eleger aquele a quem deviam obedecer; outros, como o direito de estar armado e de poder exercer a violência; estes, como o privilégio de só ser governado por um homem de sua nação ou por suas próprias leis[1]. Certo povo por muito tempo entendeu a liberdade como o costume de usar barba

[1] "Copiei", diz Cícero, "o edito de Cévola, que permite aos gregos terminarem entre si os seus litígios, segundo as suas leis; o que faz que se considerem povos livres". (N. do A.)

comprida[2]. Estes ligaram a palavra a uma forma de governo e dela excluíram as outras. Aqueles que haviam apreciado o governo republicano a situaram nesse governo; os que haviam gozado do governo monárquico a colocaram na monarquia[3]. Enfim, cada qual chamou de liberdade o governo que fosse conforme aos seus costumes ou às suas inclinações. E como, na república, nem sempre se tem diante dos olhos e de maneira tão presente os instrumentos dos males de que se queixam, e como ali as leis parecem falar mais e os executores da lei falar menos, costumam situá-la nas repúblicas e excluí-la das monarquias. Enfim, como nas democracias o povo parece fazer mais ou menos o que quer, situaram a liberdade nesse tipo de governo; e confundiram o poder do povo com a liberdade do povo.

Capítulo III
Que é a liberdade

É verdade que, nas democracias, o povo parece fazer o que quer: mas a liberdade política não consiste em fazer o que se quer. Num Estado, ou seja, numa sociedade em que existem leis, a liberdade só pode consistir em podermos fazer o que devemos querer e em não sermos obrigados a fazer o que não devemos querer.

Devemos ter bem claro o que é independência e o que é liberdade. A liberdade é o direito de fazer tudo o que as leis permitem; e, se um cidadão pudesse fazer o que proíbem, não teria mais liberdade, porque os outros também teriam tal poder.

Capítulo IV
Continuação do mesmo assunto

A democracia e a aristocracia não são estados livres por natureza. A liberdade política só se encontra nos governos moderados. Nem sempre se encontra nos Estados moderados, porém. Só se acha ali

---

[2] Os moscovitas não podiam tolerar que o czar Pedro as mandasse cortar. (N. do A.)

[3] Os capadócios recusaram o estado republicano que os romanos lhes ofereceram. (N. do A.)

quando não haja abuso de poder: mas é uma experiência eterna a de que todo homem que tem poder é levado a abusar dele; ele vai em frente até encontrar limites. Quem diria! A própria virtude precisa de limites.

Para que não se possa abusar do poder, é preciso que, pela disposição das coisas, o poder detenha o poder. A constituição pode ser tal, que ninguém seja forçado a fazer as coisas a que a lei não o obriga, e a não fazer o que a lei lhe permite.

Capítulo V
Do objetivo dos diversos Estados

Embora todos os Estados tenham, em geral, um mesmo objetivo, que é manter-se, cada Estado tem um que lhe é particular. A expansão era o de Roma; a guerra, o da Lacedemônia; a religião, o das leis judaicas; o comércio, o de Marselha; a tranquilidade pública, o das leis da China[4]; a navegação, o das leis dos ródios; a liberdade natural, o objetivo da política dos selvagens; em geral, as delícias do príncipe, o dos Estados despóticos; a sua glória e a do Estado, o das monarquias; a independência de cada particular é o objetivo das leis da Polônia; e o que resulta daí é a opressão de todos[5].

Há também uma nação no mundo que tem como objetivo direto da sua constituição a liberdade política. Vamos examinar os princípios sobre os quais se funda. Se forem bons, a liberdade vai aparecer como num espelho.

Não é tão difícil descobrir a liberdade política na constituição. Se podemos ver onde está, se a encontramos, por que procurá-la?

Capítulo VI
Da constituição da Inglaterra

Há em cada Estado três tipos de poderes: o poder legislativo, o poder executivo das coisas que dependem do direito das gentes e o poder executivo das que dependem do direito civil.

---

[4] Objetivo natural de um Estado que não tem inimigos externos ou que crê tê-los detido com barreiras. (N. do A.)

[5] Inconveniente do *Liberum veto*. (N. do A.)

Pelo primeiro, o príncipe ou o magistrado faz leis para certo tempo ou para sempre, e corrige ou ab-roga as que são feitas. Pelo segundo, declara a paz ou a guerra, envia ou recebe embaixadas, estabelece a segurança, previne as invasões. Pelo terceiro, pune os crimes ou julga os litígios dos particulares. Chamaremos este último de poder de julgar; e o outro, simplesmente de poder executivo do Estado.

A liberdade política, num cidadão, é essa tranquilidade de espírito que provém da opinião que cada qual tem de sua segurança; e, para que tenhamos essa liberdade, o governo deve ser tal, que um cidadão não possa temer outro cidadão.

Quando na mesma pessoa ou no mesmo corpo de magistratura o poder legislativo é reunido ao poder executivo, não há liberdade; porque é de temer que o mesmo monarca ou o mesmo senado faça leis tirânicas, para executá-las tiranicamente.

Tampouco há liberdade se o poder de julgar não for separado do poder legislativo e do executivo. Se estiver unido ao poder legislativo será arbitrário o poder sobre a vida e a liberdade dos cidadãos; pois o juiz será legislador. Se estiver unido ao poder executivo, o juiz poderá ter a força de um opressor.

Tudo estaria perdido se o mesmo homem ou o mesmo corpo de principais ou de nobres ou do povo exercesse estes três poderes: o de fazer as leis, o de executar as resoluções públicas e o de julgar os crimes ou os litígios dos particulares.

Na maior parte dos reinos da Europa, o governo é moderado; porque o príncipe, que detém os dois primeiros poderes, deixa a seus súditos o exercício do terceiro. Entre os turcos, estando esses três poderes reunidos na pessoa do sultão, reina um medonho despotismo.

Nas repúblicas da Itália, onde esses três poderes estão reunidos, a liberdade é menor do que nas nossas monarquias. Por isso o governo precisa, para se manter, de meios tão violentos quanto o governo dos turcos; prova disso são os inquisidores de Estado[6] e o tronco em que todo delator pode, a qualquer momento, lançar sua acusação num bilhete.

Vede qual pode ser a situação de um cidadão nessas repúblicas. O mesmo corpo de magistratura tem, como executor das leis, todo o poder que obteve como legislador. Pode devastar o Estado com suas vontades gerais; e, como tem também o poder de julgar, pode destruir qualquer cidadão com as suas vontades particulares.

---

[6] Em Veneza. (N. do A.)

Ali, todo poder é uno; e, embora não tenha a pompa exterior que revela um príncipe despótico, sentimo-lo a cada instante.

Assim, os príncipes que quiseram tornar-se despóticos sempre começaram reunindo em sua pessoa todas as magistraturas e vários reis da Europa, todos os principais cargos de seu Estado.

Creio que a pura aristocracia hereditária das repúblicas italianas não corresponda exatamente ao despotismo asiático. A multiplicidade dos magistrados abranda, de certa forma, a magistratura; nem sempre todos os nobres visam aos mesmos objetivos; são formados diversos tribunais que se moderam uns aos outros. Assim, em Veneza, o grande conselho tem a legislação; os *pregadi*, a execução; os *quarantia*, o poder de julgar. O mal, porém, é que esses diferentes tribunais são formados por magistrados do mesmo corpo, o que faz que sejam praticamente um mesmo poder.

O poder de julgar não deve ser dado a um senado permanente, mas exercido por pessoas tiradas do corpo do povo[7], em certo período do ano, da maneira prescrita pela lei, para formarem um tribunal que só dure enquanto a necessidade o exija.

Destarte, não estando o poder de julgar, tão terrível entre os homens, ligado nem a certo estado, nem a certa profissão, torna-se, por assim dizer, invisível e nulo. Não temos continuamente juízes diante dos olhos; e tememos a magistratura, e não os magistrados.

É preciso até, nas grandes acusações, que o criminoso, de acordo com a lei, escolha seus juízes ou pelo menos possa recusar um número tão grande deles, que os que restem devam ser de sua escolha.

Os dois outros poderes poderiam de preferência ser entregues a magistrados ou a corpos permanentes; porque não se exercem sobre nenhum particular, sendo um apenas a vontade geral do Estado, e o outro, apenas a execução dessa vontade geral.

Mas, se os tribunais não devem ser fixos, os julgamentos devem sê-lo a tal ponto, que não sejam jamais senão um texto preciso da lei. Se fossem uma opinião particular do juiz, viveríamos em sociedade sem saber precisamente os compromissos que assumimos.

Os juízes devem até ser da mesma condição do réu, ou seus pares, para que ele não possa pôr na cabeça que tenha caído nas mãos de gente propensa a lhe cometer violência.

---

[7] Como em Atenas. (N. do A.)

Se o poder legislativo deixar ao executivo o direito de prender cidadãos que possam dar caução de sua conduta, não haverá mais liberdade; a menos que sejam detidos para responder, de imediato, a uma acusação que a lei tornou capital: neste caso, eles serão realmente livres, pois só estarão submetidos ao poder da lei.

Se, porém, o poder legislativo julgar-se em perigo por alguma conjuração secreta contra o Estado ou por algum entendimento com os inimigos externos, poderá durante um tempo curto e limitado permitir ao poder executivo mandar prender os cidadãos suspeitos, que só perderiam a liberdade por algum tempo, para conservá-la para sempre.

E esse é o único meio conforme à razão de suprir a tirânica magistratura dos éforos e os inquisidores de Estado de Veneza, que também são despóticos.

Como num Estado livre todo homem que se considera ter uma alma livre deve ser governado por si mesmo, o povo como um todo deveria ter o poder legislativo; mas, como isso é impossível nos grandes Estados e está sujeito a muitos inconvenientes nos pequenos, é preciso que o povo faça por meio de seus representantes tudo o que não pode fazer por si mesmo.

Conhecemos muito melhor as necessidades da nossa cidade do que as das outras cidades; e avaliamos melhor a capacidade dos nossos vizinhos do que a de nossos outros compatriotas. Os membros do corpo legislativo, portanto, não devem ser tirados em geral do corpo da nação; mas convém que em cada um dos principais lugares os habitantes escolham um representante.

A grande vantagem dos representantes é que são capazes de discutir os problemas. O povo não é de modo algum adequado para isso, o que constitui um dos grandes inconvenientes da democracia.

Não é necessário que os representantes que receberam dos que os escolheram uma instrução geral recebam outra particular sobre cada problema, como se pratica nas dietas da Alemanha. É verdade que assim a palavra dos deputados seria mais a expressão da voz da nação: mas isso provocaria delongas infinitas, tornaria cada deputado o senhor de todos os outros; e, nas ocasiões mais prementes, toda a força da nação poderia ser paralisada por um capricho.

Quando os deputados, diz muito bem o sr. Sidney, representam um corpo de povo, como na Holanda, devem prestar contas aos que os elegeram; o mesmo não ocorre quando são deputados por burgos, como na Inglaterra.

Todos os cidadãos, nos diversos distritos, devem ter direito a dar seu voto na escolha do representante; salvo os que estão em tal estado de baixeza, que se considere que não têm vontade própria.

Havia um grande defeito na maioria das repúblicas antigas: o povo tinha o direito de tomar decisões ativas e que exigem alguma execução; algo de que é completamente incapaz. O povo só deve participar do governo para escolher os representantes, o que está ao seu alcance. Pois, se há pouca gente que conheça o grau exato da capacidade dos homens, cada qual é, porém, capaz de saber, em geral, se aquele que escolheu é mais esclarecido do que a maior parte dos demais.

O corpo representante tampouco deve ser escolhido para tomar alguma decisão ativa, algo que não estaria bem, mas para fazer leis ou para ver se as que fez foram bem executadas, algo que pode muito bem fazer e que até só esse corpo pode fazer bem.

Sempre há num Estado pessoas distintas pelo nascimento, pela riqueza ou pelas honras: mas, se se confundissem em meio ao povo e se tivessem um só voto como os outros, a liberdade comum seria para eles a escravidão e não teriam nenhum interesse em defendê-la, porque a maior parte das decisões seria contra eles. A parte que têm na legislação deve, pois, ser proporcional às outras vantagens de que gozam no Estado, o que acontecerá se formarem um corpo que tenha o direito de deter as ações do povo, como o povo tem o direito de deter as deles.

Assim, o poder legislativo será confiado tanto ao corpo dos nobres quanto ao corpo que será escolhido para representar o povo, e cada qual terá suas assembleias e suas deliberações à parte, e ideias e interesses separados.

Dos três poderes de que falamos, o de julgar é, de certa forma, nulo. Restam apenas dois: e, como precisam de um poder regulador para moderá-los, a parte do corpo legislativo que é composta de nobres é muito adequada para produzir esse efeito.

Deve ser hereditário o corpo dos nobres. Tal corpo o é primeiramente por natureza; e, aliás, deve estar muitíssimo interessado em conservar as suas prerrogativas, odiosas por si mesmas, e que, num Estado livre, devem estar sempre em perigo.

Mas, como um poder hereditário poderia ser levado a seguir seus interesses particulares e a esquecer os do povo, é preciso que, nas coisas em que há um soberano interesse em corrompê-lo, como nas leis referentes à arrecadação de dinheiro, só participe da legislação pela faculdade de impedir, e não pela faculdade de estatuir.

Chamo faculdade de estatuir o direito de ordenar por si mesmo ou de corrigir o que foi ordenado por outrem. Chamo faculdade de impedir o direito de tornar nula uma decisão tomada por outrem, o que constituía o poder dos tribunos de Roma. E, embora aquele que tenha a faculdade de impedir possa ter também o direito de aprovar, então essa aprovação não é senão uma declaração de que ele não faz uso da faculdade de impedir e deriva dessa faculdade.

O poder executivo deve estar nas mãos de um monarca, porque essa parte do governo, que quase sempre precisa agir imediatamente, é mais bem administrada por um do que por muitos; ao passo que o que depende do poder legislativo é muitas vezes mais bem ordenado por muitos do que por um só.

Pois, se não houvesse monarca e o poder executivo fosse confiado a certo número de pessoas tiradas do corpo legislativo, já não haveria liberdade; porque os dois poderes estariam unidos, com as mesmas pessoas fazendo às vezes — e podendo fazer sempre — parte de um e de outro.

Se o corpo legislativo ficasse um tempo considerável sem se reunir, já não haveria liberdade. Pois aconteceria de duas coisas uma: ou já não haveria decisões legislativas e o Estado cairia na anarquia, ou essas decisões seriam tomadas pelo poder executivo, e este se tornaria absoluto.

Seria inútil que o corpo legislativo estivesse sempre reunido. Isso seria incômodo para os representantes e, aliás, ocuparia demasiadamente o poder executivo, que não pensaria em executar, mas em defender as suas prerrogativas e o direito que tem de executar.

Além disso: se o corpo legislativo estivesse continuamente reunido, poderia acontecer de só se substituírem por novos deputados os que morressem; e nesse caso, uma vez que o corpo legislativo estivesse corrompido, o mal seria sem remédio. Quando diversos corpos legislativos se sucedem uns aos outros, o povo, que tem má opinião do corpo legislativo atual, deposita, com razão, as suas esperanças no que virá depois; mas, se fosse sempre o mesmo corpo, o povo, vendo-o uma vez corrompido, nada mais esperaria das leis; tornar-se-ia furioso ou indiferente.

Não deve o corpo legislativo convocar-se a si mesmo. Pois um corpo só deve ter vontades uma vez reunido; e, se não se reunisse unanimemente, não poderíamos dizer qual parte seria verdadeiramente o corpo legislativo, a que estivesse reunida ou a que não estivesse. Pois, se esse corpo tivesse o direito de se prorrogar a si mesmo, pode ser que não se prorrogasse jamais; o que seria perigoso, se quisesse atentar contra o poder executivo. Há, aliás, alguns tempos mais convenientes do que os outros para a reunião do corpo legislativo; o poder executivo, portanto, é que deve definir a data da reunião e a duração dessas assembleias, de acordo com as circunstâncias que conhece.

Se o poder executivo não tiver o direito de deter as ações do corpo legislativo, este será despótico; pois, como poderá arrogar-se todo o poder que puder imaginar, aniquilará todos os outros poderes.

Mas o poder legislativo não deve ter, reciprocamente, a faculdade de deter o poder executivo. Pois, como a execução tem seus limites por natureza, é inútil restringi-la; além disso, o poder executivo se exerce sempre sobre coisas momentâneas. E era defeituoso o poder dos tribunos de Roma, pois detinha não só a legislação, mas até a execução: o que causava grandes males.

Se num Estado livre, porém, o poder legislativo não deve ter o direito de deter o poder executivo, tem o direito e deve ter a faculdade de examinar de que maneira as leis que fez foram executadas; e essa é a vantagem que esse governo tem sobre os de Creta e da Lacedemônia, em que os cosmes e os éforos não prestavam conta de sua administração.

Mas, seja qual for esse exame, o corpo legislativo não deve ter o poder de julgar a pessoa e, por conseguinte, o comportamento de quem executa. Deve ser sagrada a sua pessoa; porque, sendo necessária ao Estado para que o corpo legislativo não se torne tirânico, tão logo fosse acusada ou julgada, não haveria mais liberdade.

Nesse caso, o Estado não seria uma monarquia, mas uma república não livre. Mas, como o que executa não pode executar mal sem ter conselheiros malvados e que odeiam as leis como ministros, embora lhes sejam favoráveis como homens, estes podem ser investigados e punidos. E essa é a vantagem desse governo sobre o de Gnido, onde, como a lei não permitia levar os amimones[8] a julgamento, mesmo depois de terminada a sua administração[9], o povo jamais podia obter qualquer satisfação pelas injustiças que lhe haviam feito.

---

[8] Eram magistrados eleitos todos os anos pelo povo. Vide Estêvão de Bizâncio. (N. do A.)

[9] Podiam acusar os magistrados romanos depois de sua magistratura. Vide em Dionísio de Halicarnasso, livro IX, o caso do tribuno Genúcio. (N. do A.)

Embora, em geral, o poder de julgar não deva estar unido a nenhuma parte do poder legislativo, isso está sujeito a três exceções, baseadas no interesse particular daquele que deve ser julgado.

Os poderosos sempre estão expostos à inveja; e, se fossem julgados pelo povo, poderiam estar em apuros e não gozariam do privilégio que o menor dos cidadãos tem num Estado livre, o de ser julgado por seus pares. Os nobres, portanto, devem comparecer não diante dos tribunais ordinários da nação, mas diante dessa parte do corpo legislativo composta por nobres.

Pode acontecer que a lei, que é ao mesmo tempo clarividente e cega, seja, em certos casos, rigorosa demais. Mas os juízes da nação são apenas, como dissemos, a boca que pronuncia as palavras da lei; seres inanimados que não podem nem moderar a força nem o rigor dessas palavras. É, portanto, a parte do corpo legislativo que acabamos de dizer ser, em outra ocasião, um tribunal necessário que o é também nesta; cabe à sua autoridade suprema moderar a lei em favor da própria lei, sentenciando menos rigorosamente que esta.

Poderia ainda acontecer de algum cidadão, nos negócios públicos, violar os direitos do povo e cometer crimes que os magistrados estabelecidos não pudessem ou não quisessem punir. Mas, em geral, o poder legislativo não pode julgar; e o pode ainda menos neste caso particular, em que representa a parte interessada, que é o povo. Só pode, então, ser o acusador. Mas diante de quem acusaria? Vai rebaixar-se diante dos tribunais da lei que lhe são inferiores e, aliás, compostos por pessoas que, sendo do povo como ele, seriam arrastadas pela autoridade de tão grande acusador? Não: para conservar a dignidade do povo e a segurança do particular, a parte legislativa do povo deve acusar diante da parte legislativa dos nobres, a qual não tem nem os mesmos interesses que ela nem as mesmas paixões.

Essa é a vantagem que tem esse governo sobre a maioria das repúblicas antigas, em que havia o abuso de ser o povo ao mesmo tempo juiz e acusador.

O poder executivo, como dissemos, deve participar da legislação por sua faculdade de impedir, sem o que logo será despojado de suas prerrogativas. Mas, se o poder legislativo participar da execução, o poder executivo estará igualmente perdido.

Se o monarca participasse da legislação pela faculdade de estatuir, não haveria liberdade. Mas, como é preciso que ele tome parte da legislação, para defender-se, deve dela participar pela faculdade de impedir.

A causa da mudança de governo em Roma foi que o senado, que detinha parte do poder executivo, e os magistrados, que detinham a outra, não tinham, como o povo, a faculdade de impedir.

Eis, portanto, a constituição fundamental do governo de que falamos. Sendo o corpo legislativo composto de duas partes, uma atará a outra com a sua faculdade mútua de impedir. Ambas estarão atadas pelo poder executivo, que por sua vez o estará pelo legislativo.

Esses três poderes deveriam formar um repouso ou uma inação. Mas, como, pelo movimento necessário das coisas, são obrigados a ir em frente, serão forçados a caminhar de concerto.

Como o poder executivo só participa do legislativo pela faculdade de impedir, não poderia entrar no debate dos problemas. Não é sequer necessário que proponha; porque, podendo sempre desaprovar as resoluções, pode rejeitar as decisões das propostas que gostaria não tivessem sido feitas.

Nalgumas repúblicas antigas, em que o corpo do povo debatia os problemas, era natural que o poder executivo os propusesse e os debatesse com ele, sem o que, nas decisões, se formaria uma estranha confusão.

Se o poder executivo estatuir sobre a arrecadação do dinheiro público de algum modo que não por seu consentimento, não haverá mais liberdade; porque se tornará legislativo no que se refere ao ponto mais importante da legislação.

Se o poder legislativo estatuir, não de ano em ano, mas para sempre, sobre a arrecadação do dinheiro público, correrá o risco de perder a sua liberdade; porque o poder executivo não dependerá mais dele; e, quando se dispõe de tal poder para sempre, é bastante indiferente que o receba de si ou da mão de terceiros. O mesmo ocorre se estatuir não de ano em ano, mas para sempre, sobre as forças de terra e de mar que deve confiar ao poder executivo.

Para que aquele que executa não possa oprimir, os exércitos que lhe são confiados devem ser do povo e ter o mesmo espírito que o povo, como aconteceu em Roma até o tempo de Mário. E, para que assim seja, só existem dois meios: ou que os que se empregam no exército tenham bens suficientes para responder por sua conduta aos outros cidadãos e só sejam alistados por um ano, como se praticava em Roma, ou, se se tiver um corpo de tropa permanente e em que os soldados sejam uma das partes mais vis da nação, é preciso que o poder legislativo possa dissolvê-lo assim que o desejar; que os soldados habitem com os cidadãos; e que não haja nem acampamentos separados, nem casernas, nem praças de guerra.

Uma vez estabelecido o exército, este não deve depender imediatamente do corpo legislativo, mas do poder executivo, e isso pela natureza da coisa, pois seu caráter consiste mais na ação do que na deliberação.

É próprio da maneira de pensar dos homens que eles deem mais valor à coragem do que à timidez; à atividade do que à prudência; à força do que aos conselhos. O exército sempre desprezará o senado e respeitará os seus oficiais. Não dará atenção às ordens que lhe forem enviadas da parte de um corpo composto por pessoas que julga tímidas e, portanto, indignas de comandá-lo. Assim, tão logo o exército dependa unicamente do corpo legislativo, o governo se tornará militar. E, se alguma vez ocorreu o contrário, foi por circunstâncias extraordinárias: porque o exército está sempre separado; porque se compõe de muitos corpos que dependem cada um de sua província particular; porque as capitais são praças excelentes, que só pela situação já se defendem e onde não há tropas.

A Holanda está ainda mais em segurança do que Veneza: submergeria as tropas revoltadas, fá-las-ia morrer de fome; essas tropas não estão nas cidades que lhes poderiam proporcionar a subsistência; tal subsistência é, portanto, precária.

Pois, se, no caso de um exército ser governado pelo corpo legislativo, circunstâncias particulares impedirem que o governo se torne militar, aparecerão outros inconvenientes; das duas, uma: ou o exército deverá destruir o governo, ou o governo enfraquecerá o exército.

E esse enfraquecimento terá uma causa muito fatal: nascerá da própria fraqueza do governo.

Se lermos o admirável livro de Tácito sobre os costumes[10] dos germanos, veremos que foi deles que os ingleses tiraram a ideia de seu governo político. Esse belo sistema foi descoberto nos bosques.

Como todas as coisas humanas têm um fim, o Estado de que falamos perderá a liberdade, perecerá. Pereceram Roma, Lacedemônia, Cartago. Perecerá quando o poder legislativo for mais corrupto do que o executivo.

---

[10] *De minoribus rebus principes consultant, de majoribus omnes; ita tamen ut ea quoque, quorum penes plebem arbitrium est, apud principes pertractentur* [Os chefes deliberam sobre as coisas menores; sobre as maiores, todos; assim também tais assuntos, que dependem do arbítrio do povo, são examinados pelos chefes. Tácito, *Germânia*, 11]. (N. do A.)

Não cabe a mim examinar se os ingleses gozam atualmente dessa liberdade ou não. Basta-me dizer que ela é estabelecida pelas leis, e paro por aqui com as minhas interrogações.

Não pretendo com isso deslustrar os outros governos, nem dizer que essa liberdade política extrema deva mortificar os que só gozam de uma liberdade moderada. Como diria isso, eu que creio que nem mesmo o excesso da razão seja sempre desejável, e que os homens quase sempre se acomodam melhor com os meios do que com as extremidades?

Em *Oceana*, também Harrington examinou qual seria o mais alto ponto de liberdade a que a constituição de um Estado possa ser levada. Mas dele podemos dizer que só procurou essa liberdade depois de tê-la desconhecido; e que construiu Calcedônia tendo o litoral de Bizâncio diante dos olhos.

Capítulo VII
Das monarquias que conhecemos

As monarquias que conhecemos não têm, como a de que acabamos de falar, a liberdade como objeto direto; tendem apenas à glória dos cidadãos, do Estado, do príncipe. Dessa glória, porém, decorre um espírito de liberdade que, nesses Estados, pode fazer coisas tão grandes e talvez contribuir tanto para a felicidade quanto a própria liberdade.

Os três poderes não são distribuídos e fundidos com base no modelo da constituição de que falamos; cada um deles tem uma distribuição particular, segundo a qual se aproximam mais ou menos da liberdade política; e, se não se aproximassem dela, a monarquia degeneraria em despotismo.

Capítulo VIII
Por que não tinham os antigos uma ideia muito clara da monarquia

Não conheciam os antigos o governo fundado num corpo nobre e ainda menos o governo fundado num corpo legislativo formado pelos representantes de uma nação. As repúblicas da Grécia e da Itália eram cidades que tinham cada uma seu governo e reuniam seus cidadãos dentro de seus muros. Antes que os romanos tivessem tragado todas as repúblicas, quase não havia rei em nenhum lugar, na Itália, na Gália, na Espanha, na Alemanha; tudo isso era de pequenos povos ou de pequenas repúblicas. A própria África estava submetida a uma grande república: a Ásia Menor estava ocupada pelas colônias gregas. Não havia, pois, exemplo de deputados de cidades, nem de assembleias de Estados; tinha-se de ir até a Pérsia para encontrar o governo de um só.

É verdade que havia repúblicas federativas; muitas cidades enviavam deputados a uma assembleia. Mas digo que não havia monarquia conforme a esse modelo.

Eis como se formou o primeiro plano das monarquias que conhecemos. Eram as nações germânicas, como sabemos, muito livres. Quanto a isso, basta ver Tácito acerca dos *Costumes dos Germanos*. Espalharam-se os conquistadores pelo país; habitavam os campos e poucos as cidades. Quando estavam na Germânia, toda a nação podia reunir-se. Quando se dispersaram na conquista, já não o puderam. A nação devia, porém, deliberar sobre os seus problemas, como fizera antes da conquista: ela o fez por meio de representantes. Eis a origem do governo gótico entre nós. No princípio, era uma mistura de aristocracia e de monarquia. Tinha o inconveniente de que a arraia-miúda era escrava; era um bom governo, que tinha em si a capacidade de melhorar. Surgiu o costume de conceder cartas de alforria; e logo a liberdade civil do povo, as prerrogativas da nobreza e do clero, o poder dos reis se viram em tal concerto, que não creio ter havido na terra governo tão temperado quanto o foi o de cada parte da Europa nos tempos em que ali perdurou; e é admirável que a corrupção do governo de um povo conquistador tenha formado a melhor espécie de governo que os homens tenham conseguido imaginar.

Capítulo IX
Maneira de pensar de Aristóteles

Fica clara a confusão de Aristóteles quando trata da monarquia[11]. Estabelece cinco espécies delas; não as distingue pela forma da cons-

---

[11] *Política*, livro III, capítulo XIV. (N. do A.)

tituição, mas por coisas acidentais, como as virtudes ou os defeitos do príncipe; ou por coisas extrínsecas, como a usurpação da tirania ou a sucessão à tirania.

Classifica como monarquias tanto o império dos persas quanto o reino da Lacedemônia. Mas quem não vê que um era um Estado despótico e o outro, uma república?

Os antigos, que não conheciam a distribuição dos três poderes no governo de um só, não podiam formar uma ideia correta da monarquia.

Capítulo X
Maneira de pensar dos outros políticos

Para moderar o governo de um só, Ariba[12], rei de Epiro, não imaginou senão uma república. Os molossos, sem saber como limitar o mesmo poder, criaram dois reis[13]: com isso enfraqueciam mais o Estado do que o comando; queriam rivais, obtinham inimigos.

Dois reis só eram toleráveis na Lacedemônia; ali, não formavam a constituição, mas eram parte dela.

Capítulo XI
Dos reis dos tempos heroicos dos gregos

Entre os gregos, nos tempos heroicos, se estabeleceu certa espécie de monarquia que não subsistiu[14]. Os que haviam inventado artes, guerreado pelo povo, reunido homens dispersos ou que lhes haviam dado terras obtinham o reino para eles e o transmitiam aos filhos. Eram reis, sacerdotes ou juízes. Essa é uma das cinco espécies de monarquia de que nos fala Aristóteles[15]; e é a única que pode despertar a ideia da constituição monárquica. Mas o plano dessa constituição é o oposto do de nossas monarquias de hoje.

---

[12] Vide Justino, livro XVII. (N. do A.)

[13] Aristóteles, *Política*, livro V, capítulo IX. (N. do A.)

[14] Aristóteles, *Política*, livro III, capítulo XIV. (N. do A.)

[15] Id., ibid. (N. do A.)

Os três poderes eram distribuídos de tal maneira que o povo tinha o poder legislativo[16]; e o rei, o poder executivo, com o poder de julgar. Ao passo que nas monarquias que conhecemos o príncipe tem os poderes executivo e legislativo, ou pelo menos parte do legislativo; mas não julga.

No governo dos reis dos tempos heroicos, os três poderes eram mal distribuídos. Essas monarquias não podiam subsistir; pois, uma vez que o povo tinha a legislação, podia, pelo menor capricho, destruir a realeza, como o fez em toda parte.

Num povo livre e que tinha o poder legislativo, num povo encerrado numa cidade, em que tudo o que há de odioso se torna ainda mais odioso, a obra-prima da legislação consiste em dispor bem o poder de julgar. Tal poder, porém, não poderia ser mais mal depositado do que nas mãos daquele que já detinha o poder executivo. A partir daí, o monarca se tornava terrível. Mas ao mesmo tempo, como não tinha a legislação, não podia defender-se contra a legislação: tinha poder demais, mas não o suficiente.

Não se havia ainda descoberto que a verdadeira função do príncipe era estabelecer juízes, e não ele próprio julgar. A política contrária tornou insuportável o julgamento de um só. Todos esses reis foram expulsos. Não imaginaram os gregos a verdadeira distribuição dos três poderes no governo de um só; não o imaginaram senão no governo de muitos e chamaram, a esse tipo de constituição, polícia[17].

Capítulo XII
Do governo dos reis de Roma e como os três poderes foram distribuídos

Tinha o governo dos reis de Roma certa relação com o dos reis dos tempos heroicos dos gregos. Como os outros, caiu por seu defeito geral, embora em si mesmo, e em sua natureza particular, fosse muito bom.

Para apresentar esse governo, distinguirei o dos cinco primeiros reis, o de Sérvio Túlio e o de Tarquínio.

---

[16] Vide o que diz Plutarco, *Vida de Teseu*. Vide também Tucídides, livro I. (N. do A.)

[17] Vide Aristóteles, *Política*, livro IV, capítulo VIII. (N. do A.)

Era eletiva a coroa; e, sob os cinco primeiros reis, o senado teve a parte maior na eleição.

Depois da morte do rei, o senado examinava se se conservaria a forma de governo estabelecida. Se julgasse conveniente conservá-la, nomeava um magistrado[18], tirado do próprio senado, que elegia um rei; o senado devia aprovar a eleição; o povo, confirmá-la; os áuspices, garanti-la. Se faltasse uma dessas três condições, tinha-se de proceder a outra eleição.

Era monárquica, aristocrática e popular a constituição; e foi tal a harmonia do poder, que não se viu nem ciúmes, nem disputas nos primeiros reinados. Comandava o rei os exércitos e tinha a intendência dos sacrifícios; tinha o poder de julgar os negócios civis[19] e criminais[20]; convocava o senado; reunia o povo; levava ao povo alguns problemas e resolvia os outros com o senado[21].

O senado tinha grande autoridade. Os reis muitas vezes chamavam senadores para julgarem consigo; não levavam problemas ao povo sem que fossem antes deliberados[22] no senado.

Tinha o povo o direito de eleger[23] os magistrados, de consentir nas novas leis e, quando o rei o permitia, de declarar a guerra e de fazer a paz. Não tinha o poder de julgar. Quando Tulo Hostílio remeteu o julgamento de Horácio ao povo, teve razões particulares para isso, que encontramos em Dionísio de Halicarnasso[24].

Mudou a constituição sob[25] Sérvio Túlio. O senado não participou de sua eleição; ele se fez proclamar pelo povo. Abriu mão dos

---

18 Dionísio de Halicarnasso, livro II, p. 120; livro IV, p. 242 e 243. (N. do A.)

19 Vide o discurso de Tanaquil em Tito Lívio, livro I, década I; e o regulamento de Sérvio Túlio em Dionísio de Halicarnasso, livro IV, p. 229. (N. do A.)

20 Vide Dionísio de Halicarnasso, livro II, p. 118; e livro III, p. 171. (N. do A.)

21 Foi por meio de um senatus-consulto que Tulo Hostílio ordenou a destruição de Alba. Dionísio de Halicarnasso, livro III, p. 167 e p. 172. (N. do A.)

22 Id., livro IV, p. 176. (N. do A.)

23 Id., livro II. Não devia, porém, nomear para todos os cargos, pois Valério Publícola criou a famosa lei que proibia a todo cidadão exercer qualquer emprego se não o tivesse obtido pelo sufrágio do povo. (N. do A.)

24 Livro III, p. 159. (N. do A.)

25 Livro IV. (N. do A.)

julgamentos[26] cíveis, e reservou para si apenas os criminais; levou diretamente ao povo todos os problemas: aliviou-o das taxas e pôs todo o seu fardo nos ombros dos patrícios. Assim, à medida que enfraquecia o poder régio e a autoridade do senado, aumentava o poder do povo[27].

Tarquínio não se fez eleger nem pelo senado nem pelo povo; considerou Sérvio Túlio um usurpador e tomou a coroa como um direito hereditário; exterminou a maioria dos senadores; já não consultou os que restavam e nem sequer os convocou para os seus julgamentos[28]. Aumentou seu poder; mas o que havia de odioso nesse poder tornou-se ainda mais odioso: usurpou o poder do povo; fez leis sem o povo, algumas até contra este[29]. Teria reunido os três poderes em sua pessoa: mas o povo lembrou por um momento que era legislador, e Tarquínio deixou de existir.

Capítulo XIII
Reflexões gerais sobre o estado de Roma, depois da expulsão dos reis

Nunca podemos esquecer os romanos: assim é que ainda hoje, em sua capital, deixamos os novos palácios para ir atrás das ruínas; assim é que os olhos que repousaram sobre o esmalte dos prados amam ver os penedos e as montanhas.

Tiveram as famílias patrícias, desde sempre, grandes prerrogativas. Essas distinções, grandes sob os reis, tornaram-se mais importantes depois da expulsão deles. Isso provocou o ciúme dos plebeus, que quiseram rebaixá-los. As contestações atingiam a constituição, sem enfraquecer o governo: pois, contanto que as magistraturas conservassem a autoridade, era indiferente de que família fossem os magistrados.

Uma monarquia eletiva, como a de Roma, supõe necessariamente

---

[26] Privou-se da metade do poder régio, diz Dionísio de Halicarnasso, livro IV, p. 229. (N. do A.)

[27] Acreditava-se que, se não tivesse sido impedido por Tarquínio, teria estabelecido o governo popular. Dionísio de Halicarnasso, livro IV, p. 243. (N. do A.)

[28] Dionísio de Halicarnasso, livro IV. (N. do A.)

[29] Id., ibid. (N. do A.)

um corpo aristocrático poderoso que a sustente, sem o que se transforma primeiro em tirania ou em Estado popular. Um Estado popular, porém, não precisa dessa distinção de famílias para se conservar. Isso fez que os patrícios, que eram partes necessárias da constituição no tempo dos reis, se tornassem uma parte supérflua dela nos tempos dos cônsules; o povo pôde rebaixá-los sem se destruir a si mesmo e mudar a constituição sem corrompê-la.

Depois que Sérvio Túlio aviltou os patrícios, Roma teve de cair, das mãos dos reis, nas do povo. Mas o povo, ao rebaixar os patrícios, não teve de temer tornar a cair nas dos reis.

Pode um Estado mudar de duas maneiras; ou porque a constituição se corrige ou porque se corrompe. Se conservou os seus princípios e a constituição muda, é que esta se corrige; se perdeu os seus princípios quando a constituição vem a mudar, é porque esta se corrompe.

Depois da expulsão dos reis, Roma devia ser uma democracia. O povo já tinha o poder legislativo: seu sufrágio unânime é que expulsara os reis; e, se não persistia nessa vontade, os Tarquínios podiam voltar a qualquer momento. Não era razoável pretender que o povo quis expulsá-los para cair na escravidão de algumas famílias. Exigia a situação das coisas, pois, que Roma fosse uma democracia; e, no entanto, não o era. Foi preciso temperar o poder dos principais e que as leis se inclinassem para a democracia.

Muitas vezes os Estados florescem mais na imperceptível passagem de uma constituição para outra do que numa ou noutra dessas constituições. É então que todas as molas do governo estão tensas; todos os cidadãos têm pretensões; as pessoas atacam-se ou acariciam-se; e há uma nobre emulação entre os que defendem a constituição que declina e os que propõem a que prevalece.

Capítulo XIV
Como a distribuição dos três poderes começou a mudar, depois da expulsão dos reis

Quatro coisas sobretudo prejudicavam a liberdade de Roma. Os patrícios eram os únicos a obter os cargos sagrados, políticos, civis e militares; dera-se ao consulado um poder exorbitante; o povo era ultrajado; enfim, não lhe deixavam quase nenhuma influência nos sufrágios. O povo corrigiu esses quatro abusos.

1º Estabeleceu que haveria magistraturas a que os plebeus poderiam candidatar-se; e obteve aos poucos a participação em todas, salvo a de *inter rex*[30].

2º Desmembraram o consulado e formaram a partir dele várias magistraturas. Criaram os pretores[31], a quem deram o poder de julgar os negócios privados; nomearam questores[32], para mandar julgar os crimes públicos; estabeleceram edis, a quem entregaram a polícia; fizeram tesoureiros[33], que tiveram a administração do dinheiro público; enfim, pela criação dos censores, tiraram dos cônsules aquela parte do poder legislativo que regula os costumes dos cidadãos, e a polícia momentânea dos diversos corpos do Estado. As principais prerrogativas que lhes restaram foram a de presidir às grandes[34] reuniões do povo, de convocar o senado e de comandar os exércitos.

3º As leis sagradas estabeleceram tribunos que podiam, a qualquer momento, deter as ações dos patrícios; e não impediam só as injúrias particulares, mas também as gerais.

Enfim, os plebeus aumentaram a sua influência nas decisões públicas. Estava o povo romano dividido de três maneiras, por centúrias, por cúrias e por tribos; e, quando dava o seu sufrágio, reunia-se e formava-se de uma dessas três maneiras.

Na primeira, os patrícios, os principais, os ricos, o senado, o que era mais ou menos a mesma coisa, tinham quase toda a autoridade; na segunda, tinham menos; na terceira, menos ainda.

A divisão por centúrias era mais uma divisão de censo e de recursos do que de pessoas. Todo o povo era dividido em cento e noventa e três centúrias[35], cada qual com um voto. Os patrícios e os principais formavam as noventa e oito primeiras centúrias; o resto dos cidadãos se espalhava pelas outras noventa e cinco. Nessa divisão, eram os patrícios, portanto, os senhores dos sufrágios.

Na divisão por cúrias[36], os patrícios não tinham as mesmas vantagens. Tinham algumas, porém. Era preciso consultar os auspícios,

---

[30] Magistrado que governava nos interregnos. (N. do T.)

[31] Tito Lívio, década I, livro VI. (N. do A.)

[32] *Questores parricidii*, Pomponius, leg. 2, § 23, ff. *de orig. jur*. (N. do A.)

[33] Plutarco, *Vida de Publícola*. (N. do A.)

[34] *Comitiis centuriatis*. (N. do A.)

[35] Vide a este respeito Tito Lívio, livro I; e Dionísio de Halicarnasso, livros IV e VII. (N. do A.)

[36] Dionísio de Halicarnasso, livro IX, p. 598. (N. do A.)

de que os patrícios eram os senhores; não se podia fazer ao povo uma proposta que antes não tivesse sido levada ao senado e aprovada por um senatus-consulto. Na divisão por tribos, porém, não se tratava de auspícios nem de senatus-consultos, e os patrícios não eram admitidos.

Ora, o povo sempre procurou fazer por cúrias as assembleias que se costumavam fazer por centúrias, e a fazer por tribos as assembleias que se faziam por cúrias; o que fez que os negócios passassem das mãos dos patrícios para as dos plebeus.

Assim, quando os plebeus obtiveram o direito de julgar os patrícios, o que teve início com o caso de Coriolano[37], quiseram os plebeus julgá-los reunidos por tribos[38], e não por centúrias; e, quando se estabeleceram em favor do povo as novas magistraturas[39] de tribunos e de edis, o povo conseguiu que se reunisse por cúrias para nomeá-los; e, quando o seu poder se firmou, conseguiu[40] fazer que fossem nomeados numa assembleia por tribos.

Capítulo XV
Como, no estado florescente da república, Roma perdeu de repente a liberdade

No fogo das disputas entre os patrícios e os plebeus, estes pediram leis fixas, para que os julgamentos não fossem mais o resultado de uma vontade caprichosa ou de um poder arbitrário. Depois de muita resistência, o senado aquiesceu. Para redigir essas leis, nomearam decênviros. Julgaram que deviam conceder-lhes um grande poder, porque deviam dar leis a partidos quase incompatíveis. Suspendeu-se a nomeação de todos os magistrados; e, nos comícios, foram eleitos os únicos administradores da república. Viram-se revestidos do poder consular e do poder tribunício. Um lhes dava o direito de reunir o senado; o outro, de reunir o povo: mas não convocaram nem o senado, nem o povo. Na república, só dez homens tiveram todo o poder

---

[37] Dionísio de Halicarnasso, livro VII. (N. do A.)

[38] Contra o velho costume, como vemos em Dionísio de Halicarnasso, livro V, p. 320. (N. do A.)

[39] Id., ibid., livro VI, pp. 410 e 411. (N. do A.)

[40] Id., ibid., livro IX, p. 605. (N. do A.)

legislativo, todo o poder executivo, todo o poder de julgamento. Viu-se Roma submetida a uma tirania tão cruel quanto a de Tarquínio. Quando Tarquínio exercia as suas vexações, Roma se indignou com o poder que ele usurpara; quando os decênviros exerceram o seu, se espantou com o poder que lhes dera.

Mas qual era esse sistema de tirania, produzido por gente que só obtivera o poder político e militar pelo conhecimento dos negócios civis, e que, nas circunstâncias daquela época, precisava internamente da covardia dos cidadãos, para que a deixassem governar, e externamente de sua coragem para defendê-la?

O espetáculo da morte de Virgínia, imolada ao pudor e à liberdade pelo pai, fez desaparecer o poder dos decênviros. Cada qual se viu livre, porque cada qual se viu ofendido; todos se tornaram cidadãos, porque todos se consideraram pais. Senado e povo voltaram a uma liberdade que fora confiada a ridículos tiranos.

Mais do que qualquer outro, o povo romano comovia-se com os espetáculos. O do corpo sangrento de Lucrécia pôs fim à realeza. O devedor que aparece na praça coberto de chagas fez mudar a forma da república. A visão de Virgínia fez que os decênviros fossem expulsos. Para fazer condenar Mânlio, tiveram de impedir que o povo visse o capitólio. A toga ensanguentada de César trouxe Roma de volta à servidão.

Capítulo XVI
Do poder legislativo na república romana

Não havia direitos a disputar sob os decênviros, mas, quando voltou a liberdade, renasceram os ciúmes: enquanto restaram alguns privilégios aos patrícios, os plebeus lhos retiravam.

Pouco mal haveria se os plebeus se tivessem contentado em privar os patrícios de suas prerrogativas e se não os tivessem ofendido em sua própria qualidade de cidadãos. Quando o povo se reunia por cúrias ou por centúrias, era composto de senadores, de patrícios e de plebeus. Nas disputas, ganharam os plebeus este ponto[41] de que só eles, sem os patrícios e sem o senado, poderiam fazer as leis, que foram chamadas de plebiscitos; e os comícios em que essas leis fo-

[41] Dionísio de Halicarnasso, livro XI, p. 725. (N. do A.)

ram feitas se chamaram comícios por tribos. Houve, assim, casos em que os patrícios[42] não participaram do poder legislativo e[43] em que se submeteram ao poder legislativo de outro corpo do Estado. Foi um delírio da liberdade. Para estabelecer a democracia, o povo contrariou os próprios princípios da democracia. Parecia que um poder tão exorbitante devesse aniquilar a autoridade do senado; mas Roma dispunha de instituições admiráveis. Sobretudo duas delas; por uma, era regulado o poder legislativo do povo; pela outra, era limitado.

Os censores, e antes deles os cônsules[44], formavam e criavam, por assim dizer, a cada cinco anos, o corpo do povo; exerciam a legislação sobre o próprio corpo que detinha o poder legislativo. "Tibério Graco, censor", diz Cícero, "fez que os libertos fossem admitidos nas tribos da cidade, não pela força da sua eloquência, mas por uma palavra e por um gesto; e, se não o tivesse feito, não teríamos mais esta república que hoje temos dificuldade em sustentar".

Por outro lado, o senado tinha o poder de subtrair, por assim dizer, a república das mãos do povo, pela criação de um ditador, diante do qual o soberano abaixava a cabeça e as leis mais populares permaneciam em silêncio[45].

Capítulo XVII
Do poder executivo, na mesma república

Se o povo foi ciumento de seu poder legislativo, o foi menos de seu poder executivo. Entregou-o quase totalmente ao senado e aos cônsules; e quase que só se reservou o direito de eleger os magistrados e de confirmar os atos do senado e dos generais.

---

[42] Pelas leis sagradas, os plebeus puderam fazer sozinhos os plebiscitos, e sem que os patrícios fossem admitidos em sua assembleia. Dionísio de Halicarnasso, livro VI, p. 410; e livro VII, p. 430. (N. do A.)

[43] Pela lei feita após a expulsão dos decênviros, os patrícios foram submetidos aos plebiscitos, embora não devessem dar o seu voto neles. Tito Lívio, livro III; Dionísio de Halicarnasso, livro XI, p. 725. E essa lei foi confirmada pela de Publílio Filo, ditador, no ano 416 de Roma. Tito Lívio, livro VIII. (N. do A.)

[44] No ano 312 de Roma, os cônsules ainda faziam o censo, como fica claro em Dionísio de Halicarnasso, livro XI. (N. do A.)

[45] Como as que permitiam apelar ao povo contra as ordenações de todos os magistrados. (N. do A.)

Roma, cuja paixão era comandar, cuja ambição era tudo subjugar, que sempre usurpara, que ainda usurpava, tinha continuamente grandes problemas a resolver; os inimigos conspiravam contra Roma ou Roma conspirava contra os inimigos.

Obrigada a se comportar, por um lado, com uma coragem heroica e, por outro, com uma sabedoria consumada, o estado de coisas exigia que o senado tivesse a direção dos negócios. Disputava o povo com o senado todos os setores do poder legislativo, porque era ciumento de sua liberdade; não disputava os setores do poder executivo, porque era ciumento de sua glória.

Diz Políbio[46] que a parte que o senado tinha no poder executivo era tão grande, que todos os estrangeiros pensavam que Roma fosse uma aristocracia. Dispunha o senado do dinheiro público, e arrendava as rendas fiscais; era árbitro dos negócios dos aliados; decidia sobre a guerra e a paz e dirigia os cônsules no que se refere a essas matérias; definia o número de tropas romanas e de tropas aliadas, distribuía as províncias e os exércitos aos cônsules e aos pretores; e, terminado o ano do comando, podia dar-lhes um sucessor; concedia os triunfos; recebia as embaixadas e as enviava; nomeava os reis, recompensava-os, punia-os, julgava-os, dava-lhes ou fazia que perdessem o título de aliados do povo romano.

Faziam os cônsules o recrutamento das tropas que deviam conduzir à guerra; comandavam os exércitos de terra ou de mar; dispunham dos aliados; tinham, nas províncias, todo o poder da república: davam a paz aos povos vencidos, impunham-lhes condições ou remetiam-nos ao senado.

Nos primeiros tempos, quando o povo tinha alguma participação nos negócios de guerra e de paz, exercia mais o poder legislativo do que o poder executivo. Praticamente só confirmava o que os reis e, depois deles, os cônsules ou o senado haviam feito. Longe de ser o povo o árbitro da guerra, vemos que os cônsules ou o senado muitas vezes a declaravam apesar da oposição dos tribunos. Assim[47] criou o próprio povo os tribunos das legiões, que até então haviam sido

---

[46] Livro VI. (N. do A.)

[47] O ano 444 de Roma. Tito Lívio, primeira década, livro IX. "Como parecia perigosa a guerra contra Perseu, um senatus-consulto ordenou que essa lei seria suspensa; e o povo concordou." Tito Lívio, quinta década, livro II. (N. do A.)

nomeados pelos generais: e, algum tempo antes da primeira guerra púnica, estabeleceu que seria o único a ter o direito de declarar a guerra[48].

Capítulo XVIII
Do poder de julgar no governo de Roma

O poder de julgar foi dado ao povo, ao senado, aos magistrados, a certos juízes. Cumpre ver como foi distribuído. Começo pelos negócios civis.

Julgaram os cônsules[49] depois dos reis, assim como os pretores julgaram depois dos cônsules. Sérvio Túlio abriu mão do julgamento dos negócios civis; os cônsules tampouco os julgarão, a não ser em casos raríssimos[50], chamados por isso mesmo extraordinários[51]. Contentaram-se em nomear os juízes e em formar os tribunais que deviam julgar. Fica patente, pelo discurso de Ápio Cláudio em Dionísio de Halicarnasso[52], que já no ano de Roma 259 esse era considerado um costume estabelecido entre os romanos; e não é recuá-lo muito no tempo vinculá-lo a Sérvio Túlio.

A cada ano, o pretor redigia uma lista[53] ou quadro dos que escolhia para exercer a função de juiz durante o ano da sua magistratura. Eram tantos quantos necessários para cada negócio. Isso é praticado mais ou menos da mesma forma na Inglaterra. E o que era muito favorável à[54] liberdade é que o pretor designava os juízes com o consentimento[55]

---

48 "O povo o arrancou do senado", diz Freinshemius, segunda década, livro VI. (N. do A.)

49 Não há dúvida de que os cônsules, antes da criação dos pretores, tivessem os julgamentos civis. Vide Tito Lívio, primeira década, livro II, p. 19; Dionísio de Halicarnasso, livro X, p. 627; e mesmo livro, p. 645. (N. do A.)

50 Muitas vezes os tribunos foram os únicos a julgar: nada os tornou mais odiosos. Dionísio de Halicarnasso, livro XI, p. 709. (N. do A.)

51 *Judicia extraordinaria*. Vide as *Institutas*, livro IV. (N. do A.)

52 Livro VI, p. 360. (N. do A.)

53 *Album judicium*. (N. do A.)

54 "Os nossos antepassados não quiseram", diz Cícero, *pro Cluentio*, "que um homem sobre o qual as partes não estejam de acordo pudesse ser juiz não só da reputação de um cidadão, mas até da menor questão pecuniária". (N. do A.)

55 Vide, nos fragmentos da lei Servília, da lei Cornélia e de outras de que maneira essas leis apontavam os juízes para os crimes que se propunham punir. Muitas vezes eram nomeados por escolha, outras por sorteio ou, enfim, por uma mistura de escolha e sorteio. (N. do A.)

das partes. O grande número de recusas que se podem fazer hoje na Inglaterra equivale aproximadamente a essa prática.

Só decidiam esses juízes questões de fato[56]: por exemplo, se uma soma fora paga ou não; se um ato fora ou não cometido. Mas as questões de direito[57], como exigiam certa capacidade, eram levadas ao tribunal dos centúnviros[58].

Reservaram-se os reis o julgamento dos casos criminais, e os cônsules sucederam a eles nisso. Foi em decorrência dessa autoridade que o cônsul Bruto mandou matar os filhos e todos os que haviam conspirado pelos Tarquínios. Era exorbitante esse poder. Como os cônsules já tinham o poder militar, exerciam-no até nos negócios da cidade; e seus procedimentos, sem as formas da justiça, eram ações violentas, mais do que julgamentos.

Isso inspirou a lei Valéria, que permitiu apelar para o povo contra todas as decisões dos cônsules que pusessem em perigo a vida de um cidadão. Não puderam mais os cônsules pronunciar a pena capital contra um cidadão romano, a não ser pela vontade do povo[59].

Vemos na primeira conjuração pelo retorno dos Tarquínios que o cônsul Bruto julga os culpados; na segunda, o senado e os comícios são convocados para julgar[60].

As chamadas leis sagradas deram aos plebeus tribunos, que formaram um corpo inicialmente de pretensões imensas. Não sabemos qual foi maior, se, nos plebeus, a covarde ousadia de pedir ou se, no senado, a condescendência e a complacência em conceder. Permitira a lei Valéria os apelos ao povo; ou seja, ao povo composto de senadores, de patrícios e de plebeus. Os plebeus estabeleceram que os apelos seriam apresentados ante eles. Logo se questionou se os plebeus poderiam julgar um patrício: esse foi o tema de uma disputa que o caso de Coriolano gerou e que com esse caso terminou. Acusado pelos tribunos ante o povo, Coriolano sustentava, contra o espírito da lei Valéria, que, sendo patrício, só podia ser julgado pelos cônsules;

---

56 Sêneca, *De benef.*, livro III, capítulo VII, *in fine*. (N. do A.)

57 Vide Quintiliano, livro IV, p. 54, *in fol.*, edição de Paris, 1541. (N. do A.)

58 *Leg.* 2, § 24, ff. *de orig. jur.* Magistrados chamados decênviros presidiam ao julgamento, tudo sob a direção de um pretor. (N. do A.)

59 *Quoniam de capite civis romani injussu populi romani, non erat permissum consulibus jus dicere.* Vide Pompônio, leg. 2, § 16, ff. *de orig. jur.* (N. do A.)

60 Dionísio de Halicarnasso, livro V, p. 322. (N. do A.)

contra o espírito das mesmas leis, os plebeus pretendiam que ele só devesse ser julgado por eles; e o julgaram.

Isso foi modificado pela lei das Doze Tábuas. Ordenou esta que só se poderia decidir sobre a vida de um cidadão nas grandes assembleias do povo[61]. Assim, o corpo dos plebeus ou, o que é o mesmo, os comícios por tribos passaram a julgar apenas os crimes cuja pena não era senão a multa pecuniária. Era necessária uma lei para infligir a pena capital: para condenar à pena pecuniária, bastava o plebiscito.

Essa disposição da lei das Doze Tábuas foi muito sábia. Estabeleceu uma admirável conciliação entre o corpo dos plebeus e o senado. Pois, como a competência de uns e de outros dependia da magnitude da pena e da natureza do crime, tinham de entrar em acordo.

A lei Valéria suprimiu tudo o que restava em Roma do governo relacionado com o dos reis gregos dos tempos heroicos. Viram-se os cônsules sem poder para a punição dos crimes. Embora todos os crimes sejam públicos, cumpre, porém, distinguir entre os que dizem respeito mais aos cidadãos entre si e os que dizem respeito mais ao Estado nas suas relações com o cidadão. Os primeiros são chamados privados; os segundos são crimes públicos; e, no que se refere aos privados, o povo nomeou, para cada crime, por uma comissão particular, um questor para persegui-lo. Muitas vezes o escolhido pelo povo era um dos magistrados, por vezes um homem privado. Chamavam-no questor do parricídio. Ele é mencionado na lei das Doze Tábuas[62].

O questor nomeava o que chamavam de juiz da questão, que sorteava os juízes, formava o tribunal e o presidia no julgamento[63].

Vale assinalar aqui a parte que tinha o senado na nomeação do questor, para que se veja como os poderes eram, sob esse aspecto, equilibrados. Ora o senado fazia eleger um ditador para desempenhar a função de questor[64]; ora ordenava que o povo fosse convocado por

---

[61] Os comícios por centúrias. Por isso Mânlio Capitolino foi julgado nesses comícios. Tito Lívio, década primeira, livro VI, p. 68. (N. do A.)

[62] Diz Pompônio, na lei 2, no Digesto *de orig. jur*. (N. do A.)

[63] Vide um fragmento de Ulpiano que cita outro da lei Cornélia: pode ser encontrado na *Colação das leis mosaicas e romanas*, título I, *de sicariis et homicidiis*. (N. do A.)

[64] Isto ocorria sobretudo nos crimes cometidos na Itália, cuja investigação cabia principalmente ao senado. Vide Tito Lívio, primeira década, livro IX, sobre as conspirações de Cápua. (N. do A.)

um tribuno, para nomear um questor[65]; ora, enfim, o povo nomeava um magistrado para que fizesse um relatório ao senado acerca de determinado crime e lhe pedisse que lhe desse um questor, como vemos no julgamento de Lúcio Cipião[66], em Tito Lívio[67].

No ano 604 de Roma, algumas dessas comissões se tornaram permanentes[68]. Aos poucos se dividiram todas as matérias criminais em diversas partes, que foram chamadas questões perpétuas. Criaram-se diversos pretores e se atribuiu a cada um deles alguma dessas questões. Deram-lhes, por um ano, o poder de julgar os crimes que estivessem em sua alçada; e, em seguida, iam governar sua província.

Em Cartago, o senado dos cem era composto por juízes vitalícios[69]. Em Roma, porém, os pretores eram anuais; e os juízes não o eram sequer por um ano, pois eram chamados para cada caso. Vimos no capítulo VI deste livro como, em certos governos, essa disposição era favorável à liberdade.

Os juízes foram escolhidos dentre a ordem dos senadores, até a época dos Gracos. Tibério Graco estabeleceu que eles passariam a ser escolhidos dentre a dos cavaleiros: mudança tão considerável, que o tribuno se gabou de ter, com uma única rogação, cortado os nervos da ordem dos senadores.

Cumpre observar que os três poderes podem ser bem distribuídos em relação à liberdade da constituição, embora não o sejam tanto em relação à liberdade do cidadão. Em Roma, tendo o povo a maior parte do poder legislativo, parte do poder executivo e parte do poder de julgar, tratava-se de um grande poder, que era preciso contrabalançar com outro. O senado tinha, sim, parte do poder executivo; tinha alguns setores do poder legislativo[70]; mas isso não era o suficiente para contrabalançar o povo. O povo deveria participar do poder de julgar; e isso acontecia quando os juízes eram escolhidos dentre

---

[65] Foi assim no processo da morte de Postúmio, no ano 340 de Roma. Vide Tito Lívio. (N. do A.)

[66] Este julgamento ocorreu no ano 567 de Roma. (N. do A.)

[67] Livro VIII. (N. do A.)

[68] Cícero, em *Bruto*. (N. do A.)

[69] Pode-se provar isto por Tito Lívio, livro XLIII, que diz que Aníbal tornou anual a magistratura deles. (N. do A.)

[70] Os senatus-consultos tinham vigência de um ano, ainda que não fossem confirmados pelo povo. Dionísio de Halicarnasso, livro IX, p. 595; e livro XI, p. 735. (N. do A.)

os senadores. Quando os Gracos tiraram dos senadores o poder de julgar[71], o senado já não pôde resistir ao povo. Contrariaram, pois, a liberdade da constituição, para favorecer a liberdade do cidadão; mas esta se perdeu com aquela.

Isso provocou dois males infinitos. Mudou-se a constituição num tempo em que, no fogo das discórdias civis, mal havia uma constituição. Os cavaleiros deixaram de ser aquela ordem mediana que unia o povo ao senado; e foi rompida a cadeia da constituição.

Havia até razões especiais que deviam impedir que se transferissem os julgamentos aos cavaleiros. A constituição de Roma baseava-se no princípio de que deviam ser soldados os que tinham bens suficientes para responder por sua conduta ante a república. Os cavaleiros, como os mais ricos, formavam a cavalaria das legiões. Quando sua dignidade aumentou, não quiseram mais servir nessa milícia; foi preciso recrutar outra cavalaria; Mário escolheu todo tipo de gente nas legiões, e a república se perdeu[72].

Além disso, os cavaleiros eram os publicanos da república; ávidos, semeavam desgraças atrás de desgraças e faziam nascer calamidades públicas atrás de calamidades públicas. Longe de dar a tal gente o poder de julgar, deveriam mantê-la sob a contínua vigilância dos juízes. Diga-se em louvor às antigas leis francesas que estas estipularam sobre os homens de negócios com a desconfiança que se tem com os inimigos. Quando, em Roma, os julgamentos foram transferidos para os arrecadadores de impostos, não houve mais virtude, nem polícia, nem leis, nem magistratura, nem magistrados.

Encontramos uma pintura bem ingênua disso nalguns fragmentos de Diodoro de Sicília e de Díon. "Múcio Cévola", diz Diodoro[73], "quis trazer de volta os velhos costumes e viver de seus bens próprios com frugalidade e integridade. Pois, tendo os seus antecessores feito uma sociedade com os arrecadadores de impostos, que tinham então o poder de julgar em Roma, assolaram a província com toda sorte de crimes. Mas Cévola fez justiça com os publicanos, e mandou para o cárcere os que a este arrastavam os outros".

---

[71] No ano 630. (N. do A.)

[72] *Capite censos plerosque*, Salústio, *Guerra de Jugurta*. (N. do A.)

[73] Fragmento deste autor, livro XXXVI, na coletânea de Constantino Porfirogeneta, *Das virtudes e dos vícios*. (N. do A.)

Diz-nos Díon[74] que Públio Rutílio, seu lugar-tenente, que não era menos odioso aos cavaleiros, foi acusado ao voltar de ter recebido propinas e foi condenado a uma multa. Imediatamente ele fez cessão dos bens. A sua inocência ficou clara, por terem descoberto que ele tinha muito menos bens do que o acusavam de ter roubado, e ele mostrava os títulos de sua propriedade; ele não quis mais permanecer na cidade com tal gente.

Os italianos, diz ainda Diodoro[75], compravam na Sicília bandos de escravos para lavrar os campos e cuidar dos rebanhos; eles lhes recusavam a comida. Aqueles coitados eram obrigados a ir roubar pelas estradas, armados de lanças e de maças, cobertos de peles de animais, com cães grandes ao seu redor. Toda a província foi devastada e a população do lugar não podia dizer ter algo de próprio além do que tinha dentro dos muros das cidades. Não havia nem procônsul nem pretor que pudesse ou quisesse opor-se a essa desordem e ousasse punir esses escravos, porque pertenciam aos cavaleiros que tinham em Roma o poder de julgar[76]. Foi essa, porém, uma das causas da guerra dos escravos. Direi só uma coisa: uma profissão que não tem nem pode ter outro objetivo além do lucro; uma profissão que sempre exigia, e à qual nada se exigia; uma profissão surda e inexorável, que empobrecia até as riquezas e a miséria, não poderia ter em Roma o poder de julgar.

Capítulo XIX
Do governo das províncias romanas

Assim foram distribuídos os três poderes na cidade; mas não o foram igualmente nas províncias, longe disso. A liberdade estava no centro, e a tirania, nas extremidades.

Enquanto Roma não dominou senão a Itália, os povos foram governados como confederados: obedeciam-se as leis de cada república.

---

[74] Fragmento de sua história, tirado da *Seleta das virtudes e dos vícios*. (N. do A.)

[75] Fragmento do livro XXXIV, na *Seleta das virtudes e dos vícios*. (N. do A.)

[76] *Penes quos Romae tum judicia erant, atque ex equestri ordine solerent sortito judices eligi in causa praetorum et proconsulum, quibus, post administratam provinciam, dies dicta erat*. (N. do A.)

Mas, quando as suas conquistas se estenderam para além da Itália, quando o senado não pôde mais vigiar diretamente as províncias, quando os magistrados que estavam em Roma já não puderam governar o império, tiveram de enviar pretores e procônsules. A partir daí, deixou de existir essa harmonia entre os três poderes. Aqueles que eram enviados tinham um poder que reunia o de todas as magistraturas romanas. Que digo? Até o poder do senado, até o poder do povo[77]. Eram magistrados despóticos, que muito convinham aos lugares remotos a que eram enviados. Exerciam os três poderes; eram, se ouso valer-me do termo, os paxás da república.

Dissemos noutro lugar[78] que os mesmos cidadãos, na república, tinham, pela natureza das coisas, os empregos civis e militares. Isso faz que a república conquistadora dificilmente possa comunicar o seu governo e reger o Estado conquistado segundo a forma da sua constituição. Com efeito, como o magistrado enviado para governar por essa república tem o poder executivo, civil e militar, deve ter também o poder legislativo; pois quem faria leis sem ele? É preciso, pois, que o governo que tal república envia tenha os três poderes, como aconteceu nas províncias romanas.

A monarquia tem mais facilidade para comunicar o seu governo, porque os oficiais que envia têm uns o poder executivo civil, e os outros o poder executivo militar; o que não traz consigo o despotismo.

Era um privilégio de grande importância para o cidadão romano não poder ser julgado senão pelo povo. Sem isso, ele estaria sujeito nas províncias ao poder arbitrário de um procônsul ou de um propretor. A cidade não sentia a tirania, que só se exercia sobre as nações subjugadas.

Assim, no mundo romano, como na Lacedemônia, aqueles que eram livres eram extremamente livres, e os que eram escravos, extremamente escravos.

Enquanto os cidadãos pagavam tributos, estes eram arrecadados com uma equidade muito grande. Seguia-se o estabelecido por Sérvio Túlio, que distribuíra todos os cidadãos em seis classes, segundo a ordem de suas riquezas, e definira a parte de imposto proporcionalmente à que cada um tinha no governo. Seguia-se daí que suportavam

---

[77] Baixavam os seus editos ao entrarem nas províncias. (N. do A.)

[78] Livro V, capítulo XIX. Vide também os livros II, III, IV e V. (N. do A.)

a grandeza do tributo por causa da grandeza do crédito; e se consolavam do pouco crédito com o pouco tributo.

Havia ainda uma coisa admirável: como a divisão de Sérvio Túlio por classes fosse, por assim dizer, o princípio fundamental da constituição, acontecia de a equidade na arrecadação dos tributos vincular-se ao princípio fundamental do governo e só com este poder ser suprimida.

Mas, enquanto a cidade pagava os tributos sem dificuldade, ou não pagava imposto nenhum[79], as províncias eram devastadas pelos cavaleiros, que eram os arrecadadores de impostos da república. Falamos das suas vexações, e toda a história está cheia delas.

"Toda a Ásia me espera como seu libertador", dizia Mitridates[80], "tamanho é o ódio contra Roma que excitaram as rapinas dos procônsules[81], as execuções dos homens de negócios e as calúnias dos julgamentos[82]".

Eis o que fez que a força das províncias em nada aumentasse a força da república e, pelo contrário, só a enfraquecesse. Eis o que fez que as províncias considerassem a perda da liberdade de Roma como a hora do estabelecimento da sua própria liberdade.

Capítulo XX
Fim deste livro

Gostaria de investigar em todos os governos moderados que conhecemos qual é a distribuição dos três poderes e com isso calcular os graus de liberdade de que cada um deles pode gozar. Mas nunca devemos esgotar de tal forma um assunto, que não deixemos nada ao leitor. Não se trata de fazer ler, mas de fazer pensar.

---

[79] Depois da conquista da Macedônia, cessaram os tributos em Roma. (N. do A.)

[80] Arenga tirada de Trogo Pompeu, citada por Justino, livro XXXVIII. (N. do A.)

[81] Vide as *Orações contra Verres*. (N. do A.)

[82] Sabemos que foi o tribunal de Varo que fez que os germanos se revoltassem. (N. do A.)

Livro XII
Das leis que formam a liberdade política em sua relação com o cidadão

Capítulo I
Ideia deste livro

Não basta ter tratado da liberdade política em sua relação com a constituição; cumpre mostrá-la na relação que tem com o cidadão.

Disse eu que, no primeiro caso, tal liberdade é formada por certa distribuição dos três poderes: mas, no segundo, cumpre considerá-la sob outro conceito. Consiste na segurança ou na opinião que temos da nossa segurança.

Pode acontecer de a constituição ser livre e o cidadão, não. O cidadão pode ser livre, e a constituição, não. Nesses casos, a constituição será livre de direito, e não de fato; o cidadão será livre de fato, e não de direito.

Só a disposição das leis, e até das leis fundamentais, forma a liberdade em sua relação com a constituição. Na relação com o cidadão, porém, os costumes, as maneiras, os exemplos recebidos podem fazê-la nascer; e certas leis civis, favorecê-la, como veremos neste livro.

Além disso, na maioria dos Estados, como a liberdade é mais atacada, contrariada ou abatida do que a constituição deles o exige, é bom falar das leis particulares que, em cada constituição, podem ajudar ou prejudicar o princípio da liberdade de que cada um deles pode ser suscetível.

Capítulo II
Da liberdade do cidadão

Consiste a liberdade filosófica no exercício da vontade, ou pelo menos (se tivermos de falar em todos os sistemas) na opinião que temos de exercer a nossa vontade. A liberdade política consiste na segurança, ou pelo menos na opinião que temos da nossa segurança.

Essa segurança jamais é mais atacada do que nas acusações públicas ou privadas. É, pois, da excelência das leis criminais que depende principalmente a liberdade do cidadão.

Não se aperfeiçoaram de repente as leis criminais. Nos próprios lugares onde mais se buscou a liberdade, nem sempre esta foi encontrada. Diz-nos Aristóteles[1] que em Cumas os pais do réu podiam ser testemunhas. Sob os reis de Roma, tão imperfeita era a lei, que Sérvio Túlio pronunciou a sentença contra os filhos de Anco Márcio, acusado de ter assassinado o rei, seu sogro[2]. Sob os primeiros reis dos francos, Clotário baixou uma lei[3] para que o réu não pudesse ser condenado sem ser ouvido; o que prova uma prática contrária nalgum caso particular ou nalgum povo bárbaro. Quem introduziu os julgamentos contra os falsos testemunhos[4] foi Carondas. Quando a inocência dos cidadãos não está garantida, tampouco a liberdade o está.

Os conhecimentos que adquirimos em alguns países e que adquiriremos em outros sobre as regras mais seguras que se possam ter nos julgamentos criminais interessam ao gênero humano mais do que qualquer outra coisa no mundo.

Somente sobre a prática desses conhecimentos pode fundamentar-se a liberdade; e, num Estado que tivesse a esse respeito as melhores leis possíveis, um homem que fosse processado e devesse ser enforcado no dia seguinte seria mais livre do que o é um paxá na Turquia.

---

[1] *Política*, livro II. (N. do A.)

[2] Tarquínio Prisco. Vide Dionísio de Halicarnasso, livro IV. (N. do A.)

[3] Do ano 560. (N. do A.)

[4] Aristóteles, *Política*, livro II, capítulo XII. Deu suas leis a Túrio, na octogésima quarta olimpíada. (N. do A.)

Capítulo III
Continuação do mesmo assunto

São fatais à liberdade as leis que fazem um homem perecer com base no depoimento de uma só testemunha. A razão exige duas; porque uma testemunha que afirma e um réu que nega empatam; é preciso um terceiro para o desempate.

Exigiam os gregos[5] e os romanos[6] um voto de vantagem para condenar. As nossas leis francesas exigem dois. Os gregos pretendiam que a sua prática fora estabelecida pelos deuses[7]; mas é a nossa.

Capítulo IV
Que a liberdade é favorecida pela natureza das penas e sua proporção

Triunfa a liberdade quando as leis criminais determinam as penas a partir da natureza particular do crime. Cessa todo o arbítrio; a lei não baixa do arbítrio do legislador, mas da natureza da coisa; e não é o homem que faz violência contra o homem.

Há quatro tipos de crimes. Os da primeira espécie atingem a religião; os da segunda, os costumes; os da terceira, a tranquilidade; os da quarta, a segurança dos cidadãos. As penas que se infligem devem derivar da natureza de cada uma dessas espécies.

Não classifico entre os crimes que dizem respeito à religião senão aqueles que a atacam diretamente, como é o caso de todos os sacrilégios simples. Pois os crimes que perturbam o seu exercício têm a mesma natureza dos que atingem a tranquilidade dos cidadãos ou a segurança deles, e devem ser remetidos a essas classes.

Para que a pena dos sacrilégios simples seja tirada da natureza[8] da coisa, deve consistir na privação de todas as vantagens proporcionadas pela religião: a expulsão dos templos; a privação da sociedade

---

[5] Vide Aristides, *Orat. in Minervam*. (N. do A.)

[6] Dionísio de Halicarnasso, sobre o julgamento de Coriolano, livro VII. (N. do A.)

[7] *Minervae calculus*. (N. do A.)

[8] São Luís fez leis tão exageradas contra os que blasfemavam, que o papa se julgou obrigado a preveni-lo. Moderou esse príncipe o seu zelo e abrandou as leis. Vide as suas ordenações. (N. do A.)

dos fiéis, por certo tempo ou para sempre; a fuga de sua presença; as execrações, as detestações, as conjurações.

Nas coisas que perturbam a tranquilidade ou a segurança do Estado, as ações ocultas são da alçada da justiça humana. Mas, para as que ferem a divindade, onde não há ação pública não há matéria de crime: tudo se passa entre o homem e Deus, que sabe a medida e o tempo da sua vingança. Pois, se, confundindo as coisas, o magistrado investigar também o sacrilégio oculto, faz uma inquisição sobre um gênero de ação onde tal inquisição não é necessária: destrói a liberdade dos cidadãos, armando contra eles o zelo das consciências tímidas e o das consciências ousadas.

O mal veio da ideia de que se deve vingar a divindade. Mas devemos honrar a divindade, jamais vingá-la. Com efeito, se nos guiássemos por essa última ideia, qual seria o fim dos suplícios? Se as leis dos homens tiverem de vingar um ser infinito, pautar-se-ão pela infinitude d'Ele e não pelas fraquezas, ignorâncias e caprichos da natureza humana.

Relata um historiador da Provença[9] um fato que nos retrata muito bem o que pode produzir em mentes débeis a ideia de vingar a divindade. Acusado de ter blasfemado contra a santa Virgem, um judeu foi condenado ao esfolamento. Alguns cavaleiros mascarados, de faca na mão, subiram ao cadafalso e dele expulsaram o verdugo, para vingarem eles mesmos a honra da santa Virgem... Não quero adiantar-me às reflexões do leitor.

A segunda classe é a dos crimes contra os costumes: são eles a violação da continência pública ou particular, isto é, das normas sobre como devemos gozar dos prazeres ligados ao uso dos sentidos e à união dos corpos. As penas desses crimes também devem ser tiradas da natureza da coisa. A privação das vantagens que a sociedade atribuiu à pureza dos costumes, as multas, a vergonha, a necessidade de se esconder, a infâmia pública, a expulsão da cidade e da sociedade; enfim, bastam todas as penas que são da alçada da jurisdição correcional para reprimir a temeridade dos dois sexos. Com efeito, essas coisas se baseiam menos na maldade do que no esquecimento e no desprezo de si mesmo.

Tratamos aqui apenas dos crimes que dizem respeito unicamente

---

[9] O padre Bougerel. (N. do A.)

aos costumes, não aos que atentam também contra a segurança pública, como o rapto e o estupro, que são da quarta espécie.

Os crimes da terceira classe são os que ferem a tranquilidade dos cidadãos. E as suas penas devem ser tiradas da natureza da coisa e estar relacionadas a essa tranquilidade, como a privação, o exílio, as correções e outras penas que atraem os espíritos inquietos e os fazem voltar à ordem estabelecida.

Restrinjo os crimes contra a tranquilidade às coisas que contêm um simples ataque contra os bons costumes: pois aquelas que, perturbando a tranquilidade, atingem ao mesmo tempo a segurança devem ser incluídas na quarta classe.

As penas desses últimos crimes são o que chamamos suplícios. É uma espécie de talião, que faz que a sociedade recuse a segurança a um cidadão que dela a privou ou quis dela privar um terceiro. Essa pena é tirada da natureza da coisa, colhida na razão e nas fontes do bem e do mal. Merece o cidadão a morte quando tiver violado a segurança a ponto de tirar a vida ou quando tiver tentado tirá-la. Essa pena de morte é como o remédio da sociedade doente. Quando se viola a segurança em relação aos bens, pode haver razões para que a pena seja capital: mas talvez seja preferível e mais natural que a pena dos crimes contra a segurança dos bens consista na perda dos bens. E isso deveria ser assim se as riquezas fossem comuns ou iguais: mas, como são os que não têm bens que costumam atacar os dos outros, foi preciso que a pena corporal suprisse a pecuniária.

Tudo o que digo é tirado da natureza e é muito favorável à liberdade do cidadão.

Capítulo V
De certas acusações que exigem particularmente moderação e prudência

Máxima importante: cumpre usar de muita circunspeção na perseguição da magia e da heresia. A acusação desses dois crimes pode ferir gravemente a liberdade e ser a fonte de um sem-número de tiranias, se o legislador não souber limitá-la. Pois, como não se refere diretamente às ações de um cidadão, mas antes à ideia que se faz do seu caráter, essa acusação se torna tanto mais perigosa quanto maior for a ignorância do povo: e a partir daí o cidadão está sempre em perigo; porque o melhor comportamento do mundo, a moral mais pura, a prática de todos os deveres não são garantias contra as suspeitas desses crimes.

Sob Manuel Comneno, o *protestator*[10] foi acusado de conspirar contra o imperador e de se ter valido para tanto de certos segredos que tornam invisíveis os homens. Diz-se na vida desse imperador[11] que surpreenderam Aarão a ler um livro de Salomão cuja leitura fazia surgirem legiões de demônios. Ora, supondo na magia um poder que arma o inferno e partindo de tal princípio, consideram aquele a que chamam mago o homem mais próprio do mundo a perturbar e subverter a sociedade e são levados a puni-lo desmedidamente.

Cresce a indignação quando se atribui à magia o poder de destruir a religião. Ensina-nos a história de Constantinopla[12] que, com base na revelação tida por um bispo de que um milagre havia cessado por causa da magia de um particular, este e o filho foram condenados à morte. De quantas coisas prodigiosas não depende esse crime! Que não seja raro haver revelações; que o bispo tivesse recebido uma revelação; que ela tivesse sido verdadeira; que tivesse havido um milagre; que esse milagre tivesse cessado; que tivesse havido magia; que a magia pudesse subverter a religião; que aquele particular fosse um mago; que, enfim, tivesse praticado tal ato de magia.

Atribuía o imperador Teodoro Lascaris a sua enfermidade à magia. Os que eram acusados não tinham outro recurso senão manejar um ferro quente sem queimar-se. Entre os gregos, era bom ser mágico, para se justificar da magia. Era tal o excesso de idiotice, que ao crime mais incerto do mundo somavam as provas mais incertas.

Sob o reinado de Filipe, o Longo, os judeus foram expulsos da França, acusados de terem envenenado as fontes por intermédio de leprosos. Essa acusação absurda deve fazer que duvidemos de todas as que se fundam no ódio público.

Não disse aqui que não se devesse punir a heresia; digo que se deve usar de muita circunspeção ao puni-la.

---

[10] Nicetas, *Vida de Manuel Comneno*, livro IV. (N. do A.)
[11] Id., Ibid. (N. do A.)
[12] Teofilato, *História do imperador Maurício*, capítulo XI. (N. do A.)

Capítulo VI
Do crime contra a natureza

Não permita Deus que eu queira diminuir o horror de um crime que tanto a religião quanto a moral e a política condenam. Seria preciso bani-lo, ainda que se limitasse a dar a um sexo as fraquezas de outro; e a preparar uma velhice infame por meio de uma juventude vergonhosa. O que direi a seu respeito lhe deixará toda a sua infâmia e só se dirigirá contra a tirania que pode abusar do próprio horror que se deve ter por ele.

Como a natureza desse crime é ser oculto, muitas vezes aconteceu de os legisladores o punirem com base no depoimento de uma criança. Isso era abrir uma porta bem larga para a calúnia. "Justiniano", diz Procópio[13], "publicou uma lei contra tal crime; mandou investigar os que fossem culpados, não só depois da lei, mas antes também. O depoimento de uma testemunha, por vezes uma criança, por vezes um escravo, bastava; sobretudo contra os ricos e contra os que eram do partido dos verdes".

É curioso que, entre nós, três crimes, a magia, a heresia e o crime contra a natureza, de que poderíamos provar, do primeiro, que não existe; do segundo, que é suscetível de uma infinidade de distinções, interpretações e limitações; do terceiro, que é com muita frequência obscuro, tenham sido os três punidos com a pena do fogo.

Direi que o crime contra a natureza jamais fará grandes progressos numa sociedade se o povo não se vir levado a esse crime por algum costume, como entre os gregos, quando os jovens faziam nus todos os exercícios; como entre nós, em que a educação doméstica não é praticada; como entre os asiáticos, em que alguns particulares têm um grande número de mulheres por eles desprezadas, ao passo que os outros não as podem ter. Não se prepare tal crime; sejam eles proscritos por uma política precisa, como todas as violações dos costumes; e logo veremos a natureza, ou defender os seus direitos, ou recuperá-los. Doce, amável, encantadora, a natureza espalhou os seus encantos com mão generosa; e, ao nos cumular de delícias, nos prepara, pelos filhos que nos fazem, por assim dizer, renascer, para satisfações maiores do que essas mesmas delícias.

---

13 *História secreta*. (N. do A.)

Capítulo VII
Do crime de lesa-majestade

Declaram as leis da China que todo aquele que faltar com o respeito ao imperador deve ser punido com a morte. Como não definem o que seja essa falta de respeito, tudo pode servir de pretexto para tirar a vida e exterminar a família de quem se quiser.

Como duas pessoas encarregadas de escrever a gazeta da corte introduzissem em certo fato circunstâncias que não se demonstraram verdadeiras, disseram que mentir numa gazeta de corte era faltar com o respeito à corte; e mandaram matá-los[14]. Tendo um príncipe de sangue real introduzido, por distração, uma anotação num memorial assinalado com tinta vermelha pelo imperador, decidiu-se que ele faltara com o respeito ao imperador; o que causou contra essa família uma das perseguições mais terríveis registradas pela história[15].

Basta que o crime de lesa-majestade seja vago para que o governo degenere em despotismo. Deter-me-ei mais nesse assunto no livro da composição da lei.

Capítulo VIII
Da má aplicação do nome de crime de sacrilégio e de lesa-majestade

É também um violento abuso dar o nome de crime de lesa-majestade a um ato que não o seja. Uma lei dos imperadores[16] perseguia como sacrílegos os que questionassem o julgamento do príncipe e duvidassem do mérito dos que ele escolhera para algum cargo[17]. O gabinete e os favoritos é que estabeleceram esse crime. Outra lei declarara que os que atentam contra os ministros e os oficiais do príncipe são criminosos de lesa-majestade, como se atentassem contra o

---

[14] O padre Du Halde, tomo primeiro, p. 43. (N. do A.)

[15] Cartas do padre Parennin, nas *Lettres édif.* (N. do A.)

[16] Graciano, Valentiniano e Teodósio. É a terceira no *código de crimin. sacril.* (N. do A.)

[17] *Sacrilegii instar est dubitare an is dignus sit quem elegerit imperator* [É como um sacrilégio duvidar da dignidade de quem eleger o imperador]; ibid. Essa lei serviu de modelo à de Rogério nas constituições de Nápoles, título 4. (N. do A.)

próprio príncipe[18]. Devemos essa lei a dois príncipes[19] cuja fraqueza é célebre na história; dois príncipes que foram guiados pelos ministros, como os rebanhos são conduzidos pelos pastores; dois príncipes escravos no palácio, crianças no conselho e estrangeiros nos exércitos; que só conservaram o império porque o davam todos os dias. Alguns desses favoritos conspiraram contra seus imperadores. Fizeram mais: conspiraram contra o império, chamaram a este os bárbaros e, quando quiseram detê-los, estava tão fraco o Estado, que foi preciso violar a lei deles e expor-se ao crime de lesa-majestade para puni-los.

Era, porém, sobre essa lei que se fundava o relator do sr. De Cinq-Mars[20], quando, querendo provar que era culpado do crime de lesa-majestade por ter querido expulsar o cardeal de Richelieu dos negócios, disse: "Considera-se que o crime que toca as pessoas dos ministros dos príncipes, nas constituições dos imperadores, tenha a mesma gravidade do que toca a pessoa deles. [...] O ministro serve bem ao príncipe e ao Estado; retiram-no de ambos; é como se tirassem ao primeiro um braço[21] e ao segundo parte do poder". Se a servidão em pessoa descesse à terra, não falaria de outro modo.

Outra lei de Valentiniano, Teodósio e Arcádio[22] declara os moedeiros falsos culpados do crime de lesa-majestade. Mas não era isso confundir as ideias das coisas? Dar a outro crime o nome de lesa-majestade não é diminuir o horror do crime de lesa-majestade?

Capítulo IX
Continuação do mesmo assunto

Tendo Paulino escrito ao imperador Alexandre "que se preparasse para perseguir como criminoso de lesa-majestade um juiz que julgara contra as suas ordenações, respondeu-lhe o imperador que, num século como o seu, os crimes de lesa-majestade indiretos não tinham lugar"[23].

---

[18] A lei quinta no código *ad leg. Jul. maj.* (N. do A.)

[19] Arcádio e Honório. (N. do A.)

[20] *Mémoires de Montrésor*, t. I. (N. do A.)

[21] *Nam ipsi pars corporis nostri sunt.* Mesma lei, no código *ad leg. Jul. maj.* (N. do A.)

[22] É a nona no código Teod., *De falsa moneta*. (N. do A.)

[23] *Etiam ex aliis causis majestatis crimina cessant meo saeculo*, Leg. I, cód. *ad leg. Jul. maj.* (N. do A.)

Tendo Faustiniano escrito ao mesmo imperador que, como jurara pela vida do príncipe que jamais perdoaria ao seu escravo, se via obrigado a perpetuar a sua cólera, para não se tornar culpado do crime de lesa-majestade: "Aterrorizaste-vos em vão"[24], respondeu-lhe o imperador, "e não conheceis as minhas máximas".

Ordenou um senatus-consulto[25] que aquele que tivesse fundido estátuas reprovadas do imperador não seria culpado de lesa-majestade. Os imperadores Severo e Antonino escreveram a Pôncio[26] que aquele que vendesse estátuas do imperador não consagradas não cairiam no crime de lesa-majestade. Escreveram os mesmos imperadores a Júlio Cassiano que aquele que lançasse por acaso uma pedra contra uma estátua do imperador não devia ser perseguido como criminoso de lesa-majestade[27]. A lei Júlia exigia esse tipo de modificações, pois tornara culpados de lesa-majestade não só os que fundiam as estátuas dos imperadores, mas também os que cometiam alguma ação semelhante[28], o que tornava arbitrário esse crime. Quando se estabeleceram muitos crimes de lesa-majestade, tiveram necessariamente de distinguir entre estes. Assim, o jurisconsulto Ulpiano, depois de ter dito que a acusação do crime de lesa-majestade não se extinguia com a morte do culpado, acrescentou que isso não se refere a todos[29] os crimes de lesa-majestade estabelecidos pela lei Júlia, mas apenas ao que contém um atentado contra o império ou contra a vida do imperador.

Capítulo X
Continuação do mesmo assunto

Uma lei da Inglaterra, criada sob Henrique VIII, declarava culpados de alta traição todos aqueles que predissessem a morte do rei. Era um lei muito vaga. É tão terrível o despotismo, que ele se volta até contra os que o exercem. Na última enfermidade do rei, os

---

[24] *Alienam sectae meae solicitudinem concepisti*. Leg. 2, cód. *ad leg. Jul. maj.* (N. do A.)

[25] Vide a lei 4, § 1, ff. *ad leg. Jul. maj.* (N. do A.)

[26] Ibid., lei 5, § 2. (N. do A.)

[27] Ibid., § 1. (N. do A.)

[28] *Aliudve quid simile admiserint*. Leg. 6, ff. *ad leg. Jul. maj.* (N. do A.)

[29] Na última lei, ff. *ad leg. Jul. de adulteriis*. (N. do A.)

médicos jamais lhe ousaram dizer que estava em perigo; e agiram, sem dúvida, consequentemente[30].

Capítulo XI
Dos pensamentos

Sonhou Mársias que cortava a garganta de Dionísio[31]. Este o mandou matar, dizendo que não teria sonhado à noite se não tivesse pensado de dia. Era uma grande tirania: pois, ainda que tivesse pensado, não havia atentado[32]. As leis não se encarregam de punir senão as ações exteriores.

Capítulo XII
Das palavras indiscretas

Nada torna mais arbitrário o crime de lesa-majestade do que quando palavras indiscretas se tornam a sua matéria. Estão os discursos tão sujeitos à interpretação, há tanta diferença entre a indiscrição e a malícia, e tão pouca nas expressões de que se valem, que a lei não pode submeter as palavras a uma pena capital, a menos que declare expressamente aquelas que estão sujeitas a isso[33].

As palavras não formam um corpo de delito; só permanecem na ideia. Na maior parte do tempo, nada significam por si mesmas, mas sim pelo tom com que são ditas. Muitas vezes, ao redizer as mesmas palavras, não exprimimos o mesmo sentido: tal sentido depende da ligação que essas palavras têm com as outras coisas. Às vezes o silêncio exprime mais do que todos os discursos. Nada há tão equívoco quanto tudo isso. Como, então, fazer disso um crime de lesa-majestade? Em toda parte onde essa lei é estabelecida, não só a liberdade deixa de existir, mas até a sombra dela.

---

30 Vide a *História da reforma* do sr. Burnet. (N. do A.)

31 Plutarco, *Vida de Dionísio*. (N. do A.)

32 O pensamento tem de estar unido a algum tipo de ação. (N. do A.)

33 *Si non tale sit delictum, in quod vel scriptura legis descendit, vel ad exemplum legis vindicandum est*, diz Modestino na lei 7, § 3, *in fin*. ff. *ad leg. Jul. maj*. (N. do A.)

No manifesto da falecida czarina contra a família Dolgoruki[34], um desses príncipes é condenado à morte por ter proferido palavras indecentes relacionadas com a sua pessoa; outro, por ter maldosamente interpretado as suas sábias disposições referentes ao império e ofendido a sua pessoa sagrada com palavras pouco respeitosas.

Não pretendo diminuir a indignação que devemos ter contra os que queiram macular a glória de seu príncipe: mas direi que, se quisermos moderar o despotismo, mais convém nessas ocasiões uma simples punição correcional do que uma acusação de lesa-majestade, sempre terrível à própria inocência[35].

Tais atos não acontecem todos os dias; muita gente pode notá-lo: uma falsa acusação sobre fatos pode ser elucidada com facilidade. As palavras que se unem ao ato tomam a natureza desse ato. Assim, um homem que vai à praça pública exortar os súditos à revolta torna-se culpado de lesa-majestade; porque as palavras se unem ao ato e dele participam. O que é punido não são as palavras, mas um ato cometido, no qual são empregadas palavras. As palavras só se tornam crimes quando preparam, acompanham ou seguem um ato criminoso. Tudo se inverte se fizermos das palavras um crime capital, em vez de considerá-las o sinal de um crime capital.

Os imperadores Teodósio, Arcádio e Honório escreveram a Rufino, mordomo do pretório: "Se alguém falar mal de nossa pessoa ou de nosso governo, não queremos puni-lo: se falar levianamente, deve ser desprezado; se por loucura, deve ser lamentado; se para injuriar, deve ser perdoado[36]. Assim, deixando as coisas como são, vós nos dareis conhecimento delas; para que julguemos as palavras pelas pessoas e bem ponderemos se devemos submetê-las a julgamento ou desdenhá-las".

---

[34] Em 1740. (N. do A.)

[35] *Nec lubricum linguae ad poenam facile trahendum est.* Modestino, na lei 7, § 3, ff. *ad leg. Jul. maj.* (N. do A.)

[36] *Si id ex levitate processerit, contemnendum est; si ex insania, miseratione dignissimum; si ab injuria, remittendum*, Leg. única, cód. *si quis imperat. maled.* (N. do A.)

Capítulo XIII
Dos escritos

Contêm os escritos algo mais permanente do que as palavras; mas, quando não preparam um clima de lesa-majestade, não são matéria de crime de lesa-majestade.

Augusto e Tibério, porém, a estes atribuíram a pena desse crime[37]; Augusto, por ocasião de certos escritos feitos contra homens e mulheres ilustres; Tibério, por causa daqueles que julgou terem sido feitos contra si. Nada foi mais fatal à liberdade romana. Cremúcio Cordo foi acusado, porque em seus anais chamara Cássio de o último dos romanos[38].

Os textos satíricos quase não são conhecidos nos Estados despóticos, em que a prostração, por um lado, e a ignorância, por outro, não oferecem nem o talento nem a vontade para criá-los. Na democracia, tais textos não são impedidos pela mesma razão que no governo de um só os faz serem proibidos. Como costumam ser compostos contra gente poderosa, adulam na democracia a maldade do povo que governa. Na monarquia, são proibidos; mas fazem dele mais um assunto de política de costumes do que de crime. Podem divertir a malevolência geral, consolar os descontentes, diminuir a inveja contra os altos cargos, dar ao povo a paciência para sofrer e fazê-lo rir dos seus próprios sofrimentos.

A aristocracia é o governo que mais persegue as obras satíricas. Os magistrados são pequenos soberanos, que não são grandes o bastante para desprezar as injúrias. Quando, na monarquia, fazem alguma piada contra o monarca, ele está tão alto, que a piada nem chega até ele. Um senhor aristocrático é por ele trespassado de um lado a outro. Assim, os decênviros, que formavam uma aristocracia, puniram com a morte os escritos satíricos[39].

---

[37] Tácito, *Anais*, livro I. Isso prosseguiu sob os reinados seguintes. Vide a lei única, no Código *de famosis libellis*. (N. do A.)

[38] Idem, livro IV. (N. do A.)

[39] A lei das Doze Tábuas. (N. do A.)

Capítulo XIV
Violação do pudor na punição dos crimes

Há regras de pudor observadas em quase todas as nações do mundo: seria absurdo violá-las na punição dos crimes, que sempre deve ter como objetivo o restabelecimento da ordem.

Quiseram violar a lei pela lei os orientais que expuseram mulheres a elefantes adestrados para um abominável tipo de suplício?

Um antigo costume dos romanos proibia mandar matar moças que não fossem núbeis. Tibério descobriu um expediente de fazê-las serem violadas pelo carrasco antes de enviá-las ao suplício[40]: tirano sutil e cruel, destruía a moral para conservar os costumes.

Quando a magistratura japonesa mandou expor em praça pública as mulheres nuas e as obrigou a caminhar como animais, fez estremecer o pudor[41]; mas, quando quis obrigar um filho a... não consigo concluir; essa magistratura fez estremecer a própria natureza[42].

Capítulo XV
Da libertação do escravo para acusar o amo

Estabeleceu Augusto que os escravos daqueles que tivessem conspirado contra ele seriam vendidos ao público, para que pudessem depor contra seu amo[43]. Nada deve ser desdenhado que possa levar à descoberta de um grande crime. Assim, num Estado em que há escravos, é natural que eles possam ser denunciantes: mas não poderiam ser testemunhas.

Vindício denunciou a conspiração em favor de Tarquínio: mas não foi testemunha contra os filhos de Bruto. Era justo dar a liberdade a quem prestara um tão grande serviço à pátria; a liberdade, porém, não lhe havia sido dada para que prestasse tal serviço à pátria.

Assim, o imperador Tácito ordenou que os escravos não seriam testemunhas contra o amo, até mesmo no crime de lesa-majestade[44]: lei que não foi incluída na compilação de Justiniano.

---

[40] Suetônio, em *Tiberio*. (N. do A.)

[41] *Recueil des voyages qui ont servi à l'établissement de la compagnie des Indes*, t. V, parte II. (N. do A.)

[42] Ibid., p. 496. (N. do A.)

[43] Díon, em *Xifilino*. (N. do A.)

[44] Flávio Vopisco, em sua *Vida*. (N. do A.)

Capítulo XVI
Calúnia no crime de lesa-majestade

Devemos fazer justiça aos Césares: não foram os primeiros a imaginar as tristes leis que fizeram. Sula[45] é que lhes ensinou que não se deviam punir os caluniadores. Logo chegaram ao ponto de recompensá-los[46].

Capítulo XVII
Da revelação das conspirações

"Mesmo que teu filho ou a tua filha ou a tua esposa querida ou o teu amigo, que é como a tua alma, te digam em segredo 'vamos a outros deuses', tu os lapidarás: primeiro a tua mão estará sobre ele, em seguida a de todo o povo." Essa lei do Deuteronômio[47] não pode ser uma lei civil na maioria dos povos que conhecemos, porque abriria a porta a todos os crimes.

Não é muito menos dura a lei que ordena em muitos Estados, sob pena de morte, revelar mesmo as conspirações de que não se participou. Quando a transportamos ao governo monárquico, muito convém restringi-la.

Não deve ser aplicada, em toda a sua severidade, senão ao crime de lesa-majestade de grau máximo. Nesses Estados, é importantíssimo não confundir os diferentes graus desse crime.

No Japão, onde as leis põem de cabeça para baixo todas as ideias da razão humana, o crime de não revelação se aplica aos casos mais ordinários.

Fala-nos um relato[48] de duas senhoritas que foram trancadas até a morte num cofre todo eriçado de agulhas; uma, por ter participado de uma intriga de galantaria; a outra, por não tê-la denunciado.

---

[45] Sula fez uma lei de majestade, de que se fala nas *Orações* de Cícero, pro Cluentio, artigo 3; em *Pisonem*, artigo 21; *segunda contra Verres*, artigo 5; *epístolas familiares*, livro III, carta II. César e Augusto as inseriram nas leis Júlias; outros as ampliaram. (N. do A.)

[46] *Et quo quis distinctior accusator, eo magis honores assequebatur, ac veluti sacro sanctus erat* [Quanto mais pormenores dava o acusador, mais honras conseguia e se tornava quase inviolável]. Tácito. (N. do A.)

[47] Capítulo XIII, vers. 6, 7, 8 e 9. (N. do A.)

[48] *Recueil des voyages qui ont servi à l'établissement de la compagnie des Indes*, p. 423, livro V, parte 2. (N. do A.)

Capítulo XVIII
Quão perigoso é, nas repúblicas, punir excessivamente o crime de lesa-majestade

Quando uma república tiver conseguido destruir os que queriam derrubá-la, deve apressar-se em dar um fim às vinganças, aos castigos e até às recompensas.

Não se podem dar grandes punições e, por conseguinte, fazer grandes mudanças sem pôr nas mãos de alguns cidadãos um grande poder. Mais vale nesse caso, portanto, muito perdoar do que punir muito; pouco exilar, do que exilar muito; deixar os bens, do que multiplicar os confiscos. Sob pretexto de vingança da república se estabeleceria a tirania dos vingadores. Não se trata de destruir aquele que domina, mas a dominação. Deve-se voltar o mais rápido possível ao ritmo normal de governo, em que as leis protegem tudo e não se armam contra ninguém.

Não deram os gregos limites às vinganças contra os tiranos ou contra os que suspeitaram o fossem. Mandaram matar crianças[49], por vezes cinco dos parentes mais próximos[50]. Expulsaram um sem-número de famílias. Suas repúblicas abalaram-se com isso; o exílio ou o retorno dos exilados sempre foram épocas que marcaram a mudança da constituição.

Os romanos foram mais sábios. Quando Cássio foi condenado por ter aspirado à tirania, discutiu-se se mandariam matar os filhos dele: eles não foram condenados a pena nenhuma. "São criminosos aqueles que quiseram", diz Dionísio de Halicarnasso[51], "mudar esta lei no fim da guerra dos Marsos e da guerra civil e excluir dos cargos os filhos dos proscritos por Sula".

Vemos nas guerras de Mário e de Sula até que ponto as almas, entre os romanos, se haviam aos poucos depravado. Acreditou-se que coisas tão funestas não se veriam mais. Mas, sob os triúnviros, quiseram ser ainda mais cruéis e parecê-lo menos: é deprimente ver os

---

[49] Dionísio de Halicarnasso, *Antiguidades romanas*, livro VIII. (N. do A.)

[50] *Tyranno occiso, quinque ejus proximos cognatione magistratus necato* [Morto o rei, mande o magistrado matar cinco de seus parentes próximos]. Cícero, *De inventione*, livro II. (N. do A.)

[51] Livro VIII, p. 547. (N. do A.)

sofismas de que se valeu a crueldade. Vemos em Apiano[52] a fórmula das proscrições. Dir-se-ia que não tinham outro objetivo senão o bem da república, tal a serenidade com que falam, tantas as vantagens exibidas, tão preferíveis aos outros os meios de que se valem, tal a segurança dos ricos, tal a tranquilidade da arraia-miúda, tal o temor de pôr em risco a vida dos cidadãos, tal a vontade de apaziguar os soldados, tal, enfim, a felicidade[53].

Roma estava inundada em sangue quando Lépido triunfou da Espanha; e, por um absurdo sem exemplo, sob pena de ser proscrito[54], ordenou que se rejubilassem.

Capítulo XIX
Como se suspende o uso da liberdade na república

Nos Estados em que mais importância se dá à liberdade, há leis que violam a de um só para proteger a de todos. Tais são, na Inglaterra, os chamados *bills of attainder*[55]. Estes estão relacionados com aquelas leis de Atenas que estatuíam contra um particular[56], contanto que fossem feitas pelo sufrágio de seis mil cidadãos. Estão relacionadas com aquelas leis que se faziam em Roma contra cidadãos particulares e eram chamadas privilégios[57]. Só eram decretadas nas grandes

[52] *Das guerras civis*, livro IV. (N. do A.)

[53] *Quod felix faustumque sit*. (N. do A.)

[54] *Sacris et epulis dent hunc diem: qui secus faxit, inter proscriptos esto* [Que haja sacrifícios e banquetes; quem não o fizer, seja banido]. (N. do A.)

[55] Nos tribunais do reino, não basta haver uma prova tal, que convença os juízes: essa prova deve também ser formal, ou seja, legal; e a lei exige que haja duas testemunhas contra o réu; outra prova não seria o bastante. Ora, se um homem presumidamente culpado do que chamam alto crime tivesse encontrado um meio de afastar as testemunhas, de sorte que fosse impossível fazê-lo ser condenado pela lei, poder-se-ia criar contra ele um *bill of attainder* particular; isto é, fazer uma lei singular sobre a sua pessoa. Procede-se como para todos os outros *bills*: deve passar pelas duas câmaras e o rei deve dar o seu consentimento; sem o que não há *bill*, ou seja, julgamento. O réu pode fazer que os seus advogados falem contra o *bill*; e também se pode falar na câmara a favor do *bill*. (N. do A.)

[56] *Legem de singulari aliquo ne rogato, nisi sex millibus ita visum. Ex Andocide de mysteriis*: é o ostracismo. (N. do A.)

[57] *De privis hominibus latae*, Cícero, *De leg*., livro III. (N. do A.)

assembleias do povo. Mas, seja qual for a maneira como o povo as crie, Cícero quer que sejam abolidas, porque a força da lei consiste apenas em estatuir sobre todos[58]. Confesso, porém, que a prática dos povos mais livres que jamais houve sobre a terra me leva a crer que haja casos em que se deva, por um momento, cobrir com um véu a liberdade, como se escondem as estátuas dos deuses.

Capítulo XX
Das leis favoráveis à liberdade dos cidadãos na república

Nos Estados populares, é comum acontecer que as acusações sejam públicas e que seja permitido a todo homem acusar a quem quiser. Isso fez que se criassem leis próprias para defender a inocência dos cidadãos. Em Atenas, o acusador que não tivesse a seu favor a quinta parte dos sufrágios pagava uma multa de mil dracmas. Ésquines, que acusara Ctesifonte, foi condenado a pagar essa multa[59]. Em Roma, o acusador injusto tinha a pecha de infâmia[60]; imprimiam-lhe a letra *K* na testa. Punham o acusador sob guarda, para que não pudesse corromper os juízes ou as testemunhas[61].

Já falei da lei ateniense e romana que permitia ao réu retirar-se antes do julgamento.

Capítulo XXI
Da crueldade das leis com os devedores na república

Um cidadão já obtém uma superioridade bastante grande sobre outro ao lhe emprestar um dinheiro que este só tomou emprestado para dele se desfazer e, por conseguinte, já não tem. Que acontecerá, numa república, se as leis aumentarem ainda mais essa servidão?

---

[58] *Scitum est jussum in omnes*. Cícero, ibid. (N. do A.)

[59] Vide Filóstrato, livro I, *Vida dos sofistas*, *Vida de Ésquines*. Vide também Plutarco e Fócio. (N. do A.)

[60] Pela lei *Remnia*. (N. do A.)

[61] Plutarco, no tratado *Como podemos tirar proveito dos nossos inimigos*. (N. do A.)

Em Atenas e em Roma[62], inicialmente se permitia vender os devedores que não podiam pagar. Sólon corrigiu essa prática em Atenas[63]: ordenou que o corpo de nenhum homem responderia por suas dívidas civis. Os decênviros[64], porém, não reformaram da mesma forma a prática de Roma; e, embora tivessem diante dos olhos a norma de Sólon, não quiseram segui-la. Não é o único lugar da lei das Doze Tábuas em que se vê a vontade dos decênviros de contrariarem o espírito da democracia.

Essas leis cruéis contra os devedores puseram muitas vezes em perigo a república romana. Um homem coberto de chagas escapou da casa do credor e apareceu na praça[65]. Comoveu-se o povo com aquele espetáculo. Outros cidadãos, que seus credores não ousavam mais reter, saíram de seus calabouços. Fizeram-lhes promessas, que não foram cumpridas: o povo retirou-se no monte sagrado. Não conseguiu a ab-rogação dessas leis, mas um magistrado para defendê-lo. Saíam da anarquia, pensaram cair na tirania. Mânlio, para se tornar popular, ia retirar das mãos dos credores os cidadãos que haviam sido reduzidos à escravidão[66]. Os planos de Mânlio foram frustrados; mas o mal permanecia. Leis particulares deram aos devedores facilidades de pagamento[67]; e no ano 428 de Roma os cônsules criaram uma lei[68] que tirou dos credores o direito de manter os devedores na servidão em suas casas[69]. Um usurário de nome Papírio quisera corromper a pudicícia de um rapaz chamado Públio, que mantinha acorrentado. O crime de Sexto deu a Roma a liberdade política; o de Papírio, a liberdade civil.

---

62 Muitos vendiam os filhos para pagar as dívidas. Plutarco, *Vida de Sólon*. (N. do A.)

63 Ibid. (N. do A.)

64 A história mostra que este costume já estava estabelecido entre os romanos antes da lei das Doze Tábuas. Tito Lívio, primeira década, livro II. (N. do A.)

65 Dionísio de Halicarnasso, *Antiguidades romanas*, livro VI. (N. do A.)

66 Plutarco, *Vida de Fúrio Camilo*. (N. do A.)

67 Vide abaixo o capítulo XXIV, livro XXII. (N. do A.)

68 Cento e vinte anos depois da lei das Doze Tábuas. *Eo anno plebi romanae, velut aliud initium libertatis, factum est quod necti desierunt*. Tito Lívio, livro VIII. (N. do A.)

69 *Bona debitoris, non corpus obnoxium esset* [Os bens do devedor, não o corpo, sejam submetidos]. Ibid. (N. do A.)

Foi o destino dessa cidade que novos crimes confirmassem a liberdade que velhos crimes lhe haviam propiciado. O atentado de Ápio contra Virgínia instilou de novo no povo aquele horror contra os tiranos que lhe causara a desgraça de Lucrécia. Trinta e sete anos[70] depois do crime do infame Papírio, um crime semelhante[71] fez que o povo se retirasse sobre o Janículo[72] e a lei feita para dar segurança aos devedores ganhasse nova força.

Desde essa época, os credores foram mais perseguidos pelos devedores por terem violado as leis contrárias à usura do que estes o foram por não lhes ter pagado.

Capítulo XXII
Das coisas que atacam a liberdade na monarquia

Muitas vezes, a coisa mais inútil do mundo para o príncipe enfraqueceu a liberdade nas monarquias: os comissários por vezes nomeados para julgar um particular.

O príncipe tira tão pouco proveito dos comissários, que não vale a pena mudar a ordem das coisas por isso. É moralmente certo que ele tem mais espírito de probidade e de justiça do que os seus comissários, que sempre se julgam assaz justificados pelas ordens dele, por um obscuro interesse do Estado, pela escolha que fizeram deles e até por seus temores.

Sob Henrique VIII, quando se processava um par, faziam que ele fosse julgado por comissários tirados da Câmara dos Pares: com esse método, fizeram morrer todos os pares que quiseram.

---

[70] No ano 465 de Roma. (N. do A.)

[71] O de Pláucio, que atentou contra o pudor de Vetúrio, Valério Máximo, livro VI, artigo IX. Não se devem confundir esses dois acontecimentos; não são nem as mesmas pessoas, nem as mesmas datas. (N. do A.)

[72] Vide um fragmento de Dionísio de Halicarnasso na *Seleta das virtudes e dos vícios*; o *Epítome* de Tito Lívio, livro XI; e Freinshemius, livro XI. (N. do A.)

Capítulo XXIII
Dos espiões na monarquia

São necessários espiões na monarquia? Não é a prática comum dos bons príncipes. Quando alguém é fiel às leis, já satisfez o que deve ao príncipe. Deve, pelo menos, ter a sua casa como asilo e o resto de sua conduta em segurança. Seria, talvez, tolerável a espionagem se pudesse ser exercida por gente de bem; mas a infâmia necessária da pessoa pode dar a medida da infâmia da coisa. Deve o príncipe agir com candura, com franqueza, com confiança para com os súditos. Aquele que tem tantas preocupações, suspeitas e temores é um ator que está confuso no desempenho do seu papel. Quando ele vê que em geral as leis estão vigorando e são respeitadas, pode julgar-se em segurança. O comportamento geral responde pelo de todos os particulares. Nada tema: é incrível o quanto são levados a amá-lo. Ora, por que não o amariam? Ele é a fonte de quase todo o bem que se faz; e quase todas as punições ficam por conta das leis. Só se mostra ao povo com uma expressão serena: sua própria glória comunica-se a todos, e a sua potência nos sustenta. Prova de que é amado é a confiança que inspira; e quando um ministro recusa, sempre se imagina que o príncipe teria concedido. Até nas calamidades públicas, a sua pessoa não é acusada; queixam-se do que ele ignora ou de que está rodeado de gente corrupta: "Se o príncipe soubesse", diz o povo. Essas palavras são uma espécie de invocação e uma prova da confiança nele depositada.

Capítulo XXIV
Das cartas anônimas

Os tártaros são obrigados a pôr o nome em suas flechas, para que se conheça a mão de que partiram. Tendo Filipe da Macedônia sido ferido no cerco de uma cidade, encontraram escrito sobre o dardo: "Aster atingiu Filipe com este golpe mortal"[73]. Se aqueles que acusam um homem o fizessem com vistas ao bem público, não o acusariam diante do príncipe, que pode facilmente ser prevenido, mas diante dos magistrados, que têm normas que só são terríveis

[73] Plutarco, *Oeuvres morales, collat. de quelques histoires romaines et grecques*, t. II, p. 487. (N. do A.)

para os caluniadores. Pois, se não querem deixar as leis entre eles e o acusado, isso é prova de que têm motivos para temê-las; e a menor pena que se pode infligir a eles é a de não dar-lhes crédito. Só se pode dar atenção a eles nos casos que não poderiam tolerar as delongas da justiça ordinária e em que se trata da segurança do príncipe. Pode-se, então, crer que aquele que acusa tenha feito um esforço que soltou a sua língua e o fez falar. Nos outros casos, porém, deve-se dizer com o imperador Constâncio: "Não podemos suspeitar daquele a que faltou um acusador, quando não lhe faltava um inimigo"[74].

Capítulo XXV
Da maneira de governar na monarquia

A autoridade real é um grande mecanismo que deve mover-se com facilidade e sem ruído. Louvam os chineses um de seus imperadores que governou, dizem, como o céu; ou seja, por seu exemplo.

Casos há em que o poder deve agir em toda a sua extensão; outros, em que deve agir por seus limites. O sublime da administração é bem conhecer qual é a parte do poder, grande ou pequena, que se deve empregar nas diversas circunstâncias.

Nas nossas monarquias, toda a felicidade consiste na opinião que o povo tem sobre a bondade do governo. Um ministro incompetente sempre nos quer deixar claro que somos escravos. Mas, se assim fosse, isso deveria ser algo a encobrir. Só sabe dizer ou escrever que o príncipe está contrariado; que está surpreso; que porá ordem nas coisas. Há certa condescendência no comando: o príncipe só deve encorajar e deixar que as leis é que ameacem[75].

Capítulo XXVI
Que na monarquia o príncipe deve ser acessível

Isso se percebe melhor pelos contrastes. "O czar Pedro I", diz o sr. Perry[76], "fez uma nova ordenação que proíbe apresentarem-lhe

---

[74] Leg. VI, cód. Teod., *de famosis libell.* (N. do A.)
[75] "Nerva", diz Tácito, "aumentou a complacência do império". (N. do A.)
[76] *État de la grande Russie*, p. 173, ed. de Paris, 1717. (N. do A.)

petições antes de apresentadas duas aos seus oficiais. É possível, em caso de recusa de justiça, apresentar-lhe a terceira: mas quem estiver errado deve perder a vida. Desde então, ninguém dirigiu nenhuma petição ao czar".

Capítulo XXVII
Dos costumes do monarca

Os costumes do príncipe contribuem tanto para a liberdade quanto as leis: ele pode, como tais costumes, transformar homens em animais e animais em homens. Se ele amar as almas livres, terá súditos; se amar as almas baixas, terá escravos. Quer ele saber a grande arte de reinar? Traga para perto de si a honra e a virtude, convoque o mérito pessoal. Pode até voltar os olhos para os talentos. Não tema esses rivais a que chamam homens de mérito; ele é seu igual, desde que os ame. Conquiste o coração, mas não cative a inteligência. Torne-se popular. Deve ficar lisonjeado com o amor do menor dos seus súditos; são homens, afinal. O povo pede tão poucas atenções, que é justo conceder-lhas: a infinita distância que existe entre o soberano e ele impede que ele o incomode. Exorável às súplicas, seja firme contra as demandas; e saiba que o seu povo frui das suas recusas e os cortesãos, das sua graças.

Capítulo XXVIII
Das atenções que os monarcas devem aos súditos

Devem ser extremamente comedidos na zombaria. Esta lisonjeia quando moderada, porque permite entrar na familiaridade; mas uma zombaria picante lhes é bem menos permitida do que ao último dos súditos, porque são os únicos que ferem sempre mortalmente.

Devem ainda menos fazer a um dos seus súditos um insulto pesado: foram estabelecidos para perdoar, para punir; jamais para insultar.

Quando insultam os súditos, tratam-nos bem mais cruelmente do que o turco ou o moscovita trata os seus. Quando estes últimos insultam, humilham, mas não desonram; os príncipes, porém, humilham e desonram.

Tal é o preconceito dos asiáticos, que consideram uma afronta feita pelo príncipe como o efeito de uma bondade paternal; e tal é a nossa maneira de pensar, que unimos ao sentimento cruel da afronta o desespero de não podermos lavá-la jamais.

Devem encantar-se com ter súditos a quem a honra seja mais cara do que a vida, e não menos um motivo de fidelidade do que de coragem.

Podemos lembrar as desgraças ocorridas aos príncipes por terem insultado os súditos; das vinganças de Quéreas, do eunuco Narses e do conde Juliano; enfim, da duquesa de Montpensier, que, exasperada contra Henrique III, que revelara algum dos seus defeitos secretos, o perturbou durante toda a vida.

Capítulo XXIX
Das leis civis adequadas a introduzir um pouco de liberdade no governo despótico

Embora o governo despótico, em sua natureza, seja em toda parte o mesmo, algumas circunstâncias, uma opinião sobre religião, um preconceito, exemplos recebidos, um jeito de pensar, gestos, costumes podem representar diferenças consideráveis.

É bom que certas ideias sejam estabelecidas. Assim, na China, o príncipe é considerado o pai do povo; e, nos primórdios do império dos árabes, o príncipe era o seu pregador[77].

Convém haver algum livro sagrado que sirva de norma, como o Alcorão entre os árabes, os livros de Zoroastro entre os persas, os Vedas entre os indianos, os livros clássicos entre os chineses. O código religioso supre o código civil e fixa o arbitrário.

Não é ruim que, nos casos duvidosos, os juízes consultem os ministros da religião[78]. Assim, na Turquia, os cádis interrogam os mulás. Pois, se o caso merece a morte, pode ser conveniente que o juiz particular, se houver, consulte a opinião do governador, para que os poderes civil e eclesiástico sejam ainda temperados pela autoridade política.

---

[77] Os califas. (N. do A.)

[78] *Histoire des Tattars*, terceira parte, p. 277, nas observações. (N. do A.)

Capítulo XXX
Continuação do mesmo assunto

O furor despótico é que estabeleceu que a desgraça do pai acarretaria a dos filhos e das esposas. Já são infelizes, sem serem criminosos; e, aliás, o príncipe deve deixar, entre o acusado e ele, suplicantes para abrandar a sua cólera ou para esclarecer a sua justiça.

É um bom costume das Maldivas[79] que, quando um senhor cai em desgraça, vai todos os dias cortejar o rei, até que caia de novo em sua graça; a sua presença desarma a cólera do príncipe.

Existem Estados despóticos[80] em que se pensa que falar a um príncipe por alguém que tenha caído em desgraça é faltar com o respeito que lhe é devido. Tais príncipes parecem fazer tudo o que podem para se privar da virtude da clemência.

Arcádio e Honório, na lei[81] de que tanto falei[82], declaram que não agraciarão os que ousarem rogar-lhes pelos culpados[83]. Era muito má essa lei, pois é má até mesmo no despotismo.

É muito bom o costume da Pérsia, que permite sair do reino a quem o queira. E, embora a prática contrária tenha a sua origem no despotismo, em que os súditos foram considerados escravos[84] e os que saíam, escravos fugitivos, a prática da Pérsia é muito boa para o despotismo, em que o medo da fuga ou retirada dos devedores detém ou modera as perseguições dos paxás e dos exatores.

---

[79] Vide François Pirard. (N. do A.)

[80] Como hoje, na Pérsia, segundo o relato do sr. Chardin: esta prática é muito antiga. "Puseram Cavades", diz Procópio, "no castelo do esquecimento: há uma lei que proíbe falar dos que ali estão detidos, e até pronunciar o nome deles". (N. do A.)

[81] A lei 5, no código *ad leg. Jul. maj.* (N. do A.)

[82] No capítulo VIII deste livro. (N. do A.)

[83] Frederico copiou esta lei nas *Constituições de Nápoles*, livro I. (N. do A.)

[84] Nas monarquias, costuma haver uma lei que proíbe aos que têm cargos públicos sair do reino sem a permissão do príncipe. Essa lei ainda deve ser estabelecida nas repúblicas. Mas, naquelas que têm instituições singulares, a proibição deve ser geral, para que os costumes estrangeiros não sejam importados. (N. do A.)

Livro XIII
Das relações que a arrecadação dos tributos e a magnitude das rendas públicas têm com a liberdade

Capítulo I
Das rendas do Estado

As rendas do Estado são uma parte de seus bens que cada cidadão dá para obter a segurança da outra ou para dela fruir agradavelmente.

Para bem definir essas rendas, cumpre considerar tanto as necessidades do Estado quanto as dos cidadãos. Não se deve tirar das necessidades reais do povo para dar às necessidades imaginárias do Estado.

As necessidades imaginárias são o que pedem as paixões e os fracos dos que governam, o encanto de um projeto extraordinário, a inveja doentia de uma glória vã e certa impotência de espírito contra as fantasias. Não raro aqueles que, com mente inquieta, estavam sob o príncipe na conduta dos negócios pensaram que as necessidades do Estado fossem as necessidades de suas almas mesquinhas.

Nada há que a sabedoria e a prudência devam regular mais do que essa parte que se retira e essa parte que se deixa aos súditos.

Não é pelo que o povo pode dar que se devem medir as rendas públicas, mas pelo que deve dar: e, se as medirmos pelo que o povo pode dar, pelo menos deve ser pelo que pode dar sempre.

Capítulo II
Que é raciocinar mal dizer que a grandeza dos tributos seja boa por si mesma

Vimos em certas monarquias que pequenos países, isentos de tributos, eram tão miseráveis quanto as localidades que os rodeavam e se atolavam em impostos. A principal razão é que o pequeno Estado cercado não pode ter indústria, nem artes, nem manufaturas; porque a esse respeito é prejudicado de mil maneiras pelo grande Estado em que está encravado. O grande Estado que o rodeia tem a indústria, as manufaturas e as artes; faz regulamentos que lhe proporcionam todas as vantagens disso tudo. O pequenos Estado torna-se, pois, necessariamente pobre, por menos impostos que lá se paguem.

Concluiu-se, porém, da pobreza desses pequenos países que, para que o povo fosse industrioso, precisava pagar impostos pesados. Teria sido preferível concluir que não precisava pagá-los. Todos os miseráveis das cercanias se retiram naqueles lugares, para não fazer nada: já desanimados pelo esgotamento do trabalho, fazem que toda a sua felicidade consista na preguiça.

O efeito das riquezas de um país é instalar a ambição em todos os corações; o efeito da pobreza é neles instalar o desespero. A primeira estimula-se com o trabalho, a outra se consola com a preguiça.

É justa a natureza com os homens. Recompensa-os de suas penas; torna-os laboriosos, porque aos maiores trabalhos vincula as maiores recompensas. Mas, se um poder arbitrário suprime as recompensas da natureza, torna-se a cair na repulsa ao trabalho e a inação parece ser o único bem.

Capítulo III
Dos tributos nos países em que parte do povo é escrava da gleba

Por vezes se estabelece a escravidão da gleba depois de uma conquista. Nesse caso, o escravo que cultiva deve ser colono parciário do senhor. Só uma sociedade de perda e ganho pode reconciliar aqueles que estão destinados a trabalhar com os que estão destinados a fruir.

Capítulo IV
De uma república em caso semelhante

Quando uma república tiver reduzido uma nação a cultivar-lhe as terras, não se deve tolerar que o cidadão possa aumentar o tributo do escravo. Isso não era permitido na Lacedemônia: pensava-se que os hilotas[1] cultivariam melhor as terras se soubessem que a sua servidão não aumentaria; acreditava-se que os senhores seriam melhores cidadãos se só desejassem o que costumavam ter.

Capítulo V
De uma monarquia em caso semelhante

Quando, numa monarquia, a nobreza faz as terras serem cultivadas em seu proveito pelo povo conquistado, a dívida também não deve poder aumentar[2]. Além disso, é bom que o príncipe se contente com as terras deles e com o serviço militar. Mas, se quiser arrecadar tributos em dinheiro dos escravos de sua nobreza, é preciso que o senhor seja fiador[3] do tributo, que o pague pelos escravos e o recupere deles. E, se não for seguida essa regra, o senhor e aqueles que arrecadam as rendas do príncipe vexarão os escravos um após o outro, e os retomarão um após o outro, até que morram de miséria ou fujam para os bosques.

Capítulo VI
De um Estado despótico em caso semelhante

O que acabo de dizer é ainda mais indispensável ao Estado despótico. O senhor, que pode a qualquer momento perder as terras e os escravos, não se empenha tanto em conservá-los.

Pedro I, querendo adotar a prática da Alemanha e arrecadar seus tributos em dinheiro, estabeleceu um regulamento muito sábio que ainda é seguido na Rússia. O fidalgo arrecada a taxa dos camponeses

---

[1] Plutarco. (N. do A.)

[2] Foi o que fez que Carlos Magno criasse as suas belas instituições sobre isso. Vide o livro quinto dos *Capitulares*, artigo 303. (N. do A.)

[3] Esta é a pratica na Alemanha. (N. do A.)

e a paga ao czar. Se diminuir o número de camponeses, continua pagando igualmente; se o número aumentar, não paga mais: tem interesse, pois, em não molestar os camponeses.

Capítulo VII
Dos tributos nos países em que a escravidão da gleba não está estabelecida

Quando, num Estado, todos os particulares são cidadãos e cada qual possui por suas terras o que o príncipe possui por seu império, podem-se cobrar impostos sobre as pessoas, sobre as terras ou sobre as mercadorias; sobre duas dessas coisas ou sobre as três juntas.

No imposto da pessoa, seria injusta a proporção que seguisse exatamente a proporção dos bens. Dividiram-se em Atenas[4] os cidadãos em quatro classes. Os que retiravam de seus bens quinhentas medidas de frutos, líquidas ou secas, pagavam ao público um talento; os que retiravam trezentas deviam meio talento; os que tinham duzentas medidas pagavam duas minas ou a sexta parte de um talento; os da quarta classe não davam nada. Era justa a taxa, embora não fosse proporcional: se não acompanhava a proporção dos bens, acompanhava a das necessidades. Julgou-se que cada um tivesse um *necessário físico* igual; que esse necessário físico não devia ser taxado; que em seguida vinha o útil, que devia ser taxado, mas menos que o supérfluo; que a grandeza da taxa sobre o supérfluo impedia o supérfluo.

Na taxa sobre as terras, fazem-se listas em que são inscritas as diferentes classes de propriedades fundiárias. Mas é muito difícil conhecer essas diferenças e ainda mais encontrar pessoas que não estejam interessadas em ignorá-las. Há aí, portanto, duas espécies de injustiça: a injustiça do homem e a injustiça da coisa. Mas, se, em geral, a taxa não for excessiva, se deixarem ao povo um necessário abundante, essas injustiças particulares não serão nada. Pois, se, ao contrário, só se deixa para o povo aquilo de que precisa rigorosamente para viver, a menor desproporção será da maior gravidade.

Se alguns cidadãos não pagarem o bastante, o mal não é grande; sua abastança sempre volta ao público; se alguns particulares pagarem demais, sua ruína se volta contra o público. Se o Estado proporcionar

[4] Pólux, livro VIII, capítulo X, artigo 130. (N. do A.)

a sua riqueza com a dos particulares, a abastança dos particulares logo fará crescer a sua riqueza. Tudo depende do momento: começará o Estado por empobrecer os súditos para se enriquecer? Levará o primeiro vantagem, ou o segundo? Começará ou acabará sendo rico?

Os direitos sobre as mercadorias são os que os povos menos sentem, porque não lhes são exigidos de maneira formal. Podem ser tão sabiamente administrados, que o povo quase ignorará que os paga. Para tanto, é de grande importância que quem pague o direito seja quem vende a mercadoria. Ele sabe que não paga por si; e o comprador, que no fundo é quem paga, o confunde com o preço. Dizem alguns autores que Nero suprimira a taxa de quatro por cento sobre os escravos que eram vendidos[5]; ele nada mais fizera, porém, do que ordenar que quem a pagaria seria o vendedor, e não o comprador: essa norma, que conservava inteiro o imposto, pareceu suprimi-lo.

Há dois reinos na Europa em que se aplicaram impostos muito altos às bebidas: num, só o fabricante paga o direito; no outro, ele é arrecadado indiferentemente de todos os súditos que consomem. No primeiro, ninguém sente o rigor do imposto; no segundo, é considerado oneroso; naquele, o cidadão só sente a liberdade que tem de não pagar; neste, só sente a necessidade que o obriga a pagar.

Para que o cidadão pague, aliás, é preciso fazer buscas perpétuas em sua casa. Nada é mais contrário à liberdade; e aqueles que estabelecem esse tipo de impostos não têm a felicidade de ter, a esse respeito, encontrado o melhor tipo de administração.

Capítulo VIII
Como se conserva a ilusão

Para que o preço da coisa e o imposto possam confundir-se na cabeça de quem paga, deve haver alguma relação entre a mercadoria e o imposto; e que sobre um produto de pouco valor não se lance uma

---

[5] *Vectigal quoque quintae et vicesimae venalium mancipiorum remissum specie magis quam vi; quid cum venditor pendere juberetur in partem pretii, emptoribus accrescebat* [Foi suprimida uma taxa de quatro por cento na venda de escravos, um favor mais aparente do que real, pois, como o vendedor foi obrigado a pagar, os compradores descobriram que essa taxa era adicionada como parte do preço]. Tácito, *Anais*, livro XIII. (N. do A.)

taxação excessiva. Países há em que o direito supera em dezessete vezes o valor da mercadoria. Com isso, o príncipe suprime a ilusão dos súditos: eles veem que estão sendo governados de maneira não razoável, o que os faz sentir agudamente a sua servidão.

Aliás, para que o príncipe possa cobrar um imposto tão desproporcional ao valor da coisa, é preciso que ele próprio venda a mercadoria e o povo não a possa comprar em outro lugar, o que está sujeito a mil inconvenientes.

Como nesses casos a fraude é muito lucrativa, a pena natural, aquela que a razão exige, que é o confisco da mercadoria, se torna incapaz de coibi-la; tanto mais que essa mercadoria costuma ser de preço muito baixo. Cumpre, pois, recorrer a penas extravagantes e semelhantes às que se infligem pelos maiores crimes. Perde-se toda a proporção entre as penas. Pessoas que não se poderia considerar más são punidas como celerados; o que é a coisa mais contrária do mundo ao espírito do governo moderado.

Acrescento que, quanto mais se dá oportunidade para o povo fraudar o cobrador de impostos, mais este se enriquece e o outro se empobrece. Para coibir a fraude, é preciso permitir ao publicano infligir vexações extraordinárias, e tudo está perdido.

Capítulo IX
De um tipo ruim de imposto

Falaremos, de passagem, de um imposto estabelecido em alguns Estados sobre as diversas cláusulas dos contratos civis. Para defender-se do publicano, é preciso ter grandes conhecimentos, estando essas coisas sujeitas a discussões sutis. Com isso, o cobrador de impostos, intérprete dos regulamentos do príncipe, exerce um poder arbitrário sobre as riquezas. Mostra a experiência que seria muito preferível um imposto sobre o papel sobre o qual o contrato deve ser escrito.

Capítulo X
Que a grandeza dos tributos depende da natureza do governo

Devem os tributos ser muito leves no governo despótico. Sem isso, quem é que gostaria de se dar ao trabalho de cultivar as terras?

E, além disso, como pagar grandes tributos num governo que não dá nada em troca do que foi pago pelo súdito?

No poder espantoso do príncipe e na estranha fraqueza do povo, não deve poder haver equilíbrio sobre nada. Os tributos devem ser tão fáceis de receber e tão claramente estabelecidos que não possam ser aumentados nem diminuídos pelos que os arrecadam. Uma parte dos frutos da terra, uma taxa por cabeça, um tributo de tanto por cento sobre as mercadorias são os únicos convenientes.

No governo despótico, é bom que os comerciantes tenham uma salvaguarda pessoal e que o costume os faça serem respeitados: sem isso, estariam em situação desvantajosa demais nas discussões que pudessem ter com os oficiais do príncipe.

Capítulo XI
Das penas fiscais

É algo particular às penas fiscais que, contra a prática geral, sejam mais severas na Europa do que na Ásia. Na Europa se confiscam as mercadorias, por vezes até os navios e os veículos; na Ásia, não se faz nem uma coisa nem outra. Isso porque na Europa o comerciante tem juízes que podem defendê-lo da opressão; na Ásia, os juízes despóticos seriam eles próprios opressores. Que faria o mercador contra um paxá que resolvesse confiscar-lhe as mercadorias?

É a perseguição que se supera a si mesma e se vê obrigada a certa civilidade. Na Turquia, cobra-se só um direito de entrada; depois disso, o país inteiro está aberto aos comerciantes. As declarações falsas não implicam nem confisco nem aumento de impostos. Na China, não se abrem[6] as bagagens de quem não é comerciante. No país do Mogol, a fraude não é punida com o confisco, mas com a duplicação do imposto. Os príncipes[7] tártaros que habitam cidades da Ásia não taxam em quase nada as mercadorias que por essas cidades passam. Pois, se, no Japão, o crime de fraude no comércio é crime capital, é porque existem razões para proibir toda comunicação com

---

[6] Du Halde, t. II, p. 37. (N. do A.)

[7] *Histoire des Tattars*, terceira parte, p. 290. (N. do A.)

os estrangeiros; e a fraude[8] é ali mais uma contravenção às leis feitas para a segurança do Estado do que às leis comerciais.

Capítulo XII
Relação da grandeza dos tributos com a liberdade

Regra geral: podem-se cobrar tributos mais pesados, na medida da liberdade dos súditos; e é preciso moderá-los, à medida que a servidão aumenta. Isso foi sempre assim, e sempre o será. É uma regra tirada da natureza, que não varia; encontramo-la em todos os países, na Inglaterra, na Holanda e em todos os Estados em que a liberdade se vai degradando, até chegar à Turquia. A Suíça parece não obedecer à regra, porque ali não se pagam impostos: mas sabemos a razão particular disso, e esta até confirma o que digo. Nessas montanhas estéreis, os víveres são tão caros, e o país, tão povoado, que o suíço paga quatro vezes mais à natureza do que o turco paga ao sultão.

Um povo dominador, como eram os atenienses e os romanos, pode livrar-se de todo imposto, pois reina sobre nações subjugadas. Não paga, pois, na medida da sua liberdade; porque a esse respeito não é um povo, mas um monarca.

Mas a regra geral permanece. Há nos Estados moderados uma compensação ao peso dos tributos; é a liberdade. Nos Estados despóticos[9], há um equivalente da liberdade; é a modicidade dos tributos.

Em certas monarquias da Europa, vemos províncias[10] que, pela natureza do governo político, estão em melhor estado do que as outras. Sempre imaginamos que tais províncias não pagam o bastante; porque, por um efeito da excelência do seu governo, poderiam pagar

---

[8] Querendo estabelecer o comércio com os estrangeiros, sem se comunicar com eles, escolheram duas nações: a holandesa, para o comércio com a Europa; e a chinesa, para o comércio com a Ásia; mantêm numa espécie de prisão os caixeiros e os marinheiros, e os maltratam até perderem a paciência. (N. do A.)

[9] Na Rússia, são medíocres os tributos: foram aumentados desde que o despotismo ficou mais moderado. Vide a *Histoire des Tattars*, segunda parte. (N. do A.)

[10] Os *pays d'États*. * (N. do A.)

* Os *pays d'États* eram províncias francesas do Antigo Regime em que se preservaram os Estados provinciais, assembleias locais que negociavam os impostos com o poder real central. Entre elas, a Bretanha, a Borgonha, a Provença e o Languedoc. (N. do T.)

mais; e sempre nos ocorre tirar delas o próprio governo que produz esse bem que se comunica, que se expande ao longe e de que deveriam gozar melhor.

Capítulo XIII
Em quais governos os tributos são suscetíveis de aumento

Podem-se aumentar os tributos na maioria das repúblicas; porque o cidadão, que crê pagar a si mesmo, tem a vontade de pagá-los e normalmente tem o poder para isso, em razão da natureza do governo.

Na monarquia, os tributos podem ser aumentados, porque a moderação do governo pode proporcionar riquezas: é como a recompensa do príncipe, por causa do respeito que tem pelas leis.

No Estado despótico, os tributos não podem ser aumentados, porque não é possível aumentar a servidão extrema.

Capítulo XIV
Que a natureza dos tributos é relativa ao governo

O imposto por cabeça é mais natural à servidão; o imposto sobre as mercadorias é mais natural à liberdade, porque se relaciona de maneira menos direta com a pessoa.

É natural ao governo despótico que o príncipe não dê dinheiro à sua milícia ou aos cortesãos, mas lhes distribua terras e, por conseguinte, que se arrecadem poucos tributos. Pois, se o príncipe der dinheiro, o tributo mais natural que possa arrecadar é um tributo por cabeça. Tal tributo só pode ser muito módico: pois, como ali não se podem fazer diversas classes de contribuidores, por causa dos abusos que isso provocaria, dada a injustiça e a violência do governo, o tributo deve necessariamente basear-se na taxa que os mais miseráveis podem pagar.

O tributo natural ao governo moderado é o imposto sobre as mercadorias. Sendo esse imposto pago na realidade pelo comprador, embora o comerciante o adiante, trata-se de um empréstimo que o comerciante já fez com o comprador: assim, é preciso ver o comerciante tanto como o devedor geral do Estado quanto como o credor de todos os particulares. Ele adianta ao Estado a taxa que o comprador lhe pagará um dia; e pagou pelo comprador o direito que pagou pela mercadoria. Percebe-se, pois, que, quanto mais moderado é o governo, quanto mais reina o espírito de liberdade, quanto maior for a segurança de que gozam as riquezas, mais fácil é para o comerciante adiantar ao Estado e emprestar ao particular impostos consideráveis. Na Inglaterra, um mercador empresta realmente ao Estado cinquenta ou sessenta libras esterlinas a cada tonel de vinho que recebe. Qual é o comerciante que ousaria fazer uma coisa dessas num país governado como a Turquia? E, mesmo que ousasse fazê-lo, como o poderia, com uma riqueza suspeita, incerta, arruinada?

Capítulo XV
Abuso da liberdade

Essas grandes vantagens da liberdade fizeram que se abusasse da própria liberdade. Porque o governo moderado produziu efeitos admiráveis, abandonou-se essa moderação; porque se lançaram grandes tributos, quis-se lançar outros excessivos; e, ingratos à mão da liberdade, que dava esse presente, voltou-se para a servidão, que tudo recusa.

A liberdade produziu o excesso de tributos: mas o efeito desses tributos excessivos é produzir, por sua vez, a servidão; e o efeito da servidão, produzir a diminuição dos tributos.

Os monarcas da Ásia raramente fazem editos, a não ser para isentar dos tributos a cada ano alguma província do império[11]: as manifestações de sua vontade são graças. Na Europa, porém, os editos dos príncipes perturbam até mesmo antes de serem vistos, pois falam sempre de suas necessidades e nunca das nossas.

Da imperdoável indolência que os ministros desses países devem ao governo e, muitas vezes, também ao clima, os povos tiram a vantagem de não ser sem cessar acossados por novas cobranças. As despesas não aumentam, porque não se fazem projetos novos: e, se por acaso os fazem, são projetos cujo fim se vê, e não projetos começados. Os que governam o Estado não o atormentam, porque eles mesmo não se atormentam sem cessar. Mas, quanto a nós, é

---

[11] É o costume dos imperadores da China. (N. do A.)

impossível que um dia regremos as nossas finanças, porque sempre sabemos que faremos algo, e jamais o que faremos.

Entre nós, já não é chamado de grande ministro o sábio dispensador das rendas públicas, mas aquele que é homem de indústria e descobre o que chamamos de expedientes.

Capítulo XVI
Das conquistas dos maometanos

Esses tributos excessivos[12] é que deram lugar à estranha facilidade que os maometanos tiveram em suas conquistas. Os povos, em vez dessa sequência contínua de vexações que a avareza sutil dos imperadores imaginara, viram-se submetidos a um tributo simples, pago e recebido com facilidade, mais felizes em obedecer a uma nação bárbara do que a um governo corrupto, no qual sofriam todos os inconvenientes de uma liberdade que já não tinham, com todos os horrores de uma servidão presente.

Capítulo XVII
Do aumento das tropas

Espalhou-se pela Europa uma doença nova; atingiu os nossos príncipes e os faz manter um número excessivo de tropas. Tem as suas recaídas e se torna necessariamente contagiosa: pois, tão logo um Estado aumenta o que chama de suas tropas, os outros de imediato aumentam as suas; de modo que nada se ganha com isso, a não ser a ruína comum. Cada monarca mantém de prontidão todos os exércitos que poderia ter se seus povos estivessem sob risco de extermínio; e chamam de paz esse estado de alerta[13] de todos contra todos. Assim, a Europa se arruína de tal modo, que os particulares que estivessem na situação em que se encontram as três potências mais opulentas

---

[12] Vide na história o grande volume, a esquisitice e até a loucura desses tributos. Anastásio imaginou um imposto para respirar o ar: *ut quisque pro haustu aeris penderet*. (N. do A.)

[13] É verdade que é sobretudo esse estado de alerta que mantém o equilíbrio, porque esgota as grandes potências. (N. do A.)

desta parte do mundo não teriam de que viver. Somos pobres com as riquezas e o comércio de todo o universo; e logo, de tantos soldados que temos, só teremos soldados, e seremos como os tártaros[14].

Não contentes em comprar as tropas dos pequenos, os grandes príncipes procuram de todos os lados pagar alianças; o que quase sempre significa perder dinheiro.

A consequência de tal situação é o aumento perpétuo dos tributos: e — o que previne todos os remédios futuros — não contam mais com as rendas, mas fazem a guerra com o capital. Não é raro ver Estados hipotecarem os seus fundos até mesmo na paz; e empregarem, para se arruinar, recursos que chamam de extraordinários e que o são a tal ponto, que o mais transviado dos filhos de família mal consegue imaginá-los.

Capítulo XVIII
Da isenção dos tributos

A máxima dos grandes impérios do Oriente de dispensar dos tributos as províncias que sofreram deveria ser adotada pelos Estados monárquicos. É verdade que tal máxima está estabelecida em alguns deles; é mais daninha, porém, do que se não o estivesse; porque, como o príncipe não arrecada nem mais nem menos com isso, todo o Estado se torna solidário. Para socorrer uma aldeia que paga mal, gravam outra que paga melhor; não se restabelece a primeira, destrói-se a segunda. Desespera-se o povo entre a necessidade de pagar, por medo das exações, e o risco de pagar, por medo de novos encargos.

Um Estado bem governado deve pôr como o primeiro artigo da sua despesa uma soma definida para os casos fortuitos. Acontece com o público o mesmo que com os particulares, que se arruínam quando gastam exatamente as rendas de suas terras.

A respeito da solidariedade entre os habitantes da mesma aldeia, foi dito[15] que era razoável, pois se podia supor um conluio fraudulento da parte deles; mas de onde se tirou que, com base em suspeitas, se deva estabelecer algo injusto por si mesmo e ruinoso para o Estado?

---

14 Para tanto, não se deve lançar mão da nova invenção das milícias estabelecidas em quase toda a Europa e levá-las ao mesmo excesso das tropas regulares. (N. do A.)

15 Vide o *Traité des finances des Romains*, capítulo II, impresso em Paris, por Briasson, 1740. (N. do A.)

Capítulo XIX
Que é mais conveniente ao príncipe e ao povo, a arrecadação direta ou indireta dos tributos?

A arrecadação direta[16] é a administração de um bom pai de família, que arrecada ele próprio, com economia e ordem, as suas rendas.

Pela arrecadação direta, o príncipe pode decidir quando apressar ou retardar a arrecadação de tributos, segundo as suas necessidades ou as de seus povos. Pela arrecadação direta, ele poupa ao Estado os imensos lucros dos publicanos [*fermiers*], que o empobrecem de uma infinidade de maneiras. Pela arrecadação direta, poupa ao povo o espetáculo das fortunas súbitas, que o consternam. Pela arrecadação direta, o dinheiro arrecadado passa por poucas mãos e, por conseguinte, retorna mais rapidamente ao povo. Pela arrecadação direta, o príncipe poupa ao povo um sem-número de más leis, sempre dele exigidas pela avareza importuna dos publicanos, que mostram uma vantagem presente em regulamentos funestos para o futuro.

Como aquele que tem o dinheiro é sempre o senhor do outro, o arrecadador torna-se despótico em relação ao próprio príncipe: não é legislador, mas obriga-o a fazer leis.

Confesso que por vezes é útil começar usando a cobrança indireta [*ferme*] para um direito recentemente estabelecido. Há uma arte e artimanhas para prevenir as fraudes que o interesse dos publicanos lhes sugere e que os arrecadadores oficiais não seriam capazes de imaginar: ora, uma vez implantado o sistema de arrecadação pelo publicano, pode-se com sucesso estabelecer a arrecadação direta. Na Inglaterra, a administração da acisa e da renda dos correios, tal como é hoje, foi tomada dos publicanos.

Nas repúblicas, as rendas do Estado são arrecadadas quase sempre pelo sistema direto. A disposição contrária foi um grande defeito do governo de Roma[17]. Nos Estados despóticos, em que o sistema direto

---

[16] *Régie*, no original. É o sistema pelo qual a arrecadação de impostos era feita diretamente por funcionários do rei. Contrapõe-se à *ferme*, em que a percepção dos impostos era confiada a um intermediário, o *fermier*. (N. do T.)

[17] César foi obrigado a suprimir os publicanos da província da Ásia e a ali estabelecer outro tipo de administração, como nos ensina Díon. E nos diz Tácito que a Macedônia e a Acaia, províncias que Augusto deixara ao povo romano e, por conseguinte, eram governadas conforme o velho plano, conseguiram entrar no grupo das que o imperador governava por intermédio de seus funcionários. (N. do A.)

está estabelecido, os povos são infinitamente mais felizes; prova disso são a Pérsia e a China[18]. Os mais desgraçados são aqueles em que o príncipe entrega à arrecadação indireta os portos de mar e as cidades de comércio. A história das monarquias está cheia de males causados pelos cobradores de impostos.

Indignado com as vexações dos publicanos, concebeu Nero o projeto impossível e magnânimo de abolir todos os impostos. Não imaginou o sistema de cobrança direta; fez[19] quatro ordenações; que as leis feitas contra os publicanos, mantidas até então em segredo, fossem publicadas; que eles já não pudessem exigir o que haviam desdenhado pedir durante o ano; que houvesse um pretor nomeado para julgar sem formalidade as suas pretensões; que os comerciantes nada pagassem pelos navios. Foram os bons momentos desse imperador.

Capítulo XX
Dos arrecadadores de impostos

Tudo está perdido quando a lucrativa profissão dos arrecadadores consegue também, pela riqueza, tornar-se uma profissão honrada. Isso pode ser bom nos Estados despóticos, em que não raro seu trabalho é parte das funções dos próprios governadores. Não é bom na república; e algo semelhante destruiu a república romana. Isso não é melhor nas monarquias; nada é mais contrário ao espírito de tal governo. A repulsa toma conta de todos os outros Estados; perde a honra toda a consideração; os meios lentos e naturais de se distinguir não impressionam mais; e o governo é atingido em seu princípio.

Viram-se nos tempos passados fortunas escandalosas; essa era uma das calamidades das guerras de cinquenta anos: mas, na época, essas riquezas eram consideradas ridículas, e hoje as admiramos.

Cada profissão tem o seu quinhão. O quinhão dos que arrecadam impostos são as riquezas; e as recompensas dessas riquezas são as próprias riquezas. A glória e a honra são para essa nobreza que não

---

[18] Vide Chardin, *Voyage de Perse*, t. VI. (N. do A.)

[19] Tácito, *Anais*, livro XIII. (N. do A.)

conhece, não vê e não sente nenhum verdadeiro bem, a não ser a honra e a glória. O respeito e a consideração são para esses ministros e esses magistrados que, trabalhando sem cessar, velam dia e noite pela felicidade do império.

TERCEIRA PARTE

LIVRO XIV
Das leis na relação que têm com a natureza do clima

Capítulo I
Ideia geral

Se é verdade que o caráter do espírito e as paixões do coração sejam extremamente diferentes nos diversos climas, as leis devem estar relacionadas tanto com a diferença das paixões como com a diferença desses caracteres.

Capítulo II
Quão diferentes são os homens nos diversos climas

O ar frio[1] contrai as extremidades das fibras externas do nosso corpo; isso aumenta sua elasticidade e favorece o retorno do sangue ao coração. Diminui o comprimento[2] dessas mesmas fibras; aumenta com isso, portanto, a sua força. O ar quente, ao contrário, distende as extremidades das fibras e as alonga; diminui, portanto, a força e a elasticidade delas.

Temos, pois, mais vigor nos climas frios. Neles, dá-se melhor a ação do coração e a reação das extremidades das fibras, equilibram-se melhor os líquidos, o sangue move-se mais livremente para o coração e, reciprocamente, tem mais potência. Esse aumento de força deve produzir muitos efeitos: por exemplo, mais autoconfiança, ou seja, mais coragem; mais conhecimento da própria superioridade, ou

---

[1] Isso é claro até mesmo à vista: no frio, parecemos mais magros. (N. do A.)
[2] Sabemos que o ar frio encolhe o ferro. (N. do A.)

seja, menos desejo de vingança; uma mais alta opinião da própria segurança, ou seja, maior franqueza, menos suspeitas, menos política e menos astúcias. Enfim, deve produzir caracteres muito diferentes. Levai um homem para um lugar quente e fechado; ele sofrerá, pelas razões que acabo de citar, um sumo desfalecimento do coração. Se, nessas circunstâncias, lhe propuserem uma ação ousada, creio que ele estará muito pouco propenso a executá-la; a fraqueza presente desencorajará a alma; tudo temerá, porque sentirá que nada pode. São tímidos os povos dos países quentes, como os velhos; os dos países frios são corajosos, como os jovens. Se atentarmos para as últimas guerras[3], que são as que temos mais perto da vista e em que podemos ver melhor certos efeitos sutis, imperceptíveis de longe, perceberemos que os povos do norte, transferidos para os países do sul[4], não fizeram ali ações tão belas quanto as dos seus compatriotas, que, combatendo em seu próprio clima, gozavam de toda a sua coragem.

A força das fibras dos povos do norte faz que os sucos mais grosseiros sejam extraídos dos alimentos. Seguem-se daí duas coisas: uma, que as partes do quilo ou da linfa são mais adequadas, por sua superfície grande, a se aplicar sobre as fibras e alimentá-las; a outra, que são menos próprias, pela grosseria, a dar certa sutileza ao suco nervoso. Esses povos terão, assim, corpos grandes e pouca vivacidade.

Os nervos que chegam de todos os lados ao tecido de nossa pele são, cada um, um feixe de nervos. Normalmente não é todo o nervo que é abalado; é uma parte infinitamente pequena dele. Nos países quentes, onde o tecido da pele está relaxado, as extremidades dos nervos estão expandidas e expostas à menor ação dos objetos mais diminutos. Nos países frios, o tecido da pele está contraído e os mamilos, comprimidos; os pequenos chumaços estão, de certa forma, paralisados; a sensação quase não passa ao cérebro, senão quando é extremamente forte e de todo o nervo ao mesmo tempo. Mas é de um número infinito de pequenas sensações que dependem a imaginação, o gosto, a sensibilidade, a vivacidade.

Observei o tecido exterior de uma língua de cordeiro, no ponto em que esta se mostra, a olho nu, coberta de mamilos. Vi com um microscópio, sobre esses mamilos, alguns pelinhos ou uma espécie

---

[3] As guerras da sucessão espanhola. (N. do A.)

[4] Na Espanha, por exemplo. (N. do A.)

de veludo; entre os mamilos ficavam umas pirâmides, que formavam pela ponta como pequenos pincéis. Há grande probabilidade de que essas pirâmides sejam o órgão principal do gosto.

Vi congelarem metade dessa língua; e observei a olho nu os mamilos consideravelmente reduzidos; algumas fileiras até de mamilos se haviam afundado em suas bainhas; examinei o tecido no microscópio, não encontrei as pirâmides. À medida que a língua se ia desgelando, os mamilos, a olho nu, pareceram elevar-se; e, no microscópio, os pequenos chumaços começaram a reaparecer.

Confirma essa observação o que disse, que, nos países frios, os chumaços nervosos estão menos desenvolvidos; estes afundam nas suas bainhas, em que estão ao abrigo da ação dos objetos externos. São menos vivas, portanto, as sensações.

Nos países frios, haverá pouca sensibilidade para os prazeres; esta será maior nos países temperados; nos países quentes, será extrema. Como distinguimos os climas pelos graus de latitude, poderíamos distingui-los, por assim dizer, pelos graus de sensibilidade. Assisti às óperas da Inglaterra e da Itália; são as mesmas peças e os mesmos atores: mas a mesma música produz efeitos tão diferentes sobre as duas nações, uma tão calma e a outra, tão fogosa, que isso parece inconcebível.

O mesmo se pode dizer da dor: esta é excitada em nós pelo dilaceramento de alguma fibra em nosso corpo. Estabeleceu o autor da natureza que essa dor seria mais forte à medida que o estrago fosse maior; ora, é evidente que os grandes corpos e as fibras grosseiras dos povos do norte são menos capazes de desarranjos do que as fibras delicadas dos povos dos países quentes; neles, portanto, a alma é menos sensível à dor. É preciso esfolar um moscovita para dar-lhe algum sentimento.

Com essa delicadeza de órgãos que se tem nos países quentes, a alma é soberanamente tocada por tudo o que está relacionado com a união dos dois sexos; tudo leva a esse objetivo.

Nos climas do norte, a física do amor mal tem forças para se tornar muito sensível; nos climas temperados, o amor, acompanhado de mil acessórios, torna-se agradável por coisas que no começo parecem ser esse amor, mas ainda não são; nos climas mais quentes, ama-se o amor por si mesmo; este é a causa única da felicidade, é a vida.

Nos países do sul, uma máquina delicada, fraca, mas sensível, se entrega a um amor que, num harém, nasce e se apazigua sem cessar; ou então a um amor que, deixando maior independência às mulheres, está exposto a mil problemas. Nos países do norte, uma máquina sadia e bem constituída, mas pesada, encontra os seus prazeres em tudo o que pode agitar as mentes, a caça, as viagens, a guerra, o vinho. Encontrareis nos climas do norte povos que têm poucos vícios, bastantes virtudes, muita sinceridade e franqueza. Aproximai-vos dos países do sul e crereis afastar-vos da própria virtude; paixões mais vivas multiplicarão os crimes; cada qual buscará levar sobre os outros todas as vantagens que possam favorecer essas mesmas paixões. Nos países temperados, vereis espíritos de comportamento inconstante até em seus vícios e em suas virtudes: o clima neles não tem uma qualidade determinada o bastante para defini-los.

Pode o calor do clima ser tão excessivo, que o corpo ficará absolutamente sem força. A prostração, então, passará para o próprio espírito; nenhuma curiosidade, nenhuma ação nobre, nenhum sentimento generoso; as inclinações serão todas passivas; a preguiça será a felicidade; a maioria dos castigos será menos difícil de suportar do que a ação da alma; e a servidão menos insuportável do que a força de espírito necessária para se guiar a si mesmo.

Capítulo III
Contradição nos caracteres de certos povos do sul

Carecem naturalmente de coragem os indianos[5]; os próprios filhos[6] dos europeus nascidos nas Índias perdem a de seu clima. Mas como conciliar isso com seus atos atrozes, seus costumes, suas penitências bárbaras? Os homens submetem-se a males incríveis, as mulheres queimam-se a si mesmas: é muita força para tanta fraqueza.

A natureza, que deu a esses povos uma fraqueza que os torna tímidos, deu-lhes também uma imaginação tão viva, que tudo os impressiona excessivamente. Essa mesma delicadeza de órgãos que os faz temer a morte também serve para fazê-los recear mil coisas mais do que a morte. É a mesma sensibilidade que os faz fugir de todos os perigos e desafiar a todos eles.

---

[5] "Cem soldados da Europa", diz Tavernier, "não teriam muita dificuldade para vencer mil soldados indianos". (N. do A.)

[6] "Até os persas que se estabelecem nas Índias adquirem, na terceira geração, a indolência e a covardia indiana." Vide Bernier, *Sur le Mogol*, t. I, p. 282. (N. do A.)

Como a boa educação é mais necessária às crianças do que aos de espírito maduro, assim também os povos desses climas precisam mais de um legislador sábio do que os povos do nosso clima. Quanto mais forte e facilmente nos impressionamos, mais importa agirmos de maneira conveniente, não acatarmos preconceitos e guiarmo-nos pela razão.

No tempo dos romanos, os povos do norte da Europa viviam sem arte, sem educação, quase sem leis: e, no entanto, simplesmente pelo bom senso unido às fibras grosseiras desses climas, mantiveram-se com uma sabedoria admirável contra a potência romana, até o momento em que saíram de suas florestas para destruí-la.

Capítulo IV
Causa da imutabilidade da religião, dos costumes, dos comportamentos, das leis nos países orientais

Se, a essa fraqueza de órgãos que faz que os povos do Oriente recebam as mais fortes impressões do mundo, somardes certa preguiça da mente, naturalmente ligada à do corpo, que faça que essa mente não seja capaz de nenhuma ação, de nenhum esforço, de nenhuma concentração, compreendereis que a alma, uma vez recebidas certas impressões, não pode mais mudá-las. É o que faz que as leis, os costumes[7] e os comportamentos, mesmo os que parecem indiferentes, como o modo de se vestir, sejam hoje no Oriente o que eram há mil anos.

Capítulo V
Que os maus legisladores são os que favoreceram os vícios do clima, e os bons, os que se lhes opuseram

Creem os indianos que o repouso e o nada sejam o fundamento de todas as coisas e o fim em que terminam. Consideram, assim, a total inação como o estado mais perfeito e o objeto de seus desejos.

---

[7] Vemos num fragmento de Nicolau de Damasco, recolhido por Constantino Porfirogeneta, que era velho no Oriente o costume de mandar estrangular um governador que desagradasse; era do tempo dos medas. (N. do A.)

Dão ao soberano ser[8] a alcunha de imóvel. Creem os siameses que a felicidade[9] suprema consista em não ser obrigado a animar uma máquina e fazer o corpo agir.

Nesses países, onde o calor excessivo amolece e exaure, o repouso é tão delicioso e o movimento, tão penoso, que tal sistema de metafísica parece natural; e Buda[10], legislador das Índias, obedeceu ao que sentia, quando pôs os homens num estado extremamente passivo: mas a sua doutrina, nascida da preguiça do clima e favorecendo-a por sua vez, causou mil males.

Foram mais sensatos os legisladores da China, quando — considerando os homens, não no estado pacífico em que estarão um dia, mas na ação própria a fazê-los cumprirem os deveres da vida — fizeram uma religião, uma filosofia e leis muito práticas. Quanto mais as causas físicas levam os homens ao repouso, mais as causas morais devem dele afastá-los.

Capítulo VI
Do cultivo das terras nos climas quentes

O cultivo das terras é o maior trabalho dos homens. Quanto mais o clima os leva a evitar esse trabalho, mais a religião e as leis devem incentivá-los a praticá-lo. Assim, as leis das Índias, que dão as terras aos príncipes e tiram dos particulares o espírito de propriedade, aumentam os maus efeitos do clima; ou seja, a preguiça natural.

Capítulo VII
Do monaquismo

Produz ali o monaquismo os mesmos males; nasceu nos países quentes do Oriente, onde somos menos propensos à ação do que à especulação.

Na Ásia, o número de derviches ou monges parece aumentar com o calor do clima; as Índias, onde esse calor é excessivo, estão repletas deles; encontramos na Europa essa mesma diferença.

---

[8] Panamanack. Vide Kircher. (N. do A.)

[9] La Loubère, *Relation de Siam*, p. 446. (N. do A.)

[10] No original, *Foë*. (N. do T.)

Para vencer a preguiça devida ao clima, seria preciso que as leis buscassem suprimir todos os meios de viver sem trabalhar: mas, no sul da Europa, fazem as leis o exato contrário disso: dão aos que querem ser ociosos lugares próprios à vida especulativa e os dotam de riquezas imensas. Essa gente, que vive numa abundância que lhe é penosa, dá com razão seu supérfluo à populaça: esta perdeu a propriedade dos bens; aquela, a recompensa com a ociosidade de que a faz fruir; e a populaça chega a amar a sua própria miséria.

Capítulo VIII
Bom costume da China

As crônicas[11] da China falam-nos da cerimônia de abrir as terras, que o imperador faz todos os anos[12]. Quiseram incentivar[13] os povos ao trabalho da terra com esse ato público e solene.

Além disso: o imperador é informado a cada ano qual o lavrador que mais se distinguiu em sua profissão; sagra-o mandarim da oitava ordem.

Entre os antigos persas[14], no oitavo dia do mês chamado *chorrem-ruz*, os reis abandonavam seu luxo para comer com os lavradores. Essas instituições são admiráveis para incentivar a agricultura.

Capítulo IX
Meios de incentivar a indústria

Mostrarei no livro XIX que as nações indolentes costumam ser orgulhosas. É possível voltar o efeito contra a causa e destruir a preguiça com o orgulho. No sul da Europa, onde os povos tanto se impressionam com questões de honra, seria bom dar prêmios aos

---

[11] O padre Du Halde, *Histoire de la Chine*, t. II, p. 72. (N. do A.)

[12] Vários reis das Índias fazem a mesma coisa. *Relation du royaume de Siam*, por La Loubère, p. 69. (N. do A.)

[13] Venty, o terceiro imperador da terceira dinastia, cultivou a terra com as próprias mãos; e fez a imperatriz e suas damas trabalharem a seda em seu palácio. *Histoire de la Chine*. (N. do A.)

[14] O sr. Hyde, *Religion des Perses*. (N. do A.)

lavradores que melhor houvessem cultivado os seus campos, ou aos operários que houvessem levado mais adiante a sua indústria. Essa prática será bem-sucedida em todos os países. Recentemente, na Irlanda, serviu para estabelecer uma das mais importantes manufaturas de tela da Europa.

Capítulo X
Das leis relacionadas com a sobriedade dos povos

Nos países quentes, a parte aquosa do sangue muito se dissipa pela transpiração[15]; é necessário, pois, substituí-la por um líquido semelhante. A água presta-se admiravelmente para isso: os licores fortes coagulariam os glóbulos[16] do sangue que permanecem após a dissipação da parte aquosa.

Nos países frios, a parte aquosa do sangue pouco se exala pela transpiração; permanece muito abundante; podem-se, pois, usar licores espirituosos, sem que o sangue se coagule. Os humores são abundantes: os licores fortes, que dão movimento ao sangue, podem ser convenientes.

A lei de Maomé, que proíbe tomar vinho, é, portanto, uma lei do clima da Arábia: assim, antes de Maomé, a água era a bebida comum dos árabes. A lei[17] que vedava aos cartagineses beberem vinho era também uma lei do clima; efetivamente, o clima desses dois países é praticamente o mesmo.

Tal lei não seria boa nos países frios, onde o clima parece forçar a certa embriaguez nacional, muito diferente da embriaguez da pessoa. Está estabelecida por toda a terra a embriaguez, proporcionalmente à frigidez e à umidade do clima. Ide do equador para o polo, vereis a embriaguez aumentar com os graus de latitude. Ide do mesmo equador

---

[15] Escrevia o sr. Bernier ao viajar de Lahore para a Caxemira: "O meu corpo é uma peneira; mal tomei uma pinta d'água, vejo-a brotar como um orvalho de todos os meus membros, até a ponta dos dedos. Bebo dez pintas por dia, e isso não me faz mal". *Voyage*, de Bernier, t. II, p. 261. (N. do A.)

[16] Há no sangue glóbulos vermelhos, partes fibrosas, glóbulos brancos e a água que banha tudo isso. (N. do A.)

[17] Platão, livro II, *Das leis*; Aristóteles, *Do cuidado dos negócios domésticos*; Eusébio, *Prep. Evang.*, livro XII, capítulo XVII. (N. do A.)

ao polo oposto, vereis a embriaguez seguir rumo ao sul[18] como, deste lado, seguia para o norte.

É natural que, onde o vinho é contrário ao clima e, por conseguinte, à saúde, o excesso dele seja punido com maior severidade do que nos países em que a embriaguez provoque poucos efeitos ruins para a pessoa ou para a sociedade; ou onde não torne os homens furiosos, mas apenas estúpidos. Assim, as leis[19] que puniram um homem bêbado, tanto pela falta que cometia quanto pela embriaguez, só eram aplicáveis à embriaguez das pessoas, e não à embriaguez nacional. Bebe por costume o alemão; o espanhol, por opção.

Nos países quentes, o relaxamento das fibras produz grande transpiração de líquidos; mas as partes sólidas dissipam-se menos. As fibras, que só têm uma ação muito débil e pouca elasticidade, mal se desgastam; é preciso pouco suco nutriente para restaurá-las: come-se, pois, muito pouco.

As diferentes maneiras de viver foram formadas pelas diferentes necessidades nos diferentes climas; e essas diferentes maneiras de viver formaram os diversos tipos de leis. Se, numa nação, os homens se comunicarem muito, são necessárias certas leis; outras são necessárias para um povo em que não há comunicação.

Capítulo XI
Das leis relacionadas às doenças climáticas

Diz-nos Heródoto[20] que as leis dos judeus sobre a lepra foram tiradas da prática dos egípcios. Com efeito, as mesmas doenças exigiam os mesmos remédios. Os gregos e os primeiros romanos desconheciam tais leis, bem como o mal. O clima do Egito e da Palestina tornou-as necessárias; e a facilidade que essa enfermidade tem de se disseminar deve-nos fazer perceber a sabedoria e a previdência de tais leis.

Nós mesmos experimentamos os seus efeitos. Trouxeram-nos

---

[18] Isto se vê nos hotentotes e nos povos da extremidade do Chile, que estão mais perto do sul. (N. do A.)

[19] Como foi o caso de Pítaco, segundo Aristóteles, *Política*, livro II, capítulo III. Vivia num clima em que a embriaguez não é um vício nacional. (N. do A.)

[20] Livro II. (N. do A.)

a lepra as Cruzadas; as sábias normas que foram estabelecidas impediram-na de ganhar a massa do povo.

Vemos pela lei[21] dos lombardos que essa doença se espalhara pela Itália antes das Cruzadas e merecera a atenção dos legisladores. Ordenou Rotáris que o leproso expulso de casa e relegado a um lugar especial não poderia dispor de seus bens; porque, a partir do momento em que fora tirado de casa, era considerado morto. Para impedir toda comunicação com os leprosos, tornavam-nos incapazes dos efeitos civis.

Acho que essa doença foi trazida à Itália pelas conquistas dos imperadores gregos, em cujos exércitos podia haver milícias da Palestina ou do Egito. Seja como for, os seus progressos foram detidos até os tempos das Cruzadas.

Dizem que os soldados de Pompeu, ao voltarem da Síria, trouxeram consigo uma doença parecida com a lepra. Nenhuma regulamentação feita na época chegou até nós, mas parece que tais leis existiram, pois o mal foi suspenso até o tempo dos lombardos.

Há dois séculos, uma doença desconhecida dos nossos pais passou do Novo Mundo para este e veio atacar a natureza humana até na fonte da vida e dos prazeres. Vimos a maior parte das maiores famílias do sul da Europa perecer por um mal que se tornou comum demais para ser vergonhoso, e se tornou simplesmente funesto. A sede de ouro perpetuou essa enfermidade; ia-se sem cessar à América e dela se traziam sempre novos germes.

Pias razões quiseram exigir que o crime continuasse a ser punido: mas essa calamidade se introduzira no casamento e já corrompera até a infância.

Como é da sabedoria dos legisladores velar pela saúde dos cidadãos, teria sido muito sensato deter essa comunicação por leis feitas ao estilo das leis mosaicas.

A peste é um mal cujas devastações são ainda mais imediatas e rápidas. Sua sede principal é no Egito, donde se espalha por todo o universo. Na maioria dos Estados da Europa, foram estabelecidas normas muito boas para impedir que essa doença adentre o continente; e recentemente se imaginou um jeito admirável de detê-la: forma-se uma linha de tropas ao redor do país infectado, para impedir toda comunicação.

Os turcos[22], que não têm a esse respeito regulamentação nenhuma,

---

[21] Livro II, título I, § 3; título 18, § 1. (N. do A.)

[22] Ricaut, *De l'empire ottoman*, p. 284. (N. do A.)

veem os cristãos, na mesma cidade, escaparem do perigo e só eles perecerem. Compram as roupas dos pestíferos e seguem seu caminho. A doutrina dum destino rígido, que tudo regra, faz do magistrado um espectador sereno: pensa que Deus já fez tudo e que ele nada tem para fazer.

Capítulo XII
Das leis contra os que se suicidam[23]

Não vemos de modo algum nas histórias que os romanos se suicidassem sem motivo: os ingleses, porém, se matam sem que possamos imaginar nenhuma razão que os determine a tanto; matam-se em meio à felicidade. Essa ação, entre os romanos, era efeito da educação; estava ligada à maneira de pensar e aos costumes: entre os ingleses, é efeito de uma doença[24]; está ligada ao estado físico da máquina e é independente de qualquer outra causa.

Parece que é uma falha de filtragem do suco nervoso: a máquina cujas forças motrizes se acham a todo momento sem ação está cansada de si mesma; a alma não sente dor, mas certa dificuldade de existir. A dor é um mal local, que nos leva ao desejo de ver cessar essa dor; o peso da vida é um mal que não tem lugar determinado e nos leva ao desejo de dar um fim à vida.

É claro que as leis civis de alguns países tiveram razões para estigmatizar o homicídio de si mesmo; na Inglaterra, porém, não se pode punir o suicídio pela mesma razão por que não se pune a demência.

Capítulo XIII
Efeitos que decorrem do clima da Inglaterra

Numa nação a que uma enfermidade do clima afeta a alma de tal modo, que possa levar ao desgosto de todas as coisas e até da vida, vemos que o governo que mais conviria a pessoas para as quais tudo

---

[23] A ação dos que se suicidam é contrária à lei natural e à religião revelada. (N. do A.)

[24] Tal atitude pode complicar-se com o escorbuto, que, sobretudo em alguns países, torna o homem esquisito e insuportável a si mesmo. *Viagem* de François Pyrard, parte II, capítulo XXI. (N. do A.)

é insuportável seria aquele em que não poderiam atribuir a um só o que causaria os seus sofrimentos: e em que, como as leis governam mais do que os homens, seria preciso, para mudar o Estado, derrubar as próprias leis.

E, se a mesma nação tivesse ainda recebido do clima certo caráter de impaciência, que não lhe permite suportar por muito tempo as mesmas coisas, vê-se que o governo de que acabamos de falar seria também o mais conveniente.

Esse caráter de impaciência não é grande por si mesmo: mas pode tornar-se muito grande quando se une à coragem.

É diferente da leviandade, que faz que se aja sem motivo e se deixe de agir igualmente. Aproxima-se mais da teimosia, porque vem de um sentimento tão vívido dos males, que não se enfraquece nem com o hábito de sofrê-los.

Numa nação livre, tal caráter seria muito próprio para desconcertar os projetos da tirania[25], que é sempre lenta e fraca no começo, como é rápida e viva no fim; que primeiro só estende a mão para ajudar, e em seguida oprime com uma infinidade de braços.

A servidão começa sempre com o sono. Mas um povo que não tem repouso em nenhuma situação, que se apalpa sem cessar e sente dores em todos os lugares dificilmente consegue dormir.

A política é uma lima oculta, que desgasta e chega lentamente ao seu fim. Ora, os homens de que acabamos de falar não poderiam suportar as morosidades, os pormenores, o sangue-frio das negociações; com frequência seriam menos bem-sucedidos nelas do que qualquer outra nação; e perderiam com os tratados o que tivessem obtido com as armas.

Capítulo XIV
Outros efeitos do clima

Nossos pais, os antigos germanos, habitavam um clima em que as paixões eram muito calmas. Suas leis não encontravam nas coisas mais do que viam, e não imaginavam mais nada. E, como julgavam os insultos feitos aos homens pelo tamanho das feridas, não eram

---

[25] Entendo aqui esta palavra como o plano de derrubar o poder estabelecido, sobretudo a democracia. É o significado que lhe davam gregos e romanos. (N. do A.)

mais refinadas no que se refere às ofensas feitas às mulheres. A lei dos alemães[26] a esse respeito é muito curiosa. Quando se descobre a cabeça de uma mulher, paga-se uma multa de seis soldos; o mesmo se se trata da perna até o joelho; o dobro a partir do joelho. Parece que a lei media a grandeza dos ultrajes feitos à pessoa das mulheres como se mede uma figura geométrica; não punia o crime da imaginação, punia o dos olhos. Mas, quando uma nação germânica se mudou para a Espanha, o clima encontrou muitas outras leis. A lei dos visigodos proibia aos médicos sangrarem uma mulher ingênua[27], a não ser na presença do pai ou da mãe, do irmão, do filho ou do tio. Acendeu-se a imaginação dos povos, e a dos legisladores igualmente se animou; a lei suspeitou tudo, para um povo que podia tudo suspeitar.

Essas leis deram, pois, uma atenção extrema aos dois sexos. Mas parece que se preocuparam mais em favorecer a vingança particular do que em exercer a vingança pública. Assim, na maior parte dos casos, reduziam os dois culpados à servidão dos pais ou do marido ofendido. Uma mulher[28] ingênua, que se tivesse entregado a um homem casado, era posta sob o poder da esposa, para que esta dela dispusesse à vontade. Obrigavam os escravos[29] a amarrar e apresentar ao marido a esposa que surpreendessem em adultério; permitiam aos filhos[30] acusá-la e interrogar os escravos para condená-la. Assim, foram tais leis mais aptas a refinar os excessos do pundonor do que a formar uma boa regulamentação. E não nos devemos espantar se o conde Juliano julgou que um ultraje dessa espécie exigia a perda da pátria e do rei. Não é de surpreender que os mouros, com tal conformação de costumes, tenham encontrado tanta facilidade para se estabelecer na Espanha, para nela se conservar e para retardar a queda do seu império.

---

[26] Capítulo LVIII, § 1 e 2. (N. do A.)
[27] Livre. (N. do T.)
[28] Lei dos visigodos, livro III, título 4, § 9. (N. do A.)
[29] Ibid., livro III, título 4, § 6. (N. do A.)
[30] Ibid., livro III, título 4, § 13. (N. do A.)

Capítulo XV
Da diferente confiança que as leis têm no povo, segundo os climas

O povo japonês tem um caráter tão atroz, que os seus legisladores e os seus magistrados não têm nenhuma confiança nele: não lhe apresentaram senão juízes, ameaças e punições: submeteram-no em cada processo à investigação da polícia. Essas leis que, para cada cinco chefes de família, estabelecem um deles como chefe dos outros quatro; essas leis que, para um só crime, punem toda uma família ou todo um bairro; essas leis que não encontram inocentes onde pode haver um culpado são feitas para que todos os homens desconfiem uns dos outros, para que cada qual investigue a conduta de cada qual e seja dele o inspetor, a testemunha e o juiz.

O povo das Índias, ao contrário, é dócil[31], terno, compassivo. Por isso seus legisladores tiveram plena confiança nele. Estabeleceram poucas[32] penas, e pouco severas; estas sequer são rigorosamente aplicadas. Deram os sobrinhos aos tios, os órfãos aos tutores como em outros lugares são dados aos pais: regularam a sucessão pelo mérito reconhecido do sucessor. Parece que cada cidadão devesse confiar na boa índole dos outros.

Dão com facilidade a liberdade[33] aos escravos; promovem casamentos entre eles; tratam-nos como filhos[34]: feliz clima, que faz nascer a candura dos costumes e produz a suavidade das leis!

---

[31] Vide Bernier, t. II, p. 140. (N. do A.)

[32] Vide na coletânea 14 das *Lettres édifiantes*, p. 403, as principais leis ou costumes dos povos da Índia da parte da península aquém do Ganges. (N. do A.)

[33] *Lettres édifiantes*, coletânea 9, p. 378. (N. do A.)

[34] Eu pensava que a brandura da escravidão nas Índias fizera que Diodoro dissesse que não havia no país nem senhor nem escravo; mas Diodoro atribuiu a toda a Índia o que, segundo Estrabão, livro XV, era próprio apenas de uma determinada nação. (N. do A.)

Livro XV
Como se relacionam as leis da escravidão civil com a natureza do clima

Capítulo I
Da escravidão civil

A escravidão propriamente dita é o estabelecimento de um direito que torna um homem tão próprio de outro homem, que este é o senhor absoluto da sua vida e dos seus bens. Não é boa por natureza: não é útil nem ao senhor nem ao escravo; a este, porque não pode fazer nada por virtude; àquele, porque contrai com seus escravos todo tipo de maus hábitos, aos poucos se acostuma a faltar com todas as virtudes morais, se torna orgulhoso, ríspido, duro, colérico, voluptuoso e cruel.

Nos países despóticos, onde já estão sob a escravidão política, a escravidão civil é mais tolerável do que nos outros lugares. Cada qual já deve estar bastante contente por ter o sustento e a vida. Assim, a condição do escravo não lhes é muito mais pesada do que a condição do súdito.

No governo monárquico, porém, em que é sumamente importante não rebaixar ou aviltar a natureza humana, não deve haver escravos. Na democracia, em que todos são iguais, e na aristocracia, em que as leis devem esforçar-se para que todos sejam tão iguais quanto a natureza do governo possa permitir, os escravos são contra o espírito da constituição; servem apenas para dar aos cidadãos um poder e um luxo que eles não devem ter.

Capítulo II
Origem do direito de escravizar entre os jurisconsultos romanos

Jamais poderíamos crer que a piedade tivesse estabelecido a escravidão; e que, para isso, tivesse agido de três maneiras[1].

Quis o direito das gentes que os prisioneiros fossem escravos, para não serem mortos. O direito civil dos romanos permitiu aos devedores, que seus credores podiam maltratar, vender-se a si mesmos; e o direito natural determinou que as crianças cujo pai não as pudesse alimentar se tornassem escravas como o pai.

1ª Essas razões dos jurisconsultos não são sensatas. É falso que seja permitido matar na guerra, exceto nos casos de necessidade; mas, desde que um homem tenha feito de outro um escravo, não podemos dizer que tenha tido necessidade de matá-lo, já que não o fez. Todo o direito sobre os cativos que a guerra pode dar é o de garantir-se de tal modo contra estes, que não possam mais prejudicar. Os homicídios a sangue-frio cometidos pelos soldados, e depois do calor da ação, são rejeitados por todas as nações[2] do mundo.

2ª Não é verdade que um homem livre possa vender-se. A venda supõe um preço: vendendo-se o escravo, todos os seus bens passariam a pertencer ao amo; o amo, portanto, não daria nada e o escravo não receberia nada. Há um pecúlio, dirão; mas o pecúlio é acessório à pessoa. Se não é permitido matar-se, porque nos furtamos à pátria, tampouco é permitido vender-se. A liberdade de cada cidadão é parte da liberdade pública. No Estado popular, essa qualidade chega a ser parte da soberania. Vender a sua qualidade de cidadão é um ato[3] de tal extravagância, que não podemos compreendê-lo no homem. Se a liberdade tem um preço para quem compra, não tem preço para quem vende. A lei civil, que permitiu aos homens a partilha dos bens, não pôde colocar entre os bens uma parte dos homens que deviam fazer essa partilha. A lei civil, que anula os contratos que contenham alguma lesão, não pode deixar de anular um acordo que contém a maior de todas as lesões.

---

[1] *Instit.* de Justiniano, livro I. (N. do A.)

[2] Se não quisermos citar as que comem os seus prisioneiros. (N. do A.)

[3] Refiro-me à escravidão em sentido estrito, tal como havia entre os romanos e se estabeleceu em nossas colônias. (N. do A.)

A terceira maneira é o nascimento. Esta cai com as duas outras. Pois, se um homem não pode vender-se, pode ainda menos vender o filho que ainda não nasceu: se um prisioneiro de guerra não pode ser reduzido à servidão, menos ainda os seus filhos.

O que faz que a morte de um criminoso seja algo lícito é que a lei que o pune foi feita em seu favor. Um assassino, por exemplo, beneficiou-se da lei que o condena; esta conservou a sua vida a cada instante: ele não pode, portanto, reclamar dela. Não acontece o mesmo com a escravidão: a lei da escravidão jamais lhe pode ser útil; em todos os casos, é contra ele, sem jamais ser a seu favor; o que é contrário ao princípio de todas as sociedades.

Dirão que tal lei pôde ser-lhe útil porque o amo lhe deu de comer. Seria preciso, pois, reduzir à escravidão as pessoas incapazes de ganhar a vida. Mas ninguém quer ter esse tipo de escravo. Quanto às crianças, a natureza, que deu leite às mães, providenciou seu alimento; e o resto de sua infância está tão perto da idade em que têm a maior capacidade de serem úteis, que não se poderia dizer que aquele que as alimente para ser seu amo lhes dê alguma coisa.

A escravidão, aliás, é tão oposta ao direito civil quanto ao direito natural. Que lei civil poderia impedir um escravo de fugir, ele, que não pertence à sociedade e, portanto, nenhuma lei civil lhe concerne? Ele só pode ser retido por uma lei de família; ou seja, pela lei do amo.

Capítulo III
Outra origem do direito de escravizar

Gostaria de dizer também que o direito de escravidão vem do desprezo que uma nação tem por outra, com base na diferença dos costumes.

Diz[4] Lopes de Gama[5] que os espanhóis encontraram perto de Santa Marta cestos em que os habitantes guardavam gêneros; eram caranguejos, lesmas, cigarras, gafanhotos. Os vencedores fizeram disso uma grave acusação contra os vencidos. Confessa o autor que foi aí que se fundamentou o direito que tornava os americanos

---

[4] *Biblioth. Angl.*, t. XIII, segunda parte, artigo 3. (N. do A.)

[5] Na verdade, o padre Francisco López de Gómara (1511-1566), cronista e historiador espanhol, autor da *Historia General de las Indias*. (N. do T.)

escravos dos espanhóis; além de fumarem tabaco e não fazerem a barba à espanhola.

Os conhecimentos abrandam os homens; a razão leva à humanidade; só os preconceitos fazem renunciar a ela.

Capítulo IV
Outra origem do direito de escravizar

Gostaria também de dizer que a religião dá aos que a professam o direito de reduzir à servidão os que não a professam, para trabalhar mais facilmente na conversão deles.

Essa maneira de pensar encorajou os destruidores da América em seus crimes[6]. Sobre essa ideia fundaram o direito de tornar escravos tantos povos; pois esses bandidos, que faziam questão de ser bandidos e cristãos, eram muito devotos.

Desagradava extremamente a Luís XIII[7] a lei que tornava escravos os negros das suas colônias; mas, quando o convenceram de que se tratava do caminho mais seguro para convertê-los, ele consentiu.

Capítulo V
Da escravidão dos negros

Se eu tivesse de defender o direito que tivemos de tornar escravos os negros, diria o seguinte:

Como os povos da Europa exterminaram os da América, tiveram de escravizar os da África para usá-los para desbravar tantas terras.

O açúcar seria caro demais se a planta que o produz não fosse cultivada por escravos.

Aqueles de que se trata são negros dos pés à cabeça; e têm o nariz tão achatado, que é quase impossível ter pena deles.

É difícil conceber que Deus, que é um ser sapientíssimo, tenha posto uma alma, sobretudo uma alma boa, num corpo completamente negro.

---

[6] Vide a *História da conquista do México*, de Solis; e a do Peru, de Garcilaso de la Vega. (N. do A.)

[7] O padre Labat, *Nouveau voyage aux îles de l'Amérique*, t. IV, p. 114, 1722, in-12. (N. do A.)

É tão natural pensar que a cor é que constitui a essência da humanidade, que os povos da Ásia que fazem eunucos sempre privam de maneira mais marcada os negros da semelhança que têm conosco.

Podemos julgar a cor da pele pela dos cabelos, que, entre os egípcios, os melhores filósofos do mundo, era considerada tão importante, que eles mandavam matar todos os homens ruivos que lhes caíssem entre as mãos.

Uma prova de que os negros não têm senso comum é que dão mais valor a um colar de vidro do que ao ouro, que, entre as nações civilizadas, ocupa um lugar tão importante.

É impossível que aquela gente seja humana; pois, se supuséssemos que são homens, começaríamos a crer que nós mesmos não somos cristãos.

Mentes pequenas exageram demais a injustiça que fizemos aos africanos. Pois, se esta fosse tal como dizem, não teria ocorrido aos príncipes da Europa, que fazem entre si tantas convenções inúteis, estabelecer uma convenção geral em favor da misericórdia e da piedade?

Capítulo VI
Verdadeira origem do direito de escravizar

Chegou a hora de procurar a verdadeira origem do direito de escravizar. Deve este fundar-se na natureza das coisas: vejamos se há casos em que dela derive.

Em todo governo despótico, há grande facilidade de se vender a si mesmo: a escravidão política aniquila, de certo modo, a liberdade civil.

Diz o sr. Perry[8] que os moscovitas se vendem com muita facilidade: sei muito bem qual é a razão disso; é que a sua liberdade não vale nada.

Em Achim, todos procuram vender-se. Alguns dos principais senhores[9] não têm menos de mil escravos, que são importantes negociantes, que, por sua vez, têm muitos escravos sob sua dependência; e estes, muitos outros: são dados em herança e se trafica com eles.

---

[8] *État présent de la grande Russie*, de Jean Perry, 1717, in-12. (N. do A.)

[9] *Nouveau voyage autour du monde*, de Guillaume Dampierre, t. III, Amsterdã, 1711. (N. do A.)

Nesses Estados, os homens livres, fracos demais contra o governo, procuram tornar-se escravos dos que tiranizam o governo.

Essa é a origem justa e conforme à razão dessa escravidão muito branda que encontramos em alguns países: e deve ser muito branda, pois se funda na livre escolha que um homem, para sua utilidade, faz de um senhor; o que constitui uma convenção recíproca entre as duas partes.

Capítulo VII
Outra origem do direito de escravizar

Eis outra origem do direito de escravidão e até dessa escravidão cruel que vemos entre os homens.

Há países em que o calor debilita o corpo e enfraquece tanto a coragem, que só pelo temor do castigo os homens vêm a suportar um dever duro: ali, a escravidão choca menos a razão, portanto; e, como o amo é tão covarde em relação ao príncipe quanto o escravo o é a seu respeito, a escravidão civil é acompanhada pela escravidão política.

Aristóteles[10] quer provar que há escravos por natureza; e o que diz dificilmente o prova. Creio que se os houver são aqueles a que acabo de me referir.

Mas, como todos os homens nascem iguais, cumpre dizer que a escravidão é contra a natureza, embora, em certos países, se fundamente numa razão natural; e cumpre distinguir entre esses países e aqueles em que mesmo as razões naturais a rejeitam, como os países da Europa, onde ela foi tão felizmente abolida.

Diz-nos Plutarco, na vida de Numa, que no tempo de Saturno não havia nem senhor nem escravo. Em nossos climas, o cristianismo trouxe de volta esses tempos.

Capítulo VIII
Inutilidade da escravidão entre nós

Deve-se, portanto, limitar a servidão natural a certos países da terra. Em todos os outros, acho que, por mais duros que sejam os

---

[10] *Política*, livro I, capítulo I. (N. do A.)

trabalhos que a sociedade exige, é possível fazer tudo com homens livres.

O que me faz pensar assim é que antes de o cristianismo abolir na Europa a servidão civil, consideravam-se os trabalhos nas minas tão duros, que acreditavam que só pudesse ser feito por escravos ou por criminosos. Mas hoje sabemos que os homens que os fazem vivem felizes[11]. Com pequenos privilégios, incentivou-se a profissão; juntou-se, ao aumento do trabalho, o do ganho; e se chegou a fazer que eles amassem sua condição mais do que qualquer outra que pudessem ter.

Não há trabalho tão duro que não possa proporcionar-se à força de quem o faz, contanto que o que o regule seja a razão e não a avareza. Podemos, pela comodidade das máquinas que a arte inventa ou aplica, suprir o trabalho forçado que em outros lugares mandamos os escravos fazer. As minas dos turcos, no Banat de Temesvar, eram mais ricas do que as da Hungria; e não produziam tanto, porque jamais imaginaram nada além dos braços de seus escravos.

Não sei se é a mente ou o coração que me dita este artigo. Não há talvez clima sobre a terra em que não se possam contratar homens livres para o trabalho. Porque as leis eram mal feitas, encontraram homens preguiçosos; porque esses homens eram preguiçosos, foram reduzidos à escravidão.

Capítulo IX
Das nações entre as quais a liberdade civil está geralmente estabelecida

Todo dia ouvimos dizer que seria bom haver escravidão entre nós.

Para bem julgar a questão, porém, não devemos examinar se os escravos seriam úteis à parte rica e voluptuosa de cada nação; sem dúvida lhe seriam úteis. Mas, tomando outro ponto de vista, não creio que nenhum dos que a compõem gostaria de decidir por sorteio qual parte da nação ficaria livre e qual escrava. Os que mais falam a favor da escravidão são os que mais teriam horror dela, e os homens mais miseráveis também teriam horror dela. O brado em favor da

---

[11] Podemos instruir-nos sobre o que se passa a este respeito nas minas de Hartz, na baixa Alemanha, e nas da Hungria. (N. do A.)

escravidão é, portanto, o brado do luxo e da volúpia, e não o do amor da felicidade pública. Quem pode duvidar de que cada homem, em particular, ficaria muito contente de ser o senhor dos bens, da honra e da vida dos outros, e de que todas as suas paixões logo despertariam a essa ideia? Nessas questões, quereis saber se são legítimos os desejos de cada um? Examinai os desejos de todos.

Capítulo X
Diversas espécies de escravidão

Há dois tipos de servidão, a real e a pessoal. A real é a que vincula o escravo à terra. Eram assim os escravos entre os germanos, segundo o relato de Tácito[12]. Não tinham função na casa; davam ao amo certa quantidade de trigo, de gado ou de pano: o objeto de sua escravidão não ia além disso. Essa espécie de servidão ainda existe na Hungria, na Boêmia e em vários lugares da Baixa Alemanha.

A servidão pessoal diz respeito ao trabalho doméstico e está mais relacionada à pessoa do senhor.

O abuso extremo da escravidão acontece quando esta é ao mesmo tempo pessoal e real. Tal era a servidão dos hilotas entre os lacedemônios; estavam sujeitos a todos os trabalhos fora de casa e a todo tipo de insultos dentro de casa; essa hilotia vai contra a natureza das coisas. Os povos simples têm apenas uma escravidão real[13], porque suas mulheres e seus filhos fazem os trabalhos domésticos. Os povos voluptuosos têm uma escravidão pessoal, porque o luxo exige os serviços dos escravos na casa. Ora, a hilotia une nas mesmas pessoas a escravidão estabelecida entre os povos voluptuosos e a estabelecida entre os povos simples.

Capítulo XI
O que as leis devem fazer com relação à escravidão

Seja qual for a natureza da escravidão, porém, as leis civis devem buscar suprimir, por um lado, os seus abusos e, por outro, os seus perigos.

---

[12] *De moribus German*. (N. do A.)

[13] "Não é possível distinguir pelas delícias da vida", diz Tácito (*Sobre os costumes dos germanos*), "o senhor do escravo". (N. do A.)

Capítulo XII
Abusos da escravidão

Nos Estados maometanos[14], os amos não são só senhores da vida e dos bens das mulheres escravas, mas também do que chamam sua virtude ou sua honra. Uma das grandes desgraças desses países é que a maior parte da nação só existe para servir a volúpia da outra. Tal servidão é recompensada pela preguiça permitida a tais escravas; o que é também, para o Estado, uma nova desgraça.

É tal preguiça que torna os haréns do Oriente[15] lugares de delícia, até mesmo para aqueles contra quem são feitos. Gente que não teme senão o trabalho pode achar a felicidade nesses lugares tranquilos. Mas vemos que com isso se contradiz até o espírito do estabelecimento da escravidão.

Quer a razão que o poder do amo não vá além das coisas que são de seu serviço: a escravidão deve servir a utilidade, e não a volúpia. As leis do pudor são do direito natural, e devem ser sentidas por todas as nações do mundo.

Pois, se a lei que preserva o pudor das escravas for boa nos Estados em que o poder sem limites nada leva a sério, quão boa não será nas monarquias? Quanto o será nos Estados republicanos?

Há uma disposição da lei[16] dos lombardos que parece boa para todos os governos. "Se um senhor abusar da mulher de seu escravo, estes dois ficarão ambos livres": compensação admirável para prevenir e deter, sem demasiado rigor, a incontinência dos amos.

Não vejo que os romanos tenham tido, a esse respeito, uma boa regulamentação. Deram rédeas soltas à incontinência dos senhores; chegaram até, de certo modo, a privar os escravos do direito de matrimônio. Era a parte mais vil da nação: mas, por mais vil que fosse, era bom que tivesse bons costumes; e, além disso, ao negar-lhes os casamentos, corrompia-se o dos cidadãos.

---

[14] Vide Chardin, *Voyage de Perse*. (N. do A.)

[15] Vide Chardin, t. II, na descrição do mercado de Izagour. (N. do A.)

[16] Livro I, título 32, § 5. (N. do A.)

Capítulo XIII
Perigo do grande número de escravos

O grande número de escravos tem efeitos diferentes nos diversos governos. Não é oneroso no governo despótico; a escravidão política estabelecida no corpo do Estado faz que pouco se sinta a escravidão civil. Aqueles que são chamados homens livres pouco mais o são do que os que não têm esse título; e como estes, na qualidade de eunucos, de libertos ou de escravos, têm nas mãos quase todos os negócios, a condição de homem livre e a de escravo tocam-se de muito perto. É, pois, quase indiferente que pouca ou muita gente viva na escravidão.

Nos Estados moderados, contudo, é importantíssimo que não haja escravos. Neles, a liberdade política torna preciosa a liberdade civil; e aquele que é privado desta última é também privado da outra. Vê uma sociedade feliz, de que sequer faz parte; vê os outros gozarem de segurança, e ele não; sente que seu amo tem uma alma que pode crescer, enquanto a sua é obrigada a se rebaixar cada vez mais. Nada aproxima mais da condição de animal do que ver sempre homens livres e não o ser. Tais pessoas são inimigos naturais da sociedade; em grande número, seriam perigosas.

Não é de admirar, pois, que nos governos moderados o Estado tenha tanto se perturbado com a revolta dos escravos e que o mesmo tenha acontecido tão raramente[17] nos Estados despóticos.

Capítulo XIV
Dos escravos armados

É menos perigoso, na monarquia, armar os escravos do que nas repúblicas. Lá, um povo guerreiro, um corpo de nobreza serão suficientes para conter esses escravos armados. Na república, homens apenas cidadãos dificilmente poderão conter pessoas que, de armas na mão, se tornarão iguais aos cidadãos.

Os godos que conquistaram a Espanha espalharam-se pelo país e logo se viram muito fracos. Fizeram três regulamentos consideráveis:

---

[17] A revolta dos mamelucos era um caso particular; eles formavam um corpo de milícia que usurpara o império. (N. do A.)

aboliram o velho costume que lhes proibia[18] aliar-se por matrimônio aos romanos; estabeleceram que todos os libertos[19] do fisco iriam à guerra, sob pena de serem reduzidos à servidão; ordenaram que cada godo conduzisse à guerra e armasse um décimo[20] de seus escravos. Esse número era pequeno em comparação com os que permaneciam. E mais: esses escravos levados à guerra pelo senhor não constituíam um corpo separado; estavam no exército e permaneciam, por assim dizer, na família.

Capítulo XV
Continuação do mesmo assunto

Quando toda a nação é guerreira, os escravos armados devem ser ainda menos temidos.

Pela lei dos alemães, um escravo que roubasse[21] algo que fora largado estava sujeito à pena que se infligiria a um homem livre: mas, se o obtivesse pela violência[22], só estava obrigado à restituição da coisa que tomara para si. Entre os alemães, não eram odiosas as ações que tivessem por princípio a coragem e a força. Serviam-se de seus soldados nas guerras. Na maioria das repúblicas, sempre se procurou abater a coragem dos escravos; o povo alemão, seguro de si, empenhava-se em aumentar a audácia dos seus; sempre armado, nada temia deles; eram instrumentos de suas pilhagens ou de sua glória.

Capítulo XVI
Precauções a tomar no governo moderado

A humanidade que tivermos para com os escravos poderá prevenir, no Estado moderado, os riscos que seria de temer de seu número demasiado grande. Acostumam-se os homens a tudo, e até à servidão, contanto que o senhor não seja mais duro que a servidão. Os

---

[18] Lei dos visigodos, livro III, título 1, § 1. (N. do A.)

[19] Ibid., livro V, título 7, § 20. (N. do A.)

[20] Ibid., livro IX, título 1, § 9. (N. do A.)

[21] Lei dos alemães, capítulo V, § 3. (N. do A.)

[22] Ibid., capítulo V, § 5, *per virtutem*. (N. do A.)

atenienses tratavam seus escravos com grande brandura: não consta que tivessem perturbado o Estado em Atenas, como o fizeram com o da Lacedemônia.

Não consta que os primeiros romanos tenham tido preocupações com seus escravos. Foi quando haviam perdido todo sentimento de humanidade por eles que vimos nascerem aquelas guerras civis que foram comparadas às guerras púnicas[23].

As nações simples, dadas elas mesmas ao trabalho, normalmente são mais brandas com os escravos do que as que renunciaram a ele. Os primeiros romanos viviam, trabalhavam e comiam com os escravos; tinham para com eles muita brandura e equidade: o maior castigo que lhes infligiam era o de fazê-los passar diante dos vizinhos com um pedaço de pau rachado nas costas. Bastavam os costumes para conservar a fidelidade dos escravos; não eram necessárias leis.

Mas, quando os romanos se engrandeceram, quando os escravos deixaram de ser companheiros de trabalho, mas os instrumentos do luxo e do orgulho, como não havia bons costumes, precisaram de leis. Precisaram até de leis terríveis para estabelecer a segurança desses senhores cruéis, que viviam rodeados de escravos como rodeados de inimigos.

Fizeram o senatus-consulto silaniano e outras leis[24], que estabeleceram que, se um senhor fosse assassinado, todos os escravos que estivessem sob o mesmo teto ou nalgum lugar bastante próximo da casa para que se pudesse ouvir a voz de um homem seriam sem distinção condenados à morte. Quem, nesse caso, desse refúgio a um escravo para salvá-lo era punido como assassino[25]. Era culpado até mesmo aquele cujo amo lhe tivesse ordenado[26] matá-lo e tivesse obedecido; aquele que não o tivesse impedido de se matar seria punido[27]. Se um senhor fosse assassinado em viagem, mandavam matar[28] aqueles que perma-

---

[23] "A Sicília", diz Floro, "foi devastada mais cruelmente pela guerra servil do que pela guerra púnica", livro III. (N. do A.)

[24] Vide todo o título *de senat. consult. Sillan*, ff. (N. do A.)

[25] Leg. *Si quis*, § 12, ff. *de senat. consult. Sillan*. (N. do A.)

[26] Quando Antônio ordenou a Eros que o matasse, não se tratava de lhe pedir que o matasse, mas de se suicidar; pois, se o tivesse obedecido, seria punido como assassino de seu amo. (N. do A.)

[27] Leg. I, § 22, ff. *de senat. consult. Sillan*. (N. do A.)

[28] Leg. I, § 31, ff., ibid. (N. do A.)

neceram com ele e os que tivessem fugido. Todas essas leis valiam até contra aqueles cuja inocência estivesse provada. Visavam a dar aos escravos um respeito prodigioso pelos senhores. Não dependiam do governo civil, mas de um defeito ou imperfeição do governo civil. Não derivavam da equidade das leis civis, já que eram contrárias aos princípios das leis civis. Fundavam-se propriamente no princípio da guerra; com a diferença de que os inimigos estavam dentro do Estado. O senatus-consulto silaniano derivava do direito das gentes, que quer que a sociedade se conserve, ainda que imperfeita.

É uma infelicidade para o governo ver-se a magistratura obrigada a fazer leis cruéis assim. Porque tornaram difícil a obediência, foram obrigados a agravar a pena da desobediência ou a suspeitar da fidelidade. Um legislador prudente previne a desgraça de se tornar um legislador terrível. Foi porque os escravos não puderam, em Roma, ter confiança na lei, que a lei não pôde ter confiança neles.

Capítulo XVII
Normas a estabelecer entre o senhor e os escravos

O magistrado deve velar para que o escravo tenha alimento e roupa; isso deve ser determinado por lei.

As leis devem atentar para que eles sejam tratados durante a doença e a velhice. Ordenou Cláudio[29] que, estando doentes, os escravos que tivessem sido abandonados pelos amos ganhariam a liberdade se escapassem. Essa lei garantia-lhes a liberdade; seria preciso também garantir-lhes a vida.

Quando a lei permite ao senhor tirar a vida do escravo, trata-se de um direito que ele deve exercer como juiz, não como senhor: a lei deve ordenar formalidades que eliminem a suspeita de um ato violento.

Quando em Roma já não foi permitido aos pais mandarem matar os filhos, os magistrados infligiram[30] a pena que o pai queria prescrever. Seria razoável uma prática semelhante entre o senhor e os escravos nos países onde os senhores dispõem do direito de vida e de morte.

---

[29] Xifilino, em *Claudio*. (N. do A.)

[30] Vide a lei III no código *de patria potestate*, que é do imperador Alexandre. (N. do A.)

Era muito rude a lei de Moisés. "Se alguém atingir seu escravo e ele morrer sob a sua mão, será punido; mas se sobreviver um ou dois dias não o será, pois é seu dinheiro." Que povo esse, para o qual a lei civil devia aliviar a lei natural!

Por uma lei dos gregos[31], os escravos tratados de modo rude demais pelos amos podiam pedir que fossem vendidos a outro. Nos últimos tempos, houve em Roma uma lei semelhante[32]. Devem ser separados o amo irritado com o escravo e o escravo irritado com o amo.

Quando um cidadão maltrata o escravo de outro, este deve poder queixar-se ao juiz. As leis[33] de Platão e da maioria dos povos negam aos escravos a defesa natural: cumpre, pois, dar-lhes a defesa civil.

Na Lacedemônia, não podiam os escravos obter nenhuma justiça contra os insultos ou contra as injúrias. Era tal o excesso de sua desgraça, que não eram apenas escravos de um cidadão, mas também do público; pertenciam a todos e a um só. Em Roma, no agravo feito ao escravo, só se levava em consideração[34] o interesse do senhor. Confundia-se, sob a lei Aquiliana, o ferimento causado no animal e o causado no escravo; só se atentava para a redução do preço. Em Atenas[35], era punido com severidade, por vezes até com a morte, aquele que houvesse maltratado o escravo de outro. A lei de Atenas, com razão, não queria somar a perda da segurança à da liberdade.

Capítulo XVIII
Das alforrias

Percebe-se que quando, no governo republicano, são muitos os escravos, cumpre libertar muitos deles. O mal é que, se houver escravos demais, eles não podem ser contidos; se há libertos demais, não podem viver e se tornam onerosos à república; além disso, esta pode estar igualmente em perigo com um número grande demais de

---

[31] Plutarco, *Da superstição*. (N. do A.)

[32] Vide a constituição de Antonino Pio, *Instit.*, livro I, título 7. (N. do A.)

[33] *Das leis*, livro X. (N. do A.)

[34] Este foi também muitas vezes o espírito das leis dos povos que saíram da Germânia, como podemos ver em seus códigos. (N. do A.)

[35] Demóstenes, *Orat. contra Mediam*, p. 610, edição de Frankfurt, do ano 1604. (N. do A.)

libertos e com um número grande demais de escravos. As leis devem estar atentas, pois, a esses dois inconvenientes.

As diversas leis e os senatus-consultos feitos em Roma contra e a favor dos escravos, ora para dificultar, ora para facilitar as alforrias, mostram bem a confusão que houve a esse respeito. Houve até um tempo em que já não se ousavam fazer leis. Quando, sob Nero[36], solicitaram ao senado que os patrões tivessem a permissão de trazer de volta à servidão os libertos ingratos, escreveu o imperador que se deviam julgar os casos particulares e nada estatuir de geral.

Não sei dizer quais são as normas que uma boa república deve instituir a esse respeito; isso depende demais das circunstâncias. Eis algumas reflexões.

Não se deve fazer, de uma só vez e por uma lei geral, um número considerável de alforrias. Sabe-se que, entre os volsínios[37], os libertos, tornando-se senhores dos sufrágios, fizeram uma lei abominável, que lhes dava o direito de ser os primeiros a dormir com as jovens que se casavam com os homens livres de nascimento.

Há diversas maneiras de introduzir aos poucos novos cidadãos na república. As leis podem favorecer os pecúlios e dar aos escravos condições de comprarem a liberdade. Podem estabelecer um termo para a servidão, como as de Moisés, que limitaram a seis anos as dos escravos hebreus[38]. É fácil aforrar todos os anos certo número de escravos, dentre aqueles que pela idade, pela saúde, pela indústria terão meios de viver. Pode-se até curar o mal pela raiz: como a maioria dos escravos está ligada aos diversos empregos que lhes dão, transferir aos homens livres de nascença parte desses empregos, por exemplo, o comércio ou a navegação, é diminuir o número de escravos.

Quando há muitos libertos, é preciso que as leis civis definam o que eles devem ao patrão ou que o contrato de alforria defina tais deveres em lugar delas.

Percebe-se que sua condição deve ser mais favorecida na ordem civil do que na ordem política; porque até no governo popular o poder não deve cair nas mãos da arraia-miúda.

Em Roma, onde havia tantos libertos, foram admiráveis as leis a esse respeito. Deram-lhes pouco e não os excluíram de quase nada.

---

36 Tácito, *Anais*, livro XIII. (N. do A.)
37 Suplemento de Freinshemius, segunda década, livro V. (N. do A.)
38 Êxodo, capítulo XXI. (N. do A.)

Tiveram certa participação na legislação; mas quase não influíam nas decisões que se podiam tomar. Podiam participar dos cargos e até do sacerdócio[39]; mas esse privilégio era, de certa forma, anulado pelas desvantagens que tinham nas eleições. Tinham o direito de entrar na milícia; mas, para ser soldado, era preciso certo censo. Nada impedia os libertos[40] de se unirem pelo casamento com famílias ingênuas; mas não lhes era permitido aliar-se com as dos senadores. Enfim, seus filhos eram ingênuos, embora eles próprios não o fossem.

Capítulo XIX
Dos libertos e dos eunucos

Assim, no governo de muitos, não raro é útil que a condição dos libertos esteja pouco abaixo da dos ingênuos e que as leis trabalhem para tirar deles a repulsa pela sua condição. No governo de um só, porém, quando reinam o luxo e o poder arbitrário, nada há que fazer a esse respeito. Os libertos quase sempre se veem acima dos homens livres. Predominam na corte e nos palácios dos poderosos: e, como estudaram as fraquezas do senhor, e não as suas virtudes, fazem-no reinar, não pelas virtudes, mas pelas fraquezas. Assim eram em Roma os libertos, no tempo dos imperadores.

Quando os principais escravos são eunucos, por mais privilégios que lhes concedam, dificilmente podem ser considerados libertos. Pois, como não podem ter família, são, por natureza, ligados a uma família; e é só por uma espécie de ficção que podem ser considerados cidadãos.

Há, porém, países onde lhes são dadas todas as magistraturas: "Em Tonquim", diz Dampierre[41], "todos os mandarins civis e militares são eunucos"[42]. Não têm família; e, embora sejam naturalmente avaros, o senhor ou o príncipe aproveitam-se afinal de sua própria avareza.

Diz-nos o mesmo Dampierre[43] que, naquele país, os eunucos não

---

[39] Tácito, *Anais*, livro III. (N. do A.)

[40] Arenga de Augusto, em Díon, livro LVI. (N. do A.)

[41] T. III, p. 91. (N. do A.)

[42] O mesmo acontecia outrora na China. Os dois árabes maometanos que para lá viajaram no século IX dizem *o eunuco* quando querem referir-se ao governador da cidade. (N. do A.)

[43] T. III, p. 94. (N. do A.)

conseguem dispensar as mulheres e se casam. A lei que lhes permite o casamento só pode basear-se, por um lado, na consideração de que gozam tais pessoas; e, por outro, no desprezo que se tem pelas mulheres.

Assim, confiam-se a tais pessoas as magistraturas, porque não têm família: e, por outro lado, lhes permitem casar, porque têm as magistraturas.

É então que os sentidos que restam querem teimosamente suprir os que se perderam; e que as tentativas do desespero são uma espécie de prazer. Assim, em Milton, aquele espírito a que só restam desejos, imbuído de sua degradação, quer fazer uso de sua própria impotência.

Vemos na história da China grande número de leis para tirar aos eunucos todos os cargos civis e militares: mas eles sempre voltam. Parece que os eunucos, no Oriente, sejam um mal necessário.

Livro XVI
Como as leis da escravidão doméstica se relacionam com a natureza do clima

Capítulo I
Da servidão doméstica

Estabelecem-se os escravos mais para a família do que na família. Distinguirei, assim, a sua servidão da das mulheres em alguns países, a que chamarei propriamente servidão doméstica.

Capítulo II
Que, nos países meridionais, há em ambos os sexos uma desigualdade natural

As mulheres tornam-se núbeis, nos climas quentes, aos oito, nove, dez anos: assim, a infância e o casamento vão quase sempre juntos[1]. Estão velhas aos vinte: nelas, portanto, a razão nunca se encontra com a beleza. Quando a beleza exige o império, a razão faz que este lhe seja recusado; quando a razão poderia obtê-lo, a beleza já não existe. As mulheres devem ser dependentes: pois a razão não pode proporcionar-lhes, na velhice, um império que a beleza não lhes dera na própria juventude. É, pois, muito simples que o homem, quando a religião não se opõe a isso, abandone a esposa para arrumar outra e se instaure a poligamia.

---

[1] Maomé desposou Cadija aos cinco anos; dormiu com ela aos oito. Nos países quentes da Arábia e das Índias, as jovens tornam-se núbeis aos oito anos e dão à luz um ano depois. Prideaux, *Vie de Mahomet*. Nos reinos da Argélia, há mulheres que parem aos nove, dez e onze anos. Logier de Tassis, *Histoire du royaume d'Alger*, p. 61. (N. do A.)

Nos países temperados, onde os encantos da mulher se conservam melhor, onde elas se tornam núbeis mais tarde e onde têm filhos com uma idade mais avançada, a velhice do marido acompanha, de certa forma, a delas: e, como têm elas mais razão e conhecimentos quando se casam, mesmo que seja só por terem vivido mais tempo, teve naturalmente de se introduzir uma espécie de igualdade entre os dois sexos e, por conseguinte, a lei de uma só mulher.

Nos países frios, o uso quase necessário das bebidas fortes estabeleceu a intemperança entre os homens. As mulheres, que têm a esse respeito uma modéstia natural, porque têm sempre de se defender, têm, portanto, também a vantagem da razão sobre eles.

A natureza, que distinguiu os homens pela força e pela razão, não deu a seu poder outro limite senão o dessa força e dessa razão. Deu às mulheres os encantos e determinou que sua ascendência terminasse com esses encantos: nos países quentes, porém, tais encantos só se encontram no começo, e jamais ao longo de sua vida.

Assim, a lei que só permite uma mulher está mais relacionada com o físico do clima da Europa do que com o físico do clima da Ásia. Essa é uma das razões que fizeram que o maometanismo tenha encontrado tanta facilidade para se estabelecer na Ásia e tanta dificuldade para se espalhar pela Europa; que o cristianismo se mantivesse na Europa e tenha sido destruído na Ásia; e, enfim, que os maometanos façam tantos progressos na China e os cristãos, tão poucos. As razões humanas sempre estão subordinadas a essa causa suprema, que faz tudo o que quer e se serve de tudo o que quer.

Algumas razões particulares a Valentiniano[2] fizeram que permitisse a poligamia no império. Essa lei, violenta para os nossos climas, foi suprimida[3] por Teodósio, Arcádio e Honório.

---

[2] Vide Jornandes, *De regno et tempor. succes.*, e os historiadores eclesiásticos. (N. do A.)

[3] Vide a lei VII, no código *De Judaeis et caelicolis*; e a novela 18, capítulo V. (N. do A.)

Capítulo III
Que a pluralidade das mulheres depende muito de sua sustentação

Embora nos países onde a poligamia se estabeleceu o alto número de mulheres dependa muito da riqueza do marido, não se pode dizer que as riquezas é que estabeleçam a poligamia num Estado: a pobreza pode produzir o mesmo efeito, como direi ao falar dos selvagens.

A poligamia é menos um luxo do que a ocasião de um grande luxo, nas nações poderosas. Nos climas quentes, têm-se menos necessidades[4]: é menos custoso sustentar mulher e filhos. Pode-se, pois, ter um maior número de mulheres.

Capítulo IV
Da poligamia. Suas diversas circunstâncias

Pelos cálculos feitos em diferentes pontos da Europa, nascem mais meninos do que meninas[5]; os relatos da Ásia[6] e da África[7], ao contrário, dizem-nos que nascem muito mais meninas do que meninos. A lei de uma única mulher na Europa e a que permite possuir muitas delas na Ásia e na África têm, pois, certa relação com o clima.

Nos climas frios da Ásia, nascem, como na Europa, mais meninos do que meninas. Essa é, segundo os Lamas[8], a razão da lei que, entre eles, permite a uma mulher ter vários maridos[9].

---

[4] No Ceilão, um homem vive com dois soldos por mês; só se come arroz e peixe. *Recueil des voyages qui ont servi à l'établissement de la compagnie des Indes*, t. II, primeira parte. (N. do A.)

[5] O sr. Arbutnot julga que na Inglaterra o número de meninos supere o das meninas: errou-se ao concluir daí que o mesmo ocorresse em todos os climas. (N. do A.)

[6] Vide Kempfer, que nos cita um censo de Meaco em que se registraram 182.072 varões e 223.573 mulheres. (N. do A.)

[7] Vide a *Viagem a Guiné*, do sr. Smith, segunda parte, sobre o país de Anteu. (N. do A.)

[8] Du Halde, *Mémoires de la Chine*, t. IV, p. 46. (N. do A.)

[9] Albuzeir El-Hassen, um dos dois árabes maometanos que foram às Índias e à China no século IX, interpreta este uso como prostituição. Nada chocava tanto as ideias maometanas. (N. do A.)

Mas não creio que haja muitos países onde a desproporção seja grande o bastante para exigir a introdução da lei de muitas mulheres ou a da pluralidade dos maridos. Isso quer simplesmente dizer que a pluralidade das mulheres, ou até a pluralidade dos homens, está menos distante da natureza em certos países do que em outros.

Confesso que se o que nos dizem as relações estiver certo, e no Bantão[10] houver dez mulheres para cada homem, seria um caso bem particular de poligamia.

Em tudo isso, não justifico as práticas; mas apresento suas razões.

Capítulo V
Razão de uma lei de Malabar

No litoral do Malabar, na casta dos naires[11], os homens só podem ter uma mulher, e uma mulher, ao contrário, pode ter muitos maridos. Creio ser possível descobrir a origem de tal costume. Os naires são a casta dos nobres, que são os soldados de todas essas nações. Na Europa, os soldados são impedidos de casar; no Malabar, onde o clima é mais exigente, contentaram-se em tornar o casamento o menos incômodo possível: deram uma mulher a vários homens, o que diminui o apego à família e os cuidados da casa e faz essa gente conservar o espírito militar.

Capítulo VI
Da poligamia em si

Considerando a poligamia em geral, independentemente das circunstâncias que podem fazê-la ser um pouco tolerável, tal prática não é útil ao gênero humano, nem a nenhum dos dois sexos, quer àquele que abusa, quer àquele de que se abusa. Tampouco é útil às

---

[10] *Recueil des voyages qui ont servi à l'établissement de la compagnie des Indes*, t. I. (N. do A.)

[11] *Voyages*, de François Pyrard, capítulo XXVII. *Lettres édifiantes*, coletâneas 3 e 10, sobre o Malleami na costa do Malabar. Isso é considerado um abuso da profissão militar; e, como diz Pyrard, uma mulher da casta dos brâmanes jamais desposaria vários maridos. (N. do A.)

crianças; e um dos seus grandes inconvenientes é que o pai e a mãe não podem ter o mesmo afeto pelos filhos; não pode um pai amar vinte filhos como um pai que ama dois. É muito pior quando a mulher tem muitos maridos; pois então o amor paterno só dependerá da opinião a que um pai pode dar crédito, se quiser, ou que os outros podem respeitar, de que certas crianças lhe pertençam.

Dizem que o rei do Marrocos tem no harém mulheres brancas, mulheres negras, mulheres amarelas. Coitado! Mal precisa de uma só cor.

A posse de muitas mulheres nem sempre previne os desejos[12] pela de outrem; acontece com a luxúria o mesmo que com a avareza: aumenta a sede com a aquisição dos tesouros.

Na época de Justiniano, muitos filósofos, incomodados pelo cristianismo, retiraram-se na Pérsia junto a Cosroes. O que mais os impressionou, diz Agátias[13], foi que a poligamia era permitida a gente que sequer se abstinha do adultério.

A pluralidade das mulheres — quem diria! — leva àquele amor que a natureza renega: isso porque uma dissolução sempre chama outra. Durante a revolução que aconteceu em Constantinopla quando depuseram o sultão Achmet, diziam os relatos que o povo, depois de pilhar a casa do kiaya[14], lá não encontraram nenhuma mulher. Dizem que em Argel[15] se chegou a tal ponto, que não se encontram mulheres na maior parte dos haréns.

Capítulo VII
Da igualdade de tratamento em caso de pluralidade de mulheres

Da lei da pluralidade de mulheres segue-se a da igualdade de tratamento. Maomé, que permite quatro, determina que tudo seja igual entre elas: alimentação, roupas, deveres conjugais. Estabeleceu-se essa lei também nas Maldivas[16] e é permitido casar com três mulheres.

---

[12] É por isso que se escondem com tanto cuidado as mulheres no Oriente. (N. do A.)

[13] *De la vie et des actions de Justinien*, p. 403. (N. do A.)

[14] Espécie de ministro do interior. (N. do T.)

[15] Logier de Tassis, *História de Argel*. (N. do A.)

[16] *Voyages* de François Pyrard, capítulo XII. (N. do A.)

Ordena a lei de Moisés[17] que, se alguém tiver casado o filho com uma escrava e em seguida ele desposar uma mulher livre, ele nada lhe retire da vestimenta, da alimentação e dos deveres. Podia-se dar mais à nova esposa; mas a primeira não devia passar a ter menos.

Capítulo VIII
Da separação entre as mulheres e os homens

É consequência da poligamia que, nas nações voluptuosas e ricas, se tenha um número muito grande de mulheres. Sua separação dos homens e sua reclusão seguem-se naturalmente desse grande número. Assim o exige a ordem doméstica; um devedor insolvente tenta esconder-se da perseguição dos credores. Há climas em que o físico tem tal força, que a moral nada pode contra ele. Deixem um homem com uma mulher; as tentações serão quedas, o ataque certo, a resistência nula. Nesse país, em vez de preceitos, são necessários cadeados.

Um livro clássico da China considera um prodígio de virtude ver-se sozinho num apartamento com uma mulher sem fazer-lhe violência[18].

Capítulo IX
Ligação do governo doméstico com a política

Numa república, a condição dos cidadãos é limitada, igual, branda, moderada; tudo ali compartilha os benefícios da liberdade pública. Ali, o domínio sobre as mulheres não poderia ser tão bem exercido; e, quando o clima exigiu tal domínio, o governo de um só foi o mais conveniente. Essa é uma das razões que fez que sempre tenha sido difícil estabelecer o governo popular no Oriente.

A servidão das mulheres, pelo contrário, é muito conforme ao gênio do governo despótico, que gosta de abusar de tudo. Assim

---

17 Êxodo, capítulo XXI, 10 e 11. (N. do A.)

18 "Encontrar num lugar distante um tesouro de que sejamos donos; ou uma bela mulher sozinha num apartamento afastado; ouvir a voz do inimigo que vai morrer, se não o socorrermos: admirável pedra de toque". Tradução de um texto chinês sobre a moral, em Padre Du Halde, t. III, p. 151. (N. do A.)

sempre se viu na Ásia irem de par a servidão doméstica e o governo despótico.

Num governo de que se pede sobretudo a tranquilidade e em que a subordinação extrema é chamada de paz, é preciso confinar as mulheres; suas intrigas seriam fatais ao marido. Um governo que não tem tempo de examinar a conduta dos súditos considera-a suspeita pelo simples fato de se mostrar e se fazer sentir.

Suponhamos por um momento que a leviandade de espírito e as indiscrições, os gostos e os desgostos de nossas mulheres, suas grandes e pequenas paixões se vissem transportados para um governo do Oriente, com a mesma atividade e liberdade em que se encontram entre nós; qual pai de família poderia ficar tranquilo por um instante? Em toda parte, gente suspeita, inimigos; o Estado se veria abalado e correriam rios de sangue.

Capítulo X
Princípio da moral oriental

No caso da multiplicidade de mulheres, quanto mais a família cessa de ser una, mais as leis devem reunir a um centro essas partes soltas; e, quanto mais diversos forem os interesses, melhor é que as leis os reduzam a um só interesse.

Isso se faz sobretudo pela clausura. Não devem as mulheres apenas ser separadas dos homens pela clausura da casa, mas devem também ser separadas nessa mesma clausura, para constituírem como uma família particular dentro da família. Daí deriva, para as mulheres, toda a prática da moral, do pudor, da castidade, da modéstia, do silêncio, da paz, da dependência, do respeito, do amor; enfim, um direcionamento geral dos sentimentos para a melhor coisa do mundo por natureza, que é o apego único à família.

As mulheres devem cumprir tantos deveres que lhes são próprios, que nunca é demais separá-las de tudo o que lhes poderia dar outras ideias, de tudo o que se refere às diversões e de tudo a que chamamos negócios.

Encontramos costumes mais puros nos diversos Estados do Oriente, proporcionalmente ao rigor da clausura das mulheres. Nos grandes Estados, há necessariamente grão-senhores. Quanto mais recursos têm, mais têm condições de manter as mulheres numa clausura rigorosa e de impedi-las de voltar à sociedade. É por isso que, nos impérios do turco, da Pérsia, do Mogol, da China e do Japão são admiráveis os costumes das mulheres.

Não podemos dizer o mesmo das Índias, cujo número infinito de ilhas e a situação do terreno dividiram num sem-número de pequenos Estados, que grande número de causas, que não temos tempo para citar aqui, tornam despóticos.

Lá há apenas miseráveis que pilham e miseráveis que são pilhados. Os que são chamados poderosos têm recursos muito pequenos; os que são chamados ricos pouco mais têm que o sustento. A clausura das mulheres não pode ser tão rigorosa; não se podem tomar tão estritas precauções para contê-las; a corrupção dos seus costumes é inconcebível.

É lá que vemos a que ponto os vícios do clima, entregues a uma grande liberdade, podem levar à desordem. É lá que a natureza tem uma força e o pudor, uma fraqueza que não podemos compreender. Em Patane[19], é tão grande a lubricidade das mulheres, que os homens são obrigados a usar certos acessórios para se protegerem dos avanços delas[20]. Segundo o sr. Smith[21], as coisas não vão melhor nos pequenos reinos da Guiné. Parece que naqueles países ambos os sexos perdem até as suas próprias leis.

Capítulo XI
Da servidão doméstica, independente da poligamia

Não é só a pluralidade das mulheres que exige a clausura em certos lugares do Oriente; é o clima. Quem ler os horrores, os crimes,

---

[19] *Recueil des voyages qui ont servi à l'établissement de la compagnie des Indes*, t. II, parte II, p. 196. (N. do A.)

[20] Nas Maldivas, os pais casam as filhas aos dez ou onze anos; porque é um grande pecado, dizem eles, deixá-las sofrerem a necessidade de homens. *Voyages* de François Pyrard, capítulo XII. Em Bantão, tão logo a menina completa treze ou catorze anos, é preciso casá-la, se não quiserem que ela viva uma vida degenerada. *Recueil des voyages qui ont servi à l'établissement de la compagnie des Indes*, p. 348. (N. do A.)

[21] *Voyage de Guinée*, segunda parte, p. 192 da tradução francesa. "Quando as mulheres", diz ele, "encontram um homem, elas o agarram e ameaçam denunciá-lo ao marido, se ele as desprezar. Introduzem-se furtivamente na cama do homem, despertam-no; e, se ele as recusar, ameaçam-no de se deixarem flagrar no ato". (N. do A.)

as perfídias, as atrocidades, os envenenamentos, os assassínios que a liberdade das mulheres provoca em Goa e nos domínios portugueses nas Índias, onde a religião só permite uma mulher, e os comparar à inocência e à pureza dos costumes das mulheres da Turquia, da Pérsia, do Mogol, da China e do Japão, verá claramente que muitas vezes é tão necessário separá-las dos homens quando só se tem uma como quando se têm várias.

O que decide sobre essas coisas é o clima. De que serviria encerrar as mulheres nos nossos países nórdicos, onde os costumes são tão naturalmente bons; onde todas as suas paixões são calmas, pouco ativas, pouco refinadas; onde o amor tem sobre o coração um domínio tão regular, que a mais simples norma basta para conduzi-lo?

É bom viver nesses climas que permitem a comunicação, em que o sexo que tem mais encantos parece enfeitar a sociedade, e em que as mulheres, reservando-se para o prazer de um só, servem também à diversão de todos.

Capítulo XII
Do pudor natural

Todas as nações concordam em tratar com desprezo a incontinência das mulheres: isso porque a natureza falou a todas as nações. Estabeleceu ela a defesa e o ataque; e, tendo posto o desejo dos dois lados, pôs num a temeridade e no outro a vergonha. Deu aos indivíduos, para se conservarem, longos espaços de tempo; e, para se perpetuarem, deu-lhes apenas alguns momentos.

Não é, portanto, verdade que a incontinência siga as leis da natureza; pelo contrário, viola-as. A modéstia e a reserva é que obedecem essas leis.

É, aliás, da natureza dos seres inteligentes sentir as suas imperfeições: a natureza, portanto, pôs em nós o pudor, ou seja, a vergonha de nossas imperfeições.

Quando, portanto, a potência física de certos climas viola a lei natural dos dois sexos e a dos seres inteligentes, cabe ao legislador instituir leis civis que forcem a natureza do clima e restabeleçam as leis primitivas.

Capítulo XIII
Do ciúme

Cumpre distinguir, entre os povos, o ciúme de paixão do ciúme de hábito, de costume, de leis. Um é uma febre ardente que devora; o outro, frio, mas por vezes terrível, pode aliar-se com a indiferença e o desprezo.

Um, que é um abuso do amor, tem origem no próprio amor. O outro depende unicamente dos costumes, dos comportamentos, da nacionalidade, das leis do país, da moral e, por vezes, até da religião[22].

São quase sempre o efeito da força física do clima, e o remédio contra essa mesma força física.

Capítulo XIV
Do governo da casa no Oriente

Troca-se tantas vezes de mulher no Oriente, que elas não podem ter o governo doméstico. São, portanto, os eunucos que se encarregam dele; entregam-lhes todas as chaves e decidem sobre os negócios caseiros. "Na Pérsia", diz o sr. Chardin, "dão às mulheres as roupas, como se fossem crianças". Assim, essa incumbência que lhes parece tão bem convir, essa incumbência que, em qualquer outra parte, é a primeira de suas incumbências, não lhes diz respeito.

Capítulo XV
Do divórcio e do repúdio

Entre o divórcio e o repúdio há a seguinte diferença: dá-se o divórcio por consentimento mútuo, por ocasião de uma incompatibilidade mútua; ao passo que o repúdio se dá pela vontade e para vantagem de uma das partes, independentemente da vontade e da vantagem do outro.

É por vezes tão necessário às mulheres repudiar, e isso lhes é tão

---

[22] Recomendou Maomé a seus seguidores que vigiassem suas mulheres; certo imame disse, ao morrer, a mesma coisa; e Confúcio pregou a mesma doutrina. (N. do A.)

aborrecido de fazer, que é dura a lei que dá tal direito aos homens, sem o dar às mulheres. O marido é o senhor da casa; tem mil maneiras de conservar ou de trazer de volta a mulher ao cumprimento do dever; e parece que, em suas mãos, o repúdio não seja senão um novo abuso do seu poder. Mas a mulher que repudia apenas exerce um triste remédio. Para ela é sempre uma grande desgraça ser obrigada a procurar um segundo marido, depois de ter perdido a maior parte dos encantos com o outro. Uma das vantagens dos encantos da juventude nas mulheres é que, numa idade avançada, o marido propende à benevolência pela lembrança dos prazeres.

É, pois, regra geral que, em todos os países onde a lei concede aos homens a faculdade de repudiar, deve também concedê-la às mulheres. E mais: nos climas em que as mulheres vivem sob escravidão doméstica, parece que a lei deve permitir às mulheres o repúdio, e aos maridos apenas o divórcio.

Quando as mulheres estão num harém, o marido não pode repudiar por incompatibilidade de costumes: se os costumes forem incompatíveis, é culpa do marido.

O repúdio por esterilidade da mulher só pode ocorrer no caso de haver uma única mulher[23]: quando se têm muitas mulheres, essa razão não tem, para o marido, nenhuma importância.

A lei das Maldivas[24] permite trazer de volta a mulher que se repudiou. Proibia a lei do México[25] a reunião, sob pena de morte. A lei do México era mais sensata que a das Maldivas; no próprio momento da dissolução, tinham em mente a eternidade do casamento: ao passo que a lei das Maldivas parece zombar igualmente do casamento e do repúdio.

A lei do México concedia apenas o divórcio. Essa era mais uma razão para não permitir que pessoas que se tivessem separado voluntariamente voltassem a se unir. O repúdio parece estar mais ligado à vivacidade do espírito e às paixões da alma; o divórcio parece estar mais ligado à deliberação.

Costuma o divórcio ter grande utilidade política; e, quanto à utilidade

---

[23] Isto não quer dizer que o repúdio por motivo de esterilidade seja permitido no cristianismo. (N. do A.)

[24] *Voyages* de François Pyrard. Aceitam-nas de volta de preferência a tomar outra; porque, nesse caso, há menos despesas. (N. do A.)

[25] *Histoire de la conquête*, de Solis, p. 499. (N. do A.)

civil, se estabelece para o homem e para a mulher, e nem sempre é favorável às crianças.

Capítulo XVI
Do repúdio e do divórcio entre os romanos

Rômulo permitiu ao marido repudiar a mulher, se ela houvesse cometido adultério, preparado um envenenamento ou falsificado as chaves. Não deu às mulheres o direito de repudiar o marido. Plutarco[26] chama de muito dura essa lei.

Como a lei de Atenas[27] dava tanto à mulher quanto ao marido a faculdade de repudiar, e como vemos que as mulheres obtiveram tal direito entre os primeiros romanos, não obstante a lei de Rômulo, é claro que essa instituição foi uma das que os deputados de Roma trouxeram de Atenas e que foi inserida entre as leis das Doze Tábuas.

Diz Cícero[28] que as causas do repúdio vinham da lei das Doze Tábuas. Não podemos, pois, duvidar de que essa lei tivesse aumentado o número de causas de repúdio estabelecidas por Rômulo.

A faculdade do divórcio foi também uma disposição ou pelo menos uma consequência da lei das Doze Tábuas. Pois, a partir do momento em que a mulher ou o marido tinham separadamente o direito de repudiar, com mais forte razão podiam separar-se de acordo um com o outro e por vontade mútua.

Não exigia a lei que se dessem as causas para o divórcio[29]. Isso porque, pela natureza da coisa, deve haver causas para o repúdio, mas não para o divórcio; porque ali onde a lei estabelece as causas que podem dissolver o matrimônio, a incompatibilidade mútua é a mais forte de todas.

Dionísio de Halicarnasso[30], Valério Máximo[31] e Aulo Gélio[32] citam um fato que não me parece verossímil: dizem que, embora houvesse

---

[26] *Vida de Rômulo*. (N. do A.)

[27] Era uma lei de Sólon. (N. do A.)

[28] *Mimam res suas sibi habere jussit, ex duodecim tabulis causam addidit. Philip*. II. (N. do A.)

[29] Isto foi mudado por Justiniano, nov. 117, capítulo X. (N. do A.)

[30] Livro II. (N. do A.)

[31] Livro II, capítulo IV. (N. do A.)

[32] Livro IV, capítulo III. (N. do A.)

em Roma a faculdade de repudiar a mulher, tinham tanto respeito pelos auspícios, que ninguém, em quinhentos e vinte anos[33], se valeu desse direito até Carvílio Ruga, que repudiou a sua por motivo de esterilidade. Mas basta conhecer a natureza do espírito humano para perceber que prodígio seria que a lei desse a todo um povo tal direito, mas ninguém dele usasse. De partida para o exílio, Coriolano aconselhou[34] à mulher que se casasse com um homem mais feliz do que ele. Acabamos de ver que a lei das Doze Tábuas e os costumes dos romanos ampliaram em muito a lei de Rômulo. Por que essas extensões, se não se havia feito uso da faculdade de repudiar? E mais: se os cidadãos tiveram tal respeito pelos auspícios, que eles jamais repudiaram, por que os legisladores de Roma os respeitaram menos? Como se corrompeu a lei sem cessar os costumes?

Se compararmos dois trechos de Plutarco, veremos desaparecer o maravilhoso do fato em questão. Permitia a lei real[35] ao marido repudiar nos três casos de que falamos. "E determinava", diz Plutarco[36], "que aquele que repudiasse em outros casos fosse obrigado a dar a metade dos seus bens à mulher e a outra metade fosse consagrada a Ceres". Podia-se, pois, repudiar em todos os casos, submetendo-se à pena. Ninguém o fez antes de Carvílio Ruga[37], que, como diz ainda Plutarco[38], "repudiou a mulher por causa de esterilidade, duzentos e trinta anos depois de Rômulo"; ou seja, repudiou-a setenta e um anos antes da lei das Doze Tábuas, que estendeu o poder de repudiar e as causas do repúdio.

Dizem os autores que citei que Carvílio Ruga amava a esposa; mas, por causa da sua esterilidade, os censores fizeram-no jurar que a repudiaria, para poder dar filhos à república; e que isso o tornou odioso ao povo. É preciso conhecer o gênio do povo romano para descobrir a verdadeira causa do ódio que sentiu de Carvílio. Não foi por

---

[33] Segundo Dionísio de Halicarnasso e Valério Máximo; e 523, segundo Aulo Gélio. Por isso não citam os mesmos cônsules. (N. do A.)

[34] Vide o discurso de Vetúria em Dionísio de Halicarnasso, livro VIII. (N. do A.)

[35] Plutarco, *Vida de Rômulo*. (N. do A.)

[36] Id., ibid. (N. do A.)

[37] Efetivamente, a causa de esterilidade não consta da lei de Rômulo. Parece que ele não estava sujeito ao confisco, pois obedecia às ordens dos censores. (N. do A.)

[38] Na *Comparação de Teseu e de Rômulo*. (N. do A.)

repudiar a mulher que Carvílio caiu na desgraça do povo: isso é algo com que o povo não se preocupava. Mas Carvílio fizera um juramento aos censores de que, dada a esterilidade da mulher, ele a repudiaria para dar filhos à república. Esse era um jugo que o povo percebia que os censores iriam pôr sobre os seus ombros. Mostrarei na sequência[39] desta obra a repugnância que o povo sempre teve por semelhantes ordenações. Mas de onde pode vir tal contradição entre esses autores? Ei-la: examinou Plutarco um fato, e os outros narraram uma maravilha.

[39] No Livro XXIII, capítulo XXI. (N. do A.)

Livro XVII
Como as leis da escravidão política se relacionam com a natureza do clima

Capítulo I
Da servidão política

A servidão política não depende menos da natureza do clima do que a civil e a doméstica, como vamos mostrar.

Capítulo II
Diferença entre os povos quanto à coragem

Já dissemos que o muito calor debilitava a força e a coragem dos homens; e que havia, nos climas frios, certa força do corpo e do espírito que tornava os homens capazes de ações longas, duras, grandes e ousadas. Isso se vê não só de nação para nação, mas também no mesmo país, de uma parte para outra. Os povos do norte da China[1] são mais corajosos do que os do sul; os povos do sul da Coreia[2] não o são tanto quanto os do norte.

Não é de espantar, pois, que a covardia dos povos de clima quente os tenha quase sempre tornado escravos e que a coragem dos povos de climas frios os tenha mantido livres. Esse é um efeito que deriva de sua causa natural.

Isso também se mostrou verdadeiro na América; os impérios despóticos do México e do Peru encontravam-se perto do equador, e quase todos os pequenos povos livres estavam e ainda estão perto dos polos.

---

[1] O padre Du Halde, t. I, p. 112. (N. do A.)

[2] Os livros chineses assim o dizem. Ibid., t. IV, p. 448. (N. do A.)

Capítulo III
Do clima da Ásia

Dizem-nos os relatos[3] "que o norte da Ásia, este vasto continente que vai do quadragésimo grau aproximadamente até o polo, e das fronteiras da Moscóvia até o mar oriental, tem um clima muito frio; que esse terreno imenso é dividido, do oeste para leste, por uma cadeia de montanhas que deixam ao norte a Sibéria e ao sul a grande Tartária; que o clima da Sibéria é tão frio, que, com exceção de alguns pontos, essa terra não pode ser cultivada; e que, embora os russos tenham estabelecimentos ao longo de todo o Irtis, ali nada cultivam; que só crescem naquele país alguns abetos e arbustos pequenos; que os naturais do país se dividem em tribos miseráveis, que são como as do Canadá; que a razão desse frio vem, por um lado, da altura do terreno; e, por outro, do fato de que, à medida que se vai do sul para o norte, as montanhas se aplainam; de sorte que o vento do norte sopra em toda parte sem encontrar obstáculos; que esse vento que torna inabitável a Nova Zembla, ao soprar na Sibéria, a torna inculta; que na Europa, ao contrário, as montanhas da Noruega e da Lapônia são admiráveis avenidas que cobrem desse vento os países do norte: isto faz que em Estocolmo, que fica aproximadamente a cinquenta e nove graus de latitude, a terra dê frutos, grãos, plantas; e que ao redor de Abo, que fica no grau sexagésimo primeiro, assim como nos graus sessenta e três e sessenta e quatro, haja minas de prata e as terras sejam bastante férteis".

Vemos também nas relações "que a grande Tartária, que fica ao sul da Sibéria, também é igualmente fria; que o país não é cultivado; que ali se encontram só pastagens para os rebanhos; que não crescem árvores, mas certo mato, como na Irlanda; que há, junto à China e ao Mogol, algumas regiões onde cresce uma espécie de milho, mas nem o trigo nem o arroz ali podem amadurecer; que quase não há lugares na Tartária, no quadragésimo terceiro, no quadragésimo primeiro e no quadragésimo quinto graus, que não estejam cobertos de gelo sete ou oito meses por ano; de sorte que é tão fria quanto a Irlanda, embora devesse ser mais quente que o sul da França; que não há cidades, salvo quatro ou cinco junto ao mar oriental, e algumas que

---

[3] Vide *Voyages du Nord*, t. VIII; a *Histoire des Tattars*; e o quarto volume da China do padre Du Halde. (N. do A.)

os chineses, por motivos políticos, construíram junto à China; que no resto da grande Tartária há apenas algumas situadas na Bucária, no Turquestão, em Khwarezm; que a razão desse frio extremo vem da natureza do solo nitroso, cheio de salitre, e arenoso; e também da altitude do terreno. O padre Verbist descobrira que certo lugar, a 80 léguas ao norte da grande muralha, junto à nascente de Kavamhuran, superava o nível do mar perto de Pequim em 3.000 passos geométricos; que essa altitude[4] é a causa de que, embora quase todos os grandes rios da Ásia nasçam no país, este careça de água, de modo que só pode ser habitado junto aos rios e aos lagos".

Dados esses fatos, assim raciocino: a Ásia não tem propriamente uma zona temperada; e os lugares situadas num clima muito frio tocam imediatamente os que estão num clima muito quente, ou seja, a Turquia, a Pérsia, o Mogol, a China, a Coreia e o Japão.

Na Europa, ao contrário, a zona temperada é muito vasta, embora esteja situada em climas muito diferentes uns dos outros, não havendo nenhuma relação entre os climas da Espanha e da Itália, por um lado, e os da Noruega e da Suécia, por outro. Mas como o clima vai aos poucos se tornando mais frio indo-se do sul para o norte, mais ou menos proporcionalmente à latitude de cada país, acontece que cada país é mais ou menos semelhante ao vizinho; não há diferença notável entre eles e, como acabo de dizer, a zona temperada é muito vasta.

Segue-se daí que na Ásia as nações se opõem às nações como o forte ao fraco; os povos guerreiros, destemidos e ativos, tocam imediatamente povos efeminados, preguiçosos, tímidos: assim, um deve ser conquistado e o outro, conquistador. Na Europa, pelo contrário, as nações se opõem como o forte ao forte; as que se tocam têm, aproximadamente, a mesma coragem. Essa é a grande razão da fraqueza da Ásia e da força da Europa, da liberdade da Europa e da servidão da Ásia; coisa, que eu saiba, nunca antes discernida. É o que faz que na Ásia a liberdade jamais aumente; ao passo que na Europa aumenta ou diminui, segundo as circunstâncias.

Embora a nobreza moscovita tenha sido reduzida à servidão por um dos seus príncipes, sempre encontraremos ali sinais de impaciência que os climas do sul não provocam nunca. Não vimos o governo aristocrático estabelecer-se ali por alguns dias? Se outro reino do

---

[4] A Tartária é, portanto, como uma espécie de montanha achatada. (N. do A.)

norte tiver perdido as suas leis, podemos confiar no clima: tal reino não as terá perdido irrevogavelmente.

Capítulo IV
Consequência disso

O que acabamos de dizer concorda com os acontecimentos da história. A Ásia foi subjugada treze vezes; onze vezes pelos povos do norte, duas vezes pelos do sul. Nos tempos remotos, os citas a conquistaram três vezes; em seguida os medas e os persas, cada qual uma vez; os gregos, os árabes, os mongóis, os turcos, os tártaros, os persas e os afegãos. Falo apenas da alta Ásia; e nada digo das invasões feitas no resto do sul dessa parte do mundo, que sempre sofreu violentas revoluções.

Na Europa, pelo contrário, só conhecemos, depois do estabelecimento das colônias gregas e fenícias, quatro mudanças; a primeira, causada pelas conquistas dos romanos; a segunda, pelas hordas de bárbaros que destruíram aqueles mesmos romanos; a terceira, pela vitórias de Carlos Magno; e a última, pelas invasões dos normandos. E, se examinarmos bem isso tudo, veremos nessas mesmas mudanças uma força geral espalhada por todas as partes da Europa. Sabemos da dificuldade encontrada pelos romanos para fazerem conquistas na Europa, e a facilidade que encontraram para invadir a Ásia. Conhecemos os percalços que os povos do norte tiveram para derrubar o império romano, as guerras e os trabalhos de Carlos Magno, as diversas aventuras dos normandos. Os destruidores eram destruídos sem cessar.

Capítulo V
Que, quando os povos do norte da Ásia e os do norte da Europa conquistaram, os efeitos da conquista não foram os mesmos

Os povos do norte da Europa conquistaram-na como homens livres; os povos do norte da Ásia conquistaram-na como escravos, e só venceram em favor de um senhor.

A razão para isso é que o povo tártaro, conquistador natural da Ásia, se tornou ele próprio escravo. Faz contínuas conquistas no sul da Ásia, forma impérios; mas a parte da nação que permanece no país se vê sujeita a um grão-senhor que, despótico no sul, também quer sê-lo no norte; e, tendo um poder arbitrário sobre os súditos conquistados, pretende tê-lo também sobre os súditos conquistadores. Isso fica claro hoje nesse vasto país a que chamam Tartária chinesa, que o imperador governa quase tão despoticamente quanto a própria China e que ele amplia a cada dia com as suas conquistas.

Podemos ver ainda na história da China que os imperadores[5] enviaram colônias chinesas à Tartária. Esses chineses tornaram-se tártaros e inimigos mortais da China: mas isso não impede que tenham levado à Tartária o espírito do governo chinês.

Não raro a parte da nação tártara que fez a conquista é ela mesma expulsa; e leva para os seus desertos um espírito de servidão que adquiriu no clima da escravidão. Dá-nos a história da China muitos exemplos disso, e a nossa história antiga também[6].

Isso fez que o gênio da nação tártara ou gética sempre tenha sido semelhante ao dos impérios da Ásia. Nestes, os povos são governados pelo bastão; os povos tártaros, pelos longos chicotes. O espírito da Europa sempre foi contrário a tais costumes; e sempre o que os povos da Ásia chamaram de punição os povos da Europa chamaram de ultraje[7].

Os tártaros, ao destruírem o império grego, estabeleceram nos países conquistados a servidão e o despotismo; os godos, ao conquistarem o império romano, fundaram em toda parte a monarquia e a liberdade.

Não sei se o famoso Rudbeck, que em sua *Atlântica* tanto louvou a Escandinávia, falou dessa prerrogativa que deve pôr as nações que a habitam acima de todos os povos do mundo; é que tais nações foram a origem da liberdade europeia, ou seja, de quase toda a liberdade que existe hoje entre os homens.

Chamou o godo Jornandez o norte da Europa de fábrica do gê-

---

[5] Como Ven-ti, quinto imperador da quinta dinastia. (N. do A.)

[6] Conquistaram os citas três vezes a Ásia, e dela foram expulsos três vezes. Justino, livro II. (N. do A.)

[7] Isto não contradiz o que direi no livro XXVIII, capítulo XX, sobre a maneira de pensar dos povos germânicos acerca do bastão. Fosse qual fosse o instrumento, sempre consideraram uma afronta o poder ou a ação arbitrária de surrar. (N. do A.)

nero humano[8]. Eu a chamaria antes de fábrica dos instrumentos que rompem os ferros forjados no sul. Lá é que se formam essas nações destemidas, que saem de seus países para destruir os tiranos e os escravos, e ensinar aos homens que, tendo-os feito a natureza iguais, a razão só pôde torná-los dependentes para felicidade deles.

Capítulo VI
Nova causa física da servidão da Ásia e da liberdade da Europa

Na Ásia, sempre houve grandes impérios: na Europa, estes jamais conseguiram subsistir. Isso porque a Ásia que conhecemos tem planícies maiores; é cortada em pedaços maiores pelos mares; e, como está mais ao sul, as fontes secam com mais facilidade, as montanhas estão menos cobertas de neve e os rios, menos cheios, formam barreiras menores[9].

O poder deve, portanto, ser sempre despótico na Ásia. Pois, se ali a servidão não fosse extrema, logo se faria uma divisão que a natureza do lugar não pode suportar.

Na Europa, a divisão natural forma diversos Estados de dimensão mediana, nos quais o governo das leis não é incompatível com a conservação do Estado: ao contrário, é-lhe tão favorável, que sem as leis tal Estado entra em decadência e se torna inferior a todos os outros.

Foi isso que formou ali um gênio de liberdade, que torna cada parte muito difícil de ser subjugada ou dominada por uma força estrangeira, a não ser pelas leis e pela utilidade de seu comércio.

Reina, porém, na Ásia um espírito de servidão que jamais a abandonou; e em todas as histórias dessa região não é possível encontrar um único traço que marque uma alma livre: jamais se verá ali senão o heroísmo da servidão.

---

[8] *Humani generis officinam*. (N. do A.)

[9] Perdem-se ou evaporam-se as águas antes de se reunirem ou depois de se terem reunido. (N. do A.)

Capítulo VII
Da África e da América

Isso é o que posso dizer sobre a Ásia e a Europa. A África tem um clima semelhante ao do sul da Ásia e participa da mesma servidão. Destruída e novamente repovoada pelas nações da Europa e da África, a América[10] mal pode hoje mostrar o seu gênio próprio: mas o que sabemos de sua história antiga adapta-se perfeitamente aos nossos princípios.

Capítulo VIII
Da capital do império

Uma das consequências do que acabamos de dizer é que é importante para um príncipe muito poderoso escolher bem a sede do seu império. Aquele que a situar no sul correrá o risco de perder o norte; e aquele que a puser no norte conservará o sul com facilidade. Não falo dos casos particulares: a mecânica tem os seus atritos, que não raro mudam ou detêm os efeitos da teoria: também a política tem os seus.

---

[10] Os pequenos povos bárbaros da América são chamados *índios bravos* pelos espanhóis: bem mais difíceis de subjugar que os grandes impérios do México e do Peru. (N. do A.)

LIVRO XVIII
Das leis, na relação que têm com a natureza do solo

Capítulo I
Como a natureza do solo influi sobre as leis

A excelência das terras de um país nele estabelece naturalmente a dependência. A gente do campo, que constitui a maior parte do povo, não é tão apegada à liberdade: está ocupada demais e sobrecarregada demais com seus negócios particulares. Um campo repleto de bens teme a pilhagem, teme um exército. "Quem é que forma o bom partido?", dizia Cícero a Ático[1]. "Não serão os comerciantes e os moradores do campo? A menos que imaginemos que se opõem à monarquia aqueles para quem todos os governos são iguais, desde que sejam tranquilos."

Assim se encontra com maior frequência o governo de um só nos países férteis e o governo de muitos nos países que não o são; o que é por vezes uma compensação.

A esterilidade do solo da Ática estabeleceu ali o governo popular; e a fertilidade do da Lacedemônia, o governo aristocrático. Pois, naqueles tempos, se repudiava na Grécia o governo de um só: ora, o governo aristocrático está mais próximo do governo de um só.

Diz-nos Plutarco[2] que, tendo a sedição ciloniana sido apaziguada em Atenas, a cidade tornou a cair em suas antigas dissensões e se dividiu em tantos partidos quantos terrenos diferentes havia no país da Ática. O povo da montanha queria a qualquer custo o governo

---

[1] Livro VII. (N. do A.)
[2] *Vida de Sólon*. (N. do A.)

popular; os da planície pediam o governo dos principais; os que ficavam perto do mar preferiam um governo misto dos dois.

Capítulo II
Continuação do mesmo assunto

Esses países férteis são planícies, onde nada se pode disputar com o mais forte: submetem-se, pois, a ele; e, uma vez estabelecida a submissão, o espírito de liberdade não pode voltar; os bens do campo são uma garantia de fidelidade. Nos países montanhosos, porém, pode-se conservar o que se tem, e pouco se tem para conservar. A liberdade, isto é, o governo de que goza é o único bem que merece ser defendido. Reina a liberdade, pois, mais nos países montanhosos e difíceis do que nos que a natureza mais parecia ter favorecido.

Os montanheses conservam um governo mais moderado, porque não estão tão expostos à conquista. Defendem-se facilmente, são atacados dificilmente; as munições de guerra e de boca são reunidas e levadas contra eles com muita despesa, pois o país não as fornece. É, portanto, mais difícil fazer a guerra contra eles, mais perigoso tentá-lo; e todas as leis que se fazem pela segurança do povo têm ali menor utilidade.

Capítulo III
Quais são os países mais cultivados

Os países não são cultivados em razão de sua fertilidade, mas de sua liberdade: e, se dividirmos a terra em pensamento, ficaremos admirados em ver, na maior parte do tempo, desertos nas partes mais férteis e grandes povos naquelas onde o solo parece tudo negar.

É natural que um povo abandone um mau país para procurar outro melhor, e não que deixe um bom país para procurar um pior. A maioria das invasões, portanto, é feita nos países que a natureza fizera para serem felizes; e, como nada está mais próximo da devastação do que a invasão, os melhores países são o mais das vezes despovoados, ao passo que o horrendo país do norte permanece sempre habitado, pela simples razão de ser quase inabitável.

Vemos pelo que os historiadores nos dizem da passagem dos povos da Escandinávia para as margens do Danúbio que não se tratava de uma conquista, mas apenas de uma transmigração para terras desertas.

Esses climas felizes haviam, portanto, sido despovoados por outras transmigrações, e não conhecemos as coisas trágicas que ali se passaram.

"Por muitos documentos", diz Aristóteles[3], "parece que a Sardenha é uma colônia grega. Antigamente era muito rica: e lhe deu leis Aristeu, cujo amor pela agricultura foi tão louvado. Mas desde então decaiu muito; pois, tendo os cartagineses se assenhoreado dela, destruíram tudo o que podia torná-la própria à alimentação dos homens e proibiram, sob pena de morte, o cultivo da terra". A Sardenha ainda não se restabelecera nos tempos de Aristóteles; ainda hoje não se restabeleceu.

As partes mais temperadas da Pérsia, da Turquia, da Moscóvia e da Polônia não conseguiram restabelecer-se das devastações dos tártaros, grandes e pequenos.

Capítulo IV
Novos efeitos da fertilidade e da esterilidade do país

A esterilidade das terras torna os homens industriosos, sóbrios, dedicados ao trabalho, corajosos, próprios para a guerra; têm de obter o que o solo lhes recusa. A fertilidade de um país dá, com a abastança, a moleza e certo amor pela conservação da vida.

Observou-se que as tropas da Alemanha recrutadas em lugares onde os camponeses são ricos, como a Saxônia, não são tão boas quanto as outras. As leis militares poderão corrigir esse inconveniente com uma disciplina mais severa.

Capítulo V
Dos povos das ilhas

Os povos das ilhas são mais dados à liberdade do que os do continente. As ilhas costumam ser de pequena extensão[4]; uma parte do

---

[3] Ou quem escreveu o livro *De mirabilibus*. (N. do A.)

[4] O Japão é exceção a isso por sua grandeza e por sua servidão. (N. do A.)

povo não pode dedicar-se tanto a oprimir o outro; o mar separa-os dos grandes impérios, e a tirania não pode prestar-lhes nenhum auxílio; os conquistadores são detidos pelo mar; os insulares não são envolvidos nas conquistas e conservam com mais facilidade as suas leis.

Capítulo VI
Dos países formados pela indústria dos homens

Os países que a indústria humana tornou habitáveis e precisam para existir dessa mesma indústria pedem o governo moderado. Há sobretudo três dessa espécie: as duas belas províncias de Kiang-nan e Tche-kiang, na China, o Egito e a Holanda.

Os antigos imperadores da China não eram conquistadores. A primeira coisa que fizeram para se engrandecer foi a que melhor demonstrou a sua sabedoria. Viu-se saírem de sob as águas as duas mais belas províncias do império; foram feitas pelos homens. A indizível fertilidade dessas duas províncias é que deu à Europa as suas ideias sobre a felicidade dessa vasta região. Mas o cuidado contínuo e necessário para proteger da destruição parte tão considerável do império exigia mais os costumes de um povo prudente do que os de um povo voluptuoso; mais o poder legítimo de um monarca do que o poder tirânico de um déspota. O poder tinha de ser moderado, como o fora antigamente no Egito. O poder tinha de ser moderado, como o é na Holanda, que a natureza fez para ser cuidada com atenção, e não para ser entregue à negligência e ao capricho.

Assim, malgrado o clima da China, onde se é naturalmente levado à obediência servil, malgrado os horrores que decorrem da extensão demasiado grande do império, os primeiros legisladores da China foram obrigados a fazer leis muito boas; e muitas vezes o governo foi obrigado a segui-las.

Capítulo VII
Das obras dos homens

Por seus cuidados e pelas boas leis, os homens tornaram a terra mais própria a ser sua morada. Vemos correrem rios ali onde estavam lagos e pântanos: é um bem que a natureza não fez, mas é conservado pela natureza. Quando os persas[5] eram os senhores da Ásia, permitiam aos que trouxessem água de fonte a algum lugar que ainda não tivesse sido irrigado usufruí-lo durante cinco gerações; e, como saem muitos rios do monte Taurus, não pouparam recursos para vir água de lá. Hoje, sem saber de onde a água vem, encontramo-la nos campos e nos jardins.

Assim como as nações destruidoras causam males que duram mais do que elas, há nações industriosas que fazem bens que não terminam com elas.

Capítulo VIII
Relação geral das leis

As leis têm uma relação muito grande com o modo como os diversos povos obtêm o sustento. Deve haver um código de leis mais amplo para um povo que se dedique ao comércio e ao mar, do que para um povo que se contente em cultivar a terra. Deve haver um maior para este último do que para um povo que viva dos seus rebanhos. Deve haver um maior para este último, do que para um povo que viva da caça.

Capítulo IX
Do solo da América

O que faz que haja tantas nações selvagens na América é que a terra produz por si mesma muitos frutos de que se pode tirar sustento. Se as mulheres cultivarem ao redor da cabana um pedaço de terra, o milho é o que primeiro aparece. A caça e a pesca acabam de levar o homem à abundância. Além disso, os animais que pascem, como os bois, os búfalos, etc., se dão melhor do que os animais carnívoros. Estes sempre tiveram o domínio na África.

Creio que não teríamos todas essas vantagens na Europa, se deixássemos incultas as terras; não nasceriam senão florestas, carvalhos e outras árvores estéreis.

---

[5] Políbio, livro X. (N. do A.)

Capítulo X
Do número de homens em relação com a maneira como obtêm a subsistência

Quando as nações não cultivam a terra, eis em que proporção se encontra o número de homens. Como o produto de um terreno inculto está para o produto de um terreno cultivado, assim também o número de selvagens num país está para o número de lavradores no outro; e, quando o povo que cultiva as terras cultiva também as artes, decorrem daí proporções que exigiriam muitos pormenores.

Dificilmente podem eles formar uma grande nação. Se forem pastores, precisam de um país grande para poder subsistir em certo número: se forem caçadores, são ainda menos numerosos; e constituem, para viver, uma nação menor.

Seu país costuma ser cheio de florestas; e, como os homens não deram um curso às águas, está repleto de pântanos, onde cada grupo se acantona e forma uma pequena nação.

Capítulo XI
Povos selvagens e povos bárbaros

Há a seguinte diferença entre os povos selvagens e os povos bárbaros: os primeiros são nações pequenas e dispersas que, por certas razões particulares, não podem reunir-se; ao passo que os bárbaros costumam ser pequenas nações que podem reunir-se. Os primeiros são normalmente povos caçadores; os segundos, povos pastores. Isso se percebe bem no norte da Ásia. Os povos da Sibéria não poderiam viver unidos, porque não poderiam sustentar-se; os tártaros podem viver unidos durante certo tempo, pois seus rebanhos podem ser reunidos durante certo tempo. Todas as hordas podem, pois, reunir-se; e isso acontece quando um chefe submete muitas outras delas: depois disso, devem fazer de duas coisas uma, separar-se ou ir fazer alguma grande conquista nalgum império meridional.

Capítulo XII
Do direito das gentes entre os povos que não cultivam as terras

Esses povos que não vivem num terreno limitado e circunscrito terão entre si muitos motivos de litígio; disputarão as terras incultas, como entre nós os cidadãos disputam heranças. Assim se depararão com frequentes ocasiões de guerra pelas caças, pelas pescas, pelo sustento dos rebanhos, pelo rapto dos escravos; e, não tendo território, terão tantas coisas a resolver pelo direito das gentes, quanto serão poucas as que decidirão pelo direito civil.

Capítulo XIII
Das leis civis entre os povos que não cultivam as terras

O que mais avoluma o código civil é a divisão das terras. Entre as nações em que não se tiver feito tal partilha, haverá muito poucas leis civis.

Podemos chamar as instituições desses povos de costumes, mais do que de leis.

Em tais nações, os velhos, que se lembram das coisas passadas, gozam de grande autoridade; não é possível distinguir-se pelos bens, mas pela mão e pelos conselhos.

Tais povos erram e se dispersam pelos pastos e nas florestas. O casamento não será tão firme como entre nós, em que ele é fixado pela moradia e em que a mulher está ligada a uma casa; podem, pois, trocar de mulher com maior facilidade, ter muitas delas e por vezes misturar-se indiferentemente, como os animais.

Não podem os povos pastores separar-se de seus rebanhos, que constituem a sua subsistência; tampouco poderiam separar-se das mulheres, que tomam conta deles. Tudo isso, portanto, deve ir junto; tanto mais que, vivendo normalmente em grandes planícies, onde há poucos sítios fortificados, suas mulheres, seus filhos, seus rebanhos se tornariam presa dos inimigos.

Suas leis regulamentarão a partilha das pilhagens; e darão, como as nossas leis sálicas, uma atenção especial aos roubos.

Capítulo XIV
Do estado político dos povos que não cultivam as terras

Tais povos gozam de grande liberdade, pois, como não cultivam as terras, não estão apegados a elas; são errantes, vagabundos; e, se um chefe quisesse suprimir sua liberdade, iriam primeiro procurá-la sob outro chefe ou se retirariam nos bosques para lá viver com a família. Entre esses povos, é tão grande a liberdade do homem, que acarreta necessariamente a liberdade do cidadão.

Capítulo XV
Dos povos que conhecem o uso da moeda

Aristipo, tendo naufragado, nadou e chegou a uma praia próxima; viu que haviam traçado sobre a areia figuras geométricas: sentiu grande alegria, julgando ter chegado aos domínios de um povo grego, e não de um povo bárbaro.

Se estiverdes sozinhos e chegardes por algum acidente ao país de um povo desconhecido, se virdes uma moeda, podeis estar certos de ter chegado a uma nação civilizada.

A cultura das terras exige o uso da moeda. Essa cultura supõe muitas artes e conhecimentos; e vemos sempre caminharem lado a lado as artes, os conhecimentos e as necessidades. Tudo isso leva ao estabelecimento de um sinal de valor.

As enchentes e os incêndios levaram à descoberta de que as terras continham metais[6]. Uma vez extraídos, foi fácil empregá-los.

Capítulo XVI
Das leis civis entre os povos que não conhecem o uso da moeda

Quando um povo não tem o uso da moeda, só se conhecem as injustiças que vêm da violência; e as pessoas fracas, unindo-se, defendem-se

---

[6] Assim é que Diodoro nos diz que o ouro dos Pirineus foi descoberto por pastores. (N. do A.)

contra tal violência. Quase só há arranjos políticos. Mas, num povo em que a moeda está estabelecida, as pessoas estão sujeitas às injustiças que vêm da astúcia; e tais injustiças podem ser cometidas de mil maneiras. São, então, forçadas a ter boas leis civis; estas nascem com os novos recursos e com as diferentes maneiras de ser mau.

Nos países em que não há moeda, o ladrão só se apropria de coisas; e as coisas nunca se assemelham. Nos países em que há moeda, o ladrão rouba sinais; e os sinais sempre se assemelham. Nos primeiros países, nada pode ser escondido, porque o ladrão traz sempre consigo as provas da sua culpa: o mesmo não acontece nos outros.

Capítulo XVII
Das leis políticas entre os povos que não têm o uso da moeda

O que mais assegura a liberdade dos povos que não cultivam a terra é que a moeda lhes é desconhecida. Os frutos da caça, da pesca ou dos rebanhos não podem ser reunidos em quantidades grandes o bastante, nem se conservar o bastante, para que um homem se veja em condições de corromper os outros; ao passo que, quando dispomos dos sinais de riqueza, podemos juntar certa quantidade de tais sinais e distribuí-los a quem quisermos.

Entre os povos que não têm moeda, cada qual tem poucas necessidades e as satisfaz fácil e igualmente. A igualdade é, pois, forçada: assim, seus chefes não são despóticos.

Capítulo XVIII
Força da superstição

Se o que nos contam os relatos for verdade, a constituição de um povo da Luisiana chamado os natches é exceção a essa regra. Seu chefe[7] dispõe dos bens de todos os súditos e os faz trabalhar a seu bel-prazer; eles não podem recusar-lhe a cabeça; ele é como o grão-senhor. Quando o herdeiro presuntivo vem a nascer, dão-lhe todas as crianças de mama para servi-lo a vida inteira. Dir-se-ia que

[7] *Lettres édifiantes*, coletânea 20. (N. do A.)

é o grande Sesóstris. Esse chefe é tratado em sua cabana com as cerimônias que se dedicariam a um imperador do Japão ou da China.

São os preconceitos da superstição superiores a todos os outros preconceitos e as suas razões, a todas as outras razões. Assim, embora os povos selvagens não conheçam naturalmente o despotismo, esse povo o conhece. Adoram o Sol: e, se seu chefe não houvesse imaginado ser irmão do Sol, só teriam visto nele um miserável como eles.

Capítulo XIX
Da liberdade dos árabes e da servidão dos tártaros

Os árabes e os tártaros são povos pastores. Os árabes encontram-se nos casos gerais a que nos referimos, e são livres; ao passo que os tártaros (o povo mais singular da terra) se encontram na escravidão política[8]. Já apresentei[9] algumas razões desse último fato; eis outras novas.

Não têm cidades, não têm florestas, têm poucos pântanos, os rios estão quase sempre gelados, habitam uma imensa planície, têm pastos e rebanhos e, por conseguinte, bens; mas não têm nenhuma espécie de lugar de retirada nem de defesa. Tão logo um cã é vencido, cortam-lhe a cabeça[10]; tratam da mesma maneira os filhos dele; e todos os seus súditos passam a pertencer ao vencedor. Não são condenados a uma escravidão civil; seriam um ônus para uma nação simples, sem terras para cultivar e que não precisa de nenhum serviço doméstico. Eles aumentam, pois, a nação. Mas, em lugar da escravidão civil, compreende-se que a escravidão política deva ter-se introduzido entre eles.

Com efeito, num país em que as diversas hordas se guerreiam e se conquistam continuamente umas às outras; num país em que, pela morte do chefe, o corpo político de cada horda vencida é sempre destruído, a nação em geral dificilmente pode ser livre; pois não há uma única parte dela que não deva ter sido subjugada um imenso número de vezes.

Podem os povos vencidos conservar certa liberdade quando, pela força de sua situação, têm condições de fazer tratados depois da

---

[8] Quando é proclamado um cã, todo o povo exclama: "Que a sua palavra lhe sirva de gládio". (N. do A.)

[9] Livro XVII, capítulo V. (N. do A.)

[10] Assim não é de admirar se Mirivéis, tendo-se tornado senhor de Ispaão, mandou matar todos os príncipes de sangue real. (N. do A.)

derrota. Mas os tártaros, sempre indefesos, uma vez vencidos, jamais puderam estabelecer condições.

Eu disse no capítulo II que os habitantes das planícies cultivadas tinham muito pouca liberdade: certas circunstâncias fazem que os tártaros, habitando uma terra inculta, estejam no mesmo caso.

Capítulo XX
Do direito das gentes dos tártaros

Mostram-se os tártaros brandos e humanos entre si; e são conquistadores crudelíssimos: passam ao fio da espada os habitantes das cidades que tomam; creem agraciá-los quando os vendem ou distribuem aos soldados. Destruíram a Ásia desde as Índias até o Mediterrâneo; toda a região formada pelo oriente da Pérsia permaneceu deserta por causa deles.

É o seguinte o que me parece ter produzido um tal direito das gentes. Tais povos não tinham cidades; todas as suas guerras se faziam com rapidez e impetuosidade. Quando esperavam vencer, combatiam; aumentavam os exércitos dos mais fortes, quando não o esperavam. Com tais costumes, achavam que era contra o seu direito das gentes que uma cidade que não pudesse resistir-lhes os detivesse. Não consideravam as cidades uma assembleia de habitantes, mas lugares adequados para furtar-se ao poder deles. Não tinham nenhuma arte para assediá-las e se expunham muito ao fazê-lo; vingavam pelo sangue todo o sangue que acabavam de derramar.

Capítulo XXI
Lei civil dos tártaros

Diz o padre Du Halde que, entre os tártaros, o herdeiro é sempre o último dos varões; isso porque, à medida que os mais velhos chegam à idade de levar uma vida pastoral, saem de casa com certa quantidade de gado que o pai lhes dá e vão formar uma nova habitação. O último dos varões, que permanece em casa com o pai, é, pois, o seu herdeiro natural.

Ouvi dizer que um costume semelhante era observado em certos pequenos distritos da Inglaterra; encontramo-lo também na Bretanha, no ducado de Rohan, onde o praticam pessoas de baixa condição.

Trata-se, sem dúvida, de uma lei pastoral vinda de algum pequeno povo bretão ou trazida por algum povo germânico. Sabemos por César e por Tácito que estes últimos cultivavam pouco as terras.

Capítulo XXII
De uma lei civil dos povos germânicos

Explicarei aqui como este texto particular da lei sálica que costumamos chamar de lei sálica está ligado às instituições de um povo que não cultivava as terras ou pelo menos as cultivava pouco.

Determina a lei sálica[11] que, quando um homem deixa filhos, os varões sucedam à terra sálica, em prejuízo das filhas.

Para saber o que eram as terras sálicas, devemos pesquisar o que eram as propriedades ou o uso das terras entre os francos, antes de saírem da Germânia.

O sr. Echard provou muito bem que a palavra *sálico* vem de *sala*, que significa *casa*; e que assim a terra sálica era a terra da casa. Irei mais longe, e examinarei o que era a casa e a terra da casa entre os germanos.

"Eles não habitam cidades", diz Tácito[12], "e não toleram que suas casas se toquem umas às outras; cada um deixa ao redor de sua casa um terreninho ou espaço que é cercado e fechado". Falava Tácito com exatidão. Pois várias leis dos códigos[13] bárbaros têm disposições diferentes contra os que derrubavam essa cerca e penetravam na própria casa.

Sabemos por Tácito e César que as terras cultivadas pelos germanos só lhes eram dadas por um ano; depois disso, tornavam a ser públicas. Seu único patrimônio era a casa e um pedaço de terra no espaço ao redor da casa[14]. Esse patrimônio particular é que pertencia aos varões. Com efeito, por que pertenceria às filhas? Elas iam para outra casa.

---

[11] Tít. 62. (N. do A.)

[12] *Nullas Germanorum populis urbes habitari fatis noeum est, ne pati quidem inter se junctas sedes; colunt discreti, ut nemus placuit. Vicos locant, non in nostrum morem connexis et cohaerentibus aedificiis; suam quisque domum spatio circumdat. De morib. German.* (N. do A.)

[13] A lei dos alemães, capítulo X; a lei dos bávaros, título 10, § 1 e 2. (N. do A.)

[14] Este espaço chama-se *curtis* na cartas. (N. do A.)

Era a terra sálica, portanto, esse espaço que dependia da casa do germano; essa era a sua única propriedade. Depois da conquista, os francos adquiriram novas propriedades e continuaram a chamá-las terras sálicas.

Quando os francos viviam na Germânia, seus bens eram os escravos, os rebanhos, os cavalos, as armas, etc. A casa e o pedacinho de terra anexo eram naturalmente dados aos filhos varões que ali deviam residir. Mas, quando, depois da conquista, os francos adquiriram grandes terras, acharam cruel que as jovens e seus filhos não pudessem ter a sua parte. Introduziu-se um costume que permitia ao pai chamar a filha e os filhos dela. Calaram a lei; e tais chamados deviam ser comuns, pois fizeram fórmulas para eles[15].

Dentre todas essas fórmulas, encontrei uma que é curiosa[16]. Um avô chama os netos para lhe suceder com seus filhos e filhas. Que fim levara, então, a lei sálica? Mesmo naqueles tempos, já não devia ser observada; ou o costume contínuo de convocar as filhas devia ter feito que se considerasse a sua capacidade de herdar como o caso mais comum.

Como a lei sálica não tem por objeto certa preferência de um sexo por outro, tinha ainda menos o de uma perpetuidade de família, de nome ou de transmissão de terras: tudo isso sequer ocorria aos germanos. Era uma lei puramente econômica, que dava a casa e a terra dependente dela aos varões que deviam nela residir e a quem, portanto, mais convinha.

Basta transcrever aqui o título dos alódios da lei sálica, esse texto tão famoso, de que tanta gente falou e que tão pouca gente leu:

"1º Se um homem morrer sem filhos, seu pai ou sua mãe lhe sucederão. 2º Se não tiver nem pai nem mãe, o irmão ou a irmã lhe sucederão. 3º Se não tiver nem irmão nem irmã, a irmã da mãe lhe sucederá. 4º Se a sua mãe não tiver irmã, a irmã do pai lhe sucederá. 5º Se o pai não tiver irmã, o parente mais próximo por linha masculina lhe sucederá. 6º Nenhuma parte[17] da terra sálica passará para

---

[15] Vide Marculfo, livro II, form. 10 e 12; o *Apêndice* de Marculfo, form. 49; e as fórmulas antigas, chamadas de Sirmond, form. 22. (N. do A.)

[16] Form. 55, na coletânea de Lindembroch. (N. do A.)

[17] *De terra vero salica in mulierem nulla portio hereditatis transit, sed hoc virilis sexus acquirit, hoc est filii in ipsa hereditate succedunt*. Tít. 62, § 6. (N. do A.)

as mulheres, mas pertencerá aos varões, ou seja, os filhos varões sucederão ao pai".

É claro que os cinco primeiros artigos dizem respeito à sucessão daquele que morre sem filhos; e o sexto, à sucessão do que tem filhos.

Quando um homem morria sem filhos, a lei determinava que um dos dois sexos só tivesse preferência sobre o outro em determinados casos. Nos dois primeiros graus de sucessão, as vantagens dos varões e das mulheres eram as mesmas; no terceiro e no quarto, as mulheres tinham a preferência; e os varões a tinham no quinto.

Encontro em Tácito a semente dessas extravagâncias. "Os filhos[18] das irmãs", diz ele, "são amadas pelo tio como pelo próprio pai. Há pessoas que consideram esse laço como o mais estreito e até o mais santo; elas os preferirão, quando fizerem reféns". É por isso que os nossos primeiros historiadores[19] tanto nos falam do amor dos reis francos pela irmã ou pelos filhos da irmã. Pois, se os filhos das irmãs eram vistos na casa como os próprios filhos, era natural que os filhos considerassem a tia como sua própria mãe.

A irmã da mãe era preferida à irmã do pai; isso se explica por outros textos da lei sálica. Quando uma mulher enviuvava[20], ela caía sob a tutela dos parentes do marido; para essa tutela, a lei preferia os parentes por linha feminina do que os por linha masculina. Com efeito, uma mulher que entrasse numa família, unindo-se com as pessoas do seu sexo, estava mais ligada aos parentes pelo lado feminino do que aos parentes pelo lado masculino. Além disso, quando um[21] homem houvesse matado outro e não tivesse com que pagar a pena pecuniária em que tivesse incorrido, a lei permitia-lhe ceder os seus bens e os parentes deviam suprir o que faltasse. Depois do pai, da mãe e do irmão, era a irmã da mãe que pagava, como se tal laço

---

[18] *Sororum filiis idem apud avunculum quam apud patrem honor. Quidam sanctiorem arctioremque hunc nexum sanguinis arbitrantur, et in accipiendis obsidibus magis exigunt, tanquam ii et animum firmius et domum latius teneant. De morib. German.* (N. do A.)

[19] Vide em Gregório de Tours, livro VIII, capítulos XVIII e XX, livro IX, capítulos XVI e XX, os furores de Gontrão pelos maus tratamentos praticados contra Ingunda, sua sobrinha, por Leovigildo; e como Childeberto, seu irmão, declarou guerra para vingá-la. (N. do A.)

[20] Lei sálica, título 47. (N. do A.)

[21] Ibid., título 61, § 1. (N. do A.)

tivesse algo de mais amoroso: ora, o parentesco que provoca encargos devia também proporcionar vantagens.

A lei sálica determinava que, depois da irmã do pai, o parente mais próximo por linha masculina teria a sucessão; mas, se fosse parente além do quinto grau, não sucedia. Assim, uma mulher do quinto grau sucederia de preferência a um varão do sexto: e isso se encontra na lei[22] dos francos ripuários, fiel intérprete da lei sálica no título dos alódios, em que segue passo a passo o mesmo título da lei sálica.

Se o pai deixasse filhos, determinava a lei sálica que as filhas fossem excluídas da sucessão à terra sálica e esta pertencesse aos filhos varões.

Ser-me-á fácil provar que a lei sálica não exclui indistintamente as filhas da terra sálica, mas só no caso em que os irmãos as excluíssem. Isso se vê na própria lei sálica, que, depois de ter dito que as mulheres nada possuiriam da terra sálica, mas apenas os varões, se interpreta e se limita a si mesma; "ou seja", diz ela, "o filho sucederá à herança do pai".

2º O texto da lei sálica é esclarecido pela lei dos francos ripuários, que também tem um título[23] dos alódios em boa conformidade com a lei sálica.

3º As leis desses povos bárbaros, todos originários da Germânia, interpretam-se umas às outras, já que todas têm aproximadamente o mesmo espírito. A lei dos saxões[24] determina que o pai e a mãe deixem a herança para o filho, e não para a filha; mas, se só houver filhas, que elas recebam toda a herança.

4º Temos duas fórmulas antigas[25] que colocam o caso em que, segundo a lei sálica, as filhas são excluídas pelos varões; é quando concorrem com o irmão.

---

22 *Et deinceps usque ad quintum genuculum qui proximus suerit in hereditatem succedat*, título 56, § 6. (N. do A.)

23 Título 56. (N. do A.)

24 Título 7, § 1. *Pater aut mater defuncti, filio, non filiae, hereditatem relinquant* [Mortos o pai ou a mãe, passe a herança para o filho, não para a filha]. § 4. *Qui defunctus, non filios, sed filias reliquerit, ad eas omnis hereditas pertineat* [Se o defunto não deixar filhos, mas filhas, pertence a elas toda a herança]. (N. do A.)

25 Em Marculfo, livro II, form. 12; e no *Apêndice* de Marculfo, form. 49. (N. do A.)

5º Uma outra fórmula[26] prova que a filha sucedia em detrimento do neto; só era excluída, portanto, pelo filho.

6º Se, pela lei sálica, as filhas tivessem sido geralmente excluídas da sucessão das terras, seria impossível explicar as histórias, as fórmulas e as cartas de privilégios, que falam continuamente das terras e dos bens das mulheres na primeira raça.

Erraram ao dizer[27] que as terras sálicas eram feudos. 1º Esse título é chamado alódio. 2º No começo, os feudos não eram hereditários. 3º Se as terras sálicas tivessem sido feudos, como Marculfo teria chamado de ímpio o costume que excluía as mulheres da sucessão, já que os próprios varões não sucediam aos feudos? 4º As cartas citadas para provarem que as terras sálicas eram feudos provam apenas que eram terras francas. 5º Os feudos só foram estabelecidos depois da conquista; e as práticas sálicas já existiam antes que os francos partissem da Germânia. 6º Não foi a lei sálica que, limitando a sucessão das mulheres, formou o estabelecimento dos feudos; mas foi o estabelecimento dos feudos que estabeleceu limites à sucessão das mulheres e às disposições da lei sálica.

Depois do que acabamos de dizer, não acreditaríamos que a sucessão pessoal dos varões à coroa da França pudesse vir da lei sálica. É, porém, indubitável que assim seja. Provo-o com diversos códigos dos povos bárbaros. A lei sálica[28] e a lei dos borguinhões[29] não deram às filhas o direito de suceder à terra com os irmãos; elas tampouco sucederam à coroa. A lei dos visigodos[30], ao contrário, admitia as filhas[31] à sucessão das terras com os irmãos; as mulheres tiveram a capacidade de suceder à coroa. Entre esses povos, a disposição da lei civil forçou[32] a lei política.

---

[26] Na coletânea de Lindembroch, form. 55. (N. do A.)

[27] Du Cange, Pithou, etc. (N. do A.)

[28] Título 62. (N. do A.)

[29] Título 1, § 3; título 14, § 1 e título 51. (N. do A.)

[30] Livro IV, título 2, § 1. (N. do A.)

[31] "As nações germânicas", diz Tácito, "tinham costumes comuns; tinham também costumes particulares". (N. do A.)

[32] Entre os ostrogodos, a coroa passou duas vezes pelas mulheres aos varões; uma, por Amalasunta, na pessoa de Atalarico; e a outra, por Amalafreda, na pessoa de Teodato. Não é que, entre eles, as mulheres não pudessem reinar por si mesmas: Amalasunta, depois da morte de Atalarico, reinou, e até reinou depois da eleição de Teodato e conjuntamente com ele. Vide as cartas de Amalasunta e de Teodato em Cassiodoro, livro X. (N. do A.)

Não foi esse o único caso em que a lei política, entre os francos, cedeu à lei civil. Pela disposição da lei sálica, todos os irmãos sucediam igualmente à terra; e é isso também o que determina a lei dos borguinhões. Assim, na monarquia dos francos e na dos borguinhões, todos os irmãos sucederam à coroa, com exceção de algumas violências, assassínios e usurpações entre os borguinhões.

Capítulo XXIII
Da longa cabeleira dos reis francos

Os povos que não cultivam as terras não têm sequer ideia do luxo. Veja-se em Tácito a admirável simplicidade dos povos germânicos: as artes não trabalhavam para os seus ornamentos; eles os encontravam na natureza. Se a família de seu chefe devia assinalar-se por algum sinal, era nessa mesma natureza que deviam procurá-lo: os reis dos francos, dos borguinhões e dos visigodos tinham por diadema suas longas cabeleiras.

Capítulo XXIV
Dos casamentos dos reis francos

Disse acima que entre os povos que não cultivam a terra os casamentos eram muito menos fixos e que por ordinário se tomavam várias mulheres. "Os germanos eram quase os únicos[33] de todos os bárbaros que se contentavam com uma só mulher, se excetuarmos[34]", diz Tácito, "algumas pessoas que, não por dissolução, mas pela nobreza, tinham várias mulheres".

Isso explica como os reis da primeira raça tiveram um número tão grande de mulheres. Esses casamentos eram menos prova de incontinência do que atributo de dignidade: teria sido feri-los num ponto muito sensível fazê-los perderem tal prerrogativa[35]. Isso explica como o exemplo dos reis não foi seguido pelos súditos.

---

[33] *Prope soli barbarorum singulis uxoribus contenti sunt. De morib. German.* (N. do A.)

[34] *Exceptis admodum paucis qui, non libidine, sed ob nobilitatem, plurimis nuptiis ambiuntur*. Ibid. (N. do A.)

[35] Vide a *Crônica* de Fredegário sobre o ano 628. (N. do A.)

Capítulo XXV
Childerico

"Os casamentos entre os germanos são severos[36]", diz Tácito; "os vícios não são motivo de chacota; corromper ou ser corrompido não é chamado costume ou maneira de viver; numa nação tão numerosa, há poucos exemplos[37] de violação da fé conjugal".

Isso explica a expulsão de Childerico: ele contrariava costumes rígidos, que a conquista não tivera tempo de mudar.

Capítulo XXVI
Da maioridade dos reis francos

Os povos bárbaros que não cultivam a terra não têm propriamente território; e são, como dissemos, mais governados pelo direito das gentes do que pelo direito civil. Andam, portanto, quase sempre armados. Por isso diz Tácito "que os germanos não participavam de nenhum negócio público ou particular sem estarem armados[38]". Davam sua opinião por um sinal que faziam com as armas[39]. Assim que podiam portá-las, eram apresentados à assembleia[40]; punham-lhes entre as mãos um dardo[41]: a partir daí, saíam da infância[42]; eram parte da família, tornavam-se parte da república.

Dizia[43] o rei dos ostrogodos que as águias cessam de "dar alimento aos filhotes assim que se formam as plumas e as unhas; estes já não precisam do socorro dos outros quando perseguem eles próprios a

---

[36] *Severa matrimonia.* [...] *Nemo illic vitia ridet; nec corrumpere et corrumpi saeculum vocatur. De morib. German.* (N. do A.)

[37] *Paucissima in tam numerosa gente adulteria.* Ibid. (N. do A.)

[38] *Nihil, neque publicae, neque privatae rei, nisi armati agunt.* Tácito, *De morib. German.* (N. do A.)

[39] *Si displicuit sententia, aspernantur; sin placuit, frameas concutiunt.* Ibid. (N. do A.)

[40] *Sed arma sumere non ante cuiquam moris quam civitas suffecturum probaverit.* (N. do A.)

[41] *Tum in ipso concilio, vel principium aliquis, vel pater, vel propinquus, scuto frameaque juvenem ornant.* (N. do A.)

[42] *Haec apud illos toga, hic primus juventae honos: ante hoc domus pars videntur, mox republicae.* (N. do A.)

[43] Teodorico, em Cassiodoro, livro I, 38. (N. do A.)

presa. Seria indigno supor que os nossos jovens que estão em nossos exércitos tenham pouca idade demais para administrarem os seus bens e para bem conduzirem a sua vida. A virtude é que faz a maioridade entre os godos".

Childeberto II tinha quinze[44] anos quando Gontrão, seu tio, declarou-o maior e capaz de governar por si mesmo. Vemos nas leis dos ripuários essa idade de quinze anos, a capacidade de portar armas e a maioridade caminharem juntas. "Se um ripuário morrer ou for morto", diz-se ali[45], "e se deixar um filho, este não poderá processar nem ser processado em juízo até ter quinze anos completos; a partir daí responderá por si mesmo ou escolherá um campeão". Deviam ter o espírito e o corpo bastante amadurecidos para se defenderem em juízo e no combate. Entre os borguinhões[46], que também tinham o costume do combate nas ações judiciárias, a maioridade era também aos quinze anos.

Diz-nos Agatias que as armas dos francos eram leves; eles podiam, portanto, chegar à maioridade aos quinze anos. Mais tarde, as armas se tornaram pesadas; e já o eram muito no tempo de Carlos Magno, como fica evidente em nossos capitulários e em nossos romances. Os que[47] possuíam feudos e, por conseguinte, deviam fazer o serviço militar passaram a obter a maioridade só aos vinte e um anos[48].

Capítulo XXVII
Continuação do mesmo assunto

Vimos que entre os germanos não se ia à assembleia antes da maioridade; os menores eram parte da família, e não da república. Isso fez que os filhos de Clodomiro, rei de Orléans e conquistador da Borgonha, não fossem declarados reis; porque com a sua pouca idade não podiam ser apresentados à assembleia. Ainda não eram

---

[44] Ele mal tinha cinco anos, diz Gregório de Tours, livro V, capítulo I, quando sucedeu ao pai, no ano 575; ou seja, quando tinha cinco anos. Gontrão declarou-o maior no ano 585: tinha, pois, quinze anos. (N. do A.)

[45] Tít. 81. (N. do A.)

[46] Tít. 87. (N. do A.)

[47] Não houve mudança para a plebe. (N. do A.)

[48] São Luís só obteve a maioridade nesta idade. Isso mudou por um edito de Carlos V, do ano 1374. (N. do A.)

reis, mas deviam sê-lo quando fossem capazes de portar armas; e enquanto isso Clotilde, sua avó, governava o Estado[49]. Seus tios Clotário e Childeberto os degolaram e dividiram o reino. Esse exemplo foi causa de que, a partir daí, os príncipes órfãos fossem declarados reis logo após a morte dos pais. Assim o duque Gondovaldo salvou Childeberto II da crueldade de Chilperico e o fez ser declarado rei[50] com cinco anos de idade.

Até nessa mudança, porém, se seguiu o primeiro espírito da nação; de sorte que os atos sequer se passavam em nome dos reis órfãos. Houve, assim, uma dupla administração entre os francos: uma que dizia respeito à pessoa do rei órfão, e a outra que dizia respeito ao reino; e, nos feudos, houve uma diferença entre a tutela e o bailio.

Capítulo XXVIII
Da adoção entre os germanos

Como entre os germanos se atingia a maioridade ao receber as armas, ocorria a adoção pelo mesmo sinal. Assim Gontrão, querendo declarar maior seu sobrinho Childeberto e além disso adotá-lo, disse--lhe: "Coloquei[51] este dardo em tuas mãos, em sinal de que te dei o meu reino". E, voltando-se para a assembleia: "Vede que o meu filho Childeberto tornou-se um homem; obedecei a ele". Teodorico, rei dos ostrogodos, querendo adotar o rei dos hérulos, escreveu-lhe[52]: "É algo belo, entre nós, poder ser adotado pelas armas: pois os homens corajosos são os únicos que merecem tornar-se nossos filhos. Há tal força neste ato, que aquele que for o seu objeto sempre preferirá morrer a sofrer algo de vergonhoso. Assim, pelo costume das nações e porque sois um homem, nós vos adotamos por estes escudos, estas espadas, estes cavalos que vos enviamos".

---

[49] Fica claro por Gregório de Tours, livro III, que ela escolheu dois homens da Borgonha, que era uma conquista de Clodomiro, para elevá-los à sé de Tours, que também era do reino de Clodomiro. (N. do A.)

[50] Gregório de Tours, livro V, capítulo 1. *Vix lustro aetatis uno jam peracto, qui, die dominicae natalis, regnare coepit.* (N. do A.)

[51] Vide Gregório de Tours, livro VII, capítulo XXIII. (N. do A.)

[52] Em Cassiodoro, livro IV, 2. (N. do A.)

Capítulo XXIX
Espírito sanguinário dos reis francos

Clóvis não fora o único príncipe dos francos que empreendera expedições nas Gálias; muitos dos seus parentes lá haviam conduzido tribos particulares. Mas, como foi ali muito mais bem-sucedido e pôde conceder situações vantajosas aos que o haviam seguido, os francos acorreram a ele de todas as tribos, e os outros chefes se viram fracos demais para poder resistir-lhe. Concebeu ele o plano de exterminar toda a sua casa, e teve bom êxito[53]. Temia, diz Gregório de Tours[54], que os francos tomassem outro chefe. Seus filhos e seus sucessores adotaram essa prática na medida do possível: continuamente se via o irmão, o tio, o sobrinho — que digo? —, o filho, o pai conspirar contra toda a família. A lei dividia sem cessar a monarquia; o medo, a ambição e a crueldade queriam reuni-la.

Capítulo XXX
Das assembleias nacionais entre os francos

Dissemos acima que os povos que não cultivam a terra gozam de grande liberdade. Era o caso dos germanos. Diz Tácito que só deram aos reis ou chefes um poder muito moderado[55]; e César[56], que não tinham magistrado comum em tempo de paz; mas, em cada aldeia, os príncipes administravam a justiça entre os seus. Assim, os francos, na Germânia, não tinham rei, como o prova muito bem Gregório de Tours[57].

"Os príncipes[58]", diz Tácito, "deliberam sobre coisas pequenas, toda a nação sobre as grandes; de modo, porém, que as questões de

---

[53] Gregório de Tours, livro II. (N. do A.)

[54] Ibid. (N. do A.)

[55] *Nec regibus libera aut infinita potestas. Caeterum neque animadvertere, neque vincire, neque verberare*, etc. *De morib. German.* (N. do A.)

[56] *In pace nullus est communis magistratus; sed principes regionum atque pagorum inter suos jus dicunt. De bello Gall.*, livro VI. (N. do A.)

[57] Livro II. (N. do A.)

[58] *De minoribus principes consultant, de majoribus omnes; ita tamen ut ea quorum penes plebem arbitrium est, apud principes quoque pertractentur. De morib. German.* (N. do A.)

que o povo toma conhecimento são também levadas aos príncipes". Esse costume conservou-se depois da conquista, como[59] vemos em todos os monumentos.

Diz Tácito[60] que os crimes capitais podiam ser levados perante a assembleia. O mesmo aconteceu depois da conquista, e os grandes vassalos foram julgados ali.

Capítulo XXXI
Da autoridade do clero na primeira raça

Entre os povos bárbaros, os sacerdotes costumam ter poder, pois têm tanto a autoridade que devem receber da religião quanto a potência que entre tais povos é dada pela superstição. Assim, vemos em Tácito que os sacerdotes gozavam de muito crédito entre os germanos, e se encarregavam da polícia[61] na assembleia do povo. Só eles[62] tinham permissão para castigar, amarrar, bater: o que faziam, não por ordem do príncipe, nem para infligir uma pena, mas como por inspiração da divindade, sempre presente aos que fazem a guerra.

Não é de espantar se, desde os primórdios da primeira raça, vemos os bispos agirem como árbitros[63] dos julgamentos, se os vemos comparecer à assembleia nacional, se têm tanta influência nas decisões dos reis e se recebem tantos bens.

---

[59] *Lex consensu populi fit et constitutione regis*. Capitulares de Carlos, o Calvo, ano 864, artigo 6. (N. do A.)

[60] *Licet apud concilium accusare et discrimen capitis intendere. De morib. German*. (N. do A.)

[61] *Silentium per sacerdotes, quibus et coercendi jus est, imperatur. De morib. German*. (N. do A.)

[62] *Nec regibus libera aut infinita potestas. Caeterum neque animadvertere, neque vincire, neque verberare, nisi sacerdotibus est permissum; non quasi in poenam, nec ducis jussu, sed velut deo imperante, quem adesse bellatoribus credunt*. Ibid. (N. do A.)

[63] Vide a constituição de Clotário, do ano 560, artigo 6. (N. do A.)

Livro XIX
Das leis, na relação que têm com os princípios que formam o espírito geral, os costumes e as maneiras de uma nação

Capítulo I
Do tema deste livro

Esta matéria é de grande amplidão. Na multidão de ideias que se apresentam ao meu espírito, estarei mais atento à ordem das coisas do que às próprias coisas. Devo ir apartando à direita e à esquerda, avançar, abrir caminho.

Capítulo II
O quanto é necessário que os espíritos estejam preparados para as melhores leis

Nada pareceu mais insuportável aos germanos[1] do que o tribunal de Varo. Aquele que Justiniano erigiu[2] entre os lacienses para fazer o processo do assassino de seu rei pareceu-lhes algo horrível e bárbaro. Mitridates[3], ao discursar contra os romanos, censura-os sobretudo pelas formalidades[4] da justiça. Não puderam os partos suportar aquele rei que, tendo sido sagrado em Roma, se tornou afável[5] e acessível

---

[1] Eles cortavam a língua dos advogados e diziam: "Víbora, para de assobiar!" Tácito. (N. do A.)

[2] Agatias, livro IV. (N. do A.)

[3] Justin., livro XXXVIII. (N. do A.)

[4] *Calumnias litium*. Ibid. (N. do A.)

[5] *Prompti aditus, nova comitas, ignotae Parthis virtutes, nova vitia*. Tácito. (N. do A.)

a todos. A própria liberdade pareceu insuportável a povos que não estavam acostumados a dela gozar. Assim é que um ar puro é por vezes nocivo àqueles que viveram em regiões pantanosas.

Estando um veneziano chamado Balbi em Pegu[6], foi apresentado ao rei. Quando este soube que não havia rei em Veneza, deu tamanha gargalhada, que foi tomado pela tosse e teve muita dificuldade para falar aos seus cortesãos. Que legislador poderia propor o governo popular a semelhantes povos?

Capítulo III
Da tirania

Há dois tipos de tirania: uma real, que consiste na violência do governo; e uma de opinião, que se mostra quando os governantes estabelecem coisas que contrariam a maneira de pensar de uma nação.

Diz Díon que Augusto quis fazer-se chamar Rômulo; mas, tendo sido informado de que o povo temia que quisesse fazer-se rei, mudou de ideia. Os primeiros romanos não queriam um rei porque não podiam tolerar seu poder; os romanos de então não queriam um rei por não suportarem suas maneiras. Pois, embora César, os triúnviros e Augusto fossem autênticos reis, haviam conservado toda a aparência da igualdade, e sua vida privada continha uma espécie de oposição ao fasto dos reis da época; e, se não queriam um rei, isso significava que queriam conservar suas maneiras e não adotar as dos povos da África e do Oriente.

Diz-nos Díon[7] que o povo romano ficou indignado com Augusto, por causa de certas leis muito duras que fizera: mas, tão logo ele trouxe de volta o comediante Pílades, que as facções haviam expulsado da cidade, o descontentamento cessou. Tal povo sentia mais vivamente a tirania quando se expulsava um palhaço do que quando lhe tiravam todas as leis.

---

[6] Ele fez a sua descrição em 1596. *Recueil des voyages qui ont servi à l'établissement de la compagnie des Indes*, t. III, parte I, p. 33. (N. do A.)

[7] Livro LIV, p. 532. (N. do A.)

Capítulo IV
Que é o espírito geral

Muitas coisas governam os homens: o clima, a religião, as leis, as máximas do governo, os exemplos das coisas passadas, os bons costumes, as maneiras, do que se forma um espírito geral que resulta disso.

À proporção que, em cada nação, uma dessas causas age com mais força, as outras lhe cedem outro tanto. A natureza e o clima dominam quase sozinhos os selvagens; as maneiras governam os chineses; as leis tiranizam o Japão; os bons costumes davam antigamente o tom na Lacedemônia; as máximas do governo e os costumes antigos davam-no em Roma.

Capítulo V
O quanto se deve estar atento a não mudar o espírito geral de uma nação

Se houvesse no mundo uma nação de humor sociável, de coração aberto, com alegria de viver, com um gosto, uma facilidade de comunicar os pensamentos; que fosse viva, agradável, divertida, por vezes imprudente, não raro indiscreta; e além disso tivesse coragem, generosidade, franqueza, certo senso da honra, não se deveria procurar prejudicar com as leis as suas maneiras, para não prejudicar as suas virtudes. Se, em geral, o caráter é bom, que importam alguns defeitos que nele se encontrem?

Poder-se-iam refrear suas mulheres, fazer leis para corrigir seus costumes e limitar o luxo: mas quem sabe se não se perderia certo gosto que estaria na origem das riquezas nacionais, e uma polidez que atrai os estrangeiros?

Cabe ao legislador acompanhar o espírito nacional, quando não for contrário aos princípios do governo; pois nada fazemos melhor do que o que fazemos livremente e seguindo o nosso gênio natural.

Dai um espírito de pedantaria a uma nação naturalmente alegre, e o Estado nada ganhará, nem por dentro, nem por fora. Deixai-o fazer seriamente as coisas frívolas, e alegremente as coisas sérias.

Capítulo VI
Que não se deve tudo corrigir

Deixem-nos como somos, dizia um fidalgo de uma nação que muito se assemelha àquela que acabamos de descrever em rápidas pinceladas. A natureza tudo repara. Esta nos deu uma vivacidade capaz de ofender e de nos fazer ultrapassar o limite do respeito; essa mesma vivacidade é corrigida pela polidez que nos proporciona, inspirando-nos o gosto pelo mundo e sobretudo pelo comércio das mulheres.

Deixem-nos como somos. As nossas qualidades indiscretas, unidas à nossa pouca malícia, fazem que as leis que contrariam o nosso temperamento sociável pouco nos convenham.

Capítulo VII
Dos atenienses e lacedemônios

Os atenienses, prosseguia o fidalgo, eram um povo que tinha certa relação com o nosso. Usava de certo humor nos negócios; gostava de um gracejo na tribuna e no teatro. Essa vivacidade de que usava nos conselhos, esse povo a levava à execução. O caráter dos lacedemônios era grave, sério, seco, taciturno. Não tiraríamos mais partido de um ateniense aborrecendo-o do que de um lacedemônio divertindo-o.

Capítulo VIII
Efeitos do humor sociável

Quanto mais os povos se comunicam, mais facilmente mudam de comportamento, porque cada um é mais um espetáculo para o outro; veem-se melhor as singularidades dos indivíduos. O clima que faz que uma nação goste de se comunicar faz também que goste de mudar; e o que faz que uma nação goste de mudar faz também que aprimore o gosto.

A sociedade das mulheres estraga os costumes e aprimora o gosto; a ânsia de agradar mais que os outros estabelece a sofisticação no vestir; e a ânsia de agradar mais do que a si mesmo estabelece as modas. As modas são um objeto importante:

tornando frívolo o espírito, aumentamos sem cessar os ramos de nosso comércio[8].

Capítulo IX
Da vaidade e do orgulho das nações

A vaidade é um motor tão bom para o governo quanto o orgulho lhe é um motor perigoso. Basta para tanto imaginar, por um lado, os inúmeros bens que decorrem da vaidade; vêm dela o luxo, a indústria, as artes, as modas, a polidez, o gosto; e, por outro lado, os males infinitos que nascem do orgulho de certas nações: a preguiça, a pobreza, o abandono de tudo, a destruição das nações que o acaso fez caírem em suas mãos e da sua própria. A preguiça[9] é o efeito do orgulho; o trabalho é consequência da vaidade; o orgulho do espanhol levá-lo-á a não trabalhar; a vaidade do francês levá-lo-á a saber trabalhar melhor do que os outros.

Toda nação preguiçosa é grave, pois os que não trabalham consideram-se soberanos dos que trabalham.

Considerai todas as nações e vereis que na maioria delas a gravidade, o orgulho e a preguiça caminham juntos.

Os povos de Achim[10] são altivos e preguiçosos: os que não têm escravos alugam um, mesmo que seja só para dar cem passos e carregar duas pintas de arroz; julgar-se-iam desonrados se eles mesmos as carregassem.

Há vários lugares da terra onde deixam crescer as unhas, para mostrar que não trabalham.

As mulheres das Índias[11] julgam vergonhoso para elas aprender a ler: isso é coisa, dizem elas, para os escravos que cantam cânticos nos pagodes. Numa casta, elas não fiam; noutra, só fazem cestos e esteiras,

---

[8] Vide a *Fábula das abelhas*. (N. do A.)

[9] Os povos que seguem o cã de Malacamber, os de Carnataca e de Coromandel são povos soberbos e preguiçosos; consomem pouco, porque são miseráveis; ao passo que os mongóis e os povos do Indostão trabalham e gozam das comodidades da vida, como os europeus. *Recueil des voyages qui ont servi à l'établissement de la compagnie des Indes*, tomo I, p. 54. (N. do A.)

[10] Vide Dampierre, t. III. (N. do A.)

[11] *Lettres édifiantes*, coletânea 12, p. 80. (N. do A.)

não devem sequer pilar o arroz; noutras, não devem ir buscar água. O orgulho estabeleceu as suas regras e é preciso segui-las. Não é necessário dizer que as qualidades morais têm efeitos diferentes conforme se unem a outras: assim, o orgulho unido a uma vasta ambição, à grandeza das ideias, etc., produziu entre os romanos os efeitos que sabemos.

Capítulo X
Do caráter dos espanhóis e dos chineses

Os diferentes caracteres das nações são mesclas de virtudes e defeitos, de boas e más qualidades. São felizes as misturas de que decorrem grandes bens, e muitas vezes isso nos surpreende; há aquelas que produzem grandes males, e isso também nos surpreende.

Sempre foi famosa a boa-fé dos espanhóis. Fala-nos Justino[12] de sua fidelidade em guardar o que lhes é confiado; muitas vezes eles morreram para conservá-lo secreto. Essa fidelidade que antigamente tinham, ainda hoje a têm. Todas as nações que comerciam em Cádiz confiam suas riquezas aos espanhóis; jamais se arrependeram disso. Mas essa qualidade admirável, unida à preguiça, compõe uma mistura de que decorrem efeitos que lhes são perniciosos: os povos da Europa fazem, sob a vista deles, todo o comércio de sua monarquia.

O caráter dos chineses forma outra mistura que contrasta com o caráter dos espanhóis. Sua vida precária[13] faz que tenham uma atividade prodigiosa e um desejo tão excessivo de lucro, que nenhuma nação comerciante pode confiar neles[14]. Essa reconhecida infidelidade fez que conservassem o comércio do Japão; nenhum comerciante da Europa ousou tentar fazê-lo em seu nome, por maiores que fossem as facilidades que houvesse em empreendê-lo por suas províncias marítimas do norte.

---

[12] Livro XLIII. (N. do A.)

[13] Pela natureza do clima e do solo. (N. do A.)

[14] Padre Du Halde, t. II. (N. do A.)

Capítulo XI
Reflexão

Não disse isso para diminuir em nada a distância infinita que existe entre os vícios e as virtudes: Deus não o permita! Quis apenas mostrar que nem todos os vícios políticos são vícios morais, e que nem todos os vícios morais são vícios políticos; e isso é o que não devem ignorar os que fazem leis que contrariam o espírito geral.

Capítulo XII
Das maneiras e dos costumes no Estado despótico

É uma máxima capital que não se deve jamais mudar os costumes e os comportamentos no Estado despótico; nada seria mais rapidamente seguido de uma revolução. Isso porque nesses Estados não há leis, por assim dizer, mas apenas costumes e comportamentos: e, se se subverter isso, subverte-se tudo.

Estabelecem-se as leis, inspiram-se os costumes; estes estão mais ligados ao espírito geral, aquelas a uma instituição particular: ora, subverter o espírito geral é tão perigoso quanto, e até mais do que, mudar uma instituição particular.

Há menos comunicação nos países em que cada qual, tanto como superior quanto como inferior, exerce e padece um poder arbitrário, do que naqueles onde reina a liberdade em todas as condições. Ali se muda menos de comportamento e de costumes, portanto; os comportamentos mais definidos aproximam-se mais das leis: assim, um príncipe ou um legislador deve contrariar menos os costumes e os comportamentos do que em qualquer país do mundo.

Ali as mulheres estão por ordinário enclausuradas e não ditam o tom. Nos outros países em que elas vivem com os homens, a ânsia que têm de agradar e o desejo que se tem de também lhes agradar fazem que se mude continuamente de comportamento. Estragam-se os dois sexos, perdem ambos a qualidade distintiva e essencial; introduz-se uma arbitrariedade no que era absoluto, e os comportamentos mudam a cada dia.

Capítulo XIII
Dos comportamentos dos chineses

Mas é na China que os comportamentos são indestrutíveis. Além de as mulheres estarem absolutamente separadas dos homens, ensinam-se nas escolas tanto as condutas como os costumes. Reconhece-se um homem letrado[15] pela maneira como faz a reverência. Uma vez apresentadas como preceitos e por graves doutores, essas coisas se fixam como princípios de moral e já não mudam.

Capítulo XIV
Quais são os meios naturais de mudar os costumes e as maneiras de uma nação

Dissemos que as leis eram instituições particulares e precisas do legislador, e os costumes e os comportamentos, instituições da nação em geral. Segue-se daí que quando se quer mudar os costumes e as maneiras, estes não devem ser mudados pelas leis; isso pareceria tirânico demais: mais vale trocá-los por outros costumes e outras maneiras.

Assim, quando um príncipe quer fazer grandes mudanças em sua nação, deve reformar pelas leis o que é estabelecido pelas leis, e mudar pelos comportamentos o que é estabelecido pelos comportamentos; e é péssima política mudar pelas leis o que deve ser mudado pelos comportamentos.

A lei que obrigava os moscovitas a cortarem a barba e as roupas, e a violência de Pedro I, que mandava cortar até os joelhos os longos trajes dos que entravam nas cidades, eram tirânicas. Há meios para impedir os crimes: as penas; há meios para mudar os comportamentos: os exemplos.

A facilidade e a rapidez com que essa nação se civilizou mostrou bem que esse príncipe fazia dela uma opinião demasiado má; e que esses povos não eram animais, como ele dizia. Eram inúteis os meios violentos de que se valeu; ele teria igualmente alcançado seus objetivos pela brandura.

---

[15] Diz o padre Du Halde. (N. do A.)

Ele próprio sentiu a facilidade dessas mudanças. As mulheres viviam enclausuradas e, de certa forma, como escravas; ele as chamou à corte, fez que se vestissem à moda alemã, mandava-lhes tecidos. Esse sexo logo apreciou um jeito de viver que combinava tanto com seu gosto, sua vaidade e suas paixões, e fez que os homens também o apreciassem.

O que facilitou a mudança foi que os costumes da época eram estranhos ao clima e haviam sido trazidos pela mistura de nações e pelas conquistas. Ao dar os costumes e os comportamentos da Europa a uma nação da Europa, Pedro I deparou-se com facilidades que ele próprio não esperava. O império do clima é o primeiro de todos os impérios. Ele não precisava, pois, de leis para mudar os costumes e os comportamentos da sua nação; teria sido suficiente inspirar outros costumes e outros comportamentos.

Em geral, os povos são muito apegados aos costumes; suprimi-los violentamente é torná-los infelizes: não devem os costumes, pois, ser mudados, mas os povos devem ser encorajados a mudá-los eles mesmos.

É tirânica toda pena que não deriva da necessidade. A lei não é um puro ato de poder; as coisas indiferentes por natureza não são de sua alçada.

Capítulo XV
Influência do governo doméstico sobre a política

Essa mudança dos costumes das mulheres terá sem dúvida grande influência no governo da Moscóvia. Tudo está extremamente ligado: o despotismo do príncipe une-se naturalmente à servidão das mulheres; a liberdade das mulheres ao espírito da monarquia.

Capítulo XVI
Como alguns legisladores confundiram os princípios que governam os homens

Os costumes e as maneiras são práticas que as leis não estabeleceram, ou não puderam ou não quiseram estabelecer.

Há entre as leis e os costumes a seguinte diferença: as leis regulam os atos do cidadão, e os costumes regulam os atos do homem. Há entre os costumes e as maneiras a seguinte diferença: as primeiras dizem mais respeito à conduta interior, as outras, à exterior.

Por vezes num Estado essas coisas se confundem[16]. Fez Licurgo um mesmo código para as leis, os costumes e as maneiras; o mesmo fizeram os legisladores da China.

Não é de admirar se os legisladores da Lacedemônia e da China confundiram leis, costumes e maneiras: é que os costumes representam as leis, e as maneiras representam os costumes.

Os legisladores da China tinham como principal objetivo fazer que seu povo vivesse tranquilo. Quiseram que os homens se respeitassem muito; que cada qual sentisse a cada instante que devia muito aos outros, que não havia nenhum cidadão que não dependesse, sob certo aspecto, de outro cidadão. Deram, portanto, às regras da civilidade a mais ampla extensão.

Assim, entre os povos chineses, vimos aldeãos[17] observarem uns com os outros cerimônias como as de pessoas de condição elevada: meio muito adequado para inspirar a brandura, para manter a paz e a boa ordem em meio ao povo e para suprimir todos os defeitos que vêm de um espírito duro. Com efeito, libertar-se das regras da civilidade não é buscar um meio de dar livre rédea aos defeitos?

A civilidade, sob esse aspecto, vale mais do que a polidez. A polidez adula os vícios dos outros e a civilidade nos impede de revelar os nossos: é uma barreira que os homens colocam entre si para impedir que se corrompam.

Licurgo, cujas instituições eram duras, não teve a civilidade como objetivo quando formou os comportamentos; teve em vista aquele espírito belicoso que queria dar ao povo. Pessoas sempre a corrigir ou sempre corrigidas, que instruíam sempre e eram sempre instruídas, igualmente simples e rígidas, praticavam entre si mais as virtudes do que a cortesia.

---

[16] Moisés fez um mesmo código para as leis e para a religião. Os primeiros romanos confundiram os antigos costumes com as leis. (N. do A.)

[17] Vide o padre Du Halde. (N. do A.)

Capítulo XVII
Propriedade inerente ao governo da China

Os legisladores da China fizeram mais[18]: confundiram a religião, as leis, os costumes e os comportamentos; tudo isso era a moral, tudo isso a virtude. Os preceitos referentes a esses quatro pontos foram o que chamavam de ritos. Foi na observação exata desses ritos que o governo chinês triunfou. Passava-se toda a juventude a aprendê-los, toda a vida a praticá-los. Os doutos ensinaram-nos, os magistrados pregaram-nos. E, como abrangiam todos os pequenos atos da vida, quando conseguiram fazê-los observar rigorosamente a China foi bem governada.

Duas coisas puderam gravar com facilidade os ritos no coração e na mente dos chineses; uma, sua maneira extremamente complexa de escrever, que fez que, durante parte muito grande da vida, o espírito se ocupasse unicamente[19] desses ritos, porque foi preciso aprender a ler nos livros e pelos livros que os continham; a outra, que, como os preceitos dos ritos nada tinham de espiritual, mas eram simplesmente regras de uma prática comum, é mais fácil convencer e impressionar com eles os espíritos, do que com uma coisa intelectual.

Os príncipes que, em vez de governar pelos ritos, governaram pela força dos suplícios quiseram fazer que os suplícios fizessem o que não está em seu poder: dar costumes. Os suplícios poderão arrancar da sociedade um cidadão que, tendo perdido os seus bons costumes, viole as leis: mas, se todos perderem os bons costumes, será que os restabelecerão? Os suplícios podem deter muitas consequências do mal geral, mas não corrigirão esse mal. Assim, quando se abandonaram os princípios do governo chinês, quando a moral se perdeu, o Estado caiu na anarquia e aconteceram revoluções.

---

[18] Vide os livros clássicos, de que o padre Du Halde nos deu trechos tão belos. (N. do A.)

[19] Foi o que estabeleceu a emulação, a aversão ao ócio e a estima pelo saber. (N. do A.)

Capítulo XVIII
Consequência do capítulo anterior

Segue-se daí que a China não perde as suas leis quando é conquistada. Como as maneiras, os costumes, as leis, a religião são a mesma coisa, não se pode mudar tudo isso de uma vez. E, como é preciso que o vencedor ou o vencido mude, na China sempre quem mudou foi o vencedor; pois, como os seus costumes não são as suas maneiras, as suas maneiras as suas leis, as suas leis a sua religião, foi mais fácil curvar-se o vencedor pouco a pouco diante do povo vencido do que o povo vencido perante o vencedor.

Segue-se também daí algo muito triste: é quase impossível que um dia o cristianismo se estabeleça na China[20]. Os votos de virgindade, as reuniões de mulheres nas igrejas, sua comunicação necessária com os ministros da religião, a participação delas nos sacramentos, a confissão auricular, a extrema-unção, o casamento com uma só mulher: tudo isso contraria os costumes e as maneiras do país e atinge ao mesmo tempo a religião e as leis.

A religião cristã, pelo estabelecimento da caridade, pelo culto público, pela participação nos mesmos sacramentos, parece exigir que tudo se una: os ritos chineses parecem ordenar que tudo se separe.

E, como vimos que tal separação[21] está em geral ligada ao espírito do despotismo, encontraremos aí uma das razões que fazem que o governo monárquico e todo governo moderado se aliem melhor[22] com a religião cristã.

Capítulo XIX
Como se deu essa união da religião, das leis, dos costumes e das maneiras entre os chineses

Os legisladores da China tiveram como principal objetivo do governo a tranquilidade do império. Pareceu-lhes a subordinação o meio mais adequado para mantê-la. Com essa ideia, julgaram dever

---

[20] Vide as razões dadas pelos magistrados chineses, nos decretos pelos quais proscrevem a religião cristã. *Lettres édifiantes*, coletânea 17. (N. do A.)

[21] Vide o livro IV, capítulo III; o livro XIX, capítulo XII. (N. do A.)

[22] Vide abaixo o livro XXIV, capítulo III. (N. do A.)

inspirar o respeito pelos pais e juntaram todas as suas forças para isso. Estabeleceram um sem-número de ritos e de cerimônias para honrá-los enquanto vivos e depois da morte. As cerimônias pelos pais mortos estavam mais relacionadas com a religião; as pelos pais vivos, mais com as leis, os costumes e as maneiras: mas eram apenas partes de um mesmo código, e esse código era muito vasto.

O respeito pelos pais estava necessariamente ligado com tudo o que representava os pais, os anciãos, os mestres, os magistrados, o imperador. Esse respeito pelos pais supunha em troca o amor pelos filhos; e, por conseguinte, a mesma compensação dos velhos aos jovens, dos magistrados aos que lhe estavam submetidos, do imperador aos súditos. Tudo isso formava ritos; e esses ritos, o espírito geral da nação.

Perceberemos a relação que podem ter com a constituição fundamental da China as coisas que parecem mais indiferentes. Esse império é constituído sobre a ideia do governo de uma família. Se diminuirdes a autoridade paternal, ou até se suprimirdes as cerimônias que exprimem o respeito que se tem por ela, enfraquecereis o respeito pelos magistrados, que são vistos como pais; os magistrados não terão mais a mesma atenção com os povos, que devem considerar como filhos; essa relação de amor que existe entre o príncipe e os súditos também irá aos poucos se perdendo. Suprimi uma dessas práticas e abalareis o Estado. É completamente indiferente em si que todas as manhãs uma nora se erga para cumprir tais e tais deveres para com a sogra; mas, se atentarmos para o fato de que essas práticas exteriores invocam sem cessar um sentimento que é necessário imprimir em todos os corações e que de todos os corações formará o espírito que governa o império, veremos que é necessário que se faça tal ou tal ato particular.

Capítulo XX
Explicação de um paradoxo sobre os chineses

O curioso é que os chineses, cuja vida é inteiramente dirigida pelos ritos, sejam, porém, o povo mais patife da terra. Isso fica claro sobretudo no comércio, que jamais conseguiu inspirar-lhes a boa-fé que lhe é natural. Aquele que compra deve trazer[23] a sua própria balan-

---

[23] *Journal* de Lange, em 1721 e 1722; t. VIII de *Voyages du Nord*, p. 363. (N. do A.)

ça, já que cada comerciante tem três, uma pesada para comprar, uma leve para vender e uma precisa para aqueles que estão desconfiados. Creio poder explicar essa contradição.

Os legisladores da China tiveram dois objetivos: quiseram que o povo fosse submisso e tranquilo, e que fosse laborioso e industrioso. Pela natureza do clima e do solo, o povo tem uma vida precária; só pela indústria e pelo trabalho se pode assegurar a vida.

Quando todos obedecem e todos trabalham, o Estado está numa boa situação. A necessidade e talvez a natureza do clima é que deram a todos os chineses uma inconcebível avidez pelo lucro; e as leis não se empenharam em detê-los. Tudo foi proibido quando se tratava de adquirir pela violência; tudo foi permitido quando se tratava de obter por artifício ou por habilidade. Não comparemos, pois, a moral dos chineses com a da Europa. Cada chinês teve de estar atento ao que lhe fosse útil: se o patife velou pelos seus interesses, aquele que foi enganado devia ter cuidado dos seus. Na Lacedemônia era permitido roubar; na China, é permitido enganar.

Capítulo XXI
Como as leis devem relacionar-se com os costumes e as maneiras

Apenas instituições singulares confundem assim certas coisas naturalmente separadas, as leis, os costumes e as maneiras: mas, embora estejam separadas, não deixam de ter grandes relações umas com as outras.

Perguntaram a Sólon se as leis que dera aos atenienses eram as melhores: "Dei-lhes", respondeu ele, "as melhores que eles podiam suportar"; bela resposta, que deveria ser ouvida por todos os legisladores. Quando a sabedoria divina diz ao povo judeu: "Eu vos dei preceitos que não são bons", isso significa que só tinham uma bondade relativa; o que é a esponja de todas as dificuldades que se possam levantar contra a lei de Moisés.

Capítulo XXII
Continuação do mesmo assunto

Quando um povo tem bons costumes, tornam-se simples as leis.

Diz Platão[24] que Radamante, governante de um povo extremamente religioso, expedia todos os processos com rapidez, com base apenas num juramento sobre cada acusação. Mas, diz o mesmo Platão[25], quando um povo não é religioso, só se pode fazer uso do juramento em ocasiões em que aquele que jura é desinteressado, como um juiz e testemunhas.

Capítulo XXIII
Como as leis seguem os costumes

Na época em que os costumes dos romanos eram puros, não havia uma lei específica contra o peculato. Quando esse crime começou a aparecer, foi julgado tão infame, que ser condenado a restituir o que se havia tomado[26] foi considerado uma grande penalidade; prova disso é o julgamento de L. Cipião[27].

Capítulo XXIV
Continuação do mesmo assunto

As leis que dão a tutela à mãe estão mais atentas à conservação da pessoa do pupilo; as que a dão ao herdeiro mais próximo estão mais atentas à conservação dos bens. Entre os povos de costumes corrompidos, mais vale dar a tutela à mãe. Entre aqueles em que as leis devem ter confiança nos costumes dos cidadãos, dá-se a tutela ao herdeiro dos bens ou à mãe, e por vezes a ambos.

Se refletirmos sobre as leis romanas, descobriremos que seu espírito é conforme ao que digo. Na época em que fizeram a lei das Doze Tábuas, eram admiráveis os costumes de Roma. Concederam a tutela ao parente mais próximo do pupilo, pensando que deveria ter a tutela quem pudesse beneficiar-se da sucessão. Não acreditaram que a vida do pupilo estivesse em perigo, embora fosse posta nas mãos

---

24 *Das leis*, livro XII. (N. do A.)

25 Ibid. (N. do A.)

26 *In simplum*. (N. do A.)

27 Tito Lívio, livro XXXVIII. (N. do A.)

daquele para quem seria útil a sua morte. Mas, quando os costumes de Roma mudaram, vimos os legisladores também mudarem a maneira de pensar. Se, na substituição pupilar, dizem Caio[28] e Justiniano[29], o testador temer que o substituído arme ciladas contra o pupilo, pode deixar a descoberto a substituição vulgar[30] e pôr a pupilar numa parte do testamento que só se poderá abrir depois de certo tempo. Essas eram precauções desconhecidas dos primeiros romanos.

Capítulo XXV
Continuação do mesmo assunto

A lei romana dava a liberdade de se darem presentes antes do casamento; depois do casamento, já não o permitia. Isso se baseava nos costumes dos romanos, que só eram levados ao casamento pela frugalidade, pela simplicidade e pela modéstia; mas podiam deixar-se seduzir pelos cuidados domésticos, pelas complacências e pela felicidade de toda uma vida.

A lei dos visigodos[31] determinava que o esposo não pudesse dar àquela que devia desposá-lo mais do que um décimo dos seus bens; e que não pudesse dar-lhe nada no primeiro ano do casamento. Isso também vinha dos costumes do país. Os legisladores queriam deter essa jactância espanhola, propensa a fazer liberalidades excessivas, num ato estrepitoso.

Com suas leis, os romanos detiveram alguns inconvenientes do mais duradouro império do mundo, que é o da virtude: os espanhóis, com as suas, queriam impedir os maus efeitos da tirania mais frágil do mundo, que é a da beleza.

---

[28] *Instit.*, livro II, título 6, § 2; compilação de Ozel, em Leiden, 1658. (N. do A.)

[29] *Instit.*, livro II, *de pupil.*, *substit.*, § 3. (N. do A.)

[30] A substituição vulgar é: "Se fulano não assumir a herança, eu o substituo", etc. A pupilar é: "Se fulano morrer antes da puberdade, eu o substituo", etc. (N. do A.)

[31] Livro III, título 1, § 5. (N. do A.)

Capítulo XXVI
Continuação do mesmo assunto

A lei de Teodósio e de Valentiniano[32] tirou as causas de repúdio dos antigos costumes[33] e das maneiras dos romanos. Incluiu entre essas causas o ato do marido[34] que castigasse a esposa de maneira indigna de uma pessoa livre. Essa causa foi omitida nas leis seguintes[35]: isso porque os costumes haviam mudado a esse respeito; os costumes do Oriente haviam tomado o lugar dos da Europa. O primeiro eunuco da imperatriz esposa de Justiniano II ameaçou-a, diz a história, com aquele castigo com que se punem as crianças nas escolas. Só mesmo os costumes estabelecidos, ou os costumes que procuram estabelecer-se, podem fazer imaginar semelhante coisa.

Vimos como as leis seguem os costumes: vejamos agora como os costumes seguem as leis.

Capítulo XXVII
Como as leis podem contribuir para formar os costumes, as maneiras e o caráter de uma nação

Os hábitos de um povo escravo são parte da sua servidão; os de um povo livre, parte da sua liberdade.

Falei no livro XI[36] de um povo livre; apresentei os princípios da sua constituição; vejamos os efeitos que devem deles decorrer, o caráter que a partir deles pode formar-se e as maneiras que deles resultam.

Não digo que o clima tenha produzido, em grande parte, as leis, os costumes e as maneiras dessa nação; mas digo que os costumes e as maneiras dessa nação deveriam estar muito relacionados com as suas leis.

Como haveria nesse Estado dois poderes visíveis, o poder legislativo e o executivo, e como todo cidadão teria a sua vontade própria

---

[32] Leg. VIII, cód. *de repudiis*. (N. do A.)

[33] E da lei das Doze Tábuas. Vide Cícero, *Segunda Filípica*. (N. do A.)

[34] *Si verberibus, quae ingenuis aliena sunt, afficientem probaverit*. (N. do A.)

[35] Novela 117, capítulo XIV. (N. do A.)

[36] Capítulo VI. (N. do A.)

e se valeria a seu bel-prazer da sua independência, a maioria das pessoas teria mais afeição por um desses poderes do que pelo outro, já que a multidão não costuma ter equidade ou sensatez suficientes para apreciá-los igualmente a ambos.

E, como o poder executivo, dispondo de todos os cargos, poderia dar grandes esperanças e jamais temores, todos os que obtivessem algo dele seriam levados a passar para o seu lado, e este poderia ser atacado por todos aqueles que dele nada esperassem.

Sendo livres todas as paixões, o ódio, a inveja, o ciúme, a ânsia de riquezas e de distinção se mostrariam em toda a sua amplitude; e, se tal não acontecesse, o Estado seria como um homem abatido pela doença, que não tem paixões porque não tem forças.

O ódio que existiria entre os dois partidos seria duradouro, pois seria sempre impotente.

Sendo esses partidos compostos de homens livres, se um levasse a melhor de modo decisivo, o efeito da liberdade seria que este seria rebaixado, ao passo que os cidadãos, como as mãos que socorrem o corpo, viriam reerguer o outro.

Como cada particular, sempre independente, seguiria muito os seus caprichos e fantasias, mudar-se-ia frequentemente de partido; abandonar-se-ia um partido em que se deixariam todos os amigos, para unir-se a outro em que se encontrariam todos os inimigos; e não raro, nessa nação, as leis da amizade e do ódio poderiam ser esquecidas.

O monarca estaria no mesmo caso dos particulares; e, contra as máximas ordinárias da prudência, seria muitas vezes obrigado a confiar naqueles que mais o houvessem contrariado e a prejudicar os que melhor o houvessem servido, fazendo por necessidade o que os outros príncipes fazem por livre escolha.

Tememos ver escapar um bem que sentimos, que mal conhecemos e que podem ocultar de nós; e o temor sempre aumenta os objetos. O povo ficaria preocupado com a situação e acreditaria estar em perigo mesmo nos momentos mais seguros.

Como aqueles que mais energicamente se oporiam ao poder executivo não poderiam confessar os motivos interessados de sua oposição, aumentariam o terror do povo, que jamais saberia exatamente se estaria ou não em perigo. Mas isso mesmo ajudaria a fazê-lo evitar os verdadeiros perigos a que poderia em seguida se expor.

Mas, tendo o corpo legislativo a confiança do povo e sendo mais esclarecido que este, poderia fazê-lo superar as más impressões que lhe teriam passado e acalmar essas reações.

Essa é a grande vantagem que esse governo teria sobre as democracias antigas, nas quais o povo tinha um poder imediato; pois, quando os oradores o agitavam, tais agitações sempre produziam o seu efeito.

Assim, quando os terrores infundidos não tivessem objeto certo, só produziriam vãos clamores e injúrias; e produziriam até o bom efeito de retesar todas as molas do governo e tornar atentos todos os cidadãos. Mas, se esses terrores nascessem por ocasião da subversão das leis fundamentais, seriam surdos, funestos, atrozes e provocariam catástrofes.

Logo se veria uma calma medonha, durante a qual tudo se reuniria contra o poder violador das leis.

Se, no caso de as inquietações não terem objeto certo, alguma potência estrangeira ameaçasse o Estado e pusesse em perigo a sua riqueza ou a sua glória, então, cedendo os pequenos interesses aos maiores, todos se reuniriam em favor do poder executivo.

Pois, se as disputas se houvessem formado por ocasião da violação das leis fundamentais e surgisse uma potência estrangeira, haveria uma revolução que não mudaria a forma de governo, nem a sua constituição; pois as revoluções que a liberdade forma são apenas uma confirmação da liberdade.

Pode uma nação livre ter um libertador; uma nação subjugada só pode ter um opressor.

Pois todo homem com força suficiente para expulsar aquele que já é senhor absoluto num Estado tem força também para ele mesmo tornar-se tal.

Como para gozar da liberdade é preciso que cada qual possa dizer o que pensa, e, para conservá-la, é preciso também que cada qual possa dizer o que pensa, um cidadão nesse Estado diria e escreveria tudo o que as leis não lhe proibissem expressamente dizer ou escrever.

Tal nação, sempre ardente, poderia ser mais facilmente guiada pelas paixões do que pela razão, que jamais produz grandes efeitos sobre o espírito dos homens; e seria fácil para aqueles que a governassem fazê-la empreender ações contra os seus verdadeiros interesses.

Tal nação amaria prodigiosamente a sua liberdade, porque tal liberdade seria verdadeira: e poderia acontecer de, para defendê-la, sacrificar os bens, a riqueza, os interesses, arcar com os impostos mais duros, tais que nem o príncipe mais absoluto ousaria impor aos súditos.

Como, porém, essa nação teria um conhecimento certo da necessidade de se submeter a tais impostos, que pagaria na esperança bem fundada de não pagar mais, os encargos seriam mais pesados do que o sentimento desses encargos, ao passo que há Estados em que o sentimento está infinitamente acima do mal.

Gozaria de um crédito certo, pois tomaria emprestado de si mesma e se pagaria ela mesma. Poderia acontecer de fazer empreendimentos acima das suas forças naturais e empregar contra os inimigos imensas riquezas fictícias, que a confiança e a natureza do governo tornariam reais.

Para conservar a liberdade, tomaria emprestado dos súditos; e os súditos, que veriam que seu crédito estaria perdido se a nação fosse conquistada, teriam um novo motivo para esforçarem-se ao máximo na defesa da liberdade.

Se tal nação habitasse uma ilha, não seria conquistadora, porque conquistas separadas a enfraqueceriam. Se o solo da ilha fosse bom, sê-lo-ia menos ainda, pois não precisaria da guerra para enriquecer. E, como nenhum cidadão dependeria de outro cidadão, cada qual daria mais valor à sua liberdade do que à glória de alguns cidadãos, ou de um só.

Lá, os militares seriam considerados gente de um ofício que pode ser útil e muitas vezes perigoso, como pessoas cujos serviços são trabalhosos para a própria nação; e as qualidades civis gozariam de maior consideração.

Essa nação, que a paz e a liberdade tornariam rica, livre dos preconceitos destruidores, teria propensão a se tornar comerciante. Se tivesse alguma dessas mercadorias primitivas que servem para fazer aquelas coisas a que a mão do operário dá grande valor, poderia criar estabelecimentos capazes de lhe proporcionar em toda a sua amplitude o gozo desse dom do céu.

Se tal nação se situasse no norte e tivesse grande quantidade de gêneros supérfluos, como careceria também de grande quantidade de mercadorias que o seu clima lhe negaria, faria um comércio necessário, mas grande, com os povos do sul; e, escolhendo os Estados que favoreceria com um comércio vantajoso, faria tratados mutuamente úteis com a nação que tivesse escolhido.

Num Estado em que, por um lado, a opulência seria extrema e, por outro, os impostos excessivos, dificilmente se poderia viver sem trabalhar, com uma riqueza limitada. Muita gente, sob pretexto de viagem ou de saúde, buscaria o exílio e iria atrás da abundância até nos países da servidão.

Tem uma nação comerciante um número prodigioso de pequenos

interesses particulares; pode, pois, contrariar e ser contrariada de um sem-número de maneiras. Ela se tornaria soberanamente ciumenta; e se afligiria mais com a prosperidade das outras do que gozaria da sua própria.

E as suas leis, aliás suaves e fáceis, poderiam ser tão rígidas em relação ao comércio e à navegação que nela se praticassem, que era de crer que só negociasse com inimigos.

Se essa nação fundasse colônias distantes, fá-lo-ia mais para ampliar o comércio do que a dominação.

Como gostamos de estabelecer alhures o que vemos estabelecido entre nós, tal nação daria aos povos das suas colônias a forma do seu governo próprio; e, como esse governo traria consigo a sua prosperidade, veríamos formarem-se grandes povos nas próprias florestas a que enviasse habitantes.

Pode ser que essa nação tivesse antigamente subjugado uma nação vizinha, que, pela situação, pela excelência dos portos e pela natureza das riquezas, lhe causasse ciúme: assim, embora lhe tivesse dado as suas próprias leis, mantê-la-ia sob grande dependência; de modo que os cidadãos seriam livres e o próprio Estado seria escravo.

O Estado conquistado teria um ótimo governo civil, mas seria arruinado pelo direito das gentes; e lhe imporiam leis de nação a nação, que seriam tais, que a sua prosperidade só poderia ser precária, e apenas como depósito para um senhor.

Como a nação dominante habita uma grande ilha e tem a posse de um grande comércio, teria toda espécie de facilidade para dispor de forças navais; e, como a conservação da sua liberdade exigiria que não tivesse nem praças-fortes, nem fortalezas, nem exércitos de terra, precisaria de uma marinha de guerra que a protegesse das invasões; e a sua marinha seria superior à de todas as potências que, tendo de empregar as suas finanças para a guerra terrestre, não contariam mais com o bastante para a guerra marítima.

O domínio do mar sempre deu aos povos que o possuíram um orgulho natural; porque, sentindo-se capazes de atacar em toda parte, creem que o seu poder não tem mais limites do que o oceano.

Tal nação poderia ter grande influência nas questões dos vizinhos. Pois, como não usaria o seu poder para conquistar, sua amizade seria mais procurada e se temeria mais o seu ódio do que a inconstância do seu governo e a sua agitação interior pareceriam prometer.

Assim, seria o destino do poder executivo ser quase sempre importunado dentro e respeitado fora.

Se acontecesse de essa nação tornar-se em certas ocasiões o centro das negociações da Europa, para lá levaria um pouco mais de probidade e de boa-fé do que os outros; porque, como os seus ministros são sempre obrigados a justificar a sua conduta diante de um conselho popular, as suas negociações não poderiam ser secretas e seriam forçados a ter, a esse respeito, um pouco mais de honestidade.

Além disso, como seriam, de certo modo, fiadores dos acontecimentos que uma conduta irregular poderia provocar, o mais seguro para eles seria tomar o caminho mais reto.

Se os nobres tivessem tido, em certas épocas, um poder imoderado na nação e o monarca tivesse conseguido rebaixá-los, elevando o povo, o ponto de maior servidão teria sido entre o momento do rebaixamento dos poderosos e aquele em que o povo teria começado a sentir o seu poder.

Pode ser que essa nação, tendo estado antigamente submetida a um poder arbitrário, tivesse, em diversas ocasiões, conservado o seu estilo; de maneira que, sobre o fundo de um governo livre, não raro veríamos a forma de um governo absoluto.

No que se refere à religião, como nesse Estado cada cidadão teria a sua vontade própria e seria, portanto, guiado por suas próprias luzes ou fantasias, aconteceria que ou cada um seria muito indiferente a todo tipo de religião de qualquer espécie que fosse, e com isso todos seriam levados a adotar a religião dominante, ou que seriam zelosos pela religião em geral, e com isso as seitas se multiplicariam.

Não seria impossível que houvesse nessa nação pessoas sem religião e que, porém, não gostariam de ser obrigadas a abandonar a religião que teriam se tivessem alguma: pois logo sentiriam que tanto a vida e os bens quanto a maneira de pensar não lhes pertenceriam; e que quem pode surrupiar um também pode tirar do outro.

Se, entre as diversas religiões, houvesse uma ao estabelecimento da qual se teria tentado chegar por meio da escravidão, tal religião ali seria odiosa; porque, como julgamos as coisas pelas ligações e pelos acessórios que a elas acrescentamos, esta jamais se apresentaria ao espírito com a ideia da liberdade.

As leis contra aqueles que professassem essa religião não seriam sanguinárias, pois a liberdade não imagina esse tipo de castigo; mas seriam tão repressivas, que fariam todo mal que se possa fazer serenamente.

Poderia acontecer de mil maneiras que o clero tivesse tão pouco crédito, que os outros cidadãos teriam mais do que ele. Assim, em vez de se separar, preferiria suportar os mesmos encargos que os leigos e, sob esse aspecto, constituir um mesmo corpo; mas, como continuaria a tentar atrair o respeito do povo, distinguir-se-ia por uma vida mais retirada, um comportamento mais reservado e costumes mais puros.

Não podendo esse clero proteger a religião nem ser protegido por ela, sem força para obrigar, buscaria persuadir: veríamos sair de sua pluma livros excelentes, para provar a revelação e a providência do grande Ser.

Poderia acontecer de evitarem as suas assembleias e até não quererem que corrigisse os seus abusos; e que, por um delírio da liberdade, preferissem deixar imperfeita a sua reforma, a suportar que tal clero fosse reformador.

Fazendo parte da constituição fundamental, as dignidades seriam mais fixas do que nos outros países; mas, por outro lado, os poderosos, nesse país de liberdade, se aproximariam mais do povo; as hierarquias seriam, pois, mais separadas, e as pessoas, mais misturadas.

Tendo os que governam um poder que, por assim dizer, se reconstrói e se refaz todos os dias, teriam mais consideração pelos que lhes são úteis do que pelos que os divertem: assim, ali se veriam poucos cortesãos, aduladores e parasitas, enfim, todo esse tipo de gente que faz os grandes pagarem pelo próprio vazio de suas mentes.

Os homens não seriam estimados pelos talentos ou atributos frívolos, mas por qualidades reais; e, desse gênero, só há duas, as riquezas e o mérito pessoal.

Haveria um luxo sólido, baseado, não em refinamentos da vaidade, mas no das necessidades reais; e quase só se buscariam nas coisas os prazeres que a natureza nelas pôs.

Gozar-se-ia de muito supérfluo e, no entanto, as coisas frívolas seriam vedadas: assim, tendo muitos mais bens do que ocasiões de gastar, os empregariam de estranha maneira; e nessa nação haveria mais inteligência do que bom gosto.

Como as pessoas estariam sempre ocupadas com os seus interesses, não teriam essa polidez que se baseia no ócio; e o ócio faz nascer a polidez.

A época da polidez dos romanos é a mesma que a do estabelecimento do poder arbitrário. O governo absoluto produz o ócio; e o ócio faz nascer a polidez.

Quanto mais houver numa nação gente que precise receber um tratamento atencioso, que não a desagrade, mais polidez haverá.

Mas é mais a polidez dos costumes do que a das maneiras, que deve distinguir-nos dos povos bárbaros.

Numa nação em que todo homem, à sua maneira, participasse da administração do Estado, as mulheres quase não deveriam viver com os homens. Seriam, portanto, modestas, ou seja, tímidas: essa timidez seria a sua virtude; ao passo que os homens, sem galantaria, se entregariam a uma dissolução que lhes deixaria toda a liberdade e todo o lazer.

Como as leis não são ali feitas mais para um particular do que para outro, cada qual se consideraria monarca; e os homens dessa nação seriam mais confederados do que concidadãos.

Se o clima tivesse dado a muita gente um ânimo inquieto e ideias amplas, num país em que a constituição daria a todos uma parte do governo e interesses políticos, muito se falaria de política; haveria gente que passaria a vida a calcular acontecimentos, que, dada a natureza das coisas e o capricho da fortuna, ou seja, dos homens, estão pouco sujeitos a cálculo.

Numa nação livre, muitas vezes é indiferente que os particulares raciocinem bem ou mal; basta que raciocinem: vem daí a liberdade, que garante os efeitos desses mesmos raciocínios.

Da mesma forma, num governo despótico é igualmente prejudicial que se raciocine bem ou mal; basta que se raciocine, para que o princípio do governo seja contrariado.

Muita gente que não se preocuparia em agradar a ninguém se entregaria ao mau humor. A maioria, com inteligência, seria atormentada pela sua própria inteligência: no desdém ou na repulsa de tudo, seriam infelizes com tantos motivos para não o serem.

Como nenhum cidadão teme outro cidadão, esta seria uma nação altiva; pois a altivez dos reis só se funda em sua independência.

São soberbas as nações livres; as outras podem mais facilmente ser vãs.

Mas como esses homens tão altivos vivem muito consigo mesmos, com frequência se veriam em meio a gente desconhecida; ficariam tímidos; e veríamos neles, a maior parte do tempo, uma estranha mistura de vergonha deslocada e de altivez.

O caráter nacional mostrar-se-ia sobretudo em seus trabalhos de espírito, nos quais veríamos pessoas recolhidas, que teriam pensado sozinhas.

Ensina-nos a sociedade a perceber o ridículo; o retraimento torna-nos mais próprios a perceber os defeitos. Seus textos satíricos seriam sangrentos; e haveria muitos Juvenais entre eles, antes de terem encontrado um Horácio.

Nas monarquias extremamente absolutas, os historiadores traem a verdade, porque não têm liberdade para dizê-la; nos Estados extremamente livres, eles traem a verdade por causa de sua própria liberdade, que, sempre produzindo divisões, torna cada qual tão escravo dos preconceitos de sua facção quanto o seria de um déspota.

Seus poetas teriam com maior frequência aquela rudeza original da invenção, do que certa delicadeza proporcionada pelo bom gosto; encontraríamos ali algo mais perto da força de Michelangelo do que da graça de Rafael.

QUARTA PARTE

Livro XX
Das leis, na relação que têm com o comércio, considerado em sua natureza e em suas distinções

Docuit quae maximus Atlas.
Virgílio, *Eneida*

Invocação das Musas

Virgens do Monte Piéria, ouvis o nome que vos dou? Inspirai-me. Corri uma longa carreira. Estou exausto de dores, fadigas e aborrecimentos. Dai ao meu espírito essa calma e essa doçura que hoje fugiu para longe de mim. Jamais sois tão divinas como quando levais à sabedoria e à verdade pelo prazer.

Mas, se não quiserdes abrandar o rigor dos meus trabalhos, ocultai o próprio trabalho. Fazei que eu reflita e pareça sentir. Fazei que a gente se instrua e eu não ensine, e que, quando eu anuncie coisas úteis, creiam que eu nada sabia e que vós tudo me dissestes.

Quando as águas da vossa fonte brotam da rocha que amais, não sobem aos ares para tornar a cair, mas correm pela planície, fazem a vossa delícia porque fazem a delícia dos pastores.

Encantadoras Musas, se lançardes sobre mim um só de vossos olhares, todos lerão os meus livros, e o que devia ser apenas uma diversão será um prazer.

Divinas Musas, sinto que me inspirais, não só o que se canta em Tempe nas flautas ou o que se repete em Delos na lira. Quereis também que eu faça falar a razão. Tal é o mais nobre, o mais perfeito, o mais fino dos nossos sentidos.

Capítulo I
Do comércio

As matérias que se seguem exigiriam ser tratadas com maior vagar; mas a natureza deste trabalho não o permite. Gostaria de navegar por um rio tranquilo; sou arrastado por uma torrente.

O comércio cura dos preconceitos destrutivos: e é quase uma regra geral que, em toda parte onde há costumes brandos, há comércio; e em toda parte onde há comércio, há costumes brandos.

Não é de espantar, pois, que os nossos costumes sejam menos ferozes do que antigamente. O comércio fez que o conhecimento dos costumes de todas as nações tenha penetrado em toda parte: são comparados uns com os outros, e disso resultam grandes bens.

Podemos dizer que as leis do comércio aperfeiçoam os costumes; pela mesma razão por que essas mesmas leis corrompem os costumes. Corrompe o comércio os costumes puros[1]; este era o tema das queixas de Platão: o comércio pule e abranda os costumes bárbaros, como vemos todos os dias.

Capítulo II
Do espírito do comércio

O efeito natural do comércio é levar à paz. Duas nações que fazem negócios uma com a outra tornam-se reciprocamente dependentes: se uma tem interesse em comprar, a outra tem interesse em vender; e todas as uniões se baseiam em necessidades mútuas.

Se, porém, o espírito de comércio une as nações, não faz o mesmo com os particulares. Vemos que nos países[2] em que domina o espírito de comércio se traficam todos os atos humanos e todas as virtudes morais: as menores coisas, aquelas que a humanidade exige, se fazem ou se dão por dinheiro.

O espírito de comércio produz nos homens certo sentimento de justiça estrita, oposta, por um lado, ao roubo e, por outro, a essas

---

[1] Diz César dos gauleses que a vizinhança e o comércio de Marselha os estragara tanto, que eles, que antigamente sempre haviam vencido os germanos, se lhes tornaram inferiores. *Guerras das Gálias*, livro VI. (N. do A.)

[2] A Holanda. (N. do A.)

virtudes morais que fazem que nem sempre discutamos os nossos interesses com rigidez e possamos negligenciá-los em favor dos outros.

A privação total do comércio produz, ao contrário, o roubo, que Aristóteles classifica entre as maneiras de adquirir. O seu espírito não se opõe a certas virtudes morais: por exemplo, a hospitalidade, raríssima nos países de comércio, se encontra com admirável frequência entre os povos ladrões.

Entre os germanos é sacrilégio, diz Tácito, fechar as portas a quem quer que seja, conhecido ou desconhecido. Aquele que exerceu[3] a hospitalidade para com um estrangeiro vai mostrar-lhe outra casa em que também é praticada, e ele é recebido com a mesma humanidade. Quando, porém, os germanos fundaram reinos, a hospitalidade tornou-se-lhes onerosa. Isso fica claro por duas leis do código[4] dos borguinhões, uma das quais inflige uma penalidade a todo bárbaro que mostrasse a um estrangeiro a casa de um romano; e a outra ordena que aquele que receber um estrangeiro será recompensado pelos habitantes, dando cada qual a sua parte.

Capítulo III
Da pobreza dos povos

Há dois tipos de povos pobres: os que a dureza do governo empobreceu, e essa gente é incapaz de quase todas as virtudes, porque sua pobreza faz parte de sua servidão; os outros só são pobres porque desdenharam ou porque não conheceram as comodidades da vida, e estes podem fazer grandes coisas, porque tal pobreza faz parte de sua liberdade.

Capítulo IV
Do comércio nos diversos governos

O comércio está relacionado com a constituição. No governo de um só, costuma basear-se no luxo; e, embora também se funde nas

---

[3] *Et qui modo hospes fuerat, monstrator hospitii. De morib. German.* Vide também César, *Guerra das Gálias*, livro VI. (N. do A.)

[4] Título 38. (N. do A.)

necessidades reais, seu objetivo principal é fornecer à nação que o faz tudo o que possa servir ao orgulho, às delícias e às fantasias. No governo de muitos, o mais das vezes o comércio se fundamenta na economia. Tendo os negociantes sob sua mira todas as nações da terra, levam a uma o que tiram de outra. Foi assim que as repúblicas de Tiro, de Cartago, de Atenas, de Marselha, de Florença, de Veneza e da Holanda praticaram o comércio.

Essa espécie de tráfico diz respeito ao governo de muitos por natureza, e ao monárquico ocasionalmente. Pois, como só se baseia na prática de ganhar pouco, e até de ganhar menos do que qualquer outra nação, e de só ter compensação ganhando continuamente, é quase impossível que possa ser feito por um povo em meio ao qual o luxo se tenha estabelecido, que gaste muito e que só considere os grandes objetivos.

Foi tendo isso em mente que Cícero[5] tão bem disse: "Não me agrada que um mesmo povo seja, ao mesmo tempo, o dominador e o mercador do universo". Com efeito, seria preciso supor que cada particular desse Estado, e até mesmo o Estado inteiro, tivessem ao mesmo tempo a cabeça sempre cheia de grandes e pequenos projetos: o que é contraditório.

Não que nesses Estados que subsistem pelo comércio de economia não se façam também os maiores empreendimentos e que neles não haja uma audácia que não encontramos nas monarquias; e eis a razão.

Um comércio leva a outro, o pequeno ao médio, o médio ao grande: e aquele que teve tanta vontade de ganhar pouco coloca-se numa situação em que não será menor a vontade de ganhar muito.

Além disso, os grandes empreendimentos dos comerciantes estão sempre necessariamente entrelaçadas com os negócios públicos. Nas monarquias, porém, os negócios públicos parecem, a maior parte do tempo, tão duvidosos aos mercadores quanto seguros nos Estados republicanos. Os grandes empreendimentos comerciais não são, pois, para a monarquia, mas para o governo de muitos.

Numa palavra, a maior certeza da prosperidade que creem ter nesses Estados faz que empreendam tudo; e, por estarem seguros do que adquiriram, ousam arriscá-lo para adquirir ainda mais; só se correm riscos sobre os meios de adquirir: ora, os homens muito esperam de sua fortuna.

---

[5] *Nolo eumdem populum imperatorem et portitorem esse terrarum*. (N. do A.)

Não quero dizer que haja alguma monarquia que esteja totalmente fora do comércio de economia; a monarquia, porém, está menos propensa a esse comércio por natureza; não quero dizer que as repúblicas que conhecemos careçam completamente do comércio de luxo; mas este está menos ligado a sua constituição.

Quanto ao Estado despótico, é inútil falar sobre ele. Regra geral: numa nação entregue à servidão, trabalha-se mais para conservar do que para adquirir; numa nação livre, trabalha-se mais para adquirir do que para conservar.

Capítulo V
Dos povos que praticaram o comércio de economia

Marselha, retiro necessário no meio de um mar tempestuoso; Marselha, esse lugar onde todos os ventos, os bancos do mar, a disposição da costa mandam aportar, foi frequentada pela gente de mar. A esterilidade[6] do seu território fez que os seus cidadãos se dedicassem ao comércio de economia. Tiveram de ser trabalhadores para suprir a natureza que se negava; de ser justos, para viver entre as nações bárbaras que devem fazer a sua prosperidade; de ser moderados, para que o governo fosse sempre tranquilo; de ter costumes frugais, enfim, para que pudessem viver sempre de um comércio que, sendo menos vantajoso, conservariam mais certamente.

Vimos em toda parte a violência e a opressão dar origem ao comércio de economia, quando os homens são obrigados a se esconder nos pântanos, nas ilhas, nos baixios do mar e até nos escolhos. Foi assim que foram fundadas Tiro, Veneza e as cidades da Holanda; os fugitivos ali encontraram a segurança. Tinham de subsistir; e a sua subsistência foi extraída de todo o universo.

Capítulo VI
Alguns efeitos de uma grande navegação

Acontece por vezes de uma nação que faz o comércio de economia, ao precisar de uma mercadoria de um país que lhe proporciona

---

[6] Justino, livro XLIII, capítulo III. (N. do A.)

os fundos para obter mercadorias de outro, contentar-se em ganhar muito pouco, ou por vezes nada, com umas, na esperança ou na certeza de ganhar muito com as outras. Assim, quando a Holanda fazia quase sozinha o comércio do sul para o norte da Europa, os vinhos franceses, que essa nação levava ao norte, só lhe serviam, de certo modo, de capital para fazer o seu comércio no norte.

Sabemos que não raro, na Holanda, certos gêneros de mercadoria vinda de longe não se vendem mais caro do que custaram nos próprios lugares de onde vieram. A razão que dão para isso é a seguinte: um capitão que precisar de lastro em seu navio comprará mármore; se precisar de madeira para a amarração, ele a adquirirá; e, contanto que nada perca com isso, julgará ter conseguido muito. É assim que a Holanda também tem as suas pedreiras e as suas florestas.

Não só um comércio que não rende nada pode ser útil; até um comércio desvantajoso pode sê-lo. Ouvi dizer, na Holanda, que a pesca da baleia, em geral, quase nunca rende o que custa; mas os que foram empregados na construção do navio, os que forneceram as aparelhagens e os víveres são também os que têm maior interesse nessa pesca. Se perderem na pesca, ganharão nos fornecimentos. Tal comércio é uma espécie de loteria, e cada um se deixa seduzir pela esperança do bilhete premiado. Todos gostam de jogar; e as pessoas mais sábias jogam com prazer, quando não veem a aparência do jogo, seus enganos, suas violências, suas dissipações, a perda do tempo e até de toda uma vida.

Capítulo VII
O espírito da Inglaterra em relação ao comércio

A Inglaterra raramente tem uma tarifa acertada com as outras nações; a sua tarifa muda, por assim dizer, a cada parlamento, pelos impostos particulares que suprime ou impõe. Quis conservar também nisso a sua independência. Sumamente ciumenta do comércio que é feito em seu país, pouco se prende a tratados e só depende das suas leis.

Outras nações fizeram os interesses comerciais cederem aos interesses políticos: a Inglaterra sempre fez os interesses políticos cederem aos interesses do seu comércio.

É o povo do mundo que melhor se valeu ao mesmo tempo destas três grandes coisas: a religião, o comércio e a liberdade.

Capítulo VIII
Como algumas vezes o comércio de economia foi prejudicado

Em certas monarquias, foram feitas leis muito próprias a rebaixar os Estados que fazem o comércio de economia. Proibiram-lhes trazer outras mercadorias senão as de seu próprio país; não lhes permitiram vir traficar senão com os navios fabricados no país a que vêm.

O Estado que impõe tais leis deve poder fazer ele próprio esse comércio, com facilidade: sem isso, causará a si mesmo um dano pelo menos igual. Mais vale lidar com uma nação que exige pouco e que as necessidades do comércio tornam, de certo modo, dependente; com uma nação que, pela amplitude de perspectivas ou de negócios, sabe colocar todas as mercadorias supérfluas; que é rica e pode encarregar-se de muitos gêneros; que os pagará rapidamente; que tem, por assim dizer, necessidade de ser fiel; que é pacífica por princípio; que procura ganhar, e não conquistar; mais vale, digo, lidar com essa nação do que com outras também rivais e que não proporcionariam todas essas vantagens.

Capítulo IX
Da exclusão em matéria de comércio

A boa máxima é não excluir nenhuma nação de seu comércio sem razões muito fortes. Os japoneses só comerciam com duas nações, a chinesa e a holandesa. Os chineses[7] ganham mil por cento sobre o açúcar, e às vezes outro tanto sobre os produtos que recebem em troca. Os holandeses têm lucros do mesmo nível. Toda nação que se guiar pelas máximas japonesas será necessariamente ludibriada. A concorrência é que fixa um preço justo para as mercadorias e estabelece as verdadeiras relações entre elas.

Deve ainda menos o Estado sujeitar-se a vender as suas mercadorias a uma só nação, sob pretexto de que as comprará todas a certo preço. Os polacos fizeram esse tipo de negócio com a cidade de Dantzig, no que se refere ao trigo; vários reis das Índias fizeram

---

[7] O padre Du Halde, t. II, p. 170. (N. do A.)

contratos semelhantes, quanto às especiarias, com os holandeses[8]. Essas convenções só são adequadas a uma nação pobre, disposta a perder a esperança de se enriquecer, contanto que tenha a subsistência garantida; ou a nações cuja servidão consiste em renunciar ao uso das coisas que a natureza lhes dera ou em fazer com essas coisas um comércio desvantajoso.

Capítulo X
Instituição adequada ao comércio de economia

Nos Estados que praticam o comércio de economia, felizmente se estabeleceram bancos que, por seu crédito, formaram novos símbolos dos valores. Mas seria um engano transportá-los para os Estados que praticam o comércio de luxo. Pô-los nos países governados por um só é supor o dinheiro de um lado e do outro o poder: isto é, de um lado a faculdade de tudo ter sem nenhum poder; e, do outro, o poder com a faculdade de absolutamente nada. Em tal governo, é sempre só o príncipe que pode ter um tesouro; e, em toda parte onde exista um tesouro, tão logo passe a ser excessivo, torna-se o tesouro do príncipe.

Pela mesma razão, as companhias de comerciantes que se associam para determinado comércio raramente convêm ao governo de um só. A natureza dessas companhias é dar às riquezas particulares a força das riquezas públicas. Nesses Estados, porém, essa força só pode achar-se nas mãos do príncipe. Digo mais: nem sempre essas associações convêm aos Estados em que se pratica o comércio de economia; e, se os negócios não são tão grandes que estejam acima do alcance dos particulares, será ainda melhor não prejudicar, com privilégios excessivos, a liberdade do comércio.

Capítulo XI
Continuação do mesmo assunto

Nos Estados que praticam o comércio de economia, pode-se estabelecer um porto franco. A economia do Estado, que sempre segue

---

[8] Isso foi primeiramente estabelecido pelos portugueses. *Voyages* de François Pyrard, capítulo XV, parte II. (N. do A.)

a frugalidade dos particulares, dá, por assim dizer, a alma ao seu comércio de economia. Os tributos que o Estado perde pelo estabelecimento a que nos referimos são compensados pelo que pode tirar da riqueza industrial da república. Mas, num governo monárquico, tais estabelecimentos seriam contrários à razão; seu único efeito seria aliviar o peso dos impostos sobre o luxo. Privar-se-iam do único bem que tal luxo pode proporcionar e do único freio que, em semelhante constituição, possa receber.

Capítulo XII
Da liberdade do comércio

A liberdade do comércio não é uma faculdade concedida aos negociantes de fazer o que quiserem; isso seria antes a sua servidão. O que incomoda o comerciante nem por isso incomoda o comércio. É nos países da liberdade que o negociante se depara com um sem-número de contradições; e nunca é menos obstruído pelas leis do que nos países da servidão.

A Inglaterra proíbe a exportação da lã; exige que o carvão seja transportado por mar até a capital; não permite a exportação de cavalos, salvo os castrados; os navios[9] das suas colônias que comerciam na Europa devem fundear na Inglaterra. Essa nação atrapalha o negociante, mas em prol do comércio.

Capítulo XIII
O que destrói essa liberdade

Onde há comércio, há alfândega. O objetivo do comércio é a exportação e a importação de mercadorias em proveito do Estado; e o objetivo das alfândegas é certa taxação sobre essa mesma exportação, também em proveito do Estado. O Estado, portanto, deve ser neutro entre a sua alfândega e o seu comércio e fazer que essas duas coisas não se obstruam; goza-se, então, da liberdade de comércio.

---

[9] Lei de navegação de 1660. Só em tempos de guerra os de Boston e da Filadélfia enviaram seus navios diretamente ao Mediterrâneo para levar seus produtos. (N. do A.)

As finanças destroem o comércio pelas injustiças, pelas vexações, pelo excesso do que impõem; mas também o destroem, independentemente disso, pelas dificuldades que fazem nascer e pelas formalidades que exigem. Na Inglaterra, onde a alfândega é administrada pelos funcionários do rei, há uma singular facilidade de negociar: uma palavra escrita faz os maiores negócios; o mercador não tem de perder um tempo infinito e não precisa ter um funcionário só para tratar de todas as dificuldades com o cobrador de impostos ou para se submeter a ele.

Capítulo XIV
Das leis do comércio referentes ao confisco de mercadorias

A Magna Carta dos ingleses proíbe a apreensão e o confisco, em caso de guerra, das mercadorias dos comerciantes estrangeiros, a menos que seja em represália. É algo belo que a nação inglesa tenha feito disso um dos artigos da sua liberdade.

Na guerra que a Espanha travou com os ingleses em 1740, decretou uma lei[10] que punia com a morte aqueles que introduzissem nos Estados da Espanha mercadorias da Inglaterra; infligia a mesma penalidade aos que levassem para os Estados da Inglaterra mercadorias da Espanha. Tal ordenação não tem outro modelo, creio eu, senão nas leis do Japão. Contraria os nossos costumes, o espírito do comércio e a harmonia que deve existir na proporção das penas; confunde todas as ideias, tornando crime de Estado o que não passa de uma contravenção de polícia.

Capítulo XV
Da prisão por dívida

Ordenou Sólon[11] em Atenas que já não se obrigava o corpo por dívidas civis. Tomou essa lei do Egito[12]; Bócoro a fizera e Sesóstris a renovara.

---

[10] Publicada em Cádiz no mês de março de 1740. (N. do A.)

[11] Plutarco, no tratado: *Que não se deve tomar emprestado com usura.* (N. do A.)

[12] Diodoro, livro I, parte II, capítulo III. (N. do A.)

Tal lei é ótima para os negócios[13] civis ordinários; mas temos razão em não observá-la nos negócios comerciais. Pois, sendo os negociantes obrigados a confiar grandes somas por prazos não raro bastante curtos, a dá-las e retomá-las, é preciso que o devedor cumpra sempre no prazo fixado os seus compromissos; o que supõe a prisão por dívida.

Nas questões que derivam dos contratos civis ordinários, a lei não deve permitir a prisão por dívida; porque dá mais importância à liberdade de um cidadão do que à riqueza de outro. Mas, nas convenções que derivam do comércio, a lei deve dar mais importância à riqueza pública do que à liberdade do cidadão; o que não impede as restrições e as limitações que a humanidade e a boa ordem podem exigir.

Capítulo XVI
Uma bela lei

É muito boa a lei de Genebra que exclui das magistraturas e até mesmo do ingresso no Grande Conselho os filhos dos que viveram ou morreram insolventes, a menos que quitem as dívidas do pai. Tal lei tem como efeito dar confiança aos negociantes, aos magistrados e à própria cidade. Ali, o crédito particular ainda tem a força do crédito público.

Capítulo XVII
Lei de Rodes

Os ródios foram mais longe. Diz Sexto Empírico[14] que, entre eles, o filho não podia dispensar-se de pagar as dívidas do pai, renunciando à herança. A lei de Rodes era dada a uma república fundada no comércio. Ora, creio que a própria razão do comércio devia inserir esta limitação, de que as dívidas contraídas pelo pai depois que o filho começara a praticar o comércio não afetariam os bens adquiridos

---

[13] Eram censuráveis os legisladores gregos que haviam proibido tomar como fiança as armas e a charrua de um homem, mas permitiam tomar o próprio homem. Diodoro, livro I, parte II, capítulo III. (N. do A.)

[14] *Hipotiposes*, livro I, capítulo XIV. (N. do A.)

por este. Um negociante deve sempre conhecer as suas obrigações e comportar-se a cada instante segundo o estado da sua riqueza.

Capítulo XVIII
Dos juízes comerciais

No livro *Dos Rendimentos*, queria Xenofonte que fossem dadas recompensas aos juízes de comércio que expedissem mais rapidamente os processos. Sentia ele a necessidade da nossa jurisdição consular.

As questões comerciais são muito pouco suscetíveis de formalidades. São ações do dia a dia, a que outras da mesma natureza devem se seguir a cada dia. Devem tais questões, portanto, poder ser decididas a cada dia. O mesmo não acontece com as ações da vida que têm muita influência sobre o futuro, mas acontecem raramente. Só nos casamos uma vez; doações ou testamentos não são feitos todos os dias; só atingimos a maioridade uma vez.

Diz Platão[15] que, numa cidade onde não haja comércio marítimo, o número de leis civis pode ser reduzido pela metade; e isso é bem verdade. Introduz o comércio no mesmo país diferentes tipos de povos, grande número de convenções, de tipos de bens e de maneiras de adquirir.

Assim, numa cidade comerciante, há menos juízes e mais leis.

Capítulo XIX
Que o príncipe não se deve dedicar ao comércio

Ao ver um navio em que havia mercadorias da sua esposa Teodora, Teófilo[16] mandou-o incendiar. "Eu sou imperador", diz-lhe ele, "e tu me transformas em dono de galera. Como poderão os pobres ganhar a vida, se também nós exercermos a sua profissão?" Poderia ter acrescentado: "Quem poderá reprimir-nos, se fizermos monopólios? Quem nos obrigará a cumprir os nossos compromissos?" Esse comércio que fazemos, os cortesãos vão querer fazê-lo: eles serão

---

[15] *Das leis*, livro VIII. (N. do A.)

[16] Zonaras. (N. do A.)

mais ávidos e mais injustos do que nós. O povo confia na nossa justiça; não tem confiança em nossa opulência; tantos impostos, que fazem a sua miséria, são provas certas da nossa.

Capítulo XX
Continuação do mesmo assunto

Quando os portugueses e os castelhanos dominavam as Índias orientais, o comércio tinha ramos tão ricos, que os seus príncipes não deixaram de se apoderar deles. Isso arruinou seu estabelecimento naquelas plagas.

Concedia o vice-rei de Goa privilégios exclusivos a particulares. Não se tem confiança em tal gente; o comércio é interrompido pela mudança perpétua daqueles a quem é confiado; ninguém cuida bem de tal comércio e se preocupa em deixá-lo intacto ao sucessor; o lucro permanece em mãos particulares e não se espalha o bastante.

Capítulo XXI
Do comércio da nobreza, na monarquia

É contrário ao espírito de comércio que a nobreza o pratique na monarquia. "Isso seria prejudicial às cidades", dizem[17] os imperadores Honório e Teodósio, "e acabaria com a facilidade de compra e venda entre os comerciantes e os plebeus".

É contrário ao espírito da monarquia que a nobreza nela pratique o comércio. O costume que permitiu na Inglaterra o comércio à nobreza é uma das coisas que mais contribuíram para enfraquecer o governo monárquico.

Capítulo XXII
Reflexão particular

Impressionadas com o que se faz nalguns Estados, pessoas há que

---

[17] Leg. *nobiliores*, código *de commerc.*, e Leg. *ult.* código *de rescind. vendit.* (N. do A.)

pensam deveria haver leis na França que incentivassem os nobres a praticar o comércio. Seria um meio de destruir a nobreza, que não tem nenhuma utilidade para o comércio. A prática deste país é muito sábia: os negociantes não são nobres, mas podem tornar-se tais. Eles têm a esperança de obter a nobreza, sem ter o seu inconveniente atual. Não dispõem de meio mais seguro de sair de sua profissão do que praticá-la bem ou com felicidade; algo que costuma estar ligado à competência.

As leis que ordenam que cada qual permaneça em sua profissão e a transmita aos filhos não são e não podem ser úteis senão nos Estados[18] despóticos, em que ninguém pode nem deve ter emulação.

Não me venham dizer que cada qual praticará melhor a sua profissão se não puder trocá-la por outra. Digo que se praticará melhor a própria profissão quando aqueles que obtiverem sucesso nela tiverem a esperança de conseguir outra.

A aquisição possível da nobreza por dinheiro muito encoraja os comerciantes a tentarem obtê-la. Não pergunto se é bom dar assim às riquezas o prêmio da virtude: há certo governo em que isso pode ser utilíssimo.

Na França, o Estado da toga, que se acha entre a grande nobreza e o povo; que, sem ter o brilho daquela, tem todos os seus privilégios; esse Estado que entrega os particulares à mediocridade, enquanto os corpos depositários das leis desfrutam da glória; esse Estado ainda em que o único meio de se distinguir é pela competência e pela virtude; profissão honrosa, mas que sempre deixa entrever outra mais distinta; essa nobreza totalmente guerreira, que pensa que, seja qual for o grau de riqueza que se tenha alcançado, é preciso fazer fortuna; mas que tem vergonha de aumentar seu patrimônio, se não começar gastando--o; essa parte da nação que sempre serve com o capital de seus bens; que, quando está arruinada, cede o lugar a outra, que também servirá com o seu capital; que vai à guerra para que ninguém ouse dizer que lá não esteve; que, quando não pode esperar as riquezas, espera as honras; e, quando não as obtém, consola-se porque obteve honra: todas essas coisas contribuíram necessariamente para a grandeza deste reino. E se, há dois ou três séculos, tal reino aumentou sem cessar a sua potência, devemos atribuir isso à excelência das suas leis, não à fortuna, que não tem esse tipo de constância.

---

[18] Em verdade, muitas vezes são aí bem estabelecidas. (N. do A.)

Capítulo XXIII
A quais nações é desvantajoso praticar o comércio

Consistem as riquezas em bens fundiários ou mobiliários: as terras de cada país são por ordinário possuídas pelos seus habitantes. A maioria dos Estados tem leis que desestimulam os estrangeiros a comprar suas terras; só mesmo a presença do senhor pode dar-lhes valor: esse tipo de riqueza pertence, pois, a cada Estado em particular. Os bens móveis, porém, como o dinheiro, as cédulas, as letras de câmbio, as ações de companhias, os navios, todas as mercadorias, pertencem ao mundo inteiro, que, sob esse aspecto, forma um só Estado, de que são membros todas as sociedades: o povo que possui mais bens móveis do universo é o mais rico. Alguns Estados os têm em imensa quantidade: adquirem-nos cada um por seus produtos, pelo trabalho dos seus operários, pela indústria, pelas descobertas, até pelo acaso. A avareza das nações disputa os bens móveis de todo o universo. Pode acontecer de existir um Estado tão infeliz, que será privado dos bens dos outros países e até também de quase todos os seus: os proprietários das terras serão apenas colonos dos estrangeiros. A esse Estado faltará tudo e não poderá adquirir nada; seria melhor que não tivesse comércio com nenhuma nação do mundo: nas circunstâncias em que se achava, o comércio é que o conduziu à pobreza.

Um país que envia cada vez menos mercadorias ou gêneros do que recebe, coloca-se ele mesmo em equilíbrio ao se empobrecer: receberá cada vez menos, até que, numa pobreza extrema, não receba mais nada.

Nos países de comércio, o dinheiro que de repente sumiu retorna, porque os Estados que o receberam o devem: aos Estados a que nos referimos, o dinheiro não volta jamais, porque os que o tomaram nada devem.

A Polônia servirá aqui de exemplo. Não tem quase nenhuma das coisas que aqui chamamos bens mobiliários do universo, a não ser o trigo das suas terras. Alguns fidalgos possuem províncias inteiras; oprimem o camponês para obter maior quantidade de trigo que possam enviar aos estrangeiros e adquirir as coisas que o luxo lhes exige. Se a Polônia não comerciasse com nenhuma nação, seus povos seriam mais felizes. Seus poderosos, que só teriam o seu trigo, dá-lo-iam aos camponeses para viver; propriedades grandes demais ser-lhes-iam onerosas, eles as dividiriam com seus lavradores; obtendo todos peles ou lãs de seus rebanhos, não haveria mais uma despesa imensa com o vestuário; os poderosos, que sempre amam o luxo e não o poderiam encontrar em seu país, encorajariam os pobres ao trabalho. Afirmo que essa nação seria mais florescente, a menos que se tornasse bárbara: algo que as leis poderiam prevenir.

Consideremos, agora, o Japão. A quantidade excessiva do que pode receber produz a quantidade excessiva do que pode enviar; as coisas estarão em equilíbrio, como se a importação e a exportação fossem moderadas, e, aliás, essa espécie de inflação produzirá mil vantagens para o Estado: haverá mais consumo, mais coisas sobre as quais as artes podem exercer-se, mais homens empregados, mais meios de adquirir potência. Pode acontecer de se precisar de um socorro rápido, que um Estado tão pleno pode prestar mais do que qualquer outro. É difícil que um país não tenha coisas supérfluas; mas é a natureza do comércio tornar úteis as coisas supérfluas, e as úteis, necessárias. O Estado, portanto, poderá dar as coisas necessárias a um número maior de súditos.

Digamos, pois, que não são as nações que de nada precisam que perdem ao fazer comércio; elas é que precisam de tudo. Não são os povos que se bastam a si mesmos, mas os que não têm nada em seu território, que têm vantagem em não comerciar com ninguém.

Livro XXI
Das leis, na relação que têm com o comércio, considerado nas revoluções por que passou no mundo

Capítulo I
Algumas considerações gerais

Embora esteja o comércio sujeito a grandes revoluções, pode acontecer de certas causas físicas, a qualidade do solo ou do clima fixarem para sempre a sua natureza.

Não fazemos hoje o comércio das Índias senão pelo dinheiro que para lá enviamos. Os romanos[1] levavam para lá a cada ano cerca de cinquenta milhões de sestércios. Esse dinheiro, como o nosso hoje, era convertido em mercadorias que eles traziam de volta ao Ocidente. Todos os povos que negociaram nas Índias sempre para lá levaram moedas e de lá trouxeram mercadorias.

É a própria natureza que produz esse efeito. Os indianos têm as suas artes, que estão adaptadas ao seu jeito de viver. O nosso luxo não poderia ser o deles, nem as nossas necessidades as necessidades deles. Seu clima não lhes exige nem lhes permite quase nada do que vem de nós. Andam seminus; as vestimentas que têm são convenientemente fornecidas pelo país; e a sua religião, que exerce tal domínio sobre eles, provoca-lhes repugnância pelas coisas que nos servem de alimento. Não precisam, pois, senão dos nossos metais, que são os símbolos dos valores e pelos quais dão mercadorias, que sua frugalidade e a natureza do país lhes proporciona em grande abundância. Os autores antigos que nos falaram das Índias retratam-nas[2]

---

[1] Plínio, livro VI, capítulo XXIII. (N. do A.)
[2] Vide Plínio, livro VI, capítulo XIX; e Estrabão, livro XV. (N. do A.)

tais como as vemos hoje, quanto à ordem, às maneiras e aos costumes. As Índias foram, as Índias serão o que são no presente; e em todos os tempos os que negociarem nas Índias levarão para lá dinheiro e não o trarão de lá.

Capítulo II
Dos povos da África

A maior parte dos povos das costas da África é composta por selvagens ou bárbaros. Creio que isso se deva em boa parte ao fato de regiões quase inabitáveis separarem pequenas regiões que podem ser habitadas. Esses povos não têm indústria; não têm artes; têm metais preciosos em abundância, que recebem diretamente das mãos da natureza. Todos os povos civilizados estão, pois, em condições de negociar vantajosamente com eles; podem fazê-los estimar muito coisas de nenhum valor e por elas receber um preço enorme.

Capítulo III
Que as necessidades dos povos do sul são diferentes das dos povos do norte

Há na Europa uma espécie de equilíbrio entre as nações do sul e as do norte. As primeiras têm toda espécie de comodidades para a vida e poucas necessidades; as segundas têm muitas necessidades e poucas comodidades para a vida. A umas, a natureza deu muito e essas nações só lhe pedem pouco; às outras, a natureza dá pouco, e tais nações lhe pedem muito. O equilíbrio mantém-se pela preguiça que a natureza deu às nações do sul e pela indústria e atividade que deu às do norte. Estas últimas são obrigadas a trabalhar muito, sem o que careceriam de tudo e se tornariam bárbaras. É o que tornou natural a servidão entre os povos do sul: como podem com facilidade dispensar as riquezas, podem ainda mais dispensar a liberdade. Os povos do norte, porém, precisam da liberdade, que lhes dá mais meios de satisfazer todas as necessidades que a natureza lhes deu. Os povos do norte estão, pois, num estado forçado, se não forem livres ou bárbaros; quase todos os povos do sul estão, de certa forma, num estado violento, se não forem escravos.

Capítulo IV
Principal diferença entre o comércio dos antigos e o de hoje

De tempos em tempos, o mundo passa por situações que mudam o comércio. Hoje, o comércio da Europa se faz sobretudo do norte para o sul. A diferença de climas, então, faz que os povos tenham grande necessidade das mercadorias uns dos outros. Por exemplo, as bebidas do sul, levadas ao norte, formam uma espécie de comércio que os antigos quase não tinham. Por isso a capacidade dos navios, que antigamente se media por moios de trigo, hoje se mede por barris de licores.

O comércio antigo que conhecemos, fazendo-se de um porto do Mediterrâneo a outro, acontecia quase todo no sul. Ora, como os povos de mesmo clima têm em seus países aproximadamente as mesmas coisas, não têm tanta necessidade de comerciar uns com os outros como os de clima diferente. O comércio da Europa era, portanto, menos amplo antigamente do que é hoje.

Isso não contradiz o que disse de nosso comércio das Índias: a diferença excessiva de clima faz que as necessidades relativas sejam nulas.

Capítulo V
Outras diferenças

O comércio, ora destruído pelos conquistadores, ora prejudicado pelos monarcas, percorre a terra, foge de onde é oprimido, repousa onde o deixam respirar: hoje reina onde só se viam desertos, mares e penedos; ali onde reinava, hoje há só desertos.

Ao vermos hoje a Cólquida, que não passa de uma vasta floresta, em que o povo, que diminui a cada dia, só defende a sua liberdade para se vender no varejo aos turcos e aos persas, não diríamos jamais que aquela região tenha sido, no tempo dos romanos, cheia de cidades em que o comércio atraía todas as nações do mundo. Não se encontra nenhum monumento disso no país; só deixou vestígios em Plínio[3] e em Estrabão[4].

---

[3] Livro VI. (N. do A.)
[4] Livro II. (N. do A.)

A história do comércio é a da comunicação dos povos. Suas destruições diversas e certo fluxo e refluxo de populações e de devastações formam os seus maiores acontecimentos.

Capítulo VI
Do comércio dos antigos

Os tesouros imensos de[5] Semíramis, que não podiam ter sido adquiridos num só dia, fazem-nos pensar que os assírios tivessem eles próprios pilhado outras nações ricas, como as outras nações os pilharam depois.

São as riquezas o efeito do comércio, a consequência das riquezas o luxo, a do luxo a perfeição das artes. As artes levadas ao ponto a que chegaram no tempo de Semíramis[6] indicam-nos um grande comércio já estabelecido.

Havia um grande comércio de luxo nos impérios da Ásia. A história do luxo seria uma bela parte da história do comércio; o luxo dos persas era o dos medos, como o dos medos era o dos assírios.

Aconteceram grandes mudanças na Ásia. A parte da Pérsia que está no nordeste, a Hircânia, a Margiane, a Bactriana, etc., eram outrora repletas de cidades florescentes[7] que já não existem; e o norte[8] desse império, ou seja, o istmo que separa o Mar Cáspio do Ponto Euxino, estava coberto de cidades e de nações que também já não existem.

Eratóstenes[9] e Aristóbulo aprenderam de Pátroclo[10] que as mercadorias das Índias passavam pelo Oxo no Mar do Ponto. Diz-nos Marco Varrão[11] que foram informados, no tempo de Pompeu na guerra contra Mitridates, que se ia em sete dias da Índia até o país dos bactrianos e ao Rio Ícaros, que desemboca no Oxo; que por ali as mercadorias da Índia podiam atravessar o Mar Cáspio, e daí entrar na foz do Ciro;

---

[5] Diodoro, livro II. (N. do A.)

[6] Ibid. (N. do A.)

[7] Vide Plínio, livro VI, capítulo XVI; e Estrabão, livro XI. (N. do A.)

[8] Ibid. (N. do A.)

[9] Ibid. (N. do A.)

[10] A autoridade de Pátroclo é considerável, como fica claro numa narrativa de Estrabão, livro II. (N. do A.)

[11] Em Plínio, livro VI, capítulo XVII. Vide também Estrabão, livro XI, sobre o trajeto das mercadorias do Fásis ao Ciro. (N. do A.)

que desse rio só faltava um trajeto por terra de cinco dias para ir ao Fásis, que conduzia ao Ponto Euxino. É sem dúvida pelas nações que povoavam esses diversos países que os grandes impérios dos assírios, dos medos e dos persas tinham uma comunicação com as mais remotas partes do Oriente e do Ocidente.

Tal comunicação já não existe. Todos esses países foram devastados pelos tártaros[12], e essa nação destruidora ainda os habita para infestá-los. O Oxo já não vai ao Mar Cáspio; os tártaros desviaram-no por motivos particulares[13]; esse rio se perde em areias áridas.

O Jaxartes, que antigamente formava uma barreira entre as nações civilizadas e as nações bárbaras, também foi desviado[14] pelos tártaros e já não vai até o mar.

Seleuco Nicátor concebeu o projeto[15] de ligar o Ponto Euxino ao mar Cáspio. Tal plano, que teria proporcionado muitas facilidades ao comércio que se fazia na época, morreu com ele[16]. Não sabemos se teria podido executá-lo no istmo que separa os dois mares. A região é hoje muito pouco conhecida; é despovoada e cheia de florestas. As águas não faltam, pois uma infinidade de rios desce do Monte Cáucaso; mas esse Cáucaso, que compõe o norte do istmo e que estende como uns braços[17] para o sul, teria sido um grande obstáculo, sobretudo naquela época, em que não se dominava a arte de construir diques.

É de crer que Seleuco queria fazer a junção dos dois mares no mesmo lugar em que o czar Pedro I a fez mais tarde, ou seja, naquela língua de terra em que o Tânais se aproxima do Volga: mas o norte do Mar Cáspio ainda não fora descoberto.

Enquanto havia nos impérios da Ásia um comércio de luxo, os tírios faziam por toda a terra um comércio de economia. Valeu-se Bochard do primeiro livro de seu *Chanaan* para fazer a enumeração das

---

[12] Desde o tempo de Ptolomeu, que nos descreve tantos rios que desembocam na parte oriental do Mar Cáspio, deve ter havido grandes mudanças neste país. O mapa do czar só aponta, naquela parte, o Rio de Astrabat; e o de Bathalsi, absolutamente nada. (N. do A.)

[13] Vide o relato de Genkinson, em *Recueil des voyages du Nord*, t. IV. (N. do A.)

[14] Creio que com isso se tenha formado o lago Aral. (N. do A.)

[15] Cláudio César, em Plínio, livro VI, capítulo II. (N. do A.)

[16] Foi assassinado por Ptolomeu Ceraúno. (N. do A.)

[17] Vide Estrabão, livro XI. (N. do A.)

colônias que eles enviaram a todos os países que ficam à beira-mar; eles passaram as colunas de Hércules e fundaram estabelecimentos[18] nas costas do Oceano.

Naquela época, os navegadores eram obrigados a seguir o litoral, que era, por assim dizer, sua bússola. Eram longas e duras as viagens. Os trabalhos da navegação de Ulisses foram um tema fértil para o mais belo poema do mundo, depois daquele que é o primeiro de todos.

O pequeno conhecimento que a maioria dos povos tinha dos que estavam distantes favorecia as nações que praticavam o comércio de economia. Essas nações introduziam em seus negócios a obscuridade que desejavam: tinham todas as vantagens que as nações inteligentes têm sobre os povos ignorantes.

O Egito, distante, pela religião e pelos costumes, de toda comunicação com o estrangeiro, quase não tinha um comércio exterior: usufruía de um solo fértil e de uma extrema abundância. Era o Japão da época: bastava-se a si mesmo.

Os egípcios faziam tão pouca questão do comércio exterior, que entregaram o do Mar Vermelho a todas as pequenas nações que ali tinham algum porto. Toleraram que os idumeus, os judeus e os sírios ali tivessem suas frotas. Empregou Salomão[19] nessa navegação os tírios, que conheciam aqueles mares.

Diz Josefo[20] que a sua nação, ocupada unicamente com a agricultura, conhecia pouco o mar: assim, foi só ocasionalmente que os judeus negociaram no Mar Vermelho. Conquistaram aos idumeus Elath e Ezion-Geber, que lhes deram esse comércio; perderam as duas cidades, e com elas também o comércio.

O mesmo não aconteceu com os fenícios: não faziam um comércio de luxo; não negociavam pela conquista; sua frugalidade, sua habilidade, sua indústria, seus riscos, suas fadigas tornavam-nos necessários a todas as nações do mundo.

As nações vizinhas ao Mar Vermelho só negociavam nesse mar e no da África. O espanto do universo à descoberta do mar das Índias, feita sob Alexandre, é boa prova disso. Dissemos[21] que sempre se

---

[18] Fundaram Tartesso e se estabeleceram em Cádiz. (N. do A.)

[19] Livro III dos reis, capítulo IX; *Paralip.*, livro II, capítulo VIII. (N. do A.)

[20] *Contra Apião*. (N. do A.)

[21] No capítulo I deste livro. (N. do A.)

levam metais preciosos à Índia e não os trazem de volta[22]: as frotas judias, que traziam de volta pelo Mar Vermelho o ouro e a prata, retornavam da África, não das Índias.

Digo mais: essa navegação era feita na costa oriental da África; e o estado em que se encontrava a marinha na época é prova bastante de que não se ia a lugares muito remotos.

Sei que as frotas de Salomão e de Josafá só voltavam depois de três anos; mas não vejo que a demora da viagem prove a grandeza da distância.

Dizem-nos Plínio e Estrabão que o caminho que um navio das Índias e do Mar Vermelho, fabricado com junco, fazia em vinte dias, um navio grego ou romano fazia em sete[23]. Nessa proporção, uma viagem de um ano para as frotas gregas e romanas levaria cerca de três anos para as de Salomão.

Dois navios de velocidades diferentes não fazem a viagem em tempo proporcional à velocidade: a lentidão muitas vezes produz ainda mais lentidão. Quando se trata de seguir o litoral e nos encontramos sem cessar numa posição diferente, quando temos de esperar um bom vento para sair de um golfo, outro para ir adiante, um bom veleiro se vale de todos os tempos favoráveis, ao passo que o outro permanece num lugar difícil e aguarda vários dias outra mudança.

Tal lentidão dos navios das Índias, que, num tempo igual, só poderiam percorrer um terço do caminho percorrido pelas embarcações gregas ou romanas, pode ser explicada pelo que hoje vemos em nossa marinha. Os navios das Índias, que eram de junco, deslocavam menos água do que as embarcações gregas ou romanas, que eram de madeira unida com ferro.

Podemos comparar esses navios das Índias aos de algumas nações de hoje, cujos portos são pouco profundos: é o caso dos de Veneza e até da Itália[24] em geral, do Mar Báltico e da província da Holanda[25].

---

[22] A proporção estabelecida na Europa entre o ouro e a prata pode por vezes fazer que se tenha lucro em tomar nas Índias ouro por prata; mas é pouca coisa. (N. do A.)

[23] Vide Plínio, livro VI, capítulo XXII; e Estrabão, livro XV. (N. do A.)

[24] A Itália quase não tem enseadas; mas a Sicília tem portos muito bons. (N. do A.)

[25] Digo da província da Holanda; pois os portos da província da Zelândia são bastante profundos. (N. do A.)

Seus navios, que devem sair e tornar a entrar, são de fabricação arredondada e de fundo largo; ao passo que os navios de outras nações que têm bons portos têm, por baixo, uma forma que os faz entrar profundamente na água. Essa mecânica faz que estes últimos navios naveguem mais junto ao vento, e que os primeiros quase que só naveguem quando têm o vento em popa. Um navio que entra muito na água navega para o mesmo lado com quase todos os ventos: o que é causado pela resistência que encontra na água a embarcação empurrada pelo vento, que serve de ponto de apoio, e pela forma longa do navio, que é apresentada ao vento pelo lado, enquanto, por efeito da figura do leme, voltamos a proa para o lado que queremos, de modo que podemos ir muito junto ao vento, ou seja, muito perto do lado de onde vem o vento. Mas quando o navio tem uma figura redonda e de fundo largo e, por conseguinte, adentra pouco a água, não tem mais ponto de apoio; o vento puxa o navio, que não consegue resistir e quase só pode ir para o lado oposto ao vento. Segue-se daí que as embarcações construídas com fundo redondo viajam com maior lentidão: 1º perdem muito tempo a aguardar o vento, sobretudo se são obrigadas a mudar de direção com frequência; 2º são mais lentas, porque, não tendo ponto de apoio, não podem carregar tantas velas quanto as outras. Pois, se sentimos essas diferenças num tempo em que a marinha tanto se aperfeiçoou; num tempo em que as artes se comunicam; num tempo em que se corrigem pela arte tanto os defeitos da natureza quanto os defeitos da própria arte, como devia ser na marinha dos antigos?

Ainda não posso encerrar este assunto. Eram pequenos os navios das Índias, e os dos gregos e dos romanos, se excetuarmos as máquinas que a ostentação mandou fazer, eram menores do que os nossos. Ora, quanto menor o navio, mais perigo corre durante o mau tempo. Uma tempestade submerge um navio que, se fosse maior, apenas chacoalharia. Quanto mais um corpo supera o outro em grandeza, mais a sua superfície é relativamente pequena: segue-se daí que, num navio pequeno, há uma razão menor, ou seja, uma maior diferença da superfície do navio para o peso ou para a carga que pode carregar, do que num grande. Sabemos que, por uma prática mais ou menos geral, colocamos num navio uma carga de peso igual ao da metade da água que poderia conter. Suponhamos que um navio suportasse oitocentas toneladas de água: sua carga seria de quatrocentas toneladas; a de um navio que só suportasse quatrocentas toneladas de água seria de duzentas toneladas. Assim, a grandeza do primeiro navio estaria para o peso que carregaria assim como 8 está para 4; e a do segundo, como 4 está para 2. Suponhamos que a superfície do grande esteja para a superfície do pequeno como 8 está para 6; a superfície[26] deste estará para o seu peso como 6 está para 2; ao passo que a superfície daquele só estará para o seu peso como 8 está para 4; e, como os ventos e as ondas só agem sobre a superfície, o navio grande resistirá mais, por seu peso, à sua impetuosidade do que o pequeno.

Capítulo VII
Do comércio dos gregos

Os primeiros gregos eram todos piratas. Minos, que tivera o império dos mares, talvez só tivesse tido maiores êxitos nas pilhagens: seu império limitava-se às cercanias da sua ilha. Quando, porém, os gregos se tornaram um grande povo, os atenienses alcançaram o verdadeiro império dos mares; porque essa nação comerciante e vitoriosa deu a lei ao mais poderoso monarca[27] da época e abateu as forças marítimas da Síria, da Ilha de Chipre e da Fenícia.

Cumpre-me falar desse império marítimo que Atenas teve. "Atenas", diz Xenofonte[28], "tem o império do mar; mas, como a Ática está ligada à terra, os inimigos a devastam enquanto faz essas expedições distantes. Os principais deixam destruírem suas terras e põem os bens em segurança nalguma ilha: a arraia-miúda, que não tem terras, vive despreocupada. Mas, se os atenienses habitassem uma ilha e tivessem além disso o império do mar, teriam o poder de atacar os outros sem a possibilidade de ser atacados, enquanto fossem os senhores do mar". Dir-se-ia que Xenofonte se referisse à Inglaterra.

Atenas, cheia de projetos de glória, Atenas, que aumentava os ciúmes em vez de aumentar a influência, mais preocupada em ampliar o império marítimo do que em dele valer-se, com um governo político tal, que a arraia-miúda distribuía as rendas públicas entre os seus, ao passo que os ricos viviam sob a opressão, não praticou

---

[26] Ou seja, para conservar as grandezas do mesmo gênero: a ação ou a pressão do fluido sobre o navio estará para a resistência do mesmo navio, como, etc. (N. do A.)

[27] O rei da Pérsia. (N. do A.)

[28] *De republica atheniensium*. (N. do A.)

aquele grande comércio que lhe prometiam a exploração de suas minas, a multidão de seus escravos, o número de seus marinheiros, a sua autoridade sobre as cidades gregas e, mais do que tudo isso, as belas instituições de Sólon. Seus negócios limitaram-se quase que só à Grécia e ao Ponto Euxino, de onde tirava o sustento.

Estava Corinto admiravelmente bem situada: separava dois mares, abria e fechava o Peloponeso e abria e fechava a Grécia. Era cidade da mais alta importância, num tempo em que o povo grego era um mundo, e as cidades gregas, nações. Tinha um comércio maior do que o de Atenas. Tinha um porto para receber as mercadorias da Ásia; tinha outro para receber as da Itália, pois, como era muito difícil contornar o Promontório Máleo, onde ventos[29] opostos se encontram e causam naufrágios, muitos preferiam ir a Corinto e ali podiam fazer passar por terra os barcos de um mar para o outro. Em nenhuma cidade as obras de arte foram levadas a tanta perfeição. A religião acabou de corromper os costumes que a opulência lhe deixara. Erigiu um templo a Vênus, em que foram consagradas mais de mil cortesãs[30]. Desse seminário saiu a maior parte das belezas célebres de que Ateneu ousou escrever a história.

Parece que nos tempos de Homero a opulência da Grécia estava em Rodes, em Corinto e em Orcômeno. "Júpiter", diz ele[31], "amou os ródios, e lhes deu grandes riquezas". Dá a Corinto[32] o epíteto de rica. Quando quer falar das cidades que têm muito ouro, cita Orcômeno[33], que ele liga a Tebas do Egito. Rodes e Corinto conservaram o poder, e Orcômeno o perdeu. A posição de Orcômeno, perto do Helesponto, da Propôntis e do Ponto Euxino, sugere naturalmente que tirasse as suas riquezas do comércio nas costas de tais mares, que haviam inspirado a fábula do tosão de ouro. E, com efeito, é dado o nome de Miniares a Orcômeno[34] e também aos Argonautas. Mas como, em seguida, esses mares se tornaram mais conhecidos, como os gregos estabeleceram ali um número imenso de colônias, como essas colônias negociaram com os povos bárbaros, como se comunicaram

---

29 Vide Estrabão, livro VIII. (N. do A.)

30 Ibid. (N. do A.)

31 *Ilíada*, livro II. (N. do A.)

32 Ibid. (N. do A.)

33 Ibid., v. 381. Vide Estrabão, livro IX, p. 414, edição de 1620. (N. do A.)

34 Estrabão, livro IX, p. 414. (N. do A.)

com as suas metrópoles, Orcômeno entrou em decadência e deixou de se distinguir em meio à multidão das cidades gregas.

Os gregos, antes de Homero, quase só haviam negociado uns com os outros e com alguns povos bárbaros; mas estenderam sua dominação à medida que formaram novos povos. Era a Grécia uma grande península cujos cabos haviam feito recuar os mares, e os golfos se abriam de todos os lados, como para recebê-los ainda. Se observarmos a Grécia, veremos, num país bastante estreito, uma vasta extensão litorânea. Suas numerosas colônias formavam uma imensa circunferência ao redor dela; e ali via, por assim dizer, todos os que não fossem bárbaros. Penetrou na Sicília e na Itália? Ali formou nações. Navegou pelos mares do Ponto, para o litoral da Ásia Menor, para as costas da África? Lá também as formou. Suas cidades prosperam à medida que se deparam com novos povos. E, o que era admirável, também a cercavam um sem-número de ilhas, situadas como que na primeira linha.

Quantas causas de prosperidade para a Grécia, quantos espetáculos oferecia, por assim dizer, ao universo; templos aonde todos os reis enviavam oferendas; festas em que se reuniam pessoas de todas as partes; oráculos que eram objeto de toda a curiosidade humana; enfim, o bom gosto e as artes levadas a tal perfeição, que crer ultrapassá-las será sempre não conhecê-las!

Capítulo VIII
De Alexandre. Sua conquista

Quatro acontecimentos sob Alexandre causaram uma grande revolução no comércio: a tomada de Tiro, a conquista do Egito, a das Índias e o descobrimento do mar que fica ao sul desse país.

Estendia-se o império dos persas até o Indo[35]. Muito tempo antes de Alexandre, Dario[36] enviara navegadores que desceram esse rio e seguiram até o Mar Vermelho. Como é, então, que os gregos foram os primeiros a praticar o comércio das Índias pelo sul? Por que não o praticaram os persas antes? De que lhes serviam mares que estavam

[35] Estrabão, livro XV. (N. do A.)
[36] Heródoto, em *Melpomene*. (N. do A.)

tão próximos deles, mares que banhavam seu império? É verdade que Alexandre conquistou as Índias: mas é preciso conquistar o país para com este negociar? Examinarei esse ponto.

A Ariana[37], que se estendia desde o Golfo Pérsico até o Indo e do mar do sul até as montanhas dos Paropamísadas, dependia, de certo modo, do império dos persas; mas, em sua parte meridional, era árida, queimada, inculta e bárbara. Rezava a tradição[38] que os exércitos de Semíramis e de Ciro haviam perecido nesses desertos; e Alexandre, que ordenou a sua frota que o seguisse, ali perdeu boa parte do seu exército. Deixavam os persas todo o litoral em poder dos ictiófagos[39], dos oritas e de outros povos bárbaros. Não eram, aliás, navegadores, e até sua religião lhes vedava qualquer ideia de comércio marítimo[40]. A navegação pelo Indo e pelo mar das Índias ordenada por Dario foi mais a fantasia de um príncipe que quer mostrar força do que o projeto ponderado de um príncipe que quer dela se servir. Não teve seguimento, nem quanto ao comércio, nem quanto à marinha; e, se saíram da ignorância, foi para nela voltarem a cair.

Há mais: acreditava-se[41], antes da expedição de Alexandre, que a parte meridional das Índias fosse inabitável[42], o que era uma consequência da tradição segundo a qual Semíramis[43] só trouxera vinte homens de volta de lá, e Ciro, sete.

Alexandre entrou pelo norte. Seu plano era marchar para o oriente; mas, tendo descoberto que a parte meridional estava repleta de grandes nações, de cidades e de rios, tentou conquistá-la e teve bom êxito.

Concebeu, então, o plano de unir as Índias ao Ocidente por um comércio marítimo, como os unira por colônias que estabelecera por terra.

Mandou construir uma frota sobre o Hidaspes, desceu o rio, entrou

---

[37] Estrabão, livro XV. (N. do A.)

[38] Ibid.. (N. do A.)

[39] Plínio, livro VI, capítulo XXIII; Estrabão, livro XV. (N. do A.)

[40] Para não conspurcar os elementos, não navegavam pelos rios. Sr. Hyde, *Religião dos persas*. Ainda hoje não têm comércio marítimo e chamam de ateus os que singram os mares. (N. do A.)

[41] Estrabão, livro XV. (N. do A.)

[42] Heródoto, em *Melpomene*, diz que Dario conquistou as Índias. Isso só pode referir-se à Ariana: mesmo assim, tal conquista jamais foi posta em prática. (N. do A.)

[43] Estrabão, livro XV. (N. do A.)

no Indo e navegou até a foz. Deixou o exército e a frota em Pátale, foi em pessoa com alguns navios reconhecer o mar, assinalou os lugares onde quis que construíssem portos, ancoradouros e arsenais. De volta a Pátale, separou-se da frota e tomou o caminho de terra, para dar-lhe auxílio e dela recebê-lo. A frota seguiu a costa desde a foz do Indo, ao longo do litoral dos países dos oritas, dos ictiófagos, da Caramânia e da Pérsia. Mandou cavar poços, construir cidades; proibiu aos ictiófagos[44] viverem de peixes; queria que as margens desse mar fossem habitadas por nações civilizadas. Nearco e Onesícrito redigiram o diário dessa navegação, que durou dez meses. Chegaram a Susa; lá encontraram Alexandre a dar festas de aniversário.

Esse conquistador fundara Alexandria, com vistas a garantir o Egito: era uma chave para abri-lo, no mesmo lugar onde os seus antecessores tinham uma chave para fechá-lo[45]; e não tinha em mente um comércio cuja ideia só a descoberta do mar das Índias podia sugerir-lhe.

Parece até que depois desse descobrimento ele não concebeu nenhum novo plano para Alexandria. Tinha o projeto geral de estabelecer um comércio entre as Índias e as partes ocidentais do império; mas, quanto ao projeto de praticar tal comércio pelo Egito, faltavam-lhe demais os conhecimentos para poder formá-lo. Vira o Indo, vira o Nilo; mas não conhecia os mares da Arábia que ficam entre ambos. Mal chegou das Índias e mandou construir novas frotas e navegou[46] pelo Euleu, o Tigre, o Eufrates e o mar; suprimiu as cataratas que os persas haviam posto nesses rios; descobriu que o Seio Pérsico era um golfo do Oceano. Como foi reconhecer esse mar[47], assim como havia

---

[44] Isto não pode ser aplicado a todos os ictiófagos, que habitavam um litoral de dez mil estádios. Como poderia Alexandre sustentá-los? Como se faria obedecer? Isso só pode referir-se a alguns povos em particular. Nearco, no livro *Rerum indicarum*, diz que no extremo dessa costa, para os lados da Pérsia, dera com povos menos ictiófagos. Estou propenso a crer que a ordem de Alexandre se referia a essa região, ou a alguma outra ainda mais próxima da Pérsia. (N. do A.)

[45] Alexandria foi fundada numa praia chamada Racotis. Os antigos reis mantinham ali uma guarnição para defender a entrada do país contra os estrangeiros, sobretudo os gregos, que eram, como se sabe, grandes piratas. Vide Plínio, livro VI, capítulo X; e Estrabão, livro XVIII. (N. do A.)

[46] Arriano, *De expeditione Alexandri*, livro VII. (N. do A.)

[47] Ibid. (N. do A.)

reconhecido o mar das Índias; como mandou construir um porto em Babilônia para mil barcos, além de arsenais; como enviou quinhentos talentos à Fenícia e à Síria, com o objetivo de trazer de lá marinheiros para mandá-los às colônias que espalhou pelo litoral; como, enfim, fez imensas obras sobre o Eufrates e sobre os outros rios da Assíria, não podemos duvidar de que seu objetivo era praticar o comércio das Índias pela Babilônia e pelo Golfo Pérsico.

Alguns, sob pretexto de que Alexandre quisesse conquistar a Arábia[48], disseram que ele traçara planos de ali instalar a capital do seu império; mas como teria escolhido um lugar que não conhecia[49]? Era aquele, aliás, o mais incômodo dos países: ele ficaria separado do seu império. Os califas, que fizeram conquistas distantes, primeiro deixaram a Arábia para se estabelecer em outros lugares.

Capítulo IX
Do comércio dos reis gregos depois de Alexandre

Quando Alexandre conquistou o Egito, muito pouco se conhecia acerca do Mar Vermelho e nada acerca da parte do Oceano que se une a esse mar e banha de um lado a costa da África e de outro o litoral da Arábia: chegaram a crer que fosse impossível dar a volta da península arábica. Os que o haviam tentado, de ambos os lados, haviam desistido. Dizia[50]: "Como seria possível navegar ao sul das costas da Arábia, já que pereceu quase todo o exército de Cambises, que a atravessou do lado norte, e o que Ptolomeu, filho de Lago, enviou em auxílio de Seleuco Nicátor à Babilônia padeceu males incríveis, e, por causa do calor, só pôde marchar à noite?"

Os persas não tinham nenhuma espécie de navegação. Quando conquistaram o Egito, para lá levaram o mesmo espírito que tinham em seu país; e a negligência foi tão extraordinária, que os reis gregos descobriram serem ignoradas não só as navegações dos tírios, dos idumeus e dos judeus no Oceano, mas até as do Mar Vermelho. Creio que a destruição da primeira Tiro por Nabucodonosor e a de muitas

[48] Estrabão, livro XVI, no fim. (N. do A.)

[49] Vendo Babilônia inundada, considerava a Arábia, que fica próxima, uma ilha. Aristóbulo, em Estrabão, livro XVI. (N. do A.)

[50] Vide o livro *Rerum indicarum*. (N. do A.)

pequenas nações e cidades vizinhas do Mar Vermelho fizeram que se perdessem os conhecimentos antes adquiridos.

O Egito, no tempo dos persas, não ia até o Mar Vermelho: continha[51] apenas essa faixa de terra longa e estreita que é coberta pelas inundações do Nilo e é limitada dos dois lados por cadeias de montanhas. Foi, portanto, preciso descobrir o Mar Vermelho uma segunda vez, e o Oceano uma segunda vez; e tal descobrimento se deve à curiosidade dos reis gregos.

Subiram o Nilo; caçaram elefantes nas regiões que ficam entre o Nilo e o mar; descobriram as margens desse mar por terra; e, como tal descobrimento foi feito sob domínio grego, os nomes são gregos e os templos são consagrados[52] a divindades gregas.

Os gregos do Egito puderam fazer um comércio muito amplo: controlavam os portos do Mar Vermelho; Tiro, rival de toda nação mercante, já não existia; não eram incomodados pelas velhas superstições[53] do país; o Egito tornara-se o centro do universo.

Os reis da Síria entregaram aos do Egito o comércio meridional das Índias e só se dedicaram ao comércio setentrional, que se praticava pelo Oxo e pelo Mar Cáspio. Naquele tempo, acreditava-se que aquele mar fizesse parte do Oceano setentrional[54]; e Alexandre[55], algum tempo antes de morrer, mandara construir uma frota para descobrir se se comunicava com o Oceano pelo Ponto Euxino ou por algum outro mar oriental dos lados das Índias. Depois dele, Seleuco e Antíoco deram especial atenção à sua exploração. Mantiveram frotas lá[56]. O que Seleuco explorou foi chamado Mar Selêucida: o que Antíoco descobriu foi chamado Mar Antioquida. Atentos aos projetos que podiam ter por aquelas bandas, desdenharam os mares do sul; quer porque os Ptolomeus, com suas frotas do Mar Vermelho, já tivessem conquistado o seu domínio; quer porque tivessem encontrado nos persas uma repulsa invencível à marinha. A costa do sul da

---

[51] Estrabão, livro XVI. (N. do A.)

[52] Ibid. (N. do A.)

[53] Estas faziam que tivessem horror dos estrangeiros. (N. do A.)

[54] Plínio, livro II, capítulo LXVIII; e livro VI, capítulos IX e XII; Estrabão, livro XI; Arriano, *De expeditione de Alexandri*, livro III, p. 74; e livro V, p. 104. (N. do A.)

[55] Arriano, *De expeditione de Alexandri*, livro VII. (N. do A.)

[56] Plínio, livro II, capítulo LXIV. (N. do A.)

Pérsia não fornecia marinheiros; eles só foram vistos ali nos últimos momentos da vida de Alexandre. Mas os reis do Egito, senhores da Ilha de Chipre, da Fenícia e de grande número de pontos no litoral da Ásia Menor, contavam com muitíssimos recursos para seus empreendimentos marítimos. Não precisavam contrariar as inclinações dos súditos; bastava segui-las.

Temos dificuldade em compreender a obstinação dos antigos em crer que o Mar Cáspio fosse parte do Oceano. As expedições de Alexandre, do reis da Síria, dos partos e dos romanos não conseguiram fazê-los mudar de ideia. Isso porque admitimos nossos erros o mais tarde que podemos. Primeiro, só conheciam o sul do Mar Cáspio; pensaram que fosse o Oceano; à medida que foram avançando ao longo de suas margens setentrionais, acreditaram ainda tratar-se do Oceano, que entrava pelas terras. Seguindo o litoral, para o leste, só fizeram o reconhecimento até o Jaxarte; e para oeste, só até os extremos da Albânia. O mar, para o norte, era lodoso[57] e, por conseguinte, muito pouco próprio à navegação. Tudo isso fez que continuassem tomando-o pelo Oceano.

O exército de Alexandre só fora, do lado do oriente, até o Hipanis, que é o último rio a desembocar no Indo. Assim, o primeiro comércio que os gregos praticaram nas Índias se deu numa parte muito pequena do país. Seleuco Nicátor penetrou até o Ganges[58]; e com isso se descobriu o mar onde se lança esse rio, ou seja, o Golfo de Bengala. Hoje se descobrem terras pelas viagens marítimas; antigamente se descobriam os mares pela conquista das terras.

Malgrado o testemunho de Apolodoro, Estrabão[59] parece duvidar de que os reis[60] gregos da Bactriana tenham ido mais além do que Seleuco e Alexandre. Mesmo que fosse verdade que não tenham ido além de Seleuco para o oriente, foram mais longe para o sul: descobriram[61] Siger e portos do Malabar, que deram lugar à navegação de que vou falar.

---

[57] Vide o mapa do czar. (N. do A.)

[58] Plínio, livro VI, capítulo XVII. (N. do A.)

[59] Livro XV. (N. do A.)

[60] Os macedônios, da Bactriana, das Índias e da Ariana, tendo-se separado do reino da Síria, formaram um grande Estado. (N. do A.)

[61] Apolônio Adramitino, em Estrabão, livro XI. (N. do A.)

Ensina-nos Plínio[62] que se adotaram três rotas para fazer a navegação das Índias. Primeiro foram do Promontório de Siagre à Ilha de Patalene, que fica na foz do Indo: vemos que é a rota seguida pela frota de Alexandre. Tomou-se mais tarde um caminho mais curto[63] e mais seguro; e foram do mesmo promontório a Siger. Esse Siger só pode ser o reino de Siger de que fala Estrabão[64], descoberto pelos reis gregos da Bactriana. Plínio só pode dizer que esse caminho fosse mais curto porque era feito em menos tempo; pois Siger devia ser mais distante do que o Indo, já que os reis da Bactriana o descobriram. Deviam, pois, evitar com isso o desvio de certas costas e se aproveitar de certos ventos. Enfim, os mercadores usaram uma terceira rota: iam a Canes ou Océlis, portos situados na embocadura do Mar Vermelho, de onde, por um vento de oeste, se chegava a Muzíris, primeira etapa das Índias, e de lá a outros portos. Vemos que, em vez de ir da embocadura do Mar Vermelho até Siagre subindo a costa da Arábia Feliz pelo nordeste, foram diretamente de oeste a leste, de um lado a outro, por meio das monções, cujas mudanças descobriram navegando por aquelas paragens. Os antigos não se afastaram da costa, senão quando se valeram das monções[65] e dos ventos alísios, que eram uma espécie de bússola para eles.

Diz Plínio[66] que partiam para as Índias no meio do verão e voltavam no fim de dezembro e no começo de janeiro. Isso está inteiramente de acordo com os diários dos nossos navegadores. Nessa parte do mar das Índias que fica entre a península da África e a de aquém-Ganges, há duas monções: a primeira, durante a qual os ventos vão de oeste para leste, começa no mês de agosto e de setembro; a segunda, durante a qual os ventos vão do leste para oeste, começa em janeiro. Partimos, assim, da África para o Malabar na época em que partiam as frotas de Ptolomeu e voltamos na mesma época.

A esquadra de Alexandre levou sete meses para ir de Pátale a Susa. Zarpou no mês de julho, ou seja, num tempo em que hoje nenhum navio ousa lançar-se ao mar para retornar das Índias. Entre uma e outra

---

[62] Livro VI, capítulo XXIII. (N. do A.)

[63] Plínio, livro VI, capítulo XXIII. (N. do A.)

[64] Livro XI, *Sigertidis regnum*. (N. do A.)

[65] As monções sopram durante uma parte do ano de um lado, e noutra parte do ano de outro; os ventos alísios sopram do mesmo lado o ano inteiro. (N. do A.)

[66] Livro VI, capítulo XXIII. (N. do A.)

monção, há um intervalo de tempo durante o qual os ventos variam e em que um vento do norte, misturando-se com os ventos ordinários, causa, sobretudo junto à costa, horríveis tempestades. Isso dura os meses de junho, de julho e de agosto. A esquadra de Alexandre, zarpando de Pátale no mês de julho, enfrentou muitas tempestades e a viagem foi longa, porque navegou com uma monção contrária.

Diz Plínio que partiam para as Índias no fim do verão: empregava-se, pois, o tempo da variação das monções a fazer o trajeto de Alexandria para o Mar Vermelho.

Peço-vos que vejais como houve um paulatino aperfeiçoamento da navegação. A que Dario mandou fazer, para descer o Indo e ir ao Mar Vermelho, durou dois anos e meio[67]. Descendo o Indo, a frota de Alexandre[68] chegou a Susa dez meses depois, tendo navegado três meses pelo Indo e sete pelo mar das Índias. Em seguida, o trajeto da costa do Malabar para o Mar Vermelho se fez em quarenta dias[69].

Estrabão, que explica a ignorância que havia sobre os países que ficam entre o Hipanis e o Ganges, diz que dentre os navegadores que vão do Egito às Índias poucos há que vão até o Ganges. Com efeito, vemos que as frotas não iam para lá; essas frotas iam, pelas monções de oeste a leste, da embocadura do Mar Vermelho à costa do Malabar. Paravam nas etapas que havia ali e não iam dar a volta na península aquém do Ganges pelo cabo de Comori e a costa de Coromandel. O plano da navegação dos reis do Egito e dos romanos era o de retornar no mesmo ano[70].

Assim, está longe de ser verdade que o comércio dos gregos e dos romanos com as Índias fosse tão vasto quanto o nosso; nós, que conhecemos países imensos que eles não conheciam; nós, que fazemos o nosso comércio com todas as nações indianas e até comerciamos por elas e navegamos por elas.

Eles, porém, faziam tal comércio com mais facilidade do que nós: e, se só negociássemos hoje na costa do Guzarate e do Malabar; e, se, sem irmos procurar as ilhas do sul, nos contentássemos com as mercadorias que os insulares trouxessem, deveríamos preferir a rota do Egito à do cabo da Boa Esperança. Diz Estrabão[71] que se negociava assim com os povos da Taprobana.

---

[67] Heródoto, em *Melpomene*. (N. do A.)

[68] Plínio, livro VI, capítulo XXIII. (N. do A.)

[69] Ibid. (N. do A.)

[70] Ibid. (N. do A.)

[71] Livro XV. (N. do A.)

Capítulo X
Da circum-navegação da África

Vemos na história que antes da descoberta da bússola tentaram por quatro vezes a circum-navegação da África. Fenícios enviados por Neco[72] e por Eudóxio[73], fugindo da cólera de Ptolomeu Laturo, zarparam do Mar Vermelho e foram bem-sucedidos. Sataspe[74], sob Xerxes, e Hano, enviado pelos cartagineses, partiram das colunas de Hércules e não tiveram bom êxito.

O ponto capital para a circum-navegação da África era descobrir e dobrar o Cabo da Boa Esperança. Mas, se se partisse do Mar Vermelho, encontrava-se esse cabo duas vezes mais perto do que partindo do mediterrâneo. A costa que vai do Mar Vermelho ao Cabo é mais tranquila do que[75] a que vai do Cabo às Colunas de Hércules. Para que aqueles que partiam das Colunas de Hércules tenham descoberto o Cabo, foi necessária a invenção da bússola, que fez que abandonassem a costa da África e navegassem o vasto Oceano[76] para ir na direção da Ilha de Santa Helena ou da costa do Brasil. Era, pois, bem possível que se fosse do Mar Vermelho ao Mediterrâneo sem que se voltasse do Mediterrâneo para o Mar Vermelho.

Assim, sem fazer esse grande circuito, depois do qual não se podia mais voltar, era mais natural fazer o comércio da África oriental pelo Mar Vermelho e o da costa ocidental pelas Colunas de Hércules.

Os reis gregos do Egito descobriram primeiro, no Mar Vermelho, a parte da costa da África que vai do fundo do golfo, onde fica a cidade de Heroum, até Dira, ou seja, até o estreito hoje chamado de Babelmandel. Dali até o promontório de Arômata situado na entrada do Mar Vermelho[77], a costa não fora explorada pelos navegadores: e

---

[72] Heródoto, livro IV. Ele queria conquistar. (N. do A.)

[73] Plínio, livro II, capítulo LXVII. Pompônio Mela, livro III, capítulo IX. (N. do A.)

[74] Heródoto, em *Melpomene*. (N. do A.)

[75] Some-se a isto o que digo no capítulo XI deste livro acerca da navegação de Hano. (N. do A.)

[76] Sopra no Oceano Atlântico, nos meses de outubro, novembro, dezembro e janeiro, um vento de nordeste. Atravessa-se a linha; e, para evitar o vento geral de leste, dirige-se a rota para o sul; ou então se adentra a zona tórrida, nos lugares onde o vento sopra de oeste para leste. (N. do A.)

[77] Este golfo, a que hoje damos esse nome, era chamado pelos antigos *Seio Arábico*: chamavam Mar Vermelho à parte do oceano vizinha desse golfo. (N. do A.)

isso fica claro pelo que nos diz Artemidoro[78], que eram conhecidos os lugares dessa costa, mas se ignoravam as distâncias; isso porque esses portos foram sendo sucessivamente conhecidos por terra, sem que se fosse de um a outro.

Para além desse promontório em que começa a costa do oceano, nada se conhecia, como nos[79] informam Eratóstenes e Artemidoro.

Tais eram os conhecimentos que se tinham sobre a costa da África na época de Estrabão, ou seja, no tempo de Augusto. Mas depois de Augusto os romanos descobriram o Promontório Raptum e o Promontório Prassum, de que não fala Estrabão, porque ainda não eram conhecidos. Ambos os nomes são claramente romanos.

Ptolomeu, o geógrafo, viveu sob Adriano e Antonino Pio; e o autor do Périplo do Mar Eritreu, seja ele quem for, viveu um pouco depois. O primeiro, no entanto, limita a África[80] no Promontório Prassum, que está aproximadamente no décimo quarto grau de latitude sul; e o autor do Périplo[81], no Promontório Raptum, que está aproximadamente no décimo grau dessa latitude. Parece que este último tomava como limite um lugar aonde se ia, e Ptolomeu, um lugar aonde já não se ia.

O que me confirma nesta ideia é que os povos ao redor do Prassum eram antropófagos[82]. Ptolomeu, que[83] nos fala de grande número de lugares entre o porto de Arômata e o Promontório Raptum, deixa um vazio total desde o Raptum até o Prassum. Os grandes lucros da navegação das Índias devem ter feito desdenharem a da África. Enfim, os romanos jamais tiveram uma navegação regular por essa costa: haviam descoberto esses portos por terra e por navios jogados pelas tempestades. E, como hoje conhecemos bastante bem as costas da África e muito mal o interior[84], os antigos conheciam bastante bem o interior e muito mal as costas.

---

[78] Estrabão, livro XV. (N. do A.)

[79] Ibid., livro XVI. Artemidoro limitava a costa conhecida no lugar chamado *Austricornu*; e Eratóstenes, *Ad Cinnamomiferam*. (N. do A.)

[80] Livro I, capítulo VII; livro IX; prancha IV da África. (N. do A.)

[81] Este périplo foi atribuído a Arriano. (N. do A.)

[82] Ptolomeu, livro IV, capítulo IX. (N. do A.)

[83] Livro IV, capítulos VII e VIII. (N. do A.)

[84] Vede com que exatidão Estrabão e Ptolomeu nos descrevem as diversas partes da África. Tais conhecimentos vinham das diversas guerras que as duas mais poderosas nações do mundo, os cartagineses e os romanos, haviam travado com os povos da África, das alianças que haviam contraído, do comércio que haviam feito nas terras. (N. do A.)

Disse eu que alguns fenícios, enviados por Neco e Eudoxo sob Ptolomeu Laturo, haviam feito a circum-navegação da África: no tempo de Ptolomeu, o geógrafo, essas duas navegações tinham de ser consideradas fabulosas, pois ele põe[85], depois do *sinus magnus*, que é, creio, o Golfo de Sião, uma terra incógnita, que vai, da Ásia à África, terminar no promontório Prassum; assim, o mar das Índias não passaria de um lago. Os antigos, que exploraram a Índia pelo norte, avançando para o oriente, colocaram no sul essa terra incógnita.

Capítulo XI
Cartago e Marselha

Cartago tinha um estranho direito das gentes; mandava afogar[86] todos os estrangeiros que comerciassem na Sardenha e para os lados das Colunas de Hércules. O seu direito político não era menos extraordinário; proibia aos sardos cultivar a terra, sob pena de morte. Aumentou seu poder com as riquezas e depois as riquezas com o poder. Senhora das costas da África banhadas pelo Mediterrâneo, se estendeu ao longo das banhadas pelo oceano. Hano, por ordem do senado de Cartago, espalhou trinta mil cartagineses desde as Colunas de Hércules até Cerne. Diz que tal lugar está tão distante das Colunas de Hércules quanto estas, de Cartago. É muito notável essa posição; mostra que Hano limitou os seus estabelecimentos ao vigésimo quinto grau de latitude norte, isto é, dois ou três graus além das Canárias, para o sul.

Estando em Cerne, Hano fez outra navegação, cujo objetivo era fazer descobrimentos mais ao sul. Não fez quase nenhuma exploração do continente. A extensão das costas que ele seguiu foi de vinte e seis dias de navegação, quando foi obrigado a voltar por falta de víveres. Parece que os cartagineses não fizeram nenhum uso desse empreendimento de Hano. Diz Cílax[87] que para além de Cerne o mar não é mais navegável[88], porque é raso, cheio de limo e de ervas

---

[85] Livro VII, capítulo III. (N. do A.)

[86] Eratóstenes, em Estrabão, livro XVII, p. 802. (N. do A.)

[87] Vide seu Périplo, artigo sobre Cartago. (N. do A.)

[88] Vide Heródoto, em *Melpomene*, sobre os obstáculos encontrados por Sataspe. (N. do A.)

marinhas: de fato, há muito disso por aquelas plagas[89]. Os mercadores cartagineses de que fala Cílax podiam deparar-se com obstáculos que Hano, que tinha sessenta navios de cinquenta remos cada, superara. São relativas as dificuldades; e, além disso, não devemos confundir um empreendimento que tem a ousadia e a temeridade como objetivo com o que é o efeito de uma conduta ordinária.

O relato de Hano é um belo monumento da Antiguidade: o mesmo homem que executou escreveu; não usa de nenhuma ostentação nas narrativas. Os grandes capitães escrevem com simplicidade as suas ações, porque são mais gloriosos pelo que fizeram do que pelo que disseram.

As coisas são como o estilo. Não apela para o maravilhoso: tudo o que diz do clima, do solo, dos costumes, do comportamento dos habitantes corresponde ao que vemos hoje nessa costa da África; parece ser o diário de um nos nossos navegadores.

Observou Hano, em sua frota, que de dia reinava no continente um grande silêncio; à noite, ouviam-se os sons de diversos instrumentos musicais; e em toda parte se viam fogos, uns maiores, outros menores[90]. Isso é confirmado pelos nossos relatos: de dia, esses selvagens, para evitar o calor do sol, se retiram nas florestas; à noite, fazem grandes fogos para afastar as bestas ferozes; e amam apaixonadamente a dança e os instrumentos musicais.

Descreve-nos Hano um vulcão com todos os fenômenos que hoje mostra o Vesúvio; e a narrativa que ele faz daquelas duas mulheres peludas que preferiram morrer a seguir os cartagineses, e cujas peles levou a Cartago, não é, como se diz, inverossímil.

Tal relato é tanto mais precioso por ser um monumento púnico; e é porque é um monumento púnico que é considerado fabuloso. Pois os romanos conservaram o ódio contra os cartagineses mesmo depois de tê-los destruído. Mas só a vitória decidiu se se devia dizer fé púnica ou fé romana.

---

[89] Vide os mapas e as relações, o primeiro volume de *Voyages qui ont servi à l'établissement de la compagnie des Indes*, parte I, p. 201. Esta erva cobre de tal forma a superfície do mar, que mal se vê a água; e as embarcações só conseguem passar com vento forte. (N. do A.)

[90] Diz-nos Plínio a mesma coisa, ao falar do monte Atlas: *Noctibus micare crebris ignibus, tibiarum cantu tympanorumque sonitu strepere, neminem interdiu cerni*. (N. do A.)

Alguns modernos[91] seguiram esse preconceito. Que é, dizem eles, das cidades que Hano nos descreve e das quais, mesmo no tempo de Plínio, já não restava nenhum vestígio? A maravilha seria que algo tivesse ficado. Era Corinto ou Atenas que Hano iria construir naquelas costas? Ele deixava nos lugares adequados ao comércio algumas famílias cartaginesas; e às pressas as punha em segurança contra os homens selvagens e os animais ferozes. As calamidades dos cartagineses fizeram que cessasse a navegação da África; é bem provável que tais famílias tenham perecido ou se tornado selvagens. Digo mais: mesmo que as ruínas dessas cidades ainda subsistissem, quem iria fazer a descoberta delas nas matas e nos pantanais? Vemos porém em Cílax e em Políbio que os cartagineses tinham grandes estabelecimentos nas costas. São esses os vestígios das cidades de Hano; não há outros, porque mal há outros da própria Cartago.

Os cartagineses estavam no caminho das riquezas: e, se tivessem chegado ao vigésimo quarto grau de latitude norte e ao décimo quinto de longitude, teriam descoberto a Costa do Ouro e as costas vizinhas. Teriam feito um comércio de muito maior importância do que o que ali fazemos hoje, pois a América parece ter aviltado as riquezas de todos os outros países: teriam achado ali tesouros que não podiam ser subtraídos pelo romanos.

Foram ditas coisas bem surpreendentes sobre as riquezas da Espanha. A crer em Aristóteles[92], os fenícios que desembarcaram em Tartesso ali encontraram tanta prata que seus navios não conseguiam carregá-la; e mandaram fazer com esse metal os seus mais vis utensílios. Segundo Diodoro[93], os cartagineses acharam tanto ouro e tanta prata nos Pirineus, que os usaram nas âncoras dos navios. Mas não devemos basear-nos nessas histórias populares; eis alguns fatos precisos.

Vemos num fragmento de Políbio citado por Estrabão[94] que as minas de prata que havia na nascente do Bétis, onde tinham emprego quarenta mil homens, davam ao povo romano vinte e cinco mil dracmas por dia: isso pode equivaler a cerca de cinco milhões de libras por ano, a cinquenta francos o marco. Chamavam-se as montanhas

---

[91] M. Dodwel: vide a sua *Dissertação sobre o périplo de Hano*. (N. do A.)

[92] *Das coisas maravilhosas*. (N. do A.)

[93] Livro VI. (N. do A.)

[94] Livro III. (N. do A.)

onde ficavam as minas de montanhas de prata[95]; o que mostra que eram o Potosi da época. Hoje as minas de Hanôver não têm um quarto dos trabalhadores empregados nas da Espanha, e dão mais: mas os romanos quase só tinham minas de cobre e poucas minas de prata, e os gregos, conhecendo só as minas da Ática, muito pouco ricas, devem ter-se admirado com a abundância delas.

Na guerra da sucessão da Espanha, um homem chamado marquês de Rodes, de quem diziam ter-se arruinado nas minas de ouro e enriquecido nos hospitais[96], propôs à corte de França abrir as minas dos Pirineus. Citou os tírios, os cartagineses e os romanos: permitiram-lhe procurar; ele procurou, cavou por toda parte; citava sempre e não encontrava nada.

Os cartagineses, senhores do comércio do ouro e da prata, quiseram ser também senhores do do chumbo e do estanho. Tais metais eram transportados por terra, desde os portos da Gália sobre o oceano até os do Mediterrâneo. Quiseram os cartagineses recebê-los de primeira mão; enviaram Himilcão para fundar[97] estabelecimentos nas ilhas Cassitérides, que cremos ser as de Silley.

Tais viagens da Bética à Inglaterra sugeriram a alguns que os cartagineses conhecessem a bússola: mas é claro que eles seguiam a costa. Não preciso de outra prova senão o que diz Himilcão, que demorou quatro meses para ir da foz do Bétis à Inglaterra: além disso, a famosa história[98] do piloto cartaginês que, vendo aproximar-se um navio romano, encalhou seu próprio barco para não ensinar a eles a rota da Inglaterra[99] mostra que essas embarcações estavam muito perto da costa quando se encontraram.

Os antigos podem ter feito viagens marítimas que sugerem que conhecessem a bússola, embora não a conhecessem. Se o piloto estivesse longe da costa e, durante a viagem, fizesse bom tempo, se, à noite, sempre visse a estrela polar e de dia o nascer e o pôr do sol, é claro que poderia orientar-se como hoje nos guiamos pela bússola: mas seria um caso fortuito, e não uma navegação regular.

---

[95] *Mons Argentarius*. (N. do A.)

[96] Ele administrara alguns hospitais. (N. do A.)

[97] Vide Festo Avieno. (N. do A.)

[98] Estrabão, livro III, no fim. (N. do A.)

[99] Foi recompensado pelo senado de Cartago. (N. do A.)

Vemos no tratado que encerrou a primeira guerra púnica que Cartago deu maior atenção à conservação do domínio do mar, e Roma, a manter o de terra. Na negociação com os romanos, declarou Hano[100] que não permitiria que eles sequer lavassem as mãos nos mares da Sicília; não lhes foi permitido navegar para além do belo Promontório; foi-lhes vedado[101] negociar na Sicília[102], na Sardenha, na África, salvo em Cartago: exceção que mostra que ali não lhes preparavam um comércio vantajoso.

Houve nos primeiros tempos grandes guerras entre Cartago e Marselha[103] por causa da pesca. Depois da paz, fizeram simultaneamente o comércio de economia. Marselha foi ainda mais ciumenta porque, ao igualar a rival quanto à indústria, se tornara inferior quanto à potência: essa é a razão da sua grande fidelidade aos romanos. A guerra que estes travaram com os cartagineses na Espanha foi uma fonte de riqueza para Marselha, que servia de entreposto. A ruína de Cartago e de Corinto aumentou ainda mais a glória de Marselha: e, sem as guerras civis, em que era preciso fechar os olhos e tomar um partido, Marselha teria sido feliz sob a proteção dos romanos, que não tinham nenhum ciúme do seu comércio.

Capítulo XII
Ilha de Delos. Mitridates

Tendo Corinto sido destruída pelos romanos, os comerciantes retiraram-se para Delos. A religião e a veneração dos povos faziam que a ilha fosse considerada um lugar seguro[104]; além disso, estava bem situada para o comércio da Itália e da Ásia, que, desde a aniquilação da África e o enfraquecimento da Grécia, ganhara importância.

Já nos primeiros tempos, os gregos enviaram, como dissemos, colônias para Propôntis e o Ponto Euxino: sob os persas, essas colônias conservaram as leis e a liberdade. Alexandre, que só partira

---

[100] Tito Lívio, suplemento de Freinshemius, segunda década, livro VI. (N. do A.)

[101] Políbio, livro III. (N. do A.)

[102] Na parte sujeita aos cartagineses. (N. do A.)

[103] Justino, livro XLIII, capítulo V. (N. do A.)

[104] Vide Estrabão, livro X. (N. do A.)

contra os bárbaros, não as atacou[105]. Parece até que os reis do Ponto, que ocuparam várias delas, não suprimiram o seu governo político[106].

O poder[107] desses reis aumentou, tão logo as subjugaram. Mitridates se viu em condições de comprar tropas em toda parte; de reparar[108] continuamente as suas partes; de ter operários, embarcações, máquinas de guerra; de conseguir aliados; de corromper os dos romanos, e até mesmo os romanos, de assalariar[109] os bárbaros da Ásia e da Europa; de guerrear durante longo tempo e, portanto, de disciplinar as suas tropas; pôde armá-las e instruí-las na arte militar[110] dos romanos e formar corpos consideráveis de seus trânsfugas; enfim, conseguiu infligir grandes perdas e sofrer grandes derrotas sem perecer: e não teria perecido, se, na prosperidade, o rei voluptuoso e bárbaro não houvesse destruído o que, na má fortuna, fizera o grande príncipe.

Assim é que, quando os romanos estavam no auge da grandeza e pareciam só ter a temer eles mesmos, Mitridates tornou a questionar o que a tomada de Cartago, as derrotas de Filipe, de Antíoco e de Perseu haviam decidido. Jamais guerra foi mais funesta: e, tendo as duas partes grande potência e vantagens mútuas, os povos da Grécia e da Ásia foram destruídos, ou como amigos de Mitridates, ou como seus inimigos. Envolveu Delos a desgraça comum. O comércio caiu em toda parte; era inevitável que fosse destruído, já que os povos o foram.

Seguindo um sistema de que falei em outro lugar[111], os romanos, destruidores para não parecerem conquistadores, arruinaram Cartago e Corinto: e, com tal prática, talvez se tivessem perdido, se não houvessem conquistado toda a terra. Quando os reis do Ponto se assenhorearam das colônias gregas do Ponto Euxino, não tiveram o cuidado de destruir o que devia ser a causa de sua grandeza.

---

[105] Ele confirmou a liberdade da cidade de Amiso, colônia ateniense, que gozara do Estado popular, mesmo sob os reis da Pérsia. Lúculo, que tomou Sinope e Amiso, devolveu-lhes a liberdade e chamou de volta os habitantes que se haviam refugiado em suas embarcações. (N. do A.)

[106] Vide o que escreve Apiano sobre os fanagorianos, os amisianos e os sinopianos em seu livro *Da guerra contra Mitridates*. (N. do A.)

[107] Vide Apiano sobre os tesouros imensos que Mitridates empregou nas guerras, os que escondera, os que perdeu tantas vezes pela traição dos seus, os que foram encontrados depois da sua morte. (N. do A.)

[108] Perdeu uma vez 170 mil homens, e novos exército logo apareceram. (N. do A.)

[109] Vide Apiano, *Da guerra contra Mitridates*. (N. do A.)

[110] Ibid. (N. do A.)

[111] Nas *Considerações sobre as causas da grandeza dos romanos*. (N. do A.)

Capítulo XIII
Da disposição dos romanos para a marinha

Só davam os romanos importância às tropas de terra, cujo espírito era permanecer sempre firmes, combater no mesmo lugar e ali morrer. Não podiam estimar a prática dos marinheiros, que se apresentam para o combate, fogem, voltam, evitam sempre o perigo, se valem da astúcia, raramente da força. Tudo isso não era do gênio dos gregos[112], e ainda menos dos romanos.

Assim, só destinavam à marinha os que não eram cidadãos bastante consideráveis[113] para ocupar um lugar nas legiões: os marinheiros eram, por ordinário, libertos.

Não compartilhamos hoje nem essa estima pelas tropas de terra, nem o mesmo desprezo pelas de mar. Entre as primeiras[114], a arte diminuiu; entre as segundas[115], aumentou: ora, estimamos as coisas segundo o grau de competência necessário para bem fazê-las.

Capítulo XIV
Da disposição dos romanos para o comércio

Jamais se observou nenhum ciúme dos romanos pelo comércio. Foi como nação rival e não como nação comerciante que atacaram Cartago. Favoreceram as cidades que praticavam o comércio, embora não estivessem sob seu domínio: aumentaram assim, pela cessão de vários países, o poder de Marselha. Tudo temiam dos bárbaros, e nada de um povo negociante. Aliás, o gênio, a glória, a educação militar, a forma de governo afastavam-nos do comércio.

Na cidade, só se ocupavam de guerras, eleições, conluios e processos; no campo, de agricultura; e, nas províncias, um governo duro e tirânico era incompatível com o comércio.

Pois, se a constituição política se opunha a tal governo, o direito das gentes não o contrariava menos. "Os povos", diz o jurisconsulto

---

112 Como observou Platão, livro IV das *Leis*. (N. do A.)

113 Políbio, livro V. (N. do A.)

114 Vide as *Considerações sobre as causas da grandeza dos romanos*, etc. (N. do A.)

115 Ibid. (N. do A.)

Pompônio[116], "com os quais não temos nem amizade, nem hospitalidade, nem aliança não são nossos inimigos: no entanto, se algo que nos pertence cair em suas mãos, eles serão seus proprietários, os homens livres tornar-se-ão seus escravos e eles estarão na mesma situação com relação a nós".

Seu direito civil não era menos opressivo. A lei de Constantino, depois de ter declarado bastardos os filhos das pessoas vis que se casaram com gente de condição elevada, confunde as mulheres que têm uma loja[117] de mercadorias com os escravos, as taberneiras, as mulheres de teatro, as filhas de um cafetão ou de um homem que foi condenado a combater na arena: isso vinha das velhas instituições dos romanos.

Sei muito bem que gente convicta destas duas ideias, uma, de que o comércio é a coisa mais útil do mundo para um Estado; e a outra, que os romanos tinham a melhor ordem do mundo; julgaram que eles houvessem encorajado e honrado muito o comércio: a verdade, porém, é que raramente lhe deram atenção.

Capítulo XV
Comércio dos romanos com os bárbaros

Os romanos haviam transformado a Europa, a Ásia e a África num vasto império: a fraqueza dos povos e a tirania do comando uniram todas as partes desse corpo imenso. A partir daí, a política romana foi separar-se de todas as nações que não se haviam submetido: o temor de lhes fornecer a arte de vencer fez que desdenhassem a arte de enriquecer. Fizeram leis para impedir todo comércio com os bárbaros. "Ninguém", dizem Valente e Graciano[118], "envie vinho, óleo ou outros licores aos bárbaros, nem sequer para degustá-los". "Não lhes levem ouro", acrescentam Graciano, Valentiniano e Teodósio[119]; "e que mesmo o que tiverem lhes seja sutilmente subtraído". O transporte de ferro foi proibido sob pena de morte[120].

---

[116] Leg. 5, § 2, ff. *De captivis*. (N. do A.)

[117] *Quae mercimoniis publice praefuit*. Leg. I, cód. *de natural. liberis*. (N. do A.)

[118] Leg. *ad Barbaricum*, cód. *quae res exportari non debeant*. (N. do A.)

[119] Leg. 2, cód. *de commerc. et mercator*. (N. do A.)

[120] Leg. 2, *quae res exportari non debeant*. (N. do A.)

Domiciano, príncipe medroso, mandou arrancarem as vinhas na Gália[121], por temer, sem dúvida, que esse licor atraísse os bárbaros, como outrora os atraíra para a Itália. Probo e Juliano, que jamais os temeram, restabeleceram a sua plantação.

Sei muito bem que, quando o império se enfraqueceu, os bárbaros obrigaram os romanos a estabelecer praças de comércio[122] e comerciar com eles. Mas isso mesmo prova que o espírito dos romanos era o de não comerciar.

Capítulo XVI
Do comércio dos romanos com a Arábia e a Índia

Os negócios com a Arábia Feliz e com as Índias foram os dois ramos, e quase os únicos, do comércio exterior. Tinham os árabes grandes riquezas: tiravam-nas de seus mares e de suas florestas; e, como compravam pouco e vendiam muito, atraíam[123] para si o ouro e a prata dos vizinhos. Soube Augusto[124] de sua riqueza e resolveu tê-los como amigos ou como inimigos. Mandou que Élio Galo passasse do Egito para a Arábia. Este encontrou povos ociosos, tranquilos, e pouco aguerridos. Travou batalhas, estabeleceu cercos e só perdeu sete soldados: mas a perfídia dos guias, as marchas, o clima, a fome, a sede, as doenças, medidas mal tomadas fizeram-lhe perder o exército.

Teve, portanto, de se contentar em negociar com os árabes, como os outros povos haviam feito, ou seja, levar-lhes ouro ou prata por suas mercadorias. Ainda se comercia com eles da mesma maneira; a caravana de Alepo e o navio real de Suez levam para lá somas imensas[125].

A natureza destinara os árabes ao comércio; não os destinara à guerra; mas, quando esses povos tranquilos se viram nas fronteiras dos partos e dos romanos, tornaram-se auxiliares de uns e de outros.

---

[121] Procópio, *Guerra dos Persas*, livro I. (N. do A.)

[122] Vide as *Considerações sobre as causas da grandeza dos romanos e de sua decadência*, Paris, 1755. (N. do A.)

[123] Plínio, livro VIII, capítulo XXVIII; e Estrabão, livro XVI. (N. do A.)

[124] Ibid. (N. do A.)

[125] As caravanas de Alepo e de Suez transportam dois milhões da nossa moeda, e passa outro tanto de maneira fraudulenta; o navio real de Suez também transporta dois milhões. (N. do A.)

Élio Galo encontrara-os comerciantes; Maomé encontrou-os guerreiros: deu-lhes entusiasmo e eles se tornaram conquistadores.

Era considerável o comércio dos romanos nas Índias. Soube Estrabão[126] no Egito que empregavam cento e vinte navios: tal comércio ainda só se sustentava pela prata. Eram enviados todos os anos cinquenta milhões de sestércios. Diz Plínio[127] que as mercadorias que de lá se traziam eram vendidas em Roma pelo cêntuplo. Creio que ele fale de um modo genérico demais: tal lucro, alcançado uma vez, todos gostariam de obtê-lo; e, a partir daí, ninguém mais o terá conseguido.

Podemos questionar se foi vantajoso para os romanos o comércio com a Arábia e com as Índias. Tiveram de enviar para lá a sua prata; e eles não podiam, como nós, recorrer à América para suprir o que enviavam. Estou convencido de que uma das razões que fizeram aumentar o valor numerário das moedas, ou seja, estabelecer a liga, foi a raridade da prata, causada pela sua transferência contínua para as Índias. Pois, se as mercadorias desse país se vendiam em Roma pelo cêntuplo, tal lucro dos romanos se fazia sobre os próprios romanos e não enriquecia o império.

Podemos dizer, por outro lado, que tal comércio proporcionava aos romanos uma grande navegação, isto é, uma grande potência; mercadorias novas faziam crescer o comércio interno, favoreciam as artes, entretinham a indústria; o número de cidadãos multiplicava-se proporcionalmente aos novos modos de viver; esse novo comércio produzia o luxo, que provamos ser tão favorável ao governo de um só quanto fatal ao de muitos; esse estabelecimento deu-se na mesma data que a queda da república; o luxo de Roma era necessário; e uma cidade que atraía para si todas as riquezas do universo tinha de restituí-las pelo luxo.

Diz Estrabão[128] que o comércio dos romanos nas Índias era muito mais considerável do que o dos reis do Egito: e é extraordinário que os romanos, que conheciam pouco o comércio, tenham dado ao das Índias mais atenção do que os reis do Egito, que o tinham, por assim dizer, diante dos olhos. É preciso explicar isso.

---

126 Livro II, p. 81. (N. do A.)

127 Livro VI, capítulo XXIII. (N. do A.)

128 Diz ele, no livro XII, que os romanos empregavam nesse comércio cento e vinte navios; e, no livro XVII, que os gregos enviavam para lá só vinte embarcações. (N. do A.)

Depois da morte de Alexandre, os reis do Egito estabeleceram nas Índias um comércio marítimo; e os reis da Síria, que tiveram as províncias mais orientais do império e, por conseguinte, as Índias, mantiveram esse comércio, que mencionamos no capítulo VI, que se fazia por terra e pelos rios e que ganhara nova facilidade pelo estabelecimento das colônias macedônias: de sorte que a Europa se comunicava com as Índias tanto pelo Egito quanto pelo reino da Síria. O desmembramento que o reino da Síria sofreu, de onde se formou o da Bactriana, não prejudicou em nada esse comércio. Fala Marino Tírio, citado por Ptolomeu[129], das descobertas feitas nas Índias por alguns mercadores macedônios. As descobertas que as expedições dos reis não fizeram, os mercadores fizeram. Vemos em Ptolomeu[130] que eles foram da torre de Pedro[131] até Sera; e a descoberta, feita pelos mercadores, de um posto comercial tão remoto, situado na parte oriental e setentrional da China, foi uma espécie de prodígio. Assim, sob os reis da Síria e da Bactriana, as mercadorias do sul da Índia passavam, através do Indo, do Oxo e do Mar Cáspio, para o Ocidente; e as das regiões mais orientais e mais setentrionais eram levadas, desde Sera, a torre de Pedro e outros postos de comércio, até o Eufrates. Esses mercadores faziam o seu trajeto mantendo, aproximadamente, o quadragésimo grau de latitude norte, por países que estão ao poente da China e eram mais civilizados do que o são hoje, porque os tártaros ainda não os haviam infestado.

Ora, enquanto o império da Síria ampliava tanto o seu comércio por terra, o Egito não aumentou muito o seu comércio marítimo.

Surgiram os partos e fundaram o seu império; e, quando o Egito caiu sob o poder dos romanos, esse império estava no auge, com extensão máxima.

Os romanos e os partos foram duas potências rivais, que se combateram, não para saber quem devia reinar, mas existir. Entre os dois impérios se formaram desertos; entre os dois impérios, sempre se esteve em armas; longe de haver comércio, não houve sequer comunicação. A ambição, o ciúme, a religião, o ódio, os costumes separaram tudo. Assim, o comércio entre o Ocidente e o Oriente,

---

[129] Livro I, capítulo II. (N. do A.)

[130] Livro VI, capítulo III. (N. do A.)

[131] Os nossos melhores mapas situam a torre de Pedro no centésimo grau de longitude, e aproximadamente no quadragésimo de latitude. (N. do A.)

que tivera diversas rotas, passou a ter só uma; e tendo Alexandria se tornado o único posto comercial, essa cidade cresceu.

Direi só uma palavra sobre o comércio interno. O seu ramo principal foi o trigo, que era importado para a subsistência do povo de Roma: o que era uma questão de ordem, mais do que um objeto de comércio. Nessa ocasião, os marinheiros ganharam alguns privilégios[132], porque a salvação do império dependia de sua vigilância.

Capítulo XVII
Do comércio após a destruição de Roma no Ocidente

O Império Romano foi invadido; e um dos efeitos da calamidade geral foi a destruição do comércio. Primeiro, os bárbaros só o viram como um objetivo de suas pilhagens; e, quando se estabeleceram, não o honraram mais do que a agricultura e as outras profissões do povo vencido.

Logo já quase não houve comércio na Europa; a nobreza, que reinava em toda parte, não se incomodava com isso.

A lei dos visigodos[133] permitia que os particulares ocupassem a metade do leito dos grandes rios, contanto que a outra permanecesse livre para as redes de pesca e para os barcos; devia ser bem pequeno o comércio nos países que haviam conquistado.

Naquela época, estabeleceram-se os insensatos direitos sobre a herança dos estrangeiros e sobre os naufrágios: julgaram os homens que, uma vez que os estrangeiros não estavam unidos a eles por nenhuma comunicação do direito civil, não lhes devessem, por um lado, nenhum tipo de justiça; e, por outro, nenhum tipo de piedade.

Nos limites estreitos em que se encontravam os povos do norte, tudo lhes era estrangeiro: em sua pobreza, tudo para eles era objeto de riquezas. Estabelecidos antes das conquistas sobre costas de um mar estreito e cheio de escolhos, haviam tirado partido desses mesmos escolhos.

Os romanos, porém, que faziam leis para todo o universo, haviam feito algumas muito humanas acerca dos naufrágios[134]: reprimiram, a

---

132 Suetônio, em *Claudio*. Leg. 7, código Teodós., *de navicularíis*. (N. do A.)

133 Livro VIII, título 4, § 9. (N. do A.)

134 *Toto titulo*, ff. *de incend. ruin. naufrag*. e cód. *de naufragiis*; e leg. 3, ff. ad leg. Cornel. *de sicariis*. (N. do A.)

esse respeito, as pilhagens dos que habitavam as costas e, mais ainda, a rapacidade de seu fisco[135].

Capítulo XVIII
Regulamento particular

A lei dos visigodos[136], porém, estabeleceu uma disposição favorável ao comércio: ordenou que os comerciantes que viessem de além-mar fossem julgados, nos litígios que nascessem entre eles, pelas leis e pelos juízes de sua nação. Isso se baseava no costume estabelecido em todos esses povos mesclados de que cada homem vivesse sob sua própria lei; algo de que em seguida falarei bastante.

Capítulo XIX
Do comércio a partir do enfraquecimento dos romanos no Oriente

Os maometanos surgiram, conquistaram e se dividiram. O Egito teve os seus soberanos particulares. Continuou a praticar o comércio das Índias. Senhor das mercadorias desse país, atraiu as riquezas de todos os outros. Seus sultões foram os mais poderosos príncipes da época: mostra-nos a história como, com uma força constante e bem dirigida, detiveram o ardor, a veemência e a impetuosidade dos cruzados.

Capítulo XX
Como o comércio abriu caminho na Europa por meio da barbárie

Tendo a filosofia de Aristóteles sido trazida ao Ocidente, muito agradou às mentes sutis, que, nos tempos de ignorância, são as grandes cabeças. Alguns escolásticos enfatuaram-se com isso e tomaram desse filósofo[137] muitas explicações sobre o empréstimo com juros,

---

[135] Leg. 1, cód. *de naufragiis*. (N. do A.)
[136] Livro XI, título III, § 2. (N. do A.)
[137] Vide Aristóteles, *Política*, livro I, capítulos IX e X. (N. do A.)

embora a sua fonte estivesse com tanta naturalidade nos evangelhos; eles o condenaram indistintamente e em todos os casos. Com isso, o comércio, que só era a profissão de gente vil, tornou-se também o ofício dos desonestos: pois, toda vez que se proíbe algo naturalmente permitido ou necessário, só se consegue tornar desonesto quem o pratica.

O comércio passou para uma nação então coberta de infâmia; e logo já não se distinguia da mais medonha usura, dos monopólios, da arrecadação de subsídios e de todos os recursos desonestos de ganhar dinheiro.

Ricos com suas exações, os judeus[138] eram pilhados pelos príncipes com a mesma tirania: algo que consolava os povos mas não os aliviava.

O que se passou na Inglaterra dará uma ideia do que foi feito nos outros países. Tendo o rei João[139] mandado prender os judeus para ficar com seus bens, poucos houve que não tivessem o olho furado: assim administrava o rei a sua justiça. Um deles, a quem arrancaram sete dentes, um por dia, deu dez mil marcos de prata no oitavo. Henrique III tirou de Aarão, judeu de York, catorze mil marcos de prata e dez mil para a rainha. Naquela época, faziam com violência o que hoje fazem na Polônia com certa moderação. Como os reis não podiam meter a mão na bolsa dos súditos por causa de seus privilégios, expunham à tortura os judeus, que não eram considerados cidadãos.

Enfim, estabeleceu se um costume que confiscou todos os bens dos judeus que se convertiam ao cristianismo. Conhecemos esse costume tão estranho pela lei[140] que o ab-roga. Deram para ele razões muito fracas; disseram que pretendia prová-los e fazer que nada restasse da escravidão do demônio. Mas é evidente que esse confisco era uma espécie de direito[141] de amortização, para o príncipe ou para os senhores, das taxas que eles cobravam dos judeus e de que se viam

---

[138] Vide, em *Marca Hispanica*, as constituições de Aragão, dos anos 1228 e 1231; e, em *Brussel*, o acordo do ano 1206 entre o rei, a condessa de Champagne e Guy de Dampierre. (N. do A.)

[139] Slowe, *In his survey of London*, livro III, p. 54. (N. do A.)

[140] Edito passado em Baville, em 4 de abril de 1392. (N. do A.)

[141] Na França, os judeus eram servos de mão-morta; e os senhores os herdavam. Cita o sr. Brussel um acordo de 1206, entre o rei e Thibaut, conde de Champagne, pelo qual se estabelecia que os judeus de um não fariam empréstimos nas terras do outro. (N. do A.)

frustrados quando estes abraçavam o cristianismo. Naquele tempo, os homens eram vistos como terras. E notarei de passagem o quanto se burlou essa nação através dos séculos. Confiscavam os seus bens quando queriam ser cristãos; e, logo em seguida, mandavam queimá-los se não queriam sê-lo.

Viu-se, porém, o comércio sair da vexação e do desespero. Os judeus, expulsos de um país após outro, conseguiram salvar os seus bens. Com isso, conseguiram tornar para sempre fixo o seu domicílio; pois o príncipe que gostaria de se ver livre deles nem por isso estaria disposto a se ver livre do dinheiro deles.

Inventaram eles[142] as letras de câmbio; e, por intermédio delas, o comércio pôde evitar a violência e manter-se em toda parte, não tendo o negociante mais rico senão bens invisíveis, que podiam ser enviados para toda parte sem deixar vestígios em nenhum lugar.

Os teólogos foram obrigados a abrandar os seus princípios; e o comércio, que fora violentamente relacionado com a má-fé, voltou, por assim dizer, ao domínio da probidade.

Assim, devemos às especulações dos escolásticos todas as desgraças[143] que acompanharam a destruição do comércio; e à avareza dos príncipes o estabelecimento de algo que o põe, de certa forma, fora do alcance deles.

Desde então, os príncipes tiveram de se governar com maior sabedoria do que eles próprios teriam pensado: pois pelos efeitos os grandes golpes autoritários se mostraram tão ineptos que hoje se reconhece por experiência que só o bom governo propicia a prosperidade.

Começou a cura do maquiavelismo, que deve ser feita todos os dias. Deve haver mais moderação nos conselhos. O que antigamente chamavam de golpe de Estado hoje não passaria de uma imprudência, sem falar dos horrores que provoca.

E é bom para os homens estarem numa situação em que, enquanto suas paixões lhes sugerem a ideia de serem maus, têm interesse em não o ser.

---

[142] Sabemos que sob Filipe Augusto e sob Filipe, o Longo, os judeus, expulsos da França, se refugiaram na Lombardia; e ali deram aos negociantes estrangeiros e aos viajantes cartas secretas sobre aqueles a quem haviam confiado seus bens na França, que foram devolvidos. (N. do A.)

[143] Vide, no corpo do direito, a octogésima terceira novela de Leão, que revoga a lei de Basílio, seu pai. Essa lei de Basílio está em Hermenópulos, sob o nome de Leão, livro III, título 7, § 27. (N. do A.)

Capítulo XXI
Descoberta de dois novos mundos: estado da Europa a esse respeito

A bússola abriu, por assim dizer, o universo. Descobriram a Ásia e a África, de que só se conheciam algumas bordas; e a América, de que não se conhecia nada.

Navegando pelo Oceano Atlântico, os portugueses descobriram o extremo mais meridional da África: viram um amplo mar; este os levou às Índias orientais. Seus perigos por esses mares e a descoberta de Moçambique, de Melinda e de Calecute foram cantados por Camões, cujo poema faz sentir algo dos encantos da *Odisseia* e da magnificência da *Eneida*.

Os venezianos haviam feito até então o comércio das Índias pelo país dos turcos e o haviam levado adiante em meio a afrontas e ultrajes. Com a descoberta do Cabo da Boa Esperança e as que foram feitas algum tempo depois, a Itália deixou de estar no centro do mundo comerciante; ficou, por assim dizer, num canto do universo, e ali está até hoje. Como o próprio comércio do Levante hoje depende do que as grandes nações fazem nas duas Índias, a Itália só o pratica acessoriamente.

Os portugueses comerciaram nas Índias como conquistadores; as leis constrangedoras[144] que os holandeses hoje impõem aos pequenos príncipes indianos acerca do comércio, os portugueses já as haviam estabelecido antes deles.

Foi prodigiosa a fortuna da Casa de Áustria. Carlos V obteve a sucessão da Borgonha, de Castela e de Aragão; chegou ao Império; e, para dar-lhe outro gênero de grandeza, o universo ampliou-se e vimos surgir um mundo novo sob a sua obediência.

Descobriu Cristóvão Colombo a América; e, embora a Espanha para lá enviasse apenas as forças que qualquer principezinho da Europa poderia enviar também, subjugou dois grandes impérios e outros grandes Estados.

Enquanto os espanhóis descobriam e conquistavam para os lados do Ocidente, os portugueses levavam adiante as suas conquistas e as suas descobertas para as bandas do Oriente: essas duas nações

---

[144] Vide a relação de François Pyrard, segunda parte, capítulo XV. (N. do A.)

encontraram-se e recorreram ao papa Alexandre VI, que traçou a célebre linha de demarcação e julgou um grande processo.

Mas as outras nações da Europa não as deixaram gozar tranquilamente de sua partilha: os holandeses expulsaram os portugueses de quase todas as Índias Orientais, e diversas nações fizeram estabelecimentos na América.

Os espanhóis primeiro consideraram as terras descobertas como objetos de conquista: povos mais refinados do que eles acharam que eram objeto de comércio e foi para isso que voltaram as suas vistas. Muitos povos comportaram-se com tanta sabedoria que deram o império a companhias de mercadores que, governando esses Estados distantes unicamente para os negócios, constituíram uma grande potência acessória, sem prejudicar o Estado principal.

As colônias ali constituídas estão sob um gênero de dependência de que temos poucos exemplos entre as colônias antigas, quer as de hoje dependam do próprio Estado, quer de alguma companhia comerciante estabelecida nesse Estado.

O objetivo dessas colônias é comerciar em melhores condições do que com os povos vizinhos, com os quais todas as vantagens são recíprocas. Decidiu-se que só a metrópole pode negociar na colônia; e isso com boa razão, porque a finalidade do estabelecimento foi a expansão do comércio, não a fundação de uma cidade ou de um novo império.

Assim, é mais uma lei fundamental da Europa que todo comércio com uma colônia estrangeira seja visto como um puro monopólio, punível pelas leis do país; e não devemos julgar o caso pelas leis e pelos exemplos dos povos antigos[145], que pouco se aplicam a ele.

Admite-se também que o comércio estabelecido entre as metrópoles não propicia nenhuma permissão para as colônias, que continuam em estado de proibição.

A desvantagem das colônias, que perdem a liberdade de comércio, é claramente compensada pela proteção da metrópole[146], que a defende com as armas ou a mantém com as leis.

Segue-se daí uma terceira lei da Europa, que, quando é proibido

---

[145] Salvo os cartagineses, como vemos pelo tratado que encerrou a primeira guerra púnica. (N. do A.)

[146] Metrópole, na linguagem dos antigos, era o Estado que fundou a colônia. (N. do A.)

o comércio estrangeiro com a colônia, não se pode navegar em seus mares, a não ser nos casos estabelecidos pelos tratados.

As nações, que estão para o universo inteiro assim como os particulares estão para um Estado, governam-se, como eles, pelo direito natural e pelas leis que fizeram para si mesmas. Pode um povo ceder a outro o mar, como pode ceder a terra. Exigiram os cartagineses[147] dos romanos que não navegassem para além de certos limites, como os gregos haviam exigido do rei da Pérsia que se mantivesse sempre afastado das costas do mar[148] à distância de um galope de cavalo.

A extrema distância das nossas colônias não é um inconveniente para a segurança delas: pois, se a metrópole está distante para defendê-las, as nações rivais da metrópole não estão menos distantes para conquistá-las.

Além disso, essa distância faz que aqueles que nelas vão estabelecer-se não possam adotar o jeito de viver de um clima tão diferente; são obrigados a receber todas as comodidades da vida do país de onde vieram. Os cartagineses[149], para tornarem mais dependentes os sardos e os corsos, proibiram-lhes, sob pena de morte, plantar, semear e fazer qualquer coisa do gênero; enviavam-lhes os víveres da África. Chegamos ao mesmo ponto, sem fazer leis tão duras. São admiráveis as nossas colônias das Antilhas; estas têm objetivos comerciais que não temos, nem podemos ter; carecem do que é o objeto do nosso.

O efeito da descoberta da América foi unir a Europa, a Ásia e a África. A América fornece à Europa a matéria do seu comércio com esta vasta parte da Ásia a que chamamos Índias Orientais. A prata, esse metal tão útil ao comércio, como símbolo, foi também a base do maior comércio do universo, como mercadoria. Enfim, tornou-se necessária a navegação da África; esta fornecia homens para o trabalho das minas e das terras da América.

Alcançou a Europa tal grau de potência, que a história nada oferece de comparável, se considerarmos a imensidão das despesas, a grandeza dos compromissos, o número das tropas e a continuidade

---

[147] Políbio, livro III. (N. do A.)

[148] Obrigou-se o rei da Pérsia, por um tratado, a não navegar com nenhum navio de guerra para além das rochas Ciâneas e das ilhas Quelidôneas. Plutarco, *Vida de Címon*. (N. do A.)

[149] Aristóteles, *Das coisas maravilhosas*; Tito Lívio, livro VII da segunda década. (N. do A.)

de sua manutenção, mesmo quando são mais inúteis e só servem para a ostentação.

Diz o padre Du Halde[150] que o comércio interno da China é maior do que o de toda a Europa. Poderia ser, se o nosso comércio externo não fizesse crescer o interno. A Europa é responsável pelo comércio e pela navegação das três outras partes do mundo, como a França, a Inglaterra e a Holanda respondem por quase toda a navegação e o comércio da Europa.

Capítulo XXII
Das riquezas que a Espanha tirou da América

Se a Europa[151] teve tantos benefícios com o comércio da América, seria natural crer que a Espanha tivesse tido vantagens ainda maiores. Essa nação tirou do mundo recém-descoberto uma quantidade tão prodigiosa de ouro e de prata, que não podia comparar-se a nada do que se tinha visto antes.

Mas (algo de que jamais se suspeitaria) a miséria a fez fracassar quase em toda parte. Filipe II, que sucedeu a Carlos V, foi obrigado a declarar a famosa falência que todos conhecem; talvez nunca tenha havido um príncipe que tenha sofrido mais do que ele com os murmúrios, com a insolência e com a revolta das suas tropas sempre mal pagas.

Desde essa época, a monarquia da Espanha declinou sem cessar. Isso porque havia um defeito interno e físico na natureza dessas riquezas, que as tornava vãs; e esse defeito aumentava a cada dia.

O ouro e a prata são uma riqueza de ficção ou simbólica. Tais símbolos são muito duradouros e pouco se desgastam, como convém à sua natureza. Quanto mais se multiplicam, mais diminui seu preço, porque representam menos coisas.

Durante a conquista do México e do Peru, os espanhóis abandonaram as riquezas naturais, para terem riquezas simbólicas, que se aviltavam por si mesmas. Eram raríssimos o ouro e a prata na Europa;

---

[150] T. II, p. 170. (N. do A.)

[151] Isto foi publicado há mais de vinte anos num pequeno trabalho manuscrito do autor, que foi quase totalmente refundido no presente. (N. do A.)

e a Espanha, senhora de repente de uma imensa quantidade desses metais, nutriu esperanças que jamais tivera. As riquezas encontradas nos países conquistados não eram, porém, proporcionais às de suas minas. Os índios ocultaram parte delas: e, além disso, esses povos, que só se valiam do ouro e da prata para a magnificência dos templos dos deuses e dos palácios dos reis, não os buscavam com a mesma avareza que nós; enfim, eles não tinham o segredo de tirar o metal de todas as minas, mas só daquelas em que a separação se dá por meio do fogo, não conhecendo a maneira de empregar o mercúrio, nem talvez o próprio mercúrio.

A prata, no entanto, logo dobrou na Europa; o que ficou claro pelo fato de o preço de tudo o que se comprava ter aproximadamente dobrado.

Os espanhóis cavaram minas, perfuraram as montanhas, inventaram máquinas para tirar a água, quebrar os minérios e separá-los; e, como não se importavam com a vida dos índios, fizeram-nos trabalhar sem trégua. Logo a prata dobrou na Europa, e o lucro continuou a diminuir pela metade para a Espanha, que a cada ano só dispunha da mesma quantidade de metal, cujo preço caíra pela metade.

No dobro do tempo, a prata dobrou mais uma vez; e o lucro caiu mais uma vez pela metade.

Caiu até mais do que a metade; eis como.

Para extrair o ouro das minas, para dar-lhe as preparações necessárias e transportá-lo para a Europa, havia determinada despesa. Suponho que fosse como 1 está para 64; quando a prata dobrou uma vez, e por conseguinte se tornou menos preciosa pela metade, a despesa passou a ser como 2 para 64. Assim, as frotas que levaram para a Espanha a mesma quantidade de ouro levaram algo que na realidade valia a metade menos e custava a metade mais.

Se seguirmos o processo de dobro em dobro, encontraremos a causa da impotência das riquezas da Espanha.

Há cerca de duzentos anos se exploram as minas das Índias. Suponho que a quantidade de prata presente no mundo que comercia esteja, para aquela que havia antes da descoberta, como 32 está para 1, ou seja, que tenha dobrado cinco vezes: mais duzentos anos, e a mesma quantidade estará para aquela que havia antes da descoberta como 64 está para 1, isto é, dobrará mais uma vez. Ora, hoje, cinquenta[152] quintais de minério de ouro dão quatro, cinco e seis

---

[152] Vide as viagens de Frézier. (N. do A.)

onças de ouro; e, quando são apenas dois, o minerador só cobre as despesas. Em duzentos anos, quando só obtiver quatro, o minerador também só cobrirá as despesas. Haverá, portanto, pouco lucro a tirar do ouro. O mesmo raciocínio serve para a prata, exceto pelo fato de o trabalho nas minas de prata ser um pouco mais vantajoso do que nas minas de ouro.

Pois, se forem descobertas minas tão abundantes que deem mais lucro, quanto mais abundantes forem, mais cedo o lucro acabará.

Encontraram os portugueses tanto ouro no Brasil[153], que o lucro dos espanhóis terá necessariamente de diminuir em proporções consideráveis, e o deles também.

Ouvi muitas vezes deplorarem a cegueira do conselho de Francisco I, que despediu Cristóvão Colombo quando este lhe propôs as Índias. Na verdade, fizeram, talvez por imprudência, algo muito sábio. A Espanha agiu como aquele rei insensato que pediu que tudo o que tocasse se transformasse em ouro e foi obrigado a voltar a procurar os deuses para lhes implorar que acabassem com a sua miséria.

As companhias e os bancos estabelecidos por várias nações acabaram de aviltar o ouro e a prata em sua qualidade de símbolo: pois, por novas ficções, multiplicaram de tal forma os signos dos gêneros, que o ouro e a prata passaram a desempenhar só parte dessa função, e se tornaram menos preciosos.

Assim, o crédito público desempenhou para eles o papel de minas, e diminuiu ainda mais o lucro que os espanhóis tiravam das suas.

É verdade que, pelo comércio que os holandeses estabeleceram com as Índias Orientais, valorizaram um pouco a mercadoria dos espanhóis; pois, como levaram prata para trocar pelas mercadorias do Oriente, aliviaram na Europa os espanhóis de parte de seus gêneros que abundavam em demasia.

E esse comércio, que parece só dizer respeito indiretamente à Espanha, lhe é tão vantajoso como para as próprias nações que o praticam.

Por tudo o que acaba de ser dito, podemos julgar as ordenações do conselho de Espanha, que proíbe o emprego do ouro e da prata

---

153 Segundo milorde Anson, a Europa recebe do Brasil, a cada ano, dois milhões de esterlinas de ouro, que são encontrados ao pé das montanhas ou no leito dos rios. Quando escrevi o pequeno trabalho a que me referi na primeira nota deste capítulo, as rendas do Brasil estavam longe de ser um objeto tão importante quanto hoje. (N. do A.)

em dourações e outras coisas supérfluas: decreto semelhante ao que fariam os Estados holandeses, se proibissem o consumo de canela.

Meu raciocínio não vale para todas as minas: as da Alemanha e da Hungria, de onde pouco se retira além do necessário para cobrir as despesas, são utilíssimas. Encontram-se no Estado principal; dão trabalho a muitos milhares de homens, que ali consomem gêneros superabundantes; são propriamente uma manufatura do país.

As minas da Alemanha e da Hungria promovem a cultura das terras; e a exploração das minas do México e do Peru as destrói.

As Índias e a Espanha são duas potências sob o mesmo senhor: mas as Índias são o principal, a Espanha é só o acessório. É em vão que a política quer reduzir o principal ao acessório; as Índias sempre atraem a Espanha para si.

De cerca de cinquenta milhões de mercadorias que vão a cada ano para as Índias, a Espanha só fornece dois milhões e meio: as Índias fazem um comércio de cinquenta milhões, e a Espanha, de dois milhões e meio.

É uma espécie ruim de riqueza um tributo acidental e que não depende da indústria nacional, do número de seus habitantes, nem da cultura das suas terras. O rei de Espanha, que recebe grandes somas em sua alfândega de Cádiz, não é, sob esse aspecto, senão um particular riquíssimo num Estado paupérrimo. Tudo vem dos estrangeiros para ele, sem que os seus súditos participem em quase nada: esse comércio é independente da boa e da má fortuna do reino.

Se algumas províncias de Castela lhe dessem uma soma semelhante à da alfândega de Cádiz, o seu poder seria muito maior: as suas riquezas não poderiam ser senão o efeito das do país; tais províncias animariam todas as outras; e estariam todas juntas em melhores condições para sustentar as respectivas despesas; em vez de um grande tesouro, teriam um grande povo.

Capítulo XXIII
Problema

Não cabe a mim decidir a questão de se, uma vez que a Espanha não pode fazer o comércio das Índias por si mesma, não seria melhor que o liberasse para os estrangeiros. Direi apenas que lhe convém impor a esse comércio o mínimo possível de obstáculos que a sua política lhe possa permitir. Quando as mercadorias que as diversas nações levam às Índias são caras, as Índias dão muitas das suas mercadorias, que são o ouro e a prata, por poucas mercadorias estrangeiras: acontece o contrário quando estas são baratas. Talvez fosse útil que tais nações se prejudicassem umas às outras, para que as mercadorias que levam às Índias fossem sempre baratas. São estes princípio que devem ser examinados, sem, porém, separá-los das outras considerações: a segurança das Índias; a utilidade de uma alfândega única; os riscos de uma grande mudança; os inconvenientes previstos, e que não raro são menos perigosos que os que não se podem prever.

Livro XXII
Das leis, na relação que têm com o uso da moeda

Capítulo I
Razão do uso da moeda

Negociam por troca os povos que têm poucas mercadorias para o comércio, como os selvagens, e os povos civilizados que só têm duas ou três espécies delas. Assim, as caravanas dos mouros que vão a Tombuctu, no fundo da África, trocar sal por ouro, não precisam de moeda. O mouro põe o sal sobre um montinho; o negro, seu pó sobre outro; se não houver ouro suficiente, o mouro retira parte do sal ou o negro acrescenta algo do seu ouro, até que as partes entrem em acordo.

Mas, quando um povo comercia com um número muito grande de mercadorias, precisa necessariamente de uma moeda; porque um metal fácil de transportar poupa muitas despesas que se teria de fazer se se procedesse sempre por troca.

Acontece muitas vezes a todas as nações que têm necessidades recíprocas que uma queira ter um número muito grande de mercadorias da outra e esta, muito poucas das suas; ao passo que, em relação a outra nação, está na situação contrária. Mas, quando as nações têm uma moeda e procedem por compra e venda, as que tomam mais mercadorias pagam o excedente em espécie: e com a diferença de que, no caso da compra, o comércio se faz proporcionalmente às necessidades da nação que pede mais; e, na troca, o comércio se faz apenas na medida da nação que pede menos; sem o que esta última estaria impossibilitada de saldar a conta.

Capítulo II
Da natureza da moeda

A moeda é um símbolo que representa o valor de todas as mercadorias. Toma-se um metal, para que o símbolo seja durável[1]; que seja consumido pouco pelo uso; e, sem se destruir, seja capaz de muitas divisões. Escolhe-se um metal precioso, para que o sinal possa ser transportado com facilidade. O metal é muito adequado a ser uma medida comum, porque pode com facilidade ser reduzido a um padrão comum. Cada Estado põe nele a sua marca, para que a forma corresponda ao padrão e ao peso e se reconheça um e outro pela simples inspeção.

Como os atenienses não usavam metais, valeram-se de bois[2], e os romanos de ovelhas: mas um boi não é o mesmo que outro boi, como uma moeda de metal pode ser a mesma que outra.

Assim como o dinheiro é o símbolo do valor das mercadorias, o papel é um sinal do valor do dinheiro; e, quando é bom, representa-o tão bem, que, quanto ao efeito, não há nenhuma diferença.

Assim como o dinheiro é o símbolo de uma coisa e a representa, cada coisa é um sinal do dinheiro e o representa: e o Estado prospera à medida que, por um lado, o dinheiro representa bem todas as coisas e, por outro, todas as coisas representam bem o dinheiro, e estes são sinais um do outro; ou seja, em seu valor relativo, podemos ter um tão logo temos o outro. Isso só acontece no governo moderado, mas nem sempre: por exemplo, se as leis favorecerem um devedor injusto, as coisas que lhe pertencem não representam o dinheiro e não são um símbolo dele. No que se refere ao governo despótico, seria um prodígio se nele as coisas representassem seu símbolo: a tirania e a desconfiança fazem que todos escondam seu dinheiro[3]; as coisas, portanto, não representam o dinheiro.

Por vezes os legisladores usaram de tal arte, que não só as coisas

---

[1] O sal, de que se valem na Abissínia, tem o defeito de consumir-se continuamente. (N. do A.)

[2] Diz-nos Heródoto, em *Clio*, que os lídios descobriram a arte de bater as moedas; os gregos tomaram-na deles: as moedas de Atenas tinham como marca o seu antigo boi. Eu vi uma dessas moedas no gabinete do conde de Pembrocke. (N. do A.)

[3] Em Argel, é um velho costume que cada pai de família tenha um tesouro enterrado. Logier de Tassis, *História do Reino de Argel*. (N. do A.)

representam o dinheiro por natureza, mas se tornam moeda, como a própria prata. César[4], ditador, permitiu aos devedores darem como pagamento a seus credores terrenos pelo preço que valiam antes da guerra civil. Ordenou Tibério[5] que aqueles que quisessem dinheiro o receberiam do tesouro público, dando como fiança os terrenos pelo dobro. Sob César, os terrenos foram a moeda que pagava todas as dívidas; sob Tibério, dez mil sestércios em terras tornaram-se uma moeda comum, como cinco mil sestércios de prata.

A Magna Carta da Inglaterra proíbe tomar as terras ou as rendas de um devedor, quando os seus bens mobiliários ou pessoais bastarem para o pagamento e o devedor os oferecer: a partir daí, todos os bens de um inglês passaram a representar dinheiro.

As leis dos germanos estimaram em dinheiro as satisfações devidas pelas faltas cometidas e pelas penas dos crimes. Mas, como havia muito pouco dinheiro no país, reavaliaram o dinheiro em gêneros ou em gado. Isso se acha definido na lei dos saxões, com certas diferenças, segundo a riqueza e a comodidade dos diversos povos. Primeiro[6], a lei declara o valor do soldo em gado: o soldo de duas tremisses correspondia a um boi de doze meses ou a uma ovelha com seu cordeiro; o de três tremisses valia um boi de dezesseis meses. Entre esses povos, a moeda tornava-se gado, mercadoria ou gênero; e essas coisas se tornavam moeda.

Não só o dinheiro é um sinal das coisas; é também um sinal do dinheiro e representa o dinheiro, como veremos no capítulo sobre o câmbio.

Capítulo III
Das moedas ideais

Existem moedas reais e moedas ideais. Os povos civilizados, que se servem quase todos de moedas ideais, só o fazem porque converteram sua moedas reais em ideais. Primeiro, suas moedas reais são certo peso e certo padrão de algum metal. Mas logo a má-fé ou a necessidade fazem que se retire uma parte do metal de cada moeda,

---

[4] Vide César, *Da guerra civil*, livro III. (N. do A.)
[5] Tácito, livro VI. (N. do A.)
[6] Lei dos saxões, capítulo XVIII. (N. do A.)

à qual se deixa o mesmo nome: por exemplo, de uma moeda com o peso de uma libra de prata, subtrai-se a metade da prata e continuam a chamá-la libra; a moeda que era um vigésimo da libra de prata continua a ser chamada soldo, embora não seja mais a vigésima parte dessa libra. Assim, a libra passa a ser uma libra ideal e o soldo, um soldo ideal; o mesmo ocorre com as outras subdivisões: e isso pode chegar ao ponto de que o que chamarmos libra não será senão uma minúscula parte da libra; o que a torna ainda mais ideal. Pode até acontecer de não se cunharem mais moedas que valham exatamente uma libra, e tampouco moedas que valham um soldo: a partir daí, a libra e o soldo serão moedas puramente ideais. Dar-se-á a cada moeda a denominação de tantas libras e de tantos soldos quantos se quiser; a variação poderá ser contínua, porque é tão fácil dar outro nome a uma coisa quanto é difícil mudar a própria coisa.

Para suprimir o mal pela raiz, será uma ótima lei em todos os países em que se quiser fazer florescer o comércio aquela que ordenar que se empreguem moedas reais, e que não se façam operações que possam torná-las ideais.

Nada deve ser tão isento de variação como o que é a medida comum de tudo.

Os negócios, por si mesmos, são já muito incertos; e é um grande mal somar outra incerteza à que se funda na natureza da coisa.

Capítulo IV
Da quantidade de ouro e de prata

Quando as nações civilizadas são senhoras do mundo, o ouro e a prata aumentam todos os dias, quer porque os extraiam em seu território, quer porque os vão buscar onde estão. Diminuem, ao contrário, quando as nações bárbaras levam a melhor. Sabemos qual foi a raridade desses metais quando os godos e os vândalos, por um lado, os sarracenos e os tártaros, por outro, tudo invadiram.

Capítulo V
Continuação do mesmo assunto

A prata tirada das minas da América, transportada para a Europa, de lá ainda enviada ao Oriente, favoreceu a navegação da Europa;

é mais uma mercadoria que a Europa recebe em troca da América e envia em troca às Índias. É, pois, favorável uma maior quantidade de ouro e de prata, quando consideramos esses metais como mercadoria: não o é quando os consideramos como símbolo; porque a sua abundância contraria a sua qualidade de símbolo, que muito se fundamenta na raridade.

Antes da primeira guerra púnica, o cobre estava para a prata como 960 está para 1[7]; hoje, mais ou menos como 73,5 está para 1[8]. Se a proporção estivesse como antigamente, a prata desempenharia melhor a sua função de símbolo.

Capítulo VI
Por que razão o preço da usura diminuiu pela metade ao serem descobertas as Índias

Diz o inca Garcilaso[9] que na Espanha, depois da conquista das Índias, os juros, que estavam em dez por cento, caíram para cinco. Isso tinha de acontecer. Grande quantidade de dinheiro foi levada de repente à Europa: logo menos pessoas precisaram de dinheiro; o preço de todas as coisas subiu, e o do dinheiro diminuiu: foi, pois, rompida a proporção, e todas as antigas dívidas foram extintas. Ainda nos lembramos dos tempos do sistema[10], em que todas as coisas tinham grande valor, salvo o dinheiro. Depois da conquista das Índias, aqueles que tinham dinheiro foram obrigados a baixar o preço ou o aluguel da sua mercadoria, ou seja, os juros.

Desde essa época, o empréstimo não conseguiu voltar à antiga taxa, porque a quantidade de dinheiro aumentou todos os anos na Europa. Como os fundos públicos de alguns Estados, aliás, fundados nas riquezas que o comércio lhes proporcionou, cobravam juros muito módicos, foi preciso que os contratos dos particulares se ajustassem a isso. Enfim, tendo o câmbio dado aos homens uma extraordinária facilidade de transportar o dinheiro de um país para

---

7 Vide abaixo, o capítulo XII. (N. do A.)

8 Supondo a prata a 49 libras por marco, e o cobre a vinte soldos por libra. (N. do A.)

9 *História das guerras civis dos espanhóis nas Índias*. (N. do A.)

10 Assim era chamado o projeto do sr. Law na França. (N. do A.)

o outro, o dinheiro não podia ser raro num lugar sem que viesse de toda parte onde era comum.

Capítulo VII
Como se fixa o preço das coisas na variação das riquezas do símbolo

O dinheiro é o preço das mercadorias ou gêneros. Mas como determinar esse preço? Isto é, por que parte de dinheiro cada coisa será representada?

Se compararmos a massa do ouro e da prata que há no mundo com a soma das mercadorias que há, é certo que cada gênero ou mercadoria, em particular, poderá ser comparada a certa porção da massa inteira de ouro e de prata. O total de um está para o total da outra assim como a parte de um estará para a parte da outra. Suponhamos que haja só um gênero ou mercadoria no mundo, ou que só haja um que se possa comprar e que este se divida como o dinheiro[11] [*argent*]; essa parte dessa mercadoria corresponderá a uma parte da massa do dinheiro [*argent*]; a metade do total de uma, à metade do total da outra; a décima, a centésima, a milésima de uma, à décima, à centésima, à milésima de outra. Mas como o que forma a propriedade entre os homens não está todo de uma vez no comércio, e como os metais ou as moedas, que são os seus símbolos, tampouco o estão ao mesmo tempo, os preços se definirão na razão composta do total das coisas com o total dos símbolos; e da do total das coisas que estão no comércio com o total dos símbolos que também estão: e, como as coisas que não estão no comércio hoje podem estar amanhã e como os símbolos que não estão hoje podem voltar ao comércio, o estabelecimento do preço das coisas sempre depende fundamentalmente da razão do total das coisas com o total dos símbolos.

Assim, o príncipe ou o magistrado tanto não podem definir o valor das mercadorias como não podem estabelecer, por um decreto, que a relação de um a dez é igual à de um a vinte. Tendo Juliano baixado o preço dos gêneros em Antioquia, causou uma medonha fome[12].

---

[11] A mesma palavra francesa *argent* pode ser traduzida por "prata" e "dinheiro". Montesquieu joga com essa ambiguidade neste capítulo e nos seguintes deste livro. Nos casos em que a ambiguidade for maior, o termo francês será indicado entre colchetes ao lado da palavra que o traduz. (N. do T.)

[12] *História da Igreja*, de Sócrates, livro II. (N. do A.)

Capítulo VIII
Continuação do mesmo assunto

Os negros da costa da África têm um símbolo dos valores, sem moeda; é um símbolo puramente ideal, baseado no grau de estima que dão em sua mente a cada mercadoria, proporcionalmente à necessidade que dela têm. Certo gênero ou mercadoria vale três macutas; outra, seis macutas; outra ainda, dez macutas: é como se dissessem simplesmente três, seis, dez. Forma-se o preço pela comparação que fazem de todas as mercadorias entre si: a partir daí, não há moeda particular, mas cada porção de mercadoria é moeda da outra.

Transponhamos, por um momento, para o nosso meio essa maneira de avaliar as coisas; e a unamos à nossa. Todas as mercadorias e gêneros do mundo, ou então todas as mercadorias ou gêneros de um Estado em particular considerado separadamente de todos os outros, valeriam certo número de macutas; e, dividindo o dinheiro desse Estado em tantas partes quantas macutas houver, uma parte dividida desse dinheiro será o sinal de uma macuta.

Se supusermos que dobra a quantidade de dinheiro de um Estado, teria de haver, para uma macuta, o dobro de dinheiro; mas, se, ao dobrar o dinheiro, dobrar-se também as macutas, a proporção permanecerá tal como era antes de uma ou outra duplicação.

Se desde o descobrimento das Índias o ouro e a prata aumentaram na Europa na razão de um a vinte, o preço dos gêneros e mercadorias deveria ter subido na razão de um a vinte; mas, se, por outro lado, o número de mercadorias tiver aumentado como um está para dois, será preciso que o preço dessas mercadorias e gêneros tenha subido, por um lado, na razão de um a vinte, e tenha baixado na razão de um a dois; e esteja, portanto, na razão de um a dez.

A quantidade de mercadorias e gêneros cresce por um aumento do comércio; o aumento do comércio, por um aumento do dinheiro que chega sucessivamente e por novas comunicações com novas terras e novos mares, que nos dão novos gêneros e novas mercadorias.

Capítulo IX
Da raridade relativa do ouro e da prata

Além da abundância e da raridade positivas do ouro e da prata, há ainda uma abundância e uma raridade relativas de um desses metais para o outro.

Guarda a avareza o ouro e a prata; porque, como não quer consumir, ama os símbolos que não se destroem. Prefere guardar o ouro à prata; porque sempre teme perder, e pode esconder com mais facilidade o que tem menor volume. O ouro desaparece, portanto, quando a prata é comum, porque cada qual que o tem o esconde; e reaparece quando a prata se torna rara, porque são obrigados a tirá-lo do esconderijo.

Esta, portanto, é uma regra: o ouro é comum quando a prata é rara, e o ouro é raro quando a prata é comum. Isso mostra a diferença da abundância e da raridade relativas, por um lado, e da abundância e da raridade reais, por outro; algo de que muito falarei.

Capítulo X
Do câmbio

São a abundância e a raridade relativas das moedas dos diversos países que formam o que chamamos câmbio.

É o câmbio uma fixação do valor atual e momentâneo das moedas.

A prata, como metal, tem um valor como todas as outras mercadorias; e tem também um valor que vem de ser capaz de se tornar o símbolo das outras mercadorias: e, se não fosse senão uma mera mercadoria, não há dúvida de que perderia muito de seu preço.

Como moeda, a prata tem um valor que o príncipe pode definir sob alguns aspectos e que não pode definir sob outros.

1º Estabelece o príncipe uma proporção entre uma quantidade de prata como metal e a mesma quantidade como moeda; 2º Define a que existe entre os diversos metais usados na moeda; 3º Estabelece o peso e o padrão de cada moeda. 4º Enfim, dá a cada moeda esse valor ideal de que falei. Chamarei o valor da moeda, sob esses quatro aspectos, valor positivo, porque pode ser determinado por lei.

As moedas de cada Estado têm, ademais, um valor relativo, no sentido de que são comparadas com as moedas dos outros países: é o valor relativo que o câmbio estabelece. Tal valor depende muito do valor positivo; é determinado pela estima mais geral dos negociantes, e não o pode ser por ordem do príncipe, porque varia sem cessar e depende de muitas circunstâncias.

Para determinar o valor relativo, as diversas nações terão como referência principal aquela que tem mais prata [*argent*]. Se esta tiver tanta prata quanto todas as outras juntas, cada uma terá de acertar-se com essa nação; o que fará que se acertem aproximadamente entre si como se acertaram com a nação principal.

No estado atual do universo, é a Holanda[13] essa nação de que falamos. Examinemos o câmbio em relação a ela.

Há na Holanda uma moeda chamada florim; o florim vale vinte soldos ou quarenta meio-soldos ou oitavas. Para simplificar, imaginemos que não haja florins na Holanda e só haja oitavas: um homem que tiver mil florins terá quarenta mil oitavas, e assim por diante. Ora, o câmbio com a Holanda consiste em saber quantas oitavas valerá cada moeda dos outros países; e, como, na França, se conta por escudos de três libras, o câmbio perguntará quantas oitavas valerá um escudo de três libras. Se o câmbio estiver em cinquenta e quatro, o escudo de três libras valerá cinquenta e quatro oitavas; se estiver em sessenta, valerá sessenta oitavas; se a prata [*argent*] for rara na França, o escudo de três libras valerá mais oitavas; se for abundante, valerá menos oitavas.

Essa raridade ou essa abundância, de onde vem a variação do câmbio, não é a raridade ou a abundância real; é uma raridade ou abundância relativa: por exemplo, quando a França precisa de mais fundos na Holanda do que os holandeses precisam tê-los na França, a prata [*argent*] é chamada comum na França e rara na Holanda; e vice-versa.

Suponhamos que o câmbio com a Holanda esteja em cinquenta e quatro. Se a França e a Holanda formassem uma só cidade, faríamos como quando damos a moeda de um escudo: o francês tiraria três libras do bolso, e o holandês tiraria do seu cinquenta e quatro oitavas. Mas, como há certa distância entre Paris e Amsterdã, este que me dá pelo meu escudo de três libras cinquenta e quatro oitavas que tem na Holanda deve dar-me uma letra de câmbio de cinquenta e quatro oitavas para a Holanda. Não se trata mais aqui de cinquenta e quatro oitavas, mas, sim, de uma letra de cinquenta e quatro oitavas. Assim, para avaliar[14] a raridade ou a abundância da prata [*argent*], cumpre saber se há na França mais

---

[13] Os holandeses regulam o câmbio de quase toda a Europa por uma espécie de deliberação entre eles, conforme convenha aos seus interesses. (N. do A.)

[14] Há muita prata numa praça quando há mais prata do que papel; há pouca prata quando há mais papel do que prata. (N. do A.)

letras de cinquenta e quatro oitavas destinadas à França do que há escudos destinados à Holanda. Se há muitas letras oferecidas pelos holandeses e poucos escudos oferecidos pelos franceses, a prata [*argent*] será rara na França e comum na Holanda; e é preciso que o câmbio suba e que me deem, pelo meu escudo, mais de cinquenta e quatro oitavas; caso contrário, não o darei; e vice-versa.

Vemos que as diversas operações de câmbio formam uma conta de receita e despesa que sempre é preciso saldar; e que um Estado devedor não quita as suas dívidas pelo câmbio, assim como um particular não paga dívidas trocando dinheiro.

Suponhamos que só existam três Estados no mundo, a França, a Espanha e a Holanda; que diversos particulares da Espanha devessem na França o valor de cem mil marcos de prata e que diversos particulares da França devessem na Espanha cento e dez mil marcos; e que certa circunstância fizesse que cada qual, na Espanha e na França, quisesse retirar o dinheiro imediatamente: que fariam as operações de câmbio? Liquidariam reciprocamente dessas duas nações a soma de cem mil marcos: mas a França continuaria devendo dez mil marcos na Espanha, e os espanhóis continuariam com letras para a França no valor de dez mil marcos; e a França não teria nenhuma letra para a Espanha.

Se a Holanda estivesse no caso contrário em relação à França e, como saldo, lhe devesse dez mil marcos, a França poderia pagar a Espanha de duas maneiras, ou dando a seus credores espanhóis cartas para seus devedores holandeses no valor de dez mil marcos, ou então enviando dez mil marcos de prata em espécie para a Espanha.

Segue-se daí que quando um Estado precisa enviar certa soma de dinheiro para outro país, é indiferente, pela natureza da coisa, que remeta prata ou use letras de câmbio. A vantagem de cada uma dessas maneiras de pagar depende unicamente das circunstâncias atuais: é preciso ver o que, no momento, dará mais oitavas na Holanda, ou a prata levada em espécie[15] ou uma carta para a Holanda com a mesma soma.

Quando o mesmo padrão e o mesmo peso de prata na França me dão o mesmo peso e o mesmo padrão de prata na Holanda, dizemos que o câmbio está ao par. No estado atual das moedas[16], o par está,

---

[15] Deduzidas as despesas de frete e de seguro. (N. do A.)

[16] Em 1744. (N. do A.)

aproximadamente, a cinquenta e quatro oitavas por escudo: quando o câmbio estiver acima de cinquenta e quatro oitavas, diremos que está alto; quando estiver abaixo disso, diremos que está baixo.

Para saber se em certa situação do câmbio o Estado ganha ou perde, este deve ser considerado como devedor, como credor, como vendedor e como comprador. Quando o câmbio está mais baixo do que o par, perde como devedor, ganha como credor; perde como comprador, ganha como vendedor. Percebe-se que perca como devedor: por exemplo, devendo a França à Holanda certo número de oitavas, quanto menos oitavas valer o escudo, de mais escudos precisará para pagar; ao contrário, se a França for credora de certo número de oitavas, quanto menos oitavas valer cada escudo, mais escudos receberá. Perde o Estado também como comprador; pois continua sendo necessário o mesmo número de oitavas para comprar a mesma quantidade de mercadorias; e, quando baixa o câmbio, cada escudo francês equivale a menos oitavas. Pela mesma razão, o Estado ganha como vendedor: vendo a minha mercadoria na Holanda pela mesma quantidade de oitavas de antes; terei, portanto, mais escudos na França quando com cinquenta oitavas obtiver um escudo do que quando precisar de cinquenta e quatro para obter esse mesmo escudo; o contrário de tudo isso acontecerá ao outro Estado. Se a Holanda dever certa quantia de escudos, ganhará; se lhos deverem, perderá; se vender, perderá; se comprar, ganhará.

Cumpre, porém, observar o seguinte: quando o câmbio está abaixo do par, por exemplo se estiver a cinquenta em vez de cinquenta e quatro, deveria acontecer de a França, enviando pelo câmbio cinquenta e quatro mil escudos à Holanda, só comprar mercadorias por cinquenta mil; e, por outro lado, a Holanda, ao enviar o valor de cinquenta mil escudos à França, compraria por cinquenta e quatro mil: o que daria uma diferença de oito cinquenta e quatro avos, ou seja, de mais de um sétimo de prejuízo para a França; de sorte que seria preciso enviar à Holanda um sétimo a mais de dinheiro [*argent*] ou de mercadorias do que quando o câmbio estava ao par; e continuando o mal a aumentar, porque tal dívida faria cair ainda mais o câmbio, a França estaria, por fim, arruinada. Parece, digo, que deveria ser assim; mas não é, por causa do princípio que estabeleci alhures[17], de que os Estados

[17] Vide o livro XX, capítulo XXIII. (N. do A.)

tendem sempre a se equilibrar e a obter a desoneração; assim, só tomam emprestado na medida do que podem pagar, e só compram na medida do que vendem. E, tomando o exemplo acima, se o câmbio cair na França de cinquenta e quatro para cinquenta, o holandês que comprava mercadorias da França por mil escudos e as pagava com cinquenta e quatro mil oitavas já só pagaria cinquenta mil por elas, se o francês quisesse aceitar; mas a mercadoria da França aumentará aos poucos, o lucro será dividido entre o francês e o holandês; pois, quando um comerciante pode ganhar, ele compartilha sem problemas o seu lucro: estabelecer-se-á, portanto, uma comunicação de lucros entre o francês e o holandês. Do mesmo modo, o francês que comprava mercadorias da Holanda por cinquenta e quatro mil oitavas e as pagava com mil escudos quando o câmbio estava em cinquenta e quatro, seria obrigado a acrescentar quatro cinquenta e quatro avos a mais de escudos franceses, para adquirir as mesmas mercadorias; mas o mercador francês, que sentirá o prejuízo que terá, vai querer dar menos da mercadoria da Holanda; estabelecer-se-á, pois, uma comunicação de prejuízo entre o comerciante francês e o comerciante holandês, o Estado aos poucos se equilibrará e a queda do câmbio não terá todos os inconvenientes que era de se temer.

Quando o câmbio está abaixo do par, um negociante pode, sem diminuir sua riqueza, enviar seus fundos para o estrangeiro; porque, ao fazê-lo voltar, torna a ganhar o que perdeu: mas um príncipe, que só envia ao estrangeiro um dinheiro que não deve jamais voltar, perde sempre.

Quando os negociantes fazem muitos negócios num país, o câmbio infalivelmente sobe. Isso porque se assumem muitos compromissos; e se compram muitas mercadorias; e se fazem saques no país estrangeiro para pagá-las.

Se um príncipe juntar grande quantidade de dinheiro [*argent*] no seu Estado, o dinheiro poderá ser raro realmente e comum relativamente: por exemplo, se, ao mesmo tempo, tal Estado devesse pagar muitas mercadorias no país estrangeiro, o câmbio baixaria, embora o dinheiro fosse raro.

O câmbio de todas as praças tende a se situar em certa proporção; e isso faz parte da própria natureza da coisa. Se o câmbio da Irlanda com a Inglaterra está abaixo do par e o da Inglaterra com a Holanda também, o da Irlanda com a Holanda estará ainda mais baixo, isto é, na razão composta do da Irlanda com a Inglaterra e do da Inglaterra com a Holanda; pois um holandês que pode fazer vir seus fundos indiretamente da Irlanda pela Inglaterra não vai querer pagar mais caro para fazê-los vir diretamente. Digo que isso deveria ser assim; sempre há circunstâncias que fazem tais coisas variar; e a diferença do lucro que há em sacar num ou noutro lugar faz a arte e a habilidade particulares dos banqueiros, de que não tratamos aqui.

Quando um Estado eleva a moeda, por exemplo quando chama de seis libras ou dois escudos o que só chamava de três libras ou um escudo, essa nova denominação, que nada de real soma ao escudo, não deve proporcionar nem uma oitava a mais pelo câmbio. Não deveríamos ter pelos dois novos escudos senão a mesma quantidade de oitavas que recebíamos pelo antigo; e, se não for esse o caso, não se trata de um efeito da própria fixação em si mesma, mas do que tal fixação produz como nova e como súbita. O câmbio está ligado a negócios já começados, e só se regula depois de certo tempo.

Quando um Estado, em vez de simplesmente elevar a moeda por uma lei, faz uma nova refundição, para fazer de uma moeda forte uma moeda mais fraca, acontece de, durante o tempo da operação, haver dois tipos de moedas: a forte, que é a velha, e a fraca, que é a nova; e, como a forte está desacreditada e só é aceita na casa da moeda e, por conseguinte, as letras de câmbio têm de ser pagas em espécies novas, parece que o câmbio deveria regular-se pela moeda nova. Se, por exemplo, o enfraquecimento na França fosse da metade e o antigo escudo de três libras desse sessenta oitavas na Holanda, o novo escudo só deveria dar trinta oitavas. Por outro lado, parece que o câmbio deveria regular-se pelo valor da moeda velha; porque o banqueiro, que tem o dinheiro e recebe as letras, é obrigado a levar à casa da moeda as espécies velhas, para receber moedas novas, com as quais perde. O câmbio, portanto, vai colocar-se entre o valor da espécie nova e o da espécie velha. O valor da espécie velha cai, por assim dizer; tanto porque já há no comércio a espécie nova quanto porque o banqueiro não pode ser rigoroso, já que tem interesse em fazer o dinheiro velho sair rapidamente de sua caixa para fazê-lo render e até é forçado a isso para fazer pagamentos. Por outro lado, o valor da espécie nova se eleva, por assim dizer, porque o banqueiro, com a espécie nova, se vê numa circunstância em que, como veremos, pode, com grande proveito, obter a velha. O câmbio, portanto, vai situar-se, como eu disse, entre a espécie nova e a espécie velha. A partir daí, os banqueiros têm interesse em fazer sair a espécie velha do Estado, porque obtêm com isso a mesma vantagem que daria um câmbio baseado na espécie velha, ou seja, muitas oitavas na Holanda, e porque têm em troca um câmbio regulado entre a espécie nova e a espécie velha, ou seja, mais baixo: o que proporciona muitos escudos na França.

Suponhamos que três libras de espécie velha valham, pelo câmbio atual, quarenta e cinco oitavas; e que, transportando esse mesmo escudo para a Holanda, se obtenham sessenta; mas com uma letra de quarenta e cinco oitavas se obterá um escudo de três libras na França, o qual, transportado em espécies velhas para a Holanda, dará ainda sessenta oitavas: toda a espécie velha sairá, portanto, do Estado que faz a refundição, e o lucro ficará com os banqueiros.

Para solucionar a questão, será forçoso efetuar uma nova operação. O próprio Estado que faz a refundição enviará grande quantidade da espécie velha para a nação que regula o câmbio; e, obtendo crédito, fará subir o câmbio até o ponto em que se terão, aproximadamente, tantas oitavas em troca de um escudo de três libras quantas se teriam fazendo sair do país um escudo de três libras em espécies velhas. Digo aproximadamente porque quando o lucro for módico não se desejará fazer sair a espécie, por causa das despesas de frete e dos riscos de confisco.

É bom dar uma ideia bem clara disso. O sr. Bernard, ou qualquer outro banqueiro de que o Estado queira valer-se, propõe as suas letras para a Holanda e as dá a uma, duas, três oitavas acima do câmbio atual; ele fez uma provisão, nos países estrangeiros, por meio das espécies velhas que mandou continuamente transportar; fez, portanto, elevar-se o câmbio até o ponto a que acabamos de nos referir: porém, de tanto dar as suas letras, ele se apodera de todas as espécies novas e força os outros banqueiros, que têm pagamentos a fazer, a levar as suas espécies velhas à casa da moeda; e, além disso, como conseguiu aos poucos todo o dinheiro, obriga, por sua vez, os outros banqueiros a lhe dar letras a um câmbio altíssimo; o lucro final indeniza-o, em grande parte, do prejuízo do começo.

Percebe-se que durante toda essa operação o Estado deve sofrer uma violenta crise. O dinheiro tornar-se-á muito raro, 1º porque é preciso desacreditar a maior parte dele; 2º porque será preciso transportar grande parte dele para os países estrangeiros; 3º porque todos se retrairão, já que ninguém vai querer dar ao príncipe um lucro que cada qual espera para si mesmo. É perigoso fazê-lo lentamente; é perigoso fazê-lo rapidamente. Se os ganhos que se supõem são imoderados, os inconvenientes aumentam na mesma proporção.

Vimos acima que, quando o câmbio estava mais baixo do que a

espécie, era lucrativo fazer sair o dinheiro: pela mesma razão, quando estiver mais alto do que a espécie, será lucrativo trazê-lo de volta.

Mas há um caso em que é lucrativo fazer a espécie sair, embora o câmbio esteja ao par: é quando ela é enviada aos países estrangeiros para fazê-la remarcar ou refundir. Quando voltar, faz-se o lucro na casa da moeda, quer empregando-a no país, quer tomando letras para o estrangeiro.

Se acontecesse de, num Estado, criar-se uma companhia com um número muito considerável de ações; e se tivessem feito, em alguns meses, essas ações subirem vinte ou vinte e cinco vezes além do valor da primeira compra; e esse mesmo Estado tivesse estabelecido um banco cujas cédulas devessem desempenhar a função de moeda; e o valor numerário dessas cédulas fosse prodigioso, para corresponder ao prodigioso valor numerário das ações (é o sistema do sr. Law), seguir-se-ia da natureza da coisa que tais ações e cédulas se aniquilariam da mesma maneira como foram estabelecidas. Não se poderia ter feito as ações subirem bruscamente vinte ou vinte e cinco vezes o seu primeiro valor sem dar a muita gente a possibilidade de obter imensas riquezas em papel: cada qual buscaria garantir sua riqueza; e, como o câmbio oferece o modo mais fácil de mudar a natureza dessa riqueza ou de transportá-la para onde se quiser, se enviaria sem cessar uma parte desses bens para a nação que regula o câmbio. Um projeto de envio contínuo para os países estrangeiros faria baixar o câmbio. Suponhamos que, na época do sistema, na relação do padrão e do peso da moeda de prata, a taxa de câmbio fosse de quarenta oitavas por escudo; quando um sem-número de papéis se tornasse moeda, não se quereria dar mais do que trinta e nove oitavas por escudo; em seguida, trinta e oito, trinta e sete, etc. A coisa iria tão longe que não se quereria dar mais do que oito oitavas; e por fim não haveria mais câmbio.

Era o câmbio que devia, nesse caso, regular, na França, a proporção da prata com o papel. Suponhamos que, pelo peso e pelo padrão da prata, o escudo de três libras de prata valesse quarenta oitavas; e que, fazendo-se o câmbio em papel, o escudo de três libras, em papel, só valesse oito oitavas; a diferença era de quatro quintos. O escudo de três libras de papel valia, portanto, quatro quintos menos do que o escudo de três libras de prata.

Capítulo XI
Das operações que os romanos fizeram com as moedas

Por maiores que tenham sido as medidas autoritárias tomadas recentemente na França com relação às moedas em dois ministérios consecutivos, os romanos tomaram outras ainda maiores; não no tempo dessa república corrupta que não passava de uma anarquia, mas quando, no auge das suas instituições, pela sabedoria e pela coragem, depois de ter vencido as cidades da Itália, disputava o império com os cartagineses.

E estou à vontade para aprofundar um pouco essa matéria, para que não se tome como exemplo o que não o é.

Na primeira guerra púnica[18], o ás, que devia ser de doze onças de cobre, passou a pesar apenas duas; e, na segunda, não passou de uma. Essa redução corresponde ao que hoje chamamos aumento das moedas: suprimir de um escudo de seis libras a metade da prata, para com esta fazer dois escudos ou para fazê-lo valer doze libras, é exatamente a mesma coisa.

Não chegaram até nós monumentos da maneira como os romanos fizeram a sua operação na primeira guerra púnica: mas o que fizeram na segunda indica uma sabedoria admirável. A república não estava em condições de pagar as suas dívidas; o ás pesava duas onças de cobre; e o denário, valendo dez asses, valia cinco onças de cobre. A república fez asses de uma onça de cobre[19]; ganhou a metade sobre os credores; pagou um denário com essas dez onças de cobre. Essa operação abalou muito o Estado, e era preciso que o abalo fosse o menor possível; continha ela uma injustiça, que devia ser a menor possível: tinha como objetivo a desoneração da república em relação aos seus cidadãos; não devia, pois, ter o de desonerar os cidadãos uns em relação aos outros; isso fez que fosse feita uma segunda operação; e se ordenou que o denário, que até então fora de apenas dez asses, passasse a ser de dezesseis. Essa dupla operação fez que, enquanto os credores da república perdiam a metade[20], os credores dos particulares só perdessem um quinto[21]: as mercadorias só subiam

[18] Plínio, *História natural*, livro XXXIII, artigo 13. (N. do A.)
[19] Ibid. (N. do A.)
[20] Recebiam dez onças de cobre por vinte. (N. do A.)
[21] Recebiam dezesseis onças de cobre por vinte. (N. do A.)

um quinto; a mudança real na moeda era só de um quinto: é fácil ver as outras consequências.

Comportaram-se os romanos, portanto, melhor do que nós, que, em nossas operações, implicamos tantos as riquezas públicas quanto as particulares. E isso não é tudo: veremos que eles as fizeram em circunstâncias mais favoráveis do que as nossas.

Capítulo XII
Circunstâncias em que os romanos fizeram as suas operações com a moeda

Havia antigamente muito pouco ouro e muito pouca prata na Itália; o país tem poucas minas de ouro e de prata, se é que tem alguma: quando Roma foi tomada pelos gauleses, não encontraram ali mais de mil libras de ouro[22]. Os romanos, no entanto, haviam saqueado várias cidades poderosas e transportado as riquezas delas para a sua cidade. Durante muito tempo se valeram apenas de moedas de cobre; só depois da paz de Pirro conseguiram prata suficiente para com ela fazerem a moeda[23]: fizeram denários com esse metal, que valiam dez asses[24] ou dez libras de cobre. A partir daí, a proporção da prata em relação ao cobre passou a ser de 1 para 960: pois, como o denário romano valia dez asses ou dez libras de cobre, valia cento e vinte onças de cobre; e, como o mesmo denário valesse um oitavo de onça de prata[25], isso equivalia à proporção que acabamos de indicar.

Tendo se tornado senhora da parte da Itália mais próxima da Grécia e da Sicília, Roma se viu aos poucos entre dois povos ricos, os gregos e os cartagineses; passou a ter mais prata; e, como a proporção de 1 para 960 entre a prata e o cobre não podia mais sustentar-se, fez diversas operações com as moedas, que desconhecemos. Sabemos apenas que no começo da segunda guerra púnica o denário romano não valia mais do que vinte onças de cobre[26]; e que assim a proporção

---

[22] Plínio, livro XXXIII, artigo 5. (N. do A.)

[23] Freinshemius, livro V, da segunda década. (N. do A.)

[24] Ibid. *loco citato*. Cunharam também, diz o mesmo autor, meios denários chamados quinários e quartos de denário chamados sestércios. (N. do A.)

[25] Um oitavo, segundo Budée; um sétimo, segundo outros autores. (N. do A.)

[26] Plínio, *História natural*, livro XXXIII, artigo 13. (N. do A.)

entre a prata e o cobre passou a ser de apenas 1 para 160. A redução era bem mais considerável, pois a república obteve cinco sextos sobre toda moeda de cobre; mas se fez apenas o que a natureza das coisas exigia: restabelecer a proporção entre os metais que serviam de moeda.

A paz que encerrou a primeira guerra púnica tornara os romanos senhores da Sicília. Logo entraram na Sardenha, começaram a conhecer a Espanha: a massa de prata cresceu ainda mais em Roma; fizeram a operação que reduziu o denário de prata de vinte onças para dezesseis[27] e teve esta o efeito de reequilibrar a proporção entre a prata e o cobre; essa proporção, que era de 1 para 160, passou a ser de 1 para 128.

Observai os romanos; jamais os vereis tão superiores quanto na escolha das circunstâncias em que fizeram os bens e os males.

Capítulo XIII
Operações com as moedas no tempo dos imperadores

Nas operações feitas com as moedas durante a república, procedeu-se por supressão: o Estado confiava ao povo as suas necessidades e não pretendia seduzi-lo. Sob os imperadores, procedeu-se pela introdução de ligas: esses príncipes, levados ao desespero pelas suas próprias liberalidades, viram-se obrigados a alterar as moedas; via indireta, que diminuía o mal e parecia não tocá-lo: retirava-se parte do dom e se escondia a mão; e, sem falar de diminuição de pagamentos ou de generosidades, reduziam-se ambas as coisas.

Vemos ainda nos gabinetes[28] medalhas a que chamam forradas, só com uma lâmina de prata a recobrir o cobre; fala-se de tal moeda num fragmento do livro LXXVII de Díon[29].

Dídio Juliano começou a depreciação. Vemos que mais da metade da moeda de Caracala[30] era de liga; a de Alexandre Severo[31],

---

[27] Id., ibid. (N. do A.)

[28] Vide *La science des médailles*, do padre Joubert, ed. de Paris, 1739, p. 59. (N. do A.)

[29] *Coletânea dos vícios e das virtudes*. (N. do A.)

[30] Vide Savotte, parte 2, capítulo XII; e o *Journal des Savants* de 28 de julho de 1681, sobre a descoberta de 50 mil medalhas. (N. do A.)

[31] Id., ibid. (N. do A.)

dois terços; a depreciação continuou; e, sob Galiano[32], só se via um cobre prateado.

Percebe-se que essas operações violentas não poderiam acontecer atualmente; enganar-se-ia o príncipe a si mesmo, e a mais ninguém. O câmbio ensinou ao banqueiro comparar todas as moedas do mundo e a dar-lhes o seu justo valor; o título da moeda não pode mais ser um segredo. Se um príncipe começar o bilhão, todos o seguirão e o farão por ele; as espécies fortes saem primeiro, e logo lhe são mandadas de volta fracas. Se, como os imperadores romanos, ele enfraquecesse a prata sem enfraquecer o ouro, veria de repente desaparecer o ouro e seria reduzido à sua má prata. Como disse no livro anterior[33], o câmbio suprimiu as grandes medidas autoritárias, ou pelo menos os sucessos das grandes medidas autoritárias.

Capítulo XIV
Como o câmbio incomoda os Estados despóticos

A Moscóvia gostaria de descer do seu despotismo, mas não consegue. O estabelecimento do comércio exige o do câmbio; e as operações do câmbio contradizem todas as suas leis.

Em 1745, a czarina decretou a expulsão dos judeus, porque haviam enviado a países estrangeiros o dinheiro dos que estavam exilados na Sibéria e dos estrangeiros que estavam a serviço dela. Todos os súditos do império, como escravos, não podem sair dele, nem podem fazer sair seus bens, sem permissão. O câmbio, que dá a possibilidade de transportar o dinheiro de um país a outro, está, portanto, em contradição com as leis da Moscóvia.

O próprio comércio contradiz as suas leis. O povo compõe-se apenas de escravos presos à terra, e de escravos que são chamados eclesiásticos ou fidalgos, por serem os senhores daqueles escravos: não resta, portanto, ninguém para compor o terceiro estado, que deve abranger os operários e os comerciantes.

---

32 Id., ibid. (N. do A.)

33 Capítulo XVI. (N. do A.)

Capítulo XV
Prática de algumas regiões da Itália

Nalgumas regiões da Itália, fizeram leis para impedir os súditos de venderem as terras para transferirem o dinheiro aos países estrangeiros. Essas leis podiam ser boas, quando as leis de cada Estado lhe eram de tal modo próprias, que era difícil fazê-las passar a outro. Mas, desde que, pelo uso do câmbio, as riquezas não pertencem, de certo modo, a nenhum Estado em particular e há tanta facilidade de transferi-las de um país para outro, é má a lei que não permite dispor, para os negócios, de suas terras, quando se pode dispor do dinheiro. É má essa lei porque dá vantagem aos bens mobiliários sobre as terras, porque inibe os estrangeiros de virem estabelecer-se no país e, enfim, porque pode ser burlada.

Capítulo XVI
Da assistência que o Estado pode receber dos banqueiros

Os banqueiros existem para trocar dinheiro, não para emprestá-lo. Se o príncipe só se serve deles para trocar seu dinheiro, como só faz grandes negócios, o menor lucro que lhes der por suas remessas torna-se um objeto considerável; e, se lhe pedirem altos lucros, pode ter certeza de que se trata de um erro da administração. Quando, ao contrário, são usados para fazer adiantamentos, a arte deles consiste em obter grandes lucros do uso de seu dinheiro, sem que possam acusá-los de usura.

Capítulo XVII
Das dívidas públicas

Gente houve que julgasse que fosse bom que o Estado devesse a si mesmo: acharam que isso multiplicaria as riquezas, ao aumentar a circulação.

Creio que confundiram um papel circulante que represente a moeda ou um papel circulante que seja o sinal dos lucros que uma companhia teve ou terá no comércio com um papel que represente uma dívida. Os dois primeiros são muito vantajosos ao Estado: o último não pode sê-lo; e tudo o que se pode esperar dele é que seja uma boa garantia, para os particulares, da dívida nacional, isto é, que proporcione o seu pagamento. Mas eis os inconvenientes que daí decorrem.

1º Se os estrangeiros possuem muitos papéis que representam uma dívida, tiram do país todos os anos uma soma considerável para os juros.

2º Numa nação assim perpetuamente devedora, o câmbio deve ser muito baixo.

3º O imposto arrecadado para o pagamento dos juros da dívida prejudica as manufaturas, tornando mais cara a mão de obra.

4º Retiram-se as verdadeiras rendas do Estado dos que têm atividade e indústria, para transferi-las aos ociosos; ou seja, dão facilidade para trabalhar aos que não trabalham e dificuldades para trabalhar aos que trabalham.

São esses os inconvenientes; não conheço nenhuma vantagem. Dez pessoas têm cada uma mil escudos de renda em terras ou na indústria; isso significa, para a nação, a cinco por cento, um capital de duzentos mil escudos. Se essas pessoas empregarem metade de sua renda, ou seja, cinco mil escudos, para pagar os juros dos cem mil escudos que tomaram emprestado de outros, isso ainda só significa para o Estado duzentos mil escudos: na linguagem dos algebristas, é 200.000 escudos – 100.000 escudos + 100.000 escudos = 200.000 escudos.

O que pode induzir a erro é que um papel que representa a dívida de uma nação é um sinal de riqueza; pois só um Estado rico pode suportar tal papel, sem cair em decadência: pois, se não cai, deve ter grandes riquezas. Dizem que não há mal nisso, porque tal Estado tem recursos contra esse mal; e dizem que o mal é um bem, porque os recursos superam o mal.

Capítulo XVIII
Do pagamento das dívidas públicas

Deve haver uma proporção entre o Estado credor e o Estado devedor. O Estado pode ser credor ao infinito, mas não pode ser devedor senão até certo ponto; e, quando se ultrapassa esse ponto, o título de credor se desvanece.

Se esse Estado ainda tiver um crédito intacto, poderá fazer o que se praticou com tanto êxito num Estado da Europa[34]: obter grande quantidade de espécies e oferecer a todos os particulares seu reembolso, a menos que não queiram reduzir os juros. Com efeito, como quando o Estado toma emprestado são os particulares que definem a taxa de juros, quando o Estado quer pagar cabe a ele defini-los.

Não basta baixar os juros: é preciso que o benefício da redução forme um fundo de amortização, para pagar, a cada ano, parte dos capitais; operação tão bem-sucedida, que o seu sucesso aumenta a cada dia.

Quando o crédito do Estado não estiver intacto, essa é mais uma razão para procurar formar um fundo de amortização; porque esse fundo, uma vez estabelecido, logo restabelece a confiança.

1º Se o Estado for uma república cujo governo comporte, por natureza, que se façam projetos de longo prazo, o capital do fundo de amortização pode ser pequeno; na monarquia, esse capital tem de ser maior.

2º Os regulamentos devem ser tais, que todos os cidadãos do Estado carreguem o peso do estabelecimento desse fundo, porque todos carregam o peso do estabelecimento da dívida; o credor do Estado, pela soma com que contribui, paga ele mesmo a si mesmo.

3º Há quatro classes de gente que paga as dívidas do Estado: os proprietários de terras, os que exercem a sua indústria pelos negócios, os lavradores e os artesãos, e, enfim, os que vivem de rendas do Estado e de particulares. Dessas quatro classes, parece que a última, em caso de necessidade, devesse ser a menos protegida; porque é uma classe completamente passiva no Estado, ao passo que esse mesmo Estado é sustentado pela força ativa das três outras. Como, porém, não pode ser mais onerada sem destruir a confiança pública, de que o Estado em geral e essas três classes em particular têm uma soberana necessidade; como a fé pública não pode faltar a certo número de cidadãos, sem parecer faltar a todos; como a classe dos credores é sempre a mais exposta aos projetos dos ministros e está sempre diante dos olhos e ao alcance das mãos, o Estado deve dar-lhe uma proteção especial, e a parte devedora não deve ter jamais a mínima vantagem sobre a credora.

---

[34] A Inglaterra. (N. do A.)

Capítulo XIX
Dos empréstimos a juros

O dinheiro [*argent*] é o símbolo dos valores. É claro que aquele que precisa desse sinal deve alugá-lo, como faz com todas as coisas de que precisa. Toda a diferença é que as outras coisas podem ou ser alugadas ou ser compradas; ao passo que o dinheiro, que é o preço das coisas, se aluga, mas não se compra[35].

É de fato uma ação muito boa emprestar dinheiro a outro sem juros: mas percebe-se que esse pode ser um conselho religioso, e não uma lei civil.

Para que o comércio possa desenvolver-se com tranquilidade, o dinheiro deve ter um preço, mas tal preço deve ser pequeno. Se for alto demais, o negociante, que vê que o dinheiro lhe custará mais em termos de juros do que poderia ganhar com seu comércio, deixa de empreender; se o dinheiro não tiver preço, ninguém o empresta, e o comerciante também deixa de empreender.

Engano-me quando digo que ninguém o empresta. É sempre preciso que os negócios da sociedade sigam em frente; estabelece-se a usura, mas com as desordens que sempre a caracterizaram.

A lei de Maomé confunde a usura com o empréstimo a juros. Aumenta a usura nos países maometanos proporcionalmente à severidade da proibição: quem empresta se indeniza do perigo da contravenção.

Nesses países orientais, a maior parte dos homens nada tem de certo; não há quase nenhuma relação entre a posse atual de uma soma e a esperança de reavê-la depois de tê-la emprestado: a usura aumenta, portanto, proporcionalmente ao perigo de insolvência.

Capítulo XX
Das usuras marítimas

Fundamenta-se a magnitude da usura marítima em duas coisas: os perigos do mar, que fazem que ninguém se exponha a emprestar dinheiro senão para obter muito proveito, e a facilidade, proporcio-

---

[35] Não falamos aqui dos casos em que o ouro e a prata [*argent*] são considerados como mercadoria. (N. do A.)

nada pelo comércio, de fazer rapidamente grandes negócios e em grande número; ao passo que as usuras de terra, não baseando-se em nenhuma dessas duas razões, são ou proscritas pelos legisladores ou, o que é mais sensato, reduzidas a justos limites.

Capítulo XXI
Do empréstimo por contrato e da usura entre os romanos

Além do empréstimo feito para o comércio, há também uma espécie de empréstimo feito por um contrato civil, do qual resultam juros ou usura.

Entre os romanos, como o povo aumentasse seu poder a cada dia, os magistrados procuraram adulá-lo e fazê-lo fazer as leis que lhe fossem mais agradáveis. Restringe os capitais; baixa os juros; proíbe que sejam cobrados; suprime as prisões por dívida; enfim, a questão da abolição das dívidas foi levantada toda vez que um tribuno queria tornar-se popular.

Essas mudanças contínuas, quer por leis, quer por plebiscitos, tornaram natural a usura em Roma; pois os credores, ao verem que o povo era seu devedor, seu legislador e seu juiz, perderam a confiança nos contratos. Como um devedor sem crédito, o povo não tentava senão os empréstimos com grandes lucros: tanto mais que, se as leis só eram criadas de quando em quando, as queixas do povo eram contínuas e sempre intimidavam os credores. Isso fez que todos os meios honestos de emprestar e tomar emprestado fossem abolidos em Roma, e se estabelecesse[36] uma medonha usura, sempre fulminada e sempre renascente. O mal vinha do fato de as coisas não terem sido bem geridas. As leis extremas no bem dão origem ao mal extremo. Tiveram de pagar pelo empréstimo do dinheiro e pelo risco das penas da lei.

---

[36] Tácito, *Anais*, livro VI. (N. do A.)

Capítulo XXII
Continuação do mesmo assunto

Não tinham os primeiros romanos leis que regulassem as taxas da usura[37]. Nos confrontos que se formaram a esse respeito entre os plebeus e os patrícios, na própria sedição do Monte Sacro[38], só se alegou, de um lado, a fé; e, do outro, a dureza dos contratos.

Seguiram-se, pois, as convenções particulares; e creio que as mais ordinárias eram de doze por cento ao ano. A minha razão é que, na linguagem antiga dos romanos, os juros de seis por cento eram chamados de metade da usura, os juros de três por cento, de um quarto da usura[39]; a usura total, portanto, era de doze por cento.

Pois, se perguntarmos como usuras tão altas puderam estabelecer-se num povo que quase não tinha comércio, direi que esse povo, muitas vezes obrigado a ir à guerra sem soldo, tinha muitas vezes necessidade de empréstimos; e, fazendo sem cessar expedições bem-sucedidas, tinha com frequência facilidade de pagar. E isso se percebe no relato das contendas provocadas por essa situação: não se nega a avareza dos que emprestavam, mas dizem que os queixosos teriam podido pagar, se tivessem tido um comportamento mais comedido[40].

Faziam-se, pois, leis que só influíam na situação atual: ordenava-se, por exemplo, que os que se alistassem para a guerra que se devia sustentar não fossem perseguidos pelos credores; que aqueles que estivessem sob grilhões seriam libertados; que os mais indigentes seriam levados às colônias; às vezes se abriam os cofres públicos. Apaziguava-se o povo com o alívio dos males presentes; e, como nada mais exigia depois, o senado não se preocupava em preveni-lo.

Nos tempos em que o senado defendia com tanta firmeza a causa das usuras, era extremo o amor da pobreza, da frugalidade, da mediocridade entre os romanos; mas a constituição era tal, que os principais cidadãos suportavam todos os encargos do Estado, e o populacho nada pagava. Como privar aqueles do direito de perseguir

---

[37] Usura e juros significavam o mesmo entre os romanos. (N. do A.)

[38] Vide Dionísio de Halicarnasso, que tão bem a descreveu. (N. do A.)

[39] *Usurae semisses, trientes, quadrantes*. Vide a este respeito os diversos tratados do Digesto e do código *de usuris*; e sobretudo a lei XVII, com a sua nota, ff. *de usuris*. (N. do A.)

[40] Vide os discursos de Ápio a este respeito, em Dionísio de Halicarnasso. (N. do A.)

seus devedores e lhes pedir a quitação de seus encargos e a subvenção das necessidades prementes da república?

Diz Tácito[41] que a lei das Doze Tábuas fixou os juros em um por cento ao ano. É notório que ele se enganou; e confundiu a lei das Doze Tábuas com uma outra lei de que vou falar. Se a lei das Doze Tábuas tivesse determinado isso, como, nas disputas que se travaram mais tarde entre os credores e os devedores, não teriam invocado a sua autoridade? Não vemos nenhum vestígio dessa lei sobre o empréstimo a juros: e, por menos que sejamos versados em história de Roma, veremos que tal lei não devia ser obra dos decênviros.

A lei Licínia[42], feita oitenta e cinco anos depois da lei das Doze Tábuas, foi uma dessas leis passageiras a que nos referimos. Ordenou que se subtraísse do capital o que houvesse sido pago de juros; e que o resto seria pago em três pagamentos iguais.

No ano 398 de Roma, os tribunos Duélio e Menênio fizeram passar uma lei que reduzia os juros a um por cento ao ano[43]. É essa lei que Tácito[44] confunde com a lei das Doze Tábuas; e é a primeira que foi feita entre os romanos para determinar a taxa de juros. Dez anos depois[45], tal usura foi reduzida à metade[46]; em seguida, foi totalmente suprimida[47]: e, a crer em alguns autores que Tito Lívio havia visto, isso ocorreu sob o consulado de C. Márcio Rutílio e de Q. Servílio[48], no ano 413 de Roma.

Aconteceu com essa lei o mesmo que com todas aquelas em que o legislador levou as coisas ao excesso: descobriram meios de burlá-la. Tiveram de fazer muitas outras para confirmá-la, corrigi-la, moderá-la. Ora abandonaram as leis para seguir os costumes[49], ora

---

[41] *Anais*, livro VI. (N. do A.)

[42] No ano 388 de Roma. Tito Lívio, livro VI. (N. do A.)

[43] *Unciaria usura*. Tito Lívio, livro VII. Vide a defesa do espírito das leis, artigo *usura*. (N. do A.)

[44] *Anais*, livro VI. (N. do A.)

[45] Sob o consulado de L. Mânlio Torquato e de C. Pláucio, segundo Tito Lívio, livro VII; e é a lei de que fala Tácito, *Anais*, livro VI. (N. do A.)

[46] *Semiunciaria usura*. (N. do A.)

[47] Como diz Tácito, *Anais*, livro VI. (N. do A.)

[48] A lei foi feita por proposta de M. Genúcio, tribuno do povo. Tito Lívio, livro VII, no fim. (N. do A.)

[49] *Veteri jam more foenus receptum erat*. Apiano, *Da guerra civil*, livro I. (N. do A.)

abandonaram os costumes para seguir as leis: nesse caso, porém, o costume devia prevalecer com folgas. Quando um homem toma emprestado, encontra na própria lei um obstáculo que foi feito em seu favor: tal lei tem contra si tanto aquele a quem socorre como aquele a quem condena. Tendo o mutuante Semprônio Aselo permitido aos devedores agir de acordo com as leis[50], foi morto pelos credores[51], por ter querido trazer à memória um rigor que não se podia mais sustentar.

Saio da cidade para observar brevemente as províncias.

Disse em outro lugar[52] que as províncias romanas eram assoladas por um governo despótico e duro. Isso não é tudo: eram-no também por usuras medonhas.

Diz Cícero[53] que os de Salamina queriam tomar emprestado dinheiro de Roma, mas não podiam por causa da lei Gabínia. Devo, pois, examinar o que era tal lei.

Quando os empréstimos a juros foram proibidos em Roma, imaginaram todo tipo de recursos para burlar a lei[54]; e, como os aliados[55] e os da nação latina não estavam sujeitos à lei civil dos romanos, serviram-se de um latino ou de um aliado, que emprestava em seu nome e parecia ser o credor. A lei, assim, só fizera submeter os credores a uma formalidade, e o povo não era aliviado.

Queixava-se o povo dessa fraude; e Marco Semprônio, tribuno do povo, pela autoridade do senado, mandou fazer um plebiscito[56] que estabelecia que, em matéria de empréstimos, as leis que proibiam a usura entre um cidadão romano e outro cidadão romano também valeriam entre um cidadão e um aliado ou um latino.

Naqueles tempos, eram chamados aliados os povos da Itália propriamente dita, que se estendia até o Arno ou o Rubicão e não eram governados como províncias romanas.

Diz Tácito[57] que continuavam cometendo-se fraudes contra as leis

---

[50] *Permisit eos legibus agere*. Apiano, *Da guerra civil*, livro I; e a Epítome de Tito Lívio, livro LXIV. (N. do A.)

[51] No ano 663 de Roma. (N. do A.)

[52] Livro XI, capítulo XIX. (N. do A.)

[53] *Cartas a Ático*, livro V, carta 21. (N. do A.)

[54] Tito Lívio. (N. do A.)

[55] Ibid. (N. do A.)

[56] No ano 561 de Roma. Vide Tito Lívio, XXV, 7. (N. do A.)

[57] *Anais*, livro VI. (N. do A.)

feitas para acabar com a usura. Quando não se pôde mais emprestar, nem tomar emprestado sob o nome de um aliado, foi fácil fazer surgir um homem das províncias, que emprestava em seu nome.

Fazia-se necessária uma nova lei contra esse abuso: e, ao fazer Gabínio[58] a famosa lei que tinha como objetivo acabar com a corrupção nos sufrágios, deve ter naturalmente pensado que o melhor meio para consegui-lo fosse o de desencorajar os empréstimos; essas duas coisas estavam naturalmente ligadas; pois as usuras sempre aumentavam nos tempos de eleições[59], porque se precisava de dinheiro para ganhar votos. Vemos que a lei Gabínia estendera o senatus-consulto Semprônio aos provincianos; pois os salamínios não podiam tomar emprestado dinheiro em Roma, por causa dessa lei. Bruto, sob nomes falsos, emprestou-lhes dinheiro[60] a quatro por cento ao mês[61]; e obteve para isso dois senatus-consultos; no primeiro deles constava que esse empréstimo não seria considerado uma fraude contra a lei e que o governador da Silícia julgaria de conformidade com as convenções estabelecidas no vale dos salamínios[62].

Como pela lei Gabínia era proibido o empréstimo a juros entre as pessoas das províncias e os cidadãos romanos, e como estes últimos tinham, na época, todo o dinheiro do mundo nas mãos, foi preciso tentá-los com grandes usuras, que fizessem desaparecer aos olhos da avareza o perigo de perder a dívida. E, como havia em Roma gente poderosa, que intimidava os magistrados e calava as leis, teve mais ousadia para emprestar e para exigir altas usuras. Isso fez que as províncias fossem, uma após outra, devastadas por todos os que tinham crédito em Roma: e, como cada governador fazia o seu edito ao entrar na província[63], no qual estabelecia como quisesse a taxa da usura, a avareza dava as mãos à legislação, e a legislação à avareza.

---

[58] No ano 615 de Roma. (N. do A.)

[59] Vide as *Cartas de Cícero a Ático*, livro IV, cartas 15 e 16. (N. do A.)

[60] Cícero a Ático, livro VI, carta 1. (N. do A.)

[61] Pompeu, que emprestara ao rei Ariobárzanes seiscentos talentos, recebia em pagamento trinta e três talentos áticos a cada trinta dias. Cícero a Ático, livro III, carta 21; livro VI, carta 1. (N. do A.)

[62] *Ut neque Salaminis, neque cui eis dedisset, fraudi esset*. Ibid. (N. do A.)

[63] O edito de Cícero fixava-a em um por cento ao mês, com a usura da usura ao cabo de um ano. Quanto aos cobradores de impostos da república, ele os levava a dar um prazo aos devedores: se estes não pagassem na data fixada, recebiam a usura contida no vale. Cícero a Ático, livro VI, carta 1. (N. do A.)

Os negócios não podem parar; e está perdido o Estado em que tudo esteja na inação. Havia ocasiões em que era preciso que as cidades, os organismos, as sociedades das cidades, os particulares tomassem empréstimos, mesmo que fosse só para cobrir as devastações dos exércitos, as rapinas dos magistrados, as concussões dos comerciantes e as más práticas que se cometiam a cada dia; pois jamais as pessoas foram tão ricas nem tão pobres. O senado, que detinha o poder executivo, dava, por necessidade, muitas vezes por favor, permissão de tomar emprestado de cidadãos romanos e fazia senatus-consultos a esse respeito. Mas até esses senatus-consultos eram desacreditados pela lei[64]: podiam dar ocasião a que o povo exigisse novas tabelas; o que, ao aumentar o risco de perda do capital, aumentava também a usura. Como sempre digo, a moderação é que governa os homens, não os excessos.

Paga menos, diz Ulpiano[65], quem paga mais tarde. Foi esse princípio que guiou os legisladores após a destruição da república romana.

[64] Vide o que diz Luceio, carta 21 a Ático, livro V. Houve até um senatus-consulto geral para fixar a usura em um por cento ao mês. Vide a mesma carta. (N. do A.)

[65] Leg. XII, ff. *De verbor. signif.* (N. do A.)

Livro XXIII
Das leis, na relação que têm com o número de habitantes

Capítulo I
Dos homens e dos animais em relação à multiplicação da espécie

Ó Vênus! Ó mãe do Amor!
. . . .
Desde o primeiro dia belo que teu astro traz de volta,
Os zéfiros fazem sentir seu hálito amoroso,
A terra orna seu seio com brilhantes cores,
E o ar é perfumado pelo doce espírito das flores.
Ouvem-se os pássaros, tocados por tua potência,
Com mil sons lascivos celebrarem a tua presença;
Pela bela novilha vemos os altivos touros
Ou pularem na planície, ou atravessarem as águas.
Enfim, os habitantes dos bosques e das montanhas,
Dos rios e dos mares e das verdes campinas,
Ardentes, a teu aspecto, de amor e de desejo,
Comprometendo-se a povoar pela atração do prazer:
Tanto amam te seguir e este encantador império
É que dá a beleza a tudo o que respira![1]

As fêmeas dos animais têm uma fecundidade quase constante. Mas na espécie humana a maneira de pensar, o caráter, as paixões, as fantasias, os caprichos, a ideia de conservar a beleza, os incômodos da gravidez e de uma família demasiado numerosa perturbam de mil maneiras a propagação.

---

[1] Versos iniciais de *Lucrécia*, em tradução de Hesnaut. (N. do A.)

Capítulo II
Dos casamentos

A obrigação natural que o pai tem de nutrir os filhos fez que se estabelecesse o casamento, que declara quem deve cumprir essa obrigação. Os povos[2] de que fala Pompônio Mela[3] só o determinavam por semelhança.

Entre os povos civilizados, o pai é aquele que as leis, pela cerimônia do matrimônio, declararam dever ser tal[4], porque nele descobrem a pessoa que buscam.

Essa obrigação entre os animais é tal, que a mãe pode, de ordinário, bastar. Ela é muito mais ampla para os homens: seus filhos dispõem de razão, que, porém, só lhes vem aos poucos; não basta alimentá-los, é preciso ainda conduzi-los; já podem viver, mas não podem governar-se.

As conjunções ilícitas contribuem pouco para a propagação da espécie. O pai, que tem a obrigação natural de alimentar e de criar os filhos, é incerto; e a mãe, em quem recai a obrigação, encontra mil obstáculos, pela vergonha, pelos remorsos, pelos incômodos de seu sexo, pelo rigor das leis: a maioria das vezes ela carece de recursos.

As mulheres que se submeteram à prostituição pública não podem ter a comodidade de educar os filhos. Os trabalhos dessa educação são até incompatíveis com a condição delas: e são elas tão corruptas, que não poderiam ter a confiança da lei.

Segue-se de tudo isso que a continência pública está naturalmente ligada à propagação da espécie.

Capítulo III
Da condição das crianças

Dita a razão que quando houver um matrimônio as crianças seguirão a condição do pai; e, quando não houver, só poderão pertencer à mãe[5].

---

[2] Os garamantes. (N. do A.)

[3] Livro I, capítulo VIII. (N. do A.)

[4] *Pater est quem nuptiae demonstrant*. (N. do A.)

[5] É por isso que, entre as nações que têm escravos, a criança segue quase sempre a condição da mãe. (N. do A.)

Capítulo IV
Das famílias

É admitido quase em toda parte que a mulher passe para a família do marido. O contrário é, sem nenhum inconveniente, estabelecido em Formosa[6], onde o marido vai formar a da mulher.

Essa lei, que fixa a família numa sequência de pessoas do mesmo sexo, contribui muito, independentemente dos primeiros motivos, para a propagação da espécie humana. É a família uma espécie de propriedade: um homem com filhos do sexo que não a perpetua jamais fica contente até ter algum filho do sexo que a perpetua.

Os nomes, que dão aos homens a ideia de algo que parece imperecedouro, são muito aptos a inspirar em cada família o desejo de estender a sua duração. Povos há entre os quais os nomes distinguem as famílias; outros há em que só distinguem as pessoas; o que não é tão bom.

Capítulo V
Das diversas ordens de mulheres legítimas

Por vezes, as leis e a religião estabeleceram diversos tipos de conjunções civis; e isso é assim entre os maometanos, em que há diversas ordens de mulheres, cujos filhos são reconhecidos pelo nascimento na casa ou por contratos civis, ou até pela escravidão da mãe e o reconhecimento subsequente do pai.

Seria contrário à razão que a lei punisse nos filhos o que aprovou no pai: todos esses filhos devem, pois, herdar, a menos que alguma razão particular se oponha a isso, como no Japão, onde só são herdeiros os filhos da mulher dada pelo imperador. A política ali exige que os bens dados pelo imperador não sejam divididos demais, porque estão submetidos a um serviço, como antigamente os nossos feudos.

Países há em que uma mulher legítima recebe na casa aproximadamente as mesmas honras que em nossos climas uma mulher única: lá, os filhos das concubinas devem pertencer à primeira mulher; isso é assim estabelecido na China. O respeito filial[7], a

---

[6] Padre Du Halde, t. I, p. 156. (N. do A.)
[7] Padre Du Halde, t. II, p. 124. (N. do A.)

cerimônia de luto rigoroso não são devidos à mãe natural, mas à mãe estabelecida pela lei.

Com o auxílio de tal ficção[8], não há mais filhos bastardos; e, nos países onde essa ficção não existe, vemos que a lei que legitima os filhos das concubinas é uma lei forçosa, pois a maior parte da população seria condenada pela lei. Nesses países, tampouco há normas sobre os filhos adulterinos. As separações das mulheres, a clausura, os eunucos, as trancas tornam a coisa tão difícil, que a lei a julga impossível. O mesmo gládio, aliás, exterminaria a mãe e o filho.

Capítulo VI
Dos bastardos, nos diversos governos

Quase não se conhecem bastardos nos países em que é permitida a poligamia; são conhecidos nos países em que se estabeleceu a lei de uma só mulher. Nesses países, foi preciso castigar o concubinato; foi, portanto, preciso punir as crianças que são seu fruto.

Nas repúblicas, em que é necessário que os costumes sejam puros, os bastardos devem ser ainda mais odiosos do que nas monarquias.

Estabeleceram-se talvez, em Roma, disposições duras demais contra eles; mas, como as instituições antigas colocavam todos os cidadãos na necessidade de se casar e sendo os casamentos, ademais, abrandados pela permissão de repudiar ou de divorciar, somente uma enorme corrupção de costumes podia levar ao concubinato.

Cumpre observar que sendo a qualidade de cidadão considerável nas democracias, em que traz consigo o poder soberano, faziam-se muitas vezes leis sobre o estado dos bastardos que estavam menos relacionadas com a própria coisa e com a honestidade do casamento do que com a constituição particular da república. Assim, o povo por vezes admitiu como cidadãos os bastardos[9] para aumentar o seu poder contra os poderosos. Assim, em Atenas, o povo retirou os bastardos do número dos cidadãos, para ter uma maior parte

---

[8] Distinguem-se mulheres altas e baixas, ou seja, legítimas ou não; mas não há tal distinção entre os filhos. "Esta é a grande doutrina do império", diz um livro chinês sobre a moral, traduzido pelo mesmo padre, p. 140. (N. do A.)

[9] Vide Aristóteles, *Política*, livro VI, capítulo IV. (N. do A.)

do trigo que lhe enviara o rei do Egito. Enfim, ensina-nos Aristóteles[10] que em muitas cidades, quando não havia cidadãos suficientes, os bastardos herdavam; e, quando havia cidadãos em número suficiente, eles não herdavam.

Capítulo VII
Do consentimento dos pais nos casamentos

Funda-se o consentimento dos pais em seu poder, ou seja, em seu direito de propriedade; funda-se também no amor, na razão deles e na incerteza da dos filhos, que a idade mantém em estado de ignorância e as paixões em estado de embriaguez.

Nas pequenas repúblicas ou instituições extraordinárias a que nos referimos, pode haver leis que dão aos magistrados um poder de inspeção sobre os casamentos dos filhos dos cidadãos, que a natureza já concedera aos pais. O amor do bem público pode ser tal, que iguale ou supere todo outro amor. Assim queria Platão que os magistrados regrassem os casamentos: assim os magistrados lacedemônios os dirigiam.

Nas instituições ordinárias, porém, cabe aos pais casar os filhos: a prudência deles, no que a isso se refere, estará sempre acima de qualquer outra prudência. Dá a natureza aos pais o desejo de oferecer sucessores aos filhos, que estes mal sentem por si mesmos: nos diversos graus de progenitura, eles se veem avançando, imperceptivelmente, para o futuro. Mas o que aconteceria se a vexação e a avareza chegassem ao ponto de usurpar a autoridade dos pais? Ouçamos o que diz Thomas Gage[11] acerca da conduta dos espanhóis nas Índias.

"Para aumentar o número de pessoas que pagam o tributo, todos os índios com mais de quinze anos têm de se casar; e se chegou até a estipular a idade do casamento dos índios em catorze anos para os varões e em treze anos para as moças. Baseiam-se num cânon que diz que a malícia pode suprir a idade." Ele viu fazerem um desses censos: era, diz ele, algo vergonhoso. Assim, no ato que deve ser o mais livre do mundo, os índios também são escravos.

---

[10] Ibid., livro III, capítulo III. (N. do A.)
[11] *Relation de Thomas Gage*, p. 171. (N. do A.)

Capítulo VIII
Continuação do mesmo assunto

Na Inglaterra, as moças muitas vezes burlam a lei, para casar-se à sua fantasia, sem consultarem os pais. Não sei se tal prática não poderia ser ali mais tolerada do que em outros lugares, uma vez que, não tendo as leis do país estabelecido um celibato monástico, o único estado que as moças podem tomar é o do casamento, a que não podem recusar-se. Na França, ao contrário, onde se estabeleceu o monaquismo, as moças têm sempre a opção do celibato; e a lei que lhes ordena aguardarem o consentimento dos pais poderia ser mais conveniente. Desse ponto de vista, o costume da Itália e da Espanha seria o menos razoável: o monaquismo está estabelecido e é possível casar sem o consentimento dos pais.

Capítulo IX
Das moças

São muito inclinadas ao casamento as moças, que só pelo casamento são conduzidas aos prazeres e à liberdade; que têm um espírito que não ousa pensar, um coração que não ousa sentir, olhos que não ousam ver, orelhas que não ousam ouvir; que só se apresentam para se mostrarem estúpidas; condenadas sem cessar a bagatelas e a preceitos: os rapazes é que devem ser encorajados ao casamento.

Capítulo X
O que leva ao casamento

Em toda parte em que se encontra um lugar onde duas pessoas possam viver com comodidade, faz-se um casamento. A natureza leva a isso, quando não é detida pela dificuldade de subsistência.

Os povos nascentes multiplicam-se e crescem muito. Seria para eles grande incômodo viverem no celibato: o mesmo não se diz de terem muitos filhos. Acontece o contrário quando a nação já está formada.

Capítulo XI
Da dureza do governo

As pessoas que não têm absolutamente nada, como os mendigos, têm muitos filhos. Isso porque estão no mesmo caso dos povos nascentes: nada custa ao pai passar seu ofício ao filho, que é até, ao nascer, instrumento dessa arte. Multiplica-se essa gente em país rico ou supersticioso; porque não têm o ônus da sociedade, mas são eles próprios o ônus da sociedade. Mas as pessoas que não são pobres senão porque vivem num governo duro, que consideram seus campos menos como o fundamento de sua subsistência do que como um pretexto para a vexação, tais pessoas, digo, têm poucos filhos. Não têm sequer o que comer; como poderiam pensar em dividi-lo? Não podem tratar-se na doença; como poderiam educar criaturas que sofrem de uma doença contínua, que é a infância?

É a facilidade de falar e a incapacidade de examinar que fizeram que se dissesse que, quanto mais pobres os súditos, mais numerosas as famílias; que, quanto mais carregados de impostos, mais se tornam capazes de pagá-los: dois sofismas que sempre perderam e sempre perderão as monarquias.

Pode o rigor do governo ir até o ponto de destruir os sentimentos naturais, pelos mesmos sentimentos naturais: não abortavam as mulheres da América, para que os filhos não tivessem senhores tão cruéis[12]?

Capítulo XII
Do número de moças e de rapazes nos diversos países

Já disse[13] que na Europa nascem um pouco mais de meninos do que de meninas. Observou-se que no Japão[14] nasciam um pouco mais de meninas do que de meninos. Com todas as coisas iguais, haverá mais mulheres fecundas no Japão do que na Europa e, por conseguinte, mais gente.

---

[12] *Relation de Thomas Gage*, p. 58. (N. do A.)

[13] No livro XVI, capítulo IV. (N. do A.)

[14] Vide Kempfer, que cita um censo de Meaco. (N. do A.)

Dizem certos relatos[15] que em Bantão há duas meninas para cada menino: seria excessiva tal desproporção, que faria que o número de famílias estivesse para o número das famílias de outros climas como um está para cinco e meio. Na verdade, as famílias poderiam ser maiores ali; mas há pouca gente rica o bastante para poder sustentar uma família tão grande.

Capítulo XIII
Dos portos de mar

Nos portos de mar, em que os homens se expõem a mil perigos e vão morrer ou viver em climas distantes, há menos homens do que mulheres; vemos ali, porém, mais crianças do que nos outros lugares: isso por causa da facilidade da subsistência. Talvez até as partes oleosas do peixe sejam mais aptas a fornecer a matéria que serve para a geração. Seria essa uma das causas desse número infinito de gente que existe no Japão[16] e na China[17], onde quase só se vive de peixe[18]. Se isso for verdade, certas regras monásticas que obrigam a viver de peixe seriam contrárias ao espírito do próprio legislador.

Capítulo XIV
Das produções da terra que exigem mais ou menos homens

As regiões de pastagens são pouco povoadas, porque pouca gente encontra trabalho; as terras de trigo ocupam mais homens, e os vinhedos, infinitamente mais.

Na Inglaterra, é frequente a queixa de que o crescimentos das pastagens diminua o número de habitantes[19]; e se observa na França

[15] *Recueil des voyages qui ont servi à l'établissement de la compagnie des Indes*, t. I, p. 347. (N. do A.)

[16] O Japão é composto de ilhas, tem muitos rios e o seu mar tem muitos peixes. (N. do A.)

[17] A China está cheia de riachos. (N. do A.)

[18] Vide o padre Du Halde, t. II, p. 139, 142 e seguintes. (N. do A.)

[19] Tendo a maioria dos proprietários de terras, diz Burnet, mais lucro com a venda da lã do que do trigo, cercaram suas propriedades; as comunas, que

que a grande quantidade de vinhedos é uma das maiores causas da grande quantidade de gente.

As regiões onde as minas de carvão fornecem matéria própria para a combustão têm sobre os demais a vantagem de não precisarem de florestas e de todas as terras poderem ser cultivadas.

Nos lugares onde cresce o arroz, são necessárias grandes obras para gerir as águas: assim, muita gente pode ter ocupação. E há mais: é preciso menos terra para sustentar uma família, do que onde se produzem outros grãos; enfim, a terra, alhures empregada na nutrição dos animais, serve ali de imediato para a subsistência dos homens; o trabalho que em outros lugares é feito por animais é feito pelos homens, e a cultura da terra se torna, para os homens, uma imensa manufatura.

Capítulo XV
Do número de habitantes em relação às artes

Quando há uma lei agrária e as terras são divididas igualmente, o país pode ser muito povoado, embora tenha poucas artes; porque cada cidadão encontra no trabalho da terra exatamente o necessário para a subsistência; e todos os cidadãos juntos consomem todos os frutos do país: é o que acontecia nalgumas repúblicas antigas.

Nos Estados de hoje, porém, as terras são distribuídas de modo desigual; produzem mais frutos do que os que cultivam podem consumir; e, se as artes forem desdenhadas e as pessoas só se dedicarem à agricultura, o país não poderá ser povoado. Como os que cultivam ou fazem cultivar têm frutos de sobra, nada os estimula a trabalhar o ano inteiro: os frutos não seriam consumidos por gente ociosa, pois esta não teria como comprá-los. As artes devem estabelecer-se para que os frutos sejam consumidos pelos lavradores e pelos artesãos. Numa palavra, esses Estados precisam de muita gente que cultive mais do que lhe é necessário: para tanto, cumpre estimulá-la a ter o supérfluo; mas isso só é dado pelos artesãos.

Estas máquinas cujo objetivo é abreviar a arte nem sempre são úteis. Se um objeto tem um preço médio e que convenha igualmente

---

morriam de fome, revoltaram-se: foi proposta uma lei agrária; o jovem rei chegou a escrever a esse respeito: fizeram proclamações contra os que cercavam as suas terras. *Abrégé de l'histoire de la réforme*, p. 44 e 83. (N. do A.)

ao que o compra e ao trabalhador que o fez, seriam perniciosas as máquinas que simplificassem a sua manufatura, ou seja, que diminuíssem o número de operários; e, se os moinhos d'água não estivessem em toda parte, eu não creria que fossem tão úteis como dizem; porque fizeram repousar uma infinidade de braços, privaram muita gente do uso das águas e fizeram muitas terras perderem a fertilidade.

Capítulo XVI
Das ideias do legislador acerca da propagação da espécie

Os regulamentos sobre o número de cidadãos dependem muito das circunstâncias. Países há em que a natureza fez tudo; o legislador, portanto, nada tem que fazer. Para que incentivar a propagação por meio de leis, se a fecundidade do clima dá bastante gente? Por vezes o clima é mais favorável do que o solo; multiplica-se o povo, e a fome o destrói: é o caso da China; assim, o pai vende as filhas e expõe os filhos. As mesmas causas produzem em Tonquim os mesmos efeitos[20]; e não é preciso, como os viajantes árabes cujo relato[21] nos deu Renaudot, ir buscar para tanto a opinião sobre a metempsicose.

As mesmas razões fazem que, na Ilha Formosa[22], a religião não permita às mulheres dar à luz crianças antes de terem trinta e cinco anos: antes disso, a sacerdotisa pisa-lhes o ventre e as faz abortar.

Capítulo XVII
Da Grécia e do número de seus habitantes

Esse efeito, que em certos países do Oriente está ligado a causas físicas, a natureza do governo o produziu na Grécia. Eram os gregos uma grande nação, composta de cidades que tinham cada uma o seu governo e as suas leis. Não eram mais conquistadoras do que as cidades da Suíça, da Holanda e da Alemanha o são hoje: em cada re-

---

20 *Voyages* de Dampierre, t. II, p. 41. (N. do A.)

21 P. 167. (N. do A.)

22 Vide o *Recueil des voyages qui ont servi à l'établissement de la compagnie des Indes*, t. V, parte I, p. 182 e 188. (N. do A.)

pública, o legislador tivera como objetivo, internamente, a felicidade dos cidadãos, e uma potência que não fosse inferior à das cidades vizinhas, externamente[23]. Com um território pequeno e uma grande felicidade, era fácil que aumentasse o número de cidadãos e eles se tornassem onerosos: assim, estabeleceram sem cessar colônias[24]; venderam-se para a guerra, como os suíços hoje: nada foi desdenhado que pudesse impedir a excessiva multiplicação das crianças.

Havia entre eles repúblicas cuja constituição era singular. Povos submetidos eram obrigados a fornecer a subsistência aos cidadãos: os lacedemônios eram alimentados pelos ilotas; os cretenses, pelos periecos; os tessálios, pelos penestes. Só devia haver certo número de homens livres, para que os escravos tivessem condição de lhes dar sustento. Hoje dizemos que é preciso limitar o número das tropas regulares: ora, a Lacedemônia era um exército sustentado por camponeses; era preciso, pois, limitar tal exército: sem isso, os homens livres, que gozavam de todas as vantagens da sociedade, se teriam multiplicado infinitamente, e os lavradores ficariam exaustos.

Empenharam-se, então, os políticos gregos em regular o número de cidadãos. Fixa-o Platão[25] em cinco mil e quarenta; e quer que se iniba ou se encoraje a propagação, quando necessário, pelas honras, pela vergonha e pelas advertências dos anciãos; quer até que se determine o número de matrimônios[26], de modo que o povo se recomponha, sem que a república se sobrecarregue.

"Se a lei do país", diz Aristóteles[27], "proíbe a exposição das crianças, será preciso limitar o número daqueles que cada qual pode gerar". Se houver crianças além do número definido pela lei, aconselha[28] fazer abortar a mulher, antes que o feto tenha vida.

O meio infame de que se valeram os cretenses para prevenir o número excessivo de crianças é descrito por Aristóteles; e quando eu quis contá-lo senti o pudor horrorizar-se.

Há lugares, diz ainda Aristóteles[29], em que a lei torna cidadãos os

---

[23] Pela valentia, pela disciplina e pelos exercícios militares. (N. do A.)

[24] O mesmo fizeram os gauleses, que estavam na mesma situação. (N. do A.)

[25] Em suas *Leis*, livro V. (N. do A.)

[26] *República*, livro V. (N. do A.)

[27] *Política*, livro VII, capítulo XVI. (N. do A.)

[28] Ibid. (N. do A.)

[29] Ibid., livro III, capítulo III. (N. do A.)

estrangeiros ou os bastardos ou os que nasceram só de mãe cidadã: mas, tão logo há gente em número suficiente, deixam de fazê-lo. Os selvagens do Canadá mandam queimar os prisioneiros: mas quando têm cabanas vazias para lhes dar os reconhecem como de sua nação.

O cavaleiro Petty supôs em seus cálculos que um homem, na Inglaterra, vale o quanto pagariam por ele em Argel[30]. Isso só pode ser bom para a Inglaterra; países há em que um homem não vale nada; em outros, menos do que nada.

Capítulo XVIII
Do estado dos povos antes dos romanos

A Itália, a Sicília, a Ásia Menor, a Espanha, a Gália e a Germânia eram, mais ou menos, como a Grécia, cheias de pequenos povos e repletas de habitantes: não precisavam de leis para aumentar o seu número.

Capítulo XIX
Despovoamento do universo

Todas essas pequenas repúblicas se aglutinaram numa grande e se viu o universo aos poucos se despovoar: basta ver o que eram a Itália e a Grécia, antes e depois da vitória dos romanos.

"Hão de me perguntar", diz Tito Lívio[31], "onde os volscos conseguiram encontrar soldados em número suficiente para fazer a guerra, depois de ter sido vencidos tantas vezes. Devia haver um povo infinito naquelas regiões, que hoje seriam um deserto, se não fossem alguns soldados e alguns escravos romanos".

"Cessaram os oráculos", diz Plutarco[32], "porque os lugares onde eles falavam foram destruídos; mal se conseguem achar hoje na Grécia três mil guerreiros".

---

30 Sessenta libras esterlinas. (N. do A.)

31 Livro VI. (N. do A.)

32 *Obras morais*, Dos oráculos que cessaram. (N. do A.)

"Não descreverei o Epiro e seus arredores", diz Estrabão[33], "porque essas paragens estão completamente desertas. Esse despovoamento, que começou há muito tempo, continua a cada dia; assim, os soldados romanos acampam nas casas abandonadas". Vê a causa disso em Políbio, que diz que Paulo Emílio, após a vitória, destruiu setenta cidades do Epiro e levou dali cento e cinquenta mil escravos.

Capítulo XX
Que os romanos se viram forçados a fazer leis para a propagação da espécie

Ao destruírem todos os povos, os romanos destruíram-se a si mesmos: sempre ativos, esforçados e violentos, eles se desgastavam, como uma arma de que nos servimos sempre.

Não falarei aqui do empenho que tiveram em conseguir cidadãos à medida que os perdiam[34]; das associações que fizeram; dos direitos de cidade que concederam; e desse imenso viveiro de cidadãos que descobriram em seus escravos. Direi o que fizeram, não para recompor-se da perda de cidadãos, mas de homens; e, uma vez que foi o povo do mundo que melhor soube harmonizar as leis com os projetos, não é indiferente examinar o que fez a esse respeito.

Capítulo XXI
Das leis dos romanos acerca da propagação da espécie

As antigas leis de Roma muito buscaram encorajar os cidadãos a se casarem. O senado e o povo fizeram muitas vezes regulamentos a esse respeito, como o diz Augusto, em sua arenga citada por Díon[35].

Dionísio de Halicarnasso[36] não consegue acreditar que depois da morte de trezentos e cinco fabianos exterminados pelos veios só

---

[33] Livro VII, p. 496. (N. do A.)

[34] Tratei deste assunto nas *Considerações sobre as causas da grandeza dos romanos*, etc. (N. do A.)

[35] Livro LVI. (N. do A.)

[36] Livro II. (N. do A.)

tivesse restado dessa raça uma única criança; porque a lei antiga, que ordenava que cada cidadão se casasse e criasse todos os filhos, ainda estava em vigor[37].

Independentemente das leis, os censores não perdiam de vista os casamentos; e, conforme as necessidades da república, o incentivavam, tanto pela vergonha[38] quanto pelas penalidades.

Os costumes, que começaram a se corromper, muito contribuíram para afastar os cidadãos do casamento, que é só castigos para quem não consegue mais sentir os prazeres da inocência. Esse é o espírito da arenga[39] que Metelo Numídico fez ao povo como censor. "Se fosse possível não ter mulher, libertar-nos-íamos deste mal: mas, como estabeleceu a natureza que é difícil viver felizes com elas, nem subsistir sem elas, devemos cuidar mais da nossa conservação do que de satisfações passageiras."

A corrupção dos costumes destruiu a censura, estabelecida justamente para destruir a corrupção dos costumes: mas, quando a corrupção se generaliza, a censura perde a força[40].

As discórdias civis, os triunviratos, os banimentos enfraqueceram mais Roma do que qualquer guerra que tivesse feito: restavam poucos cidadãos[41], e a maior parte deles não era casada. Para remediar este último mal, César e Augusto restabeleceram a censura e até quiseram ser censores[42]. Ditaram diversas normas: César deu recompensas aos que tivessem muitos filhos[43]; proibiu que as mulheres com menos de quarenta e cinco anos que não tivessem nem marido nem filhos usassem joias ou andassem de liteira[44]: excelente método de combater

---

[37] No ano 277 de Roma. (N. do A.)

[38] Vide sobre o que fizeram a este respeito Tito Lívio, livro XLV; a *Epítome* de Tito Lívio, livro LIX; Aulo Gélio, livro I, capítulo VI; Valério Máximo, livro II, capítulo XIX. (N. do A.)

[39] Está em Aulo Gélio, livro I, capítulo VI. (N. do A.)

[40] Vide o que eu disse no livro V, capítulo XIX. (N. do A.)

[41] Tendo César, depois da guerra civil, mandado fazer o censo, constatou-se haver apenas cento e cinquenta mil chefes de família. *Epítome* de Floro sobre Tito Lívio, década décima segunda. (N. do A.)

[42] Vide Díon, livro XLIII; e Xifilino, em *August*. (N. do A.)

[43] Díon, livro XLIII; Suetônio, *Vida de César*, capítulo XX; Apiano, liv. II, *Da guerra civil*. (N. do A.)

[44] Eusébio, em sua *Crônica*. (N. do A.)

o celibato pela vaidade. Foram mais agressivas as leis de Augusto[45]: impôs[46] penas novas aos que não fossem casados e aumentou as recompensas aos que o fossem e aos que tivessem filhos. Tácito chamou essas leis de Júlias[47]; parece que nelas se fundiam antigas ordenações feitas pelo senado, pelo povo e pelos censores.

Deparou-se a lei de Augusto com mil obstáculos; e, trinta e quatro anos[48] depois de ser promulgada, os cavaleiros romanos pediram a sua revogação. Augusto mandou pôr de um lado os casados e do outro os que não o eram: estes últimos se mostraram em maior número, o que surpreendeu os cidadãos e os confundiu. Com a gravidade dos antigos censores, assim lhes falou Augusto[49].

"Enquanto as doenças e as guerras nos roubam tantos cidadãos, que será da cidade se não contrairmos mais casamentos? Não consiste a cidade nas casas, nos pórticos, nas praças públicas: os homens é que fazem a cidade. Não vereis, como nas fábulas, saírem homens de sob a terra, para cuidar dos vossos negócios. Não é para viver sós que permaneceis solteiros: cada um de vós tem companheiras de mesa e de cama, e não buscais senão a paz no desregramento. Citarei aqui o exemplo das virgens Vestais? Assim, se não observardes as leis da pudicícia, deveremos punir-vos como a elas. Sois igualmente maus cidadãos, quer porque todos imitam o vosso exemplo, quer porque ninguém o siga. Meu único objetivo é a perpetuidade da república. Aumentei as penas dos que não obedecerem; e, no que se refere às recompensas, são elas tais, que, pelo que sei, nunca a virtude teve maiores; menores há que levam mil pessoas a arriscar a vida; e estas não vos decidem a tomar mulher e criar filhos?"

Instituiu ele a lei chamada Júlia, segundo o seu nome, e Pápia Popeia, segundo o nome dos cônsules[50] de parte daquele ano. A magnitude do mal revelava-se até na eleição deles: diz-nos Díon[51] que não eram casados e não tinham filhos.

---

[45] Díon, livro LIV. (N. do A.)

[46] No ano 736 de Roma. (N. do A.)

[47] *Julias rogationes*, *Anais*, livro III. (N. do A.)

[48] No ano 762 de Roma; Díon, livro LVI. (N. do A.)

[49] Abreviei esta arenga, que é muitíssimo longa: ela pode ser encontrada em Díon, livro LVI. (N. do A.)

[50] Marcus Pappius Mutilus e Q. Poppaeus Sabinus. Díon, livro LVI. (N. do A.)

[51] Díon, livro LVI. (N. do A.)

Essa lei de Augusto foi propriamente um código de leis e um corpo sistemático de todas as normas que se podiam estabelecer sobre o assunto. Nelas se refundiram as leis Júlias[52] e lhes foi dada mais força: têm tantas perspectivas, influem sobre tantas coisas, que formam a mais bela parte das leis civis dos romanos.

Encontramos os seus trechos dispersos nos preciosos fragmentos de Ulpiano[53], nas leis do digesto, tiradas dos autores que escreveram acerca das leis papianas; nos historiadores e nos outros autores que as citaram; no código teodosiano, que as ab-rogou; nos padres que as censuraram, sem dúvida com um zelo louvável pelas coisas da outra vida, mas com pouquíssimo conhecimento dos negócios desta.

Essas leis tinham muitos artigos, e trinta e cinco deles são conhecidos[54]. Mas, indo o mais diretamente possível ao meu assunto, começarei pelo artigo que, segundo Aulo Gélio[55], é o sétimo e se refere às honrarias e às recompensas concedidas por essa lei.

Saídos em sua maioria das cidades latinas, que eram colônias lacedemônias[56] e que haviam até tirado dessas cidades parte das suas leis[57], os romanos tiveram, como os lacedemônios, esse respeito pela velhice que oferece todas as honras e todas as precedências. Quando faltaram cidadãos à república, concederam ao casamento e ao número de filhos as prerrogativas que haviam dado à idade[58]; vincularam algumas só ao casamento, independentemente dos filhos que pudessem nascer: chamavam a isso o direito dos maridos. Deram outras aos que tinham filhos; maiores aos que tinham três filhos. Não devemos confundir essas três coisas: havia privilégios de que os casados gozavam sempre, como, por exemplo, um lugar especial no teatro[59]; outros havia de que só gozavam quando as pessoas que tinham filhos, ou mais filhos do que eles, não lhos retiravam.

---

[52] O título 14 dos *Fragmentos* de Ulpiano distingue muito bem a lei juliana da papiana. (N. do A.)

[53] Jacques Godefroi fez uma compilação deles. (N. do A.)

[54] O trigésimo quinto é citado na lei XIX, ff. *de ritu nuptiarum*. (N. do A.)

[55] Livro II, capítulo XV. (N. do A.)

[56] Dionísio de Halicarnasso. (N. do A.)

[57] Os deputados de Roma, que foram enviados para pesquisar leis gregas, foram a Atenas e a cidades da Itália. (N. do A.)

[58] Aulo Gélio, livro II, capítulo XV. (N. do A.)

[59] Suetônio, em *Augusto*, capítulo XLIV. (N. do A.)

Esses privilégios eram amplos: os casados que tinham o maior número de crianças eram sempre preferidos, quer na concessão de honras, quer no exercício dessas mesmas honras[60]. O cônsul que tivesse mais filhos era o primeiro a receber os feixes[61], tinha a escolha das províncias[62]; o senador que tivesse mais filhos era inscrito em primeiro lugar no catálogo dos senadores; dava primeiro no senado o seu parecer[63]. Podiam chegar mais cedo às magistraturas, porque cada filho dava a dispensa de um ano[64]. Quem tivesse três filhos em Roma estava isento de todos os encargos pessoais[65]. As mulheres livres que tivessem três filhos e as libertas que tivessem quatro livravam-se[66] daquela tutela perpétua a que as submetiam[67] as antigas leis de Roma.

Se havia recompensas, também havia penas[68]. Os que não fossem casados nada podiam receber pelo testamento dos estrangeiros[69]; e os que, sendo casados, não tivessem filhos, recebiam só a metade dele[70]. Os romanos, diz Plutarco[71], casavam-se para serem herdeiros, e não para terem herdeiros.

Os benefícios que um marido e uma mulher podiam dar um ao outro por testamento eram limitados pela lei. Podiam dar o todo[72], se tivessem filhos um do outro; se não os tivessem, podiam receber a décima parte da sucessão, por causa do casamento; e, se tivessem filhos de outro casamento, podiam dar um ao outro tantos décimos quantos fossem os filhos.

---

[60] Tácito, livro II. *Ut numerus liberorum in candidatis praepolleret, quod lex jubebat.* (N. do A.)

[61] Aulo Gélio, livro II, capítulo XV. (N. do A.)

[62] Tácito, *Anais*, livro XV. (N. do A.)

[63] Vide a lei VI, § ff. 5, *de decurion.* (N. do A.)

[64] Vide a lei II, ff. *de minorib.* (N. do A.)

[65] Lei I, § 3; e II, § 1, ff. *de vacatione* e *excusat. muner.* (N. do A.)

[66] *Fragmentos* de Ulpiano, título 29, § 3. (N. do A.)

[67] Plutarco, *Vida de Numa.* (N. do A.)

[68] Vide os *Fragmentos* de Ulpiano, nos títulos 14, 15, 16, 17 e 18, que são um dos belos trechos da antiga jurisprudência romana. (N. do A.)

[69] Sozômeno, livro I, capítulo IX. Recebia-se dos parentes; *Fragmentos* de Ulpiano, título 16, § 1. (N. do A.)

[70] Sozômeno, livro I, capítulo IX e *leg. unic.* cód. Teod. *de infirm. poenis caelib. et orbitat.* (N. do A.)

[71] *Obras morais*, Do amor dos pais pelos filhos. (N. do A.)

[72] Vide uma explicação mais detalhada nos *Fragmentos* de Ulpiano, títulos 15 e 16. (N. do A.)

Se um marido se ausentasse da mulher[73] por outra razão que não fossem os negócios da república, não podia herdar dela.

Dava a lei dois anos para tornar a se casar ao marido ou à esposa que sobrevivesse[74]; e um ano e meio, em caso de divórcio. Os pais que não queriam casar os filhos ou dar dote às filhas eram obrigados a isso pelos magistrados[75].

Não se podiam iniciar noivados quando o casamento devesse ser diferido em mais de dois anos[76]; e, como só se podia desposar uma jovem de doze anos, só se podia iniciar o noivado aos dez. A lei não queria que se pudesse gozar inutilmente[77], e sob pretexto de noivado, dos privilégios das pessoas casadas.

Era proibido a um homem de sessenta anos casar-se com uma mulher de cinquenta[78]. Como haviam sido concedidos grandes privilégios aos casados, a lei não queria que houvesse casamentos inúteis. Pela mesma razão, o senatus-consulto calvisiano declarava ilegal o casamento de uma mulher de mais de cinquenta anos com um homem de menos de sessenta[79]; de sorte que uma mulher de cinquenta anos não podia casar-se sem incorrer nas penas dessas leis. Deu Tibério ainda mais rigor à lei papiana[80] e proibiu a um homem de sessenta anos casar-se com uma mulher de menos de cinquenta; de sorte que um homem de sessenta anos não podia casar de modo nenhum sem estar sujeito às penas; Cláudio, porém, ab-rogou o que fora feito por Tibério a esse respeito[81].

---

[73] *Fragmentos* de Ulpiano, título 16, § 1. (N. do A.)

[74] *Fragmentos* de Ulpiano, título 14. Parece que as primeiras leis julianas deram três anos. Arenga de Augusto em Díon, livro LVI; Suetônio, *Vida de Augusto*, capítulo XXXIV. Outras leis julianas concederam só um ano; enfim, a lei papiana deu dois. *Fragmentos* de Ulpiano, título 14. Essas leis não eram do gosto do povo; e Augusto as moderava ou endurecia conforme as pessoas estivessem mais ou menos dispostas a suportá-las. (N. do A.)

[75] Era o trigésimo quinto artigo da lei papiana, leg. 19, ff. *de ritu nuptiarum*. (N. do A.)

[76] Vide Díon, livro LIV, anno. 736; Suetônio, em *Octavio*, capítulo XXXIV. (N. do A.)

[77] Vide Díon, livro LIV; e, no mesmo Díon, a arenga de Augusto, livro LVI. (N. do A.)

[78] *Fragmentos* de Ulpiano, título 16; e a lei XXVII, código *de nuptiis*. (N. do A.)

[79] *Fragmentos* de Ulpiano, título 16, § 3. (N. do A.)

[80] Vide Suetônio, em *Claudio*, capítulo XXIII. (N. do A.)

[81] Vide Suetônio, *Vida de Cláudio*, capítulo XXIII; e os *Fragmentos* de Ulpiano, título 16, § 3. (N. do A.)

Todas essas disposições eram mais conformes ao clima da Itália do que ao do norte, onde um homem de sessenta anos ainda tem força e as mulheres de cinquenta anos em geral não são estéreis.

Para que não houvesse uma inútil limitação das escolhas possíveis, permitiu Augusto a todos os ingênuos que não fossem senadores[82] desposar libertas[83]. A lei papiana proibia aos senadores o casamento com mulheres que tivessem sido libertas ou se tivessem apresentado no teatro[84]; e, no tempo de Ulpiano, era proibido aos ingênuos desposarem mulheres que tivessem levado má vida, atuado no teatro ou sido condenadas em julgamento público[85]. Isso deve ter sido estabelecido por um senatus-consulto. Durante a república, quase não se havia feito esse tipo de leis; porque os censores corrigiam, a esse respeito, as desordens nascentes ou impediam que nascessem.

Constantino, instituindo uma lei[86] pela qual incluía na proibição da lei Papiana não só os senadores, mas também aqueles que tivessem um cargo importante no Estado, sem falar dos que fossem de condição inferior, com isso formou o direito daqueles tempos: tais casamentos eram proibidos apenas aos ingênuos incluídos na lei de Constantino. Justiniano ab-rogou também a lei de Constantino[87] e permitiu a todo tipo de pessoas contrair casamentos: foi assim que adquirimos uma tão triste liberdade.

É claro que as penas infligidas contra os que se casassem a despeito da proibição da lei eram as mesmas que as aplicadas contra os que não se casavam de modo algum. Tais casamentos não lhes davam nenhuma vantagem civil[88]: o dote[89] caducava após a morte da mulher[90].

Tendo Augusto adjudicado ao tesouro público as sucessões e os legados daqueles que tais leis declaravam incapacitados[91], essas leis

---

[82] Díon, livro LIV; *Fragmentos* de Ulpiano, título 13. (N. do A.)

[83] Arenga de Augusto, em Díon, livro LVI. (N. do A.)

[84] *Fragmentos* de Ulpiano, capítulo XIII; e a lei XLIV, ff. *de ritu nuptiarum*, no fim. (N. do A.)

[85] Vide os *Fragmentos* de Ulpiano, títulos 13 e 16. (N. do A.)

[86] Vide a lei I, no código *de nat. lib.* (N. do A.)

[87] Nov. 117. (N. do A.)

[88] Lei XXXVII, ff. *de operib. libertorum*, § 7; *Fragmentos* de Ulpiano, título 16, § 2. (N. do A.)

[89] *Fragmentos*, ibid. (N. do A.)

[90] Vide mais abaixo o capítulo XIII do livro XXVI. (N. do A.)

[91] Salvo em certos casos. Vide os *Fragmentos* de Ulpiano, título 18; e a lei única, no código *de caduc. tollend.* (N. do A.)

se revelaram mais fiscais do que políticas e civis. A repulsa que as pessoas já sentiam por algo que parecia pesado demais foi aumentada pela de se verem continuamente vítimas da avidez do fisco. Isso fez que, sob Tibério, fossem obrigados a modificar tais leis[92]; que Nero diminuísse as recompensas dos delatores ao fisco[93]; que Trajano acabasse com suas pilhagens[94]; que Severo modificasse essas leis[95]; e que os jurisconsultos as considerassem odiosas; e, em suas decisões, abandonassem o seu rigor.

Os imperadores, aliás, enfraqueceram essas leis por privilégios que concederam direitos de maridos, de filhos e de três filhos[96]. Fizeram mais: dispensaram os particulares das penas dessas leis[97]. Mas parece que as regras estabelecidas por utilidade pública não deviam admitir dispensa.

Fora razoável conceder o direito de filhos às vestais, que a religião conservava numa virgindade necessária[98]; foi dado igualmente o privilégio de maridos aos soldados[99], porque não podiam casar-se. Era costume isentar os imperadores do incômodo de certas leis civis. Assim, Augusto foi poupado do incômodo da lei que limitava a faculdade de conceder alforria[100] e da que limitava a faculdade de legar[101]. Tudo isso eram apenas casos particulares: mas em seguida

---

92 *Relatum de moderanda Pappia Popoea*. Tácito, *Anais*, livro III, p. 117. (N. do A.)

93 Reduziu-os à quarta parte. Suetônio, em *Nerone*, capítulo X. (N. do A.)

94 Vide o *Panegírico* de Plínio. (N. do A.)

95 Severo recuou até vinte e cinco anos para os varões e vinte para as mulheres o tempo das disposições da lei papiana, como vemos ao conferir os *Fragmentos* de Ulpiano, título 16, com o que diz Tertuliano, *Apologét.*, capítulo IV. (N. do A.)

96 P. Cipião, censor, em sua arenga ao povo sobre os costumes, queixa-se do abuso que já se introduzira de que o filho adotivo desse o mesmo privilégio que o filho natural. Aulo Gélio, livro V, capítulo XIX. (N. do A.)

97 Vide a lei XXXI, ff. *de ritu nupt*. (N. do A.)

98 Augusto, pela lei papiana, deu-lhes o mesmo privilégio que às mães; vide Díon, livro LVI. Numa dera-lhes o antigo privilégio das mulheres com três filhos, que é o de não ter curador; Plutarco, na *Vida de Numa*. (N. do A.)

99 Cláudio lhos concedeu, Díon, livro LX. (N. do A.)

100 *Leg. apud eum*, ff. *de manumissionib*., § 1. (N. do A.)

101 Díon, livro LV. (N. do A.)

as dispensas foram concedidas a mancheias, e a regra passou a ser apenas uma exceção.

Algumas seitas de filósofos já haviam introduzido no império um espírito de afastamento em relação aos negócios, que não teria podido ter tanto sucesso nos tempos da república, quando todos estavam ocupados com as artes da guerra e da paz[102]. Daí uma ideia de perfeição ligada a tudo o que leva à vida especulativa: daí o distanciamento dos cuidados e dos incômodos da família. Vindo depois da filosofia, a religião cristã fixou, por assim dizer, ideias que esta apenas preparara.

O cristianismo deu o seu caráter à jurisprudência; pois o império sempre está relacionado com o sacerdócio. Veja-se o código teodosiano, que não é senão uma compilação das ordenações dos imperadores cristãos.

Diz um panegirista de Constantino a esse imperador: "Vossas leis só foram instituídas para corrigir os vícios e os costumes: suprimistes o artifício das velhas leis, que pareciam ter como único objetivo armar ciladas contra a simplicidade"[103].

É certo que as mudanças de Constantino foram feitas ou com base em ideias relacionadas com o estabelecimento do cristianismo, ou em ideias tiradas da sua perfeição. Desse primeiro objetivo vieram essas leis, que concederam tal autoridade aos bispos, que foram o fundamento da jurisdição eclesiástica; daí essas leis que debilitaram a autoridade paternal, tirando do pai a propriedade dos bens dos filhos[104]. Para expandir uma religião nova, cumpre suprimir a extrema dependência dos filhos, que estão sempre menos ligados ao que está estabelecido.

As leis instituídas com o objetivo da perfeição cristã foram sobretudo aquelas pelas quais Constantino suprimiu as penalidades das leis papianas[105]; e delas isentou tanto os que não eram casados como os que, sendo casados, não tinham filhos.

"Essas leis foram estabelecidas", diz um historiador eclesiástico[106],

---

[102] Vide nos *Ofícios* de Cícero as suas ideias sobre este espírito de especulação. (N. do A.)

[103] Nazário, *in panegyrico Constantini*, anno 321. (N. do A.)

[104] Vide as leis I, II e III do cód. *de bonis maternis, maternique generis*, etc.; e a lei única, no mesmo código, *de bonis quae filiis famil. acquirumur*. (N. do A.)

[105] *Leg. unic.* cód. Teod, *de infirm. poen. caelib. et orbit.* (N. do A.)

[106] Sozômeno, p. 27. (N. do A.)

"como se a multiplicação da espécie humana pudesse ser um efeito da nossa iniciativa; em vez de ver que esse número cresce e decresce segundo a ordem da providência".

Os princípios da religião influíram enormemente na propagação da espécie humana: ora a encorajaram, como entre os judeus, os maometanos, os guebros e os chineses; ora a contrariaram, como entre os romanos que se fizeram cristãos.

Não cessaram de pregar em toda parte a continência, isto é, essa que é a mais perfeita virtude, porque, por natureza, deve ser praticada por pouquíssima gente.

Não suprimira Constantino as leis decimárias, que davam maior amplitude aos dons que o marido e a esposa podiam dar um ao outro proporcionalmente ao número de filhos: Teodósio, o Moço, ab-rogou também essas leis[107].

Declarou Justiniano válidos todos os casamentos que as leis papianas haviam proibido[108]. Essas leis determinavam que as pessoas tornassem a casar: Justiniano concedeu vantagens a quem não voltasse a casar[109].

Pelas leis antigas, a faculdade natural que cada qual tem de se casar e de ter filhos não podia ser retirada. Assim, quando se recebia uma herança com a condição de não casar[110], quando um patrão fazia o seu liberto jurar que não se casaria e não teria filhos[111], a lei papiana anulava tanto a condição quanto o juramento[112]. As nossas cláusulas sobre a conservação da viuvez contradizem, portanto, o direito antigo e descendem das constituições dos imperadores, que tinham como base a ideia de perfeição.

Não há lei que contenha uma ab-rogação explícita dos privilégios e das honras que os romanos pagãos concederam ao casamento e ao número de filhos: mas, onde o celibato tinha a preeminência, já não podia haver honra para o casamento; e, já que não se podia obrigar os cobradores de impostos a renunciar a tantos lucros com a abolição das penas, percebe-se que foi ainda mais fácil suprimir as recompensas.

---

[107] Leg. II e III, cód. Teod. *de jur. lib.* (N. do A.)

[108] Leg. *Sancimus*, cód. *de nuptiis*. (N. do A.)

[109] Nov. 127, capítulo III; nov. 118, capítulo V. (N. do A.)

[110] Leg. LIV, ff. *de condit. et demonst.* (N. do A.)

[111] Leg. V, § 4, *de jure patronat*. (N. do A.)

[112] Paulo, em suas *Sentenças*, livro III, título 12, § 15. (N. do A.)

A mesma razão de espiritualidade que fizera permitir o celibato logo impôs a necessidade do próprio celibato. Não queira Deus que eu fale aqui contra o celibato adotado pela religião: mas quem poderia calar-se contra o criado pela libertinagem, aquele em que os dois sexos, corrompendo-se pelos próprios sentimentos naturais, evitam a união que deve torná-los melhores, para viverem na que os torna cada vez piores?

É uma regra da natureza que, quanto mais diminui o número de casamentos que poderiam contrair-se, mais se corrompem os que se contraíram; quanto menos gente casada houver, menos haverá fidelidade nos casamentos; como, quando há mais ladrões, mais roubos há.

Capítulo XXII
Da exposição das crianças

Os primeiros romanos tiveram normas bastante boas acerca da exposição das crianças. Rômulo, diz Dionísio de Halicarnasso, impôs a todos os cidadãos a necessidade de criar os filhos varões e as filhas mais velhas[113]. Se as crianças fossem disformes e monstruosas, permitia expô-las, depois de tê-las mostrado a cinco dos vizinhos mais próximos.

Não permitiu Rômulo que se matasse nenhuma criança com menos de três anos[114]: com isso conciliava a lei que dava aos pais o direito de vida e de morte sobre os filhos e a que proibia expô-los.

Vemos ainda em Dionísio de Halicarnasso que a lei que ordenava aos cidadãos que se casassem e educassem todos os filhos estava em vigor no ano 227 de Roma[115]; vemos que o costume restringira a lei de Rômulo, que permitia expor as filhas mais moças.

Só conhecemos o que a lei das Doze Tábuas, dada no ano 301 de Roma, estatuiu acerca da exposição das crianças por um trecho de Cícero[116], que, falando do tribunato do povo, diz que foi sufocado logo depois de nascer, como a criança monstruosa da lei das Doze Tábuas:

---

[113] *Antiguidades romanas*, livro II. (N. do A.)
[114] Ibid. (N. do A.)
[115] Livro IX. (N. do A.)
[116] Livro III, *de legib*. (N. do A.)

as crianças que não fossem monstruosas eram, pois, conservadas, e a lei das Doze Tábuas nada modificou nas instituições anteriores.

"Os germanos", diz Tácito[117], "não expõem os filhos; e entre eles os bons costumes têm mais força do que em outros lugares as boas leis". Havia, portanto, entre os romanos, leis contra essa prática, que não eram mais seguidas. Não encontramos nenhuma lei romana que permitisse expor os filhos[118]: esse foi, sem dúvida, um abuso introduzido nos últimos tempos, quando o luxo suprimiu as conveniências, as riquezas partilhadas foram chamadas pobreza, o pai creu ter perdido o que dera à família e fez uma distinção entre essa família e a sua propriedade.

Capítulo XXIII
Do estado do universo depois da destruição dos romanos

As normas instituídas pelos romanos para aumentar o número de cidadãos tiveram seu efeito, enquanto a república, no auge da sua instituição, nada tinha a reparar senão as perdas que sofria pela coragem, pela audácia, pela firmeza, pelo amor da glória e por sua própria virtude. Mas logo as mais sábias leis não conseguiram restabelecer o que uma república moribunda, o que uma anarquia geral, o que um governo militar, o que um império duro, o que um despotismo soberbo, o que uma monarquia fraca, o que uma corte estúpida, idiota e supersticiosa haviam sucessivamente destruído: dir-se-ia que só haviam conquistado o mundo para debilitá-lo e entregá-lo indefeso aos bárbaros. As nações godas, géticas, sarracenas e tártaras devastaram-nos uma após outra; logo os povos bárbaros só tinham outros povos bárbaros para destruir. Assim, nos tempos das fábulas, depois das inundações e dos dilúvios, saíram homens armados da terra, que se exterminaram.

---

117 *De morib. German.* (N. do A.)

118 Não há título a este respeito no Digesto: o título do código nada diz sobre isto, como tampouco as novelas. (N. do A.)

Capítulo XXIV
Mudanças ocorridas na Europa relativamente ao número de habitantes

No estado em que se achava a Europa, não era de crer que pudesse restabelecer-se; sobretudo quando, sob Carlos Magno, passou a formar um só vasto império. Pela natureza do governo de então, porém, se dividiu numa infinidade de pequenas soberanias. E, como o senhor residia em sua aldeia ou cidade, não era grande, rico, poderoso — que digo? —, só estava em segurança pelo número de seus habitantes, cada qual se empenhou, com atenção especial, em fazer florescer seu pequeno país: no que foi tão bem-sucedido, que, apesar das irregularidades do governo, da falta de conhecimentos que adquirimos mais tarde sobre o comércio, do grande número de guerras e das brigas que se produziram sem cessar, houve na maior parte das regiões da Europa mais gente do que há hoje.

Não tenho tempo para tratar a fundo desta matéria; citarei, porém, os prodigiosos exércitos dos Cruzados, compostos por toda espécie de gente. Diz o sr. Pufendorf que sob Carlos IX havia vinte milhões de pessoas na França[119].

Essa diminuição foi produzida pelas perpétuas reuniões de muitos pequenos Estados. Antigamente, cada aldeia da França era uma capital; hoje há só uma grande capital; cada parte do Estado era um centro de poder; hoje, tudo se relaciona a um único centro; e esse centro é, por assim dizer, o próprio Estado.

Capítulo XXV
Continuação do mesmo assunto

É verdade que a Europa, há dois séculos, vem aumentando a sua navegação: isso lhe deu habitantes e também os fez perder. A Holanda envia a cada ano grande número de marinheiros, de que só retornam dois terços; o resto perece ou se estabelece nas Índias: mais ou menos a mesma coisa deve acontecer em todas as outras nações que praticam esse comércio.

---

[119] *História do Universo*, capítulo V, da França. (N. do A.)

Não devemos julgar a Europa como um Estado particular que empreendesse sozinho uma grande navegação. A população de tal Estado cresceria, porque todas as navegações vizinhas viriam participar dessa navegação; chegariam marinheiros de todos os lados. Separada do resto do mundo pela religião[120], por vastos mares e por desertos, a Europa não se restaura assim.

Capítulo XXVI
Consequências

De tudo isso se deve concluir que a Europa precisa, ainda hoje, de leis que favoreçam a propagação da espécie humana; assim, como os políticos gregos sempre nos falam desse grande número de cidadãos que corroem a república, os políticos de hoje só falam dos meios adequados para aumentá-lo.

Capítulo XXVII
Da lei feita na França para encorajar a propagação da espécie

Ordenou Luís XIV certas pensões para quem tivesse dez filhos e outras maiores para quem tivesse doze[121]: não era o caso, porém, de recompensar prodígios. Para criar certo espírito geral que levasse à propagação da espécie, cumpria estabelecer, como os romanos, recompensas ou penalidades gerais.

Capítulo XXVIII
Como podemos remediar o despovoamento

Quando um Estado se vê despovoado por acidentes particulares, guerras, pestes, fomes, tem recursos. Os homens que restam podem conservar o espírito de trabalho e de indústria; podem buscar remediar

---

[120] Os países maometanos rodeiam-na quase por todos os lados. (N. do A.)
[121] Edito de 1666 em favor dos casamentos. (N. do A.)

a desgraça e tornar-se mais industriosos pela própria calamidade. O mal quase incurável acontece quando o despovoamento vem de longa data, por um vício interno e um mau governo. Os homens pereceram por uma enfermidade imperceptível e habitual: nascidos na languidez e na miséria, na violência ou nos preconceitos do governo, viram-se destruídos, não raro sem perceberem as causas da destruição. Os países devastados pelo despotismo ou pelas excessivas vantagens do clero sobre os leigos são dois grandes exemplos disso.

Para restabelecer um Estado tão despovoado, aguardaríamos em vão o socorro dos filhos que poderiam nascer. É tarde demais; os homens, em seus desertos, estão sem coragem e sem indústria. Com terras para alimentar um povo, mal têm com que alimentar a família. O populacho, nesses países, sequer tem uma parte de sua miséria, isto é, dos terrenos baldios de que estão repletos. O clero, o príncipe, as cidades, os poderosos, alguns cidadãos importantes tornaram-se aos poucos proprietários de todo o país: este é inculto; mas as famílias destruídas deixaram-lhes as pastagens, e o trabalhador nada tem.

Nessa situação, seria preciso fazer, em toda a extensão do império, o que os romanos faziam numa parte do deles: praticar na escassez de habitantes o que observavam na abundância; distribuir terras a todas as famílias que nada têm; proporcionar-lhes os meios de desbravá-las e de cultivá-las. Essa distribuição deveria ser feita à medida que houvesse homens para receber as terras; para que não se deixasse de trabalhar nem por um só instante.

Capítulo XXIX
Dos hospitais

Ninguém é pobre porque não tem nada, mas porque não trabalha. Quem não tem nenhum bem e trabalha está tão bem quanto aquele que tem cem escudos de renda sem trabalhar. Quem nada tem e tem uma profissão não é mais pobre do que o que tem dez arpentes de terra e deve cultivá-los para subsistir. O trabalhador que transmitiu aos filhos sua arte como herança deixou-lhes um bem que se multiplicou na medida de seu número. O mesmo não ocorre com quem tem dez arpentes de terra para viver e os divide entre os filhos.

Nos países de comércio, em que muita gente só tem a sua arte, o Estado é muitas vezes obrigado a suprir as necessidades dos idosos, dos doentes e dos órfãos. Um Estado bem administrado tira a sua subsistência das próprias artes; dá a uns os trabalhos de que são capazes; ensina os outros a trabalhar, o que já é um trabalho.

As esmolas que damos a um homem nu, nas ruas, não cumprem as obrigações do Estado, que deve a todo cidadão uma subsistência garantida, o alimento, uma vestimenta conveniente e um gênero de vida que não seja contrário à saúde.

Disse Aureng-Zebe, a quem perguntavam por que não construía hospitais[122]: "Tornarei meu império tão rico, que não vai precisar de hospitais". Deveria ter dito: começarei tornando rico o meu império, e construirei hospitais.

As riquezas de um Estado supõem muita indústria. Não é possível que, num número tão grande de ramos de comércio, não haja sempre algum em crise e, por conseguinte, cujos trabalhadores estejam momentaneamente carentes.

É então que o Estado deve proporcionar um rápido socorro, quer para impedir o povo de sofrer, quer para evitar que se revolte: é nesse caso que são necessários os hospitais ou algum estabelecimento equivalente, que possa prevenir essa miséria.

Quando, porém, a nação é pobre, a pobreza particular deriva da miséria geral; e é, por assim dizer, a miséria geral. Nem todos os hospitais do mundo juntos poderiam sanar essa pobreza particular: ao contrário, o espírito de preguiça que inspiram aumenta a pobreza geral e, por conseguinte, a particular.

Querendo Henrique VIII reformar a Igreja da Inglaterra, destruiu os monges[123], nação esta mesma preguiçosa e que entretinha a preguiça; porque, praticando a hospitalidade, uma infinidade de pessoas ociosas, fidalgos e burgueses, passava a vida a correr de convento em convento. Suprimiu também os hospitais em que a arraia-miúda encontrava subsistência, como os fidalgos encontravam a sua nos mosteiros. Desde essa mudança, o espírito de comércio e de indústria se estabeleceu na Inglaterra.

Em Roma, os hospitais fazem que todos estejam bem, salvo os que trabalham, salvo os que têm indústria, salvo os que cultivam as artes, salvo os que têm terras, salvo os que praticam o comércio.

---

[122] Vide Chardin, *Voyage de Perse*, t. VIII. (N. do A.)

[123] Vide a *História da Reforma da Inglaterra* do sr. Burnet. (N. do A.)

Disse eu que as nações ricas precisavam de hospitais, porque a fortuna está sujeita a mil acidentes: mas percebe-se que auxílios passageiros seriam muito preferíveis aos estabelecimentos perpétuos. O mal é momentâneo: são, portanto, necessários auxílios da mesma natureza e que sejam aplicáveis àquele particular acidente.

QUINTA PARTE

Livro XXIV
Das leis, na relação que têm com a religião estabelecida em cada país, considerada em suas práticas e em si mesma

Capítulo I
Das religiões em geral

Como podemos julgar entre as trevas as que são menos espessas e entre os abismos os que são menos profundos, assim podemos buscar, entre as religiões falsas, as que são mais conformes ao bem da sociedade; aquelas que, embora não tenham o efeito de conduzir os homens às beatitudes da outra vida, podem mais contribuir para a sua felicidade nesta.

Não examinarei, portanto, as diversas religiões do mundo senão em relação ao bem que delas se tira no estado civil; quer quando fale daquela que tem a sua raiz no céu, quer das que têm as suas na terra.

Como, nesta obra, não sou teólogo, mas escritor político, poderia haver coisas que só fossem completamente verdadeiras num modo humano de pensar, não tendo sido consideradas na relação com verdades mais sublimes.

No que se refere à verdadeira religião, bastará um pouquinho de equidade para ver que jamais pretendi fazer que os seus interesses cedam aos interesses políticos, mas uni-los: ora, para uni-los, cumpre conhecê-los.

A religião cristã, que ordena aos homens amarem-se, quer sem dúvida que cada povo tenha as melhores leis políticas e as melhores leis civis; porque são, depois dela, o maior bem que os homens possam dar e receber.

Capítulo II
Paradoxo de Bayle

Pretendeu o sr. Bayle provar que mais valia ser ateu do que idólatra[1]; ou seja, em outras palavras, que é menos perigoso não ter absolutamente nenhuma religião do que ter uma que seja má. "Eu preferiria", diz ele, "que dissessem de mim que não existo, a dizerem que sou um homem ruim". Isso não passa de um sofisma, baseado no fato de que não é de nenhuma utilidade ao gênero humano crer que certo homem exista; ao passo que é utilíssimo crer que Deus é. Da ideia de que Ele não é se segue a ideia de nossa independência; ou, se não pudermos ter essa ideia, a de nossa revolta. Dizer que a religião não é um motivo repressor, porque nem sempre reprime, é o mesmo que dizer que tampouco as leis civis são um motivo repressor. É raciocinar mal contra a religião reunir, num volumoso livro, uma longa enumeração de males que fez. Se eu quisesse contar todos os males que produziram no mundo as leis civis, a monarquia, o governo republicano, diria coisas medonhas. Mesmo que fosse inútil que os súditos tivessem uma religião, não o seria que os príncipes a tivessem e cobrissem de espuma o único freio que aqueles que não temem as leis humanas possam ter.

Um príncipe que ama a religião e nela crê é um leão que cede à mão que o acaricia ou à voz que o serena; aquele que teme a religião e a odeia é como as bestas selvagens que mordem a correia que as impede de lançar-se sobre os que passam; aquele que não tem nenhuma religião é o animal terrível que só sente a sua liberdade quando dilacera e devora.

A questão não é saber se seria preferível que certo homem ou certo povo não tivesse nenhuma religião a abusar daquela que tem; mas, sim, saber qual é o mal menor: que por vezes se abuse da religião ou que não haja religião nenhuma entre os homens.

Para diminuir o horror do ateísmo, atacam demais a idolatria. Não é verdade que, quando os antigos erguiam altares a algum vício, isso significava que amassem tal vício: pelo contrário, aquilo queria dizer que o odiavam. Quando os lacedemônios construíram uma capela ao Medo, isso não queria dizer que aquela nação belicosa lhe pedisse que se apoderasse nos combates dos corações dos lacedemônios.

---

[1] *Pensamentos sobre o cometa*, etc. (N. do A.)

Divindades havia às quais se pedia que não inspirassem o crime, e outras a quem se pedia que o afastassem.

Capítulo III
Que o governo moderado mais convém à religião cristã, e o governo despótico, à maometana

A religião cristã está distante do puro despotismo: como a mansidão é tão recomendada no Evangelho, tal religião se opõe à cólera despótica com a qual o príncipe administraria a justiça e exerceria as suas crueldades.

Como essa religião proíbe a pluralidade das mulheres, os príncipes são menos reclusos, menos separados de seus súditos e, por conseguinte, mais homens; estão mais dispostos a sujeitar-se às leis e mais capazes de sentir que não podem tudo.

Enquanto os príncipes maometanos dão sem cessar a morte ou a recebem, a religião, entre os cristãos, torna os príncipes menos timoratos e, por conseguinte, menos cruéis. Conta o príncipe com os súditos, e os súditos com o príncipe. Coisa admirável! A religião cristã, que parece ter como único objetivo a felicidade da outra vida, faz também nesta a nossa felicidade.

Apesar do tamanho do império e dos defeitos do clima, a religião cristã é que impediu o estabelecimento do despotismo na Etiópia e levou ao centro da África os costumes da Europa e as suas leis.

O príncipe herdeiro da Etiópia goza de um principado e dá aos outros súditos um exemplo de amor e de obediência. Pertinho de lá, vemos o maometanismo mandar prender os filhos do rei de Senar: à sua morte, o conselho manda-os degolar, em favor do que sobe ao trono[2].

Tenhamos, de um lado, presentes os massacres contínuos dos reis e dos chefes gregos e romanos; e, do outro, a destruição dos povos e das cidades por esses mesmos chefes — Tamerlão e Gengis Khan, que devastaram a Ásia —, e veremos que devemos ao cristianismo tanto no governo certo direito político, quanto na guerra certo direito das gentes, pelos quais a natureza humana jamais poderá agradecer-lhe o bastante.

---

[2] *Relação da Etiópia*, pelo sr. Ponce, médico, na coletânea 4 das *Lettres édifiantes*. (N. do A.)

É esse direito das gentes que faz que, entre nós, a vitória deixe aos povos vencidos estas grandes coisas: a vida, a liberdade, as leis, os bens e sempre a religião, quando não nos deixamos nós mesmos cegar.

Podemos dizer que os povos da Europa não estão, hoje, mais desunidos do que o estavam, no Império Romano que se tornara despótico e militar, os povos e os exércitos ou os exércitos entre si: por um lado, os exércitos guerreavam-se uns aos outros; e, por outro, davam-lhes a pilhagem das cidades e a partilha ou o confisco das terras.

Capítulo IV
Consequências do caráter da religião cristã e do da religião maometana

Com base no caráter da religião cristã e no da maometana, devemos, sem outro exame, abraçar uma e rejeitar a outra; pois nos é muito mais evidente que uma religião deve abrandar os costumes dos homens do que que uma religião seja verdadeira.

É uma desgraça para a natureza humana quando a religião é dada por um conquistador. A religião maometana, que só fala de gládio, ainda age sobre os homens com aquele espírito destruidor que a fundou.

É admirável a história de Sabbacon[3], um dos reis pastores. Apareceu-lhe o deus de Tebas em sonho e lhe ordenou que mandasse matar os sacerdotes do Egito. Julgou ele que seu reinado não fosse mais agradável aos deuses, pois lhe ordenavam coisas tão contrárias à sua vontade ordinária; e se retirou para a Etiópia.

Capítulo V
Que a religião católica mais convém à monarquia e a protestante acomoda-se melhor numa república

Quando uma religião nasce e se forma num Estado, costuma seguir o plano do governo em que se estabeleceu, pois os homens que a recebem e os que a fazem receber dificilmente têm outras ideias de ordem, senão a do Estado em que nasceram.

---

[3] Vide Diodoro, livro II. (N. do A.)

Quando a religião cristã sofreu, há dois séculos, esta malfadada divisão que a partiu em católica e protestante, os povos do norte abraçaram a protestante e os do sul conservaram a católica.

Isso porque os povos do norte têm e sempre terão um espírito de independência e de liberdade que os povos do sul não têm; e porque uma religião que não tem chefe visível convém mais à independência do clima do que a que o tem.

Nos próprios países em que a religião se estabeleceu, as revoluções se deram no plano do Estado político. Tendo a seu lado grandes príncipes, Lutero não teria podido fazê-los gozar de uma autoridade eclesiástica que não tivesse preeminência exterior; e, tendo a seu favor povos que viviam em repúblicas ou burgueses empobrecidos na monarquia, Calvino podia muito bem não estabelecer preeminências e dignidades.

Cada uma dessas duas religiões podia crer-se a mais perfeita; a calvinista por julgar-se mais conforme ao que dissera Jesus Cristo, e a luterana ao que os apóstolos haviam feito.

Capítulo VI
Outro paradoxo de Bayle

O sr. Bayle, depois de ter insultado todas as religiões, atacou a religião cristã: ousa aventar que os verdadeiros cristãos não formariam um Estado que pudesse subsistir. Por que não? Seriam cidadãos infinitamente esclarecidos acerca de seus deveres e com um imenso zelo pelo cumprimento deles; sentiriam muito bem os direitos da defesa natural; quanto mais cressem dever à religião, mais pensariam dever à pátria. Os princípios do cristianismo, bem gravados no coração, seriam infinitamente mais fortes do que aquela falsa honra das monarquias, essas virtudes humanas das repúblicas e esse temor servil dos Estados despóticos.

É espantoso que se possa imputar a esse grande homem ter desconhecido o espírito da sua própria religião; que não tenha conseguido distinguir entre o próprio cristianismo e as ordens para o estabelecimento do cristianismo, nem entre os preceitos e os conselhos do Evangelho. Quando o legislador, em vez de dar leis, deu conselhos, é porque viu que os seus conselhos, se fossem ordenados como leis, seriam contrários ao espírito das suas leis.

Capítulo VII
Das leis de perfeição na religião

As leis humanas, feitas para falarem ao espírito, devem dar preceitos, não conselhos; a religião, feita para falar ao coração, deve dar muitos conselhos e poucos preceitos.

Quando, por exemplo, a religião dá regras, não para o bem, mas para o melhor, não para o que é bom, mas para o que é perfeito, é conveniente que sejam conselhos, e não leis: pois a perfeição não diz respeito à universalidade dos homens, nem das coisas. Além disso, se forem leis, será necessário um sem-número de outras para fazer observar as primeiras. O celibato foi um conselho do cristianismo: quando o transformou em lei para certa classe de gente, foram necessárias outras novas a cada dia para reduzir os homens à observância desta[4]. Cansou-se o legislador e cansou a sociedade para fazer que os homens praticassem por preceito o que os que amam a perfeição teriam praticado como conselho.

Capítulo VIII
Do acordo das leis da moral com as da religião

Num país em que se tem a desgraça de ter uma religião que não foi dada por Deus, sempre é necessário que esta concorde com a moral; porque a religião, mesmo falsa, é a melhor garantia que os homens possam ter da probidade dos homens.

Os pontos principais da religião dos habitantes de Pegu são: não matar, não roubar, evitar o despudor, não causar nenhum desprazer ao próximo e, pelo contrário, fazer a ele todo o bem possível[5]. Com isso creem eles que as pessoas se salvarão em qualquer religião: o que faz que esses povos, embora altivos e pobres, tenham carinho e compaixão pelos infelizes.

---

[4] Vide a *Bibliothèque des auteurs ecclésiastiques du VI*[e] *siècle*, t. V, do sr. Dupin. (N. do A.)

[5] *Recueil des voyages qui ont servi à l'établissement de la compagnie des Indes*, t. III, parte I, p. 63. (N. do A.)

Capítulo IX
Dos essênios

Faziam os essênios[6] voto de observar a justiça para com os homens, de não fazer o mal a ninguém, mesmo para obedecer, de odiar os injustos, de honrar a palavra dada a todos, de comandar com modéstia, de sempre tomar o partido da verdade, de evitar todo ganho ilícito.

Capítulo X
Da seita estoica

As diversas seitas filosóficas, entre os antigos, podiam ser consideradas espécies de religião. Jamais houve seitas cujos princípios fossem mais dignos do homem e mais adequadas a formar pessoas de bem do que a dos estoicos; e, se eu pudesse por um momento deixar de pensar que sou cristão, não poderia evitar pôr a destruição da seita de Zenão entre as desgraças do gênero humano.

Tal seita só se excedia nas coisas em que há grandeza, o desprezo dos prazeres e da dor.

Só essa seita sabia fazer cidadãos; só essa seita fazia grandes homens; só essa seita fazia os grandes imperadores.

Feita, por um momento, abstração das verdades reveladas, buscai em toda a natureza e não encontrareis objeto maior do que os Antoninos. O próprio Juliano (um sufrágio assim arrancado não me tornará cúmplice da sua apostasia); não, não houve após ele um príncipe mais digno de governar os homens.

Enquanto os estoicos consideravam vãs as riquezas, as grandezas humanas, a dor, as tristezas, os prazeres, só se ocupavam em trabalhar pela felicidade dos homens, em cumprir os deveres da sociedade: parecia que considerassem esse espírito sagrado que acreditavam estar neles uma espécie de providência benfazeja que velava pelo gênero humano.

Nascidos para a sociedade, todos eles criam ser seu destino trabalhar por ela: tanto menos onerosos, que suas recompensas estavam todas neles mesmos; felizes apenas por sua filosofia, parecia que só a felicidade dos outros pudesse aumentar a deles.

---

[6] Prideaux, *História dos judeus*. (N. do A.)

Capítulo XI
Da contemplação

Tendo os homens sido criados para se conservarem, se alimentarem, se vestirem e fazerem todos os atos da sociedade, não deve a religião dar-lhes uma vida excessivamente contemplativa[7].

Tornam-se os maometanos contemplativos por hábito; rezam cinco vezes por dia, e a cada vez é preciso que executem um ato pelo qual lançam às suas costas tudo o que pertence ao mundo: isso os forma para a contemplação. Some-se a isso essa indiferença por todas as coisas, proporcionada pelo dogma de um destino rígido.

Se, ademais, outras causas concorrerem para lhes inspirar o desapego, por exemplo se a dureza do governo, se as leis referentes à propriedade da terra lhes derem um espírito precário, tudo estará perdido.

Antigamente, a religião dos guebros tornou florescente o reino da Pérsia; corrigiu os maus efeitos do despotismo: a religião maometana hoje destrói esse mesmo império.

Capítulo XII
Das penitências

É bom que as penitências estejam unidas à ideia de trabalho, não à ideia de ociosidade; à ideia do bem, não à ideia do extraordinário; à ideia de frugalidade, não à ideia de avareza.

Capítulo XIII
Dos crimes inexpiáveis

Parece, por um trecho dos livros dos pontífices citado por Cícero[8], que havia entre os romanos crimes inexpiáveis[9]; e é nisso que Zózimo

---

[7] É o inconveniente da doutrina de Buda e de Lao-Tsé. (N. do A.)

[8] Livro II, *Das leis*. (N. do A.)

[9] *Sacrum commissum, quod neque expiari poterit, impie commissum est; quod expiari poterit, publici sacerdotes expianto* [Um sacrilégio que não puder ser expiado será uma impiedade; quanto ao que possa sê-lo, façam os sacerdotes públicos os sacrifícios expiatórios]. (N. do A.)

funda a narrativa tão própria a envenenar os motivos da conversão de Constantino; e Juliano, essa zombaria amarga que faz dessa mesma conversão em seus Césares.

A religião pagã, que só proibia alguns crimes grosseiros, que detinha a mão e deixava livre o coração, podia ter crimes inexpiáveis; uma religião, porém, que abarca todas as paixões; que não é mais ciumenta dos atos do que dos desejos e dos pensamentos; que não nos mantém presos com algumas correntes, mas por um sem-número de fios; que deixa para trás a justiça humana e dá início a outra justiça; que foi feita para levar continuamente do arrependimento ao amor e do amor ao arrependimento; que põe entre o juiz e o criminoso um grande mediador, entre o justo e o mediador um grande juiz; tal religião não deve ter crimes inexpiáveis. Mas, embora dê temores e esperanças a todos, mostra bem que, se não há crime que, por natureza, seja inexpiável, toda uma vida pode sê-lo; que seria muito perigoso atormentar sem cessar a misericórdia com novos crimes e novas expiações; que, angustiados com as velhas dívidas, jamais quites com o senhor, devemos temer contrair novas dívidas, passar das medidas, ir até o limite em que acaba a bondade paternal.

Capítulo XIV
Como a força da religião se aplica à das leis civis

Como a religião e as leis civis devem tender principalmente a tornar os homens bons cidadãos, vemos que, quando uma das duas se afastar desse objetivo, a outra deve tender mais a ele: quanto menos a religião for repressiva, mais as leis civis devem reprimir.

Assim, no Japão, como a religião dominante quase não tem dogmas e não propõe paraíso nem inferno, as leis, para suprir essa carência, foram feitas com uma severidade e executadas com uma pontualidade extraordinárias.

Quando a religião estabelece o dogma da necessidade das ações humanas, as penas da lei devem ser mais severas e a polícia, mais vigilante; para que os homens, que, sem isso, se abandonariam a si mesmos, sejam determinados por esses motivos; se, porém, a religião estabelece o dogma da liberdade, é outra coisa.

Da preguiça da alma nasce o dogma da predestinação maometana; e do dogma dessa predestinação nasce a preguiça da alma. Disseram: isto está nos decretos de Deus, cumpre permanecer em repouso. Em tal caso, devem ser estimulados pelas leis os homens adormecidos pela religião.

Quando a religião condena coisas que as leis civis devem permitir, é perigoso que as leis civis, por seu lado, permitam o que a religião deve condenar; uma dessas coisas sempre assinala uma falta de harmonia e de proporção nas ideias que se espalha para a outra.

Assim os tártaros de Gengis Khan, para os quais era pecado, e até um crime capital, colocar a faca no fogo, apoiar-se contra um chicote, bater num cavalo com as rédeas, romper um osso com o outro, não acreditavam que houvesse pecado em violar a palavra dada, em subtrair o bem de outrem, em ofender um homem, em matá-lo[10]. Numa palavra, as leis que fazem encarar como necessário o que é indiferente têm o inconveniente de fazer considerar indiferente o que é necessário.

Os habitantes de Formosa creem numa espécie de inferno[11]; mas é para punir os que deixaram de andar nus em certas épocas, que vestiram roupas de tela e não de seda, que foram catar ostras, que agiram sem consultar o canto dos pássaros: assim, não consideram pecado a embriaguez e os excessos com as mulheres; creem até que as farras de seus filhos são agradáveis aos deuses.

Quando a religião justifica por meio de algo acidental, perde inutilmente o maior motivador que existe entre os homens. Creem os indianos que as águas do Ganges têm uma virtude santificante[12]; quem morre às suas margens é considerado livre das penas da outra vida e deve habitar uma região cheia de delícias: enviam-se das mais distantes paragens urnas cheias de cinzas dos mortos, para lançá-las ao Ganges. Que importa viver ou não virtuosamente? O que importa é ser lançado no Ganges.

A ideia de um lugar de recompensa implica necessariamente a ideia de uma morada de castigos; e, quando se espera um sem temer o outro, as leis civis não têm mais força. Os homens que creem nas recompensas certas da outra vida escaparão ao legislador: terão um desprezo profundo demais pela morte. Como conter pelas leis um

---

[10] Vide o relato do frei Jean Duplan Carpin, enviado à Tartária pelo papa Inocêncio IV, no ano 1246. (N. do A.)

[11] *Recueil des voyages qui ont servi à l'établissement de la compagnie des Indes*, t. V, parte I, p. 192. (N. do A.)

[12] *Lettres édifiantes*, coletânea 15. (N. do A.)

homem que crê estar certo de que a maior pena que os magistrados poderão impor-lhe acabará num momento, para dar início à felicidade?

Capítulo XV
Como as leis civis por vezes corrigem as falsas religiões

O respeito pelas coisas antigas, a simplicidade ou a superstição têm por vezes estabelecido mistérios ou cerimônias que poderiam chocar o pudor; e não foram raros os exemplos disso no mundo. Diz Aristóteles que, nesse caso, a lei permite que os pais de família vão ao templo celebrar esses mistérios pela esposa e pelos filhos[13]. Admirável lei civil, que preserva os bons costumes contra a religião!

Proibiu Augusto aos jovens de ambos os sexos assistir a qualquer cerimônia noturna se não estivessem acompanhados de um parente mais velho[14]; e, quando restabeleceu as festas lupercais, não permitiu que os jovens corressem nus[15].

Capítulo XVI
Como as leis da religião corrigem os inconvenientes da constituição política

Por outro lado, a religião pode amparar o Estado político, quando as leis se encontram em estado de impotência.

Assim, quando o Estado for com frequência agitado por guerras civis, a religião fará uma grande coisa, se estabelecer que parte desse Estado permaneça em paz. Entre os gregos, os eleates, como sacerdotes de Apolo, gozavam de uma paz eterna. No Japão, sempre deixam em paz a cidade de Meaco[16], que é uma cidade santa[17]: a religião mantém essa norma; e esse império, que parece estar sozinho na terra, que não recebe

---

[13] *Política*, livro VII, capítulo XVII. (N. do A.)

[14] Suetônio, em *Augusto*, capítulo XXXI. (N. do A.)

[15] Ibid. (N. do A.)

[16] Hoje Kyoto. (N. do T.)

[17] *Recueil des voyages qui ont servi à l'établissement de la compagnie des Indes*, t. IV, parte I, p. 127. (N. do A.)

e não quer receber nenhum recurso da parte dos estrangeiros, tem sempre internamente um comércio que a guerra não arruína.

Nos Estados em que as guerras não são feitas por deliberação comum e em que as leis não assumiram nenhum meio de encerrá-las ou evitá-las, a religião estabelece tempos de paz ou de trégua, para que o povo possa fazer as coisas sem as quais o Estado não poderia subsistir, como a semeadura e trabalhos que tais.

A cada ano, durante quatro meses, cessava toda hostilidade entre as tribos árabes[18]: a menor perturbação teria sido uma impiedade. Quando cada senhor fazia, na França, a guerra ou a paz, a religião estabeleceu tréguas que deviam acontecer em determinadas épocas.

Capítulo XVII
Continuação do mesmo assunto

Quando há muitos motivos de ódio num Estado, a religião deve fornecer muitos meios de reconciliação. Os árabes, povo salteador, cometiam uns aos outros ofensas e injustiças. Fez Maomé a seguinte lei[19]: "Se alguém perdoar o sangue do irmão[20], poderá processar o malfeitor por perdas e danos; mas o que prejudicar o malvado, depois de ter dele recebido satisfação, sofrerá tormentos dolorosos no dia do juízo".

Entre os germanos, se herdavam os ódios e as inimizades dos próximos: tais ódios e inimizades não eram, porém, eternos. Expiava-se o homicídio dando certa quantidade de gado, e toda a família recebia a compensação: algo utilíssimo, diz Tácito[21], porque as inimizades são muito perigosas em meio a um povo livre. Creio que os ministros da religião, que tinham tanto crédito entre eles, participavam dessas reconciliações.

Entre os malaios, em que a reconciliação não foi estabelecida, quem tiver matado alguém, certo de ser assassinado pelos parentes ou amigos do morto, se entrega ao seu furor, fere e mata tudo o que encontra[22].

---

[18] Vide Prideaux, *Vie de Mahomet*, p. 64. (N. do A.)

[19] No *Alcorão*, livro I, capítulo *Da vaca*. (N. do A.)

[20] Renunciando à lei do talião. (N. do A.)

[21] *De morib. German.* (N. do A.)

[22] *Recueil des voyages qui ont servi à l'établissement de la compagnie des Indes*, t. VII, p,. 303. Vide também *Mémoires* du comte de Forbin, e o que ele diz sobre os habitantes de Macassar. (N. do A.)

Capítulo XVIII
Como as leis da religião têm o efeito de leis civis

Os primeiros gregos eram povos pequenos, não raro dispersos, piratas no mar, injustos em terra, sem ordem e sem leis. Os belos atos de Hércules e de Teseu mostram o estado em que se achava o povo nascente. Que podia fazer a religião, a não ser o que fez, para provocar o horror ao assassínio? Estabeleceu que um homem morto violentamente ficava primeiro furioso com o assassino, depois lhe inspirava confusão e terror e queria que ele lhe cedesse os lugares que havia frequentado[23]; não se podia tocar no criminoso, nem conversar com ele, sem ser investigado ou intestável[24]; a presença do assassino devia ser poupada à cidade e era preciso expiá-la[25].

Capítulo XIX
Que é menos a verdade ou a falsidade de um dogma que o torna útil ou nocivo aos homens no estado civil do que o uso ou o abuso que dele se faz

Podem os dogmas mais verdadeiros e mais santos ter péssimas consequências, quando não são ligados aos princípios da sociedade; e, ao contrário, podem os dogmas mais falsos tê-las admiráveis, quando se sabe estarem relacionados com os mesmos princípios.

A religião de Confúcio nega a imortalidade da alma[26]; e a seita de Zenão nela não cria. Quem o diria? Essas duas seitas tiraram de seus maus princípios consequências, não justas, mas admiráveis para a

---

[23] Platão, *Das leis*, livro IX. (N. do A.)

[24] Vide a tragédia de *Édipo em Colono*. (N. do A.)

[25] Platão, *Das leis*, livro IX. (N. do A.)

[26] Assim argumenta um filósofo chinês contra a doutrina de Buda [Foë]: "Diz um livro dessa seita que o nosso corpo é o nosso domicílio, e a alma, a hóspede imortal que ali habita: mas, se o corpo de nossos pais é apenas um abrigo, é natural considerá-lo com o mesmo desprezo que temos por um monte de lama e de terra. Não significa isso arrancar do coração a virtude do amor dos pais? Isso também leva a desdenhar o cuidado do corpo e a lhe recusar a compaixão e o afeto tão necessários para a sua conservação: assim, os discípulos de Buda se matam aos milhares". Obra de um filósofo chinês, na coletânea do padre Du Halde, t. III, p. 52. (N. do A.)

sociedade. Crê a religião de Lao-Tsé e de Buda[27] na imortalidade da alma; mas, desse dogma tão santo, tiraram consequências horrendas.

Quase no mundo inteiro, e em todos os tempos, a opinião da imortalidade da alma, mal compreendida, levou as mulheres, os escravos, os súditos, os amigos a se matarem, para irem servir no outro mundo o objeto de seu respeito ou de seu amor. Era assim nas Índias Ocidentais; era assim entre os danos[28]; e é ainda hoje no Japão[29], em Macassar[30] e em vários outros lugares da terra.

Tais costumes vêm menos diretamente do dogma da imortalidade da alma do que do da ressurreição dos corpos; de onde se tirou a consequência de que depois da morte um mesmo indivíduo teria as mesmas necessidades, os mesmos sentimentos, as mesmas paixões. Desse ponto de vista, o dogma da imortalidade da alma afeta prodigiosamente os homens; porque a ideia de uma simples mudança de residência está mais ao alcance da nossa inteligência e é mais agradável ao nosso coração do que a ideia de uma nova modificação.

Para uma religião, não basta estabelecer um dogma; ainda tem de dirigi-lo. Foi o que fez admiravelmente bem a religião cristã, com relação aos dogmas a que nos referimos: faz-nos esperar um estado em que cremos, não um estado que sintamos ou conheçamos; tudo, até a ressurreição dos corpos, nos conduz a ideias espirituais.

Capítulo XX
Continuação do mesmo assunto

Diziam os livros sagrados dos antigos persas: "Se quereis ser santo, instruí vossos filhos, porque as boas ações que fizerem vos serão imputadas"[31]. Aconselhavam-nos a se casarem cedo; porque os filhos seriam como uma ponte no dia do juízo, e os que não tivessem filhos não poderiam passar. Eram falsos esses dogmas, mas utilíssimos.

---

[27] No original, Tao e Foë. (N. do T.)

[28] Vide Thomas Bartholin, *Antiquités danoises*. (N. do A.)

[29] Relação do Japão, em *Recueil des voyages qui ont servi à l'établissement de la compagnie des Indes*. (N. do A.)

[30] *Mémoires* de Forbin. (N. do A.)

[31] O sr. Hyde. (N. do A.)

Capítulo XXI
Da metempsicose

Divide-se o dogma da imortalidade da alma em três ramos: o da imortalidade pura, o da mera mudança de domicílio, o da metempsicose; ou seja, o sistema dos cristãos, o sistema dos citas e o sistema dos indianos. Acabo de falar nos dois primeiros; e do terceiro direi que, como foi bem e mal dirigido, tem nas Índias efeitos bons e maus: como dá aos homens certo horror pelo derramamento de sangue, há nas Índias muito poucos assassínios; e, embora sejam raras as penas de morte, todos estão tranquilos.

Por outro lado, as mulheres são queimadas à morte dos maridos: só os inocentes sofrem morte violenta.

Capítulo XXII
Como é perigoso que a religião inspire horror às coisas indiferentes

Certa honra, que os preconceitos religiosos estabelecem nas Índias, faz que as diversas castas tenham horror umas das outras. Tal horror se funda apenas na religião; essas distinções de família não constituem distinções civis: indianos há que se julgariam desonrados se almoçassem com o rei.

Tais espécies de distinções estão ligadas a certa aversão pelos outros homens, muito diferente dos sentimentos que as diferenças de condição devem provocar, as quais entre nós abrangem o amor pelos inferiores.

As leis da religião evitarão inspirar outros desprezos senão o do vício, e sobretudo afastar os homens do amor e da piedade pelos homens.

A religião maometana e a religião indiana abrangem um número infinito de povos: os indianos odeiam os maometanos, porque comem carne de vaca; os maometanos detestam os indianos, porque comem porco.

Capítulo XXIII
Das festas

Quando uma religião ordena a cessação do trabalho, deve levar em consideração mais as necessidades dos homens do que a grandeza do ser que homenageia.

Em Atenas[32], era um grande inconveniente o número excessivo de festas. Aquele povo dominador, diante do qual todas as cidades da Grécia vinham expor os seus litígios, não conseguia dar conta dos negócios.

Quando Constantino determinou que não se trabalharia aos domingos, estabeleceu essa norma para as cidades[33], e não para a gente do campo: percebeu que estavam nas cidades os trabalhos úteis e nos campos, os trabalhos necessários.

Pela mesma razão, nos países que se sustentam pelo comércio, o número de festas deve ser relativo ao mesmo comércio. Os países protestantes e os países católicos estão situados de tal maneira que se precisa mais de trabalho nos primeiros do que nos segundos[34]: a supressão das festas convinha mais, portanto, aos países protestantes do que aos católicos.

Observa Dampierre[35] que as diversões dos povos variam muito segundo os climas. Como os climas quentes produzem grande quantidade de frutos delicados, os bárbaros, que logo encontram o necessário, gastam mais tempo divertindo-se; os nativos dos países frios não têm tantos lazeres; têm de pescar e caçar continuamente; há, portanto, entre eles menos danças, menos música e menos festas; e uma religião que se estabelecesse entre esses povos deveria levar isso em conta ao instituir as festas.

---

[32] Xenofonte, *Da república de Atenas*. (N. do A.)

[33] Leg. 3, cód. *de feriis*. Essa lei, sem dúvida, só se destinava aos pagãos. (N. do A.)

[34] Os católicos são mais numerosos no sul, e os protestantes, no norte. (N. do A.)

[35] *Nouveaux voyages autour du monde*, t. II. (N. do A.)

Capítulo XXIV
Das leis religiosas locais

Há muitas leis locais nas diversas religiões. E, quando Montezuma tanto teimava em dizer que a religião dos espanhóis era boa para o país deles, e a do México, para o seu, não dizia um absurdo; porque, de fato, os legisladores não puderam evitar levar em conta o que a natureza estabelecera antes deles.

A opinião relativa à metempsicose foi feita para o clima da Índia. O calor excessivo faz arder[36] todos os campos; só se pode alimentar pouquíssimo gado; sempre se corre o risco de este vir a faltar à lavoura; os bois só se multiplicam[37] mediocremente, estão sujeitos a muitas enfermidades: uma lei religiosa que os conserve é, portanto, muito conveniente à ordem do país.

Enquanto ardem as pradarias, o arroz e os legumes crescem sem problemas, pelas águas que se podem empregar: uma lei religiosa que só permite tal alimento é, portanto, utilíssima aos homens nesses climas.

A carne[38] do gado não tem gosto; e o leite e a manteiga que dele tiram faz parte de sua subsistência: a lei que proíbe comer e matar as vacas não é, pois, irracional nas Índias.

Tinha Atenas dentro de si uma multidão incontável de gente; era estéril o seu território; rezava a máxima religiosa que aquele que oferecesse aos deuses certos presentes simples os honrava[39] mais do que quem lhes imolasse bois.

Capítulo XXV
Inconvenientes da passagem de uma religião de um país para outro

Segue-se daí que muitíssimas vezes há sérios inconvenientes em transferir uma religião de um país para outro[40].

---

[36] *Voyage* de Bernier, t. II, p. 137. (N. do A.)

[37] *Lettres édifiantes*, coletânea 12, p. 95. (N. do A.)

[38] *Voyage* de Bernier, t. II, p. 137. (N. do A.)

[39] Eurípides, em Ateneu, livro II, p. 40. (N. do A.)

[40] Não falamos aqui da religião cristã; porque, como dissemos no livro XXIV, capítulo primeiro, no fim, a religião cristã é o primeiro bem. (N. do A.)

"O porco", diz o sr. de Boulainvilliers[41], "deve ser raríssimo na Arábia, onde quase não há bosques e quase nada de próprio à alimentação desses animais; o sal das águas e dos alimentos torna o povo muito exposto a doenças da pele". A lei local que o proíbe não poderia ser boa em outros países[42], em que o porco é um alimento quase universal e, de certa forma, necessário.

Farei aqui uma reflexão. Observou Sanctorius que a carne de porco que comemos pouco se transpira; e que esse mesmo alimento impede muito a transpiração dos outros alimentos; descobriu que a redução chegava a um terço[43]; sabemos, aliás, que a falta de transpiração forma ou agrava as doenças de pele: comer carne de porco, portanto, deve ser proibido nos climas em que estamos sujeitos a essas doenças, como o da Palestina, da Arábia, do Egito e da Líbia.

Capítulo XXVI
Continuação do mesmo assunto

Diz o sr. Chardin[44] que não há rio navegável na Pérsia, a não ser o rio Kur, que fica no extremo do império. A antiga lei dos guebros, que proibia a navegação fluvial, não tinha nenhum inconveniente no país: mas em outros teria arruinado o comércio.

Os banhos contínuos são muito praticados nos climas quentes. Isso faz que a lei maometana e a religião indiana os ordenem. Nas Índias, é um ato muito meritório rezar a Deus na água corrente[45]: mas como fazer essas coisas noutros climas?

Quando a religião baseada no clima tiver contrariado demais o clima de outro país, não pode nele estabelecer-se; e, quando tiver sido nele introduzida, dele terá sido expulsa. Parece, humanamente falando, que tenha sido o clima que estabeleceu limites à religião cristã e à religião maometana.

Segue-se daí que é quase sempre conveniente que uma religião tenha dogmas particulares e um culto geral. Nas leis que dizem respei-

---

41 *Vie de Mahomet*. (N. do A.)

42 Como na China. (N. do A.)

43 *Medicina estática*, seção 3, aforismo 23. (N. do A.)

44 *Voyage de Perse*, t. II. (N. do A.)

45 *Voyage* de Bernier, t. II. (N. do A.)

to às práticas de culto, deve haver poucos pormenores; por exemplo, mortificações, e não uma determinada mortificação. O cristianismo está repleto de bom senso: a abstinência é de direito divino; mas uma abstinência particular é de direito de polícia, e pode ser mudada.

Livro XXV
Das leis, na relação que têm com o estabelecimento da religião de cada país e com a sua ordem exterior

Capítulo I
Do sentimento em relação à religião

O homem religioso e o ateu sempre falam de religião; um fala do que ama, o outro do que teme.

Capítulo II
Do motivo do apego às diversas religiões

As diversas religiões do mundo não dão aos que as professam motivos iguais de apego a elas: isso depende muito da maneira como se conciliam com o modo de pensar e de sentir dos homens.

Somos extremamente propensos à idolatria e no entanto não somos muito apegados às religiões idólatras; somos muito pouco propensos às ideias espirituais, e temos, no entanto, muito apego às religiões que nos fazem adorar um ser espiritual. É um sentimento feliz, que vem, em parte, da satisfação que descobrimos em nós mesmos por termos sido inteligentes o bastante para ter escolhido uma religião que tira a divindade da humilhação a que outros a haviam submetido. Consideramos a idolatria a religião dos povos grosseiros; e a religião que tem por objeto um ser espiritual, a dos povos esclarecidos.

Quando, à ideia de um ser espiritual supremo, que forma o dogma, podemos juntar também ideias sensíveis que entram no culto, isso nos dá um grande apego à religião; pois os motivos de que acabamos de falar se veem unidos à nossa propensão natural às coisas sensíveis.

Por isso os católicos, que têm mais dessa espécie de culto do que os protestantes, são mais invencivelmente apegados à sua religião do que os protestantes à deles, e mais zelosos por sua propagação.

Quando o povo de Éfeso soube que os padres do concílio haviam decidido que se podia chamar a Virgem de mãe de Deus, encheu-se de alegria; beijavam as mãos dos bispos, abraçavam seus joelhos; ressoavam aclamações por toda parte[1].

Quando uma religião intelectual nos dá também a ideia de uma escolha feita pela divindade e de uma distinção entre os que a professam e os que não a professam, isso muito nos une a essa religião. Não seriam os maometanos tão bons muçulmanos se, por um lado, não houvesse povos idólatras que os fizessem pensar que são os vingadores da unidade de Deus; e, por outro, os cristãos, para fazê-los crer que eles são o objeto de suas preferências.

Uma religião sobrecarregada com muitas práticas[2] atrai mais do que outra com menos práticas; apegamo-nos muito às coisas com que nos ocupamos continuamente: prova disso são a obstinação tenaz dos maometanos e dos judeus e a facilidade que têm de mudar de religião os povos bárbaros e selvagens, que, unicamente ocupados com a caça ou a guerra, não se sobrecarregam com práticas religiosas[3].

Os homens são extremamente propensos à esperança e ao temor; e uma religião que não tivesse nem inferno nem paraíso dificilmente lhes agradaria. Isso fica provado com a facilidade que as religiões estrangeiras tiveram para se estabelecer no Japão, e o zelo e o amor com que ali foram recebidas[4].

Para que uma religião atraia, é preciso que tenha uma moral pura. Os homens, patifes no varejo, são no atacado gente honestíssima; amam a moral e, se não se tratasse de um assunto tão grave, eu diria que isso se vê admiravelmente bem nos teatros: pode-se ter certeza

---

[1] Carta de São Cirilo. (N. do A.)

[2] Isto não contradiz o que disse no penúltimo capítulo do livro anterior: falo aqui dos motivos do apego a uma religião; e lá, dos meios de torná-la mais geral. (N. do A.)

[3] Isto pode ser observado na terra inteira. Vide, sobre os turcos e as missões do Levante, o *Recueil des voyages qui ont servi à l'établissement des la compagnie des Indes*, t. III, parte I, p. 201, acerca dos mouros da Batávia; e o padre Labat, acerca dos negros maometanos, etc. (N. do A.)

[4] A religião cristã e as religiões das Índias; têm estas um inferno e um paraíso, ao passo que a religião do Xinto não os tem. (N. do A.)

de agradar ao povo com sentimentos que a moral admite, e pode-se ter certeza de contrariá-lo com os que reprova.

Quando o culto exterior tem grande magnificência, isso nos agrada e nos faz apegarmo-nos muito à religião. As riquezas dos templos e do clero nos tocam muito. Assim, a própria miséria dos povos é um motivo que os faz apegar-se a essa religião que serviu de pretexto aos que provocaram a sua miséria.

Capítulo III
Dos templos

Quase todos os povos civilizados moram em casas. Daí veio naturalmente a ideia de construir para Deus uma casa em que pudessem adorá-lo e buscá-lo em seus temores e esperanças.

Com efeito, nada é mais consolador para os homens do que um lugar onde encontram a divindade mais presente e, todos juntos, dão expressão à sua fraqueza e à sua miséria.

Mas essa ideia tão natural só ocorre aos povos que cultivam as terras; e não veremos construírem templos nos lugares em que eles mesmos não tiverem casas.

Foi o que fez que Gengis Khan exibisse um tão grande desprezo pelas mesquitas[5]. Interrogou aquele príncipe os maometanos[6]; aprovou todos os seus dogmas, salvo o que se refere à necessidade de ir a Meca; não podia compreender que não se pudesse adorar a Deus em toda parte. Os tártaros não residem em casas, não conhecem os templos.

Os povos que não têm templos pouco apego têm à própria religião: eis por que os tártaros sempre foram tão tolerantes[7]; por que os povos bárbaros que conquistaram o império romano não hesitaram sequer por um momento em abraçar o cristianismo; por que os selvagens da América têm tão pouco apego à sua própria religião; e por que, desde que os nossos missionários os fizeram construir igrejas no Paraguai, são muito zelosos pela nossa.

---

[5] Ao entrar na mesquita de Bochara, pegou o alcorão e o jogou sob as patas dos cavalos: *Histoire des Tattars*, parte III, p. 273. (N. do A.)

[6] Ibid., p. 342. (N. do A.)

[7] Esta disposição de espírito chegou até os japoneses, que têm origem nos tártaros, como é fácil provar. (N. do A.)

Como a divindade é o refúgio dos infelizes e não há gente mais infeliz do que os criminosos, chegou-se naturalmente a pensar que os templos fossem um asilo para eles; e essa ideia pareceu ainda mais natural aos gregos, em cujo país os assassinos, expulsos da cidade e da presença dos homens, pareciam já não ter outra morada senão os templos, nem outros protetores senão os deuses.

Isso a princípio só se aplicava aos homicídios involuntários; mas, quando os grandes criminosos foram incluídos, caiu-se numa grosseira contradição: se ofenderam os homens, com mais forte razão ofenderam os deuses.

Multiplicaram-se tais asilos na Grécia: os templos, diz Tácito[8], estavam lotados de devedores insolventes e de maus escravos; os magistrados tinham dificuldade em exercer a polícia; o povo protegia os crimes dos homens, como as cerimônias dos deuses; o senado foi obrigado a retirar grande número deles.

As leis de Moisés foram muito sábias. Os homicidas involuntários eram inocentes, mas deviam ser retirados de diante dos olhos dos pais do falecido: estabeleceu, portanto, um asilo para eles[9]. Os grandes criminosos não merecem asilo, não o tiveram[10]. Os judeus tinham apenas um tabernáculo portátil, que mudava continuamente de lugar; isso excluía a ideia de asilo. É verdade que deviam ter um templo: mas os criminosos, que ali viriam de todas as partes, poderiam vir a perturbar o serviço divino. Se os homicidas tivessem sido expulsos do país, como o foram entre os gregos, teria sido de se temer que viessem a adorar os deuses estrangeiros. Todas essas considerações fizeram que se estabelecessem cidades de asilo, onde se devia permanecer até a morte do sumo pontífice.

Capítulo IV
Dos ministros da religião

Diz Porfírio que os primeiros homens só sacrificavam ervas. Com um culto tão simples, cada qual podia ser pontífice em sua família.

---

[8] *Anais*, livro II. (N. do A.)
[9] Números, capítulo XXXV. (N. do A.)
[10] Ibid. (N. do A.)

O desejo natural de agradar à divindade multiplicou as cerimônias: o que fez que os homens, ocupados com a agricultura, se tornassem incapazes de efetuá-las todas e de cuidar de todos os seus pormenores.

Consagraram-se aos deuses lugares particulares; foi preciso haver ministros que cuidassem deles, como cada cidadão cuida de sua casa e dos seus afazeres domésticos. Assim, os povos que não têm sacerdotes são de ordinário bárbaros. Era o caso antigamente dos pedalianos[11], como o é hoje ainda o dos wolgusky[12].

As pessoas consagradas à divindade deviam ser honradas, sobretudo entre os povos que haviam formado certa ideia de pureza corporal, necessária para aproximar-se dos lugares mais agradáveis aos deuses e dependente de certas práticas.

Como o culto dos deuses exigisse uma atenção contínua, a maioria dos povos foi levada a fazer do clero um corpo à parte. Assim, entre os egípcios, os judeus e os persas[13], consagraram-se à divindade certas famílias, que se perpetuavam e exerciam o serviço. Religiões houve até em que não se pensou apenas em afastar os eclesiásticos dos negócios, mas também em lhes retirar os trabalhos de uma família; e essa é a prática do ramo principal da lei cristã.

Não falarei aqui das consequências da lei do celibato: percebe-se que poderia tornar-se nocivo, à medida que o corpo do clero se tornasse vasto demais e, por conseguinte, o dos leigos não fosse amplo o bastante.

Pela natureza do entendimento humano, amamos, em matéria de religião, tudo o que supõe um esforço, como, em matéria de moral, amamos especulativamente tudo o que tem o caráter de severidade. O celibato foi mais agradável aos povos a que parecia menos convir e para os quais podia ter as consequências mais aborrecidas. Nos países do sul da Europa, onde, pela natureza do clima, a lei do celibato é mais difícil de se observar, essa lei foi retida; nos do norte, onde as paixões são menos vivas, foi proscrita. E há mais: nos países onde há poucos habitantes, foi admitida; naqueles onde há muitos, foi rejeitada. Percebe-se que todas estas reflexões só se referem à extensão excessivamente grande do celibato, e não ao próprio celibato.

---

[11] Lilius Giraldus, p. 726. (N. do A.)

[12] Povos da Sibéria. Vide a relação do sr. Everard Isbrands-Ides no *Recueil des voyages du nord*, t. VIII. (N. do A.)

[13] Vide o sr. Hyde. (N. do A.)

Capítulo V
Dos limites que as leis devem impor às riquezas do clero

Podem perecer as famílias particulares: os seus bens não têm, assim, uma destinação perpétua. O clero é uma família que não pode perecer: os bens estão, portanto, ligados a ele para sempre, e não podem sair.

Podem aumentar as famílias particulares: cumpre, pois, que seus bens também possam crescer. O clero é uma família que não deve crescer: os seus bens, portanto, devem ser limitados.

Conservamos as disposições do Levítico acerca dos bens do clero, salvo as que se referem aos limites desses bens: com efeito, sempre ignoraremos, entre nós, qual é o termo a partir do qual não é mais permitido a uma comunidade religiosa adquirir bens.

Essas aquisições sem fim parecem aos povos tão insensatas, que aquele que quisesse defendê-las seria considerado imbecil.

As leis civis por vezes encontram obstáculos para mudar os abusos estabelecidos, porque estão ligados a coisas que devem respeitar; nesse caso, uma disposição indireta marca melhor a sabedoria do legislador do que outra que atacasse a própria coisa. Em vez de proibir as aquisições do clero, cumpre buscar que este mesmo as repila; deixar o direito e suprimir o fato.

Nalguns países da Europa, a consideração dos direitos dos senhores fez estabelecer, em seu favor, um direito de indenização sobre os imóveis adquiridos pelas pessoas de mão-morta. O interesse do príncipe fez que exigisse um direito de amortização no mesmo caso. Em Castela, onde não há um direito semelhante, o clero tudo invadiu; em Aragão, onde há certo direito de amortização, adquiriu menos; na França, onde esse direito e o de indenização estão estabelecidos, adquiriu ainda menos; e podemos dizer que a prosperidade desse Estado se deve em parte ao exercício desses dois direitos. Aumentai esses direitos e acabai com a mão-morta, se possível.

Tornai sagrado e inviolável o antigo e necessário patrimônio do clero; que seja fixo e eterno como o próprio clero: mas deixai sair de suas mãos as novas heranças.

Permiti que seja violada a regra, quando esta se houver tornado um abuso: suportai o abuso, quando cair sob a regra.

É sempre lembrado em Roma certo memorando que para lá foi enviado por ocasião de alguns litígios com o clero. Nele haviam inserido esta máxima: "O clero deve contribuir para as despesas do Estado, diga o que disser o Velho Testamento". Conclui-se daí que o autor do memorando entendia melhor a língua dos cobradores de impostos do que a da religião.

Capítulo VI
Dos mosteiros

Um mínimo de bom senso mostra que esses corpos que se perpetuam sem fim não devem vender seus fundos vitalícios, nem tomar empréstimos vitalícios, a menos que queiram que se tornem herdeiros de todos os que não têm parentes e de todos os que não os querem ter: essa gente joga contra o povo, mas tem a banca contra ele.

Capítulo VII
Do luxo da superstição

"São ímpios diante dos deuses", diz Platão[14], "os que negam a existência deles; ou que a concedem, mas afirmam que eles não se metem nas coisas deste mundo; ou enfim que pensam que eles são facilmente apaziguados com sacrifícios: três opiniões igualmente perniciosas". Platão diz aí tudo o que a luz natural jamais disse de mais sensato em matéria de religião.

A magnificência do culto exterior tem muitas relações com a constituição do Estado. Nas boas repúblicas, não só se reprimiu o luxo da vaidade, mas também o da superstição: instituíram-se, na religião, leis de poupança. Dentre estas estão muitas leis de Sólon; várias leis de Platão sobre os funerais, adotadas por Cícero; enfim, algumas leis de Numa[15] acerca dos sacrifícios.

"Aves", diz Cícero, "e pinturas feitas num só dia são dons diviníssimos. Oferecemos coisas comuns, dizia um espartano, para que possamos honrar os deuses todos os dias".

O cuidado que os homens devem ter em render um culto à divindade é muito diferente da magnificência desse culto. Não lhe ofereçamos

---

[14] *Das leis*, livro X. (N. do A.)

[15] *Regum vino ne respergito*. Lei das Doze Tábuas. (N. do A.)

os nossos tesouros, se não lhe quisermos mostrar a estima em que temos as coisas que a divindade quer que desprezemos.

"Que devem pensar os deuses dos dons dos ímpios", diz admiravelmente Platão, "já que um homem de bem coraria de receber presentes de um homem desonesto?"

Não deve a religião, sob pretexto de dons, exigir dos povos o que as necessidades do Estado lhes deixaram; e, como diz Platão[16], homens castos e pios devem oferecer dons que se lhes assemelhem.

Tampouco deveria encorajar a religião as despesas com funerais. Que há de mais natural do que suprimir a diferença de riquezas em algo e em momentos que tornam iguais todas as riquezas?

Capítulo VIII
Do pontificado

Quando a religião tem muitos ministros, é natural que eles tenham um chefe e que se estabeleça o pontificado. Na monarquia, em que nunca seria excessiva a separação das ordens do Estado e em que não se devem reunir sobre uma mesma cabeça todos os poderes, é bom que o pontificado seja separado do império. Não se encontra a mesma necessidade no governo despótico, cuja natureza é reunir numa mesma pessoa todos os poderes. Nesse caso, porém, poderia acontecer de o príncipe considerar a religião como suas próprias leis e como efeitos de sua vontade. Para prevenir esse inconveniente, deve haver monumentos da religião, por exemplo, livros sagrados que a fixem e estabeleçam. O rei da Pérsia é o chefe da religião, mas o alcorão regula a religião; o imperador da China é o sumo pontífice; há livros, porém, que estão nas mãos de todos, aos quais o próprio imperador deve conformar-se. Em vão quis um imperador aboli-los; tais livros triunfaram sobre a tirania.

Capítulo IX
Da tolerância em matéria religiosa

Somos aqui políticos, não teólogos: e, para os próprios teólogos, há muita diferença entre tolerar uma religião e aprová-la.

---

16 *Das leis*, livro III. (N. do A.)

Quando as leis de um Estado creram dever suportar muitas religiões, devem também obrigá-las a se tolerarem umas às outras. É um princípio que toda religião reprimida se torna ela própria repressora: pois, tão logo, por algum acaso, consegue sair da opressão, ataca quem a reprimiu, não como religião, mas como tirania.

É, pois, útil que as leis exijam dessas diferentes religiões, não só que não perturbem o Estado, mas também que não se perturbem umas às outras. Não satisfaz um cidadão às leis contentando-se em não perturbar o corpo do Estado; deve ainda não perturbar nenhum cidadão.

Capítulo X
Continuação do mesmo assunto

Como só as religiões intolerantes têm grande zelo por estabelecer-se em outros lugares, pois uma religião que pode tolerar as outras quase não pensa na sua propagação, será uma boa lei civil, quando o Estado estiver satisfeito com a religião já estabelecida, não tolerar o estabelecimento de outra[17].

É o seguinte, pois, o princípio fundamental das leis políticas em matéria de religião. Quando se pode escolher, num Estado, entre receber ou não uma nova religião, esta não deve ser estabelecida; quando se estabelece, deve ser tolerada.

Capítulo XI
Da mudança de religião

Muito se expõe o príncipe que, em seu Estado, se empenhe em destruir ou mudar a religião dominante. Se for despótico o seu governo, correrá um risco maior de ver uma revolução do que por qualquer tirania que seja, que nunca é algo novo nesse tipo de Estado. A revolução vem do fato de um Estado não mudar de religião, de costumes e de comportamento num instante e tão rapidamente quanto o príncipe publica a ordenação que estabelece a nova religião.

---

[17] Não falo em todo este capítulo da religião cristã; porque, como disse em outra parte, a religião cristã é o primeiro bem. Vide o fim do capítulo I do livro anterior e a *Defesa do espírito das leis*, segunda parte. (N. do A.)

Além disso, a religião antiga está ligada à constituição do Estado, e a nova, não: aquela está adaptada ao clima, e a nova muitas vezes não. E há mais: os cidadãos decepcionam-se com as suas leis; passam a desprezar o governo já estabelecido; substituem-se as suspeitas contra as duas religiões por uma crença firme numa delas; numa palavra, fica o Estado, pelo menos por algum tempo, com maus cidadãos e maus fiéis.

Capítulo XII
Das leis penais

As leis penais em matéria de religião devem ser evitadas. É verdade que impõem medo: mas, como a religião também tem as suas leis penais que inspiram medo, um medo é anulado pelo outro. Entre esses dois medos diferentes, tornam-se atrozes as almas.

A religião tem ameaças tão grandes, tão grandes promessas, que quando estão presentes à nossa mente, seja o que for que o magistrado faça para nos obrigar a abandoná-la, parece que nada nos deixam quando no-la tiram e nada nos tiram quando no-la deixam.

Não é, pois, enchendo a alma com esse grande objeto, aproximando-a do momento em que lhe deve ser de grande importância, que conseguimos separá-la dele: é mais seguro atacar uma religião pelo favor, pelas comodidades da vida, pela esperança da riqueza; não pelo que adverte, mas pelo que faz esquecer; não pelo que indigna, mas pelo que provoca a tepidez, quando outras paixões agem sobre as nossas almas e as inspiradas pela religião estão em silêncio. Regra geral: em matéria de mudança de religião, os convites são mais fortes do que as penas.

O caráter do espírito humano mostrou-se na própria ordem das penas que foram usadas. Lembremo-nos das perseguições do Japão[18]: revoltaram-se mais contra os suplícios cruéis do que contra as penas longas, que mais cansam do que amedrontam, que são mais difíceis de superar, porque parecem menos difíceis.

Numa palavra, a história ensina-nos que as leis penais jamais tiveram efeito senão como destruição.

---

[18] Vide o *Recueil des voyages qui ont servi à l'établissement de la compagnie des Indes*, t. V, parte I, p. 192. (N. do A.)

Capítulo XIII
Humilíssima repreensão aos inquisidores de Espanha e de Portugal

Uma judia de dezoito anos, queimada em Lisboa no último auto de fé, deu ocasião a esta pequena obra; e creio que seja a mais inútil jamais escrita. Quando se trata de provar coisas tão claras, temos certeza de não convencer.

Declara o autor que, embora judeu, respeita a religião cristã e a ama o bastante para tirar dos príncipes que não sejam cristãos um pretexto plausível para persegui-la.

"Queixai-vos", diz ele aos inquisidores, "de que o imperador do Japão mande queimar em fogo brando todos os cristãos que estão nos seus Estados; ele, porém, vos responderá: nós vos tratamos, a vós que não tendes a mesma crença que nós, como vós mesmos tratais os que não creem como vós; só podeis queixar-vos de vossa fraqueza, que vos impede de nos exterminar e faz que vos exterminemos.

"Cumpre, porém, admitir que sois muito mais cruéis que aquele imperador. Fazeis-nos morrer, a nós que não cremos no que credes, porque não cremos em tudo o que credes. Seguimos uma religião que vós mesmos sabeis que antigamente foi do agrado de Deus: achamos que Deus ainda a ama e vós pensais que ele já não a ama; e, porque assim julgais, fazeis passar pelo ferro e pelo fogo aqueles que estão no tão perdoável erro de crer que Deus ainda ame o que amou[19].

"Sois cruéis para conosco, mas o sois muito mais para com os nossos filhos; vós os mandais queimar, porque seguem as inspirações que lhes deram os que a lei natural e as leis de todos os povos lhes ensinam a respeitar como deuses.

"Privai-vos da vantagem que vos deu sobre os maometanos a maneira como a religião deles se estabeleceu. Quando se gabam do número de seus fiéis, dizei-lhes que foram adquiridos à força e que disseminaram sua religião pelo ferro: por que, então, estabeleceis a vossa pelo fogo?

"Quando quereis fazer-nos vir a vós, objetamo-vos uma origem de que nos glorificais por dela descendermos. Respondeis que a vossa

---

[19] A origem da cegueira dos judeus é não perceberem que a economia do Evangelho está na ordem dos desígnios de Deus; e que assim é uma consequência de sua própria imutabilidade. (N. do A.)

religião é nova, mas divina; e o provais pelo fato de ter crescido com as perseguições dos pagãos e com o sangue dos vossos mártires: hoje, porém, assumis o papel de Diocleciano e nos fazeis assumir o vosso.

"Conjuramo-vos, não pelo Deus poderoso que vós e nós servimos, mas por Cristo, que nos dizeis ter assumido a condição humana para vos propor exemplos que podeis seguir; conjuramo-vos a agir conosco como ele mesmo agiria, se ainda estivesse na terra. Quereis que sejamos cristãos, e não quereis sê-lo.

"Se, porém, não quereis ser cristãos, sede pelo menos homens: tratai-nos como faríeis se, não tendo senão esses fracos lampejos de justiça que a natureza nos dá, não tivésseis uma religião para vos conduzir e uma revelação para vos esclarecer.

"Se o céu vos amou o bastante para mostrar-vos a verdade, fez-vos uma grande graça: mas cabe aos filhos que recebem a herança do pai odiar os que não a receberam?

"Pois, se tendes essa verdade, não no-la oculteis pela maneira como no-la propondes. A característica da verdade é o seu triunfo sobre os corações e os espíritos, e não essa impotência que confessais quando quereis fazê-la receber por meio de suplícios.

"Se sois razoáveis, não deveis fazer-nos morrer, porque não queremos enganar-vos. Se o vosso Cristo é o filho de Deus, esperamos que ele nos recompense por não termos querido profanar os seus mistérios: e cremos que o Deus que vós e nós servimos não nos punirá por termos padecido a morte por uma religião que ele outrora nos deu, porque cremos que ele ainda no-la dá.

"Viveis num século em que a luz natural é mais viva do que nunca, em que a filosofia esclareceu os espíritos, a moral de vosso evangelho é mais conhecida, os direitos respectivos dos homens uns com os outros e o império que tem uma consciência sobre outra consciência estão mais bem estabelecidos. Se, portanto, não abrirdes mão de vossos velhos preconceitos, que, se não prestardes atenção, são as vossas paixões, cumpre confessar que sois incorrigíveis, incapazes de todo lume e de toda instrução, e é mui desgraçada a nação que dá autoridade a gente como vós.

"Quereis que digamos ingenuamente o nosso pensamento? Vós nos considerais mais como inimigos do que como inimigos da vossa religião: pois, se amais a vossa religião, não deixaríeis que ela se corrompesse por uma ignorância grosseira.

"Temos de vos advertir sobre uma coisa: se alguém no futuro ousar dizer que, nos séculos em que vivemos, os povos da Europa eram civilizados, citarão a vós para dizer que eram bárbaros; e a ideia que terão de vós será tal, que desonrará o vosso século e tornará odiosos todos os vossos contemporâneos."

Capítulo XIV
Por que a religião cristã é tão odiosa no Japão

Falei[20] do caráter atroz das almas japonesas. Os magistrados consideraram muito perigosa a firmeza que o cristianismo inspira quando se trata de renunciar à fé: acreditaram ver aumentar a audácia. A lei do Japão pune com rigor a menor desobediência; ordenaram que se renunciasse à religião cristã: não renunciar seria desobedecer; puniram tal crime; e a persistência na desobediência pareceu merecer outro castigo.

Entre os japoneses, as punições são consideradas a vingança por um insulto feito ao príncipe. Os cantos de alegria dos nossos mártires pareceram ser um atentado contra ele: o título de mártir intimidou os magistrados; na mente deles, significava rebelde; tudo fizeram para que não fosse obtido. Foi então que os ânimos de esquentaram e vimos um combate terrível entre os tribunais que condenaram e os acusados que sofreram; entre as leis civis e as da religião.

Capítulo XV
Da propagação da religião

Todos os povos do Oriente, salvo os maometanos, creem que todas as religiões em si mesmas são indiferentes. Temem o estabelecimento de outra religião só como mudança no governo. Entre os japoneses, em que há muitas seitas e o Estado teve durante muitíssimo tempo um chefe eclesiástico, nunca se discute religião[21]. O mesmo acontece entre os siameses[22]. Os calmucos vão além; fazem questão de suportar

---

[20] Livro VI, capítulo XIII. (N. do A.)

[21] Vide Kempfer. (N. do A.)

[22] *Mémoires* do conde de Forbin. (N. do A.)

todo tipo de religião[23]; em Calecute, é máxima de Estado que toda religião é boa[24].

Mas não se segue daí que uma religião trazida de um país muito distante e de clima, de leis, de costumes e de comportamentos completamente diferentes tenha todo o sucesso que a sua santidade deveria prometer-lhe. Isso é verdade sobretudo nos grandes impérios despóticos: de início, os estrangeiros são tolerados, porque não se dá atenção ao que não parece arranhar o poder do príncipe; estão todos numa ignorância extrema sobre tudo. Um europeu pode tornar-se agradável por certos conhecimentos que oferece: isso é bom no começo. Mas tão logo obtém algum sucesso, começa uma discussão, as pessoas que podem ter algum interesse naquilo são informadas; como tal Estado, por natureza, exige sobretudo a tranquilidade e a menor perturbação pode derrubá-lo, logo proscrevem a religião nova e os que a anunciam: surgindo discussões entre os que pregam, começam a ficar descontentes com uma religião cujos proponentes não se entendem uns com os outros.

---

[23] *Histoire des Tattars*, parte V. (N. do A.)

[24] *Voyage* de François Pyrard, capítulo XXVII. (N. do A.)

Livro XXVI
Das leis, na relação que devem ter com a ordem das coisas acerca das quais estatuem

Capítulo I
Ideia deste livro

Os homens são governados por diversos tipos de leis: pelo direito natural; pelo direito divino, que é o da religião; pelo direito eclesiástico, também chamado canônico, que é o da ordem da religião; pelo direito das gentes, que podemos considerar o direito civil do universo, no sentido de que cada povo é dele cidadão; pelo direito político geral, que tem como objeto essa sabedoria humana que fundou todas as sociedades; pelo direito político particular, que diz respeito à sociedade; pelo direito de conquista, fundado em que um povo quis, pôde ou teve de fazer violência contra outro; pelo direito civil de cada sociedade, pelo qual um cidadão pode defender os bens e a vida contra outro cidadão; pelo direito doméstico, enfim, que vem de ser a sociedade dividida em diversas famílias, que precisam de um governo particular.

Há, pois, diferentes ordens de leis; e a sublimidade da razão humana consiste em saber bem a qual dessas ordens se relacionam sobretudo as coisas sobre as quais se deve estatuir, e em não introduzir confusão nos princípios que devem governar os homens.

Capítulo II
Das leis divinas e das leis humanas

Não se deve estatuir pelas leis divinas o que deve sê-lo pelas leis humanas; nem regular pelas leis humanas o que deve sê-lo pelas leis divinas.

Essas duas espécies de leis diferem pela origem, pelo objetivo e pela natureza.

Todos concordam em que as leis humanas são de natureza diferente da das leis da religião, e esse é um grande princípio; mas esse mesmo princípio está submetido a outros, que cumpre investigar.

1º A natureza das leis humanas consiste em estarem sujeitas a todos os acidentes que acontecem e em variarem, à medida que mudam as vontades dos homens; a natureza das leis da religião, ao contrário, é não variar jamais. As leis humanas estatuem acerca do bem; a religião, acerca do melhor. O bem pode ter outro objeto, porque há muitos bens; mas o melhor é só um, e não pode, portanto, mudar. Podemos mudar as leis, porque devem ser apenas boas: mas as instituições da religião devem ser sempre as melhores.

2º Há Estados em que as leis nada são, ou são apenas uma vontade transitória e caprichosa do soberano. Se, nesses Estados, as leis da religião tivessem a natureza das leis humanas, as leis da religião nada seriam também: é, porém, necessário à sociedade que haja algo de fixo; tal religião é esse algo de fixo.

3º A força principal da religião vem de crerem nela; a força das leis humanas vem de serem temidas. Convém a antiguidade à religião, porque muitas vezes cremos mais nas coisas que são mais distantes; pois não temos na cabeça ideias acessórias tiradas daqueles tempos, que possam contradizê-las. As leis humanas, pelo contrário, tiram vantagem da sua novidade, que assinala uma atenção particular e atual do legislador, para fazê-las serem observadas.

Capítulo III
Das leis civis que são contrárias à lei natural

Se um escravo, diz Platão, se defende e mata um homem livre, deve ser tratado como um parricida[1]. Essa é uma lei civil que pune a defesa natural.

Era contrária à defesa natural a lei que, sob Henrique VIII, condenava um homem sem que as testemunhas se houvessem confrontado com ele; com efeito, para que se possa condenar, as testemunhas

[1] Livro IX, *Das leis*. (N. do A.)

devem saber que o homem contra o qual depõem é o acusado, e este deve poder dizer: "Não é de mim que falais".

A lei instituída no mesmo reinado, que condenava toda jovem que, tendo tido um mau comércio com alguém, não o declarasse ao rei, antes de desposá-lo, violava a defesa do pudor natural: é tão insensato exigir de uma jovem que faça essa declaração quanto pedir a um homem que não defenda a vida.

A lei de Henrique II que condena à morte uma jovem cujo filho tenha falecido, se ela não tiver declarado ao magistrado a gravidez, não é menos contrária à defesa natural. Bastava obrigá-la a informar a esse respeito um dos parentes mais próximos, que velasse pela conservação da criança.

Que outra confissão poderia ela fazer, nesse suplício do pudor natural? A educação fez crescer nela a ideia da conservação desse pudor; e, nesses momentos, dificilmente restou nela alguma ideia da perda da vida.

Muito se falou de uma lei da Inglaterra que permitia a uma jovem de sete anos escolher um marido[2]. Era revoltante essa lei, de duas maneiras: não levava em consideração de modo algum o tempo da maturidade dado pela natureza ao espírito, nem o tempo da maturidade pela natureza dado ao corpo.

Entre os romanos, um pai podia obrigar a filha a repudiar o marido, embora tivesse ele mesmo consentido no casamento[3]. Mas é contra a natureza que o divórcio seja posto nas mãos de um terceiro.

Se o divórcio é conforme à natureza, só o é quando as duas partes, ou, pelo menos, uma delas, nele consentem; e, quando nem um nem outro o aceita, trata-se de um divórcio monstruoso. Enfim, a faculdade do divórcio só pode ser dada aos que têm os incômodos do casamento e sentem o momento em que lhes interessa fazê-los cessar.

Capítulo IV
Continuação do mesmo assunto

Gondebaldo, rei da Borgonha, determinou que, se a mulher ou o filho daquele que tivesse roubado não revelassem o crime, seriam

[2] O sr. Bayle, na sua crítica da história do calvinismo, fala dessa lei, p. 293. (N. do A.)

[3] Vide a lei V, no código *de repudiis et judicio de moribus sublato*. (N. do A.)

reduzidos à escravidão[4]. Essa lei era contra a natureza. Como podia uma mulher ser a acusadora do marido? Como podia um filho ser o acusador do pai? Para vingar uma ação criminosa, ordenava outra ainda mais criminosa.

Permitia a lei de Recessuinto aos filhos da mulher adúltera ou aos de seu marido acusá-la e interrogar os escravos da casa[5]. Lei iníqua, que, para conservar os bons costumes, contrariava a natureza, da qual tiram a sua origem os costumes.

Vemos com prazer, em nossos teatros, um jovem herói demonstrar tanto horror em descobrir que o crime era da sogra quanto tivera pelo próprio crime: mal ousa, em sua surpresa, acusado, julgado, condenado, proscrito e coberto de infâmia, fazer algumas reflexões sobre o sangue abominável de que Fedra saiu; ele abandona o que tem de mais caro e o objeto mais terno, tudo o que lhe fala ao coração, tudo o que pode indigná-lo, para entregar-se à vingança dos deuses, que não mereceu. É a voz da natureza, a mais doce de todas as vozes, que causa tal prazer.

Capítulo V
Caso em que podemos julgar pelos princípios do direito civil, modificando os princípios do direito natural

Uma lei de Atenas obrigava os filhos a sustentarem os pais caídos na indigência[6]: excetuava aqueles que houvessem nascido de uma cortesã, aqueles cujo pai houvesse exposto o pudor num comércio infame[7], aqueles a quem ele não tivesse dado nenhum meio de ganhar a vida[8].

Considerava a lei que, no primeiro caso, sendo incerta a paternidade, se tornava precária a sua obrigação natural; no segundo, que aviltara a vida que dera; e que fizera o maior mal que podia fazer

---

[4] Lei dos borguinhões, título 41. (N. do A.)

[5] No código dos visigodos, liv. III, título 4, § 13. (N. do A.)

[6] Sob pena de infâmia; uma outra, sob pena de prisão. (N. do A.)

[7] Plutarco, *Vida de Sólon*. (N. do A.)

[8] Plutarco, *Vida de Sólon*; e Galiano, *In exhort. ad Art.*, capítulo VIII. (N. do A.)

aos filhos, privando-os de seu caráter; que, no terceiro, lhes tornara insuportável uma vida que tinham tanta dificuldade para sustentar. A lei não considerava mais o pai e o filho senão como dois cidadãos, não estatuía mais senão sob perspectivas políticas e civis; considerava que, numa boa república, são necessários sobretudo os bons costumes. Creio que era boa a lei de Sólon nos dois primeiros casos, quer naquele em que a natureza deixa o filho ignorar quem é o pai, quer naquele em que até parece ordenar-lhe que o desconheça; mas não poderíamos aprová-la no terceiro, em que o pai só havia violado uma norma civil.

Capítulo VI
Que a ordem das sucessões depende dos princípios do direito político ou civil, e não dos princípios do direito natural

Não permitia a lei Voconiana instituir herdeira uma mulher, nem mesmo a filha única. Jamais houve, diz Santo Agostinho[9], lei mais injusta. Uma fórmula de[10] Marculfo chama de ímpio o costume que priva as filhas da sucessão dos pais. Justiniano[11] chama de bárbaro o direito de suceder dos varões, em prejuízo das filhas. Vêm tais ideias de ter-se considerado o direito que os filhos têm de suceder aos pais como uma consequência da lei natural; o que não é.

Ordena aos pais a lei natural que sustentem os filhos; mas não obriga a torná-los herdeiros. A partilha dos bens, as leis sobre tal partilha, as sucessões depois da morte daquele que recebeu tal partilha, tudo isso só pode ter sido regulado pela sociedade e, por conseguinte, por leis políticas ou civis.

É verdade que a ordem política ou civil muitas vezes exige que os filhos sucedam aos pais; mas nem sempre.

As leis dos nossos feudos podem ter tido razões para que o primogênito dos filhos varões, ou os parentes mais próximos por linha masculina, recebessem tudo e as filhas, nada; e as leis dos lombardos[12]

---

9 *De Civitate Dei*, livro III. (N. do A.)

10 Livro II, capítulo XII. (N. do A.)

11 Novela 21. (N. do A.)

12 Livro II, título 14, § 6, 7 e 8. (N. do A.)

também podem ter tido razões para que as irmãs, os filhos naturais, os outros parentes e, na falta deles, o fisco concorressem com as filhas.

Foi estabelecido, nalgumas dinastias da China, que os irmãos do imperador lhe sucederiam e que os filhos não lhe sucederiam. Se quisessem que o príncipe tivesse certa experiência, se temessem as minoridades, se fosse preciso prevenir que os eunucos pusessem sucessivamente crianças no trono, poderiam muito bem ter estabelecido tal ordem de sucessão; e, quando alguns autores[13] chamaram esses irmãos de usurpadores, julgaram com base em ideias tomadas das leis desse país.

Segundo o costume da Numídia[14], Delsaces, irmão de Gela, sucedeu ao trono, e não Massinissa, seu filho. E ainda hoje[15], entre os árabes da Barbária, onde cada aldeia tem um chefe, escolhe-se, de acordo com esse velho costume, o tio ou algum outro parente para suceder.

Há monarquias puramente eletivas; e, tão logo fica claro que a ordem das sucessões deve derivar das leis políticas ou civis, cabe a estas decidir em que casos manda a razão que tal sucessão seja entregue aos filhos e em que casos deve ser dada a outros.

Nos países em que está estabelecida a poligamia, o príncipe tem muitos filhos; o número deles é maior em certos países do que em outros. Há[16] Estados em que seria impossível ao povo sustentar os filhos do rei; foi possível estabelecer que os filhos do rei não sucederiam a ele, mas os da sua irmã.

Um número enorme de filhos exporia o Estado a medonhas guerras civis. A ordem de sucessão que dá a coroa aos filhos da irmã, cujo número não seria maior do que o de filhos de um príncipe que só tivesse uma esposa, previne esses inconvenientes.

Nações há em que razões de Estado ou alguma máxima de religião exigiram que certa família fosse sempre reinante: tal é na Índia[17] o

---

[13] Padre Du Halde, acerca da segunda dinastia. (N. do A.)

[14] Tito Lívio, terceira década, livro IX. (N. do A.)

[15] Vide as viagens do sr. Schaw, t. I, p. 402. (N. do A.)

[16] Vide o *Recueil des voyages qui ont servi à l'établissement de la compagnie des Indes*, t. IV, parte 1, p. 114; e o sr. Smith, *Voyage de Guinée*, parte 2, p. 150, sobre o reino de Juida. (N. do A.)

[17] Vide as *Lettres édifiantes*, coletânea 14; e *Recueil des voyages qui ont servi à l'établissement de la compagnie des Indes*, t. III, parte 2, p. 644. (N. do A.)

ciúme de sua casta e o medo de dela não descender; julgaram que, para ter sempre filhos de sangue real, devessem tomar os filhos da irmã mais velha do rei.

Máxima geral: criar os filhos é uma obrigação de direito natural; dar-lhes a sucessão é uma obrigação de direito civil ou político. Daí derivam as diferentes disposições acerca dos bastardos nos diferentes países do mundo: tais disposições seguem as leis civis ou políticas de cada país.

Capítulo VII
Que não se deve decidir pelos preceitos da religião quando se trata dos da lei natural

Têm os abissínios uma quaresma muito rude, de cinquenta dias, e que tanto os debilita, que durante muito tempo não conseguem agir: os turcos não deixam de atacá-los depois da quaresma[18]. Em favor da defesa natural, a religião deveria estabelecer limites a tais práticas.

Foi o sabá ordenado aos judeus: mas foi uma estupidez dessa nação não defender-se[19] quando os inimigos escolheram tal dia para atacá-la.

Ao cercar Pelúsio, Cambises pôs na primeira linha grande número de animais considerados sagrados pelos egípcios: os soldados da guarnição não ousaram atacá-los. Quem não vê que a defesa natural é de ordem superior a todos os preceitos?

Capítulo VIII
Que não se devem regular pelos princípios do chamado direito canônico as coisas reguladas pelos princípios do direito civil

Pelo direito civil dos romanos[20], aquele que retira de um lugar sagrado uma coisa particular só é punido pelo crime de roubo; pelo

---

[18] *Recueil des voyages qui ont servi à l'établissement de la compagnie des Indes*, t. IV, parte I, p. 35 e 103. (N. do A.)

[19] Como fizeram quando Pompeu cercou o templo. Vide Díon, livro XXXVII. (N. do A.)

[20] Leg. V, ff., *ad leg. Juliam peculatus*. (N. do A.)

direito canônico[21], ele é punido pelo crime de sacrilégio. O direito canônico atenta para o lugar; o direito civil, para a coisa. Mas atentar só para o lugar é não refletir nem sobre a natureza e a definição do roubo, nem sobre a natureza e a definição de sacrilégio.

Como o marido pode pedir a separação por causa da infidelidade da mulher, a mulher pedia-a antigamente por causa da infidelidade do marido[22]. Essa prática, contrária ao que dispunham as leis romanas[23], introduzira-se nos tribunais eclesiásticos[24], em que só se consideravam as máximas do direito canônico; e, com efeito, se se considerar o matrimônio apenas por meio de ideias puramente espirituais e na relação com as coisas da outra vida, a violação é a mesma. Mas as leis políticas e civis de quase todos os povos fizeram, com razão, uma distinção entre essas duas coisas. Exigiram da mulher um grau de reserva e continência que não exigem dos homens; porque a violação do pudor supõe, nas mulheres, a renúncia a todas as virtudes; porque a mulher, ao violar as leis do matrimônio, sai do estado de dependência natural; porque a natureza marcou a infidelidade das mulheres com sinais inequívocos: além disso, os filhos adulterinos da mulher são necessariamente do marido e estão a cargo dele; ao passo que os filhos adulterinos do marido não são da mulher, nem estão a cargo dela.

Capítulo IX
Que as coisas que devem ser reguladas pelos princípios do direito civil raramente podem sê-lo pelos princípios das leis da religião

As leis religiosas têm mais sublimidade, as leis civis têm mais extensão.

As leis de perfeição tiradas da religião têm mais por objetivo a bondade do homem que as observa do que a da sociedade na qual são observadas; as leis civis, ao contrário, têm mais por objetivo a bondade moral dos homens em geral do que a dos indivíduos.

---

[21] Cap. *Quisquis* XVII, *quaestione* 4; Cujas, *Observat.*, livro XIII, capítulo XIX, t. III. (N. do A.)

[22] Beaumanoir, *Ancienne coutume de Beauvaisis*, capítulo XVIII. (N. do A.)

[23] Leg. I, cód. *ad leg. Jul. de adult.* (N. do A.)

[24] Hoje, na França, eles não tratam destas coisas. (N. do A.)

Assim, por mais respeitáveis que sejam as ideias que nascem imediatamente da religião, nem sempre devem servir de princípio às leis civis; porque estas têm outro princípio, a saber, o bem geral da sociedade.

Os romanos fizeram regulamentos para conservar, na república, os costumes das mulheres; eram instituições políticas. Quando se estabeleceu a monarquia, fizeram a esse respeito leis civis; e as fizeram com base nos princípios do governo civil. Quando nasceu a religião cristã, as leis novas que se instituíram tiveram menos relação com a bondade geral dos costumes do que com a santidade do matrimônio; considerou-se menos a união dos dois sexos no estado civil do que num estado espiritual.

De início, pela lei romana[25], um marido que trouxesse de volta a esposa para casa depois da condenação por adultério seria punido como cúmplice na devassidão. Ordenou Justiniano[26], num outro espírito, que ele poderia, durante dois anos, pegá-la de volta no mosteiro.

Quando uma mulher cujo marido estivesse na guerra já não ouvia falar dele, podia, nos primeiros tempos, facilmente tornar a se casar, porque tinha nas mãos o poder de divorciar-se. Determinou a lei de Constantino[27] que ela aguardasse quatro anos, depois de que podia ela enviar ao general a documentação do pedido de divórcio e, se o marido voltasse, já não podia acusá-la de adultério. Justiniano[28], porém, estabeleceu que, fosse qual fosse o tempo decorrido após a partida do marido, ela não poderia tornar a se casar, a menos que, pelo depoimento e juramento do general, provasse a morte do marido. Tinha Justiniano em vista a indissolubilidade do matrimônio; mas podemos dizer que ele exagerava. Exigia uma prova positiva, quando bastava uma prova negativa; exigia algo dificílimo, dar conta do paradeiro de um homem distante e exposto a tantos acidentes; presumia um crime, ou seja, a deserção do marido, quando era tão natural presumir a sua morte. Contrariava o bem público, deixando uma mulher sem casamento; contrariava o interesse particular, expondo-a a mil perigos.

A lei de Justiniano[29] que inseriu entre as causas de divórcio o con-

---

[25] Leg. XI, § ult. ff, *ad leg. Jul. de adult.* (N. do A.)

[26] Nov. 134, capítulo X. (N. do A.)

[27] Leg. VII, cód. *de repudiis et judicio de moribus sublato*. (N. do A.)

[28] Auth. *Hodie quantiscumque*, cód. *de repud.* (N. do A.)

[29] Auth., *Quod hodie*, cód. *de repud.* (N. do A.)

sentimento do marido e da mulher para entrar no mosteiro afastava--se completamente dos princípios das leis civis. É natural que certas causas de divórcio tivessem origem em certos impedimentos que não se deviam prever antes do casamento: mas tal desejo de conservar a castidade podia ser previsto, pois está em nós. Tal lei favorece a inconstância, num estado que, por natureza, é perpétuo; choca o princípio fundamental do divórcio, que só tolera a dissolução do casamento na esperança de outro; enfim, segundo até as próprias ideias religiosas, apenas proporciona vítimas a Deus, sem sacrifício.

Capítulo X
Em que casos se deve seguir a lei civil que permite e não a lei religiosa que proíbe

Quando uma religião que proíbe a poligamia se introduz num país em que esta é permitida, não é de crer, falando apenas em termos políticos, que a lei do país deva tolerar que um homem com muitas mulheres abrace tal religião; a menos que o magistrado ou o marido as indenize, devolvendo-lhes, de algum modo, o seu estado civil. Sem isso, seria deplorável a condição delas; teriam apenas obedecido às leis e se veriam privadas das maiores vantagens da sociedade.

Capítulo XI
Que não se devem regular os tribunais humanos pelas máximas dos tribunais que se referem à outra vida

O tribunal da inquisição, formado pelos monges cristãos com base na ideia do tribunal da penitência, é contrário a toda boa norma. Topou em toda parte com a rebelião geral; e teria cedido às contradições, se os que quiseram estabelecê-lo não tivessem tirado proveito dessas mesmas contradições.

Tal tribunal é insuportável em todos os governos. Na monarquia, só pode criar delatores e traidores; nas repúblicas, só pode formar gente desonesta; no Estado despótico, é tão destrutor quanto esse Estado.

Capítulo XII
Continuação do mesmo assunto

Um dos abusos desse tribunal é que, de duas pessoas que nele são acusadas do mesmo crime, a que nega é condenada à morte e a que confessa evita o suplício. Isso é tirado das ideias monásticas, em que quem nega parece impenitente e danado, e quem confessa parece estar arrependido e salvo. Mas tal distinção não pode dizer respeito aos tribunais humanos: a justiça humana, que só vê as ações, tem um só pacto com os homens, que é o da inocência; a justiça divina, que vê os pensamentos, tem dois, o da inocência e o do arrependimento.

Capítulo XIII
Em que caso se devem seguir, acerca do matrimônio, as leis da religião; e em que caso se devem seguir as leis civis

Em todos os países e em todos os tempos, aconteceu de a religião intrometer-se nos casamentos. Desde que certas coisas foram consideradas impuras ou ilícitas, sendo, no entanto, necessárias, foi preciso recorrer à religião para legitimá-las num caso e reprová-las nos outros.

Por um lado, sendo os casamentos, de todas as ações humanas, a que mais interessa à sociedade, tiveram de ser regulados pelas leis civis.

Tudo o que diz respeito ao caráter do casamento, à sua forma, à maneira de contraí-lo, à fecundidade que proporciona e que mostrou a todos os povos ser objeto de uma bênção especial que, nem sempre estando unida a ele, dependia de certas graças superiores, tudo isso era da esfera da religião.

As consequências dessa união, no que se refere aos bens, às vantagens recíprocas, a tudo o que está relacionado com a nova família, à de que esta saiu, à que deve nascer, tudo isso diz respeito às leis civis.

Como um dos grandes objetivos do casamento é suprimir todas as incertezas das conjunções ilegítimas, a religião nele imprime a sua marca; e as leis civis também deixam a delas, para que o casamento tenha toda a autenticidade possível. Assim, além das condições exigidas pela religião para que o matrimônio seja válido, as leis civis também podem exigir outras.

O que faz que as leis civis tenham esse poder é que se trata de características adicionadas e não contraditórias. A lei da religião exige certas cerimônias, e as leis civis exigem o consentimento dos pais; com isso, exigem algo a mais, mas nada pedem de contrário.

Segue-se daí que cabe à lei religiosa decidir se o laço será indissolúvel ou não; pois, se as leis da religião tivessem estabelecido o laço indissolúvel e as leis civis determinassem que pode ser rompido, seriam duas coisas contraditórias.

Por vezes as características impressas no casamento pelas leis civis não têm uma necessidade absoluta; é o caso daquelas que são estabelecidos pelas leis que, em vez de dissolver o casamento, se contentam em punir os que o contraem.

Entre os romanos, as leis papianas declararam injustos os casamentos que proibiam e apenas os submeteram a penalidades[30]; e o senatus-consulto promulgado com base no discurso do imperador Marco Antonino os declarou nulos; não houve mais casamento, esposa, dote, marido[31]. Determina-se a lei civil segundo as circunstâncias: ora está mais atenta a reparar o mal, ora a preveni-lo.

Capítulo XIV
Em que casos, nos casamentos entre parentes, devemos pautar-nos pelas leis da natureza; em que casos devemos pautar-nos pelas leis civis

Em matéria de proibição de casamento entre parentes, é algo muito delicado definir onde as leis da natureza acabam e começam as leis civis. Para isso, é preciso estabelecer princípios.

O casamento do filho com a mãe confunde o estado das coisas: o filho deve um respeito sem limites à mãe, a mulher deve um respeito sem limites ao marido; o casamento da mãe com o filho subverteria, num e noutro, seu estado natural.

Ademais, a natureza adiantou, nas mulheres, o tempo em que elas podem ter filhos; recuou-o nos homens; e, pela mesma razão, a mulher cessa mais cedo de ter essa faculdade, e o homem, mais tarde.

---

[30] Vide o que eu disse acima, no capítulo XXI do livro *Das leis na relação que têm com o número de habitantes*. (N. do A.)

[31] Vide a lei XVI, ff. *de ritu nuptiarum*; e a lei III, § 1, também no digesto *de donationibus inter virum et uxorem*. (N. do A.)

Se fosse permitido o casamento entre a mãe e o filho, aconteceria quase sempre de, quando o marido fosse capaz de entrar nos planos da natureza, a mulher já não participar deles.

O casamento entre pai e filha repugna à natureza, como o anterior; mas menos, porque não tem dois obstáculos. Por isso, os tártaros, que podem desposar as filhas[32], jamais casam com as mães, como vemos nas crônicas[33].

Sempre foi natural que os pais velassem pelo pudor dos filhos. Encarregados dos cuidados da educação deles, deveriam conservar neles tanto o corpo mais perfeito como a alma menos corrompida, tudo o que mais pudesse inspirar os desejos e tudo o que fosse mais próprio a provocar ternura. Os pais, sempre ocupados em conservar os bons costumes dos filhos, deveriam ter um distanciamento natural de tudo o que pudesse corrompê-los. Dir-se-á que o casamento não é uma corrupção: mas, antes do casamento, é preciso falar, fazer-se amar, seduzir; é essa sedução que deve ter causado horror.

Foi, portanto, preciso haver uma barreira insuperável entre os que deveriam dar a educação e os que deveriam recebê-la, e evitar todo tipo de corrupção, mesmo por uma causa legítima. Por que os pais privam com tanto cuidado os que devem desposar suas filhas de sua companhia e de sua familiaridade?

O horror ao incesto do irmão com a irmã deve ter tido a mesma origem. Basta que os pais e as mães tenham querido conservar os bons costumes dos filhos e a pureza de suas casas, para terem inspirado nos filhos o horror por tudo o que pudesse levá-los à união dos dois sexos.

Tem a mesma origem a proibição do casamento entre primos-irmãos. Nos primeiros tempos, ou seja, nos tempos santos, na época em que o luxo não era conhecido, todos os filhos permaneciam na casa[34], e nela se estabeleciam: isso porque bastava uma casa muito pequena para uma grande família. Os filhos dos dois irmãos, ou os primos-irmãos, eram considerados e se consideravam uns

---

[32] Esta lei é muito antiga entre eles. Átila, diz Prisco em sua embaixada, deteve-se em certo lugar para casar com Esca, sua filha; algo permitido, diz ele, pelas leis dos citas, p. 22. (N. do A.)

[33] *Histoire des Tattars*, parte 3, p. 256. (N. do A.)

[34] Assim foi entre os primeiros romanos. (N. do A.)

aos outros como irmãos[35]. A distância que havia entre os irmãos e as irmãs quanto ao casamento havia também entre os primos-irmãos[36].

Tais causas são tão fortes e tão naturais, que agiram por quase toda a terra, independentemente de qualquer comunicação. Não foram os romanos que ensinaram aos habitantes de Formosa[37] que o casamento com os parentes de quarto grau era incestuoso; não foram os romanos que o disseram aos árabes[38]; tampouco o ensinaram aos maldivanos[39].

Pois, se alguns povos não rejeitaram os casamentos entre os pais e os filhos, as irmãs e os irmãos, vimos no Livro I que os seres inteligentes nem sempre seguem as suas leis. Quem diria! Ideias religiosas muitas vezes fizeram os homens caírem nesse desvario. Se os assírios, se os persas desposaram as mães, os primeiros o fizeram por um respeito religioso por Semíramis; e os segundos, porque a religião de Zoroastro dava a preferência a tais casamentos[40]. Se os egípcios desposaram as irmãs, foi também um delírio da religião egípcia, que consagrou a Ísis tais casamentos. Como o espírito da religião é levar-nos a fazer com esforço coisas grandes e difíceis, não devemos julgar que algo seja natural porque uma religião falsa o consagrou.

O princípio de que os casamentos entre pais e filhos, irmãos e irmãs são proibidos para a conservação do pudor natural na casa servirá para nos mostrar quais são os casamentos proibidos pela lei natural e os que não podem sê-lo senão pela lei civil.

Como os filhos moram ou devem supostamente morar na casa do pai e, por conseguinte, o genro com a sogra, o sogro com a nora ou com a filha da mulher, o casamento entre eles é proibido pela lei da natureza. Nesse caso, a imagem tem o mesmo efeito que a realidade, porque tem a mesma causa: a lei civil não pode nem deve permitir tais casamentos.

---

[35] Com efeito, entre os romanos, eles tinham o mesmo nome; os primos-irmãos eram chamados irmãos. (N. do A.)

[36] Eles o foram em Roma nos primeiros tempos, até que o povo fizesse uma lei para permiti-los; queria ele favorecer um homem extremamente popular e que se casara com a prima-irmã. Plutarco, no tratado *Questões acerca das coisas romanas*. (N. do A.)

[37] *Recueil des voyages des Indes*, t. V, parte I, crônica do Estado da ilha de Formosa. (N. do A.)

[38] O Alcorão, capítulo *das mulheres*. (N. do A.)

[39] Vide François Pyrard. (N. do A.)

[40] Eram considerados mais honrosos. Vide Fílon, *De specialibus legibus quae pertinent ad praecepta decalogi*, Paris, 1640, p. 778. (N. do A.)

Povos há entre os quais, como disse, os primos-irmãos são considerados irmãos, porque costumam morar na mesma casa; outros não conhecem tal costume. Nesses povos, o casamento entre primos-irmãos deve ser considerado contrário à natureza; nos outros povos, não.

Mas as leis da natureza não podem ser leis locais. Assim, quando tais casamentos forem proibidos ou permitidos, serão, segundo as circunstâncias, permitidos ou proibidos por uma lei civil.

Não é um costume necessário que o cunhado e a cunhada morem na mesma casa. Assim, não é proibido o casamento entre eles, para conservar o pudor dentro de casa; e a lei que o permite ou o proíbe não é a lei da natureza, mas uma lei civil que se baseia nas circunstâncias e depende dos costumes de cada país: são casos em que as leis dependem dos costumes e dos comportamentos.

As leis civis proíbem os casamentos quando, pelos costumes aceitos em certo país, se veem nas mesmas circunstâncias que os que são proibidos pelas leis da natureza; e essas leis os permitem quando os casamentos não se veem em tal caso. As proibições das leis da natureza são invariáveis, porque dependem de algo invariável; o pai, a mãe e as crianças moram necessariamente na casa. Mas as proibições das leis civis são acidentais, porque dependem de uma circunstância acidental; os primos-irmãos e outros habitam a casa acidentalmente.

Isso explica como as leis de Moisés, dos egípcios e de vários outros povos[41] permitem o casamento entre o cunhado e a cunhada, enquanto esses mesmos casamentos são proibidos em outras nações.

Nas Índias, tem-se uma razão muito natural para admitir esse tipo de casamento. O tio é visto como pai, e é obrigado a sustentar e educar os sobrinhos, como se fossem seus próprios filhos: isso vem do caráter desse povo, que é bom e cheio de humanidade. Essa lei ou esse costume produziu um outro: se um marido tiver perdido a mulher, não deixa de desposar a irmã dela[42], e isso é muito natural, pois a nova esposa se torna mãe dos filhos da irmã, e não há madrasta injusta.

---

[41] Vide a lei VIII, no código *de incestis et inutilibus nuptiis*. (N. do A.)
[42] *Lettres édifiantes*, coletânea 14, p. 403. (N. do A.)

Capítulo XV
Que não se devem regular pelos princípios do direito político as coisas que dependem dos princípios do direito civil

Como os homens renunciaram à independência natural para viverem sob leis políticas, renunciaram à comunidade natural dos bens, para viverem sob leis civis.

Essas primeiras leis proporcionam-lhes a liberdade; as segundas, a propriedade. Não se deve decidir pelas leis da liberdade, que, como dissemos, não é senão o império da cidade, o que não deve ser decidido senão pelas leis que dizem respeito à propriedade. É um paralogismo dizer que o bem particular deve ceder ao bem público: isso só ocorre nos casos em que se trata do império da cidade, ou seja, da liberdade do cidadão; tal não ocorre naqueles em que se trata da propriedade dos bens, porque o bem público é sempre que cada qual conserve invariavelmente a propriedade que lhe dão as leis civis.

Afirmava Cícero serem funestas as leis agrárias, porque a cidade só se estabelecera para que cada qual conservasse os seus bens.

Coloquemos, pois, como máxima que quando se trata do bem público, o bem público não é jamais que se prive um particular do seu bem, ou mesmo que lhe retirem uma parte mínima dele por uma lei ou por um regulamento político. Nesse caso, cumpre seguir rigorosamente a lei civil, que é o paládio da propriedade.

Assim, quando o público precisa dos fundos de um particular, não se deve jamais agir pelo rigor da lei política; mas é aí que deve triunfar a lei civil, que, com olhos de mãe, considera cada particular como toda a cidade.

Se o magistrado político quiser fazer algum edifício público, alguma nova estrada, terá de indenizar: o público é, a esse respeito, como um particular que trata com um particular. Já basta que possa obrigar um cidadão a lhe vender a sua herança e lhe retirar o grande privilégio que lhe dá a lei civil, de não poder ser forçado a alienar os seus bens.

Depois que os povos que destruíram os romanos abusaram das suas próprias conquistas, o espírito de liberdade convidou-os ao espírito de equidade; eles exerceram com moderação os mais bárbaros direitos; e, se tivéssemos dúvidas a esse respeito, bastar-nos-ia ler a admirável obra de Beaumanoir, que escreveu sobre a jurisprudência no século XII.

Reformavam-se no seu tempo as grandes estradas, como hoje. Diz ele que, quando uma grande estrada não podia ser reparada, abria-se outra o mais perto possível da antiga; mas indenizavam-se os proprietários, à custa dos que tinham alguma vantagem com a estrada[43]. Regiam-se então pela lei civil; atualmente nos determinamos pela lei política.

Capítulo XVI
Que não se deve decidir pelas regras do direito civil quando se trata de decidir pelas do direito político

Veremos o fundo de todas as questões, se não confundirmos as regras que derivam da propriedade da cidade com as que nascem da liberdade da cidade.

É alienável o domínio[44] de um Estado? Ou não? Essa questão deve ser decidida pela lei política, e não pela lei civil. Não deve ser decidida pela lei civil porque é tão necessário haver um domínio para fazer subsistir o Estado quanto é necessário haver no Estado leis civis que regrem a disposição dos bens.

Se, pois, o domínio for alienado, o Estado será forçado a criar um novo fundo para outro domínio. Mas esse expediente subverte mais uma vez o governo político; porque, pela natureza da coisa, a cada domínio que se estabelecer, o súdito pagará cada vez mais e o soberano receberá cada vez menos; numa palavra, o domínio é necessário, e a alienação não o é.

Nas monarquias, funda-se a ordem de sucessão no bem do Estado, que exige que essa ordem seja definida, para evitar as desgraças que eu disse deverem acontecer no despotismo, em que tudo é incerto, porque tudo é arbitrário.

Não é pela família reinante que se estabelece a ordem de sucessão, mas porque é do interesse do Estado haver uma família reinante. A lei que determina a sucessão dos particulares é uma lei civil, que tem

---

[43] O senhor nomeava cobradores para receber dos camponeses; os fidalgos eram obrigados a contribuir pelo conde; os eclesiásticos, pelo bispo. Beaumanoir, capítulo XXII. (N. do A.)

[44] *Domaine*, no original. O conjunto dos bens e das rendas do Estado. (N. do T.)

como objeto o interesse dos particulares; a que regula a sucessão na monarquia é uma lei política, que tem por objeto o bem e a conservação do Estado.

Segue-se daí que quando a lei política tiver estabelecido num Estado uma ordem de sucessão e essa ordem vier a acabar, será absurdo reivindicar a sucessão, em virtude da lei civil de qualquer povo que seja. Uma sociedade particular não faz leis para outra sociedade. As leis civis dos romanos não são mais aplicáveis do que todas as outras leis civis; eles próprios não as empregaram, quando julgaram os reis: e as máximas pelas quais julgaram os reis são tão abomináveis, que não devem ser revividas.

Segue-se também daí que, quando a lei política fez alguma família renunciar à sucessão, é absurdo querer empregar as restituições tiradas da lei civil. As restituições estão na lei: mas não são boas para os que foram estabelecidos pela lei e vivem para a lei.

É ridículo pretender decidir sobre os direitos dos reinos, das nações e do universo pelas mesmas máximas com base nas quais se decide, entre particulares, acerca de um direito relativo a uma goteira, para me servir de uma expressão de Cícero[45].

Capítulo XVII
Continuação do mesmo assunto

Deve o ostracismo ser examinado pelas regras da lei política, e não pelas regras da lei civil; e esse costume, muito longe de poder aviltar o governo popular, é, ao contrário, muito próprio para provar a sua brandura: e teríamos percebido isso, se, sendo o exílio, entre nós, sempre uma penalidade, tivéssemos podido separar a ideia do ostracismo da de punição.

Diz-nos Aristóteles[46] que todos concordam que essa prática tem algo de humano e de popular. Se, nos tempos e nos lugares em que se exercia tal julgamento, não o consideravam odioso, será que cabe a nós, que vemos as coisas de tão longe, pensar diferentemente dos acusadores, dos juízes e do próprio acusado?

E se atentarmos para o fato de que tal julgamento do povo encheu

---

[45] Livro I, *Das leis*. (N. do A.)
[46] *República*, livro III, capítulo XIII. (N. do A.)

de glória aquele contra o qual era pronunciado; de que, quando se abusou dele em Atenas contra um homem sem mérito[47], cessaram a partir daí de valer-se desse julgamento[48]; veremos que formamos uma falsa ideia acerca dele, e que era admirável a lei que prevenia os maus efeitos que a glória de um cidadão podia produzir, dando-lhe uma nova glória.

Capítulo XVIII
Que se deve examinar se as leis que parecem contradizer-se são da mesma ordem

Permitiu-se em Roma que o marido emprestasse a mulher a outro. Plutarco no-lo diz formalmente[49]; sabemos que Catão emprestou a mulher a Hortênsio[50], e Catão não era alguém que violasse as leis do país.

Por outro lado, era punido[51] o marido que tolerasse a devassidão da mulher, que não a levasse aos tribunais ou a aceitasse de volta depois da condenação. Tais leis parecem contradizer-se, e não se contradizem. A lei que permitia ao romano emprestar a mulher é claramente uma instituição lacedemônia, estabelecida para dar à república filhos de boa espécie, se ousar servir-me desse termo: a outra tinha como objetivo conservar os bons costumes. A primeira era uma lei política; a segunda, uma lei civil.

Capítulo XIX
Que não se deve decidir pelas leis civis aquilo que deve sê-lo pelas leis domésticas

A lei dos visigodos determinava que os escravos fossem obrigados a amarrar o homem e a mulher que surpreendessem em adultério[52], e a

---

[47] Hipérbolo. Vide Plutarco, *Vida de Aristides*. (N. do A.)

[48] Ele se achou em oposição ao espírito do legislador. (N. do A.)

[49] Plutarco, em sua *Comparação entre Licurgo e Numa*. (N. do A.)

[50] Plutarco, *Vida de Catão*. Isto se passou em nossos tempos, diz Estrabão, livro XI. (N. do A.)

[51] Leg. XI, § último ff. *ad leg. Jul. de adult*. (N. do A.)

[52] Lei dos visigodos, livro III, título 4, § 6. (N. do A.)

apresentá-los ao marido e ao juiz: lei terrível, que punha entre as mãos de pessoas vis o cuidado da vingança pública, doméstica e particular!

Tal lei só seria boa nos haréns do Oriente, onde se julga que o escravo encarregado do claustro prevaricou toda vez que alguém prevarique. Ele prende os criminosos, menos para fazê-los serem julgados do que para fazer-se ele mesmo julgar; e conseguir que se investigue, nas circunstâncias da ação, se se pode perder a suspeita de sua negligência.

Mas, nos países em que as mulheres não são enclausuradas, é insensato que a lei civil as submeta, a elas que governam a casa, à inquisição dos escravos.

Tal inquisição poderia no máximo ser, em alguns casos, uma lei doméstica particular, e jamais uma lei civil.

Capítulo XX
Que não se devem decidir pelos princípios das leis civis as coisas que pertencem ao direito das gentes

Consiste a liberdade sobretudo em não podermos ser forçados a fazer algo que a lei não ordene; e só estamos nesse estado porque somos governados por leis civis: somos, portanto, livres porque vivemos sob leis civis.

Segue-se daí que os príncipes, que não vivem entre eles sob as leis civis, não são livres; são governados pela força; podem continuamente forçar ou ser forçados. Segue-se daí, ainda, que os tratados que fizeram pela força são tão obrigatórios quanto os que teriam feito de bom grado. Quando nós, que vivemos sob leis civis, somos obrigados a fazer algum contrato que a lei não exige, podemos, com ajuda da lei, recuperar-nos da violência sofrida; mas um príncipe, que está sempre nesse Estado em que ou força ou é forçado, não pode queixar-se de um tratado a que foi obrigado a assinar pela violência. É como se ele se queixasse do seu estado natural: é como se quisesse ser príncipe em relação aos outros príncipes e que os outros príncipes fossem cidadãos em relação a ele, ou seja, contrariar a natureza das coisas.

Capítulo XXI
Que não se devem decidir pelas leis políticas as coisas que pertencem ao direito das gentes

Exigem as leis políticas que todo homem esteja sujeito aos tribunais criminais e civis do país onde está e à animadversão do soberano.

O direito das gentes determinou que os príncipes enviassem embaixadores uns aos outros; e a razão, tirada da natureza da coisa, não permitiu que esses embaixadores dependessem do soberano para junto dos quais foram enviados, nem dos seus tribunais. São eles a palavra do príncipe que os envia, e tal palavra deve ser livre. Nenhum obstáculo deve impedi-los de agir. Podem muitas vezes desagradar, porque falam por um homem independente. Crimes poderiam ser-lhes imputados, se pudessem ser punidos por crimes; dívidas poderiam ser-lhes atribuídas, se pudessem ser presos por dívidas. Um príncipe que tenha uma natural altivez falaria pela boca de um homem que tivesse tudo a temer. Cumpre, pois, seguir, no que se refere aos embaixadores, as razões tiradas do direito das gentes, e não as que derivam do direito político. Pois, se abusarem de seu ser representativo, fazem-no cessar, mandando-os de volta para seu país: podem até ser acusados ante seu senhor, que com isso se torna ou juiz ou cúmplice deles.

Capítulo XXII
Infeliz sorte do inca Athualpa

Os princípios que acabamos de estabelecer foram cruelmente violados pelos espanhóis. O inca Athualpa só podia ser julgado pelo direito das gentes[53]; eles o julgaram por leis políticas e civis. Acusaram-no de ter mandado matar alguns de seus súditos, de ter tido muitas mulheres, etc. E o cúmulo da estupidez foi que não o condenaram pelas leis políticas e civis do seu próprio país, mas pelas leis políticas e civis deles, espanhóis.

---

[53] Vide o inca Garcilaso de la Vega, p. 108. (N. do A.)

Capítulo XXIII
Que, quando, por alguma circunstância, a lei política destrói o Estado, deve-se decidir pela lei política que o conserva, que se torna por vezes um direito das gentes

Quando a lei política, que estabeleceu no Estado certa ordem de sucessão, se torna destruidora do corpo político para o qual foi feita, não se deve duvidar de que outra lei política possa mudar essa ordem; e essa mesma lei, muito longe de se opor à primeira, ser-lhe-á, no fundo, completamente conforme, pois ambas dependerão deste princípio: A SALVAÇÃO DO POVO É A LEI SUPREMA.

Disse eu que, tendo um grande Estado[54] se tornado acessório de outro, se debilitava a si mesmo e até ao principal. Sabemos que o Estado tem interesse em ter o seu chefe em seu território, que as rendas sejam bem administradas, que a moeda não saia para enriquecer outro país. É importante que aquele que deve governar não esteja imbuído de máximas estrangeiras; estas convêm menos do que as que já estão estabelecidas; de resto, os homens têm um prodigioso apego às leis e aos costumes; eles são a felicidade das nações; é raro mudá-los sem grandes sobressaltos e grande efusão de sangue, como o demonstram as histórias de todos os países.

Segue-se daí que, se um grande Estado tem como herdeiro o possuidor de um grande Estado, o primeiro pode muito bem excluí--lo, porque é útil a ambos os Estados que a ordem da sucessão seja mudada. Assim a lei da Rússia, instituída no começo do reinado de Isabel, mui prudentemente exclui todo herdeiro que possuísse outra monarquia; assim a lei de Portugal rejeita todo estrangeiro que fosse chamado à coroa pelo direito de sangue.

Pois, se uma nação pode excluir, tem ela, com mais forte razão, o direito de fazer renunciar. Se teme que certo casamento tenha consequências que possam fazê-la perder a independência ou lançá-la na divisão, poderá muito bem fazer renunciarem os contratantes e aqueles que deles nascerem a todos os direitos que teriam sobre essa nação: e aquele que renuncia e aqueles contra quem se renuncia não

---

[54] Vide acima, livro V, capítulo XIV; livro VIII, capítulos XVI, XVII, XVIII, XIX e XX; livro IX, capítulos IV, V, VI e VII; e livro X, capítulos IX e X. (N. do A.)

poderão queixar-se, pois o Estado teria podido instituir uma lei para excluí-los.

Capítulo XXIV
Que os regulamentos de polícia são de ordem diferente da de outras leis civis

Há criminosos que o magistrado pune, outros há que corrige; os primeiros estão submetidos ao poder da lei, os outros à sua autoridade; aqueles são excluídos da sociedade, estes são obrigados a viver segundo as regras da sociedade.

No exercício da polícia, quem pune é mais o magistrado do que a lei; nos julgamentos dos crimes, quem pune é mais a lei do que o magistrado. As questões de polícia são coisas de cada instante e por ordinário pequenas: não são pois necessárias muitas formalidades. As ações da polícia são rápidas e se exercem sobre coisas que tornam a acontecer todos os dias: não são próprias da polícia as grandes punições. Ocupa-se perpetuamente de pormenores: os grandes exemplos, portanto, não são para ela. Tem mais regulamentos do que leis. A gente sujeita à polícia está sempre à vista dos magistrados; é, pois, culpa do magistrado se cair em excessos. Assim, não se devem confundir as grandes violações das leis com a violação da mera polícia: são coisas de ordem diferente.

Segue-se daí que não se conformaram à natureza das coisas naquela república italiana[55] em que o porte de armas de fogo é punido como crime capital e não é mais fatal fazer mau uso delas do que portá-las.

Segue-se daí também que o tão louvado ato daquele imperador que mandou empalar um padeiro pego em flagrante quando cometia uma fraude é um ato de sultão, que só sabe ser justo exagerando a justiça.

---

[55] Veneza. (N. do A.)

Capítulo XXV
Que não se devem seguir as disposições gerais do direito civil quando se trata de coisas que devam ser submetidas a regras particulares, tiradas de sua própria natureza

É boa a lei segundo a qual são nulas todas as obrigações civis acertadas no curso de uma viagem entre os marujos num navio? Diz-nos François Pirard[56] que, no seu tempo, essa lei não era observada pelos portugueses, mas, sim, pelos franceses. Pessoas que só estão juntas por pouco tempo; que não têm necessidades, pois o príncipe a tudo provê; que só podem ter um objetivo, o de sua viagem; que já não estão na sociedade, mas são cidadãos do navio, não devem contrair essas obrigações que só foram introduzidas para suportar os encargos da sociedade civil.

Neste mesmo espírito, a lei dos ródios, feita numa época em que sempre se seguia a costa, determinava que aqueles que durante a tempestade permanecessem no navio ficassem com o navio e a carga; e que os que o deixassem não ficassem com nada.

---

[56] Capítulo XIV, parte 12. (N. do A.)

SEXTA PARTE

LIVRO XXVII

Capítulo único
Da origem e das revoluções das leis dos romanos sobre as sucessões

Esta matéria está ligada a instituições de antiguidade muito remota; e, para nela penetrar a fundo, seja-me permitido buscar nas primeiras leis dos romanos o que, pelo que sei, nelas não foi visto até hoje.

Sabemos que Rômulo compartilhou as terras do seu pequeno Estado com os cidadãos[1]; parece-me que é de lá que derivam as leis de Roma sobre as sucessões.

A lei da divisão das terras exigiu que os bens de uma família não passassem para outra; seguiu-se daí que só houve dois tipos de herdeiros estabelecidos pela lei[2]: os filhos e todos os descendentes que viviam sob o poder do pai, chamados *sui haeredes*; e, na falta deles, os parentes mais próximos por linha masculina, os chamados agnatos.

Seguiu-se ainda que os parentes por linha feminina, os chamados cognatos, não deviam suceder; pois teriam transportado os bens para outra família; e isso foi assim estabelecido.

Seguiu-se também daí que os filhos não deviam suceder à mãe, nem a mãe aos filhos; isso teria levado os bens de uma família para

---

[1] Dionísio de Halicarnasso, livro II, capítulo III. Plutarco, em sua *Comparação entre Numa e Licurgo*. (N. do A.)

[2] *Ast si intestatus maritur, cui faus haeres nec extabit, agnatus proximus familiam habeto.* Fragmento da lei das Doze Tábuas, em Ulpiano, título último. (N. do A.)

outra. Assim, vemo-los excluídos na lei das Doze Tábuas[3]; esta só convidava à sucessão os agnatos, e o filho e a mãe não o eram entre si.

Era indiferente, porém, que o *sui haeredes*, ou, na falta dele, o agnato mais próximo, fosse varão ou mulher; porque, como os parentes do lado materno não herdavam, ainda que uma mulher herdeira se casasse, os bens sempre voltavam à família de que haviam saído. É por isso que não se distinguia, na lei das Doze Tábuas, se a pessoa que herdava era homem ou mulher[4].

Isso fez que, embora os netos pelo filho sucedessem ao avô, os netos pela filha não sucedessem a ele: pois, para que os bens não passassem para outra família, eram-lhes preferidos os agnatos. Assim a filha sucedeu ao pai, e não os filhos dela[5].

Assim, entre os primeiros romanos, as mulheres herdavam, quando isso concordava com a lei da divisão das terras; e não herdavam, quando isso podia contrariá-la.

Tais foram as leis de sucessão entre os primeiros romanos; e, como eram uma dependência natural da constituição e derivavam da partilha das terras, vemos bem que não tiveram uma origem estrangeira e não foram uma daquelas leis trazidas pelos deputados enviados às cidades gregas.

Diz-nos Dionísio de Halicarnasso[6] que Sérvio Túlio, ao ver abolidas as leis de Rômulo e de Numa sobre a divisão das terras, restabeleceu-as e fez outras novas, para dar às antigas um novo peso. Assim, não há dúvida de que as leis que acabamos de mencionar, instituídas em consequência dessa divisão, são obra destes três legisladores de Roma.

Tendo sido a ordem de sucessão estabelecida em consequência de uma lei política, um cidadão não devia perturbá-la por uma vontade particular; isto é, nos primeiros tempos de Roma, não devia ser permitido deixar testamento. Teria sido duro, porém, ver-se privado, nos últimos momentos, do comércio dos favores.

Encontraram um jeito de conciliar, a esse respeito, as leis com a

---

[3] Vide os *Fragmentos* de Ulpiano, § 8, título 26, inst. tit. 3, *in proemio ad sen. cons. Tertullianum*. (N. do A.)

[4] Paulo, livro IV, *de sent.*, título 8, § 3. (N. do A.)

[5] *Inst.*, livro III, título I, § 15. (N. do A.)

[6] Livro IV, p. 276. (N. do A.)

vontade dos particulares. Foi permitido dispor dos seus bens numa assembleia do povo; e cada testamento foi, por assim dizer, um ato do poder legislativo.

A lei das Doze Tábuas permite a quem fazia o seu testamento escolher como herdeiro o cidadão que quisesse. A razão que fez que os romanos restringissem tanto o número dos que podiam herdar *ab intestato* foi a lei da partilha de terras; e a razão pela qual tanto ampliaram a faculdade de testar foi que, como o pai tinha a faculdade de vender os filhos[7], podia, com mais forte razão, privá-los dos seus bens. Eram, portanto, efeitos diferentes, pois decorriam de princípios diversos; e esse é o espírito das leis romanas a esse respeito.

As antigas leis de Atenas não permitiam ao cidadão fazer testamento. Permitiu-o Sólon[8], salvo para os que tinham filhos; e os legisladores de Roma, imbuídos da ideia do poder paterno, permitiram testar até em prejuízo dos filhos. Cumpre admitir que as antigas leis de Atenas foram mais consequentes do que as leis de Roma. A permissão indefinida de deixar testamento, concedida em Roma, foi aos poucos arruinando a disposição política sobre a partilha das terras; tal permissão introduziu, mais do que qualquer outra coisa, a funesta diferença entre as riquezas e a pobreza; muitas partes foram reunidas nas mãos de uma mesma pessoa; alguns cidadãos receberam demais, um sem-número de outros não recebeu nada. Por isso o povo, continuamente privado de sua parte, pediu sem cessar uma nova distribuição das terras. Pediu-a tanto num tempo em que a frugalidade, a parcimônia e a pobreza eram a marca distintiva dos romanos como nos tempos em que o luxo foi levado ao excesso.

Como os testamentos são propriamente uma lei feita na assembleia do povo, aqueles que estavam no exército se viam privados da faculdade de testar. Deu o povo aos soldados o poder de fazer[9], diante de alguns companheiros, as disposições que teriam feito diante dele[10].

---

[7] Dionísio de Halicarnasso prova, por uma lei de Numa, que a lei que permitia ao pai vender três vezes o filho era uma lei de Rômulo, não dos decênviros, livro II. (N. do A.)

[8] Vide Plutarco, *Vida de Sólon*. (N. do A.)

[9] Este testamento, chamado *in procinctu*, era diferente do que se chamou militar, que só foi estabelecido pelas constituições dos imperadores, leg. I, ff. *de militari testamento*: foi um de seus mimos aos soldados. (N. do A.)

[10] Este testamento não era redigido e não tinha formalidades, *sine libra et tabulis*, como diz Cícero, livro I de *O orador*. (N. do A.)

Reuniam-se as grandes assembleias do povo só duas vezes por ano; o povo, aliás, tinha aumentado, e os problemas também: julgou-se que convinha permitir a todos os cidadãos fazer seu testamento diante de alguns cidadãos romanos adultos[11], que representassem o corpo do povo; tomavam-se cinco cidadãos[12], diante dos quais o herdeiro comprava do testador a sua família, ou seja, a sua herança[13]; outro cidadão trazia uma balança para pesar o seu preço, pois os romanos ainda não tinham moeda[14].

Parece que esses cinco cidadãos representassem as cinco classes do povo; e que não se contasse a sexta, composta de gente que nada tinha.

Não devemos dizer, com Justiniano, que eram imaginárias essas vendas: estas se tornaram tais; mas no começo não o eram. A maioria das leis que regularam em seguida os testamentos teve origem na realidade dessas vendas; a prova disso encontra-se nos fragmentos de Ulpiano[15]. O surdo, o mudo, o pródigo não podiam fazer testamento; o surdo, porque não podia ouvir as palavras do comprador da família; o mudo, porque não podia pronunciar os termos da nomeação; o pródigo, porque, como toda gestão de negócios lhe era proibida, não podia vender a família. Deixo de lado os outros exemplos.

Sendo feitos os testamentos na assembleia do povo, eram mais atos do direito político do que do direito civil; do direito público, mais do que do direito privado: seguia-se daí que o pai não podia permitir que o filho, que estava sob seu poder, fizesse um testamento.

Para a maioria dos povos, os testamentos não estão sujeitos a mais formalidades do que os contratos comuns; porque uns e outros são só expressões da vontade daquele que contrata, que pertencem igualmente ao direito privado. Mas em Roma, onde os testamentos derivavam do direito público, tinham formalidades maiores do que os outros atos[16]; e isso subsiste ainda hoje nas regiões da França que se regem pelo direito romano.

---

[11] *Inst.*, livro II, título 10, § 1; Aulo Gélio, livro XV, capítulo XXVII. Chamaram este tipo de testamento *per as et libram*. (N. do A.)

[12] Ulpiano, título 10, § 2. (N. do A.)

[13] Teófilo, *Inst.*, livro II, título 10. (N. do A.)

[14] Só passaram a tê-la no tempo da guerra de Pirro. Tito Lívio, falando do cerco de Veios, diz: *Nundum argentum signatum erat*, livro IV. (N. do A.)

[15] Tít. 20, § 13. (N. do A.)

[16] *Inst.*, livro II, título 10, § 1. (N. do A.)

Sendo os testamentos, como disse, uma lei do povo, deviam ser feitos com a força do mandamento e por palavras que foram chamadas diretas e imperativas. Daí se estabeleceu uma regra de que não se poderia dar nem transmitir sua herança, senão por palavras de mando[17]: donde se seguiu que se podia, em certos casos, fazer uma substituição[18] e ordenar que a herança passasse para outro herdeiro; mas nunca se podia fazer fideicomissos[19], ou seja, encarregar alguém, em forma de pedido, de repassar a outro a herança ou parte dela.

Quando o pai não instituía nem deserdava o filho, o testamento era anulado; mas era válido, embora não instituísse nem deserdasse a filha. Compreendo a razão disso. Quando não instituía nem deserdava o filho prejudicava o neto, que herdaria *ab intestato* do pai; mas, ao não instituir nem deserdar a filha, não prejudicava em nada os filhos dela, que não sucederiam *ab intestato* à mãe[20], porque não eram *sui haeredes* nem agnatos.

Não tendo pensado senão em seguir o espírito da partilha das terras, as leis dos primeiros romanos acerca das sucessões não limitaram suficientemente as riquezas das mulheres e com isso deixaram uma porta aberta para o luxo, que é sempre inseparável dessas riquezas. Entre a segunda e a terceira guerra púnica, começaram a perceber o mal; instituíram a lei Voconiana[21]. E, como considerações muito amplas determinaram sua instituição, como não nos restam senão poucos monumentos sobre ela e como até agora só falei a seu respeito de maneira muito confusa, vou explicá-la.

Cícero conservou para nós um fragmento dela, que proíbe que se institua herdeira uma mulher, quer casada, quer não[22].

O epítome de Tito Lívio, em que se fala dessa lei, não diz mais

---

[17] Titius, sê meu herdeiro. (N. do A.)

[18] A vulgar, a pupilar e a exemplar. (N. do A.)

[19] Augusto, por motivos particulares, começou a autorizar os fideicomissos, *Inst.*, livro II, título 23, § 1. (N. do A.)

[20] *Ad liberos matris intestatae haereditas*, leg. XII tab., *non pertinebat, quia foeminae suos haeredes non habent*, Ulpiano, *Fragmentos*, título 26, § 7. (N. do A.)

[21] Foi proposta por Quinto Vocônio, tribuno do povo. Vide Cícero, *Segunda arenga contra Verres*. No *Epítome* de Tito Lívio, livro XLI, deve-se ler Vocônio em vez de Volúmnio. (N. do A.)

[22] *Sanxit* [...] *ne quis haeredem virginem neve mulierem faceret*. Cícero, *Segunda arenga contra Verres*. (N. do A.)

do que isso[23]. Fica claro, por Cícero[24] e por Santo Agostinho[25], que a filha e até mesmo a filha única estavam incluídas na proibição.

Catão, o Velho, ajudou com todo o seu poder a aprovação da lei[26]. Aulo Gélio cita um fragmento da arenga que ele pronunciou naquela ocasião[27]. Ao impedir as mulheres de herdar, quis prevenir as causas do luxo; como, ao tomar a defesa da lei Opiana, quis deter o luxo em si.

Nas institutas de Justiniano[28] e de Teófilo[29], fala-se de um capítulo da lei Voconiana que restringia a faculdade de legar. Ao ler esses autores, não há ninguém que não pense que tal capítulo tenha sido feito para evitar que a sucessão fosse tão exaurida por legados, que o herdeiro se recusasse a aceitá-la. Não era esse, porém, o espírito da lei Voconiana. Acabamos de ver que o seu objetivo era impedir as mulheres de receberem qualquer sucessão. O capítulo da lei que estabelecia limites à faculdade de legar participava desse objetivo; pois, se se pudesse legar o quanto se quisesse, as mulheres poderiam receber, como legado, o que não poderiam obter como sucessão.

A lei Voconiana foi feita para prevenir a riqueza excessiva das mulheres. Deviam, pois, privá-las das sucessões consideráveis, e não das que não podiam sustentar o luxo. A lei definia certa soma que devia ser dada às mulheres que ela privava da sucessão. Cícero[30], que nos comunica esse fato, não nos diz qual fosse essa soma; mas Díon diz que era de cem mil sestércios[31].

A lei Voconiana foi feita para regular as riquezas, e não para regular a pobreza; assim, diz-nos Cícero[32] que só estatuía sobre os que estavam inscritos no censo.

Isso forneceu um pretexto para se eludir a lei. Sabe-se que os romanos eram extremamente formalistas; e dissemos, mais acima,

---

[23] *Legem tulit, ne quis haeredem mulierem institueret*, livro XLI. (N. do A.)

[24] *Segunda arenga contra Verres*. (N. do A.)

[25] Livro III da *Cidade de Deus*. (N. do A.)

[26] *Epítome* de Tito Lívio, livro XLI. (N. do A.)

[27] Livro XVII, capítulo VI. (N. do A.)

[28] *Inst.*, livro II, título 22. (N. do A.)

[29] Livro II, título 22. (N. do A.)

[30] *Nemo censuit plus Fadiae dandum, quam posset ad eam lege Voconia pervenire*. Cícero, *De finibus boni et mali*, livro II. (N. do A.)

[31] *Cum lege Voconia mulieribus prohiberetur ne qua majorem centum millibus nummum haereditatem posset adire*, livro LVI. (N. do A.)

[32] *Qui census esset. Segunda arenga contra Verres*. (N. do A.)

que o espírito da república era seguir a letra da lei. Houve pais que não se inscreveram no censo, para poder deixar sua sucessão para a filha: e os pretores julgaram que não se violava a lei Voconiana, pois não se violava a sua letra.

Um certo Ânio Aselo instituíra a filha como única herdeira. Ele podia fazer isso, diz Cícero; a lei Voconiana não o impedia, porque ele não estava no censo[33]. Sendo pretor, Verres privara a filha da sucessão: sustenta Cícero que Verres fora corrompido, pois, sem isso, não teria invertido uma ordem que os outros pretores haviam seguido.

Quem eram esses cidadãos ausentes do censo que compreendia todos os cidadãos? Mas, segundo a instituição de Sérvio Túlio, citada por Dionísio de Halicarnasso[34], todo cidadão que não se inscrevesse no censo se tornava escravo: o próprio Cícero diz que um tal homem perdia a liberdade[35]; diz Zonaras o mesmo. Devia, pois, haver uma diferença entre não estar no censo segundo o espírito da lei Voconiana e não estar no censo segundo o espírito das instituições de Sérvio Túlio.

Aqueles que não se haviam inscrito nas cinco primeiras classes, em que as pessoas eram postas proporcionalmente aos seus bens[36], não estavam no censo segundo o espírito da lei Voconiana; aqueles que não estavam inscritos em alguma das seis classes ou que não eram incluídos pelos censores entre os chamados *aerarii* não estavam no censo segundo as instituições de Sérvio Túlio. Tal era a força da natureza, que alguns pais, para eludirem a lei Voconiana, consentiam em ter a vergonha de serem confundidos na sexta classe com os proletários e com os que eram taxados por cabeça ou talvez até em ser inscritos nas tábuas dos ceretanos[37].

Dissemos que a jurisprudência dos romanos não admitia os fideicomissos. Introduziu-os a esperança de eludir a lei Voconiana: instituía-se um herdeiro capaz de receber pela lei e lhe rogavam entregasse a sucessão a uma pessoa que fora excluída pela lei. Esse novo jeito de dispor teve efeitos muito diferentes. Uns devolveram a herança; e o ato de Sexto Peduco foi notável[38]. Deram-lhe uma

---

[33] *Census non erat*. Ibid. (N. do A.)

[34] Livro IV. (N. do A.)

[35] *In oratione pro Caecinna*. (N. do A.)

[36] Estas cinco primeiras classes eram tão consideráveis que por vezes os autores enumeram apenas cinco no total. (N. do A.)

[37] *In Caeritum tabulas referri; aerarius fieri*. (N. do A.)

[38] Cícero, *De finibus boni et mali*, livro II. (N. do A.)

grande sucessão; não havia ninguém no mundo além dele mesmo que soubesse que lhe haviam pedido que a entregasse: ele foi encontrar a viúva do testador e lhe deu todos os bens do marido.

Outros guardaram para si a sucessão; e o exemplo de P. Sextílio Rufo também ficou famoso porque Cícero o usou nas suas disputas contra os epicuristas[39]. "Na minha juventude", diz ele, "pediu-me Sextílio que o acompanhasse à casa de amigos, para deles saber se devia entregar a herança de Quinto Fádio Galo a Fádia, sua filha. Reunira muitos jovens e também personagens muito sérios; e nenhum opinou que ele devesse dar a Fádia mais do que ela devia receber pela lei Voconiana. Sextílio recebeu então uma grande herança, de que não teria conservado um sestércio sequer, se tivesse preferido o que era justo e honesto ao que era útil. Posso crer", acrescenta ele, "que vós teríeis devolvido a herança; posso até crer que Epicuro a teria devolvido; mas vós não teríeis seguido os vossos princípios". Farei aqui algumas reflexões.

É uma desgraça da condição humana que os legisladores sejam obrigados a fazer leis que combatem os próprios sentimentos naturais: foi o caso da lei Voconiana. Isso porque os legisladores estatuem mais sobre a sociedade do que sobre o cidadão, e sobre o cidadão mais do que sobre o homem. A lei sacrificava tanto o cidadão quanto o homem, e só pensava na república. Um homem pedia ao amigo que entregasse a sua sucessão à filha: a lei desprezava, na filha, a piedade filial; não tinha nenhuma consideração por aquele que estava encarregado de devolver a herança, que se achava em circunstâncias terríveis. Devolvê-la? Seria mau cidadão. Guardá-la para si? Seria um homem desonesto. Só as pessoas de bom caráter pensavam em eludir a lei; só se podiam escolher as pessoas honestas para eludir a lei: pois é sempre um triunfo a conquistar sobre a avareza e as volúpias, e só as pessoas honestas obtêm esse tipo de triunfo. Talvez fosse rigoroso demais considerá-los por isso como maus cidadãos. Não é impossível que o legislador tivesse alcançado grande parte do seu objetivo se a lei fosse tal, que não forçasse as pessoas honestas a eludi-la.

No tempo em que foi feita a lei Voconiana, os costumes haviam conservado algo de sua antiga pureza. Fizeram por vezes intervir a consciência pública em favor da lei e mandaram jurar que seria

---

[39] Id., ibid. (N. do A.)

observada[40]; assim, a probidade guerreava, por assim dizer, contra a probidade. Mas, nos últimos tempos, os costumes se corromperam a ponto de os fideicomissos passarem a ter menos força para eludir a lei Voconiana do que essa lei para se fazer obedecer.

As guerras civis fizeram perecer um número infinito de cidadãos. Sob Augusto, Roma se viu quase deserta; cumpria repovoá-la. Instituíram as leis Papianas, em que nada se omitiu do que pudesse encorajar os cidadãos a se casar e ter filhos[41]. Um dos principais recursos foi aumentar, para aqueles que se prestassem às intenções da lei, as esperanças de suceder e diminuí-las para quem as rejeitasse; e, como a lei Voconiana tornara as mulheres incapazes de suceder, a lei Papiana fez, em certos casos, cessar tal proibição.

As mulheres[42], sobretudo as que tivessem filhos, tornaram-se capazes de receber em virtude do testamento do marido; elas puderam, quando tivessem filhos, receber em virtude do testamento de estranhos; tudo isso contra a disposição da lei Voconiana; e é notável que não se tenha abandonado completamente o espírito dessa lei. Por exemplo, a lei Papiana[43] permitia a um homem que tivesse um filho[44] receber toda a herança pelo testamento de um estranho; tal lei só concedia a mesma graça à mulher quando ela tivesse três filhos[45].

É importante notar que a lei Papiana não tornou as mulheres que tivessem três filhos capazes de suceder, senão em virtude do testamento de estranhos; e que, em relação à sucessão de parentes, deixou intacta a vigência das leis antigas e da lei Voconiana[46]. Mas isso não subsistiu.

Corrompida pelas riquezas de todas as nações, Roma mudara de

---

[40] Dizia Sextílio que jurara observá-la. Cícero, *De finibus boni et mali*, livro II. (N. do A.)

[41] Vide o que disse a este respeito no livro XXIII, capítulo XXI. (N. do A.)

[42] Vide a este respeito os *Fragmentos* de Ulpiano, título 15, § 16. (N. do A.)

[43] Encontra-se a mesma diferença em muitas disposições da lei Papiana. Vide os *Fragmentos* de Ulpiano, § 4 e 5, título último; e o mesmo, no mesmo título, § 6. (N. do A.)

[44] *Quod tibi filiolus, vel filia, nascitur ex me, / Jura parentis habes; propter me scriberis haeres* (Juvenal, sát. IX). (N. do A.)

[45] Vide a lei IX, código Teodosiano, *de bonis proscriptorum*; e título 29, § 3. (N. do A.)

[46] *Fragmentos* de Ulpiano, título 16, § 1; Sozômeno, livro I, capítulo XIX. (N. do A.)

costumes; não se pensou mais em deter o luxo das mulheres. Aulo Gélio[47], que vivia sob Adriano, nos diz que, no seu tempo, a lei Voconiana estava quase extinta; foi submergida pela opulência da cidade. Assim, encontramos nas sentenças de Paulo[48], que vivia sob Níger, e nos fragmentos de Ulpiano[49], que era do tempo de Alexandre Severo, que as irmãs do lado paterno podiam suceder e só os parentes de grau mais distante estavam sujeitos à proibição da lei Voconiana.

As antigas leis de Roma começavam a parecer duras; e os pretores não foram mais tocados senão por motivos de equidade, de moderação e de decoro.

Vimos que, pelas antigas leis de Roma, as mães não participavam da sucessão dos filhos. A lei Voconiana foi mais uma razão para excluí-las. Mas o imperador Cláudio deu às mães a sucessão dos filhos, como consolo pela perda deles: o senatus-consulto Tertuliano, instituído sob Adriano[50], concedeu a elas tal sucessão quando tinham três filhos, se fossem ingênuas; ou quatro, se fossem forras. É claro que esse senatus-consulto era apenas uma extensão da lei Papiana, que, no mesmo caso, concedera às mulheres as sucessões que lhes eram passadas por estranhos. Por fim, Justiniano[51] lhes concedeu a sucessão, independentemente do número de filhos.

As mesmas causas que fizeram que se restringisse a lei que impedia as mulheres de suceder fizeram que se derrubasse aos poucos a que prejudicara a sucessão dos parentes por linha feminina. Tais leis eram muito conformes ao espírito de uma boa república, em que se deve agir de forma que esse sexo não possa valer-se, para o luxo, nem das riquezas, nem da esperança de riquezas. Ao contrário, como o luxo da monarquia torna o casamento oneroso e custoso, é preciso ser convidado a ele, tanto pelas riquezas que as mulheres podem dar, quanto pela esperança das heranças que elas podem proporcionar. Assim, quando se estabeleceu a monarquia em Roma, todo o sistema de sucessões foi mudado. Os pretores convocaram os parentes pelo

---

[47] Livro XX, capítulo I. (N. do A.)

[48] Livro IV, título 8, § 3. (N. do A.)

[49] Título 26, § 6. (N. do A.)

[50] Ou seja, o imperador Pio, que tomou o nome de Adriano por adoção. (N. do A.)

[51] Leg. II, cód. *de jure liberorum*, *Inst.*, livro III, título 3, § 4, *de senatus-consult. Tertulliano*. (N. do A.)

lado das mulheres, na falta dos parentes pelo lado dos varões; ao passo que, pelas antigas leis, os parentes pelo lado feminino jamais eram chamados. O senatus-consulto Orfitiano chamou os filhos à sucessão da mãe; e os imperadores Valentiniano, Teodósio e Arcádio[52] chamaram os netos pela filha à sucessão do avô. Por fim, o imperador Justiniano suprimiu qualquer vestígio do direito antigo acerca das sucessões: estabeleceu três ordens de herdeiros, os descendentes, os ascendentes, os colaterais, sem nenhuma distinção entre os homens e as mulheres, entre os parentes pelo lado feminino e os parentes pelo lado masculino; e ab-rogou todas as que permaneciam a esse respeito[53]. Julgou seguir a própria natureza, ao afastar-se do que chamou complicações da antiga jurisprudência.

[52] Leg. IX, cód. *de suis et legitimis liberis*. (N. do A.)
[53] Leg. XII, ibid.; e as novelas 118 e 127. (N. do A.)

LIVRO XXVIII
Da origem e das revoluções das leis civis entre os franceses

In nova sert animus mutatas dicere formas
Corpora...
OVÍDIO, *Metam.*

Capítulo I
Do caráter diferente das leis dos povos germânicos

Tendo os francos saído de seu país, mandaram os sábios de sua nação redigir as leis sálicas[1]. Tendo a tribo dos francos ripuários se unido, sob Clóvis[2], à dos francos salianos, conservou seus costumes; e Teodorico[3], rei da Austrásia, mandou que fossem postos por escrito. Recolheu ele também os costumes dos bávaros e dos alemães[4] que dependiam do seu reino. Pois, como a Germânia estava enfraquecida pela saída de tantos povos, os francos, depois de terem conquistado terras à sua frente, haviam dado um passo atrás e estabelecido seu domínio sobre as florestas de seus pais. Parece que o código dos turíngios foi dado pelo mesmo Teodorico[5], pois os

---

[1] Vide o prólogo da lei sálica. Diz o sr. de Leibniz, em seu tratado sobre *A origem dos francos*, que essa lei foi feita antes do reinado de Clóvis; esta, porém, não pode ter sido instituída antes de os francos saírem da Germânia: eles não entendiam, na época, a língua latina. (N. do A.)

[2] Vide Gregório de Tours. (N. do A.)

[3] Vide o prólogo da lei dos bávaros e o da lei sálica. (N. do A.)

[4] Ibid. (N. do A.)

[5] *Lex Angliorum Werinorum, hoc est, Thuringorum*. (N. do A.)

turíngios também eram seus súditos. Tendo os frisões sido submetidos por Carlos Martel e Pepino, sua lei não é anterior a esses príncipes[6]. Carlos Magno, que foi o primeiro a domar os saxões, deu-lhes a lei que temos. Basta ler esses dois últimos códigos para ver que saem das mãos dos vencedores. Tendo os visigodos, os borguinhões e os lombardos fundado reinos, mandaram escrever as suas leis, não para fazer que os povos vencidos adotassem seus costumes, mas para eles mesmos seguirem-nos.

Há nas leis sálicas e ripuárias, nas dos alemães, dos bávaros, dos turíngios e dos frisões uma admirável simplicidade: nelas encontramos uma rudeza original e um espírito que não fora debilitado por outro espírito. Tais leis pouco mudaram, porque esses povos, com exceção dos francos, permaneceram na Germânia. Os próprios francos ali fundaram grande parte do seu império: assim, todas as suas leis eram germânicas. O mesmo não aconteceu com as leis dos visigodos, dos lombardos e dos borguinhões; estas perderam muito de seu caráter, porque esses povos, que se estabeleceram em suas novas moradas, perderam muito do seu.

O reino dos borguinhões não subsistiu por tempo suficiente para que as leis do povo vencedor pudessem receber grandes mudanças. Gundebaldo e Sigismundo, que recolheram seus costumes, foram quase os seus últimos reis. As leis dos lombardos receberam antes adições do que modificações. As de Rotáris foram seguidas das de Grimoaldo, de Luitprando, de Rachis, de Astulfo; mas não ganharam forma nova. Não aconteceu o mesmo com as leis dos visigodos[7]; seus reis refundiram-nas e mandaram que o clero as refundisse.

Os reis da primeira raça suprimiram nas leis sálicas e ripuárias aquilo que não podia absolutamente conciliar-se com o cristianismo: mas deixaram todo o seu fundo[8]. É o que não se pode dizer das leis dos visigodos.

As leis dos borguinhões e sobretudo as dos visigodos admitiram

---

[6] Eles não sabiam escrever. (N. do A.)

[7] Eurico proclamou-as, Leovigildo corrigiu-as. Vide a crônica de Isidoro. Chaindassuinto e Recessuinto reformaram-nas. Egigas mandou compor o código que temos e disso encarregou os bispos; conservaram-se, porém, as leis de Chaindassuinto e de Recessuinto, como fica claro no décimo sexto concílio de Toledo. (N. do A.)

[8] Vide o prólogo da lei dos bávaros. (N. do A.)

as penas corporais. As leis sálicas e ripuárias não as admitiram[9]; estas conservaram melhor o seu caráter.

Os borguinhões e os visigodos, cujas províncias estavam expostas, procuraram conciliar-se com os antigos habitantes e dar-lhes as mais imparciais leis civis[10]; os reis de França, porém, seguros de seu poder, não tiveram tais escrúpulos[11].

Os saxões, que viviam sob o império dos francos, tiveram um humor indomável e teimaram em se revoltar. Encontramos em suas leis[12] um rigor do vencedor que não vemos nos outros códigos bárbaros de leis.

Vemos nelas o espírito das leis dos germanos nas penas pecuniárias, e o do vencedor nas penas aflitivas.

Os crimes cometidos em seu país são punidos corporalmente; e não se segue o espírito das leis germânicas senão na punição dos perpetrados fora de seu território.

Declara-se ali que, para os seus crimes, jamais terão paz; e lhes recusam asilo até nas igrejas.

Tiveram os bispos uma imensa autoridade na corte dos reis visigodos; os casos mais importantes eram decididos nos concílios. Devemos ao código dos visigodos todas as máximas, todos os princípios e todas as ideias da inquisição de hoje; e os monges se limitaram a copiar contra os judeus as leis feitas antigamente pelos bispos.

De resto, as leis de Gundebaldo, para os borguinhões, parecem bastante judiciosas; as de Rotáris e dos outros príncipes lombardos são-no ainda mais. Mas as leis dos visigodos, as de Recessuinto, de Chaindassuinto e de Egigas são pueris, desajeitadas, idiotas; não atingem o alvo; são cheias de retórica e carentes de sentido, frívolas quanto ao fundo e gigantescas no estilo.

---

9 Encontramos apenas algumas no decreto de Childeberto. (N. do A.)

10 Vide o prólogo do código dos borguinhões e o próprio código; sobretudo o título 12, § 5, e o título 38. Vide também Gregório de Tours, livro II, capítulo XXXIII; e o código dos visigodos. (N. do A.)

11 Vide, abaixo, o capítulo III. (N. do A.)

12 Vide o capítulo II, § 8 e 9; e o capítulo IV, § 2 e 7. (N. do A.)

Capítulo II
Que as leis dos bárbaros foram todas pessoais

É um sinal particular dessas leis bárbaras não terem sido vinculadas a determinado território: o franco era julgado pelas leis dos francos; o alemão, pela lei dos alemães; o borguinhão, pela lei dos borguinhões; o romano, pela lei romana; e, muito longe de se preocuparem naquela época em tornar uniformes as leis dos povos conquistadores, sequer pensaram em se tornar legisladores do povo vencido.

Creio que a origem disso está nos costumes dos povos germânicos. Essas nações eram separadas por pântanos, lagos e florestas: vemos até, em César[13], que gostavam de se separar. O pavor inspirado pelos romanos fez que se reunissem: cada homem, nessas nações misturadas, devia ser julgado pelos usos e costumes da sua própria nação. Cada um desses povos, em si mesmo, era livre e independente; e, quando foram misturados, a independência permaneceu: a pátria era comum, e a república particular; o território era o mesmo, e as nações diversas. O espírito das leis pessoais estava, pois, nesses povos antes que partissem de seu país, e eles os levaram consigo em suas conquistas.

Vemos esse costume estabelecido nas fórmulas de Marculfo[14], nos códigos de leis dos bárbaros, sobretudo na lei dos ripuários[15], nos decretos dos reis da primeira raça[16], donde derivam os capitulares instituídos a esse respeito na segunda[17]. As crianças seguiam a lei do pai[18], as mulheres a do marido[19], as viúvas voltavam à sua lei[20], os libertos tinham a do patrão[21]. Isso não é tudo: cada qual podia adotar a lei que quisesse; a constituição de Lotário I exigiu que tal escolha fosse pública[22].

---

[13] *De bello Gallico*, livro VI. (N. do A.)

[14] Livro I, form. 8. (N. do A.)

[15] Cap. XXXI. (N. do A.)

[16] O de Clotário, do ano 560, na edição dos *Capitulaires* de Baluze, t. I, artigo 4; ibid., *in fine*. (N. do A.)

[17] Capitulares acrescentados à lei dos lombardos, livro I, título 25, capítulo LXXI; livro II, título 41, capítulo VII; e título 56, capítulos I e II. (N. do A.)

[18] Ibid., livro II, título 5. (N. do A.)

[19] Ibid., livro II, título 7, capítulo 1. (N. do A.)

[20] Ibid., capítulo II. (N. do A.)

[21] Ibid., livro II, título 35, capítulo II. (N. do A.)

[22] Na lei dos lombardos, livro II, título 57. (N. do A.)

Capítulo III
Diferença capital entre as leis sálicas e as leis dos visigodos e dos borguinhões

Eu disse[23] que as leis dos borguinhões e as dos visigodos eram imparciais: mas a lei sálica não o foi; estabeleceu entre os francos e os romanos as distinções mais funestas. Quando[24] alguém tivesse matado um franco, um bárbaro ou um homem que vivesse sob a lei sálica, pagava aos parentes dele uma reparação de duzentos soldos; o montante caía a cem quando tivesse matado um romano possuidor[25]; e a quarenta e cinco quando tivesse matado um romano tributário; a reparação pelo assassínio de um franco, vassalo[26] do rei, era de seiscentos soldos; e a do assassínio de um romano, conviva[27] do rei[28], não passava de trezentos. Estabelecia essa lei, portanto, uma cruel diferença entre o senhor franco e o senhor romano, e entre o franco e o romano de condição mediana.

Isso não é tudo: se[29] uma multidão se reunisse para atacar um franco em sua casa e o matasse, ordenava a lei sálica uma reparação de seiscentos soldos; mas, se tivessem atacado um romano ou um liberto[30], só se pagava metade da reparação. Pela mesma lei[31], se um romano acorrentasse um franco, devia trinta soldos de reparação; mas, se um franco acorrentasse um romano, devia pagar apenas quinze. Um franco, assaltado por um romano, tinha sessenta e dois soldos e meio de reparação; e um romano, assaltado por um franco, recebia só trinta. Tudo isso devia ser terrível para os romanos.

Um autor célebre[32], porém, forma um sistema do estabelecimento

---

[23] No capítulo I deste livro. (N. do A.)

[24] Lei sálica, título 44, § 1. (N. do A.)

[25] *Qui res in pago ubi remanet proprias habet*. Lei sálica, título 44, § 15; vide também o § 7. (N. do A.)

[26] *Qui in truste dominica est*, ibid., título 44, § 4. (N. do A.)

[27] *Si Romanus homo conviva regis fuerit*, ibid., § 6. (N. do A.)

[28] Os principais romanos estavam ligados à corte, como vemos pela vida de vários bispos que ali foram educados. Quase só romanos sabiam escrever. (N. do A.)

[29] Ibid., título 45. (N. do A.)

[30] Lido, cuja condição era melhor do que a do servo: lei dos alemães, capítulo XCV. (N. do A.)

[31] Título 35, § 3 e 4. (N. do A.)

[32] O abade Dubos. (N. do A.)

dos francos nas Gálias, a partir do pressuposto de que eles eram os melhores amigos dos romanos. Eram então os francos os melhores amigos dos romanos, eles, que lhes causaram e deles receberam males pavorosos[33]? Eram amigos dos romanos aqueles francos que, depois de tê-los submetido pelas armas, os oprimiram friamente pelas leis? Eram tão amigos dos romanos como os tártaros, que conquistaram a China, eram amigos dos chineses.

Se alguns bispos católicos quiseram servir-se dos francos para destruir alguns reis arianos, segue-se daí que tenham querido viver sob o domínio de povos bárbaros? Pode-se concluir daí que os francos tinham atenções especiais para com os romanos? Eu tiraria conclusões muito diferentes: quanto mais seguros os francos se sentiram diante dos romanos, menos os pouparam.

Mas o abade Dubos serviu-se de más fontes para um historiador: os poetas e os oradores; não é sobre obras de ostentação que se devem fundar os sistemas.

Capítulo IV
Como o direito romano se perdeu no país sujeito aos francos e se conservou no país sujeito aos godos e aos borguinhões

As coisas que eu disse lançarão certa luz sobre outras que até aqui estiveram cheias de obscuridade.

O país que hoje chamamos França foi governado, na primeira raça, pela lei romana ou código Teodosiano e pelas diversas leis dos bárbaros que nele habitavam[34].

No país sob domínio dos francos, estabelecera-se a lei sálica para os francos e o código Teodosiano[35] para os romanos. No país sob domínio dos visigodos, uma compilação do código Teodosiano, feita por ordem de Alarico[36], regulou os diferendos dos romanos; os

---

[33] Prova disto é a expedição de Arbogastes, em Gregório de Tours, *Hist.*, livro II. (N. do A.)

[34] Os francos, os visigodos e os borguinhões. (N. do A.)

[35] Concluído no ano 438. (N. do A.)

[36] No vigésimo ano do reinado deste príncipe, e publicado dois anos depois por Aniano, como o mostra o prefácio desse código. (N. do A.)

costumes nacionais, que Eurico mandou pôr por escrito[37], decidiram os dos visigodos. Mas por que as leis sálicas conquistaram uma autoridade quase universal no país dos francos? E por que o direito romano foi ali aos poucos se perdendo, enquanto no país sob domínio dos visigodos o direito romano se estendeu e gozou de autoridade geral?

Digo que o direito romano deixou de ser usado entre os francos por causa das grandes vantagens que havia em ser franco[38], bárbaro ou alguém que vivesse sob a lei sálica: todos foram levados a abandonar o direito romano, para viver sob a lei sálica. Esse direito foi conservado apenas pelos eclesiásticos[39], porque não tiveram interesse em mudar. As diferenças de condições e de hierarquia consistiam apenas no tamanho das reparações, como mostrarei alhures. Ora, as leis[40] particulares proporcionaram-lhes reparações tão favoráveis quanto as dos francos: eles conservaram, portanto, o direito romano. Não tinham nenhum prejuízo com isso; e esse direito lhes convinha, aliás, por ser obra dos imperadores cristãos.

Por um lado, no patrimônio dos visigodos, como a lei visigótica[41] não proporcionava nenhuma vantagem civil aos visigodos sobre os romanos, estes não tiveram nenhuma razão para cessarem de viver sob sua lei para viverem sob outra: conservaram, portanto, as suas leis e não tomaram as dos visigodos.

Isso é confirmado à medida que seguimos em frente. A lei de Gundebaldo foi muito imparcial e não foi mais favorável aos borguinhões do que aos romanos. Fica claro, pelo prólogo dessa lei, que foi feita para os borguinhões e também para resolver os litígios que poderiam nascer entre os romanos e os borguinhões; e, nesse último caso, o tribunal foi dividido meio a meio. Isso era necessário por

---

[37] O ano 504 da era de Espanha: crônica de Isidoro. (N. do A.)

[38] *Francum, aut barbarum, aut hominem qui salica lege vivit*: lei sálica, título 445, § 1. (N. do A.)

[39] "Segundo a lei romana, sob a qual vive a Igreja", diz a lei dos ripuários, título 58, § 1. Vide também as numerosas autoridades a esse respeito, citadas pelo sr. Ducange, no verbete *Lex Romana*. (N. do A.)

[40] Vide os capitulares acrescentados à lei sálica, em Lindembroc, no fim dessa lei, e os diversos códigos de leis dos bárbaros acerca dos privilégios do clero a esse respeito. Vide também a carta de Carlos Magno a Pepino, seu filho, rei da Itália, do ano 807, na edição de Baluze, t. I, p. 452, em que se diz que um eclesiástico deve receber uma reparação tripla; e a coletânea dos capitulares, livro V, artigo 302, t. I, edição de Baluze. (N. do A.)

[41] Vide esta lei. (N. do A.)

motivos particulares, tirados do arranjo político daqueles tempos[42]. O direito romano subsistiu na Borgonha, para regular os diferendos que os romanos pudessem ter entre si. Estes não tiveram nenhuma razão para abandonar a sua lei, como aconteceu no país dos francos; tanto mais que a lei sálica não fora estabelecida na Borgonha, como o mostra a famosa carta que Agobardo escreveu a Luís, o Bonachão.

Pedia Agobardo[43] ao príncipe que estabelecesse a lei sálica na Borgonha; essa lei não estava estabelecida ali, portanto. Assim o direito romano subsistiu, e ainda subsiste, em todas as províncias que dependiam antigamente desse reino.

O direito romano e a lei goda também se conservaram no país em que os godos se estabeleceram: a lei sálica jamais foi ali aceita. Quando Pepino e Carlos Martel dele expulsaram os sarracenos, as cidades e as províncias que se submeteram a esses príncipes[44] pediram a conservação das suas leis, e o obtiveram: o que, malgrado o costume daqueles tempos, em que todas as leis eram pessoais, logo fez que o direito romano fosse considerado uma lei real e territorial nesses países.

Isso se prova pelo edito de Carlos, o Calvo, dado em Pistes no ano de 864, que[45] distingue os países em que se julgava pelo direito romano daqueles que não o usavam em seus julgamentos.

Prova duas coisas o edito de Pistes: uma, que havia países em que se julgava segundo a lei romana, e que havia outros em que não se julgava segundo essa lei; a outra, que esses países onde se julgava pela lei romana eram justamente aqueles onde ainda hoje essa lei é seguida, como o mostra esse mesmo edito[46]; assim, a distinção entre

---

[42] Falarei sobre isto em outro lugar, livro XXX, capítulos VI, VII, VIII e IX. (N. do A.)

[43] Agob., *Opera*. (N. do A.)

[44] Vide Gervais de Tilburi, no *Recueil* de Duchesne, t. III, p. 366. *Facta pactione cum Francis, quod illic Gothi patriis legibus, moribus paternis vivant; et sic Narbonensis provincia Pippino subjicitur*. E uma crônica do ano 759, citada por Catel, *Histoire du Languedoc*. E o autor desconhecido da vida de Luís, o Bonachão, acerca do pedido feito pelos povos da Septimânia, na assembleia *in Carisiaco*, no *Recueil* de Duchesne, t. II, p. 316. (N. do A.)

[45] *In illa terra in qua judicia secundum legem Romanam terminantur, secundum ipsam legem judicetur; et in illa terra in qua*, etc., artigo 16; vide também o artigo 20. (N. do A.)

[46] Vide os artigos 12 e 16 do edito de Pistes, *in Cavilono*, *in Narbona*, etc. (N. do A.)

os países da França consuetudinária e da França regida pelo direito escrito já estava estabelecida nos tempos do edito de Pistes.

Eu disse que, nos primórdios da monarquia, todas as leis eram pessoais: assim, quando o edito de Pistes distingue os países de direito romano dos que não o eram, isso significa que nos países que não eram países de direito romano tanta gente escolhera viver sob alguma das leis dos países bárbaros, que já quase não havia ninguém, nessas regiões, que optasse por viver sob a lei romana; e que nos países de lei romana havia pouca gente que tivesse escolhido viver sob as leis dos povos bárbaros.

Sei muito bem que digo aqui coisas novas; mas, se forem verdadeiras, são muito antigas. Que importa, afinal, que quem as tenha dito seja eu, os Valois ou os Bignons?

Capítulo V
Continuação do mesmo assunto

A lei de Gundebaldo subsistiu por muito tempo entre os borguinhões, concorrentemente com a lei romana: estava ainda em uso no tempo de Luís, o Bonachão; a carta de Agobardo não deixa nenhuma dúvida a esse respeito. Da mesma forma, embora o edito de Pistes chame o país ocupado pelos visigodos de país da lei romana, ali a lei dos visigodos continuava em vigor; o que é provado pelo sínodo de Tryes, reunido sob Luís, o Tartamudo, no ano 878, isto é, catorze anos depois do edito de Pistes.

Em seguida, pereceram as leis godas e borguinhonas em seus próprios países, pelas causas gerais[47] que fizeram desaparecer por toda parte as leis pessoais dos povos bárbaros.

Capítulo VI
Como o direito romano se conservou no país dominado pelos lombardos

Tudo se dobra aos meus princípios. Era imparcial a lei dos lombardos, e os romanos não tiveram nenhum interesse em abandonar a

---

[47] Vide abaixo os capítulos IX, X e XI. (N. do A.)

sua para adotá-la. O motivo que levou os romanos, sob os francos, a escolherem a lei sálica não teve lugar na Itália; o direito romano ali se manteve com a lei dos lombardos.

Aconteceu mesmo de esta última ceder ao direito romano; cessou de ser a lei da nação dominante; e, embora continuasse a ser a da nobreza principal, a maioria das cidades constituiu-se como república, e essa nobreza caiu ou foi exterminada[48]. Os cidadãos das novas repúblicas não estavam muito propensos a adotar uma lei que estabelecia o uso do combate judiciário e cujas instituições estavam muito ligadas aos usos e costumes da cavalaria. Vivendo quase todo o clero, já tão poderoso na Itália, sob a lei romana, o número dos que seguiam a lei dos lombardos teve de continuar diminuindo.

A lei dos lombardos, aliás, não tinha aquela majestade do direito romano, que lembrava à Itália a ideia do domínio sobre toda a terra; não tinha a sua amplidão. A lei dos lombardos e a lei romana não podiam mais servir senão para suprir os estatutos das cidades que se haviam constituído como repúblicas: ora, quem podia melhor supri-los, a lei dos lombardos, que só estatuía sobre certos casos, ou a lei romana, que os abrangia a todos?

Capítulo VII
Como o direito romano se perdeu na Espanha

As coisas se passaram de um modo diferente na Espanha. A lei dos visigodos triunfou, e se perdeu o direito romano. Chaindassuinto[49] e Recessuinto[50] proscreveram as leis romanas e não permitiram que sequer fossem citadas nos tribunais. Recessuinto foi também o autor da lei que suprimia a proibição dos casamentos entre os godos e os romanos[51]. É claro que essas duas leis tinham o mesmo espírito: esse rei queria afastar as duas principais causas de separação que havia entre os godos e os romanos. Ora, julgavam que nada os separasse

---

48 Vide o que diz Maquiavel da destruição da antiga nobreza de Florença. (N. do A.)

49 Ele começou a reinar em 642. (N. do A.)

50 "Não queremos ser atormentados por leis estrangeiras, nem pelas romanas." Lei dos visigodos, livro II, título I, § 9 e 10. (N. do A.)

51 *Ut tam Gotho Romanam, quam Romano Gotham, matrimonio liceat sociari*. Lei dos visigodos, livro III, título I, capítulo 1. (N. do A.)

mais do que a proibição de contrair casamentos entre si, e a permissão de viver sob leis diferentes.

Mas, embora os reis dos visigodos tivessem suprimido o direito romano, este continuou em vigência nos domínios que eles possuíam na Gália meridional. Esses países, distantes do centro da monarquia, viviam em grande independência[52]. Vemos pela história de Vamba, coroado em 672, que os naturais do país haviam levado a melhor[53]: assim, a lei romana tinha ali mais autoridade, e a lei goda, menos. As leis espanholas não convinham nem à conduta, nem à situação atual deles. Talvez até o povo tenha teimado em ter a lei romana porque lhe vinculasse a ideia da sua liberdade. E, além disso, as leis de Chaindassuinto e de Recessuinto continham disposições terríveis contra os judeus; mas os judeus eram poderosos na Gália meridional. O autor da história do rei Vamba chama aquelas províncias de prostíbulo dos judeus. Quando os sarracenos chegaram a essas províncias, haviam sido convidados: ora, quem poderia tê-los chamado, a não ser os judeus ou os romanos? Os godos foram os primeiros oprimidos, por serem a nação dominante. Vemos em Procópio[54] que em suas calamidades eles se retiravam da Gália narbonense para a Espanha. Sem dúvida, nessa desgraça, se refugiaram nas regiões da Espanha que ainda se defendiam; e o número daqueles que, na Gália meridional, viviam sob a lei dos visigodos foi muito diminuído.

Capítulo VIII
Falso capitular

Não iria esse infeliz compilador, Bento Levita, transformar essa

---

[52] Vide em Cassiodoro as atenções que Teodorico, rei dos ostrogodos, o príncipe mais respeitado de seu tempo, teve para com eles: livro IV, 19 e 26. (N. do A.)

[53] A revolta dessas províncias foi uma defecção geral, como o mostra o julgamento que dá sequência à história. Paulo e seus adeptos eram romanos; foram até favorecidos pelos bispos. Vamba não ousou mandar matar os rebeldes que vencera. O autor da história chama a Gália narbonense de ama de leite da perfídia. (N. do A.)

[54] *Gothi qui cladi supersuerant, ex Gallia cum uxoribus liberisque egressi, in Hispaniam ad Teudim jam palam tyrannum se receperunt. De bello Gothorum*, livro I, capítulo XIII. (N. do A.)

lei visigótica que proibia o uso do direito romano num capitular[55] que mais tarde foi atribuído a Carlos Magno? Ele fez dessa lei particular uma lei geral, como se quisesse exterminar o direito romano em todo o universo.

Capítulo IX
Como se perderam os códigos de leis dos bárbaros e os capitulares

As leis sálicas, ripuárias, borguinhonas e visigóticas cessaram aos poucos de estar em uso entre os franceses; eis como.

Tendo-se tornado os feudos hereditários e tendo-se ampliado os retrofeudos, introduziram-se muitos costumes aos quais tais leis não eram aplicáveis. Foi conservado o seu espírito, que consistia em resolver a maioria das questões com multas. Mas, tendo os valores sem dúvida mudado, as multas também mudaram; e vemos muitas cartas[56] em que os senhores fixavam as multas que deviam ser pagas em seus pequenos tribunais. Assim se seguiu o espírito da lei, sem seguir a própria lei.

Como, aliás, a França se achava dividida num sem-número de pequenas senhorias, que reconheciam mais uma dependência feudal do que uma dependência política, era muito difícil que só uma lei pudesse ser autorizada: com efeito, não seria possível fazer que fosse observada. Já não havia o costume de enviar oficiais extraordinários às províncias[57], que supervisionariam a administração da justiça e os negócios políticos. Mostram até as cartas que, quando se estabeleciam novos feudos, os reis se privavam do direito de enviá-los para lá. Assim, quando quase tudo se tornou feudo, tais oficiais não puderam mais ser empregados; não houve mais lei comum, porque ninguém podia fazer observar tal lei comum.

As leis sálicas, borguinhonas e visigóticas foram, pois, extremamente negligenciadas no fim da segunda raça; e, no começo da terceira, já quase não se ouvia falar delas.

---

[55] Capitul., edição de Baluze, livro VI, capítulo CCCXXIII, p. 981, t. I. (N. do A.)

[56] O sr. de La Thaumassière coligiu muitas delas. Vide, por exemplo, os capítulos LXI, LXVI e outros. (N. do A.)

[57] *Missi dominici*. (N. do A.)

Sob as duas primeiras raças, muitas vezes se reuniu a nação, ou seja, os senhores e os bispos: ainda não se tratava das comunas. Nessas assembleias se procurou regular o clero, que era um corpo que se formava, por assim dizer, sob os conquistadores e estabelecia as suas próprias prerrogativas. As leis feitas nessas assembleias são o que chamamos capitulares. Aconteceram quatro coisas: estabeleceram-se as leis dos feudos, e grande parte dos bens da Igreja passou a ser governada por essas leis; os eclesiásticos separaram-se mais e desdenharam as leis de reforma[58] onde não haviam sido os únicos reformadores; recolheram-se os cânones dos concílios[59] e as decretais dos papas; e o clero recebeu tais leis como algo vindo de uma fonte mais pura. Depois da constituição dos grandes feudos, os reis já não tiveram, como eu disse, enviados nas províncias, para fazer observar as leis emanadas deles; assim, sob a terceira raça, já não se ouviu falar de capitulares.

Capítulo X
Continuação do mesmo assunto

Acrescentaram-se muitos capitulares à lei dos lombardos, às leis sálicas, à lei dos bávaros. Procurou-se a razão disso; esta deve ser encontrada na própria coisa. Eram de diversas espécies os capitulares. Uns estavam relacionados com o governo político, outros com o governo econômico, a maioria com o governo eclesiástico, alguns com o governo civil. Os desta última espécie foram acrescentados à lei civil, ou seja, às leis pessoais de cada nação: é por isso que se

---

[58] "Que os bispos", diz Carlos, o Calvo, no capitular do ano 844, artigo 8, "sob pretexto de terem autoridade para fazer cânones, não se oponham a esta constituição, nem a negligenciem". Parece que ele já previa a sua queda. (N. do A.)

[59] Inseriu-se na coletânea de cânones um número infinito de decretais dos papas; havia muito poucas na coleção antiga. Dionísio, o Pequeno, incluiu muitas na sua; mas a de Isidoro Mercator estava repleta de decretais verdadeiras e falsas. A coleção antiga esteve em uso na França até Carlos Magno. Esse príncipe recebeu das mãos do papa Adriano I a coleção de Dionísio, o Pequeno, e a fez ser aceita. A coleção de Isidoro Marcator foi publicada na França por volta do reinado de Carlos Magno; teimaram naquilo: veio a seguir aquilo a que chamamos *corpo do direito canônico*. (N. do A.)

diz, nos capitulares, que nada se estipulou contra a lei romana[60]. Com efeito, os que diziam respeito ao governo econômico, eclesiástico ou político não tinham relação com essa lei; e os que se referiam ao governo civil só tinham ligação com as leis dos povos bárbaros, que eram explicadas, corrigidas, ampliadas e diminuídas. Mas esses capitulares, somados às leis pessoais, fizeram, creio, que se negligenciasse o próprio corpo dos capitulares. Em tempos de ignorância, o resumo de uma obra muitas vezes derruba a própria obra.

Capítulo XI
Outras causas da queda dos códigos de leis dos bárbaros, do direito romano e dos capitulares

Quando as nações germânicas conquistaram o império romano, depararam-se com o uso da escrita; e, à imitação dos romanos, redigiram por escrito os seus costumes[61] e fizeram códigos deles. Os reinados infelizes que se seguiram ao de Carlos Magno, às invasões dos normandos, às guerras intestinas tornaram a mergulhar as nações vitoriosas nas trevas de que tinham saído; já não se soube ler nem escrever. Isso fez esquecer, na França e na Alemanha, as leis bárbaras escritas, o direito romano e os capitulares. O uso da escrita conservou-se melhor na Itália, onde reinavam os papas e os imperadores gregos e onde havia cidades florescentes e praticamente o único comércio que se fazia na época. Essa vizinhança da Itália fez que o direito romano se conservasse melhor nas regiões da Gália outrora submetidas aos godos e aos borguinhões; tanto mais que esse direito era ali uma lei territorial e uma espécie de privilégio. Parece que foi a ignorância da escrita que fez caírem na Espanha as leis visigóticas. E, com a queda de tantas leis, em toda parte se formaram costumes.

Caíram as leis pessoais. As reparações e o que chamavam de *freda*[62] pautaram-se mais pelo costume do que pelo texto dessas leis.

---

[60] Vide a edição de Pistes, artigo 20. (N. do A.)

[61] Isto é assinalado expressamente em alguns prólogos desses códigos. Vemos até, nas leis dos saxões e dos frisões, disposições diferentes, segundo os diversos distritos. Somaram-se a tais costumes algumas disposições particulares exigidas pelas circunstâncias: foi o caso das duras leis contra os saxões. (N. do A.)

[62] Falarei sobre elas em outra parte. (N. do A.)

Assim, como no estabelecimento da monarquia se passara dos costumes dos germanos às leis escritas, voltou-se alguns séculos depois das leis escritas aos costumes não escritos.

Capítulo XII
Dos costumes locais; revolução das leis dos povos bárbaros e do direito romano

Vemos por diversos monumentos que já havia costumes locais na primeira e na segunda raça. Fala-se neles de costume do lugar[63], do uso antigo[64], do costume[65], das leis e dos costumes[66]. Alguns autores acharam que o que era chamado de costume eram as leis dos povos bárbaros e que o que chamavam de lei era o direito romano. Posso provar que isso não pode ser. Ordenou o rei Pepino que em toda parte onde não houvesse lei se seguisse o costume; mas que o costume não seria preferido à lei[67]. Ora, dizer que o direito romano teve preferência sobre os códigos de leis dos bárbaros é subverter todos os monumentos antigos e sobretudo aqueles códigos de leis dos bárbaros que dizem perpetuamente o contrário.

Muito longe de as leis dos povos bárbaros serem esses costumes, foram essas mesmas leis que, como leis pessoais, os introduziram. A lei sálica, por exemplo, era uma lei pessoal: mas, em lugares totalmente ou quase totalmente habitados por francos salianos, por mais pessoal que fosse, ela se tornava, em relação aos francos salianos, uma lei territorial; e só era pessoal para os francos que habitavam em outra parte. Ora, se num lugar em que a lei sálica era territorial tivesse acontecido de muitos borguinhões, alemães ou até romanos terem frequentes disputas, estas teriam sido decididas pelas leis desses povos; e um grande número de julgamentos, conformes a algumas dessas leis, deveriam ter introduzido novos costumes no país. E isso explica bem a constituição de Pepino. Era natural que esses costumes pudessem afetar os próprios francos do lugar, nos casos que não

---

63 Prefácio das *Fórmulas* de Marculfo. (N. do A.)
64 Lei dos lombardos, livro II, título 58, § 3. (N. do A.)
65 Lei dos lombardos, livro II, título 41, § 6. (N. do A.)
66 Vida de São Legério. (N. do A.)
67 Lei dos lombardos, livro II, título 41, § 6. (N. do A.)

eram decididos pela lei sálica; mas não era natural que pudessem prevalecer sobre a lei sálica.

Assim havia em cada lugar uma lei dominante e costumes aceitos que serviam de suplemento à lei dominante, quando não a contrariavam.

Podia até acontecer de servirem tais leis e costumes de suplemento a uma lei que não era territorial. E, para seguir o mesmo exemplo, se num lugar em que a lei sálica era territorial um borguinhão fosse julgado pela lei dos borguinhões e o caso não se achasse no texto dessa lei, não há dúvida de que se julgaria de acordo com o costume do lugar.

Nos tempos do rei Pepino, os costumes que se haviam formado tinham menos força do que as leis; logo, porém, os costumes destruíram as leis; e, como as novas normas são sempre remédios que indicam um mal presente, é de crer que nos tempos de Pepino já começavam a preferir os costumes às leis.

O que eu disse explica como o direito romano começou, já nos primeiros tempos, a se tornar uma lei territorial, como vemos no edito de Pistes; e como a lei goda não deixou de ainda estar em uso ali, como fica claro pelo sínodo de Troyes, de que falei[68]. A lei romana tornara-se a lei pessoal geral, e a lei goda, a lei pessoal particular; e, por conseguinte, a lei romana era a lei territorial. Mas como fez a ignorância cair em toda parte as leis pessoais dos povos bárbaros, ao passo que o direito romano subsistiu, como lei territorial, nas províncias visigodas e borguinhonas? Respondo que até a lei teve uma sorte parecida com a das outras leis pessoais: sem isso, teríamos ainda o código Teodosiano nas províncias onde a lei romana era lei territorial, embora tenhamos as leis de Justiniano. Quase que só restou a essas províncias o nome de país de direito romano ou de direito escrito, esse amor que os povos têm por sua lei, sobretudo quando a consideram um privilégio, e algumas disposições do direito romano conservadas então na memória dos homens. Mas bastou para produzir tal efeito que, quando foi publicada a compilação de Justiniano, esta foi aceita nas províncias de domínio godo e borguinhão como lei escrita, ao passo que, no antigo domínio dos francos, só o foi como razão escrita.

---

[68] Vide acima o capítulo V. (N. do A.)

Capítulo XIII
Diferença entre a lei sálica ou dos francos salianos e a dos francos ripuários e dos outros povos bárbaros

Não admite a lei sálica o uso de provas negativas; isto é, pela lei sálica, aquele que fizesse uma demanda ou uma acusação devia prová-la e não bastava ao acusado negá-la: o que é conforme às leis de quase todas as nações do mundo.

A lei dos francos ripuários tinha um espírito completamente diferente[69]; contentava-se com provas negativas; e aquele contra quem se formava uma demanda ou uma acusação podia, na maioria dos casos, justificar-se, jurando, com certo número de testemunhas, que não fizera o que lhe imputavam. O número de testemunhas que deviam jurar[70] aumentava segundo a importância da coisa; chegava por vezes a setenta e duas[71]. As leis dos alemães, dos bávaros, dos turíngios, as dos frisões, dos saxões, dos lombardos e dos borguinhões foram feitas no mesmo plano que a dos ripuários.

Eu disse que a lei sálica não admitia as provas negativas. Havia, porém, um caso em que as admitia[72]; mas, nesse caso, não as admitia sozinhas e sem o apoio de provas positivas. O demandante fazia ouvir suas testemunhas para estabelecer a demanda[73]; o defensor fazia ouvir as suas, para se justificar; e o juiz buscava a verdade nuns e noutros testemunhos[74]. Essa prática era muito diferente da das leis ripuárias e das outras leis bárbaras, em que um acusado se justificava jurando que não era culpado e fazendo os parentes jurarem que ele dissera a verdade. Essas leis só podiam convir a um povo simples e de certa candura natural. Os legisladores tiveram até de prevenir o abuso delas, como veremos em seguida.

---

69 Isto está relacionado com o que diz Tácito, que os povos germânicos tinham costumes comuns e costumes particulares. (N. do A.)

70 Lei dos ripuários, títulos 6, 7 e 8, e outros. (N. do A.)

71 Ibid., títulos 11, 12 e 17. (N. do A.)

72 É aquele em que era acusado um *antrustion*, isto é, um vassalo do rei, em que se supunha haver maior franqueza: vide o título 76 do *pactus legis salicae*. (N. do A.)

73 Vide o título 76 do *pactus legis salicae*. (N. do A.)

74 Como se pratica ainda hoje na Inglaterra. (N. do A.)

Capítulo XIV
Outra diferença

A lei sálica não permitia a prova pelo combate singular; a lei dos ripuários[75] e quase todas as dos povos bárbaros[76] aceitavam-na. Parece-me que a lei do combate fosse uma consequência natural e o remédio da lei que estabelecia as provas negativas. Quando se fazia uma demanda e se percebia que esta seria injustamente eludida pelo juramento, o que restava a um guerreiro que se via a ponto de ser confundido, senão exigir satisfações pela injúria que lhe faziam e pela própria oferta do perjuro[77]? A lei sálica, que não admitia o uso de provas negativas, não precisava da prova pelo combate e não a aceitava; mas a lei dos ripuários[78] e a dos outros povos bárbaros que admitiam o uso das provas negativas[79] foram forçadas a estabelecer a prova pelo combate.

Peço que se leiam as duas famosas disposições de Gundebaldo[80], rei da Borgonha, sobre essa matéria; ver-se-á que foram tiradas da natureza da coisa. Era preciso, na linguagem das leis dos bárbaros, retirar o juramento das mãos de um homem que queria abusar dele.

Entre os lombardos, a lei de Rotáris admitiu casos em que determinava que aquele que se tivesse defendido com um juramento já não pudesse ser molestado com um combate. Tal prática se espalhou[81]: veremos a seguir que males dela decorreram e como foi preciso voltar à antiga prática.

---

[75] Título 32; título 57, § 2; título 59, § 4. (N. do A.)

[76] Vide a nota seguinte. (N. do A.)

[77] Este espírito aparece na lei dos ripuários, título 59, § 4, e título 67, § 5; e no capitular de Luís, o Bonachão, anexado à lei dos ripuários, do ano 803, artigo 22. (N. do A.)

[78] Vide esta lei. (N. do A.)

[79] A lei dos frisões, dos lombardos, dos bávaros, dos saxões, dos turíngios e dos borguinhões. (N. do A.)

[80] Na lei dos borguinhões, título 8, § 1 e 2, sobre os casos criminais; e o título 45, que também trata das questões cíveis. Vide também a lei dos turíngios, título 1, § 31; título 7, § 6; e título 8; e a lei dos alemães, título 89; a lei dos bávaros, título 8, capítulo II, § 6; e capítulo III, § 1; e título 9, capítulo IV, § 4; a lei dos frisões, título II, § 3; e título 14, § 4; a lei dos lombardos, livro I, título 32, § 3; e título 35, § 1; e livro II, título 35, § 2. (N. do A.)

[81] Vide abaixo o capítulo XVIII, no fim. (N. do A.)

Capítulo XV
Reflexão

Não digo que, nas mudanças que foram feitas no código de leis dos bárbaros, nas disposições que a ele foram anexadas e no corpo dos capitulares não se possa encontrar algum texto em que, de fato, a prova do combate não seja uma consequência da prova negativa. Certas circunstâncias particulares puderam, no decorrer de vários séculos, fazer que certas leis particulares fossem estabelecidas. Falo do espírito geral das leis dos germanos, da natureza e da origem delas; falo dos antigos costumes desses povos, indicados ou estabelecidos por essas leis; e aqui se trata apenas disso.

Capítulo XVI
Da prova pela água fervente, estabelecida pela lei sálica

Admitia a lei sálica o emprego da prova pela água fervente[82]; e, como essa prova era crudelíssima, a lei adotava um abrandamento para reduzir o seu rigor[83]. Permitia a quem fora convocado a passar pela prova pela água fervente resgatar a sua mão, com o consentimento da contraparte. O acusador, mediante certa soma fixada pela lei, podia contentar-se com o juramento de algumas testemunhas, que declaravam que o acusado não cometera o crime; e esse era um caso particular da lei sálica em que se admitia a prova negativa.

Essa prova era algo convencional, que a lei tolerava, mas não ordenava. A lei dava certa compensação ao acusador, que queria permitir que o acusado se defendesse por uma prova negativa: o acusador tinha a liberdade de se contentar com o juramento do acusado e de perdoar a injúria.

A lei propunha um abrandamento[84], para que antes do julgamento as partes, uma no temor de uma prova terrível, a outra com vistas a uma pequena compensação presente, encerrassem o litígio e acabassem com o ódio. Percebe-se que uma vez consumada essa prova negati-

---

[82] E também algumas outras leis dos bárbaros. (N. do A.)

[83] Título 56. (N. do A.)

[84] Ibid., título 56. (N. do A.)

va, não era necessária outra; e que, assim, a prática do combate não podia ser uma consequência dessa disposição particular da lei sálica.

Capítulo XVII
Jeito de pensar dos nossos pais

É de espantar ver que os nossos pais fizessem assim a honra, a riqueza e a vida dos cidadãos dependerem de coisas que eram menos da esfera da razão do que do acaso; que empregassem continuamente essas provas que nada provavam e não estavam ligadas nem à inocência, nem ao crime.

Gozavam de uma independência extrema os germanos, que jamais haviam sido subjugados[85]. As famílias declaravam guerra umas às outras por assassínios, roubos, injúrias[86]. Modificaram tal costume, dando regras a essas guerras; estas se travaram com ordem e sob a vista do magistrado[87]: o que era preferível a uma licença geral de se prejudicarem uns aos outros.

Como hoje os turcos, em suas guerras civis, consideram a primeira vitória um julgamento decisivo de Deus, assim os povos germânicos, em suas questões particulares, tomavam o evento do combate como uma sentença da providência, sempre atenta a punir o criminoso ou o usurpador.

Diz Tácito que, entre os germanos, quando uma nação queria entrar em guerra com outra, procurava fazer algum prisioneiro que pudesse combater com um dos seus; e se julgava, por esse combate, qual seria o resultado da guerra. Povos que acreditavam que o combate singular resolvesse as questões públicas podiam muito bem pensar que também pudesse resolver os litígios entre particulares.

Gundebaldo[88], rei da Borgonha, foi, de todos os reis, aquele que mais autorizou o emprego do combate. Explica esse príncipe a sua lei na própria lei: "Estabelece-se isto", diz ele, "para que os nossos

---

[85] Isto fica claro pelo que diz Tácito: *omnibus idem habitus*. (N. do A.)

[86] Diz Veleio Patérculo, livro II, capítulo CXVIII, que os germanos decidiam todas as questões pelo combate. (N. do A.)

[87] Vide os códigos das leis dos bárbaros; e, para os tempos mais modernos, Beaumanoir, *Sur la cout. de Beauvoisis*. (N. do A.)

[88] A lei dos borguinhões, capítulo XLV. (N. do A.)

súditos não façam mais juramentos sobre fatos obscuros e não se cometa perjúrio sobre fatos indubitáveis". Assim, enquanto o clero declarava ímpia a lei que permitia o combate[89], o rei dos borguinhões considerava sacrílego quem estabelecesse o juramento.

A prova pelo combate singular tinha alguma razão baseada na experiência. Numa nação unicamente guerreira, a covardia implica outros defeitos: prova que a pessoa resistiu à educação recebida; e que não foi sensível à honra, nem orientada pelos princípios que governaram os outros homens; mostra que não teme o desprezo deles e não faz caso de sua estima: quem é razoavelmente bem-nascido não deixará de ter a agilidade que deve unir-se à força, nem a força que deve concorrer com a coragem; porque, dando importância à honra, se terá exercitado a vida inteira em coisas sem as quais ela não pode ser alcançada. Além disso, numa nação guerreira, em que a força, a coragem e as proezas são honradas, os crimes realmente odiosos são os que nascem da fraude, da esperteza e da astúcia, ou seja, da covardia.

Quanto à prova pelo fogo, depois de o acusado ter posto a mão sobre um ferro quente ou na água fervente, envolvia-se a mão num saco que era fechado: se três dias depois não aparecesse nenhuma marca de queimado, a pessoa era declarada inocente. Quem não vê que num povo treinado no manejo das armas a pele rude e calosa não devia receber a marca do ferro quente ou da água fervente para que ela aparecesse três dias depois? E se aparecesse indicava que o que fizera a prova era efeminado. Os nossos camponeses, com as suas mãos calosas, manejam o ferro quente como querem. E, quanto às mulheres, as mãos das que trabalhavam podiam resistir ao ferro quente. Às damas não faltavam campeões que as defendessem[90]; e numa nação em que não havia luxo quase não havia a condição mediana.

Pela lei dos turíngios[91], uma mulher acusada de adultério só era condenada à prova da água fervente quando por ela não se apresentasse nenhum campeão; e a lei dos ripuários só admite tal prova quando o acusado não encontra testemunhas para se justificar[92]. Mas

---

[89] Vide as obras de Agobardo. (N. do A.)

[90] Vide Beaumanoir, *Coutume de Beauvoisis*, capítulo LXI. Vide também a lei dos anglos, capítulo XIV, em que a prova pela água fervente é apenas subsidiária. (N. do A.)

[91] Título 14. (N. do A.)

[92] Capitular XXXI, § 5. (N. do A.)

uma mulher que nenhum parente queria defender, um homem que não podia alegar nenhuma testemunha de sua probidade já estavam por isso mesmo condenados.

Digo, pois, que nas circunstâncias dos tempos em que a prova pelo combate e a prova pelo ferro quente e pela água fervente estiveram em vigor, houve tal acordo entre essas leis e os costumes, que tais provas produziram menos injustiças do que foram injustas; que os efeitos foram mais inocentes do que as causas; que contrariaram mais a equidade do que violaram os seus direitos; que foram mais insensatas do que tirânicas.

Capítulo XVIII
Como a prova pelo combate ganhou terreno

Poderíamos concluir da carta de Agobardo a Luís, o Bonachão, que a prova pelo combate não estava em uso entre os francos, pois, depois de ter censurado esse príncipe pelos abusos da lei de Gundebaldo, pede ele que as questões sejam julgadas na Borgonha segundo a lei dos francos[93]. Mas, como é sabido, ademais, que naquele tempo o combate judiciário estava em uso na França, foi gerada certa perplexidade. Isso se explica pelo que eu disse: a lei dos francos salianos não admitia essa prova, e a dos francos ripuários a aceitava[94].

Mas, apesar dos protestos do clero, o uso do combate judiciário ampliou-se a cada dia na França; e vou provar logo mais que foram os próprios clérigos que deram lugar a isso, em boa medida.

O que nos dá essa prova é a lei dos lombardos. "Introduzira-se havia muito tempo um costume detestável", diz-se no preâmbulo da constituição de Otão II; "é que, se a carta de alguma herança fosse acusada de falsidade, aquele que a apresentava fazia juramento sobre os evangelhos de que era verdadeira; e, sem nenhum julgamento prévio, ele se tornava proprietário da herança: assim os perjuros tinham certeza de adquirir[95]". Quando o imperador Otão I foi coroado em Roma[96], reunindo o papa João XII um concílio, todos os senhores

---

[93] *Si placeret domino nostro ut eos transferret ad legem Francorum.* (N. do A.)

[94] Vide esta lei, título 59, § 4; e título 67, § 5. (N. do A.)

[95] Lei dos lombardos, livro II, título 55, capítulo XXXIV. (N. do A.)

[96] No ano 962. (N. do A.)

da Itália exclamaram que o imperador tinha de baixar uma lei para corrigir esse abuso indigno[97]. O papa e o imperador julgaram que o caso devia ser adiado até o concílio que devia reunir-se logo depois, em Ravena[98]. Ali, os senhores fizeram as mesmas exigências e redobraram seus brados; mas, sob pretexto da ausência de certas pessoas, adiou-se mais uma vez a solução do caso. Quando Otão II e Conrado[99], rei da Borgonha, chegaram à Itália, tiveram em Verona[100] um colóquio com os senhores da Itália[101]; e, sob seus reiterados pedidos, o imperador, com o consentimento de todos, fez uma lei que dizia que, quando uma herança fosse contestada e uma das partes quisesse valer-se de uma carta e a outra afirmasse que esta era falsa, o caso seria decidido pelo combate; e que a mesma regra valeria quando se tratasse de matérias sobre feudos; que as igrejas estariam sujeitas à mesma lei e combateriam por meio de seus campeões. Vemos que a nobreza exigiu a prova pelo combate, por causa do inconveniente da prova introduzida nas igrejas; que, apesar dos clamores dessa nobreza, apesar do abuso que clamava ele próprio aos céus e apesar da autoridade de Otão, que chegou à Itália para falar e agir como mestre, o clero manteve-se inabalável em dois concílios; que, tendo o concurso da nobreza e dos príncipes forçado o clero a ceder, o uso do combate judiciário teve de ser encarado como um privilégio da nobreza, como um bastião contra a injustiça e uma garantia da sua propriedade; e que, a partir desse momento, tal prática teve de se espalhar. E isso se deu num tempo em que os imperadores eram grandes e os papas, pequenos; num tempo em que os Otões vieram restabelecer na Itália a dignidade do império.

Farei uma reflexão que confirmará o que disse acima, que o estabelecimento das provas negativas acarretava a jurisprudência do combate. O abuso de que se queixavam diante dos Otões era que um homem a quem objetassem que a sua carta era falsa se defendesse por

---

[97] *Ab Italiae proceribus est proclamatum, ut imperator sanctus, mutatalege, facinus indignum destrueret*. Lei dos lombardos, livro II, título 55, capítulo XXXIV. (N. do A.)

[98] Ocorrido no ano 967, na presença do papa João XIII e do imperador Otão I. (N. do A.)

[99] Tio de Otão II, filho de Rodolfo e rei da Borgonha Transjurana. (N. do A.)

[100] No ano 988. (N. do A.)

[101] *Cum in hoc ab omnibus imperiales aures pulsarentur*. Lei dos lombardos, livro II, título 55, capítulo XXXIV. (N. do A.)

uma prova negativa, declarando sobre os evangelhos que esta não o era. Que foi feito para corrigir o abuso de uma lei que fora mutilada? Estabeleceu-se o uso do combate.

Apressei-me em falar da constituição de Otão II, para dar uma ideia clara dos conflitos da época entre o clero e os leigos. Houvera antes uma constituição de Lotário I[102], que, em razão das mesmas queixas e dos mesmos desacordos, querendo garantir a propriedade dos bens, ordenara que o notário jurasse que a carta não era falsa; e que, se estivesse morto, fariam jurar as testemunhas que a haviam assinado; mas o mal persistia, era preciso recorrer ao remédio que acabo de mencionar.

Verifico que antes dessa época, em assembleias gerais reunidas por Carlos Magno, a nação lhe representou que, tais como as coisas estavam, era muito difícil que o acusador ou o acusado não cometessem perjúrio e que seria melhor restabelecer o combate judiciário[103]; o que ele fez.

A prática do combate judiciário espalhou-se entre os borguinhões e a do juramento foi reduzida. Teodorico, rei da Itália, aboliu o combate singular entre os ostrogodos[104]: as leis de Chaindassuinto e de Recessuinto parecem ter querido acabar até com a ideia dele. Mas tais leis foram tão pouco aceitas na região de Narbona, que o combate era ali considerado uma prerrogativa dos godos[105].

Os lombardos, que conquistaram a Itália, depois da destruição dos ostrogodos pelos gregos, tornaram a levar para lá a prática do combate; mas as suas primeiras leis a restringiram[106]. Carlos Magno[107], Luís, o Bonachão, os Otões fizeram diversas constituições gerais que

---

[102] Na lei dos lombardos, livro II, título 55, § 33. No exemplar de que se serviu o sr. Muratori, é atribuída ao imperador Guido. (N. do A.)

[103] Na lei dos lombardos, livro II, título 55, § 23. (N. do A.)

[104] Vide Cassiodoro, livro III, 23 e 24. (N. do A.)

[105] *In palatio quoque Bera, comes Barcinonensis, cum impeteretur a quodam vocato Sunila, et infidelitatis argueretur, cum eodem secundum legem propriam, ut pote quia uterque Gothus erat, equestri pralio congressus est et victus.* O autor desconhecido da lida de Luís, o Bonachão. (N. do A.)

[106] Vide na lei dos lombardos o livro I, título 4; e título 9, § 23; e livro II, título 35, § 4 e 5; e título 55, § 1, 2 e 3: as normas de Rotáris; e no § 15, as de Luitprando. (N. do A.)

[107] Ibid., livro II, título 55, § 23. (N. do A.)

vemos inseridas nas leis dos lombardos e anexadas às leis sálicas, que estenderam o duelo, primeiro para os casos criminais e em seguida para os civis. Não se sabia o que fazer. A prova negativa pelo juramento apresentava inconvenientes; a prova pelo combate, também: mudava-se, conforme uns ou outros causassem maior impressão.

Por um lado, o clero ficava satisfeito em ver que, em todas as questões seculares, se recorresse às igrejas e aos altares[108]; e, por outro, uma nobreza altiva gostava de defender os seus direitos com a espada.

Não digo que tenha sido o clero que introduziu a prática de que a nobreza se queixava. Tal costume derivava do espírito das leis dos bárbaros e do estabelecimento das provas negativas. Mas, tendo uma prática que podia dar impunidade a tantos criminosos dado a crer que era preciso recorrer à santidade das igrejas para assustar os culpados e fazer empalidecer os perjuros, os eclesiásticos apoiaram tal costume e a prática a que estava unido; pois, aliás, eles se haviam oposto às provas negativas. Vemos em Beaumanoir[109] que tais provas jamais foram admitidas nos tribunais eclesiásticos; o que contribuiu, sem dúvida, muito para fazê-las cair e para debilitar a disposição dos códigos de leis dos bárbaros a esse respeito.

Isso fará também que se perceba a ligação entre o uso das provas negativas e o do combate judiciário, de que tanto falei. Os tribunais leigos admitiram ambos, e os eclesiásticos rejeitaram ambos.

Na escolha da prova pelo combate, a nação seguia o seu gênio guerreiro; pois, enquanto se estabelecia o combate como um julgamento de Deus, se aboliam as provas pela cruz, a água fria e a água fervente, que também haviam sido vistas como juízos de Deus.

Ordenou Carlos Magno que, se ocorresse algum litígio entre os seus filhos, este fosse resolvido pelo julgamento da cruz. Luís, o Bonachão, restringiu tal julgamento às questões eclesiásticas[110]; seu

---

[108] O juramento judiciário fazia-se então nas igrejas; e havia, na primeira raça, nos palácios dos reis, uma capela exclusiva para os negócios que ali se julgavam. Vide as fórmulas de Marculfo, livro I, capítulo XXXVIII; as leis dos ripuários, título 59, § 4; título 65, § 5; a história de Gregório de Tours; o capitular do ano 803, anexado à lei sálica. (N. do A.)

[109] Capítulo XXXIX, p. 212. (N. do A.)

[110] Vemos estas constituições inseridas na lei dos lombardos e em seguida às leis sálicas. (N. do A.)

filho Lotário aboliu-o em todos os casos; aboliu igualmente a prova pela água fria[111].

Não digo que num tempo em que havia tão poucas práticas universalmente aceitas essas provas tenham sido reproduzidas em algumas igrejas, tanto mais que uma carta de Filipe Augusto faz menção a isso[112]; digo, porém, que foram de pouco proveito. Beaumanoir, que viveu nos tempos de São Luís, e um pouco depois, ao fazer a enumeração dos diferentes gêneros de provas, fala do combate judiciário e nada fala a respeito daquelas[113].

Capítulo XIX
Nova razão do esquecimento das leis sálicas, das leis romanas e dos capitulares

Já indiquei as razões que haviam feito que as leis sálicas, as leis romanas e os capitulares perdessem autoridade; acrescentarei que a grande difusão da prova pelo combate foi a sua principal causa.

As leis sálicas, que não admitiam essa prática, tornaram-se de certa maneira inúteis e caíram no esquecimento; as leis romanas, que tampouco a admitiam, também pereceram. Só se pensou em formar a lei do combate judiciário e fazer dela uma boa jurisprudência. As disposições dos capitulares não se tornaram menos inúteis. Assim, muitas leis perderam a autoridade, sem que possamos citar o momento em que a perderam; foram esquecidas, e não encontramos nenhuma outra que tenha ocupado o lugar delas.

Uma tal nação não precisava de leis escritas, e as suas leis escritas podiam muito facilmente cair no esquecimento.

Ocorria alguma discussão entre as duas partes? Ordenava-se o combate. Para tanto, não era necessária muita competência.

Todas as ações cíveis e criminais se reduzem a fatos. Combatia-se a respeito desses fatos; e não era só o fundo do caso que era julgado

---

111 Na constituição inserida na lei dos lombardos, livro II, título 55, § 31. (N. do A.)

112 Do ano 1200. (N. do A.)

113 *Coutume de Beauvoisis*, capítulo XXXIX. (N. do A.)

pelo combate, mas também os incidentes e os interlocutórios, como diz Beaumanoir[114], que dá exemplos disso.

Acho que no começo da terceira raça a jurisprudência era toda baseada em protocolos; tudo era governado pelo pundonor. Se não se houvesse obedecido ao juiz, ele perseguia a ofensa. Em Bourges[115], se o preboste tivesse convocado alguém e ele não tivesse comparecido: "Eu mandei procurar você", dizia ele; "você fez pouco caso; peço satisfações por esse desprezo"; e combatiam. Luís, o Gordo, reformou tal costume[116].

O combate judiciário estava em vigor em Orléans, em todas os processos por dívida[117]. Luís, o Moço, declarou que esse costume só ocorreria se a demanda ultrapassasse cinco soldos. Tal ordenação era uma lei local; pois, no tempo de São Luís[118], bastava que o valor fosse de mais de doze denários. Beaumanoir ouvira um senhor da lei dizer que havia outrora na França certo mau costume, segundo o qual se podia alugar por certo tempo um campeão para combater em suas causas[119]. O uso do combate judiciário devia ter na época uma extensão prodigiosa.

Capítulo XX
Origem do pundonor

Deparamo-nos com enigmas nos códigos de leis dos bárbaros. A lei dos frisões só concede meio soldo de reparação a quem tiver recebido bastonadas[120]; e não há ferimento menor pelo qual não dê mais. Pela lei sálica, se um ingênuo desse três pauladas num ingênuo, pagava três soldos; se tivesse feito correr sangue, era punido como se tivesse ferido com ferro, e pagava quinze soldos; a pena era medida pelo tamanho das feridas. A lei dos lombardos estabelecia diferentes

---

[114] Capítulo LXI, p. 309 e 310. (N. do A.)

[115] Carta de Luís, o Gordo, do ano 1145, na coletânea das ordenações. (N. do A.)

[116] Ibid. (N. do A.)

[117] Carta de Luís, o Moço, do ano 1168, na coletânea das ordenações. (N. do A.)

[118] Vide Beaumanoir, capítulo LXIII, p. 325. (N. do A.)

[119] Vide o *Coutume de Beauvoisis*, capítulo XXVIII, p. 203. (N. do A.)

[120] *Additio sapientium Wilemari*, título 5. (N. do A.)

reparações por um golpe, por dois, por três, por quatro[121]. Hoje um golpe vale cem mil.

A constituição de Carlos Magno, inserida na lei dos lombardos, determina que aqueles a quem permite o duelo combatam com o bastão[122]. Talvez isso tenha sido um abrandamento em consideração pelo clero; talvez, como o uso dos combates se ampliava, quisessem torná-los menos sanguinolentos. O capitular de Luís, o Bonachão[123], permite optar entre o combate com o bastão e com as armas. Em seguida, apenas os servos combatiam com o bastão[124].

Já vejo nascer e formar-se os artigos particulares do nosso ponto de honra. O acusador começava por declarar, diante do juiz, que fulano havia cometido tal ação; e este respondia que era mentira[125]; o juiz, então, ordenava o duelo. Estabeleceu-se a máxima de que, quando se recebia um desmentido, devia haver duelo.

Quando um homem tivesse declarado que combateria, não podia mais voltar atrás; e, se o fizesse, era condenado a uma penalidade[126]. Veio daí a regra de que, quando um homem se houvesse comprometido pela palavra, a honra já não permitia retirá-la.

Os fidalgos duelavam entre si a cavalo e com as suas armas[127]; e os vilões lutavam a pé e com o bastão[128]. Seguiu-se daí que o bastão fosse o instrumento dos ultrajes[129], porque um homem que fosse surrado com ele havia sido tratado como um vilão.

Só os vilãos combatiam de rosto descoberto[130], e assim só eles podiam receber golpes na face. Tornou-se o tapa uma injúria que devia ser lavada pelo sangue, porque o homem que o recebesse fora tratado como vilão.

---

[121] Livro I, título 6, § 3. (N. do A.)

[122] Livro II, título 5, § 23. (N. do A.)

[123] Adicionado à lei sálica no ano 819. (N. do A.)

[124] Vide Beaumanoir, capítulo LXIV, p. 323. (N. do A.)

[125] Ibid., p. 329. (N. do A.)

[126] Vide Beaumanoir, capítulo III, p. 25 e 329. (N. do A.)

[127] Vide, acerca das armas dos combatentes, Beaumanoir, capítulo LXI. (N. do A.)

[128] Ibid., capítulo LXIV, p. 328; vide também as cartas de Santo Aubin de Anjou, citadas por Galland, p. 263. (N. do A.)

[129] Entre os romanos, as bastonadas não eram infames. *Lege Ictus fustium. De iis qui notantur infamia*. (N. do A.)

[130] Usavam apenas o escudo e o bastão: Beaumanoir, capítulo LXIV, p. 328. (N. do A.)

Os povos germânicos não eram menos sensíveis do que nós ao ponto de honra; eram-no até mais. Assim, os parentes mais distantes eram muito sensíveis às injúrias; e todos os seus códigos se fundam nisso. A lei dos lombardos determina que aquele que, acompanhado dos seus, vai surrar um homem desapercebido, para enchê-lo de vergonha e de ridículo, pague a metade da reparação que teria devido se o tivesse matado[131]; e que, se, pelo mesmo motivo, amarrá-lo, pague três quartos da mesma composição[132].

Digamos, pois, que os nossos pais eram extremamente sensíveis às afrontas; mas que as afrontas de uma espécie particular, qual seja, receber golpes de certo instrumento em certa parte do corpo e dados de certa maneira, ainda não eram conhecidas. Tudo isso era incluído entre as afrontas de ser surrado; e, nesse caso, a grandeza dos excessos fazia a grandeza dos ultrajes.

Capítulo XXI
Nova reflexão sobre o ponto de honra entre os germanos

"Entre os germanos", diz Tácito[133], "era grande infâmia ter largado o escudo durante o combate; e muitos, depois de tal desgraça, se haviam suicidado". Por isso, a antiga lei sálica dá quinze soldos de reparação àquele de quem se houvesse dito, por injúria, que havia abandonado o escudo[134].

Carlos Magno, corrigindo a lei sálica[135], só estabelece nesse caso três soldos de indenização. Não podemos suspeitar esse príncipe de ter querido afrouxar a disciplina militar: é claro que tal mudança veio da mudança das armas; e é a esta última mudança que devemos a origem de muitas práticas.

---

[131] Livro I, título 6, § 1. (N. do A.)

[132] Ibid., 9, 2. (N. do A.)

[133] *De moribus Germanorum*. (N. do A.)

[134] No *Pactus legis salicae*. (N. do A.)

[135] Temos a antiga lei e a que foi corrigida por este príncipe. (N. do A.)

Capítulo XXII
Dos costumes relativos aos combates

Nosso vínculo com as mulheres funda-se na felicidade ligada aos prazeres dos sentidos, no encanto de amar e sermos amados e também no desejo de agradar a elas, porque são juízes muito lúcidos de parte das coisas que constituem o mérito pessoal. Esse desejo geral de agradar produz a galantaria, que não é o amor, mas a delicada, a leve, a perpétua mentira do amor.

Conforme as diversas circunstâncias de cada nação e de cada século, o amor tende mais para uma dessas três coisas do que para as duas outras. Ora, digo que nos tempos dos nossos combates foi o espírito de galantaria que prevaleceu.

Encontro na lei dos lombardos[136] que, se um dos dois campeões trouxesse consigo ervas propícias a encantamentos, o juiz fazia que as tirassem, e o fazia jurar que não trazia mais nenhuma consigo. Essa lei só podia basear-se na opinião comum; o que fez imaginar tais tipos de prestígios foi o medo, que, segundo dizem, inventou muitas coisas. Como nos combates particulares os campeões iam armados dos pés à cabeça, e como, com armas pesadas, ofensivas e defensivas, aquelas de certa têmpera e de certa força proporcionavam vantagens infinitas, a opção pelas armas encantadas de alguns combatentes deve ter virado a cabeça de muita gente.

Nasceu daí o maravilhoso sistema da cavalaria. Todos os espíritos se abriram a essas ideias. Surgiram, nos romances, paladinos, nigromantes, fadas, cavalos alados ou inteligentes, homens invisíveis ou invulneráveis, mágicos que se interessavam pelo nascimento ou pela educação dos grandes personagens, palácios encantados ou mal-assombrados; em nosso mundo, um mundo novo; e o curso ordinário da natureza entregue apenas aos homens vulgares.

Paladinos sempre armados, numa parte do mundo cheia de castelos, de fortalezas e de bandidos, encontravam a honra na punição da injustiça e na defesa da fraqueza. Vem daí também, nos nossos romances, a galantaria baseada na ideia do amor, unida à da força e à da proteção.

Assim nasceu a galantaria, quando se imaginaram homens extraordinários que, vendo a virtude unida à beleza e à fraqueza, foram

---

[136] Livro II, título 55, § 11. (N. do A.)

levados a expor-se por tal virtude nos perigos e a agradar-lhe nos atos comuns da vida.

Os nossos romances de cavalaria estimularam esse desejo de agradar e deram a parte da Europa esse espírito de galantaria que podemos dizer ter sido conhecido pouco pelos antigos.

O prodigioso luxo dessa imensa cidade de Roma estimulou a ideia dos prazeres dos sentidos. Certa ideia de tranquilidade nos campos da Grécia fez descreverem os sentimentos do amor[137]. A ideia dos paladinos, protetores da virtude e da beleza das mulheres, levou à da galantaria.

Tal espírito perpetuou-se pela prática dos torneios, que, unindo os direitos da bravura e do amor, deram também grande importância à galantaria.

Capítulo XXIII
Da jurisprudência do combate judiciário

Alguns talvez tenham certa curiosidade em ver essa prática do combate judiciário reduzida a princípios e em descobrir o corpo de tão singular jurisprudência. No fundo razoáveis, os homens elaboram regras até para seus próprios preconceitos. Nada era mais contrário ao bom senso do que o combate judiciário; mas, posto isso, a sua execução se fez com certa prudência.

Para estar realmente a par da jurisprudência daquela época, devem-se ler com atenção os regulamentos de São Luís, que fez tantas mudanças na ordem judiciária. Défontaines era contemporâneo desse príncipe; Beaumanoir escrevia depois dele[138]; os outros viveram depois dele. Cumpre, pois, procurar a antiga prática nas correções que dela se fizeram.

---

[137] Vide os romances gregos da Idade Média. (N. do A.)
[138] No ano 1283. (N. do A.)

Capítulo XXIV
Regras estabelecidas no combate judiciário

Quando havia muitos acusadores[139], era preciso entrar em acordo para que o caso fosse levado adiante por um só; e, se não o conseguissem, aquele diante do qual se apresentava a ação nomeava um deles para dar sequência ao litígio.

Quando um fidalgo desafiava um vilão[140], devia apresentar-se a pé e com o escudo e o bastão; e, se viesse a cavalo e com as armas de fidalgo, tiravam-lhe o cavalo e as armas; ficava em mangas de camisa e era obrigado a combater nesse estado contra o vilão.

Antes do combate, a justiça mandava publicar três proclamas[141]. Por um, ordenava-se que os parentes das partes se retirassem; por outro, pedia-se ao povo que guardasse silêncio; pelo terceiro, era proibido prestar socorro a uma das partes, sob penas pesadas, e até mesmo de morte, se, por tal socorro, um dos combatentes fosse vencido.

Os oficiais da justiça policiavam o local do embate[142]; e, no caso de uma das partes falar de paz, prestavam muita atenção ao estado em que ambas se achavam naquele momento, para que voltassem à mesma situação se a paz não fosse concluída[143].

Quando se recebiam penhores por crime ou por falso julgamento, não se podia concluir a paz sem o consentimento do senhor; e, quando uma das partes tivesse sido vencida, já não podia haver paz senão com aprovação do conde[144]; o que estava relacionado com as nossas cartas de indulto.

Mas, se o crime fosse capital, e o senhor, corrompido por presentes, consentisse na paz, pagava uma multa de sessenta libras; e o seu direito de mandar punir o malfeitor passava para o conde[145].

Havia gente que não tinha condições de oferecer combate, nem de recebê-lo. Permitiam-lhes, em conhecimento de causa, adotar um

---

139 Beaumanoir, capítulo VI, p. 40 e 41. (N. do A.)

140 Ibid., capítulo LXIV, p. 328. (N. do A.)

141 Ibid., p. 330. (N. do A.)

142 Ibid. (N. do A.)

143 Ibid. (N. do A.)

144 Os grandes vassalos tinham direitos particulares. (N. do A.)

145 Diz Beaumanoir, capítulo LXIV, p. 330: "Ele perderia a sua justiça". Essas palavras, nos autores da época, não têm um significado geral, mas restrito ao caso de que se trata: Défontaines, capítulo XXI, artigo 29. (N. do A.)

campeão; e, para que este tivesse o máximo interesse em defender a sua parte, era-lhe cortado o punho, se fosse vencido[146].

Quando se estabeleceram, no século passado, leis capitais contra os duelos, talvez tivesse bastado tirar de um guerreiro a sua qualidade de guerreiro, pela perda da mão; pois costuma não haver nada mais triste para os homens do que sobreviver à perda do caráter.

Quando, num crime capital[147], se fazia o combate por intermédio de campeões, punham-se as partes num lugar de onde não pudessem ver a batalha: cada uma delas era amarrada com a corda que devia servir ao seu suplício, se seu representante fosse vencido.

Nem sempre aquele que sucumbisse no combate perdia a coisa contestada. Se, por exemplo, se combatesse sobre um interlocutório, só se perdia o interlocutório[148].

Capítulo XXV
Dos limites que se impunham à prática do combate judiciário

Quando tivessem sido recebidos os penhores de batalha relativos a um caso cível de pouca importância, o senhor obrigava as partes a retirá-los.

Se um fato fosse notório[149], por exemplo se um homem fora assassinado em pleno mercado, não se ordenava nem a prova por testemunhas nem a prova pelo combate; o juiz sentenciava com base na publicidade.

Quando, na corte do senhor, se houvesse julgado muitas vezes do mesmo modo e assim o costume fosse conhecido[150], o senhor recusava o combate às partes, para que os costumes não fossem modificados pelos eventos diversos dos combates.

---

146 Esta prática, que encontramos nos capitulares, subsistia nos tempos de Beaumanoir: vide o capítulo LXI, p. 315. (N. do A.)

147 Beaumanoir, capítulo LXIV, p. 330. (N. do A.)

148 Ibid., capítulo LXI, p. 309. (N. do A.)

149 Beaumanoir, capítulo LXI, p. 308. Ibid., capítulo XLIII, p. 259. (N. do A.)

150 Ibid., capítulo LXI, p. 314: vide também Défontaines, capítulo XXII, artigo 24. (N. do A.)

Só se podia requerer o combate para si mesmo ou para alguém de sua linhagem ou para o seu senhor lígio[151].

Quando um réu tivesse sido absolvido[152], outro parente não podia requerer o combate: senão, os casos não teriam fim.

Se aquele cuja morte os parentes quisessem vingar viesse a reaparecer, não cabia mais o combate; o mesmo acontecia se, por uma ausência notória, o fato se mostrasse impossível[153].

Se um homem que fora assassinado[154] houvesse, antes de morrer, desculpado aquele que era acusado e tivesse nomeado um outro, não havia combate; mas, se não tivesse nomeado ninguém, sua declaração só era vista como um perdão por sua morte; o processo seguia em frente; e até, entre fidalgos, podia haver guerra.

Quando era declarada guerra e um dos parentes fazia ou recebia desafios de batalha, cessava o direito da guerra; achava-se que as partes quisessem seguir o curso ordinário da justiça; e aquela que tivesse continuado a guerra seria condenada a indenizar os danos.

Assim, a prática do combate judiciário tinha a vantagem de poder transformar em particular um litígio geral, devolver a força aos tribunais e trazer de volta ao estado civil os que já não eram governados senão pelo direito das gentes.

Como há um sem-número de coisas sábias que são conduzidas de modo muito louco, também há loucuras que são comandadas de modo muito sábio.

Quando um homem, acusado de um crime[155], mostrava com evidência que o próprio desafiante o cometera, não havia mais desafios de batalha: pois não há culpado que não teria preferido o combate duvidoso à punição certa.

Não havia combate nos casos que se decidiam por árbitros ou pelos tribunais eclesiásticos[156], tampouco quando se tratava dos dotes das mulheres.

"Mulher", diz Beaumanoir, "não se pode combater". Se uma mulher desafiasse alguém sem indicar o seu campeão, não se aceitava o

---

[151] Beaumanoir, capítulo LXIII, p. 322. (N. do A.)
[152] Ibid. (N. do A.)
[153] Ibid. (N. do A.)
[154] Ibid., p. 323. (N. do A.)
[155] Ibid., p. 324. (N. do A.)
[156] Ibid., p. 325. (N. do A.)

desafio de batalha. Era preciso ainda que a mulher fosse autorizada por seu barão[157], vale dizer, seu marido, a acusar; mas, sem essa autoridade, ela podia ser desafiada.

Se o desafiante ou o desafiado tivessem menos de quinze anos[158], não havia combate. Era possível, porém, ordená-lo nos casos de órfãos, quando o tutor ou aquele que tivesse a guarda quisesse correr os riscos de tal procedimento.

Parece-me que são os seguintes os casos em que era permitido ao servo combater. Combatia contra um servo; combatia contra uma pessoa livre, e até contra um fidalgo, se fosse desafiado; mas, se desafiasse o fidalgo[159], este poderia recusar o combate; e até o senhor do servo tinha o direito de retirá-lo da corte. Podia o servo, por uma carta do senhor[160] ou por costume, combater contra todas as pessoas livres; e a Igreja pretendia esse mesmo direito para os seus servos[161], como sinal de respeito por ela[162].

Capítulo XXVI
Do combate judiciário entre uma das partes e uma das testemunhas

Diz Beaumanoir[163] que um homem que visse que uma testemunha ia depor contra ele podia eludir a segunda, dizendo aos juízes que a sua parte produzia uma testemunha falsa e caluniadora[164]; e, se a testemunha quisesse manter o litígio, fazia os desafios de batalha. O inquérito não tinha mais lugar; pois, se a testemunha fosse vencida, ficava decidido que a parte produzira uma falsa testemunha e perdia o processo.

---

[157] Ibid. (N. do A.)

[158] Ibid., p. 323. Vide também o que eu disse no livro XVIII. (N. do A.)

[159] Ibid., p. 322. (N. do A.)

[160] Défontaines, capítulo XXII, artigo 7. (N. do A.)

[161] *Habeant bellandi et testificandi licentiam*: carta de Luís, o Gordo, do ano 1118. (N. do A.)

[162] Ibid. (N. do A.)

[163] Capítulo LXI, p. 315. (N. do A.)

[164] "Deve-se perguntar a eles, antes que façam algum juramento, para quem querem testemunhar; pois é então o momento de acusá-los de falso testemunho." Beaumanoir, capítulo XXXIX, p. 218. (N. do A.)

Não se devia deixar que a segunda testemunha jurasse; pois teria pronunciado o seu testemunho e o caso estaria encerrado pelo depoimento de duas testemunhas. Mas, ao deter a segunda, tornava-se inútil o depoimento da primeira.

Sendo assim rejeitada a segunda testemunha, a parte não podia fazer que outras fossem ouvidas e perdia o processo: mas, se não houvesse desafios de batalha[165], podiam-se produzir outras testemunhas.

Diz Beaumanoir que a testemunha podia dizer à sua parte antes de depor: "Não morro de desejo de combater por vosso litígio, nem de entrar em nenhum debate; mas, se quiserdes defender-me, direi com prazer a minha verdade"[166]. Via-se a parte obrigada a combater pela testemunha; e, se fosse vencida, não perdia o corpo da causa[167], mas a testemunha era rejeitada.

Creio que isso era uma modificação do costume antigo; e o que me leva a pensar assim é que esse costume de desafiar as testemunhas se acha estabelecido na lei dos bávaros[168] e na dos borguinhões[169], sem nenhuma restrição.

Já me referi à constituição de Gundebaldo, contra a qual Agobardo[170] e Santo Avito[171] tanto reclamaram. "Quando o acusado", diz esse príncipe, "apresenta testemunhas para jurar que ele não cometeu o crime, o acusador poderá desafiar para o combate uma das testemunhas; pois é justo que aquele que se ofereceu para jurar e declarou que sabia a verdade não se oponha a combater para defendê-la". Esse rei não deixava às testemunhas nenhum subterfúgio para evitar o combate.

Capítulo XXVII
Do combate judiciário entre uma parte e um dos pares do senhor. Apelação contra falso julgamento

Sendo a natureza da decisão pelo combate a de encerrar para sempre

---

165 Beaumanoir, capítulo LXI, p. 316. (N. do A.)

166 Capítulo VI, p. 39 e 40. (N. do A.)

167 Mas, se o combate se fizesse por meio de campeões, cortava-se o punho ao campeão vencido. (N. do A.)

168 Título 16, § 2. (N. do A.)

169 Título 45. (N. do A.)

170 Carta a Luís, o Bonachão. (N. do A.)

171 Vida de Santo Avito. (N. do A.)

o caso e não sendo compatível com um novo julgamento e novas denúncias[172], era desconhecida na França a apelação, tal como estabelecida pelas leis romanas e pelas leis canônicas, ou seja, a um tribunal superior, para fazer corrigir o julgamento de um outro.

Uma nação guerreira, governada unicamente pelo ponto de honra, não conhecia essa forma de proceder; e, seguindo sempre o mesmo espírito, adotava contra os juízes os mesmos recursos que poderia ter adotado contra as partes[173].

Nessa nação, o apelo era um desafio ao combate pelas armas, que devia terminar pelo sangue, e não esse convite a uma querela de plumas que só mais tarde passou a ser praticada.

Por isso diz São Luís, em seus *Estabelecimentos*[174], que o apelo contém felonia e iniquidade. Assim, Beaumanoir nos diz que, se um homem quisesse queixar-se de algum atentado cometido contra ele por seu senhor[175], devia primeiro lhe anunciar que abandonaria o seu feudo; depois disso, apelava contra ele diante do senhor suserano e fazia o desafio de batalha. Da mesma forma, o senhor renunciava à homenagem, se desafiasse o seu homem diante do conde.

Desafiar o senhor por falso julgamento equivalia a dizer que a sentença fora falsa e maldosamente proferida: ora, aventar tais palavras contra o seu senhor era cometer uma espécie de crime de felonia.

Assim, em vez de apelar por falso julgamento contra o senhor que estabelecia e regulava o tribunal, desafiavam-se os pares que formavam o próprio tribunal: evitava-se com isso o crime de felonia; só se insultavam os pares, a quem sempre podiam dar reparação pelo insulto.

Era muito arriscado acusar de falsidade o julgamento dos pares[176]. Se se aguardasse que o julgamento fosse feito e pronunciado, era obrigatório combatê-los a todos, quando propunham tornar bom

---

172 "Pois na corte em que se vai em razão de manter a apelação pelo desafio, se a batalha for travada, o litígio chega ao fim, e não há mais matéria para apelação." Beaumanoir, capítulo II, p. 22. (N. do A.)

173 Beaumanoir, capítulo LXI, p. 312; e capítulo LXVII, p. 338. (N. do A.)

174 Livro II, capítulo XV. (N. do A.)

175 Beaumanoir, capítulo LXI, p. 310 e 311; e capítulo LXVII, p. 337. (N. do A.)

176 Beaumanoir, capítulo LXI, p. 313. (N. do A.)

o julgamento[177]. Se se apelasse antes que todos os juízes tivessem dado o seu parecer, seria preciso combater a todos os que houvessem concordado com o mesmo parecer[178]. Para evitar esse risco, suplicava-se ao senhor que ordenasse que cada par dissesse em voz alta o seu parecer; e, quando o primeiro tivesse pronunciado e o segundo fosse fazer o mesmo, dizia-se que ele era falso, maldoso e calunioso; e só contra ele se devia combater[179].

Pretendia Défontaines[180] que antes de acusar de falsidade[181] se deixasse que três juízes se pronunciassem; e não diz que fosse preciso combatê-los aos três e ainda menos que houvesse casos em que se devesse combater a todos os que se tivessem declarado a favor de seu parecer. Essas diferenças se devem ao fato de que, naqueles tempos, quase não havia costumes que fossem exatamente os mesmos. Explicava Beaumont o que se passava no condado de Clermont, Défontaines o que se praticava em Vermandois.

Quando um dos pares ou um vassalo tivesse declarado que sustentaria o julgamento[182], o juiz mandava que fosse feito o desafio de batalha e, além disso, se assegurava de que o desafiante manteria o desafio. Mas o par que fosse desafiado não dava garantias, porque era vassalo do senhor e devia defender o desafio ou pagar ao senhor uma multa de sessenta libras.

Se aquele que apelava não provasse que o julgamento tinha sido mau, pagava ao senhor uma multa de sessenta libras[183], a mesma quantia ao par que havia desafiado[184] e aos que houvessem abertamente concordado com o julgamento.

Quando um homem fortemente suspeito de um crime que merecesse a morte tivesse sido preso e condenado, não podia apelar por falso julgamento[185]: pois sempre teria apelado ou para prolongar a vida ou para fazer a paz.

---

[177] Ibid., p. 314. (N. do A.)

[178] Que haviam concordado com o julgamento. (N. do A.)

[179] Beaumanoir, capítulo LXI, p. 314. (N. do A.)

[180] Cap. XII, artigos 1, 10 e 11. Diz ele apenas que lhes pagavam a cada qual uma multa. (N. do A.)

[181] Apelar contra falso julgamento. (N. do A.)

[182] Beaumanoir, capítulo LXI, p. 314. (N. do A.)

[183] Ibid. Défontaines, capítulo XXII, artigo 9. (N. do A.)

[184] Défontaines, ibid. (N. do A.)

[185] Beaumanoir, capítulo LXI, p. 316; Défontaines, capítulo XXII, artigo 21. (N. do A.)

Se alguém dissesse que o julgamento era falso e mau[186] e não se oferecesse para torná-lo tal, ou seja, para combater, era condenado a dez soldos de multa, se fosse fidalgo; e a cinco soldos, se fosse servo, pelas palavras baixas que dissera.

Os juízes ou pares que tivessem sido vencidos[187] não deviam perder nem a vida, nem os membros; mas quem os desafiava era punido com a morte, quando o caso fosse capital[188].

A razão dessa maneira de desafiar os vassalos por falso julgamento era evitar desafiar o próprio senhor. Mas, se o senhor não tivesse pares[189] ou não os tivesse em número suficiente, podia, à sua própria custa, tomar emprestados alguns pares do seu senhor suserano[190]; mas tais pares não eram obrigados a julgar, se não o quisessem; podiam declarar que só tinham vindo para dar conselhos: e, nesse caso particular[191], como o próprio senhor julgava e pronunciava a sentença, se se apelasse contra ele por falso julgamento cabia a ele sustentar o desafio.

Se o senhor fosse tão pobre[192] que não tivesse condições de pedir os pares do seu senhor suserano ou se deixasse de pedi-los, ou se este se recusasse a fornecê-los, não podendo o senhor julgar sozinho e não estando ninguém obrigado a advogar diante de um tribunal em que não se pode fazer um julgamento, o caso era levado à corte do senhor suserano.

Creio que essa foi uma das grandes causas da separação entre a justiça e o feudo, da qual se formou a regra dos jurisconsultos franceses: "Uma coisa é o feudo, outra a justiça". Pois, havendo uma infinidade de homens de feudo que não tinham ninguém que lhes estivesse sujeito, não tiveram condição de manter os seus tribunais;

---

186 Beaumanoir, capítulo LXI, p. 314. (N. do A.)

187 Défontaines, capítulo XXII, artigo 7. (N. do A.)

188 Vide Défontaines, capítulo XXI, artigos 11, 12 e seguintes, que distingue os casos em que o que acusava de falsidade perdia a vida, a coisa contestada ou apenas o interlocutório. (N. do A.)

189 Beaumanoir, capítulo LXII, p. 322. Défontaines, capítulo XXII, artigo 3. (N. do A.)

190 O conde não era obrigado a emprestá-los. Beaumanoir, capítulo LXVII, p. 336 e 337. (N. do A.)

191 "Ninguém pode fazer julgamento em sua própria corte", diz Beaumanoir; capítulo LXVII, p. 336 e 337. (N. do A.)

192 Ibid., capítulo LXII, p. 322. (N. do A.)

todos os casos foram levados à corte do senhor suserano; eles perderam o direito de justiça, porque não tiveram nem o poder nem a vontade de reivindicá-lo.

Todos os juízes que tivessem participado do julgamento[193] deviam estar presentes quando se dava a sentença, para que pudessem acompanhá-la e dizer *oïl*[194] àquele que, querendo acusar sua falsidade, lhes perguntasse se a acompanhavam; pois, diz Défontaines[195], "é um dever de cortesia e de lealdade, e não há aí escapatória ou delonga". Creio que veio desse modo de pensar o costume seguido ainda hoje na Inglaterra, de que todos os jurados tenham o mesmo parecer para condenar à morte.

Era preciso, pois, declarar-se a favor da opinião da maioria; e, se houvesse divisão, pronunciava-se, em caso de crime, pelo réu; em caso de dívidas, pelo devedor; em caso de heranças, pelo defensor.

Um par, diz Défontaines[196], não podia dizer que não julgaria se fossem só quatro[197] ou se nem todos estivessem presentes ou se os mais sábios não tivessem comparecido; é como se dissesse, na batalha, que não socorreria o seu senhor, porque só tinha ao seu lado uma parte dos seus homens. Mas cabia ao senhor honrar a sua corte e convocar os seu homens mais valorosos e mais sábios. Cito isso para mostrar o dever dos vassalos: combater e julgar; e esse dever era tal, que julgar era combater.

Um senhor que advogasse na sua corte contra o vassalo[198] e nela fosse condenado podia desafiar um de seus homens por falso julgamento. Mas, em razão do respeito que este devia ao senhor pela palavra dada, e pela benevolência que o senhor devia ao vassalo pela palavra recebida, fazia-se uma distinção: ou o senhor dizia, em geral, que o julgamento era falso e mau[199], ou imputava ao vassalo prevaricações pessoais[200]. No primeiro caso, ofendia a sua própria corte e, de

---

[193] Défontaines, capítulo XXI, artigos 27 e 28. (N. do A.)

[194] Sim, em francês arcaico. (N. do T.)

[195] Défontaines, capítulo XXI, artigo 28. (N. do A.)

[196] Capítulo XXI, artigo 37. (N. do A.)

[197] Este era o número mínimo; Défontaines, capítulo XXI, artigo 36. (N. do A.)

[198] Vide Beaumanoir, capítulo LXXVII, p. 337. (N. do A.)

[199] "Este julgamento é falso e mau." Ibid., capítulo LXVII, p. 337. (N. do A.)

[200] "Vós fizestes este julgamento falso e mau, como sois maus, ou por astúcia ou por promessa." Beaumanoir, capítulo LXVII, p. 337. (N. do A.)

certo modo, a si mesmo, e não podia haver desafio de batalha: havia-o no segundo, porque ele atacava a honra do vassalo; e aquele dos dois que fosse vencido perdia a vida e os bens, para manter a paz pública.

Essa distinção, necessária nesse caso particular, foi ampliada. Diz Beaumanoir que, quando aquele que apelava contra falso julgamento atacasse um dos homens por imputações pessoais, havia batalha; mas, se atacasse apenas o julgamento, cabia ao par que fosse desafiado optar entre julgar o caso pela batalha ou pelo direito[201]. Mas o espírito que reinava nos tempos de Beaumanoir era o de limitar o uso do combate judiciário; e, como essa liberdade dada ao par desafiado, de defender ou não pelo combate o julgamento, é igualmente contrária às ideias de honra em vigor na época e ao compromisso que se tinha para com o senhor de defender a sua corte, creio que essa distinção de Beaumanoir era uma jurisprudência nova entre os franceses.

Não digo que todas as apelações contra falso julgamento se decidissem pela batalha; ocorria com essa apelação como com todas as outras. Recordamos as exceções de que falei no capítulo XXV. Aqui, cabia ao tribunal suserano ver se se deviam anular ou não os desafios de batalha.

Não se podiam acusar de falsidade os julgamentos pronunciados na corte do rei; pois, como o rei não tinha ninguém que lhe fosse igual, não havia ninguém que pudesse desafiá-lo; e, como o rei não tinha ninguém que lhe fosse superior, ninguém podia apelar contra a sua corte.

Essa lei fundamental, necessária como lei política, reduzia também, como lei civil, os abusos da prática judiciária da época. Quando um senhor temia que se acusasse o seu tribunal de falsidade[202], ou via que se apresentavam para fazê-lo, se fosse bom para a justiça que tal não acontecesse, ele podia pedir homens do tribunal do rei, cujo julgamento não podia ser acusado de falsidade; e o rei Filipe, diz Défontaines[203], enviou todo o seu conselho para julgar um caso no tribunal do abade de Corbie.

Se, porém, o senhor não pudesse ter juízes do rei, podia instalar o seu tribunal no do rei, se dependesse imediatamente dele; e, se tivesse

---

[201] Ibid., p. 337 e 338. (N. do A.)

[202] Défontaines, capítulo XXII, artigo 14. (N. do A.)

[203] Ibid. (N. do A.)

senhores intermediários, dirigia-se ao seu senhor suserano, indo de senhor em senhor até o rei.

Assim, embora não se tivesse naquela época nem a prática, nem sequer a ideia das apelações de hoje, tinha-se o recurso ao rei, que era sempre a nascente de onde partiam todos os rios e o mar aonde voltavam.

Capítulo XXVIII
Da apelação por falta de direito

Apelava-se contra falta de direito quando, no tribunal de um senhor, se diferisse, se evitasse ou se recusasse fazer justiça às partes.

Na segunda raça, embora o conde tivesse vários funcionários sob as suas ordens, a pessoa destes era subordinada, mas a jurisdição não o era. Esses funcionários, em seus pleitos, audiências ou sessões, julgavam em última instância, como o próprio conde. Toda a diferença estava na partilha da jurisdição: por exemplo, o conde podia condenar à morte, julgar sobre a liberdade e a restituição dos bens[204]; e o centurião, não.

Pela mesma razão, havia grandes causas reservadas ao rei[205]; eram as que envolviam diretamente a ordem política. Eram as discussões entre os bispos, os abades, os condes e outros grandes, que os reis julgavam com os grandes vassalos[206].

O que disseram alguns autores, que se apelava do conde ao enviado do rei ou *missus dominicus*, não tem fundamento. O conde e o *missus* tinham igual jurisdição, independente uma da outra[207]; toda a diferença era que o *missus* tinha suas sessões durante quatro meses do ano, e o conde, nos outros oito[208].

Se alguém[209], condenado numa sessão[210], solicitasse ser julgado de novo

---

[204] Capitular III, do ano 812, artigo 3, edição de Baluze, p. 497, e de Carlos, o Calvo, adicionado à lei dos lombardos, livro II, artigo 3. (N. do A.)

[205] Capitular III, do ano 812, artigo 2. (N. do A.)

[206] *Cum fidelibus*; capitular de Luís, o Bonachão, edição de Baluze, p. 667. (N. do A.)

[207] Vide o capitular de Carlos, o Calvo, adicionado à lei dos lombardos, livro II, artigo 3. (N. do A.)

[208] Capitular III, do ano 812, artigo 8. (N. do A.)

[209] Capitular adicionado à lei dos lombardos, livro II, título 59. (N. do A.)

[210] *Placitum*. (N. do A.)

e fosse de novo condenado, pagava uma multa de quinze soldos ou recebia quinze golpes da mão dos juízes que tivessem julgado o caso.

Quando os condes ou os emissários do rei não se sentiam fortes o bastante para reduzir os poderosos à razão, faziam-nos dar uma caução de que se apresentariam diante do tribunal do rei[211]: era para julgar o caso, e não para rejulgá-lo. Vejo no capitular de Metz[212] estabelecida a apelação por falso julgamento ao tribunal do rei e todos os outros tipos de apelações proscritos e punidos.

Quem não aquiescesse[213] ao julgamento dos escabinos[214] e não reclamasse era preso até que aquiescesse; e, se reclamava, era levado sob forte guarda ante o rei e o caso era discutido no seu tribunal.

Quase não havia apelações por falta de direito. Pois, naquela época, longe de haver o costume de se queixar de os condes e as outras pessoas com direito de manter sessões de tribunal não serem pontuais em sua corte, queixavam-se, ao contrário, de que o eram até demais[215]; e tudo está cheio de ordenanças que proíbem aos condes e a outros oficiais da justiça terem mais de três sessões por ano. Era preciso menos corrigir sua negligência do que deter sua atividade.

Mas, quando se formou um sem-número de pequenas senhorias e se estabeleceram diversos graus de vassalagem, a negligência de certos vassalos em manter seu tribunal deu origem a esses tipos de apelações[216]; tanto mais que isso valia ao senhor suserano multas consideráveis.

Enquanto o uso do combate judiciário se disseminava cada vez mais, houve lugares, casos, tempos em que foi difícil reunir os pares e, por conseguinte, se deixou de lado a administração da justiça. Introduziu-se a apelação por falta de direito; e a esse tipo de apelação estiveram muitas vezes ligadas ocasiões notáveis da nossa história,

---

211 Isto fica evidente pelas fórmulas, pelas cartas e pelos capitulares. (N. do A.)

212 Do ano 757, edição de Baluze, p. 180, artigos 9 e 10; e o sínodo *apud Vernas*, do ano 755, artigo 29, edição de Baluze, p. 175. Esses dois capitulares foram feitos pelo rei Pepino. (N. do A.)

213 Capitular XI de Carlos Magno, do ano 805, edição de Baluze, p. 423; e lei de Lotário, na lei dos lombardos, livro II, título 52, artigo 23. (N. do A.)

214 Funcionários às ordens do conde: *scabini*. (N. do A.)

215 Vide a lei dos lombardos, livro II, título 52, artigo 22. (N. do A.)

216 Vemos apelações de falta de direito desde os tempos de Filipe Augusto. (N. do A.)

porque a maioria das guerras daqueles tempos tinha por motivo a violação do direito político, como as nossas guerras atuais costumam ter por causa ou pretexto a do direito das gentes.

Diz Beaumanoir[217] que, em caso de falta de direito, jamais havia batalha; e isso pelas seguintes razões. Não se podia desafiar para o combate o próprio senhor, por causa do respeito devido à sua pessoa; não se podiam desafiar os pares do senhor, porque a coisa era clara e bastava contar os dias dos adiamentos ou outros atrasos; não havia julgamento e só se podia acusar de falsidade um julgamento. Enfim, o delito dos pares ofendia o senhor como parte; e era contra a ordem haver combate entre o senhor e os seus pares.

Mas, como diante do tribunal suserano se provava a falta por meio de testemunhas, estas podiam ser desafiadas ao combate[218]; e com isso não se ofendia nem o senhor nem o seu tribunal.

1º Nos casos em que a falta vinha da parte dos homens ou pares do senhor, que houvessem diferido a administração da justiça ou evitado fazer o julgamento depois de vencidos os prazos, os pares do senhor eram acusados pela falta diante do suserano; e, se perdessem, pagavam uma multa ao seu senhor[219]. Este não podia prestar nenhum auxílio aos seus homens; ao contrário, ele se apoderava de seus feudos, até que cada um lhe pagasse uma multa de sessenta libras.

2º Quando a falta vinha da parte do senhor, o que acontecia quando não havia homens bastantes em sua corte para fazer o julgamento ou quando ele não tivesse reunido os seus homens ou posto alguém em seu lugar para reuni-los, acusava-se a falta diante do senhor suserano; mas, por causa do respeito devido ao senhor, citava-se a parte[220] e não o senhor.

O senhor requeria ser julgado diante do tribunal suserano; e, se ganhasse, era-lhe devolvida a causa e lhe pagavam sessenta libras[221]; mas, se fosse provada a falta, a pena contra ele era perder o julgamento da coisa contestada, e o fundo era julgado no tribunal suserano[222]. Com efeito, a queixa de falta fora feita só para isso.

---

217 Capitular LXI, p. 315. (N. do A.)

218 Beaumanoir, capítulo LXI, p. 315. (N. do A.)

219 Défontaines, capítulo XXI, artigo 24. (N. do A.)

220 Ibid., artigo 32. (N. do A.)

221 Beaumanoir, capítulo LXI, p. 312. (N. do A.)

222 Défontaines, capítulo XXI, artigos 1, 29. (N. do A.)

3º Se se litigasse na corte do senhor contra ele[223], o que só ocorria nos casos referentes ao feudo, depois de ter deixado passar todos os prazos citava-se o próprio senhor diante de gente de bem[224] e fazia-se que ele fosse intimado pelo suserano, cuja permissão se devia ter. A intimação não era feita pelos pares, porque os pares não podiam citar seu senhor; mas podiam intimar por seu senhor[225].

Por vezes a apelação por falta de direito era seguida de uma apelação de falso julgamento[226], quando o senhor, apesar da falta, mandara pronunciar a sentença.

O vassalo que apelava sem razão contra o seu senhor por falta de direito[227] era condenado a lhe pagar uma multa estipulada por ele.

Os habitantes de Gand haviam apelado por falta de direito contra o conde de Flandres diante do rei[228], por ter ele adiado a administração de julgamento em sua corte. Verificou-se que ele nem sequer esgotara os prazos dados pelo costume do país. Os habitantes de Gand foram remetidos a ele; o conde mandou confiscar seus bens até o valor de sessenta mil libras. Eles voltaram à corte do rei, para que a multa fosse moderada: foi decidido que o conde poderia cobrar a multa, e até mais, se quisesse. Beaumanoir assistira a esses julgamentos.

4º Nos casos que o senhor podia ter contra o vassalo, em razão do corpo ou da honra deste último, ou dos bens que não eram do feudo, não tinha lugar a apelação de falta de direito; pois não se julgava na corte do senhor, mas na corte daquele de quem ele dependia; pois os homens, diz Défontaines[229], não têm direito de fazer julgamento sobre o corpo do seu senhor.

Esforcei-me por dar uma ideia clara dessas coisas, que nos autores daquele tempo são tão confusas e tão obscuras, que na verdade tirá-las do caos em que se encontram é descobri-las.

---

[223] Sob o reinado de Luís VII, o sire de Nèle litigava contra Joana, condessa de Flandres; ele a intimou a mandar julgar em quarenta dias; e em seguida apelou contra ela por falta de direito junto à corte do rei. Respondeu ela que o faria julgar por seus pares em Flandres. A corte do rei pronunciou que ele não seria remetido a eles e que a condessa seria intimada. (N. do A.)

[224] Défontaines, capítulo XXI, artigo 34. (N. do A.)

[225] Ibid., artigo 9. (N. do A.)

[226] Beaumanoir, capítulo LXI, p. 311. (N. do A.)

[227] Ibid., p. 312. Mas aquele que não fosse nem vassalo nem servo do senhor só lhe pagava uma multa de sessenta libras, ibid. (N. do A.)

[228] Ibid., p. 318. (N. do A.)

[229] Capítulo XXI, artigo 35. (N. do A.)

Capítulo XXIX
Época do reinado de São Luís

São Luís aboliu o combate judiciário nos tribunais dos seus domínios, como fica claro pela ordenação que decretou a respeito[230] e pelos *Estabelecimentos*[231].

Mas não o suprimiu nos tribunais dos seus barões[232], salvo no caso de apelação de falso julgamento.

Não se podia acusar de falsidade a corte do seu senhor[233] sem requerer o combate judiciário contra os juízes que haviam pronunciado a sentença. Mas São Luís introduziu a prática de denunciar por falso julgamento sem combater[234]; mudança que foi uma espécie de revolução.

Declarou que não se poderiam acusar de falsidade os julgamentos proferidos nas senhorias dos seus domínios, porque era crime de felonia[235]. Efetivamente, se era uma espécie de crime de felonia contra o senhor, com mais forte razão o era contra o rei. Mas determinou que se pudesse requerer a correção dos juízos pronunciados em seus tribunais[236]; não porque fossem falsa ou maldosamente pronunciados, mas porque causavam algum prejuízo[237]. Decretou, ao contrário, que fosse obrigatório acusar de falsidade os tribunais dos barões, em caso de queixa[238].

Segundo os *Estabelecimentos*, não se podiam denunciar por falsidade os tribunais dos domínios do rei, como acabamos de dizer. Era preciso pedir correção diante do tribunal; e, se o bailio não quisesse fazer a correção solicitada, o rei permitia que se apelasse à sua corte[239]; ou antes, interpretando os *Estabelecimentos* por si mesmos, que se apresentasse um requerimento ou uma petição[240].

---

230 Em 1260. (N. do A.)

231 Livro I, capítulos II e VII; livro II, capítulos X e XI. (N. do A.)

232 Como fica claro em toda parte nos *Estabelecimentos*; e em Beaumanoir, capítulo LXI, p. 309. (N. do A.)

233 Ou seja, apelar por falso julgamento. (N. do A.)

234 *Estabelecimentos*, livro I, capítulo VI; e livro II, capítulo XV. (N. do A.)

235 Ibid., livro II, capítulo XV. (N. do A.)

236 Ibid., livro I, capítulo LXXVII; e livro II, capítulo XV. (N. do A.)

237 Ibid., livro I, capítulo LXXVIII. (N. do A.)

238 Ibid., livro II, capítulo XV. (N. do A.)

239 Ibid., livro I, capítulo LXXVIII. (N. do A.)

240 Ibid., livro II, capítulo XV. (N. do A.)

No que se refere às cortes dos senhores, São Luís, ao permitir que fossem denunciadas por falsidade, determinou que o caso fosse levado ao tribunal do rei ou do senhor suserano[241], não para que fosse decidido pelo combate[242], mas por testemunhas, segundo uma forma de proceder cujas regras estabeleceu[243].

Assim, quer se pudesse denunciar por falsidade, como nas cortes dos senhores, quer não se pudesse, como nas cortes dos seus domínios, ele estabeleceu que se poderia apelar, sem correr os riscos de um combate.

Relata-nos Défontaines[244] os dois primeiros exemplos que viu em que assim se procedeu, sem combate judiciário: um, num caso julgado na corte de Saint-Quentin, pertencente ao domínio do rei; e o outro, na corte de Ponthieu, em que o conde, que estava presente, contrapôs a antiga jurisprudência: mas esses dois casos foram julgados pelo direito.

Perguntar-se-á, talvez, por que São Luís ordenou, no que se refere aos tribunais dos seus barões, uma maneira de proceder diferente da que estabeleceu nos tribunais dos seus domínios; e a razão é a seguinte. São Luís, estatuindo quanto às cortes dos seus domínios, não foi contrariado em seus planos; mas teve atenções a dispensar com os senhores, que gozavam da antiga prerrogativa de os casos jamais serem tirados de suas cortes, a menos que se corresse o risco de denunciá-los por falsidade. São Luís conservou a prática de apelar por falsidade; mas quis que esta pudesse ser seguida sem combater: ou seja, para que a mudança fosse menos abrupta, suprimiu a coisa e deixou que os termos persistissem.

Isso não foi universalmente aceito nas cortes dos senhores. Diz Beaumanoir[245] que, no seu tempo, havia duas maneiras de julgar: uma segundo o *estabelecimento-rei* e a outra segundo a prática antiga; que os senhores tinham o direito de seguir uma ou outra dessas práticas; mas que, quando, num caso, se optasse por uma delas, não se podia mais voltar à outra. Acrescenta ele que o conde de Clermont seguia

---

[241] Mas, se não se acusasse de falsidade e se quisesse apelar, não se era aceito. *Estabelecimentos*, livro II, capítulo XV. "O senhor teria o testemunho de seu tribunal, fazendo justiça." (N. do A.)

[242] Ibid., livro I, capítulos VI e LXVII; e livro II, capítulo XV; e Beaumanoir, capítulo XI, p. 58. (N. do A.)

[243] *Estabelecimentos*, livro I, capítulos I, II e III. (N. do A.)

[244] Capítulo XXII, artigos 16 e 17. (N. do A.)

[245] Capítulo LXI, p. 309. (N. do A.)

a nova prática[246], ao passo que os seus vassalos continuavam com a antiga; mas que ele poderia, quando quisesse, restabelecer a antiga; sem o que teria menos autoridade do que os seus vassalos.

É preciso saber que a França estava dividida na época em domínios do rei[247] e no que era chamado país dos barões, ou baronias; e, para me valer dos termos dos *Estabelecimentos* de São Luís, em país da obediência-rei e país fora da obediência-rei. Quando os reis baixavam ordenações para as regiões dos seus domínios, só se valiam de sua própria autoridade; mas, quando faziam ordenações que se referissem também às regiões dos seus barões, estas eram feitas de concerto com eles, ou seladas ou subscritas por eles[248]; sem isso, os barões as aceitavam ou não, conforme parecessem convir ou não ao bem das suas senhorias. Os subvassalos estavam nos mesmos termos com os grandes vassalos. Ora, os *Estabelecimentos* não foram instituídos com o consentimento dos senhores, embora estatuíssem sobre coisas de grande importância: assim, só foram aceitos por aqueles que julgaram ser vantajoso aceitá-los. Roberto, filho de São Luís, admitiu-os no condado de Clermont; e os seus vassalos não julgaram que lhes convinha praticá-los nos seus domínios.

Capítulo XXX
Observação sobre as apelações

Compreende-se que as apelações, que eram provocações a um combate, deviam ser feitas de imediato. "Se alguém sair do tribunal sem apelar", diz Beaumanoir[249], "perde a apelação e aceita o julga-

---

[246] Ibid. (N. do A.)

[247] Vide Beaumanoir, Défontaines e os *Estabelecimentos*, livro II, capítulos X, XI, XV e outros. (N. do A.)

[248] Vide as ordenações do começo da terceira raça; na coletânea de Laurière, sobretudo as de Filipe Augusto acerca da jurisdição eclesiástica, e a de Luís VIII acerca dos judeus; e as cartas citadas pelo sr. Brussel, em especial a de São Luís sobre o arrendamento e o resgate das terras e a maioridade feudal das jovens, t. II, livro III, p. 35; e ibid., a ordenação de Filipe Augusto, p. 7. (N. do A.)

[249] Capítulo LXIII, p. 327; ibid., capítulo LXI, p. 312. (N. do A.)

mento". Isso persistiu mesmo depois que se restringiu a prática do combate judiciário[250].

Capítulo XXXI
Continuação do mesmo assunto

O vilão não podia denunciar a falsidade da corte do seu senhor: é o que nos ensina Défontaines[251]; e isso é confirmado pelos *Estabelecimentos*[252]. "Assim", diz ainda Défontaines[253], "não há entre tu, senhor, e o teu vilão outro juiz além de Deus".

Era a prática do combate judiciário que impedira os vilãos de poderem acusar de falsidade a corte do senhor; e tanto isso é verdade, que os vilãos que, por carta ou por costume[254], tinham direito de combater, também tinham direito de denunciar a corte do seu senhor, ainda que os homens que tivessem julgado fossem cavaleiros[255]; e Défontaines propõe expedientes para que um cavaleiro evitasse o escândalo de ter de combater um vilão que tivesse denunciado o julgamento[256].

Começando a se abolir a prática dos combates judiciários e a se introduzir o uso de novas apelações, julgou-se que era insensato que as pessoas francas tivessem um remédio contra a injustiça do tribunal de seus senhores e os vilãos, não; e o parlamento aceitou as apelações deles, como as das pessoas francas.

---

250 Vide os *Estabelecimentos* de São Luís, livro II, capítulo XV; e a ordenação de Carlos VII, de 1453. (N. do A.)

251 Capítulo XXI, artigos 21 e 22. (N. do A.)

252 Livro I, capítulo CXXXVI. (N. do A.)

253 Capítulo II, artigo 8. (N. do A.)

254 Défontaines, capítulo XXII, artigo 7. Esse artigo e o 21 do capítulo XXII do mesmo autor foram até agora muito mal explicados. Défontaines não contrapõe o julgamento do senhor ao do cavaleiro, uma vez que era o mesmo; mas contrapõe o vilão comum ao que tinha o privilégio de combater. (N. do A.)

255 Os cavaleiros sempre podem estar entre os juízes. Défontaines, capítulo XXI, artigo 48. (N. do A.)

256 Capítulo XXII, artigo 14. (N. do A.)

Capítulo XXXII
Continuação do mesmo assunto

Quando se denunciava por falsidade o tribunal do senhor, este comparecia pessoalmente ante o senhor suserano para defender o julgamento da sua corte. Da mesma forma[257], no caso de apelação por falta de direito, a parte citada ante o senhor suserano levava o seu senhor com ela, para que, se a falta não fosse provada, ele pudesse recuperar a sua jurisdição.

Em seguida, tendo o que eram apenas dois casos particulares se tornado regra geral para todos os casos, pela introdução de todo tipo de apelações, pareceu extraordinário que o senhor fosse obrigado a passar a vida em outros tribunais que não os seus e por casos diferentes dos seus. Ordenou Filipe de Valois que só os bailios fossem citados[258]. E, quando o uso dos apelos se tornou ainda mais frequente, coube às partes defenderem a apelação; a sorte do juiz tornou-se a da parte[259].

Eu disse[260] que no apelo de falta de direito o senhor só perdia o direito de mandar julgar o caso em seu tribunal. Mas, se o senhor fosse ele próprio atacado como parte[261], o que se tornou muito frequente[262], pagava ao rei ou ao senhor suserano diante de quem se havia apelado uma multa de sessenta libras. Veio daí o costume, quando as apelações foram universalmente aceitas, de mandar pagar a multa ao senhor quando se reformava a sentença do seu juiz: costume que persistiu durante muito tempo, foi confirmado pela ordenação de Roussillon e cujo absurdo fez que prescrevesse.

---

[257] Défontaines, capítulo XXI, artigo 33. (N. do A.)

[258] Em 1332. (N. do A.)

[259] Vide qual era o estado das coisas no tempo de Boutillier, que vivia no ano 1402. *Somme rurale*, livro I, p. 19 e 20. (N. do A.)

[260] Acima, capítulo XXX. (N. do A.)

[261] Beaumanoir, capítulo LXI, p. 312 e 318. (N. do A.)

[262] Ibid. (N. do A.)

Capítulo XXXIII
Continuação do mesmo assunto

Na prática do combate judiciário, o denunciante que desafiara um dos juízes podia perder, pelo combate, o seu processo[263], e não podia ganhá-lo. Com efeito, a parte que tinha um julgamento em seu favor não devia perdê-lo pelos atos de terceiros. O desafiante que vencesse tinha ainda de combater contra a parte; não para saber se o julgamento era bom ou mau — já não se tratava desse julgamento, pois o combate o havia anulado —, mas para decidir se a demanda era legítima ou não: e era sobre esse novo ponto que se combatia. Deve ter vindo daí a nossa maneira de pronunciar as sentenças: "A corte anula o apelo"; "a corte anula o apelo e aquilo de que se apelou". Com efeito, quando aquele que havia apelado por falso julgamento era vencido, a apelação era anulada; quando vencia, o julgamento era anulado, assim como a própria apelação: tinha-se de realizar novo julgamento.

Tanto isso é verdade, que, quando o caso era julgado por inquéritos, essa maneira de pronunciar não prevalecia. Diz-nos o sr. de la Roche-Flavin[264] que a câmara de inquéritos não podia valer-se dessa fórmula nos primeiros tempos da sua criação.

Capítulo XXXIV
Como o processo se tornou secreto

Os duelos haviam introduzido uma forma pública de processo; o ataque e a defesa eram igualmente conhecidos. "As testemunhas", diz Beaumanoir[265], "devem dar seu testemunho diante de todos".

Diz o comentador de Boutillier ter aprendido de antigos processualistas e por alguns antigos processos escritos à mão que antigamente, na França, os processos criminais eram feitos publicamente e sob uma forma muito pouco diferente dos julgamentos públicos dos romanos. Isso está ligado à ignorância da escrita, comum na época. O uso da escrita fixa as ideias e pode fazer estabelecer o segredo:

---

263 Défontaines, capítulo XXI, artigo 14. (N. do A.)
264 *Dos parlamentos da França*, livro I, capítulo XVI. (N. do A.)
265 Capítulo LXI, p. 315. (N. do A.)

mas, quando não se tem esse uso, só a publicidade do processo pode fixar essas mesmas ideias.

E, como podia haver dúvidas acerca do que fora julgado por homens[266] ou do que fora advogado diante de homens, podia-se evocar a sua memória toda vez que a corte se reunia, no que se chamava processo por recordo[267]; e, nesse caso, não era permitido desafiar as testemunhas para o combate; pois os casos jamais teriam fim.

Em seguida, foi introduzida uma forma secreta de proceder. Tudo era público, tudo se tornou oculto: os interrogatórios, as informações, os reexames, as acareações, as conclusões da parte pública; e essa é a prática de hoje. A primeira forma de proceder convinha ao governo da época, como a nova era própria ao governo que se estabeleceu depois.

O comentador de Boutillier data da ordenação de 1539 essa mudança. Creio que esta se deu aos poucos e passou de senhoria em senhoria, à medida que os senhores renunciavam à antiga prática de julgar e que a prática tirada dos *Estabelecimentos* de São Luís veio a se aperfeiçoar. Com efeito, diz Beaumanoir que só se ouviam publicamente as testemunhas nos casos em que podia haver desafios de batalha[268]: nos outros, elas eram ouvidas em segredo e seus depoimentos eram feitos por escrito. Os processos tornaram-se, pois, secretos quando deixou de haver desafios de batalha.

Capítulo XXXV
Das custas

Antigamente, na França, ninguém era condenado nas cortes leigas a pagar as custas[269]. A parte perdedora já era bastante punida por condenações de multas a serem pagas ao senhor e aos seus pares. A maneira de proceder pelo combate judiciário fazia que, nos crimes, a parte derrotada, que perdia a vida e os bens, fosse punida em máximo grau; e, nos outros casos do combate judiciário, havia multas, ora

---

[266] Como diz Beaumanoir, capítulo XXXIX, p. 209. (N. do A.)

[267] Provava-se com testemunhas o que já fora feito, dito ou decretado em justiça. (N. do A.)

[268] Capítulo XXXIX, p. 218. (N. do A.)

[269] Défontaines, em seu *Conselho*, capítulo XII, artigos 3 e 8; Beaumanoir, capítulo XXXIII; *Estabelecimentos*, livro I, capítulo XC. (N. do A.)

fixas, ora dependentes da vontade do senhor, que faziam que fossem muito temidos os eventos dos processos. O mesmo ocorria nos casos que não eram decididos senão pelo combate. Como o senhor tinha os principais lucros, era ele também que arcava com as principais despesas, quer para reunir os seus pares, quer para dar-lhes condições de proceder ao julgamento. Como, aliás, os casos se encerravam no próprio local e quase sempre de imediato, e sem esse número infinito de escritos que mais tarde se viram, não era necessário cobrar das partes as custas.

É o uso das apelações que deve naturalmente introduzir o da cobrança das custas. Assim, diz Défontaines[270] que, quando se apelava por lei escrita, isto é, quando se seguiam as novas leis de São Luís, cobravam-se as custas; mas no uso ordinário, que não permitia apelar sem acusar de falsidade, as custas não eram cobradas; só se obtinha uma multa e a posse por um ano e um dia da coisa contestada, se o caso fosse remetido ao senhor.

Mas, quando as novas facilidades aumentaram o número de apelações[271]; quando, pelo uso frequente desses apelos de um tribunal a outro, as partes foram continuamente transportadas para fora do lugar onde residiam; quando a nova arte processual multiplicou e eternizou os processos; quando se refinou a ciência de eludir as mais justas demandas; quando um litigante soube fugir unicamente para se fazer seguir; quando a demanda passou a ser ruinosa e a defesa, tranquila; quando as razões se perderam em grandes volumes de palavras e de escritos; quando tudo ficou cheio de funcionários da justiça, que não deviam administrar a justiça; quando a má-fé encontrou conselhos onde não achou apoio, foi preciso deter os pleiteantes com o medo das despesas. Tiveram de pagar pela decisão e pelos recursos que haviam empregado para eludi-la. Carlos, o Belo, fez a esse respeito uma ordenação geral[272].

---

[270] Capítulo XXII, artigo 8. (N. do A.)

[271] "Agora, que somos tão propensos a apelar", diz Boutillier, *Somme rurale*, livro I, título 3, p. 16. (N. do A.)

[272] Em 1324. (N. do A.)

Capítulo XXXVI
Da parte pública

Como, pelas leis sálicas e ripuárias e pelas outras leis dos povos bárbaros, as penas dos crimes eram pecuniárias, não havia na época, como hoje entre nós, parte pública encarregada do processamento dos crimes. Com efeito, tudo se reduzia às reparações pelos danos; toda demanda judicial era, de certa forma, civil, e cada particular podia fazê-la. Por outro lado, o direito romano tinha formas populares para o processamento dos crimes, que não podiam convir ao ministério de uma parte pública.

A prática dos combates judiciários não repugnava menos a essa ideia; pois quem iria querer ser a parte pública e se fazer o campeão de todos contra todos?

Encontro, numa coletânea de fórmulas que o sr. Muratori inseriu nas leis dos lombardos, que havia na segunda raça um advogado da parte pública[273]. Mas, se lermos a coletânea inteira dessas fórmulas, veremos que havia uma diferença total entre esses funcionários e o que hoje chamamos de parte pública, nossos procuradores-gerais, nossos procuradores do rei ou dos senhores. Os primeiros eram antes os agentes do público para a ordem política e doméstica do que para a ordem civil. Com efeito, não vemos nessas fórmulas que eles fossem encarregados do processamento dos crimes e dos casos que envolviam os menores, as igrejas ou o estado das pessoas.

Eu disse que o estabelecimento de uma parte pública era incompatível com a prática do combate judiciário. Encontro, porém, numa dessas fórmulas um advogado da parte pública que tem a liberdade de combater. O sr. Muratori inseriu-a em seguida à constituição de Henrique I[274], para a qual foi feita. Nessa constituição se diz que, "se alguém matar o pai, o irmão, o sobrinho ou algum outro parente, perderá sua sucessão, que passará para os outros parentes; e a sua própria pertencerá ao fisco". Ora, era pela demanda dessa sucessão devida ao fisco que o advogado da parte pública, que defendia os seus direitos, tinha a liberdade de combater: esse caso, portanto, era conforme à regra geral.

---

[273] *Advocatus de parte publica.* (N. do A.)

[274] Vide esta constituição e esta fórmula no segundo volume de *Historiens d'Italie*, p. 175. (N. do A.)

Vemos nessas fórmulas o advogado da parte pública agir contra aquele que tivesse capturado um ladrão e não o tivesse levado ao conde[275]; contra aquele que tivesse insuflado um levante ou uma assembleia contra o conde[276]; contra aquele que tivesse salvado a vida de um homem que o conde lhe entregara para fazê-lo morrer[277]; contra o advogado das igrejas a quem o conde ordenara que lhe entregasse um ladrão e não obedecera[278]; contra quem tivesse revelado o segredo do rei aos estrangeiros[279]; contra quem, à mão armada, tivesse perseguido o enviado do imperador[280]; contra aquele que tivesse desprezado as cartas do imperador[281], e era perseguido pelo advogado do imperador ou pelo próprio imperador; contra quem não tivesse querido aceitar a moeda do príncipe[282]: enfim, esse advogado exigia as coisas que a lei adjudicava ao fisco[283].

Mas no processamento dos crimes não vemos nenhum advogado da parte pública, mesmo quando se empregam os duelos[284]; mesmo quando se trata de incêndio[285]; mesmo quando o juiz é assassinado em seu tribunal[286]; mesmo quando se trata do estado das pessoas[287], da liberdade e da servidão[288].

Essas fórmulas foram feitas não só para as leis dos lombardos, mas para os capitulares adicionados: assim, não há dúvida de que, sobre essa matéria, tais fórmulas nos dão a prática da segunda raça.

É claro que esses advogados da parte pública devem ter-se extinguido com a segunda raça, como os emissários do rei às províncias, pela simples razão de que já não houve uma lei geral, nem um fisco

---

[275] Coletânea de Muratori, p. 104, sobre a lei 88 de Carlos Magno, livro I, título 26, § 78. (N. do A.)
[276] Outra fórmula, ibid., p. 87. (N. do A.)
[277] Ibid., p. 104. (N. do A.)
[278] Ibid., p. 95. (N. do A.)
[279] Ibid., p. 88. (N. do A.)
[280] Ibid., p. 98. (N. do A.)
[281] Ibid., p. 132. (N. do A.)
[282] Ibid., p. 132. (N. do A.)
[283] Ibid., p. 137. (N. do A.)
[284] Ibid., p. 147. (N. do A.)
[285] Ibid. (N. do A.)
[286] Ibid., p. 168. (N. do A.)
[287] Ibid., p. 134. (N. do A.)
[288] Ibid., p. 107. (N. do A.)

geral; e porque já não houve condes nas províncias para manter as audiências; e, por conseguinte, já não houve aqueles funcionários cuja principal função era manter a autoridade do conde.

A prática dos combates, que se tornou mais assídua na terceira raça, não permitiu que se estabelecesse uma parte pública. Assim, Boutillier, em sua *Suma rural*, falando dos oficiais da justiça, só cita os bailios, homens feudais, e os sargentos. Vide os *Estabelecimentos*[289] e Beaumanoir[290] acerca da maneira como se faziam os processos na época.

Deparo-me, nas leis de Jaime II, rei de Majorca[291], com a criação do emprego de procurador do rei, com as funções que hoje têm os nossos[292]. É evidente que eles só surgiram depois que a forma judiciária mudou entre nós.

Capítulo XXXVII
Como os *Estabelecimentos* de São Luís caíram no esquecimento

Foi o destino dos *Estabelecimentos* nascerem, envelhecerem e morrerem em pouquíssimo tempo.

Farei a esse respeito algumas reflexões. O código que temos sob o nome de *Estabelecimentos* de São Luís jamais foi feito para servir de lei para todo o reino, embora isso seja dito no prefácio do código. Essa compilação é um código geral, que estatui acerca de todas as questões cíveis, das disposições dos bens por testamento ou entre vivos, dos dotes e das vantagens das mulheres, dos benefícios e das prerrogativas dos feudos, dos casos de polícia, etc. Ora, num tempo em que cada cidade, burgo ou aldeia tinha o seu costume, apresentar um corpo geral de leis civis era querer subverter, num momento, todas as leis particulares sob as quais se vivia em cada lugar do reino. Formar um costume geral a partir de todos os costumes particulares seria algo temerário, mesmo nestes tempos em que os príncipes, em

---

[289] Livro I, capítulo I; e livro II, capítulos XI e XIII. (N. do A.)

[290] Capítulos I e LXI. (N. do A.)

[291] Vide estas leis nas *Vies des Saints*, do mês de junho, t. III, p. 26.

[292] *Qui continue nostram sacram curiam sequi teneatur, instituatur qui facta et causas in ipsa curia promoveat atque prosequatur*. (N. do A.)

toda parte, só encontram obediência. Pois, se é verdade que não se deve mudar quando os inconvenientes igualam as vantagens, deve-se ainda menos quando as vantagens são pequenas e os inconvenientes, imensos. Ora, se prestarmos atenção no estado em que se achava na época o reino, em que cada qual se embriagava com a ideia de sua soberania e de seu poder, vemos que tentar mudar as leis e os costumes aceitos em toda parte era algo que não podia passar pela cabeça dos que governavam.

O que acabo de dizer prova também que esse código dos *Estabelecimentos* não foi confirmado, no parlamento, pelos barões e homens da lei do reino, como se diz num manuscrito da câmara municipal de Amiens, citado pelo sr. Ducange[293]. Vemos nos outros manuscritos que esse código foi dado por São Luís no ano 1270, antes de partir para Túnis: esse fato não é verdadeiro, pois São Luís partiu em 1269, como observou o sr. Ducange; donde se conclui que esse código teria sido publicado na sua ausência. Mas afirmo que isso é impossível. Como teria São Luís escolhido o tempo de sua ausência para fazer algo que teria sido uma semente de perturbações e teria podido produzir, não mudanças, mas revoluções? Tal empreendimento precisaria, mais do que qualquer outro, ser acompanhado de perto; e não era obra para uma regência fraca, e até mesmo formada por senhores interessados em que aquilo não desse certo. Eram eles Matthieu, abade de Saint-Denis; Simon de Clermont, conde de Nelle; e, em caso de morte, Philippe, bispo de Evreux; e Jean, conde de Ponthieu. Vimos mais acima[294] que o conde de Ponthieu se opôs, em sua senhoria, à execução de uma nova ordem judiciária.

Digo, em terceiro lugar, que é muito provável que o código que temos seja uma coisa diferente dos *Estabelecimentos* de São Luís acerca da ordem judiciária. Esse código cita os *Estabelecimentos*; trata-se, portanto, de uma obra sobre os *Estabelecimentos*, e não os próprios *Estabelecimentos*. Além disso, Beaumanoir, que fala muitas vezes dos *Estabelecimentos* de São Luís, só cita os estabelecimentos particulares desse príncipe, e não essa compilação. Défontaines, que escrevia sob esse príncipe[295], fala-nos das duas primeiras vezes em que os seus estabelecimentos sobre a ordem judiciária foram postos

---

[293] Prefácio dos *Estabelecimentos*. (N. do A.)

[294] Capítulo XXIX. (N. do A.)

[295] Vide supra o capítulo XXIX. (N. do A.)

em prática como de algo distante. Os *Estabelecimentos* de São Luís eram, portanto, anteriores à compilação a que me refiro; que, a rigor, e adotando os prólogos errôneos inseridos por ignorantes à frente da obra, só teria sido publicada no último ano da vida de São Luís, ou até mesmo depois da morte desse príncipe.

Capítulo XXXVIII
Continuação do mesmo assunto

Que é, então, essa compilação que temos com o nome de *Estabelecimentos* de São Luís? Que é esse código obscuro, confuso e ambíguo, em que se mistura sem cessar a jurisprudência francesa com a lei romana; em que se fala como um legislador e em que se vê um jurisconsulto; em que se encontra todo um corpo de jurisprudência sobre todos os casos, sobre todos os pontos do direito civil? Precisamos transportar-nos para aqueles tempos.

São Luís, vendo os abusos da jurisprudência do seu tempo, procurou fazer que os povos a rejeitassem: fez vários regulamentos para os tribunais dos seus domínios e os de seus barões; e foi tão bem-sucedido, que Beaumanoir, que escrevia muito pouco tempo depois da morte desse príncipe[296], nos diz que a maneira de julgar estabelecida por São Luís era praticada em grande número de cortes senhoriais.

Assim, esse príncipe alcançou seu objetivo, embora os seus regulamentos para os tribunais senhoriais não tivessem sido feitos para serem uma lei geral do reino, mas como um exemplo que cada qual poderia e até teria interesse em seguir. Suprimiu o mal, mostrando o melhor. Quando viram nos seus tribunais, quando viram nos dos senhores um jeito de proceder mais natural, mais razoável, mais conforme à moral, à religião, à tranquilidade pública, à segurança da pessoa e dos bens, adotaram-no e abandonaram o outro.

Convidar, quando não se deve obrigar; guiar, quando não se deve mandar; eis a habilidade suprema. A razão tem um império natural; tem até um império tirânico: resiste-se a ela, mas essa resistência é o seu triunfo; mais um pouco de tempo e serão forçados a voltar a ela.

São Luís, para fazer que deixassem de apreciar a jurisprudência francesa, mandou traduzir os livros do direito romano, para que fos-

[296] Capítulo LXI, p. 309. (N. do A.)

sem conhecidos pelos homens da lei daquela época. Défontaines, que é o nosso primeiro autor processualista[297], fez um grande uso dessas leis romanas: sua obra é, de certa forma, um resultado da antiga jurisprudência francesa, das leis ou estabelecimentos de São Luís e da lei romana. Beaumanoir pouco uso fez da lei romana; mas conciliou a antiga jurisprudência francesa com os regulamentos de São Luís.

No espírito dessas duas obras, e sobretudo da de Défontaines, algum bailio, creio, fez a obra de jurisprudência que chamamos de *Estabelecimentos*. Diz-se no título da obra que foi feita segundo a prática de Paris e de Orléans e das cortes de baronia; e, no prólogo, que nela se trata dos costumes de todo o reino e de Anjou e das cortes de baronia. É evidente que a obra foi feita para Paris, Orléans e Anjou, como as obras de Beaumanoir e de Défontaines foram feitas para os condados de Clermont e de Vermandois; e, como fica claro, por Beaumanoir, que várias leis de São Luís haviam penetrado nas cortes de baronia, o compilador teve certa razão em dizer que a sua obra abrangia também as cortes de baronia[298].

É óbvio que quem compôs essa obra compilou os costumes do país, com as leis e os estabelecimentos de São Luís. Trata-se de uma obra preciosíssima, pois contém os antigos costumes de Anjou e os estabelecimentos de São Luís, tais como eram praticados na época e, enfim, o que ali se praticava da antiga jurisprudência francesa.

A diferença entre essa obra e as de Défontaines e de Beaumanoir é que nela se fala em termos de comando, como os legisladores; e isso podia ser assim porque era uma compilação de costumes escritos e de leis.

Havia um vício interno nessa compilação: esta formava um código anfíbio, em que se misturava a jurisprudência francesa e a lei romana; aproximavam-se coisas que jamais se relacionavam e eram não raro contraditórias.

Sei muito bem que os tribunais franceses dos homens ou dos pares, os julgamentos sem recurso a outro tribunal, a maneira de

---

[297] Ele próprio diz em seu prólogo: "Ninguém nunca empreendeu isto que fiz". (N. do A.)

[298] Nada há de mais vago que o título e o prólogo. Primeiro são os usos de Paris e de Orléans e das cortes de baronia; em seguida, são os usos de todas as cortes leigas do reino e do prebostado de França; depois, são os usos de todo o reino e de Anjou e das cortes de baronia. (N. do A.)

pronunciar pelas palavras *Eu condeno* ou *Eu absolvo*[299] tinham certa conformidade com os julgamentos populares dos romanos. Mas se fez pouco uso dessa jurisprudência antiga; serviram-se antes da que foi introduzida mais tarde pelos imperadores, de que se valeram em toda parte nessa compilação, para regular, limitar, corrigir e estender a jurisprudência francesa.

Capítulo XXXIX
Continuação do mesmo assunto

As formas judiciárias introduzidas por São Luís cessaram de estar em uso. Esse príncipe tivera menos em vista a própria coisa, ou seja, a melhor maneira de julgar, do que a melhor maneira de substituir a velha prática de julgar. O primeiro objetivo era o de fazer que deixassem de apreciar a antiga jurisprudência, e o segundo, formar uma nova. Mas, tendo-se mostrado os inconvenientes desta última, logo a vimos ser substituída por outra.

Assim, as leis de São Luís mudaram menos a jurisprudência francesa do que proporcionaram meios para mudá-la; abriram novos tribunais, ou, antes, caminhos para aí chegar; e, quando se pôde chegar com facilidade àquele que gozava de autoridade geral, os julgamentos, que antes só seguiam os usos de uma determinada senhoria, formaram uma jurisprudência universal. Chegou-se ao ponto, por força dos estabelecimentos, de ter decisões gerais, que faltavam completamente no reino: quando o edifício estava pronto, deixaram cair os andaimes.

Assim, as leis instituídas por São Luís tiveram efeitos que não eram de se esperar da obra-prima da legislação. Por vezes são necessários muitos séculos para preparar as mudanças; os acontecimentos amadurecem e eis que surgem as revoluções.

O parlamento julgou em última instância sobre quase todos os casos do reino. Antes, não julgava senão os casos entre duques, condes, barões, bispos, abades[300] ou entre o rei e os seus vassalos[301], mais

---

[299] *Estabelecimentos*, livro II, capítulo XV. (N. do A.)

[300] Vide Du Tillet, *Sobre a corte dos pares*. Vide também La Roche-Flavin, livro I, capítulo III; Budée e Paul Emile. (N. do A.)

[301] Os outros casos eram decididos pelos tribunais ordinários. (N. do A.)

na relação que tais casos tinham com a ordem política do que com a ordem civil. Em seguida, foram obrigados a torná-lo sedentário e conservá-lo sempre reunido; e, por fim, criaram vários parlamentos, para que pudessem dar conta de todos os casos.

Mal o parlamento se constituiu como um corpo fixo e já começaram a compilar as suas sentenças. Jean de Monluc, sob o reinado de Filipe, o Belo, fez a coletânea que hoje é chamada de registros *Olim*[302].

Capítulo XL
Como as formas judiciárias foram tomadas das decretais

Mas qual a razão de, ao abandonarem as forma judiciárias estabelecidas, adotarem as do direito canônico, mais do que as do direito romano? A razão é que tinham sempre diante dos olhos os tribunais eclesiásticos, que seguiam as formas do direito canônico, e não se conhecia nenhum tribunal que seguisse as do direito romano. Além disso, os limites da jurisdição eclesiástica e da secular eram, naqueles tempos, muito pouco reconhecidos: havia quem[303] advogasse indiferentemente nos dois tribunais[304]; havia matérias sobre as quais se litigava do mesmo modo. Parece[305] que a jurisdição leiga só tivesse tomado para si, com exclusão da outra, o julgamento das matérias feudais e dos crimes cometidos pelos leigos nos casos que não contrariavam a religião[306]. Pois, se, em razão das convenções e dos contratos, fosse preciso valer-se da justiça leiga, as partes podiam voluntariamente recorrer aos tribunais eclesiásticos, que, não tendo o direito de obrigar a justiça leiga a fazer executar a sentença, forçavam a obediência por meio das excomunhões[307]. Nessas circunstâncias, quando, nos tribunais leigos,

---

[302] Vide o excelente livro do sr. presidente Hénault sobre o ano 1313. (N. do A.)

[303] Beaumanoir, capítulo XI, p. 58. (N. do A.)

[304] As viúvas, os cruzados, os que mantinham os bens das igrejas, em razão destes bens. Ibid. (N. do A.)

[305] Vide todo o capítulo XI de Beaumanoir. (N. do A.)

[306] Os tribunais eclesiásticos, sob pretexto de juramento, tinham até se apoderado deles, como vemos na famosa concordata entre Filipe Augusto, o clero e os barões, que se acha nas ordenações de Laurière. (N. do A.)

[307] Beaumanoir, capítulo XI, p. 60. (N. do A.)

quiseram mudar de prática, tomaram a do clero, pois a conheciam; e não se adotou a do direito romano, porque não a conheciam: pois, em matéria de prática, só conhecemos a que praticamos.

Capítulo XLI
Fluxo e refluxo da jurisdição eclesiástica e da jurisdição leiga

Como o poder civil estava nas mãos de um sem-número de senhores, fora fácil para a jurisdição eclesiástica ganhar a cada dia maior extensão; mas, como a jurisdição eclesiástica enfraqueceu a jurisdição dos senhores e contribuiu para fortalecer a jurisdição real, esta aos poucos restringiu a jurisdição eclesiástica e a fez recuar. O parlamento, que adotara em sua forma de proceder tudo o que havia de bom e de útil na dos tribunais eclesiásticos, logo passou a enxergar apenas os seus abusos; e, com a jurisdição real fortificando-se a cada dia, esta pôde cada vez mais corrigir esses mesmos abusos. Com efeito, tais abusos eram intoleráveis; e, sem elaborar uma lista deles, remeterei a Beaumanoir, a Boutillier, às ordenações dos nossos reis[308]. Só falarei daqueles que se referem mais diretamente à fortuna pública. Conhecemos esses abusos pelos decretos que os reformaram. Introduzira-os a espessa ignorância; raiou uma espécie de claridade e deixaram de existir. Podemos julgar pelo silêncio do clero que ele próprio se antecipou à correção; o que, dada a natureza do espírito humano, merece elogios. Todo homem que morria sem dar parte dos seus bens à igreja, o que chamavam de morrer inconfesso[309], perdia o direito à comunhão e à sepultura. Os parentes de quem morresse sem fazer testamento tinham de obter do bispo a nomeação, conjuntamente com eles, de árbitros para definir o que o defunto deveria ter dado se tivesse feito um testamento. Os noivos não podiam dormir juntos na noite de núpcias, nem nas duas seguintes, sem comprar a permissão para tanto: essas três noites foram muito bem escolhidas; pois, para

---

[308] Vide em Boutillier, *Somme rurale*, título 9, que pessoas não podem demandar em tribunal leigo; e Beaumanoir, capítulo XI, p. 56; e os regulamentos de Filipe Augusto a esse respeito; e o estabelecimento de Filipe Augusto, instituído entre o clero, o rei e os barões. (N. do A.)

[309] *Déconfès*, no original. (N. do T.)

as outras, não se teria pagado muito. O parlamento corrigiu tudo isso. Encontramos no glossário do direito francês de Ragau[310] a sentença por ele pronunciada contra o bispo de Amiens[311].

Volto ao começo do meu capítulo. Quando, num século ou num governo, vemos os diversos corpos do Estado procurarem aumentar a sua autoridade e ganhar uns sobre os outros certas vantagens, seríamos muitas vezes enganados se encarássemos seus atos como um sinal certo de corrupção. Por uma desgraça própria da natureza humana, são raros os grandes homens moderados; e, como é sempre mais fácil seguir a força do que detê-la, talvez na classe dos homens superiores seja mais fácil encontrar gente extremamente virtuosa do que homens extremamente sábios.

A alma tanto se delicia em dominar as outras almas — mesmo aqueles que amam o bem se amam tanto a si mesmos —, que não há ninguém que seja infeliz o bastante para não ter de desconfiar também das suas boas intenções; e, na verdade, nossos atos dependem de tanta coisa, que é mil vezes mais fácil fazer o bem do que fazê-lo bem.

Capítulo XLII
Renascimento do direito romano e o que dele resultou. Mudanças nos tribunais

Tendo sido reencontrado o digesto de Justiniano no ano 1137, o direito romano pareceu ter um segundo nascimento. Fundaram-se escolas na Itália, onde ele era ensinado: já dispunham do código Justiniano e das Novelas. Já disse que esse direito conquistou ali tal favor, que fez eclipsar a lei dos lombardos.

Alguns doutores italianos levaram o direito de Justiniano para a França, onde só se conhecera o código Teodosiano[312], porque foi só depois do estabelecimento dos bárbaros nas Gálias que as leis de Jus-

---

[310] No verbete *exécuteurs testamentaires* [executores testamentários]. (N. do A.)

[311] De 19 de março de 1409. (N. do A.)

[312] Seguia-se na Itália o código de Justiniano. É por isso que o papa João VIII, em sua constituição promulgada depois do sínodo de Troyes, fala desse código, não porque era conhecido na França, mas porque ele próprio o conhecia; e a sua constituição era geral. (N. do A.)

tiniano foram instituídas[313]. Esse direito enfrentou alguma oposição; mas manteve-se, apesar das excomunhões dos papas, que protegiam os seus cânones[314]. São Luís procurou dar-lhe credibilidade, pelas traduções que mandou fazer das obras de Justiniano, que ainda temos manuscritas nas nossas bibliotecas; e já disse que se fez um grande uso delas nos *Estabelecimentos*. Filipe, o Belo, mandou ensinar as leis de Justiniano, apenas como razão escrita, nas regiões da França que se governavam pelos costumes[315]; e essas leis foram adotadas como tal nas regiões em que o direito romano era a lei.

Eu disse mais acima que a maneira de proceder pelo combate judiciário exigia muito pouca competência naqueles que julgavam; decidiam-se os casos em cada lugar, segundo os usos de cada lugar e segundo alguns costumes simples, transmitidos por tradição. Nos tempos de Beaumanoir, havia duas maneiras diferentes de administrar a justiça[316]: em alguns lugares, julgava-se por meio dos pares; em outros, julgava-se por bailios[317]; quando se seguia a primeira forma, os pares julgavam segundo os usos de sua jurisdição; na segunda, eram os conselheiros [*prud'hommes*] ou anciãos que indicavam ao bailio o mesmo uso[318]. Tudo isso não exigia nenhuma cultura, nenhuma capacidade, nenhum estudo. Mas, quando o obscuro código dos *Estabelecimentos* e outras obras de jurisprudência apareceram; quando o direito romano foi traduzido; quando começou a ser ensinado nas escolas; quando certa arte processual e certa arte da jurisprudência começaram a se formar; quando se viu nascerem processualistas e jurisconsultos, os pares e os conselheiros já não tiveram condição de julgar; os pares começaram a se retirar dos tribunais do senhor; os senhores tornaram-se pouco propensos a reuni-los: tanto mais que

---

313 O código desse imperador foi publicado por volta do ano 530. (N. do A.)

314 *Decretais*, livro V, título *de privilegiis*, capítulo *super specula*. (N. do A.)

315 Por uma carta do ano 1312, em favor da universidade de Orléans, citada por Du Tillet. (N. do A.)

316 *Coutume de Beauvoisis*, capítulo I, do ofício dos bailios. (N. do A.)

317 Na comuna, os burgueses eram julgados por outros burgueses, como os homens do feudo se julgavam entre si. Vide La Thaumassière, capítulo XIX. (N. do A.)

318 Assim, todas as petições começavam com estas palavras: "Sr. juiz, é de praxe que em sua jurisdição", etc., como se evidencia na fórmula citada em Boutillier, *Somme rurale*, livro I, título 21. (N. do A.)

os julgamentos, em vez de serem um ato espalhafatoso, agradável à nobreza, interessante para os militares, não passavam de uma prática, que eles não conheciam, nem queriam conhecer. A prática de julgar por meio de pares diminuiu[319]; a de julgar por bailios ampliou-se. Os bailios não julgavam[320]; faziam a instrução e pronunciavam o julgamento dos conselheiros. Mas, como os conselheiros já não estavam em condições de julgar, os próprios bailios passaram a julgar.

Isso se fez com facilidade ainda maior porque tinham diante dos olhos a prática dos juízes eclesiásticos: o direito canônico e o novo direito civil concorreram igualmente para abolir os pares.

Assim se perdeu o costume constantemente observado na monarquia, de que o juiz jamais julgava sozinho, como se vê nas leis sálicas, nos capitulares e nos primeiros escritores processualistas da terceira raça[321]. O abuso contrário, que só ocorre nas justiças locais, foi moderado e, de certo modo, corrigido pela introdução em vários lugares de um representante do juiz, que este consulta e que faz as vezes dos antigos conselheiros; pela obrigação que o juiz tem de chamar dois diplomados, nos casos que podem merecer uma pena corporal; e, enfim, se tornou nulo, pela extrema facilidade das apelações.

---

319 A mudança foi paulatina. Vemos ainda os pares em atividade na época de Boutillier, que vivia em 1402, data do seu testamento, que cita esta fórmula no livro I, título 21: "Sr. juiz, em minha justiça alta, média e baixa que tenho em tal lugar, corte, pleitos, bailios, homens feudais e sargentos". Mas só as matérias feudais ainda eram julgadas pelos pares. Ibid., livro I, título I, p. 16. (N. do A.)

320 Como fica claro pela fórmula das cartas que o senhor lhes dava, citada por Boutillier, *Somme rurale*, livro I, título 14. O que é provado também por Beaumanoir, *Coutume de Beauvoisis*, capítulo I, Dos bailios. Eles só dirigiam o processo. "O bailio é obrigado, na presença dos homens, a ouvir as palavras dos que litigam, e deve perguntar às partes se querem ter julgamento segundo as razões que disseram; e, se eles disserem *Sim, senhor*, o bailio deve obrigar os homens a fazerem o julgamento." Vide também os *Estabelecimentos* de São Luís, livro I, capítulo CV; e livro II, capítulo XV. O juiz não deve julgar por si mesmo. (N. do A.)

321 Beaumanoir, capítulo LXVII, p. 336; e capítulo LXI, p. 315 e 316: os *Estabelecimentos*, livro II, capítulo XV. (N. do A.)

Capítulo XLIII
Continuação do mesmo assunto

Assim, não foi uma lei que proibiu aos senhores manterem eles mesmos a sua corte; não foi uma lei que aboliu as funções que seus pares nela desempenhavam; não houve lei que ordenasse a criação de bailios; não foi por uma lei que eles ganharam o direito de julgar. Tudo isso se deu aos poucos e pela força das coisas. O conhecimento do direito romano, das sentenças dos tribunais, dos corpos de costumes recentemente escritos exigiam um estudo de que os nobres e o povo iletrado não eram capazes.

A única ordenação que temos sobre essa matéria[322] é a que obrigou os senhores a escolherem os seus bailios na ordem dos leigos. Tal ordenação foi equivocadamente considerada a lei da criação deles; esta, porém, só diz o que diz. Além disso, determina o que prescreve pelas razões que apresenta: "Os bailios", reza, "são escolhidos dentre a ordem dos laicos para que possam ser punidos por suas prevaricações"[323]. São notórios os privilégios do clero naquela época.

Não se deve crer que os direitos de que os senhores gozavam antigamente e de que já não gozam tenham sido suprimidos como usurpações: muitos desses direitos foram perdidos por negligência; e outros foram abandonados porque, tendo sido introduzidas diversas mudanças ao longo de muitos séculos, não podiam subsistir com tais mudanças.

Capítulo XLIV
Da prova por testemunhas

Os juízes, que não tinham outras regras senão os usos, costumavam instruir-se por testemunhas em cada questão que se apresentava.

Estando menos em voga o combate judiciário, os inquéritos eram feitos por escrito. Mas uma prova oral posta por escrito é sempre apenas uma prova oral; isso só servia para aumentar as custas do pro-

---

[322] Esta ordenação é do ano 1287. (N. do A.)

[323] *Ut, si ibi delinquant, superiores sui possint animadvertere in eosdem.* (N. do A.)

cesso. Fizeram-se regulamentos que tornaram inútil a maior parte desses inquéritos[324], estabeleceram-se registros públicos nos quais a maioria dos fatos se achava provada, a nobreza, a idade, a legitimidade, o casamento. A escrita é uma testemunha que dificilmente se deixa corromper. Mandaram pôr por escrito os costumes. Tudo isso era muito razoável: é mais fácil pesquisar nos registros de batismo se Pedro é filho de Paulo do que provar esse fato por uma longa investigação. Quando, num país, há um número muito grande de costumes, é mais fácil escrevê-los todos num código do que obrigar os particulares a provar cada uso. Enfim, instituíram a famosa ordenação que proibiu aceitar a prova testemunhal em caso de dívida superior a cem libras, a menos que houvesse um começo de prova por escrito.

Capítulo XLV
Dos costumes da França

A França era regida, como eu disse, por costumes não escritos; e os usos particulares de cada senhoria formavam o direito civil. Cada senhoria tinha o seu direito civil, como diz Beaumanoir[325]; e um direito tão particular, que esse autor, um dos grandes luminares daqueles tempos, diz que não crê que em todo o reino houvesse duas senhorias que fossem governadas exatamente pela mesma lei.

Essa prodigiosa diversidade tinha uma primeira origem e também uma segunda. Quanto à primeira, vale lembrar o que eu disse acima[326], no capítulo sobre os costumes locais; e, quanto à segunda, a encontramos nos diversos eventos dos combates judiciários, pois casos continuamente fortuitos devem naturalmente introduzir novos usos.

Esses costumes se conservavam na memória dos anciãos; mas aos poucos se formaram leis ou costumes escritos.

1º Nos primórdios da terceira raça[327], os reis deram cartas particulares e até mesmo cartas gerais, da maneira como expliquei acima: é o caso dos estabelecimentos de Filipe Augusto e de São Luís. Da

---

[324] Vide como se provava a idade e o parentesco: *Estabelecimentos*, livro I, capítulos LXXI e LXXII. (N. do A.)

[325] Prólogo ao *Coutume de Beauvoisis*. (N. do A.)

[326] Capítulo XII. (N. do A.)

[327] Vide a coletânea das ordenações de Laurière. (N. do A.)

mesma forma, os grandes vassalos, de concerto com os senhores que deles dependiam, deram, nos tribunais dos seus ducados ou condados, certas cartas ou estabelecimentos, segundo as circunstâncias: é o caso da concordata de Gofredo, conde da Bretanha, sobre a partilha dos nobres; dos costumes da Normandia, concedidos pelo duque Raul; dos costumes de Champagne, dados pelo rei Tibaldo; das leis de Simão, conde de Montfort; e de outros. Isso produziu algumas leis escritas, e até mesmo mais gerais do que as que tínhamos.

2º No começo da terceira raça, quase toda a arraia-miúda era composta de servos. Muitas razões obrigaram os reis e os senhores a lhes dar alforria.

Os senhores, ao libertarem os servos, davam-lhes bens; tiveram de dar-lhes leis civis para regular a disposição desses bens. Os senhores, ao libertarem os servos, privaram-se dos seus bens; foi, portanto, necessário regular os direitos que os senhores se reservavam como equivalente de seus bens. Uma e outra dessas coisas foram reguladas pelas cartas de alforria; tais cartas formaram uma parte dos nossos costumes, e essa parte se acha registrada por escrito.

3º Sob o reinado de São Luís, e nos seguintes, alguns processualistas hábeis, como Défontaines, Beaumanoir e outros, puseram por escrito os costumes dos seus bailiados. Seu objetivo era antes apresentar uma prática judiciária do que os usos do seu tempo sobre a disposição dos bens. Mas ali se encontra de tudo; e, embora esses autores particulares só tivessem autoridade pela verdade e pela publicidade das coisas que diziam, não há dúvida de que eles foram muito úteis ao renascimento do nosso direito francês. Era esse, na época, o nosso direito consuetudinário escrito.

Chegamos à grande época. Carlos VII e os seus sucessores mandaram pôr por escrito, em todo o reino, os diversos costumes locais, e prescreveram formalidades que deviam ser observadas em sua redação. Ora, como essa redação se fez por províncias, e, de cada senhoria, se vinha depositar na assembleia geral da província os usos escritos ou não escritos de cada lugar, procuraram tornar os costumes mais gerais, na medida do possível, sem ferir os interesses particulares que foram preservados[328]. Nossos costumes assumiram,

---

[328] Isto foi feito assim durante a redação dos costumes de Berri e de Paris. Vide La Thaumassière, capítulo III. (N. do A.)

assim, três características; foram escritos, tornaram-se mais gerais e receberam o selo da autoridade real.

Como muitos desses costumes haviam sido redigidos de novo, foram feitas muitas modificações, quer suprimindo tudo o que não se coadunava com a jurisprudência atual, quer acrescentando muitas coisas tiradas dessa jurisprudência.

Embora o direito consuetudinário seja, entre nós, considerado algo que contém uma espécie de oposição com o direito romano, de sorte que esses dois direitos dividem os territórios, é, porém, verdade que numerosas disposições do direito romano entraram em nossos costumes, sobretudo quando lhes deram novas redações, em tempos que não são muito distantes dos nossos, em que esse direito era o objeto do conhecimento de todos os que se destinavam aos cargos civis; em tempos em que ninguém se gabava de ignorar o que se deve saber e de saber o que se deve ignorar; em que a rapidez da inteligência servia mais para aprender a profissão do que para exercê-la; e em que as diversões contínuas não eram sequer o atributo das mulheres.

Eu teria de me demorar mais no fim deste livro e, apresentando mais pormenores, seguir todas as mudanças imperceptíveis que, desde a abertura das apelações, formaram o grande corpo de nossa jurisprudência francesa. Mas teria posto uma obra volumosa numa obra volumosa. Sou como aquele antiquário que partiu do seu país, chegou ao Egito, deu uma olhada nas pirâmides e voltou[329].

[329] No *Espectador inglês*. (N. do A.)

LIVRO XXIX
Da maneira de compor as leis

Capítulo I
Do espírito do legislador

Afirmo-o e me parece que só escrevi este livro para prová-lo: o espírito de moderação deve ser o do legislador; o bem político, como o bem moral, sempre se acha entre dois limites. Eis um exemplo disso.

As formalidades da justiça são necessárias à liberdade. Mas o número delas poderia ser tão grande, que contrariaria o fim das próprias leis que as tivessem estabelecido: os processos não teriam fim; a propriedade dos bens permaneceria incerta; dar-se-ia a uma das partes o bem da outra sem exame ou se arruinariam as duas de tanto examinar.

Os cidadãos perderiam a liberdade e a segurança; os acusadores já não teriam os meios de fazer condenar, nem os acusados os meios de se justificar.

Capítulo II
Continuação do mesmo assunto

Cecílio, em Aulo Gélio[1], discorrendo sobre a lei das Doze Tábuas, que permitia ao credor cortar em pedaços o devedor insolvente, justifica-a por sua própria atrocidade, que impedia que se tomasse

---

[1] Livro XX, capítulo I. (N. do A.)

emprestado além das suas capacidades[2]. Serão, então, as leis mais cruéis as melhores? Será o bem o excesso? E serão destruídas todas as relações entre as coisas?

Capítulo III
Que as leis que parecem distanciar-se dos planos do legislador muitas vezes são conformes a eles

Mostrou-se muito extraordinária a lei de Sólon, que declarava infames todos os que, numa sedição, não tomassem nenhum partido: mas é preciso atentar para a situação em que se encontrava a Grécia na época. Estava dividida em Estados muito pequenos; era de se temer que, numa república corroída pelas dissensões civis, as pessoas mais prudentes se retraíssem e com isso as coisas passassem a se radicalizar.

Nas sedições que ocorriam nesses pequenos Estados, a maior parte da cidade participava da querela, ou a fazia. Nas nossas grandes monarquias, os partidos são formados por pouca gente, e o povo gostaria de viver na inação. Nesse caso, é natural reconduzir os sediciosos à maioria dos cidadãos e não a maioria dos cidadãos aos sediciosos; no outro, cumpre fazer a minoria dos sábios e tranquilos voltar para o meio dos sediciosos: é assim que a fermentação de um licor pode ser detida por uma só gota de outro.

Capítulo IV
Das leis que contrariam os planos do legislador

Leis há que o legislador compreendeu tão pouco, que são contrárias ao próprio objetivo que se propôs. Aqueles que estabeleceram entre os franceses que, quando morre um dos dois pretendentes a um benefício, o benefício fica com aquele que sobrevive procuraram, sem dúvida, extinguir os processos. Mas decorre daí um efeito contrário:

---

[2] Diz Cecílio que jamais viu nem leu que tal pena tivesse alguma vez sido aplicada: mas há indícios de que nunca teria sido estabelecida. É muito provável a opinião de alguns jurisconsultos, de que a lei das Doze Tábuas só falava da divisão do preço do devedor vendido. (N. do A.)

vemos os eclesiásticos brigarem e se engalfinharem como dois dogues ingleses, até a morte.

Capítulo V
Continuação do mesmo assunto

A lei a que vou referir-me encontra-se neste juramento, que chegou até nós por meio de Ésquines[3]: "Eu juro que jamais destruirei uma cidade dos anfictiões e não desviarei as suas águas correntes; se algum povo ousar fazer algo semelhante, declarar-lhe-ei guerra e destruirei as suas cidades". O último artigo da lei, que parece confirmar o primeiro, é na realidade contrário a ele. Anfictião determina que jamais se destruam as cidades gregas, e a sua lei abre as portas para tal destruição. Para estabelecer um bom direito das gentes entre os gregos, era preciso acostumá-los a pensar que fosse algo atroz destruir uma cidade grega; não deviam sequer destruir os destruidores. A lei de Anfictião era justa, mas não era prudente. Isso fica provado pelo próprio abuso que dela se fez. Não obteve Filipe o poder de destruir as cidades, sob pretexto de terem estas violado as leis dos gregos? Anfictião teria podido infligir outras penalidades: ordenar, por exemplo, que certo número de magistrados da cidade destruidora ou de chefes do exército violador fossem punidos com a morte; que o povo destruidor cessaria, por certo tempo, de gozar dos privilégios dos gregos; que pagaria uma multa até o restabelecimento da cidade. A lei devia sobretudo visar à reparação dos danos.

Capítulo VI
Que as leis que parecem ser as mesmas nem sempre têm o mesmo efeito

Proibiu César que se guardassem em casa mais de sessenta sestércios[4]. Essa lei foi considerada em Roma muito adequada a conciliar os devedores com os credores, porque, ao obrigar os ricos a emprestar aos pobres, permitia a estes pagar aos ricos. Uma mesma lei instituída

---

[3] *De falsa legatione*. (N. do A.)

[4] Díon, livro XLI. (N. do A.)

na França no tempo do sistema foi muito funesta: isso porque as circunstâncias em que foi feita eram medonhas. Depois de ter suprimido todos os meios de investir o dinheiro, suprimiram até o recurso de guardá-lo em casa; o que era o mesmo que um sequestro por meios violentos. César fez a sua lei para que o dinheiro circulasse em meio ao povo; o ministro francês fez a sua para que o dinheiro se concentrasse numa só mão. O primeiro deu terras em troca de dinheiro, ou hipotecas sobre particulares; o segundo propôs em troca do dinheiro bens que não tinham valor e não podiam tê-lo por sua própria natureza, porque a lei obrigava que fossem aceitos.

Capítulo VII
Continuação do mesmo assunto. Necessidade de bem compor as leis

A lei do ostracismo foi estabelecida em Atenas, em Argos e em Siracusa[5]. Em Siracusa, provocou mil males, por ter sido feita sem prudência. Os principais cidadãos baniam-se uns aos outros, empunhando uma folha de figueira[6]; de sorte que aqueles que tinham algum mérito largaram os negócios. Em Atenas, onde o legislador sentira a extensão e os limites que deveria dar à sua lei, o ostracismo foi algo admirável: sempre se lhe submetia uma única pessoa; era preciso um número tão grande de sufrágios, que era difícil exilar alguém cuja ausência não fosse necessária.

Só se podia banir a cada cinco anos: com efeito, uma vez que o ostracismo só devia ser exercido contra um grande personagem que provocasse temor nos concidadãos, não devia ser algo a ser feito todos os dias.

Capítulo VIII
Que as leis que parecem as mesmas nem sempre tiveram o mesmo motivo

Adotou-se na França a maioria das leis dos romanos acerca das

---

[5] Aristóteles, *República*, livro V, capítulo III. (N. do A.)
[6] Plutarco, *Vida de Dionísio*. (N. do A.)

substituições; mas as substituições têm aqui um motivo diferente do que têm entre os romanos. Para estes, a herança estava vinculada a certos sacrifícios que deviam ser executados pelo herdeiro e eram reguladas pelo direito dos pontífices[7]. Isso fez que considerassem uma desonra morrer sem herdeiros e adotassem como herdeiros seus escravos e inventassem as substituições. A substituição vulgar, que foi a primeira inventada e só ocorria quando o herdeiro instituído não aceitava a herança, é uma boa prova disso: não tinha por objeto perpetuar a herança numa família de mesmo nome, mas encontrar alguém que aceitasse a herança.

Capítulo IX
Que as leis gregas e romanas puniram o suicídio sem terem o mesmo motivo

Será punido o homem, diz Platão[8], que tiver matado alguém a que estivesse estreitamente ligado, ou seja, ele próprio, não por ordem do magistrado, nem para evitar a ignomínia, mas por fraqueza. A lei romana punia tal ato, quando não tivesse sido cometido por fraqueza de espírito, por tédio da vida, por incapacidade de suportar a dor, mas pelo desespero por algum crime. A lei romana absolvia no caso em que a grega condenava, e condenava no caso em que a outra absolvia.

A lei de Platão baseava-se nas instituições lacedemônias, em que as ordens do magistrado eram totalmente absolutas, em que a ignomínia era a maior das desgraças, e a fraqueza, o maior dos crimes. A lei romana abria mão de todas essas belas ideias; era apenas uma lei fiscal.

Nos tempos da república, não havia lei em Roma que punisse quem se suicidasse: tal ato, entre os historiadores, é sempre visto com bons olhos e não vemos jamais nenhuma punição contra os que o cometessem.

Nos tempos dos primeiros imperadores, as grandes famílias de Roma foram continuamente exterminadas por julgamentos. Intro-

---

[7] Quando a herança estivesse gravada demais, eludia-se o direito dos pontífices por meio de certas vendas; veio daí a expressão *fine sacris haereditas*. (N. do A.)

[8] Livro IV das *Leis*. (N. do A.)

duziu-se o costume de prevenir a condenação pela morte voluntária. Viam nisso uma grande vantagem. Obtinha-se a honra da sepultura e os testamentos eram executados[9]; isso porque não havia lei civil em Roma contra os que se suicidavam. Mas, quando os imperadores se tornaram tão avaros quanto haviam sido cruéis, não deixaram mais àqueles de que queriam ver-se livres o meio de conservar os bens, e declararam que seria um crime suicidar-se pelos remorsos de outro crime.

Tanto é verdade o que digo acerca dos motivos dos imperadores, que consentiram que os bens dos que se matassem a si mesmos não fossem confiscados quando o crime pelo qual se haviam suicidado não os sujeitasse ao confisco[10].

Capítulo X
Que as leis que parecem contrárias derivam por vezes do mesmo espírito

Hoje se vai até a casa de um homem para citá-lo em juízo; isso não podia ser feito entre os romanos[11].

A intimação judicial era um ato violento[12], como uma espécie de coerção corporal[13]; e tanto não se podia ir à casa de um homem para citá-lo em juízo quanto hoje não se pode ir prender em sua casa um homem que só esteja condenado por dívidas civis.

As leis romanas[14] e as nossas admitem igualmente este princípio, de que cada cidadão tem a sua casa como asilo e nela não deve sofrer nenhuma violência.

---

[9] *Eorum qui de se statuebant, humabantur corpora, manebant testamenta, pretium festinandi* [Aqueles que sobre si mesmos estatuíam tinham os corpos enterrados e seus testamentos permaneciam válidos, em recompensa por sua presteza]. Tácito, *Anais*, VI, 29. (N. do A.)

[10] Transcrito do imperador Pio, na lei III, § 1 e 2, ff. *de bonis eorum qui ante sententiam mortem sibi conscieverunt*. (N. do A.)

[11] Leg. XVIII, ff. *de in jus vocando*. (N. do A.)

[12] Vide a lei das Doze Tábuas. (N. do A.)

[13] *Rapit in jus*. Horácio, sátira 9. É por isso que não se podiam citar em juízo aqueles a quem se devia certo respeito. (N. do A.)

[14] Vide a lei XVIII, ff. *de in jus vocando*. (N. do A.)

Capítulo XI
De que maneira podem ser comparadas duas leis diferentes

Na França, a pena contra os falsos testemunhos é capital; na Inglaterra, não. Para julgar qual das duas leis é melhor, cumpre acrescentar: na França, é praticada a tortura contra os criminosos; na Inglaterra, não; e dizer também: na França, o réu não apresenta as suas testemunhas, e é raríssimo que se admita o que chamam de circunstâncias atenuantes; na Inglaterra, aceitam-se testemunhas de ambas as partes. As três leis francesas formam um sistema muito articulado e homogêneo; as três leis inglesas formam outro que não o é menos. A lei da Inglaterra, que não conhece a tortura contra os criminosos, só tem pouca esperança de tirar do acusado a confissão do seu crime; convoca, pois, de todos os lados os testemunhos de terceiros e não ousa desencorajá-los com o temor de uma pena capital. A lei francesa, que conta com um recurso a mais, não teme tanto intimidar as testemunhas; ao contrário, pede a razão que as intimide: só ouve as testemunhas de uma parte[15]; são as produzidas pela parte pública; e o destino do acusado depende apenas do testemunho delas. Na Inglaterra, porém, são admitidas testemunhas das duas partes; e o caso é, por assim dizer, discutido entre elas. O falso testemunho pode ser ali menos perigoso: o réu tem um recurso contra ele; ao passo que a lei francesa não o oferece. Assim, para julgar quais dessas leis são mais conformes à razão, não se deve pegar cada uma delas e compará-las uma à outra; essas leis devem ser tomadas todas juntas e comparadas em conjunto.

Capítulo XII
Que por vezes as leis que parecem as mesmas são na realidade diferentes

Puniam as leis gregas e romanas tanto o receptor do roubo como o

---

[15] Pela antiga jurisprudência francesa, as testemunhas eram ouvidas pelas duas partes. Assim, vemos nos *Estabelecimentos* de São Luís, livro I, capítulo VII, que a pena judicial contra as falsas testemunhas era pecuniária. (N. do A.)

ladrão[16]: o mesmo ocorre sob a lei francesa. Aquelas eram razoáveis; esta, não. Entre os gregos e os romanos, o ladrão era condenado a uma pena pecuniária, e era preciso punir o receptor com a mesma pena: pois todo homem que contribui, seja de que maneira for, para um dano, deve repará-lo. Entre nós, porém, como a pena do roubo é capital, não foi possível, sem exagero, punir o receptador como o ladrão. Aquele que recebe o roubo pode, em mil ocasiões, recebê-lo inocentemente; aquele que rouba é sempre culpado: um impede a condenação de um crime já cometido, o outro comete o crime; tudo num é passivo, há no outro uma ação: o ladrão tem de superar mais obstáculos e a sua alma deve-se rebelar por mais tempo contra as leis. Os jurisconsultos foram mais longe: consideraram o receptor mais odioso do que o ladrão[17]; pois, sem ele, dizem, o roubo não poderia permanecer oculto por muito tempo. Isso, mais uma vez, poderia ser bom se a pena fosse pecuniária; tratava-se de um dano, e o receptor costumava estar em melhores condições de repará-lo: mas, tornada capital a pena, seria preciso pautar-se por outros princípios.

Capítulo XIII
Que não se devem separar as leis dos objetivos pelos quais foram instituídas. Das leis romanas sobre o roubo

Quando o ladrão era flagrado com a coisa roubada antes que a tivesse levado ao lugar onde pretendia escondê-la, isso era chamado pelos romanos roubo manifesto; quando o ladrão só era descoberto depois, era um roubo não manifesto.

Ordenava a lei das Doze Tábuas que o ladrão manifesto fosse surrado a pauladas e reduzido à servidão, se fosse adulto; ou apenas surrado a pauladas, se fosse impúbere; condenava o ladrão não manifesto apenas ao pagamento do dobro da coisa roubada.

Quando a lei Pórcia aboliu o uso de surrar a pauladas os cidadãos e de reduzi-los à servidão, o ladrão manifesto passou a ser conde-

---

16 Leg. I, ff. *de receptatoribus*. (N. do A.)
17 Ibid. (N. do A.)

nado ao quádruplo[18], e se continuou a punir com o dobro o ladrão não manifesto.

Parece esquisito que essas leis estabelecessem tal diferença na qualidade desses dois crimes e na pena que infligiam: com efeito, que o ladrão fosse surpreendido antes ou depois de levar o roubo ao lugar de destino era uma circunstância que não mudava a natureza do crime. Para mim não há dúvida de que a teoria das leis romanas sobre o roubo foi tirada das instituições lacedemônias. Licurgo, com a ideia de dar aos seus cidadãos habilidade, astúcia e iniciativa, determinou que as crianças se exercitassem no furto e fossem chicoteadas sem piedade as que se deixassem surpreender: isso estabeleceu entre os gregos e depois entre os romanos uma grande diferença entre o roubo manifesto e o não manifesto[19].

Entre os romanos, o escravo que houvesse roubado era jogado da rocha Tarpeia. Isso nada tinha a ver com as instituições lacedemônias; as leis de Licurgo acerca do roubo não haviam sido feitas para os escravos; segui-las era afastar-se delas nesse ponto.

Em Roma, quando um impúbere fosse surpreendido roubando, o pretor mandava que fosse surrado a pauladas segundo a sua vontade, como se fazia na Lacedemônia. Tudo isso vinha de mais longe. Os lacedemônios haviam tirado tais costumes dos cretenses; e Platão[20], que quer provar que as instituições dos cretenses haviam sido feitas para a guerra, cita a seguinte: "A capacidade de suportar a dor nos combates particulares e nos furtos que obrigam a se esconder".

Como as leis civis dependem das leis políticas, porque é sempre para uma sociedade que são feitas, seria bom que, quando se quisesse levar uma lei civil de uma nação para outra, se examinasse de antemão se ambas têm as mesmas instituições e o mesmo direito político.

Assim, quando as leis sobre o roubo passaram dos cretenses aos lacedemônios, como passaram com o governo e até a constituição, tais leis foram tão sensatas num dos povos quanto o eram no outro. Mas, quando da Lacedemônia foram levadas a Roma, como não en-

---

[18] Vide o que diz Favorino acerca de Aulo Gélio, livro XX, capítulo I. (N. do A.)

[19] Comparar o que diz Plutarco, *Vida de Licurgo*, com as leis do Digesto, no título *de furtis*; e as *Institutas*, livro IV, título 1, § 1, 2 e 3. (N. do A.)

[20] *Das leis*, livro I. (N. do A.)

contraram lá a mesma constituição, continuaram a ser estrangeiras e não tiveram nenhuma ligação com as outras leis civis dos romanos.

Capítulo XIV
Que não se deve separar as leis das circunstâncias em que foram instituídas

Determinava uma lei de Atenas que, quando a cidade fosse cercada, mandassem matar todas as pessoas inúteis[21]. Era uma lei política abominável, consequência de um abominável direito das gentes. Entre os gregos, os habitantes de uma cidade capturada perdiam a liberdade civil e eram vendidos como escravos: a tomada de uma cidade implicava a sua completa destruição. Essa é a origem não só dessas defesas obstinadas e desses atos desnaturados, como também dessas leis atrozes que por vezes foram instituídas.

Determinavam as leis romanas que os médicos pudessem ser punidos por negligência ou por imperícia[22]. Nesses casos, condenavam à deportação o médico de condição um pouco elevada e à morte aquele que fosse de condição mais baixa. Pelas nossas leis é diferente. As leis de Roma não haviam sido feitas nas mesmas circunstâncias que as nossas: em Roma, praticava a medicina quem quisesse; entre nós, porém, os médicos são obrigados a fazer estudos e a obter certos diplomas; devem, pois, conhecer a sua arte.

Capítulo XV
Que às vezes é bom que uma lei se corrija a si mesma

A lei das Doze Tábuas permitia matar o ladrão noturno[23], assim como o ladrão diurno, que, ao ser perseguido, se pusesse na defensiva: mas determinava que aquele que matasse o ladrão gritasse e chamasse

---

[21] *Inutilis aetas occidatur*: *Syrian. in Hermog*. (N. do A.)

[22] A lei Cornélia, *de sicariis*; *Institut*., livro IV, título 3; *de lege Aquilia*, § 7. (N. do A.)

[23] Vide a lei IV, ff. *ad leg. Aquil*. (N. do A.)

os cidadãos[24]; isso é algo que as leis que permitem fazer justiça com as próprias mãos devem sempre exigir. É o grito da inocência, que, no momento da ação, chama as testemunhas, chama os juízes. É preciso que o povo tome conhecimento do ato e isso no momento em que este se faz, num momento em que tudo fala, o ar, o rosto, as paixões, o silêncio, e em que cada palavra condena ou justifica. Uma lei que pode tornar-se tão contrária à segurança e à liberdade dos cidadãos deve ser executada na presença dos cidadãos.

Capítulo XVI
O que se deve observar na composição das leis

Quem tem um gênio vasto o bastante para poder dar leis à sua nação ou a outra deve prestar atenção sobre a maneira de formá-las.

O estilo deve ser conciso. As leis das Doze Tábuas são um modelo de precisão: as crianças decoravam-nas[25]. As *Novelas* de Justiniano são tão prolixas, que foi preciso abreviá-las[26].

O estilo das leis deve ser simples; a expressão direta sempre é mais bem entendida do que a expressão elaborada. Não há majestade nas leis do baixo-império; nelas se faz os príncipes falarem como retores. Quando o estilo das leis é pomposo, não são vistas senão como ostentação.

É essencial que as palavras das leis despertem em todos os homens as mesmas ideias. O cardeal de Richelieu concordava que se podia acusar um ministro ante o rei[27]; mas queria que o acusador fosse punido, se as coisas provadas não fossem consideráveis: o que devia impedir a todos de dizer qualquer verdade contra ele, pois que uma coisa seja considerável é algo completamente relativo e o que é considerável para um não o é para outro.

A lei de Honório punia com a morte aquele que comprasse como

[24] Ibid. Vide o decreto de Tassílio, anexado às leis dos bávaros, *de popularibus legibus*, artigo 4. (N. do A.)

[25] *Ut carmen necessarium*. Cícero, *De legibus*, livro II. (N. do A.)

[26] É o livro de Irnério. (N. do A.)

[27] *Testamento político*. (N. do A.)

servo um liberto ou que tivesse querido inquietá-lo[28]. Não se devia usar de uma expressão tão vaga: a inquietação causada a um homem depende inteiramente do grau de sensibilidade.

Quando a lei deve provocar alguma vexação, é preciso evitar na medida do possível que o faça pelo dinheiro. Mil causas mudam o valor da moeda; e com a mesma denominação não se tem a mesma coisa. É conhecida a história daquele impertinente romano[29] que dava bofetões em todos os que encontrava e mandava pagar-lhes os vinte e cinco soldos estabelecidos pela lei das Doze Tábuas.

Uma vez bem definidas numa lei as ideias das coisas, não se deve voltar a expressões vagas. Na ordenação criminal de Luís XIV[30], depois de feita a enumeração exata dos casos régios, foram acrescentadas estas palavras: "E aqueles que em todos os tempos os juízes reais julgaram"; o que faz retornar à arbitrariedade de que se acabava de sair.

Diz Carlos VII ter sabido que as partes apelam três, quatro, seis meses depois do julgamento, contra o costume do reino, em país de direito consuetudinário[31]: ordena que se apele de imediato, a menos que haja fraude ou dolo do procurador[32] ou uma grande e evidente razão para dispensar o apelante. O fim dessa lei destrói o começo; e o destrói tão bem, que em seguida se apelou durante trinta anos[33].

A lei dos lombardos determina que uma mulher que tenha tomado o hábito religioso, embora não seja consagrada, não possa casar-se[34]: "Pois", diz essa lei, "se um esposo que uniu a si uma mulher só pelo anel não pode, sem crime, desposar outra, com mais forte razão a esposa de Deus ou da Santa Virgem..." Digo que, nas leis, deve-se raciocinar da realidade para a realidade; e não da realidade para a figura ou da figura para a realidade.

---

[28] *Aut qualibet manumissione donatum inquietare voluerit*. Apêndice ao código Teodosiano, no primeiro tomo das *Oeuvres* do padre Sirmond, p. 737. (N. do A.)

[29] Aulo Gélio, livro XX, capítulo I. (N. do A.)

[30] Vemos nos autos desta ordenação os motivos que levaram a isso. (N. do A.)

[31] Em sua ordenação de Montel-lès-Tours, do ano 1453. (N. do A.)

[32] Podia-se punir o procurador, sem que fosse necessário perturbar a ordem pública. (N. do A.)

[33] A ordenação de 1667 estabeleceu regulamentos a este respeito. (N. do A.)

[34] Livro II, título 37. (N. do A.)

Determina uma lei de Constantino que basta o testemunho do bispo, sem ouvir outras testemunhas[35]. Esse príncipe tomava um atalho bem curto, julgava os casos pelas pessoas e as pessoas pelas dignidades.

As leis não devem ser sutis; são feitas para pessoas de entendimento mediano; não são uma arte da lógica, mas a razão simples de um pai de família.

Quando, numa lei, as exceções, limitações, modificações não são necessárias, mais vale não inseri-las. Tais pormenores levam a novos pormenores.

Não se devem fazer mudanças numa lei sem uma razão suficiente. Ordenou Justiniano que um marido pudesse ser repudiado sem que a esposa perdesse o dote, se, durante dois anos, ele não tivesse podido consumar o matrimônio[36]. Ele mudou a lei e concedeu três anos ao pobre infeliz[37]. Mas num tal caso dois anos são o mesmo que três e três não valem mais do que dois.

Quando se tenta dar a razão de uma lei, é preciso que tal razão seja digna dela. Uma lei romana decide que o cego não pode advogar, porque não vê os ornamentos da magistratura[38]. Devem ter dado de propósito uma razão tão má, quando se apresentavam tantas outras boas.

Diz o jurisconsulto Paulo que a criança nasce perfeita no sétimo mês e que a razão dos números de Pitágoras parece prová-lo[39]. É curioso que se julguem tais coisas com base na razão dos números de Pitágoras.

Disseram alguns jurisconsultos franceses que, quando o rei adquiria algum país, as suas igrejas passavam a estar sujeitas ao direito de regalia, porque a coroa do rei é redonda. Não vou discutir aqui os direitos do rei e se, nesse caso, a razão da lei civil ou eclesiástica deve ceder à razão da lei política; direi, porém, que direitos tão respeitáveis devem ser defendidos por máximas graves. Quem jamais viu fundamentar-se na figura de um símbolo de uma dignidade os direitos reais dessa mesma dignidade?

---

[35] No apêndice do padre Sirmond ao código Teodosiano, t. I. (N. do A.)

[36] Leg. I, código *de repudiis*. (N. do A.)

[37] Vide o autêntico *sed hodie*, no código *de repudiis*. (N. do A.)

[38] Leg., ff. *de postulando*. (N. do A.)

[39] Nas *Sentenças*, livro IV, título 9. (N. do A.)

Diz Davila[40] que Carlos IX foi declarado maior, no parlamento de Rouen, no começo de seus catorze anos, porque as leis determinam que se conte o tempo do momento ao momento, quando se trata da restituição e da administração dos bens do órfão, mas considera o ano começado como um ano completo quando se trata de obter honrarias. Não me preocupo em censurar uma disposição que não parece ter tido até agora nenhum inconveniente; direi apenas que a razão alegada pelo chanceler do Hospital não era a verdadeira: o governo dos povos está longe de ser apenas uma honraria.

Em matéria de presunção, a da lei é preferível à do homem. A lei francesa considera fraudulentos todos os atos efetuados por um comerciante nos dez dias que antecederam a falência[41]: é a presunção da lei. A lei romana infligia penas ao marido que conservasse a mulher depois do adultério, a menos que fosse determinado a isso pelo temor de um processo ou pela negligência da sua própria vergonha; e essa é a presunção do homem. O juiz devia presumir os motivos do comportamento do marido e tomar decisões sobre uma matéria muito obscura ao pensamento. Quando o juiz presume, os julgamentos tornam-se arbitrários; quando a lei presume, dá ao juiz uma regra fixa.

A lei de Platão, como disse, determinava que se punisse quem se suicidasse, não por ignomínia, mas por fraqueza[42]. Era defeituosa essa lei, pois no único caso em que não podia tirar do criminoso a confissão do motivo que o levara a agir, queria que o juiz decidisse com base em tais motivos.

Como as leis inúteis enfraquecem as leis necessárias, as que se podem eludir enfraquecem a legislação. A lei deve ter o seu efeito, e não se deve permitir que seja derrogada por uma convenção particular.

Ordenava a lei Falcídia, entre os romanos, que o herdeiro tivesse sempre a quarta parte da herança; outra lei[43] permitiu ao testador proibir ao herdeiro reter essa quarta parte: isso é brincar com as leis. A lei Falcídia tornava-se inútil; pois, se o testador queria favorecer o herdeiro, este não precisava da lei Falcídia; e, se não queria favorecê-lo, proibia-o de se valer da lei Falcídia.

Deve-se tomar cuidado para que as leis sejam concebidas de tal

---

[40] *Della guerra civile di Francia*, p. 96. (N. do A.)

[41] É do mês de novembro de 1702. (N. do A.)

[42] Livro IX, *Das leis*. (N. do A.)

[43] É a autêntica, *sed cum testator*. (N. do A.)

maneira que não contrariem a natureza das coisas. Na proscrição do príncipe de Orange, Filipe II promete àquele que o matar dar a ele ou aos seus herdeiros vinte e cinco mil escudos e mais a nobreza; e isso como palavra de rei e de servidor de Deus. A nobreza prometida por tal ato! Tal ato ordenado como servidor de Deus! Tudo isso põe de ponta cabeça as ideias da honra, da moral e da religião.

É raro que seja preciso proibir algo que não seja mau, sob pretexto de alguma imperfeição que se imagine.

As leis devem ter certa candura. Feitas para punir a maldade dos homens, devem estas mesmas ter a máxima inocência. Podemos ver na lei dos visigodos esta exigência ridícula pela qual se obrigavam os judeus a comer todas as coisas que se preparam com porco, contanto que não comessem o próprio porco[44]. Era uma grande crueldade: eram submetidos a uma lei contrária à deles; não deixavam que conservassem da sua senão o que podia servir de sinal para reconhecê-los.

Capítulo XVII
Maneira má de instituir leis

Os imperadores romanos manifestavam, como os nossos príncipes, as suas vontades por decretos e editos: mas, o que os nossos príncipes não fazem, eles permitiram que os juízes ou os particulares, em seus litígios, lhes fizessem perguntas por carta; e suas respostas eram chamadas rescritos. Percebe-se que é um tipo ruim de legislação. Os que assim solicitam leis são maus guias para o legislador; os fatos são sempre mal expostos. Trajano, diz Júlio Capitolino[45], recusou-se muitas vezes a produzir esse tipo de rescrito, para que não se estendesse a todos os casos uma decisão e muitas vezes um favor particular. Macrino resolvera abolir todos esses rescritos[46]; não tolerava que vissem como leis as respostas de Cômodo, de Caracala e de todos esses príncipes cheios de imperícia. Justiniano teve outra opinião a esse respeito, e encheu a sua compilação com eles.

Eu gostaria que aqueles que lessem as leis romanas distinguissem bem entre estas espécies de hipóteses, com os senatus-consultos, os

---

[44] Livro XII, título 2, § 16. (N. do A.)
[45] Vide Júlio Capitolino, em *Macrino*. (N. do A.)
[46] Ibid. (N. do A.)

plebiscitos, as constituições gerais dos imperadores, por um lado, e por outro todas as leis fundadas na natureza das coisas, na fragilidade das mulheres, na fraqueza dos menores e na utilidade pública.

Capítulo XVIII
Das ideias de uniformidade

Há certas ideias de uniformidade que por vezes se apoderam das grandes inteligências (pois se apoderaram de Carlos Magno), mas atingem infalivelmente as pequenas. Estas veem ali um tipo de perfeição que reconhecem, porque é impossível não descobri-la: os mesmos pesos na polícia, as mesmas medidas no comércio, as mesmas leis no Estado, a mesma religião em todas as suas partes. Mas é isso sempre adequado, sem exceção? É o mal de mudar sempre menor do que o mal de suportar? E não consistiria a grandeza do gênio mais em saber em que caso é necessária a uniformidade e em que outros as diferenças? Na China, os chineses são governados pelo cerimonial chinês, e os tártaros, pelo cerimonial tártaro: é, porém, o povo do mundo que mais tem a tranquilidade como meta. Quando os cidadãos obedecem as leis, que importa que obedeçam a mesma?

Capítulo XIX
Dos legisladores

Queria Aristóteles satisfazer ora o seu ciúme de Platão, ora a sua paixão por Alexandre. Platão indignava-se com a tirania do povo de Atenas. Maquiavel tinha a obsessão do seu ídolo, o duque Valentino. Thomas More, que falava mais sobre o que lera do que sobre o que pensara, queria governar todos os Estados com a simplicidade de uma cidade grega[47]. Harrington só tinha olhos para a república da Inglaterra, ao passo que uma multidão de escritores via a desordem em toda parte onde não via nenhuma coroa. As leis sempre se adaptam às paixões e aos preconceitos do legislador. Ora passam por eles e os tingem; ora permanecem presas e se incorporam neles.

[47] Em sua *Utopia*. (N. do A.)

LIVRO XXX
Teoria das leis feudais entre os francos, na relação que têm com o estabelecimento da monarquia

Capítulo I
Das leis feudais

Julgaria haver uma imperfeição em meu livro se me calasse sobre um acontecimento que se passou uma vez no mundo e talvez não volte jamais a ocorrer; se não falasse dessas leis que vimos surgirem num momento em toda a Europa, sem que estivessem ligadas às que se haviam conhecido até então; dessas leis que fizeram bens e males infinitos; que deixaram direitos quando se cedeu o domínio; que ao darem a muitas pessoas diversos gêneros de senhoria sobre a mesma coisa ou sobre as mesmas pessoas diminuíram o peso da senhoria inteira; que estabeleceram diversos limites a impérios vastos demais; que produziram uma norma com queda para a anarquia, e a anarquia com uma tendência à ordem e à harmonia.

Isso exigiria todo um livro só para si; mas, dada a natureza deste, nele encontraremos antes essas leis tais como as encarei, e não como as tratei.

O das leis feudais é um belo espetáculo. Eleva-se um velho carvalho[1]; os olhos veem de longe a sua folhagem; aproximam-se e veem o seu tronco; mas não percebem as raízes: é preciso cavar a terra para encontrá-las.

---

[1] *...Quantum vertice ad auras / Aethereas, tantum radice ad Tartara tendit* (Virgílio, *Geórg.*, II, 292; *Eneida* IV, 446). (N. do A.)

Capítulo II
Das fontes das leis feudais

Os povos que conquistaram o império romano haviam saído da Germânia. Embora poucos autores antigos tenham descrito os seus costumes, temos dois de enorme peso. César, ao guerrear contra os germanos, descreveu os costumes deles[2]; e foi pautando-se nesses costumes que ele dirigiu alguns dos seus empreendimentos[3]. Algumas páginas de César sobre essa matéria equivalem a livros inteiros.

Tácito escreve um livro dedicado apenas aos costumes dos germanos. Trata-se de um livro pequeno; mas é obra de Tácito, que tudo abreviava, porque via tudo.

Esses autores se veem em tal concerto com os códigos de leis dos povos bárbaros de que dispomos, que ao ler César e Tácito deparamo-nos em toda parte com esses códigos; e, ao ler os códigos, deparamo-nos em toda parte com César e Tácito.

Pois, se, na pesquisa sobre as leis feudais, me vejo num labirinto escuro, cheio de caminhos e de encruzilhadas, creio ter nas mãos a ponta do fio e poder seguir em frente.

Capítulo III
Origem da vassalagem

"Diz César que os germanos não se apegavam à agricultura; que a maioria vivia de leite e de carne; que ninguém tinha terras nem limites que lhe fossem próprios; que os príncipes e os magistrados de cada nação davam aos particulares a parte de terra que queriam e no lugar que queriam; e os obrigavam, no ano seguinte, a passar para outro lugar[4]. Diz Tácito que cada príncipe tinha um grupo de pessoas que se juntavam a ele e o seguiam[5]." Esse autor, que, em sua língua, lhes dá um nome que está relacionado com a condição deles, chama-os

---

[2] Livro VI. (N. do A.)

[3] Por exemplo, a retirada da Alemanha, ibid. (N. do A.)

[4] Livro VI da *Guerra das Gálias*. Acrescenta Tácito: *Nulli domus, aut ager, aut aliqua cura; prout ad quem venere aluntur. De moribus Germanorum.* (N. do A.)

[5] *De moribus Germanorum*. (N. do A.)

companheiros[6]. Havia entre eles uma curiosa emulação para obter alguma distinção junto ao príncipe, e uma mesma emulação entre os príncipes acerca do número e da bravura de seus companheiros[7]. "É", acrescenta Tácito, "a dignidade, é o poder de estar sempre rodeado de uma multidão de jovens selecionados; é um ornamento na paz, é uma muralha na guerra. Tornam-se célebres em sua nação e entre os povos vizinhos, quando superam os outros pelo número e pela coragem dos companheiros; recebem presentes; chegam embaixadas de todas as partes. Não raro a reputação decide a guerra. No combate, é vergonhoso para o príncipe ser inferior em coragem; é vergonhoso para a tropa não igualar o valor do príncipe; é uma infâmia eterna sobreviver a ele. Defendê-lo é o compromisso mais sagrado. Quando uma cidade está em paz, os príncipes vão para as que estão em guerra; é com isso que conservam um grande número de amigos. Estes recebem deles o cavalo do combate e o dardo terrível. As refeições pouco delicadas, mas fartas, são para eles uma espécie de soldo. O príncipe só sustenta a sua generosidade pelas guerras e pelas rapinas. Seria bem mais difícil convencê-los a lavrar a terra e aguardar o ano do que a desafiar o inimigo e receber ferimentos; eles não vão adquirir pelo suor o que podem obter pelo sangue".

Assim, entre os germanos, havia vassalos, mas não feudos. Não havia feudos, porque os príncipes não tinham terras para dar; ou melhor, os feudos eram os cavalos de batalha, as armas, os banquetes. Havia vassalos, porque havia homens fiéis, que haviam dado a palavra e se comprometido pela guerra e faziam mais ou menos o mesmo serviço que mais tarde se fez pelos feudos.

Capítulo IV
Continuação do mesmo assunto

Diz César[8] que "quando um dos príncipes declarava à assembleia ter concebido o projeto de alguma expedição e pedia que o seguissem, aqueles que aprovavam o chefe e a empresa se levantavam e ofereciam seu apoio. Eram louvados pela multidão. Mas, se não

---

6 *Comites*. (N. do A.)

7 Ibid. (N. do A.)

8 *De bello Gallico*, livro VI. (N. do A.)

cumprissem seus compromissos, perdiam a confiança pública e eram considerados desertores e traidores".

O que diz aqui César e o que dissemos no capítulo anterior, segundo Tácito, é o germe da história da primeira raça.

Não é de espantar que os reis sempre tenham tido, em cada expedição, novos exércitos que refazer, outras tropas que persuadir, nova gente que recrutar; que tenha sido preciso, para adquirir muito, gastar muito; que adquirissem sem cessar, pela partilha, terras e despojos, e dessem sem cessar essas terras e esses despojos; que seu domínio tenha crescido continuamente e continuamente diminuído; que um pai que desse a um dos filhos um reino adicionava sempre um tesouro[9]; que o tesouro do rei fosse sempre considerado necessário à monarquia; e que um rei não pudesse, até mesmo para o dote da filha, compartilhá-lo com estrangeiros, sem o consentimento dos outros reis[10]. A monarquia tinha a sua imponência, por mecanismos que precisava sempre remontar.

Capítulo V
Da conquista dos francos

Não é verdade que os francos, ao entrarem na Gália, tenham ocupado todas as terras do país para transformá-las em feudos. Alguns pensaram assim, porque viram, no fim da segunda raça, que quase todas as terras se haviam tornado feudos, retrofeudos ou dependências de um ou de outro: mas isso teve causas particulares que em seguida explicaremos.

A consequência que gostariam de tirar daí, de que os bárbaros fizeram um regulamento geral para estabelecer por toda parte a servidão da gleba, não é menos falsa do que o princípio. Se, numa época em que os feudos eram precários, todas as terras do reino tivessem sido feudos ou dependências de feudos, e todos os homens do reino, vassalos ou servos que deles dependessem, como aquele que tem os bens tem sempre o poder, o rei, que teria disposto continuamente dos

---

[9] Vide a vida de Dagoberto. (N. do A.)

[10] Vide Gregório de Tours, livro VI, acerca do casamento da filha de Chilperico. Envia-lhe Childeberto embaixadores, para lhe dizer que não precisa dar cidades do reino de seu pai à sua filha, nem tesouros, nem servos, nem cavalos, nem cavaleiros, nem parelhas de bois, etc. (N. do A.)

feudos, ou seja, da única propriedade, teria tido um poder tão arbitrário quanto o do sultão o é na Turquia; o que inverte toda a história.

Capítulo VI
Dos godos, dos borguinhões e dos francos

Os gauleses foram invadidos pelas nações germânicas. Ocuparam os visigodos a região de Narbona e quase todo o sul; estabeleceram-se os borguinhões na parte oriental; e os francos conquistaram quase todo o resto.

Não há dúvida de que esses bárbaros tenham conservado em suas conquistas os costumes, as propensões e as práticas que tinham em seu país; pois uma nação não muda, num instante, de maneira de pensar e de agir. Esses povos, na Germânia, cultivavam pouco as terras. Fica claro, por Tácito e César, que se dedicavam muito à vida pastoral: assim, as disposições dos códigos de leis dos bárbaros giram quase todas ao redor dos rebanhos. Roricão, que escrevia a história entre os francos, era pastor.

Capítulo VII
Diversas maneiras de dividir as terras

Tendo os godos e os borguinhões penetrado, sob diversos pretextos, no interior do império, os romanos, para deterem as devastações, foram obrigados a prover à subsistência deles. Primeiro lhes deram trigo[11]; em seguida preferiram dar-lhes terras. Os imperadores, ou, sob seu nome, os magistrados romanos estabeleceram acordos com eles sobre a partilha do país[12], como vemos nas crônicas e nos códigos dos visigodos[13] e dos borguinhões[14].

---

[11] Vide Zózimo, livro V, acerca da distribuição do trigo solicitada por Alarico. (N. do A.)

[12] *Burgundiones partem Galliae occupaverunt, terrasque cum Gallicis senatoribus diviserunt*. Crônica de Mário, no ano 456. (N. do A.)

[13] Livro X, título I, § 8, 9 e 16. (N. do A.)

[14] Capítulo LIV, § 1 e 2; e essa partilha persistia nos tempos de Luís, o Bonachão, como fica claro em seu capitular do ano 829, que foi inserido na lei dos borguinhões, título 79, § 1. (N. do A.)

Os francos não seguiram o mesmo plano. Não se encontra nas leis sálicas ou ripuárias nenhum vestígio de uma tal partilha das terras. Eles conquistaram, tomaram o que quiseram e só fizeram acordos entre si.

Distingamos, pois, o procedimento dos borguinhões e dos visigodos, na Gália, do dos mesmos visigodos na Espanha, dos soldados auxiliares, sob Augústulo e Odoacro na Itália[15], por um lado, e o dos francos nas Gálias e dos vândalos na África[16], por outro. Os primeiros fizeram acordos com os antigos habitantes e, consequentemente, uma divisão de terras com eles; os segundos não fizeram nada disso.

Capítulo VIII
Continuação do mesmo assunto

O que sugere uma grande usurpação das terras romanas pelos bárbaros é que vemos nas leis dos visigodos e dos borguinhões que esses dois povos ficaram com dois terços das terras: mas esses dois terços só foram tomados de certas regiões que lhes foram conferidas.

Diz Gundebaldo, na lei dos borguinhões, que o seu povo, em seu estabelecimento, recebeu dois terços das terras[17]; e é dito no segundo suplemento a essa lei que não se daria mais do que a metade aos que viessem ao país[18]. Nem todas as terras, portanto, haviam sido divididas entre os romanos e os borguinhões.

Vemos nos textos desses dois regulamentos as mesmas expressões; explicam-se, pois, um pelo outro. E, como não podemos entender o segundo como uma partilha universal das terras, tampouco podemos dar tal significado ao primeiro.

Os francos agiram com a mesma moderação que os borguinhões; não despojaram os romanos em toda a extensão das suas conquistas. Que teriam feito com tantas terras? Tomaram as que lhes convinham e deixaram o resto.

---

[15] Vide Procópio, *Guerra dos godos*. (N. do A.)

[16] *Guerra dos vândalos*. (N. do A.)

[17] *Licet eo tempore qua populus noster mancipiorum tertiam et duas terrarum partes accepit*, etc., lei dos borguinhões, título 54, § 1. (N. do A.)

[18] *Ut non amplius a Burgundionibus qui infra venerunt requiratur, quam ad praesens necessitas fuerit, medietas terrae*, artigo 11. (N. do A.)

Capítulo IX
Justa aplicação da lei dos borguinhões e da dos visigodos acerca da divisão das terras

Cumpre considerar que essas divisões não foram feitas num espírito tirânico, mas na ideia de prover às necessidades naturais dos dois povos que deviam habitar o mesmo país.

A lei dos borguinhões determina que cada borguinhão seja recebido na qualidade de hóspede na casa de um romano. Isso é conforme aos costumes dos germanos, que, segundo o relato de Tácito[19], eram o povo que mais gostava de exercer a hospitalidade no mundo.

A lei determina que o borguinhão tenha dois terços das terras e um terço dos servos. Essa lei seguia o gênio dos dois povos e se conformava com a maneira como obtinham o sustento. O borguinhão, que apascentava rebanhos, precisava de muitas terras e de poucos servos; e o grande trabalho do cultivo da terra exigia que o romano tivesse menos gleba e maior número de servos. Os bosques eram divididos meio a meio; porque as necessidades eram, quanto a isso, iguais.

Vemos no código dos borguinhões[20] que cada bárbaro foi posto na casa de um romano. A partilha, portanto, não foi geral: mas o número de romanos que deram a partilha foi igual ao de borguinhões que a receberam. O romano foi lesado o mínimo possível. O borguinhão, guerreiro, caçador e pastor, não desdenhava tomar terras incultas; o romano conservava as terras mais adequadas ao cultivo; os rebanhos do borguinhão adubavam o campo do romano.

Capítulo X
Das servidões

Diz-se na lei dos borguinhões[21] que, quando esses povos se estabeleceram nas Gálias, receberam dois terços das terras e um terço dos servos. A servidão da gleba existia, pois, nessa parte da Gália antes da entrada dos borguinhões[22].

---

[19] *De moribus Germanorum*. (N. do A.)

[20] E no dos visigodos. (N. do A.)

[21] Título 54. (N. do A.)

[22] Isto é confirmado por todo o título do código *de agricolis et censitis et colonis*. (N. do A.)

Estatuindo a lei dos borguinhões sobre as duas nações, distingue formalmente, numa e noutra, os nobres, os ingênuos e os servos[23]. A servidão não era, portanto, algo particular aos romanos, nem a liberdade e a nobreza algo particular aos bárbaros.

Diz essa mesma lei que, se um liberto borguinhão não tivesse dado certa soma ao senhor, nem recebido de um romano a terça parte, continuava a ser considerado da família do senhor[24]. O romano proprietário era, portanto, livre, pois não era da família de outro; era livre, pois a sua terça parte era um sinal de liberdade.

Basta abrir as leis sálicas e ripuárias para ver que os romanos não viviam na servidão, nem entre os francos, nem entre os outros conquistadores da Gália.

O sr. conde de Boulainvilliers falhou no ponto principal do seu sistema; não provou que os francos tivessem feito um regulamento geral que rebaixasse os romanos a uma espécie de servidão.

Como o seu livro foi escrito sem nenhuma arte e fala com essa simplicidade, essa franqueza e essa ingenuidade da velha nobreza de que era oriundo, todos são capazes de julgar tanto as belas coisas que ele diz quanto os erros em que cai. Assim, não o examinarei. Direi apenas que ele tinha mais inteligência do que luzes, mais luzes do que saber: mas esse saber não era desprezível, pois conhecia muito bem os pontos principais da nossa história e das nossas leis.

O sr. conde de Boulainvilliers e o sr. abade Dubos fizeram, cada um, um sistema, dos quais um parece ser uma conjuração contra o terceiro estado, e o outro, uma conjuração contra a nobreza. Quando o Sol deu a Fáeton seu carro para guiar, disse-lhe: "Se subirdes alto demais, queimareis a morada celeste; se descerdes baixo demais, reduzireis a terra a cinzas. Não ides muito à direita, pois cairíeis na constelação da Serpente; não ides demais à esquerda, pois entraríeis na do Altar: conservai-vos entre as duas"[25].

---

[23] *Si dentem optimati Burgundioni, vel Romano nobili excusserit*, título 26, § 1; e *Si mediocribus personis ingenuis, tam Burgundionibus quam Romanis*, ibid., § 2. (N. do A.)

[24] Título 57. (N. do A.)

[25] *Nec preme, nec summum molire per aethera currum, / Altius egressus, caelestia tecta cremabis; / Inferius, terras: medio tutissimus ibis. / Neu te dexterior tortum declinet ad Anguem; / Neve sinisterior pressam rota ducat ad Aram: / Inter utrumque tene...* (Ovídio, *Metam.*, livro II) (N. do A.)

Capítulo XI
Continuação do mesmo assunto

O que sugeriu a ideia de que tivesse sido estabelecido um regulamento geral nos tempos da conquista foi que se viu na França um número prodigioso de servidões nos primórdios da terceira raça; e, como ninguém se deu conta da progressão contínua dessas servidões, imaginou-se num tempo obscuro uma lei geral que jamais existiu.

No começo da primeira raça, vemos um número infinito de homens livres, quer entre os francos, quer entre os romanos; mas o número de servos aumentou tanto, que no começo da terceira raça os lavradores e quase todos os habitantes das cidades eram servos[26]; e, ao passo que no começo da primeira havia nas cidades quase a mesma administração que entre os romanos, corpos de burguesia, um senado, cortes de justiça, quase não vemos no começo da terceira senão um senhor e seus servos.

Durante as invasões dos francos, dos borguinhões e dos godos, estes tomavam o ouro, a prata, os móveis, as roupas, os homens, as mulheres, os meninos de que o exército podia encarregar-se: tudo era reunido e o exército o dividia[27]. O corpo inteiro da história prova que, depois do primeiro estabelecimento, ou seja, depois das primeiras devastações, eles entraram em acordo com os habitantes e lhes deixaram todos os seus direitos políticos e civis. Era o direito das gentes da época; tomava-se tudo na guerra, concedia-se tudo na paz. Se não tivesse sido assim, como encontraríamos nas leis sálicas e borguinhonas tantas disposições contraditórias com a servidão geral dos homens?

Mas o que a conquista não fez, o mesmo direito das gentes[28] que persistiu depois da conquista o fez. A resistência, a revolta, a tomada das cidades traziam consigo a servidão dos habitantes. E como, além das guerras que as diversas nações conquistadoras fizeram entre si, os francos tiveram de particular que as diversas divisões da monarquia

---

[26] Enquanto a Gália estava sob domínio dos romanos, formavam corpos particulares: eram por ordinário libertos ou descendentes de libertos. (N. do A.)

[27] Vide Gregório de Tours, livro II, capítulo XXVII; Aimoin, livro I, capítulo XII. (N. do A.)

[28] Vide as *Vidas dos Santos*, citadas abaixo, na nota *34*. (N. do A.)

deram sem cessar origem a guerras civis entre os irmãos ou sobrinhos, nas quais esse direito das gentes sempre foi praticado, as servidões tornaram-se mais gerais na França do que nos outros países: e é essa, creio, uma das causas da diferença que existe entre as nossas leis francesas e as da Itália e da Espanha acerca dos direitos dos senhores.

A conquista durou apenas um momento; e o direito das gentes de que se valeram produziu alguma servidão. O uso do mesmo direito das gentes, durante vários séculos, fez que as servidões se multiplicassem prodigiosamente.

Crendo Teodorico[29] que os povos da Arvérnia não lhe eram fiéis, diz aos francos de sua divisão: "Segui-me: levar-vos-ei a um país onde tereis ouro, prata, cativos, roupas, rebanhos em abundância; e transportareis todos os homens de lá para o vosso país".

Depois da paz acertada entre Gontrando e Chilperico[30], tendo os que cercavam Bourges recebido ordens de retornar, trouxeram tantos despojos, que quase não deixaram homens ou rebanhos no país.

Teodorico, rei da Itália, cujo espírito e política eram sempre se distinguir dos outros reis bárbaros, ao enviar o seu exército à Gália escreveu ao general[31]: "Quero que se sigam as leis romanas e que devolvais os escravos fugitivos a seus amos: o defensor da liberdade não deve favorecer o abandono da servidão. Rejubilem-se os outros reis com as pilhagens e a ruína das cidades que tomarem: nós queremos vencer de maneira que os nossos súditos se queixem de ter ganhado a sujeição tarde demais". É claro que ele queria tornar odiosos os reis dos francos e dos borguinhões e aludia ao direito das gentes deles.

Tal direito subsistiu na segunda raça. Tendo o exército de Pepino entrado na Aquitânia, voltou à França carregado de um número infinito de despojos e de servos, dizem os anais de Metz[32].

Poderia citar um sem-número de autoridades[33]. E, como nessas desgraças as entranhas da caridade se emocionaram; como muitos santos bispos, vendo os cativos amarrados dois a dois, usaram o

---

[29] Gregório de Tours, livro III. (N. do A.)

[30] Ibid., livro VI, capítulo XXXI. (N. do A.)

[31] Carta 43, livro III, em Cassiodoro. (N. do A.)

[32] No ano 763. *Innumerabilibus spoliis et captivis totus ille exercitus ditatus, in Franciam reversus est*. (N. do A.)

[33] *Anais de Fulda*, ano 739; Paulo Diácono, *De gestis Longobardorum*, livro III, capítulo XXX; e livro IV, capítulo I: e as *Vidas dos Santos* citadas na próxima nota. (N. do A.)

dinheiro das igrejas e venderam até os vasos sagrados para resgatar os que puderam; como santos monges se empenharam nisso, é na vida dos santos que encontramos os melhores esclarecimentos sobre essa matéria[34]. Embora possamos censurar aos autores dessas vidas terem sido por vezes crédulos demais sobre coisas que Deus certamente fez, se estavam na ordem dos Seus planos, não deixamos de extrair delas grandes esclarecimentos sobre os costumes e os usos daqueles tempos.

Quando fitamos os olhos nos monumentos da nossa história e das nossas leis, parece que tudo é mar e que faltam até praias a esse mar[35]. É preciso ler todos esses textos frios, secos, insípidos e duros, é preciso devorá-los, como diz a fábula que Saturno devorava as pedras.

Uma infinidade de terras que os homens livres exploravam transformou-se em terras de mão-morta[36]. Quando um país se viu sem os homens livres que o habitavam, os que tinham muitos servos tomaram ou fizeram que cedessem grandes territórios e neles construíram aldeias, como vemos nas diversas cartas. Por outro lado, as artes, que eram cultivadas por homens livres, passaram a ser exercidas pelos servos. As servidões devolviam às artes e à lavoura o que lhes fora tomado.

Foi algo comum os proprietários de terras darem-nas às igrejas, para conservá-las eles mesmos pagando o censo, crendo participar, com sua servidão, da santidade das igrejas.

Capítulo XII
Que as terras da partilha dos bárbaros não pagavam tributos

Povos simples, pobres, livres, guerreiros, pastores, que viviam sem indústria e só estavam ligados às suas terras por suas barracas

---

[34] Vide as vidas de Santo Epifânio, Santo Eptádio, São Cesário, São Fidolo, São Porciano, São Trevério, Santo Eusíquio, São Legério, os milagres de São Juliano. (N. do A.)

[35] *...Deerant quoque littera ponto*. Ovídio, *Metam.*, livro I. (N. do A.)

[36] Nem todos os próprios colonos eram servos: vide as leis XVIII e XXIII, no código *de agricolis et censitis et colonis*; e a XX do mesmo título. (N. do A.)

de junco[37], seguiam os chefes para fazer pilhagens e não para pagar ou arrecadar tributos. A arte dos impostos extraordinários sempre é inventada *a posteriori*, e quando os homens começam a gozar da felicidade pelas outras artes.

O tributo passageiro de um cântaro de vinho por jeira[38], que foi uma das vexações de Chilperico e de Fredegunda, só se aplicava aos romanos. Com efeito, não foram os francos que rasgaram os rolos dessas taxas, mas os eclesiásticos, que, naquela época, eram todos romanos[39]. Tal tributo incidiu principalmente sobre os habitantes das cidades[40]: ora, as cidades eram quase todas habitadas por romanos.

Diz Gregório de Tours que certo juiz foi obrigado, depois da morte de Chilperico, a se refugiar numa igreja, por ter, sob o reinado desse príncipe, sujeitado a tributos alguns francos que, no tempo de Childeberto, eram ingênuos: *Multos de Francis qui, tempore Childeberti regis, ingenui suerant, publico tributo subegit*[41]. Os francos que não eram servos não pagavam tributos, portanto.

Não há gramático que não empalideça ao ver como esse trecho foi interpretado pelo sr. abade Dubos[42]. Observa ele que, naqueles tempos, os libertos também eram chamados ingênuos. A esse respeito, interpreta a palavra latina *ingenui* pelas palavras *livres de tributos*; expressão de que podemos servir-nos, como quando se diz *livres de preocupações*, *livres das penas*: mas na língua latina *ingenui a tributis*, *libertini a tributis*, *manumissi tributorum* seriam expressões monstruosas.

Partênio, diz Gregório de Tours[43], julgou que seria condenado à morte pelos francos por ter-lhes imposto tributos. O sr. abade Dubos, forçado por esse trecho, supõe tranquilamente o que está em questão: era, diz ele, uma sobretaxa[44].

---

37 Vide Gregório de Tours, livro II. (N. do A.)

38 Ibid., livro V. (N. do A.)

39 Isto fica claro por toda a história de Gregório de Tours. O mesmo Gregório pergunta a certo Valfiliacus como conseguira chegar ao sacerdócio, ele que era de origem lombarda. Gregório de Tours, livro VIII. (N. do A.)

40 *Quae conditi universis urbibus per Galliam constitutis summopere est adhibita*. Vida de Santo Arídio. (N. do A.)

41 Livro VII. (N. do A.)

42 *Établissement de la monarchie française*, t. III, capítulo XIV, p. 515. (N. do A.)

43 Livro III, capítulo XXXVI. (N. do A.)

44 T. III, p. 514. (N. do A.)

Vemos na lei dos visigodos[45] que, quando um bárbaro ocupava as terras de um romano, o juiz o obrigava a vendê-las, para que essas terras continuassem a ser tributárias: os bárbaros, portanto, não pagavam tributos sobre as terras[46].

O sr. abade Dubos[47], que tinha necessidade de que os visigodos pagassem tributos[48], abandona o sentido literal e espiritual da lei; e imagina, só por imaginar, que tivesse ocorrido, entre o estabelecimento dos godos e essa lei, um aumento de tributos que só dizia respeito aos romanos. Mas só ao padre Hardouin é permitido exercer tal poder arbitrário sobre os fatos.

O sr. abade Dubos[49] vai buscar no código de Justiniano[50] leis para provar que os benefícios militares, entre os romanos, estavam sujeitos a tributos; donde conclui que o mesmo ocorria com os feudos ou benefícios entre os francos. Mas a opinião de que os nossos feudos tiveram origem nesse estabelecimento dos romanos está hoje superada: só teve crédito nos tempos em que se conhecia a história romana e muito pouco da nossa e em que os nossos monumentos antigos estavam enterrados na poeira.

O sr. abade Dubos erra ao citar Cassiodoro e ao se valer do que se passava na Itália e na parte da Gália submetida a Teodorico para nos ensinar o que estava em vigor entre os francos; são coisas que não devem ser confundidas. Um dia mostrarei, num livro específico, que o plano da monarquia dos ostrogodos era completamente diferente do plano de todas as que foram fundadas, naqueles tempos, pelos outros povos bárbaros; e que, muito longe de se poder dizer que algo estivesse em vigor entre os francos porque o estava entre os ostro-

---

[45] *Judices atque praepositi tertias Romanorum, ab illis qui occupatas tenent, auferant; et Romanis sua exactione sine aliqua dilatione restituant, ut nihil fisco debeat deperire*. Livro X, título I, capítulo XIV. (N. do A.)

[46] Os vândalos não pagavam impostos na África. Procópio, *Guerra dos vândalos*, livro I e II; *Historia miscella*, livro XVI, p. 106. Observe-se que os conquistadores da África eram um composto de vândalos, alanos e francos. *Historia miscella*, livro XIV, p. 94. (N. do A.)

[47] *Établissement des Francs dans les Gaules*, t. III, capítulo XIV, p. 510. (N. do A.)

[48] Ele se apoia numa outra lei dos visigodos, livro X, título I, artigo II, que não prova absolutamente nada: diz apenas que aquele que tiver recebido terras de um senhor, sob condição de um censo, deve pagar por elas. (N. do A.)

[49] T. III. p. 511. (N. do A.)

[50] Leg. III, título 74, livro XI. (N. do A.)

godos, temos, ao contrário, justos motivos para pensar que algo que se praticasse entre os ostrogodos não se praticasse entre os francos.

O que mais custa àqueles cuja mente se banha numa vasta erudição é procurar as suas provas onde estas não são estranhas ao assunto; e encontrar, para falar como os astrônomos, o lugar do sol.

O sr. abade Dubos abusa tanto dos capitulares como da história e das leis dos povos bárbaros. Quando pretende que os francos tenham pago tributos, aplica a homens livres o que não pode ser entendido senão dos servos[51]; quando quer falar de sua milícia, aplica a servos o que só podia dizer respeito a homens livres[52].

Capítulo XIII
Quais eram os encargos dos romanos e dos gauleses na monarquia dos francos

Eu poderia examinar se os romanos e os gauleses vencidos continuaram a pagar os encargos a que estavam sujeitos sob os imperadores. Mas, para ir mais rápido, vou contentar-me em dizer que, se inicialmente os pagaram, logo passaram a estar isentos de tal pagamento, e que tais tributos se transformaram num serviço militar; e confesso que não entendo como os francos teriam sido inicialmente tão amigos dos impostos extraordinários e de repente se teriam mostrado tão distantes deles.

Um capitular de Luís, o Bonachão, explica-nos muito bem o estado em que se achavam os homens livres na monarquia dos francos[53]. Alguns bandos de godos ou de iberos, que fugiam da opressão dos mouros, foram recebidos nas terras de Luís[54]. O acordo que foi feito entre eles reza que, como os outros homens livres, iriam ao exército com o seu conde; que na marcha fariam a guarda e as patrulhas sob as ordens do mesmo conde[55]; e que dariam cavalos e carruagens para as

---

[51] *Établissement de la monarchie française*, t. III, capítulo XIV, p. 513, em que cita o artigo 28 do edito de Pistes: vide abaixo o capítulo XVIII. (N. do A.)

[52] Ibid., T. III, capítulo IV, p. 290. (N. do A.)

[53] Do ano 815, capítulo I. O que está de acordo com o capitular de Carlos, o Calvo, do ano 844, artigos 1 e 2. (N. do A.)

[54] *Pro Hispanis in partibus Aquitaniae, Septimaniae et Provinciae consistentibus*. Ibid. (N. do A.)

[55] *Excubias et explorationes quas wactas dicunt*. Ibid. (N. do A.)

bagagens[56] aos emissários do rei e aos embaixadores que partissem da corte ou fossem para lá; que, ademais, não poderiam ser obrigados a pagar outros censos; e seriam tratados como os outros homens livres.

Não podemos dizer que essas fossem práticas novas introduzidas no começo da segunda raça; isso devia pertencer, no mínimo, aos meados ou ao fim da primeira. Um capitular do ano 864 diz expressamente que era um costume antigo que os homens livres fizessem um serviço militar e pagassem ademais os cavalos e os carros de que falamos[57]; encargos que lhes eram particulares e de que aqueles que possuíam os feudos estavam isentos, como provarei a seguir.

Isso não é tudo: havia um regulamento que raramente permitia submeter tais homens livres a tributos[58]. Aquele que tivesse quatro solares[59] continuava a ser obrigado a ir à guerra; aquele que só tivesse três se unia a um homem livre que só tivesse um; este custeava um quarto das despesas do outro e permanecia em casa. Da mesma forma, uniam-se dois homens livres que tivessem cada um dois solares; aquele dos dois que marchasse tinha metade das suas despesas custeadas pelo que permanecia em casa.

E há mais: temos um sem-número de cartas em que são concedidos os privilégios dos feudos a terras ou distritos possuídos por homens livres e a respeito dos quais muito falarei a seguir[60]. Tais terras são isentadas de todos os encargos que os condes e os outros funcionários do rei exigiam; e, como são enumerados em particular todos esses encargos e não se mencionam tributos, é evidente que estes não eram arrecadados.

Era natural que o imposto extraordinário romano caísse por si mesmo na monarquia dos francos: era uma arte muito complicada e

---

[56] Não eram obrigados a dá-las ao conde: ibid., artigo 5. (N. do A.)

[57] *Ut pagenses Franci, qui caballos habent, cum suis comitibus in hostem pergant*. É proibido aos condes privá-los dos seus cavalos; *ut hostem facere, et debitos paravaredos secundum antiquam consuetudinem exsolvere possint*. Edito de Pistes, em Baluze, p. 186. (N. do A.)

[58] Capitular de Carlos Magno, do ano 812, capítulo I. Edito de Pistes, ano 864, artigo 27. (N. do A.)

[59] *Quatuor mansos*. Parece-me que o que chamavam *mansus* era certa porção de terra vinculada a um censo em que havia escravos; prova disso era o capitular do ano 853, apud *Sylvacum*, título 14, contra os que expulsavam os escravos de seu *mansus*. (N. do A.)

[60] Vide supra, o capítulo XX deste livro. (N. do A.)

que não entrava nem nas ideias nem no plano desses povos simples. Se os tártaros inundassem hoje a Europa, seriam necessários muitos negócios para fazê-los entender o que é um dos nossos financistas.

Diz o autor anônimo da vida de Luís, o Bonachão, ao falar dos condes e de outros funcionários da nação dos francos que Carlos Magno estabeleceu na Aquitânia, que ele lhes deu a guarda da fronteira, o poder militar e a intendência dos domínios pertencentes à coroa[61]. Isso mostra o estado das rendas do príncipe na segunda raça. O príncipe conservara certos domínios, que explorava com os seus escravos. Mas as indicções, a capitação e outros impostos arrecadados nos tempos dos imperadores, sobre a pessoa ou sobre os bens dos homens livres, haviam sido transformados na obrigação de guardar a fronteira ou de ir à guerra.

Vemos na mesma história[62] que, tendo Luís, o Bonachão, ido encontrar o pai na Alemanha, esse príncipe perguntou-lhe como podia ser tão pobre, ele, que era rei; que Luís lhe respondeu que só era rei de nome, e os senhores tinham quase todas as terras; que Carlos Magno, temendo que o jovem príncipe perdesse o afeto deles, se ele mesmo retomasse o que inconsideradamente dera, enviou comissários para restabelecer as coisas.

Escrevendo os bispos a Luís, irmão de Carlos, o Calvo, diziam-lhe: "Cuidai de vossas terras, para que não sejais obrigado a viajar sem cessar pelas casas dos eclesiásticos e a cansar vossos servos com as carruagens[63]. Fazei que", diziam eles ainda, "tenhais com que viver e receber embaixadas". É evidente que na época as rendas do rei consistiam em seus domínios[64].

Capítulo XIV
Do que chamavam de *census*

Quando os bárbaros saíram de seu país, quiseram pôr por escrito

---

[61] Em Duchesne, t. II, p. 287. (N. do A.)

[62] Ibid., p. 89. (N. do A.)

[63] Vide o capitular do ano 858, artigo 14. (N. do A.)

[64] Arrecadavam ainda alguns direitos sobre os rios, quando havia uma ponte ou uma passagem. (N. do A.)

os seus costumes; mas, como tiveram dificuldade para escrever as palavras germânicas com letras romanas, escreveram as leis em latim.

Na confusão da conquista e dos seus progressos, a maior parte das coisas mudou de natureza; foi preciso, para exprimi-las, servir-se das velhas palavras latinas que mais se relacionavam com os novos usos. Assim, o que podia despertar a ideia do velho censo dos romanos[65] foi chamado *census*, *tributum*; e, quando as coisas não tinham nenhuma relação com nada, exprimiram-se na medida do possível as palavras germânicas com letras romanas: assim se formou a palavra *fredum*, de que muito falarei nos capítulos seguintes.

Tendo as palavras *census* e *tributum* sido assim empregadas de modo arbitrário, isso lançou certa obscuridade sobre o significado que tinham essas palavras na primeira e na segunda raças; e, tendo alguns autores modernos[66], que tinham sistemas particulares, encontrado essas palavras nos textos da época, julgaram que o que era chamado *census* fosse exatamente o censo dos romanos; e tiraram daí a seguinte consequência: que os nossos reis das duas primeiras raças se haviam posto no lugar dos imperadores romanos e nada tinham mudado em sua administração[67]. E, como certos direitos arrecadados na segunda raça foram, por alguns acasos e por certas modificações, convertidos em outros[68], concluíram que tais direitos eram o censo dos romanos; e, como de acordo com os regulamentos modernos viram que o domínio da coroa era absolutamente inalienável, disseram que tais direitos, que representavam o censo dos romanos e não fazem parte desse domínio, eram puras usurpações. Calo-me sobre as outras consequências.

Transportar para séculos distantes todas as ideias do século em

---

[65] *Census* era uma palavra tão genérica, que servia para denotar os pedágios dos rios, quando havia uma ponte ou uma balsa para passar. Vide o capitular III do ano 803, edição de Baluze, p. 395, artigo 1; e o V do ano 819, p. 616. Deram também esse nome aos veículos fornecidos pelos homens livres ao rei ou aos seus enviados, como mostra o capitular de Carlos, o Calvo, do ano 865, artigo 8. (N. do A.)

[66] O sr. abade Dubos e os que o seguiram. (N. do A.)

[67] Vide a debilidade das razões do sr. abade Dubos, *Établissement de la monarchie française*, t. III, livro VI, capítulo XIV; sobretudo a indução que tira de um trecho de Gregório de Tours acerca de uma briga entre a sua igreja e o rei Chariberto. (N. do A.)

[68] Por exemplo, pelas manumissões. (N. do A.)

que se vive é das fontes de erro a mais fecunda. A essa gente que quer tornar modernos todos os séculos antigos, direi o que os sacerdotes do Egito disseram a Sólon: "Ó atenienses, não passais de crianças!"

Capítulo XV
Que o que era chamado *census* só se cobrava dos servos e não dos homens livres

O rei, o clero e os senhores arrecadavam tributos regulamentados, cada qual sobre os servos dos seus domínios. Provo-o, no que se refere ao rei, pelo capitular de Villis; no que se refere ao clero, pelos códigos de leis dos bárbaros[69]; no que se refere aos senhores, pelos regulamentos que Carlos Magno fez a esse respeito[70].

Tais tributos eram chamados *census*: eram direitos econômicos, e não fiscais; rendas unicamente privadas, e não impostos públicos.

Digo que o que chamavam *census* era um tributo cobrado dos servos. Provo-o por uma fórmula de Marculfo, que contém uma permissão do rei para alguém tornar-se clérigo, contanto que seja ingênuo e não esteja inscrito no cadastro do censo[71]. Provo-o também por uma comissão dada por Carlos Magno a um conde por ele enviado às regiões da Saxônia[72]; contém esta a alforria dos saxões, por terem abraçado o cristianismo; e é propriamente uma carta de ingenuidade[73]. Esse príncipe restabeleceu-os em sua primeira liberdade civil e os isentou do pagamento do censo[74]. Era, pois, a mesma coisa ser servo e pagar o censo, ser livre e não pagá-lo.

Por uma espécie de carta patente do mesmo príncipe em favor dos espanhóis que haviam sido recebidos na monarquia[75], fica proibido

---

[69] Lei dos alemães, capítulo XXII; e a lei dos bávaros, título 1, capítulo XIV, em que encontramos os regulamentos que os eclesiásticos fizeram sobre o seu estado. (N. do A.)

[70] Livro V dos capitulares, capítulo CCCIII. (N. do A.)

[71] *Si ille de capite suo bene ingenuus sit, et in puletico publico consitus non est*; livro I, form. 19. (N. do A.)

[72] Do ano 789, edição dos capitulares de Baluze, t. I, p. 250. (N. do A.)

[73] *Et ut ista ingenuitatis pagina firma stabilisque consistat*; ibid. (N. do A.)

[74] *Pristinaeque libertati donatos, et omni nobis debito censu solutos*; ibid. (N. do A.)

[75] *Praeceptum pro Hispanis*, do ano 812, edição de Baluze, t. I, p. 500. (N. do A.)

aos condes exigir deles qualquer censo e tirar-lhes as suas terras. Sabemos que os estrangeiros que chegavam à França eram tratados como servos; e Carlos Magno, que queria que eles fossem vistos como homens livres, pois queria que tivessem a propriedade de suas terras, proibia que deles se exigisse o censo.

Um capitular de Carlos, o Calvo, baixado em favor dos mesmos espanhóis[76], determina que eles fossem tratados como se tratavam os outros francos, e proíbe que se lhes exija o censo: os homens livres, portanto, não o pagavam.

O artigo 30 do edito de Pistes corrige o abuso pelo qual muitos colonos do rei ou da Igreja vendiam as terras dependentes de seus solares a eclesiásticos ou a gente de sua condição e só se reservavam um casebre; de sorte que já não podiam pagar o censo; e ordena que se restabeleçam as coisas em seu estado primitivo: era o censo, pois, um tributo de escravos.

Segue-se também daí que não havia um censo geral na monarquia; e isso é claro por um grande número de textos. Pois que significaria este capitular[77]? "Queremos que se exija o censo régio em todos os lugares onde antes era exigido legitimamente."[78] Que queria dizer aquele[79] em que Carlos Magno ordena a seus enviados nas províncias que façam um levantamento exato de todos os censos que antigamente haviam sido do domínio do rei[80]? E este outro[81] em que dispõe sobre os censos pagos por aqueles de que são exigidos[82]? Que significado dar a este outro[83], em que se lê: "Se alguém tiver adquirido uma terra tributária sobre a qual tivéssemos o costume de cobrar o censo"[84]? E

---

[76] Do ano 844, edição de Baluze, t. II, artigos 1 e 2, p. 27. (N. do A.)

[77] Capitular III, do ano 805, artigos 20 e 22, inserido na coletânea de Anzegise, livro III, artigo 15. Está de acordo com o de Carlos, o Calvo, do ano 854, apud *Attiniacum*, artigo 6. (N. do A.)

[78] *Undecumque legitime exigebatur*; ibid. (N. do A.)

[79] Do ano 812, artigos 10 e 11, edição de Baluze, t. I, p. 498. (N. do A.)

[80] *Undecumque antiquitus ad partem regis venire solebant*: capitular do ano 811, artigos 10 e 11. (N. do A.)

[81] Do ano 813, artigo 6, edição de Baluze, t. I, p. 508. (N. do A.)

[82] *De illis unde censa exigunt*: capitular do ano 813, artigo 6. (N. do A.)

[83] Livro IV dos capitulares, artigo 37, e inserido na lei dos lombardos. (N. do A.)

[84] *Si quis terram tributoriam, unde census ad partem nostram exire solebat, susceperit*: livro IV dos *Capitulares*, artigo 37. (N. do A.)

a este outro, enfim[85], em que Carlos, o Calvo, fala das terras censuais cujo censo pertencera desde sempre ao rei[86]?

Observemos que há alguns textos que parecem de início contrários ao que eu disse e, no entanto, o confirmam. Vimos acima que os homens livres, na monarquia, só eram obrigados a fornecer certos veículos. O capitular que acabo de citar chama isso de *census*[87], e o contrapõe ao que era pago pelos servos.

Além disso, o edito de Pistes[88] fala desses homens francos que deviam pagar o censo régio por cabeça e por seus casebres e se haviam vendido durante a fome[89]. O rei determina que sejam resgatados. Isso porque aqueles que eram alforriados por cartas régias[90] de ordinário não adquiriam a liberdade completa[91], mas pagavam *censum in capite*: e é desse tipo de gente de que se fala aqui.

Cumpre, portanto, abandonar a ideia de um censo geral e universal, derivado da política dos romanos, pelo qual se supõe que os direitos dos senhores também teriam derivado por usurpação. O que era chamado censo na monarquia francesa, independentemente do abuso que se fez dessa palavra, eram direitos particulares, cobrados dos servos por seus senhores.

Suplico ao leitor que me perdoe pelo tédio mortal que tantas citações devem causar: eu seria mais breve se não encontrasse sempre à minha frente o livro sobre o estabelecimento da monarquia francesa nas Gálias do sr. abade Dubos. Nada atrasa mais os conhecimentos do que um mau livro de um autor célebre; porque antes de instruir é preciso desfazer os enganos.

---

[85] Do ano 805, artigo 8. (N. do A.)

[86] *Unde census ad partem regis exivit antiquitus*: capitular do ano 805, artigo 8. (N. do A.)

[87] *Censibus vel paraveredis quos Franci homines ad regiam potestatem exsolvere debent*. (N. do A.)

[88] Do ano 864, artigo 34, edição de Baluze, p. 192. (N. do A.)

[89] *De illis Francis hominibus qui censum regium de suo capite et de suis recellis debeant*; ibid. (N. do A.)

[90] O artigo 28 do mesmo edito explica bem tudo isto. Estabelece uma distinção entre o liberto romano e o liberto franco: e vemos ali que o censo não era geral. Deve ser lido. (N. do A.)

[91] Como mostra um capitular de Carlos Magno do ano 813, já citado. (N. do A.)

Capítulo XVI
Dos leudes ou vassalos

Já falei desses voluntários que, entre os germanos, acompanhavam o príncipe em seus empreendimentos. O mesmo uso se conservou depois da conquista. Designa-os Tácito pelo nome de companheiros[92]; a lei sálica, pelo de homens que estão sob a lei do rei[93]; as fórmulas de Marculfo[94], pelo de *antrustions* do rei[95]; os nossos primeiros historiadores, pelo de leudes, de fiéis[96]; e os posteriores pelo de vassalos e de senhores[97].

Vemos nas leis sálicas ou ripuárias um número infinito de disposições referentes aos francos e só algumas aos *antrustions*. As disposições sobre esses *antrustions* são diferentes das feitas sobre os outros francos; nelas se regulam em toda parte os bens dos francos e nada se diz sobre os dos *antrustions*: isso porque os bens destes se regulavam mais pela lei política do que pela lei civil e eram vinculados a um exército, e não ao patrimônio de uma família.

Os bens reservados aos leudes foram chamados bens fiscais[98], benefícios, honrarias, feudos, nos diversos autores e nos diversos tempos.

Não há dúvida de que no começo os feudos fossem amovíveis[99]. Vemos em Gregório de Tours[100] que se retira de Sunegisilo e de Galomano tudo o que recebiam do fisco e só lhes deixam o que tinham como propriedade. Gontrão, ao elevar ao trono o sobrinho Childeberto, teve uma conferência secreta com ele e lhe indicou aqueles a quem devia

---

[92] *Comites*. (N. do A.)

[93] *Qui sunt in truste regis*, título 44, artigo 4. (N. do A.)

[94] Livro I, fórmula 18. (N. do A.)

[95] Da palavra *trew*, que significa *fiel* entre os alemães, e, entre os ingleses, *true*, verdadeiro. (N. do A.)

[96] *Leudes*, *fideles*. (N. do A.)

[97] *Vassali*, *seniores*. (N. do A.)

[98] *Fiscalia*. Vide a fórmula 14 de Marculfo, livro I. Diz-se, na vida de são Mauro, *dedit fiscum unum*; e, nos anais de Metz do ano 747, *dedit illi comitatus et fiscos plurimos*. Os bens destinados ao sustento da família real eram chamados *regalia*. (N. do A.)

[99] Vide o livro I, título I, dos feudos; e Cujas, neste livro. (N. do A.)

[100] Livro IX, capítulo XXXVIII. (N. do A.)

dar os feudos e aqueles de quem devia tirá-los[101]. Numa fórmula de Marculfo, o rei dá em troca não só benefícios que o seu fisco tinha, como também os que outros haviam tido[102]. A lei dos lombardos opõe os benefícios à propriedade[103]. São unânimes os historiadores, as fórmulas, os códigos dos diferentes povos bárbaros e todos os monumentos que nos restam. Enfim, os que escreveram o livro dos feudos[104] nos ensinam que primeiro os senhores puderam retirá-los à vontade e em seguida os garantiram por um ano[105], e depois os deram a título vitalício.

Capítulo XVII
Do serviço militar dos homens livres

Dois tipos de gente tinham de prestar o serviço militar: os leudes vassalos ou subvassalos, que eram obrigados a isso em consequência de seu feudo, e os homens livres, francos, romanos e gauleses, que serviam sob o comando do conde e eram conduzidos por ele e seus oficiais.

Eram chamados homens livres os que, por um lado, não tinham benefícios ou feudos e, por outro, não estavam sujeitos à servidão da gleba; as terras que possuíam eram o que chamamos terras alodiais.

Os condes reuniam os homens livres e os levavam à guerra[106]; tinham sob seu comando oficiais que chamavam de vigários[107]; e, como todos os homens livres eram divididos em centenas, que formavam o que chamavam um burgo, os condes tinham também sob

---

[101] *Quos honoraret muneribus, quos ab honore depelleret*: ibid., livro VII. (N. do A.)

[102] *Vel reliquis, quibuscumque beneficiis, quodcumque ille, vel fiscus noster, in ipsis locis tenuisse noscitur*. Livro I, fórmula 30. (N. do A.)

[103] Livro III, título 8, § 3. (N. do A.)

[104] *Feudorum*, livro I, título I. (N. do A.)

[105] Era uma espécie de precário que o senhor renovava ou não no ano seguinte, como observou Cujas. (N. do A.)

[106] Vide o capitular de Carlos Magno, do ano 812, artigos 3 e 4, edição de Baluze, t. I, p. 491; e o edito de Pistes, do ano 864, artigo 26, t. II, p. 186. (N. do A.)

[107] *Et habebat unusquisque comes vicarios et centenarios secum*: livro II dos capitulares, artigo 28. (N. do A.)

suas ordens oficiais que eram chamados centenários e comandavam os homens livres do burgo[108], ou suas centenas, à guerra.

Essa divisão por centenas é posterior ao estabelecimento dos francos nas Gálias. Foi feita por Clotário e Childeberto, com vistas a obrigar cada distrito a responder pelos roubos que cometesse: vemo-lo nos decretos desses príncipes[109]. Política semelhante se observa ainda hoje na Inglaterra.

Como os condes conduziam os homens livres à guerra, os leudes também conduziam seus vassalos ou subvassalos; e os bispos, abades ou seus procuradores[110] conduziam os seus[111].

Os bispos estavam bastante incomodados com a situação: não concordavam eles próprios com seus atos[112]. Solicitaram a Carlos Magno que já não os obrigasse a ir à guerra; e, quando o conseguiram, queixaram-se de perder a consideração pública: e esse príncipe foi obrigado a justificar as suas intenções a esse respeito. Seja como for, nos tempos em que passaram a não ir à guerra não vejo que seus vassalos tenham sido comandados pelos condes; vemos, ao contrário, que os reis ou os bispos escolhiam um dos fiéis para conduzi-los[113].

Num capitular de Luís, o Bonachão[114], o rei distingue três tipos de vassalos, os do rei, os dos bispos, os do conde. Os vassalos de um leude ou senhor só eram conduzidos à guerra pelo conde quando algum cargo na casa do rei impedia esses leudes de eles mesmos levá-los[115].

---

108 Eram chamados *compagenses*. (N. do A.)

109 Baixados por volta do ano 595, artigo 1. Vide os *Capitulares*, edição de Baluze, p. 20. Esses regulamentos foram, sem dúvida, feitos de concerto. (N. do A.)

110 *Advocati*. (N. do A.)

111 Capitular de Carlos Magno, do ano 812, artigos 1 e 5, edição de Baluze, t. I, p. 490. (N. do A.)

112 Vide o capitular do ano 803, dado em Worms, edição de Baluze, p. 408 e 410. (N. do A.)

113 Capitular de Worms, do ano 803, edição de Baluze, p. 409; e o concílio do ano 845, sob Carlos, o Calvo, em *Verno palatio*, edição de Baluze, t. II, p. 17, artigo 8. (N. do A.)

114 *Capitulare quintum anni 819*, artigo 27, edição de Baluze, p. 618. (N. do A.)

115 *De vassis dominicis qui adhuc intra casam serviunt, et tamen beneficia habere noscuntur, statutum est ut quicumque ex eis cum domino imperatore domi remanserint, vassallos suos casatos secum non retineant; sed cum comite, cujus pagenses sunt, ire permittant*. Capitular II, do ano 812, artigo 7, edição de Baluze, t. I, p. 494. (N. do A.)

Mas quem conduzia os leudes à guerra? Não há dúvida de que era o rei, que estava sempre à frente dos seus fiéis. É por isso que nos capitulares sempre vemos uma oposição entre os vassalos do rei e os dos bispos[116]. Nossos reis, corajosos, altivos e magnânimos, não estavam no exército para comandar essa milícia eclesiástica; não era aquela gente que eles escolhiam para vencer ou morrer consigo.

Mas esses leudes também comandavam os seus vassalos e subvassalos; e isso é mostrado por este capitular em que Carlos Magno ordena que todo homem livre que tiver quatro solares, quer de sua propriedade, quer em benefício de alguém, combata o inimigo ou siga o seu senhor[117]. É evidente que Carlos Magno quer dizer que aquele que não tinha como propriedade senão algumas terras entrava na milícia do conde e que aquele que tivesse um benefício do senhor partia com ele.

O sr. abade Dubos, porém, pretende que, quando se fala nos capitulares dos homens que dependiam de um senhor particular, trata-se apenas dos servos[118], e se baseia numa lei dos visigodos e na prática desse povo. Seria preferível que se baseasse nos próprios capitulares. Aquele que acabo de citar diz formalmente o contrário. O tratado entre Carlos, o Calvo, e os seus irmãos também fala dos homens livres, que podem escolher um senhor ou o rei; e essa disposição está de acordo com muitas outras.

Podemos, pois, dizer que havia três tipos de milícias: as dos leudes ou fiéis do rei, que tinham eles próprios sob seu comando outros fiéis; a dos bispos ou outros eclesiásticos e de seus vassalos; e, por fim, a do conde, que conduzia os homens livres.

Não digo que os vassalos não pudessem estar sujeitos ao conde, como os que têm um comando particular dependem do que tem um comando mais geral.

Vemos até que o conde e os emissários do rei podiam fazê-los

---

[116] Capitular I do ano 812, artigo 5. *De hominibus nostris, et episcoporum et abbatum qui vel beneficia, vel talia propris habent*, etc., edição de Baluze, t. I, p. 490. (N. do A.)

[117] Do ano 812, capítulo I, edição de Baluze, p. 490. *Ut omnis homo liber qui quatuor mansos vestitos de proprio suo, sive de alicujus beneficio, habet, ipse se praeparet, et ipse in hostem pergat, sive cum seniore suo*. (N. do A.)

[118] T. III, livro VI, capítulo IV, p. 299, *Établissement de la monarchie française*. (N. do A.)

pagar a proclama, ou seja, uma multa, quando não tivessem cumprido os compromissos de seu feudo.

Da mesma forma, se os vassalos do rei cometiam rapinas, estavam sujeitos à correção do conde, se não preferissem submeter-se à do rei[119].

Capítulo XVIII
Do duplo serviço

Era princípio fundamental da monarquia que aqueles que estavam sob o poder militar de alguém estavam também sob a sua jurisdição civil; por isso o capitular de Luís, o Bonachão, do ano 815[120], faz caminharem lado a lado o poder militar do conde e a sua jurisdição civil sobre os homens livres; por isso os *placita*[121] do conde que conduzia homens livres à guerra também eram chamadas *placita* dos homens livres[122]: veio daí, sem dúvida, a máxima de que era só nas resoluções do conde e não nas de seus oficiais que se podiam julgar as questões sobre a liberdade. Por isso o conde não conduzia à guerra os vassalos dos bispos ou dos abades[123], porque não estavam sob a sua jurisdição civil; por isso ele não conduzia os subvassalos dos leudes; por isso o glossário das leis inglesas[124] nos diz que aqueles que os saxões chamavam de *coples* foram chamados pelos normandos de *condes*, *companheiros*, porque compartilhavam com o rei as multas judiciárias[125]; por isso vemos em todos os tempos que a obrigação

[119] Capitular do ano 882, artigo II, apud *Vernis palatium*, edição de Baluze, t. II, p. 17. (N. do A.)

[120] Artigos 1 e 2; o concílio *in Verno palatio* do ano 845, artigo 8, edição de Baluze, t. II, p. 17. (N. do A.)

[121] Cortes ou tribunais. (N. do A.)

[122] Capitulares, livro IV da coleção de Anzegise, artigo 57, e o capitular V de Luís, o Bonachão, do ano 819, artigo 14, edição de Baluze, t. I, p. 615. (N. do A.)

[123] Vide acima, p. 629, nota 111; e p. 630, nota 116. (N. do A.)

[124] Que encontramos na coletânea de Guillaume Lambard, *De priscis Anglorum legibus*. (N. do A.)

[125] No verbete *satrapia*. (N. do A.)

de todo vassalo para com seu senhor[126] era a de portar armas e julgar os seus pares na corte dele[127].

Uma das razões que vinculava assim esse direito de justiça ao direito de conduzir à guerra era que aquele que conduzia à guerra fazia ao mesmo tempo pagar os direitos fiscais, que consistiam em alguns serviços de transporte devidos pelos homens livres e, em geral, em certos benefícios judiciários de que falarei mais adiante.

Os senhores tiveram o direito de administrar a justiça em seus feudos, pelo mesmo princípio que fez que os condes tivessem o direito de administrá-la em seu condado. E, para dizer a verdade, os condados, nas variações ocorridas nos diversos tempos, seguiram sempre as variações acontecidas nos feudos: uns e outros eram governados com base no mesmo plano e nas mesmas ideias. Numa palavra, os condes, em seus condados, eram leudes; os leudes, em suas senhorias, eram condes.

Não era correta a ideia de considerar os condes como oficiais da justiça e os duques como oficiais militares. Uns e outros eram igualmente oficiais militares e civis[128]: toda a diferença era que o duque tinha sob seu comando muitos condes, embora houvesse condes que não tinham nenhum duque como seu superior, como nos ensina Fredegário[129].

É de crer, talvez, que o governo dos francos fosse na época muito duro, pois os mesmos oficiais tinham sobre os súditos ao mesmo tempo o poder militar e o poder civil, e até mesmo o poder fiscal; algo que eu disse, nos livros anteriores, ser uma das marcas distintivas do despotismo.

Não devemos, porém, pensar que os condes julgassem sozinhos e administrassem a justiça como os paxás a administram na Turquia[130]; eles reuniam para julgar os processos uma espécie de corte ou tribunal[131] a que eram convocados os notáveis.

---

126 As cortes de Jerusalém, capítulo CCXXI e CCXXII, explicam bem isto. (N. do A.)

127 Os procuradores da Igreja (*advocati*) estavam também no comando de seus tribunais e de sua milícia. (N. do A.)

128 Vide a fórmula 8 de Marculfo, livro I, que contém as cartas concedidas a um duque, patrício ou conde, que lhes dão a jurisdição civil e a administração fiscal. (N. do A.)

129 Crônica, capítulo LXXVIII, sobre o ano 636. (N. do A.)

130 Vide Gregório de Tours, livro V, *ad annum 680*. (N. do A.)

131 *Mallum*. (N. do A.)

Para que possamos entender bem o que diz respeito aos julgamentos nas fórmulas, nas leis dos bárbaros e nos capitulares, direi que as funções do conde[132], do grafio[133] e do centenário eram as mesmas; que os juízes, os rachimburgos[134] e os escabinos eram, sob diferentes nomes, as mesmas pessoas; eram os auxiliares do conde e normalmente havia sete deles; e, como eram necessárias pelo menos doze pessoas para julgar[135], o conde completava o número com alguns notáveis[136].

Mas fosse quem fosse que tivesse a jurisdição, o rei, o conde, o grafio, o centenário, os senhores, os eclesiásticos, jamais julgava sozinho: e esse costume, que tinha a sua origem nas florestas da Germânia, manteve-se ainda quando os feudos assumiram nova forma.

Quanto ao poder fiscal, era tal, que o conde não podia dele abusar. Os direitos do príncipe, em relação aos homens livres, eram tão simples, que consistiam apenas, como já disse, em certos veículos exigidos em certas ocasiões públicas[137]; e, quanto aos direitos judiciários, havia leis que preveniam as malversações[138].

Capítulo XIX
Das composições entre os povos bárbaros

Como é impossível adentrar um pouco o nosso direito político se não se conhecem perfeitamente as leis e os costumes dos povos germânicos, deter-me-ei por um instante para investigar esses costumes e essas leis.

Mostra Tácito que os germanos só conheciam dois crimes capitais;

---

[132] Acrescentai aqui o que eu disse no livro XXVIII, capítulo XXVIII; e no livro XXXI, capítulo VIII. (N. do A.)

[133] Espécie de juiz fiscal. (N. do T.)

[134] No original, *rathimburges*. Do latim *rachinburgii*: juiz sálio ou ripuário que julgava com o conde. (N. do T.)

[135] Vide acerca de tudo isto os capitulares de Luís, o Bonachão, acrescentados à lei sálica, artigo 2; e a fórmula dos julgamentos, dada por Du Cange, no verbete *boni homines*. (N. do A.)

[136] *Per bonos homines*. Por vezes havia apenas notáveis. Vide o apêndice às fórmulas de Marculfo, capítulo LI. (N. do A.)

[137] E alguns direitos sobre os rios, de que falei. (N. do A.)

[138] Vide a lei dos ripuários, título 89; e a lei dos lombardos, livro II, título 52, § 9. (N. do A.)

enforcavam os traidores e afogavam os covardes: eram esses, para eles, os únicos crimes públicos. Quando um homem tivesse cometido algum mal a outro, os parentes da pessoa ofendida ou lesada entravam no litígio; e o ódio era apaziguado com uma reparação. Essa reparação dizia respeito àquele que fora ofendido, se pudesse recebê-la; e aos parentes, se a injúria ou o mal lhes tivesse sido comum, ou se pela morte daquele que fora ofendido ou lesado a reparação lhes fosse devida[139].

Como conta Tácito, tais reparações se faziam por um acordo mútuo entre as partes; assim, nos códigos dos povos bárbaros, tais reparações são chamadas composições.

A lei dos frisões[140] é a única que, pelo que sei, tenha deixado o povo em situação tal, que cada família inimiga estava, por assim dizer, no estado de natureza; e que, sem ser retida por qualquer lei política ou civil, podia, à sua fantasia, exercer a vingança até estar satisfeita. Mesmo essa lei foi abrandada: estabeleceu-se que aquele cuja vida se pedia tivesse paz em casa[141] e ao ir à igreja ou voltar dela ou do lugar onde se faziam os julgamentos.

Os compiladores das leis sálicas citam um velho costume dos francos[142], pelo qual aquele que tivesse exumado um cadáver para despojá-lo era banido da sociedade dos homens, até que os parentes consentissem em fazê-lo retornar; e como, antes desse tempo, era proibido a todos, até à esposa, dar-lhe pão ou recebê-lo em casa, tal homem estava em relação aos outros e os outros estavam em relação a ele no estado de natureza, até que tal estado se encerrasse pela composição.

Com essa exceção, vemos que os sábios das diversas nações bárbaras cuidaram de fazer por si mesmos o que era demorado e perigoso demais de se esperar da convenção recíproca das partes. Estiveram atentos a estipular um preço justo para a composição que

---

[139] *Suscipere tam inimicitias, seu patris, seu propinqui, quam amicitias, necesse est: nec implacabiles durant; luitur enim etiam homicidium certo armentorum ac pecorum numero, recipitque satisfactionem universa domus.* Tácito, *De moribus Germanorum*. (N. do A.)

[140] Vide esta lei, título 2, sobre os assassínios; e o adendo de Vulemar sobre os roubos. (N. do A.)

[141] *Additio sapientium*, título I, § 1. (N. do A.)

[142] Lei sálica, título 58, § 1; título 17, § 3. (N. do A.)

devia receber aquele a quem tivesse sido feito algum mal ou injúria. Todas essas leis bárbaras têm sob esse aspecto uma precisão admirável: nelas os casos são distinguidos com finura[143], as circunstâncias são bem ponderadas; a lei coloca-se no lugar daquele que é ofendido e exige para ele a reparação que, num momento de serenidade, ele próprio teria exigido.

Foi pelo estabelecimento dessas leis que os povos germânicos saíram desse estado de natureza em que aparentemente ainda estavam nos tempos de Tácito.

Declarou Rotáris, nas leis dos lombardos, que havia aumentado as composições do antigo costume quanto aos ferimentos, para que, ficando o ferido satisfeito, as inimizades pudessem cessar[144]. Com efeito, tendo os lombardos, povo pobre, se enriquecido com a conquista da Itália, as antigas composições tornavam-se frívolas e já não ocorriam reconciliações. Não tenho dúvidas de que essa consideração tenha obrigado os demais chefes das nações conquistadoras a estabelecer os diversos códigos de leis que hoje conhecemos.

A principal composição era a que o assassino devia pagar aos parentes do morto. A diferença das condições determinava a das composições[145]: assim, na lei dos ingleses, a composição era de seiscentos soldos pela morte de um *adeling*[146], de duzentos pela de um homem livre, de trinta pela de um servo. O tamanho da composição, estabelecida por cabeça de homem, constituía, pois, uma de suas grandes prerrogativas: pois, além da distinção que fazia de sua pessoa, garantia a ele, em meio a nações violentas, uma segurança maior.

A lei dos bávaros mostra-nos bem isso[147]; essa lei dá os nomes das famílias bávaras que recebiam uma composição dupla, porque eram as primeiras depois dos Agilolfingues[148]. Os Agilolfingues eram de raça ducal e os duques eram escolhidos dentre eles; tinham uma composição quádrupla. A composição para o duque superava em um

---

143 Vide sobretudo os títulos 3, 4, 5, 6 e 7 da lei sálica, que tratam dos roubos de animais. (N. do A.)

144 Livro I, título 7, § 15. (N. do A.)

145 Vide a lei dos anglos, título I, § 1, 2, 4; ibid., título 5, § 6; a lei dos bávaros, título I, capítulos VIII e IX; a lei dos frisões, título 15. (N. do A.)

146 Príncipe ou herdeiro real anglo-saxão. (N. do T.)

147 Título 2, capítulo XX. (N. do A.)

148 Hozidra, Ozza, Sagana, Habilingua, Anniena: ibid. (N. do A.)

terço a que era estabelecida para os Agilolfingues. "Porque ele é duque", diz a lei, "rendemos-lhe maior honra do que aos seus parentes".

Todas essas composições eram definidas em dinheiro. Mas, como esses povos, sobretudo enquanto permaneceram na Germânia, quase não dispunham de dinheiro, era permitido dar gado, trigo, móveis, armas, cães, pássaros de caça, terras, etc.[149] Muitas vezes até determinava a lei o valor dessas coisas[150]; o que explica como, com tão pouco dinheiro, houvesse entre eles tantas penas pecuniárias.

Tais leis, portanto, se empenharam em indicar com precisão as diferenças entre as ofensas, as injúrias, os crimes, para que cada um conhecesse exatamente até que ponto era lesado ou ofendido, para que soubesse com precisão a reparação que devia receber e sobretudo que não devia receber mais do que o estabelecido.

Desse ponto de vista, compreende-se que cometia um grande crime aquele que se vingasse depois de ter recebido a satisfação. Esse crime não continha menos uma ofensa pública do que uma ofensa particular: mostrava desprezo pela própria lei. Foi esse crime que os legisladores não deixaram de punir[151].

Havia outro crime que foi considerado especialmente perigoso[152], quando esses povos perderam no governo civil algo de seu espírito de independência e os reis se empenharam em estabelecer uma melhor política para o Estado: o crime era o de não querer dar ou não querer receber a reparação. Vemos em diversos códigos que os legisladores

---

[149] Assim, a lei de Ina estimava a vida em certa quantia de dinheiro ou certa porção de terra. *Leges Inae regis, titulo de Villico regio, de priscis Anglorum legibus*, Cambridge, 1644. (N. do A.)

[150] Vide a lei dos saxões, que até faz esta fixação para vários povos, capítulo XVIII. Vide também a lei dos ripuários, título 36, § 11; a lei dos bávaros, título I, § 10 e 11. *Si aurum non habet, donet aliam pecuniam, mancipia, terram*, etc. (N. do A.)

[151] Vide a lei dos lombardos, livro I, título 25, § 21; ibid., livro I, título 9, § 8 e 34; ibid., § 38; e o capitular de Carlos Magno do ano 802, capítulo XXXII, que contém uma instrução dada aos que enviava às províncias. (N. do A.)

[152] Vide em Gregório de Tours, livro VII, capítulo XLVII, os detalhes de um processo em que uma parte perde a metade da composição que lhe fora adjudicada por ter feito justiça com as próprias mãos, em vez de aceitar a reparação, apesar dos excessos que tenha sofrido depois. (N. do A.)

a haviam tornado obrigatória[153]. Com efeito, aquele que se recusasse a receber a reparação queria conservar o direito de vingança; o que se recusava a dá-la deixava ao ofendido o direito de vingança: e é isso que os sábios haviam reformado nas instituições dos germanos, que convidavam à composição, mas não a tornavam obrigatória.

Acabo de falar de um texto da lei sálica em que o legislador deixava à liberdade do ofendido receber ou não a reparação: essa lei é que vedava a quem tivesse despojado um cadáver o comércio dos homens, até que os parentes, aceitando a reparação, tivessem solicitado que ele pudesse viver entre os homens[154]. O respeito pelas coisas santas fez que os que redigiram as leis sálicas não tocassem no antigo costume.

Teria sido injusto conceder uma composição aos parentes de um ladrão morto no ato do roubo ou aos de uma mulher que tivesse sido despedida depois de uma separação por crime de adultério. A lei dos bávaros não concedia a composição em tais casos e punia os parentes que buscassem vingança[155].

Não é raro encontrar nos códigos de leis dos bárbaros composições por atos involuntários. A lei dos lombardos é quase sempre sensata; determinava que nesse caso se estabelecesse a composição de acordo com a generosidade e que os parentes já não pudessem buscar vingança[156].

Clotário II baixou um decreto muito sábio: proibiu àquele que tivesse sido roubado receber a sua composição em segredo[157] e sem ordem do juiz. Veremos logo adiante o motivo dessa lei.

---

[153] Vide a lei dos saxões, capítulo III, § 4; a lei dos lombardos, livro I, título 37, § 1 e 2; e a lei dos alemães, título 45, § 1 e 2. Esta última lei permitia fazer justiça com as próprias mãos, de imediato e na primeira reação. Vide também os capitulares de Carlos Magno, do ano 779, capítulo XXII; do ano 802, capítulo XXXII; e o do mesmo ano 805, capítulo V. (N. do A.)

[154] Os compiladores das leis dos ripuários parecem ter modificado isto. Vide o título 85 dessas leis. (N. do A.)

[155] Vide o decreto de Tassílio, *de popularibus legibus*, artigos 3, 4, 10, 26, 29; a lei dos anglos, título 7, § 4. (N. do A.)

[156] Livro I, título 9, § 4. (N. do A.)

[157] *Pactus pro tenore pacis inter* Childebertum et Clotarium, *anno 593*, e *decretio* Clotarii II *regis, circa annum 595*, capítulo XI. (N. do A.)

Capítulo XX
Do que mais tarde foi chamado justiça dos senhores

Além da reparação que se devia pagar aos parentes pelos assassínios, pelas ofensas e pelas injúrias, era preciso ainda pagar certos direitos que os códigos de leis dos bárbaros chamam *fredum*[158]. Falarei muito sobre esses direitos; e, para dar uma ideia deles, direi que são a recompensa da proteção concedida contra o direito de vingança. Ainda hoje, na língua sueca, *fred* quer dizer paz.

Nessas nações violentas, administrar a justiça não era senão conceder a quem cometera uma ofensa a sua proteção contra a vingança daquele que a sofrera; e obrigar este último a aceitar a satisfação que lhe era devida; de modo que, entre os germanos, à diferença de todos os povos, a justiça era administrada para proteger o criminoso contra o que ele havia ofendido.

Os códigos de leis dos bárbaros indicam-nos os casos em que esses *freda* deviam ser exigidos. Naqueles em que os parentes não podiam executar a vingança, não determinam nenhum *fredum*: com efeito, onde não havia vingança não podia haver direito de proteção contra a vingança. Assim, na lei dos lombardos[159], se alguém matasse por acaso um homem livre, pagava o valor do homem morto, sem o *fredum*; porque, tendo-o matado involuntariamente, não era o caso de os parentes terem direito de vingança. Assim, na lei dos ripuários[160], quando um homem era morto por um pedaço de pau ou por algum objeto feito pela mão humana, o objeto e a madeira eram considerados culpados e os parentes os tomavam para si, sem poder exigir o *fredum*.

Do mesmo modo, quando um animal tivesse matado um homem, a mesma lei estabelecia uma composição sem o *fredum*[161], porque os parentes do morto não eram ofendidos.

Pela lei sálica[162], por fim, uma criança que tivesse cometido algu-

---

[158] Quando a lei não o estipulava, costumava ser um terço do que se dava para a composição, como mostra a lei dos ripuários, capítulo LXXXIX, que é explicada pelo terceiro capitular do ano 813, edição de Baluze, t. I, p. 512. (N. do A.)

[159] Livro I, título 2, § 17, edição de Lindembrock. (N. do A.)

[160] Título 70. (N. do A.)

[161] Título 46. Vide também a lei dos lombardos, livro I, capítulo XXI, § 3, edição de Lindembrock: *si caballus cum pede*, etc. (N. do A.)

[162] Título 28, § 6. (N. do A.)

ma falta antes de completar doze anos pagava a compensação sem o *fredum*: como ainda não podia portar armas, não estava em situação de a parte lesada ou seus parentes poderem exigir vingança.

Quem pagava o *fredum* era o culpado, pela paz e a segurança que os excessos que cometera lhe haviam feito perder e que ele podia recuperar com tal proteção; mas uma criança não perdia essa segurança: não era um homem e não podia ser excluída da sociedade dos homens.

Esse *fredum* era um direito local em benefício de quem julgava no território[163]. A lei dos ripuários proibia-o, porém, de exigi-la ele próprio[164]; determinava que a parte que tivesse obtido ganho de causa o recebesse e o levasse ao fisco, para que a paz, diz a lei, fosse eterna entre os ripuários.

O tamanho do *fredum* era proporcional à proteção[165]: assim, o *fredum* pela proteção do rei era maior do que o concedido pela proteção do conde e dos outros juízes.

Já vejo nascer a justiça dos senhores. Os feudos compreendiam vastos territórios, como mostra um sem-número de monumentos. Já provei que os reis não arrecadavam nada sobre as terras que eram da partilha dos francos; podiam ainda menos reservar-se direitos sobre os feudos. Os que os obtiveram tiveram, sob esse aspecto, o usufruto mais completo; tiraram deles todos os frutos e todos os emolumentos: e, como um dos mais consideráveis eram os lucros judiciários (*freda*) que se recebiam pelos usos dos francos[166], seguia-se daí que aquele que tivesse o feudo tinha também a justiça, que só se exercia por composições aos parentes e pelos direitos do senhor. Tal justiça não era senão o direito de fazer pagar as composições da lei e de exigir as multas da lei.

Vemos, pelas fórmulas que trazem a confirmação ou a translação perpétua de um feudo em favor de um leude ou fiel[167] ou dos privi-

---

[163] Como mostra o decreto de Clotário II do ano 595. *Fredus tamen judicis, in cujus pago est, reservetur*. (N. do A.)

[164] Título 89. (N. do A.)

[165] *Capitulare incerti anni*, capítulo LVII, em Baluze, t, I, p. 515. Cumpre observar que o que era chamado *fredum* ou *faida* nos monumentos da primeira raça se chama *bannum* nos da segunda, como mostra o capitular *de partibus Saxoniae*, do ano 789. (N. do A.)

[166] Vide o capitular de Carlos Magno, *de Villis*, em que classifica esses *freda* entre as grandes rendas das chamadas *villae*, ou domínios do rei. (N. do A.)

[167] Vide as fórmulas 3, 4 e 17, livro I de Marculfo. (N. do A.)

légios dos feudos em favor das igrejas[168], que os feudos tinham esse direito. Isso é revelado também por uma infinidade de cartas que contêm a proibição de entrada no território dos juízes ou de oficiais do rei para nele exerceram qualquer ato de justiça e exigir qualquer emolumento de justiça[169]. Uma vez que os juízes reais nada mais podiam exigir num distrito, já não entravam nesse distrito; e aqueles a quem passava tal distrito nele exerciam as funções que os juízes haviam desempenhado.

É proibido aos juízes reais obrigarem as partes a dar cauções para comparecer perante eles: cabia, pois, a quem recebia o território exigi-las. É dito que os emissários do rei já não poderiam solicitar abrigo; com efeito, já não desempenhavam nenhuma função.

Foi a justiça, portanto, nos feudos antigos e nos feudos novos, um direito inerente ao próprio feudo, um direito lucrativo que fazia parte dele. É por isso que, em todos os tempos, foi considerada assim; teve origem aí o princípio de serem patrimoniais as justiças na França.

Julgaram alguns que as justiças tinham origem nas alforrias que os reis e os senhores deram a seus servos. Mas as nações germânicas e aquelas que delas descendem não são as únicas que libertaram os escravos e são as únicas que estabeleceram justiças patrimoniais. As fórmulas de Marculfo, aliás, mostram-nos homens livres dependentes dessas justiças nos primeiros tempos[170]; os servos estiveram, portanto, sujeitos à justiça, porque se achavam no território; e não deram origem aos feudos por terem sido englobados no feudo.

Outros tomaram um caminho mais curto: os senhores usurparam as justiças, disseram; e mais nada foi dito. Mas, em todo o mundo, só os povos descendentes dos germanos usurparam os direitos dos príncipes? Bem nos ensina a história que outros povos executaram ações contra os seus soberanos; mas não vemos nascer daí o que chamamos justiças dos senhores. Era, pois, no fundo dos usos e costumes dos germanos que se deveria buscar a sua origem.

---

168 Ibid., fórmulas 2, 3 e 4. (N. do A.)

169 Vide as coletâneas dessas cartas, sobretudo a que fica no fim do quinto volume dos historiadores de França dos padres beneditinos. (N. do A.)

170 Vide as fórmulas 3, 4 e 14 do livro I; e a carta de Carlos Magno do ano 771, em Martenne, t. I, *Anecdot. collect.* II. *Praecipientes jubemus ut ullus publicus [...] homines ipsius ecclesiae et monasterii ipsius Morbacensis, tam ingenuos, quam et servos, et qui super eorum terras manere*, etc. (N. do A.)

Rogo-vos que vejais em Loyseau[171] qual é a maneira como supõe que os senhores procederam para formar e usurpar suas diversas justiças. Eles teriam de ser as pessoas mais sutis do mundo e ter roubado, não como os guerreiros pilham, mas como os juízes de aldeia e os procuradores roubam uns aos outros. Seria preciso dizer que esses guerreiros, em todas as províncias particulares do reino e em tantos reinos, tivessem criado um sistema geral de política. Loyseau faz que raciocinem como, em seu gabinete, ele mesmo raciocinava.

Repito: se a justiça não era uma dependência do feudo, por que vemos em toda parte que o serviço do feudo era servir o rei ou o senhor, tanto em seus tribunais como nas guerras[172]?

Capítulo XXI
Da justiça territorial das igrejas

As igrejas adquirem bens muito consideráveis. Vemos que os reis lhes deram grandes fiscos, ou seja, grandes feudos; e os domínios dessas igrejas são os primeiros lugares onde encontramos as justiças estabelecidas. De onde se teria originado tão extraordinário privilégio? Este estava na natureza da coisa dada; o bem dos eclesiásticos tinha esse privilégio, porque não lhes era tomado. Davam um fisco à Igreja; e lhe deixavam as prerrogativas que teria tido, se o tivessem dado a um leude: assim, esse fisco foi submetido ao serviço que o Estado dele teria tirado, se tivesse sido concedido ao leigo, como já vimos.

As igrejas tiveram, pois, o direito de fazer pagar as composições em seu território e de exigir o *fredum* por estas; e, como esse direito implicava necessariamente o de impedir os oficiais reais de entrarem no território para exigirem esses *freda* e exercerem todos os atos de justiça, o direito que os eclesiásticos tiveram de administrar a justiça em seu território foi chamado imunidade, no estilo das fórmulas[173], das cartas e dos capitulares.

A lei dos ripuários[174] proíbe aos libertos das igrejas[175] reunirem fora

---

[171] *Traité des justices de village*. (N. do A.)

[172] Vide o sr. Du Cange, no verbete *hominium*. (N. do A.)

[173] Vide as fórmulas 3 e 4 de Marculfo, livro I. (N. do A.)

[174] *Ne aliubi nisi ad ecclesiam, ubi relaxati sunt, mallum teneant*, título 58, § 1. Vide o § 19, edição de Lindembrock. (N. do A.)

[175] *Tabulariis*. (N. do A.)

da igreja em que foram alforriados a assembleia em que a justiça é administrada[176]. As igrejas tinham, pois, justiças, mesmo sobre os homens livres, e reuniam suas sessões já nos primeiros tempos da monarquia.

Vejo na *Vida dos santos*[177] que Clóvis deu a um santo homem o poder sobre um território de seis léguas e quis que este estivesse livre de qualquer jurisdição. Creio que isso é uma falsidade, mas uma falsidade muito antiga; tanto a verdade quanto a mentira desta vida se relacionam com os costumes e as leis daqueles tempos; e são esses costumes e essas leis que buscamos aqui[178].

Ordena Clotário II aos bispos ou aos poderosos que possuem terras em regiões distantes que escolham no próprio lugar os que devem administrar a justiça ou receber os emolumentos[179].

O mesmo príncipe regra a competência entre os juízes das igrejas e os oficiais[180]. O capitular de Carlos Magno do ano 802 prescreve aos bispos e aos abades as qualidades que os seus oficiais de justiça devem ter. Outro capitular[181] do mesmo príncipe proíbe aos oficiais reais exercerem qualquer jurisdição sobre os que cultivem as terras eclesiásticas[182], a menos que tenham adquirido tal condição fraudulentamente, para se furtarem aos encargos públicos. Reunidos em Reims, os bispos declararam que os vassalos das igrejas participavam de sua imunidade[183]. O capitular de Carlos Magno, do ano 806, determina que as igrejas tenham a justiça criminal e cível sobre todos aqueles

---

[176] *Mallum*. (N. do A.)

[177] *Vita sancti Germeri, episcopi Tolosani*, apud *Bollandianos*, 16 de maio. (N. do A.)

[178] Vide também a vida de São Melânio e a de São Deícola. (N. do A.)

[179] No concílio de Paris, no ano 615. *Episcopi, vel potentes, qui in aliis possident regionibus, judices vel missos discussores de aliis provinciis non instituant, nisi de loco, qui justitiam percipiant et aliis reddant*, artigo 19. Vide também o artigo 12. (N. do A.)

[180] No concílio de Paris do ano 615, artigo 5. (N. do A.)

[181] Na lei dos lombardos, livro II, título 44, capítulo II, edição de Lindembrock. (N. do A.)

[182] *Servi aldiones, libellarii antiqui, vel alii noviter facti*; ibid. (N. do A.)

[183] Carta do ano 858, artigo 7, nos *Capitulaires*, p. 108. *Sicut illae res et facultates in quibus vivunt clerici, ita et ille sub consecratione immunitatis sunt de quibus debent militare vassalli*. (N. do A.)

que residam em seu território[184]. O capitular de Carlos, o Calvo, por fim, distingue as jurisdições do rei, as dos senhores e as das igrejas[185]; e nada mais direi a esse respeito.

Capítulo XXII
Que as justiças já estavam estabelecidas antes do fim da segunda raça

Disseram que foi na desordem da segunda raça que os vassalos se atribuíram a justiça em seus feudos: preferiram aventar uma proposição geral a examiná-la; foi mais fácil dizer que os vassalos não possuíam do que descobrir como possuíam. As justiças, porém, não devem a sua origem às usurpações; derivam do primeiro estabelecimento e não da sua corrupção.

"Aquele que mata um homem livre", diz a lei dos bávaros[186], "pagará a composição aos seus parentes, se os tiver; e, se não os tiver, pagará ao duque ou àquele sob cuja proteção viver". Sabemos o que era pôr-se sob a proteção por um benefício.

"Aquele a quem for raptado o seu escravo", diz a lei dos alemães[187], "irá ao príncipe a que está sujeito o raptor, para que possa dele obter uma composição".

"Se um centenário", diz o decreto de Childeberto[188], "encontrar um ladrão numa centena que não é a sua ou nos limites dos nossos fiéis e não o expulsar de lá, reapresentará o ladrão ou se purgará por juramento". Havia, pois, diferenças entre os territórios dos centenários e os dos fiéis.

---

[184] Este capitular foi adicionado à lei dos bávaros, artigo 7; vide também o artigo 3 da edição de Lindembrock, p. 444. *Imprimis omnium jubendum est ut habeant ecclesiae earum justicias, et in vita illorum qui habitant in ipsis ecclesiis et post, tam in pecuniis, quam et in substantiis earum.* (N. do A.)

[185] Do ano 857, *in synodo apud Carisiacum*, artigo 4, edição de Baluze, p. 96. (N. do A.)

[186] Título 3, capítulo XIII, edição de Lindembrock. (N. do A.)

[187] Título 85. (N. do A.)

[188] Do ano 595, artigos 11 e 12, edição dos capitulares de Baluze, p. 19. *Pari conditione convenit ut si uma centena in alia centena vestigium secuta fuerit et invenerit, vel in quibuscumque fidelium nostrorum terminis vestigium miserit, et ipsum in aliam centenam minime expellere potuerit, aut convictus reddat latronem*, etc. (N. do A.)

Esse decreto de Childeberto explica a constituição de Clotário[189], do mesmo ano, que, dada para o mesmo caso e sobretudo para o mesmo fato, só difere nos termos, com a constituição chamando *in truste* o que o decreto chamava *in terminis fidelium nostrorum*. Os srs. Bignon e Du Cange[190], que julgaram que *in truste* significava o domínio de outro rei, não foram felizes em suas suposições.

Numa constituição de Pepino[191], rei da Itália, feita tanto para os francos quanto para os lombardos, esse príncipe, depois de ter imposto penas aos condes e a outros oficiais reais que prevaricam no exercício da justiça ou que atrasam a sua administração, ordena que[192], se acontecer de um franco ou um lombardo que tenham um feudo não quererem administrar a justiça, o juiz em cujo distrito tal feudo estiver os suspenderá no exercício dessa administração; e, nesse ínterim, ele ou seu enviado administrarão a justiça.

Um capitular de Carlos Magno[193] prova que os reis não cobravam em toda parte os *freda*. Outro capitular do mesmo príncipe[194] mostra-nos as regras feudais e a corte feudal já estabelecidas. Outro, de Luís, o Bonachão, determina que, quando aquele que tem um feudo não administra a justiça ou impede que seja administrada, se possa viver em sua casa, à vontade, até que se restabeleça o andamento da justiça[195]. Citarei ainda dois capitulares de Carlos, o Calvo; um do

---

[189] *Si vestigius comprobatur latronis, tamen praefentiae nihil longe mulctando; aut si persequens latronem suum comprehenderit, integram sibi compositionem accipiat. Quod si in truste invenitur, medietatem compositionis trustis adquirat, et capitale exigat a latrone*: artigos 2 e 3. (N. do A.)

[190] Vide o verbete *trustis* do glossário. (N. do A.)

[191] Inserida na lei dos lombardos, livro II, título 52, § 14. É o capitular do ano 793, em Baluze, p. 544, artigo 10. (N. do A.)

[192] *Et si forsitan Francus aut Lange bardus habens beneficium justitiam facere noluerit, ille judex in cujus ministerio fuerit, contradicat illi beneficium suum, interim dum ipse aut missus ejus justitiam faciat*. Vide também a mesma lei dos lombardos, livro II, título 52, § 2, que está relacionada com o capitular de Carlos Magno, do ano 779, artigo 21. (N. do A.)

[193] O terceiro do ano 812, artigo 10. (N. do A.)

[194] Segundo capitular do ano 813, artigos 14 e 20, p. 509. (N. do A.)

[195] *Capitulare quintum anni 819*, artigo 23, edição de Baluze, p. 617. *Ut ubicumque missi, aut episcopum, aut abbatem, aut alium quemlibet, honore praeditum invenerint, qui justitiam facere noluit vel prohibuit, de ipsius rebus vivant quandiu in eo loco justitias facere debent*. (N. do A.)

ano 861[196], em que vemos jurisdições particulares estabelecidas, com juízes e funcionários sob suas ordens; o outro, do ano 864[197], em que se faz a distinção entre as próprias senhorias e as dos particulares.

Não temos concessões originais dos feudos, porque estes foram estabelecidos pela partilha que sabemos ter sido feita entre os vencedores. Não podemos, pois, provar por contratos originais que as justiças, nos primeiros tempos, tivessem sido vinculadas aos feudos. Mas, se, nas fórmulas das confirmações ou das translações perpétuas desses feudos lemos, como se diz, que a justiça lá estava estabelecida, tal direito de justiça tinha de ter pertencido à natureza do feudo e de ter sido uma das suas principais prerrogativas.

Dispomos de um número maior de monumentos que estabelecem a justiça patrimonial das igrejas em seu território do que os que temos para provar a dos benefícios ou feudos dos leudes ou fiéis, por duas razões: a primeira é que a maioria dos monumentos que nos restam foi conservada ou recolhida pelos monges, para a unidade dos seus mosteiros; a segunda, que, tendo o patrimônio das igrejas sido formado por concessões particulares, e uma espécie de derrogação da ordem estabelecida, para isso eram necessárias cartas; ao passo que, como as concessões feitas aos leudes eram consequências da ordem política, não era preciso ter, e menos ainda conservar, uma carta particular. Muitas vezes até os reis se contentavam em fazer uma simples cessão pelo cetro, como mostra a vida de São Mauro.

A terceira fórmula de Marculfo[198], porém, prova-nos suficientemente que o privilégio da imunidade e, por conseguinte, o da justiça eram comuns aos eclesiásticos e aos seculares, pois esta é feita para uns e para outros. O mesmo ocorre com a constituição de Clotário II[199].

---

[196] *Edictum in Carisiaco*, em Baluze, T. II, p. 152. *Unusquisque advocatus pro omnibus de sua advocatione* [...] *in convenientia ut cum ministerialibus de sua advocatione quos invenerit contra hunc bannum nostrum fecisse* [...] *castiget*. (N. do A.)

[197] *Edictum Pistense*, artigo 18, edição de Baluze, t. II, p. 181. *Si in fiscum nostrum, vel in quamcumque immunitatem, aut alicujus potentis potestatem vel proprietatem consugerit*, etc. (N. do A.)

[198] Livro I. *Maximum regni nostri augere credimus monimentum, si beneficia opportuna locis ecclesiarum, aut cui volueris dicere, benivola deliberatione concedimus*. (N. do A.)

[199] Citei-a no capítulo anterior: *Episcopi vel potentes*. (N. do A.)

Capítulo XXIII
Ideia geral do livro *Do estabelecimento da monarquia francesa nas Gálias*, do sr. abade Dubos[200]

É bom que antes de concluir o livro eu examine um pouco a obra do sr. abade Dubos; porque as minhas ideias estão em perpétuo desacordo com as suas; e, se ele encontrou a verdade, eu não a encontrei.

Essa obra seduziu muita gente, porque foi escrita com muita arte; porque nela se supõe perpetuamente o que está em questão; porque, quanto mais faltam as provas, mas se multiplicam as probabilidades; porque um sem-número de conjeturas são apresentadas como princípios e delas são tiradas, como consequências, outras conjeturas. Esquece-se o leitor de que duvidou para começar a crer. E, como uma erudição sem fim é colocada, não no sistema, mas ao lado do sistema, a mente se distrai com coisas acessórias e já não se ocupa do principal. Ademais, tantas pesquisas não permitem imaginar que nada se encontrou; a extensão da viagem dá a crer que por fim se chegou ao destino.

Mas, quando o examinamos bem, vemos um colosso imenso com pés de argila; e é porque os pés são de argila que o colosso é imenso. Se o sistema do sr. abade Dubos tivesse tido bons fundamentos, ele não teria sido obrigado a fazer três mortais volumes para prová-lo; teria tudo encontrado em seu objeto de estudo; e, sem ir buscar em toda parte o que estava muito longe dele, a própria razão se teria encarregado de inscrir essa verdade na cadeia das outras verdades. A história e as nossas leis ter-lhe-iam dito: "Não vos deis a tanto trabalho: nós testemunharemos a vosso favor".

Capítulo XXIV
Continuação do mesmo assunto. Reflexão sobre o fundo do sistema

O sr. abade Dubos quer acabar de qualquer modo com a ideia de que os francos tivessem entrado nas Gálias como conquistadores; segundo ele, os nossos reis, convidados pelos povos, apenas se puseram no lugar dos imperadores romanos e sucederam aos seus direitos.

---

[200] Jean-Baptiste Dubos (1670-1742), sacerdote, diplomata, jurista, filósofo e historiador francês, abade de Notre-Dame de Ressons e secretário perpétuo da Academia Francesa. (N. do T.)

Tal pretensão não pode aplicar-se aos tempos em que Clóvis, ao entrar nas Gálias, saqueou e tomou as cidades; não pode tampouco aplicar-se aos tempos em que ele derrotou Siágrio, oficial romano, e conquistou as regiões que este guardava; não pode, pois, relacionar-se senão com aqueles em que Clóvis, tendo-se tornado senhor de grande parte das Gálias pela violência, teria sido chamado, pela escolha e amor dos povos, à dominação do resto do país. Não basta que Clóvis tenha sido aceito, é preciso que tenha sido chamado; é preciso que o sr. abade Dubos prove que os povos preferiram viver sob o domínio de Clóvis a viver sob o domínio dos romanos, ou sob suas próprias leis. Ora, os romanos desta parte das Gálias que ainda não fora invadida pelos bárbaros eram, segundo o sr. abade Dubos, de dois tipos: uns eram da confederação armórica e haviam expulsado os oficiais do imperador para eles mesmos se defenderem contra os bárbaros e se governarem por suas próprias leis; os outros obedeciam aos oficiais romanos. Ora, prova o sr. abade Dubos que os romanos, que ainda estavam submetidos ao império, tivessem chamado Clóvis? De modo nenhum. Prova ele que a república dos armóricos tivesse chamado Clóvis e até estabelecido tratados com ele? Mais uma vez, de modo nenhum. Muito longe de poder-nos dizer qual foi o destino dessa república, ele não poderia sequer mostrar a existência dela; e, embora a siga desde os tempos de Honório até a conquista de Clóvis, embora relacione a essa república, com uma arte admirável, todos os acontecimentos da época, esta permaneceu invisível nos autores. Pois há muita diferença entre provar com um trecho de Zózimo[201] que, sob o império de Honório, a região armórica e as outras províncias das Gálias se revoltaram e formaram uma espécie de república[202] e mostrar que, apesar das diversas pacificações das Gálias, os armóricos continuaram formando uma república particular, que teria subsistido até a conquista de Clóvis. Seriam necessárias, porém, para fundamentar o seu sistema, provas muito fortes e muito precisas. Pois, quando vemos um conquistador entrar num Estado, submeter boa parte dele pela força e pela violência, e vemos, pouco tempo depois, o Estado inteiro subjugado, sem que a história diga como o foi, temos justíssimos motivos para crer que o caso terminou como começou.

---

201 *Hist.*, livro VI. (N. do A.)

202 *Totusque tractus armoricus, aliaeque Galliarum provinciae*; ibid. (N. do A.)

Uma vez infirmado esse ponto, é fácil ver que todo o sistema do sr. abade Dubos se esboroa completamente; e todas as vezes que ele extrair alguma consequência deste princípio, de que as Gálias não foram conquistadas pelos francos, mas que os francos foram chamados pelos romanos, sempre poderemos negá-la.

O sr. abade Dubos prova o seu princípio pelas dignidades romanas de que Clóvis se revestiu: pretende que Clóvis tenha sucedido a Childerico, seu pai, no cargo de mestre da milícia. Mas esses dois cargos são puramente de sua criação. A carta de São Remy a Clóvis, na qual ele se baseia[203], não passa de uma felicitação por sua ascensão ao trono. Quando o objeto de um texto é conhecido, por que lhe atribuir um que não o é?

Clóvis, no fim do seu reinado, foi feito cônsul pelo imperador Anastácio: mas que direito podia conferir-lhe uma autoridade simplesmente anual? Parece, diz o sr. abade Dubos, que no mesmo diploma o imperador Anastácio tenha feito Clóvis procônsul. Quanto a mim, direi que parece que ele não o fez. Acerca de um fato fundado em nada, a autoridade de quem o nega é igual à de quem o alega. Tenho até uma razão para isso. Gregório de Tours, que fala do consulado, nada diz sobre o proconsulado. Tal proconsulado só teria até durado dez meses. Morreu Clóvis um ano e meio depois de sido criado cônsul; não é possível tornar o proconsulado um cargo hereditário. Enfim, quando o consulado e, se quiserem, o proconsulado lhe foram dados, já era ele o senhor da monarquia, com todos os seus direitos estabelecidos.

A segunda prova alegada pelo sr. abade Dubos é a cessão feita pelo imperador Justiniano aos filhos e netos de Clóvis de todos os direitos do império sobre as Gálias. Eu teria muito o que dizer acerca dessa cessão. Podemos avaliar a importância que os reis de França lhe deram pela maneira como executaram as suas condições. Os reis de França, aliás, eram senhores das Gálias; eram soberanos pacíficos; Justiniano não possuía ali nem uma polegada de terra; o império do Ocidente fora destruído havia muito tempo; e o imperador do Oriente só tinha direitos sobre as Gálias como representante do imperador do Ocidente; eram direitos sobre direitos. A monarquia dos francos já fora fundada; o regulamento de seu estabelecimento já fora feito; os direitos recíprocos das pessoas e das diversas nações que viviam na monarquia estavam acertados; as leis de cada nação já haviam sido

[203] T. II, livro III, capítulo XVIII, p. 270. (N. do A.)

estabelecidas e até postas por escrito. Que importava essa cessão estrangeira a um estabelecimento já formado?

Que quer dizer o sr. abade Dubos com as declamações de todos esses bispos que, na desordem, na confusão, na derrocada total do Estado, nas devastações da conquista, procuram adular o vencedor? Que mais supõe a adulação além da fraqueza do que é obrigado a adular? Que provam a retórica e a poesia, além do próprio emprego dessas artes? Quem não se admira de ver Gregório de Tours, depois de ter falado dos assassínios de Clóvis, dizer que no entanto Deus prosternava todos os dias os seus inimigos, porque ele trilhava os seus caminhos? Que dúvida pode haver de que o clero muito se alegrou com a conversão de Clóvis e dela tirou grandes vantagens? Mas que dúvida pode haver, ao mesmo tempo, de que os povos tenham sofrido todas as desgraças da conquista e de que o governo romano tenha cedido ao governo germânico? Os francos não quiseram e nem sequer puderam mudar tudo; poucos, até, foram os conquistadores que tiveram essa loucura. Mas, para que todas as consequências do sr. abade Dubos fossem verdadeiras, seria preciso que não só eles nada tivessem mudado nos romanos, mas também que tivessem eles mesmos mudado.

Eu poderia provar também, seguindo o método do sr. abade Dubos, que os gregos não conquistaram a Pérsia. Falaria primeiro dos tratados que algumas de suas cidades fizeram com os persas; falaria dos gregos que estiveram a soldo dos persas, como os francos estiveram a soldo dos romanos. Pois, se Alexandre entrou no país dos persas, sitiou, tomou e destruiu a cidade de Tiro, esse era um negócio particular, como o de Siágrio. Mas vede como o pontífice dos judeus se apresenta a ele; ouvi o oráculo de Júpiter Amon; lembrai-vos de como ele fora predito em Górdio; vede como todas as cidades acorrem, por assim dizer, a ele; como os sátrapas e os poderosos se aproximam em grande número. Ele se veste à moda persa; é a toga consular de Clóvis. Não lhe ofereceu Dario metade dos seu reino? Não foi Dario assassinado como um tirano? Não choraram a mãe e a mulher de Dario a morte de Alexandre? Eram Quinto Cúrcio, Plutarco, Arriano contemporâneos de Alexandre? Não nos deu a imprensa novas luzes que faltavam a esses autores[204]? Eis a história do *Estabelecimento da monarquia francesa nas Gálias*.

---

[204] Vide o discurso preliminar do sr. abade Dubos. (N. do A.)

Capítulo XXV
Da nobreza francesa

Afirma o sr. abade Dubos que nos primeiros tempos da nossa monarquia havia uma só ordem de cidadãos entre os francos. Essa pretensão injuriosa ao sangue das nossas primeiras famílias não o seria menos às três grandes casas que em seguida reinaram sobre nós. A origem de sua grandeza não iria, pois, perder-se no esquecimento, na noite e no tempo; a história iluminaria séculos em que teriam sido famílias comuns; e, para que Childerico, Pepino e Hugo Capeto fossem fidalgos, seria preciso procurar a sua origem entre os romanos ou os saxões, ou seja, entre as nações subjugadas.

O sr. abade Dubos fundamenta a sua opinião na lei sálica[205]. É evidente, diz ele, por essa lei, que não havia duas ordens de cidadãos entre os francos. A lei dava duzentos soldos de reparação pela morte de qualquer franco[206], mas distinguia, entre os romanos, o conviva do rei, pela morte do qual dava trezentos soldos de composição, do romano tributário, a que dava apenas quarenta e cinco. E, como a diferença das composições constituía a principal diferença, concluiu que entre os francos só havia uma ordem de cidadãos; e que havia três entre os romanos.

É surpreendente que o seu próprio erro não o tenha feito descobrir que errava. Com efeito, teria sido muito extraordinário que os nobres romanos, que viviam sob o domínio dos francos, tivessem tido uma reparação maior e tivessem sido personagens mais importantes do que os mais ilustres francos e seus maiores capitães. Que probabilidade há de que o povo vencedor tivesse tido tão pouco respeito por si mesmo e tanto pelo povo vencido? Além disso, o sr. abade Dubos cita as leis das outras nações bárbaras, que provam que havia entre estas diversas ordens de cidadãos. Seria muito extraordinário que essa regra geral tivesse faltado precisamente aos francos. Isso deveria tê-lo levado a pensar que entendia mal ou aplicava mal os textos da lei sálica; o que efetivamente lhe aconteceu.

Vemos, ao abrir essa lei, que a composição pela morte de um *antrustion*, ou seja, de um fiel ou vassalo do rei, era de seiscentos

---

205 Vide *Établissement de la monarchie française*, t. III, livro VI, capítulo IV, p. 304. (N. do A.)

206 Cita o título 44 dessa lei, e a lei dos ripuários, títulos 7 e 36. (N. do A.)

soldos[207]; e que a reparação pela morte de um romano conviva do rei era de apenas trezentos[208]. Vemos nela[209] que a composição pela morte de um simples franco era de duzentos soldos[210]; e que pela morte de um romano de condição ordinária era de apenas cem[211]. Pagava-se ainda pela morte de um romano tributário, uma espécie de servo ou liberto, uma composição de quarenta e cinco soldos[212]; mas não falarei disso, como tampouco da reparação pela morte do servo franco ou do liberto franco: não tratamos aqui dessa terceira ordem de pessoas.

Que faz o sr. abade Dubos? Cala-se sobre a primeira ordem de pessoas entre os francos, ou seja, o artigo que diz respeito aos *antrustions*; e, em seguida, comparando o franco ordinário, pela morte do qual se pagavam duzentos soldos de reparação, com o que ele chama de três ordens de romanos e pela morte dos quais se pagavam composições diferentes, acha que só havia uma ordem de cidadãos francos e três de romanos.

Como, segundo ele, havia uma só ordem de pessoas entre os francos, teria sido bom que também só houvesse uma entre os borguinhões, porque o reino deles formou uma das principais peças da nossa monarquia. Mas há nos códigos deles três tipos de composições; uma pelo nobre borguinhão ou romano, outra pelo borguinhão ou romano de condição mediana, a terceira para aqueles que tinham uma condição inferior nas duas nações[213]. O sr. abade Dubos não citou essa lei.

É curioso ver como ele escapa de todos os trechos que o pressionam de todos os lados[214]. Falam-lhe dos poderosos, dos senhores, dos nobres? São, diz ele, distinções simples, e não distinções de ordem;

---

[207] *Qui in truste dominica est*, título 44, § 4; e isto está relacionado com a fórmula 13 de Marculfo, *de regis antrustione*. Vide também o título 66 da lei sálica, § 3 e 4; e o título 74; e a lei dos ripuários, título 11; e o capitular de Carlos, o Calvo, apud *Carisiacum*, do ano 877, capítulo XX. (N. do A.)

[208] Lei sálica, título 44, § 6. (N. do A.)

[209] Ibid., § 4. (N. do A.)

[210] Ibid., § 1. (N. do A.)

[211] Ibid., § 15. (N. do A.)

[212] Ibid., § 7. (N. do A.)

[213] *Si quis, quolibet casu, dentem optimati Burgundioni vel Romano nobili excusserit, solidos vigentiquinque cogatur exsolvere; de mediocribus personis ingenuis, tam Burgundionibus quam Romanis, si dens excussus fuerit, decem solidis componatur; de inferioribus personis, quinque solidos*: artigos 1, 2 e 3 do título 26 da lei dos borguinhões. (N. do A.)

[214] *Établissement de la monarchie française*, t. III, livro VI, capítulos IV e V. (N. do A.)

são gestos de cortesia e não prerrogativas legais; ou então, diz ele, as pessoas de que se fala pertenciam ao conselho do rei; podiam até ser romanos: mas de qualquer forma havia só uma ordem de cidadãos entre os francos. Por outro lado, se se fala de algum franco de condição inferior, trata-se de servos[215], e é assim que ele interpreta o decreto de Childeberto. É necessário que eu me detenha nesse decreto. O sr. abade Dubos tornou-o famoso, porque dele se valeu para provar duas coisas: uma, que todas as composições que encontramos nas leis dos bárbaros eram apenas interesses civis acrescentados às penas corporais[216], o que subverte completamente todos os antigos monumentos; a outra, que todos os homens livres eram julgados direta e imediatamente pelo rei[217], o que é contradito por uma infinidade de textos e de autoridades que nos revelam a ordem judiciária daqueles tempos[218].

Diz esse decreto feito numa assembleia da nação que, se o juiz achar um ladrão famoso, fará que o amarrem para ser enviado diante do rei, se for um franco (*Francus*); mas, se for uma pessoa mais fraca (*debilior persona*), será enforcado no lugar[219]. Segundo o sr. abade Dubos, *Francus* é um homem livre, *debilior persona* é um servo. Ignorarei por um momento o que pode significar aqui a palavra *Francus*; e começarei por examinar o que podemos entender por estas palavras, *uma pessoa mais fraca*. Digo que em qualquer língua todo comparativo supõe necessariamente três termos, o maior, o menor e o mais pequeno. Se aqui só se tratasse de homens livres e de servos, ter-se-ia dito um servo, e não um homem de menor poder. Assim, *debilior persona* não significa um servo, mas uma pessoa abaixo da qual deve estar o servo. Suposto isso, *Francus* não significará um homem livre, mas um homem poderoso: e *Francus* é tomado aqui nessa acepção, porque, entre os francos, eram sempre os que tinham

---

215 Ibid., t. III, capítulo V, pp. 319 e 320. (N. do A.)

216 Ibid., livro VI, capítulo IV, pp. 307 e 308. (N. do A.)

217 Ibid., p. 309; e, no capítulo seguinte, pp. 319 e 320. (N. do A.)

218 Vide o livro XXVIII desta obra, capítulo XXVIII; e o livro XXXI, capítulo VIII. (N. do A.)

219 *Itaque colonia convenit et ita bannivimus, ut unusquisque judex criminosum latronem ut audierit, ad casam suam ambulet, et ipsum ligare faciat: ita ut, si Francus fuerit, ad nostram praesentiam dirigatur; et, si debilior persona fuerit, in loco pendatur*. Capitular da edição de Baluze, t. I, p. 19. (N. do A.)

maior poder no Estado, e era mais difícil para o juiz ou para o conde corrigi-los. Esta explicação se coaduna com grande número de capitulares, que dão os casos em que os criminosos podiam ser enviados diante do rei e aqueles em que não podiam[220].

Vemos na vida de Luís, o Bonachão, escrita por Tégan[221], que os bispos foram os principais autores da humilhação desse imperador, sobretudo os que haviam sido servos e os que haviam nascido entre os bárbaros. Assim, Tégan apostrofa Hébon, que esse príncipe havia tirado da servidão e elevado à condição de arcebispo de Reims: "Que recompensa o imperador recebeu por tantos favores[222]! Tornou-te livre e não nobre; ele não podia tornar-te nobre depois de te dar a liberdade".

Esse discurso, que prova tão formalmente haver duas ordens de cidadãos, não causa embaraços ao sr. abade Dubos. Assim responde ele[223]: "Este texto não quer dizer que Luís, o Bonachão, não teria podido fazer Hébon entrar na ordem dos nobres. Hébon, como arcebispo de Reims, teria sido da primeira ordem, superior à da nobreza". Deixo ao leitor decidir se esse texto não quer dizer isso; deixo que julgue se aqui se trata de uma primazia do clero sobre a nobreza. "Este trecho prova apenas", continua o sr. abade Dubos[224], "que os cidadãos nascidos livres eram qualificados como nobres; no uso do mundo, nobre e homem nascido livre significaram durante muito tempo a mesma coisa". Como! Porque em nossos tempos modernos alguns burgueses ganharam a qualidade de nobres, um texto de Luís, o Bonachão, se aplicará a tal tipo de gente! "Talvez também", acrescenta ele ainda[225], "Hébron não tivesse sido escravo na nação dos francos, mas na nação saxã ou em outra nação germânica em que os cidadãos se dividissem em várias ordens". Portanto, por causa do *talvez* do sr. abade Dubos, não terá havido nobreza na nação dos francos. Ele, porém, jamais aplicou tão

---

220 Vide o livro XXVIII deste livro, capítulo XXVIII; e o livro XXXI, capítulo VIII. (N. do A.)

221 Capítulos XLIII e XLIV. (N. do A.)

222 *O qualem remunerationem reddidisti ei! Fecit te liberum, non nobilem, quod impossibile est post libertatem*; ibid. (N. do A.)

223 *Établissement de la monarchie française*, t. III, livro VI, capítulo IV, p. 316. (N. do A.)

224 Ibid. (N. do A.)

225 Ibid. (N. do A.)

mal um talvez. Acabamos de ver que Tégan[226] distingue os bispos que se haviam oposto a Luís, o Bonachão, dos quais alguns haviam sido servos e os outros eram de uma nação bárbara. Hébon era dos primeiros e não dos segundos. Não sei, aliás, como podemos dizer que um servo como Hébon teria sido saxão ou germano: um servo não tem família, nem, por conseguinte, nação. Luís, o Bonachão, libertou Hébon; e, como os servos libertos adotavam a lei do seu senhor, Hébon tornou-se franco e não saxão ou germano.

Acabo de atacar; agora tenho de me defender. Dir-me-ão que o corpo dos *antrustions* formava realmente no Estado uma ordem distinta da dos homens livres; mas, como de início os feudos foram amovíveis e depois vitalícios, isso não podia formar uma nobreza de origem, pois as prerrogativas não estavam vinculadas a um feudo hereditário. Essa objeção foi que, sem dúvida, fez que o sr. de Valois pensasse que só tenha havido uma única ordem de cidadãos entre os francos: sentimento que o sr. abade Dubos tomou dele e inutilizou completamente com más provas. Seja como for, o sr. abade Dubos seria o último a poder fazer essa objeção. Pois, tendo atribuído três ordens de nobreza romana e a qualidade de conviva do rei para a primeira, não poderia dizer que tal título assinalasse mais uma nobreza de origem do que o de *antrustion*. Mas tenho de dar uma resposta direta. Os *antrustions* ou fiéis não eram tais porque tivessem um feudo; davam-lhes um feudo porque eram *antrustions* ou fiéis. Não nos esqueçamos do que eu disse nos primeiros capítulos deste livro: na época, eles não tinham, como teriam mais tarde, o mesmo feudo; mas, se não tinham aquele, tinham outro, tanto porque os feudos eram dados no nascimento, quanto porque eram muitas vezes dados nas assembleias nacionais e, por fim, porque também era do interesse do rei dar-lhos. Tais famílias eram distinguidas por sua dignidade de fiéis e pela prerrogativa de poder qualificar-se para receber um feudo. Mostrarei no próximo livro[227] como, pelas circunstâncias da época, houve homens livres que foram aceitos na fruição dessas prerrogativas e, por conseguinte, para entrar na ordem da nobreza.

---

[226] *Omnes episcopi molesti fuerunt Ludovico, et maxime ii quos e servili conditione honoratos habebat, cum his qui ex barbaris nationibus ad hoc fastigium perducti sunt. De gestis Ludovici pii*, capítulos XLIII e XLIV. (N. do A.)

[227] Capítulo XXIII. (N. do A.)

Não era assim nos tempos de Gontrão e de Childeberto, seu sobrinho; mas era assim nos tempos de Carlos Magno. Embora, porém, já nos tempos desse príncipe os homens livres não fossem impossibilitados de possuir feudos, fica claro pelo texto de Tégan acima citado que os servos libertos estavam absolutamente excluídos deles. Será que o sr. abade Dubos[228], que vai até a Turquia para nos dar uma ideia do que era a antiga nobreza francesa, nos dirá que jamais se queixaram na Turquia do fato de se elevarem às dignidades pessoas de baixo nascimento, como se queixavam sob os reinados de Luís, o Bonachão, e de Carlos, o Calvo? Não havia tais queixas no tempo de Carlos Magno, porque esse príncipe sempre distinguiu as famílias antigas das novas; o que Luís, o Bonachão, e Carlos, o Calvo, não fizeram.

Não deve o público esquecer que deve ao sr. abade Dubos várias composições excelentes. É com base nesses bons livros que deve julgá-lo, e não neste. O sr. abade Dubos nele cometeu muitos erros crassos, porque teve mais em vista o sr. conde de Boulainvilliers do que o seu assunto. Não tirarei de todas as minhas críticas senão esta reflexão: se esse grande homem errou, que não devo eu temer?

---

[228] *Histoire de l'établissement de la monarchie française*, t. III, livro VI, capítulo IV, p. 302. (N. do A.)

Livro XXXI
Teoria das leis feudais entre os francos, nas relações que têm com as revoluções de sua monarquia

Capítulo I
Mudanças nos ofícios e nos feudos

No começo, os condes eram enviados a seus distritos só por um ano; logo adquiriram a continuidade de seus ofícios. Temos um exemplo disso já no reinado dos netos de Clóvis. Certo Peônio era conde na cidade de Auxerre[1]; enviou seu filho Múmolo para levar dinheiro a Gontrão, a fim de dar continuidade ao seu emprego; o filho deu o dinheiro por si mesmo e obteve o lugar do pai. Os reis já haviam começado a corromper as suas próprias graças.

Embora pela lei do reino os feudos fossem amovíveis, não eram dados nem retirados de maneira caprichosa e arbitrária; essa era normalmente uma das principais coisas tratadas nas assembleias nacionais. Podemos pensar que a corrupção se introduziu nesse ponto como se introduzira no outro; e que se deu continuidade à posse dos feudos por dinheiro, como se dava continuidade aos condados.

Mostrarei, na sequência deste livro[2], que, independentemente dos dons que os príncipes fizeram em caráter temporário, outros houve que fizeram para sempre. Aconteceu de a corte querer revogar os dons que haviam sido feitos: isso causou um descontentamento geral na nação e logo se viu nascer aquela revolução famosa na história da França, cuja primeira fase foi o espantoso espetáculo do suplício de Brunilda.

---

[1] Gregório de Tours, livro IV, capítulo XLII. (N. do A.)

[2] Capítulo VII. (N. do A.)

Parece à primeira vista extraordinário que essa rainha, filha, irmã, mãe de tantos reis, famosa ainda hoje por obras dignas de um edil ou de um procônsul romano, nascida com um tino admirável para os negócios, dotada de qualidades que haviam sido durante tanto tempo respeitadas, se tenha visto de repente exposta a suplícios tão longos, tão vergonhosos, tão cruéis[3], por um rei cuja autoridade era bem pouco firme em sua nação[4], se ela não tivesse caído, por alguma causa particular, na desgraça dessa nação. Clotário acusou-a da morte de dez reis[5]: mas dois deles ele mesmo mandara matar; a morte de alguns outros foi crime do acaso ou da maldade de outra rainha; e uma nação que havia deixado morrer Fredegunda em seu leito, que havia até se oposto à punição dos seus espantosos crimes[6], devia comportar-se com muita frieza diante dos de Brunilda.

Fizeram-na montar um camelo e a exibiram a todo o exército: sinal claro de que havia caído em desgraça ante o exército. Diz Fredegário que Protário, favorito de Brunilda, tomava os bens dos senhores e abarrotava com eles o fisco, humilhava a nobreza e ninguém podia estar certo de conservar o cargo que ocupava[7]. O exército conspirou contra ele, foi apunhalado em sua tenda; e Brunilda, quer pelas vinganças que cometeu por essa morte[8], quer por dar continuidade ao mesmo plano, tornou-se cada vez mais odiosa à nação[9].

Com a ambição de reinar sozinho e tomado pelo mais medonho desejo de vingança, com a certeza de morrer se os filhos de Brunilda levassem a melhor, Clotário entrou numa conspiração contra si mesmo; e, quer por ser desajeitado, quer forçado pelas circunstâncias, tornou-se acusador de Brunilda e mandou fazer dessa rainha um exemplo terrível.

---

[3] *Crônica* de Fredegário, capítulo XLII. (N. do A.)

[4] Clotário II, filho de Chilperico e pai de Dagoberto. (N. do A.)

[5] *Crônica* de Fredegário, capítulo XLII. (N. do A.)

[6] Vide Gregório de Tours, livro VIII, capítulo XXXI. (N. do A.)

[7] *Saeva illi fuit contra personas iniquitas, fisco nimium tribuens, de rebus personarum ingeniose fiscum vellens implere* [...] *ut nullus reperiretur qui gradum quem arripuerat potuisset adsumere*. *Crônica* de Fredegário, capítulo XXVII, sobre o ano de 605. (N. do A.)

[8] Ibid., capítulo XXVIII, sobre o ano 607. (N. do A.)

[9] Ibid., capítulo XLI, sobre o ano 613. *Burgundiae farones, tam episcopi quam caeteri leudes, timentes Brunichildem, et odium in eam habentes, consilium inientes*, etc. (N. do A.)

Fora Varnacário a alma da conjuração contra Brunilda; foi criado mordomo da Borgonha; exigiu de Clotário que nunca na vida fosse demitido[10]. Com isso o mordomo já não pôde estar no mesmo caso dos senhores franceses; e essa autoridade começou a se tornar independente da autoridade real.

O que atiçara a nação foi sobretudo a funesta regência de Brunilda. Enquanto as leis continuaram em vigor, ninguém pôde queixar-se de lhe terem tirado um feudo, pois a lei não o dava para sempre. Mas, quando a avareza, as más práticas, a corrupção fizeram doar feudos, houve queixas de que as pessoas estavam sendo privadas desonestamente de coisas que não raro haviam sido conseguidas da mesma maneira. Talvez, se o bem público tivesse sido o motivo da revogação dos dons, nada se tivesse dito; mas mostrava-se a ordem, sem esconder a corrupção; reclamava-se do direito do fisco, para prodigar à vontade os bens do fisco; os dons não foram mais a recompensa ou a esperança dos serviços. Brunilda, com o espírito corrompido, quis corrigir os abusos da velha corrupção. Os seus caprichos não eram os de uma inteligência débil; os leudes e os grandes oficiais se julgaram perdidos; eles a perderam.

Estamos longe de possuir todos os atos promulgados naqueles tempos; e os cronistas, que sabiam mais ou menos da história de seu tempo o que os aldeões sabem hoje da do nosso, são muito estéreis. Temos, porém, uma constituição de Clotário, dada no concílio de Paris[11], para a reforma dos abusos[12], que mostra que esse príncipe fez cessarem as queixas que haviam provocado a revolução. Por um lado, ele confirma todos os dons que haviam sido feitos ou confirmados pelos reis seus antecessores[13]; e ordena, por outro, que tudo o que tivesse sido tirado de seus leudes ou fiéis lhes fosse devolvido[14].

Essa não foi a única concessão que o rei fez nesse concílio. Ele quis que fosse corrigido o que fora feito contra os privilégios do

---

[10] *Crônica* de Fredegário, capítulo XLII, sobre o ano 613. *Sacramento a Clotario accepto ne unquam vitae suae temporibus degradaretur*. (N. do A.)

[11] Algum tempo depois do suplício de Brunilda, no ano 615. Vide a edição dos *Capitulares* de Baluze, p. 21. (N. do A.)

[12] *Quae contra rationis ordinem acta vel ordinata sunt, ne in antea, quod avertat divinitas, contingant, disposuerimus, Christo praesule, per hujus edicti tenorem generaliter emendare. In praemio*, ibid., artigo 16. (N. do A.)

[13] Ibid., artigo 16. (N. do A.)

[14] Ibid., artigo 17. (N. do A.)

clero[15]: moderou a influência da corte nas eleições dos bispados[16]. O rei reformou também as questões fiscais; determinou que todos os novos censos fossem suprimidos[17]; que não se cobrasse nenhum direito de passagem estabelecido depois da morte de Gontrão, Sigeberto e Chilperico[18]; ou seja, suprimia tudo o que havia sido feito durante as regências de Fredegunda e de Brunilda; proibiu que seus rebanhos fossem conduzidos às florestas dos particulares[19]; e logo veremos que a reforma foi ainda mais geral e se estendeu aos negócios civis.

Capítulo II
Como foi reformado o governo civil

Vimos até aqui a nação dar sinais de impaciência e de leviandade na escolha ou na consulta dos seus senhores; vimo-la resolver os litígios dos seus senhores entre si e lhes impor a necessidade da paz. Mas o que ainda não tínhamos visto, a nação o fez então: voltou o olhar para a sua situação atual; examinou as suas leis com serenidade; proveu à sua insuficiência; deu um ponto final à violência; regrou o poder.

As regências masculinas, ousadas e insolentes de Fredegunda e de Brunilda tinham menos espantado a nação do que a advertido. Fredegunda havia defendido as suas maldades com as próprias maldades; justificara o veneno e os assassínios pelo veneno e pelos assassínios; ela se comportara de tal maneira, que os seus atentados eram ainda mais particulares do que públicos. Fredegunda fez mais males, Brunilda os fez temer mais. Nessa crise, a nação não se contentou em pôr ordem no governo feudal; quis também garantir o seu governo civil: pois este era ainda mais corrupto do que o outro; e essa corrupção

---

[15] *Et quod per tempora ex hoc praetermissum est, vel dehinc, perpetualiter observetur*. (N. do A.)

[16] *Ita ut, episcopo decedente, in loco ipsius qui a metropolitano ordinari debet cum principalibus, a clero et populo eligatur; et, si persona condigna fuerit, per ordinationem principis ordinetur; vel certe, si de palatio eligitur, per meritum personae et doctrinae ordinetur*; ibid., artigo 1. (N. do A.)

[17] *Ut ubicumque census novus impie additus est, emendetur*; artigo 8. (N. do A.)

[18] Ibid., artigo 9. (N. do A.)

[19] Ibid., artigo 21. (N. do A.)

era tanto mais perigosa quanto mais antiga era, e estava mais ligada, de certa maneira, ao abuso dos costumes do que ao abuso das leis.

A história de Gregório de Tours e os outros monumentos mostram-nos, por um lado, uma nação feroz e bárbara; e, por outro, reis que não o eram menos. Esses príncipes eram sanguinários, injustos e cruéis, porque toda a nação o era. Se o cristianismo pareceu por vezes abrandá-los, foi apenas pelo terror que provoca nos culpados. As igrejas defendiam-se contra eles com os milagres e os prodígios dos seus santos. Os reis não eram sacrílegos, porque temiam as penas dos sacrilégios; mas de resto cometeram, ou por cólera ou a sangue-frio, toda sorte de crimes e de injustiças, porque tais crimes e injustiças não lhes mostravam tão presente a mão da divindade. Como eu disse, os francos suportavam reis sanguinários porque eles próprios eram sanguinários; não se impressionavam com as injustiças e as rapinas dos reis, porque eram injustos e rapinantes como eles. Havia leis estabelecidas; mas os reis tornavam-nas inúteis com certas cartas chamadas *preceptiones*[20], que subvertiam essas mesmas leis: eram mais ou menos como os rescritos dos imperadores romanos, quer por terem os reis retomado essa prática, quer por a terem tirado de sua própria natureza. Vemos em Gregório de Tours que cometiam assassínios a sangue-frio e mandavam matar acusados que nem sequer haviam sido ouvidos; davam *preceptiones* para casamentos ilícitos[21]; para transferir as sucessões; davam-nas para suprimir o direito dos parentes e para desposar religiosas. Na verdade, não faziam leis de sua própria lavra; mas suspendiam a vigência das que eram feitas.

O edito de Clotário corrigiu todos esses motivos de queixa. Ninguém mais pôde ser condenado sem ser ouvido[22]; os parentes tiveram sempre de suceder segundo a ordem estabelecida pela lei[23]; todas as *preceptiones* para desposar mocinhas, viúvas ou religiosas foram anuladas e se puniu com severidade os que as obtiveram e se valeram

---

[20] Eram ordens que o rei enviava aos juízes, para que fizessem ou tolerassem certas coisas contra a lei. (N. do A.)

[21] Vide Gregório de Tours, livro IV, p. 227. A história e as cartas estão repletas disso; e a extensão desses abusos se mostra sobretudo no edito de Clotário II do ano 515, promulgado para reformá-los. Vide os capitulares, edição de Baluze, t. I, p. 22. (N. do A.)

[22] Artigo 22. (N. do A.)

[23] Ibid., artigo 6. (N. do A.)

delas[24]. Saberíamos talvez mais exatamente o que esse edito estatuía sobre tais *preceptiones* se o artigo 13 do decreto e os dois seguintes não se tivessem perdido com o tempo. Temos apenas as primeiras palavras desse artigo 13, que ordena que as *preceptiones* fossem observadas; o que não se poderia entender das que acabavam de ser abolidas pela mesma lei. Temos uma outra constituição do mesmo príncipe que está relacionada com o seu edito e também corrige, ponto por ponto, todos os abusos das *preceptiones*[25].

É verdade que o sr. Baluze, vendo faltar a data e o lugar onde essa constituição foi dada, a atribuiu a Clotário I. É de Clotário II. Eis três razões para isso:

1º É dito que o rei conservará as imunidades concedidas às igrejas pelo pai e pelo avô[26]. Que imunidades poderia ter concedido às igrejas Childerico, avô de Clotário I, ele, que não era cristão e vivia antes de a monarquia ser fundada? Mas, se atribuirmos o decreto a Clotário II, veremos que tem como avô o próprio Clotário I, que fez imensas doações às igrejas, para expiar a morte do filho Crame, que mandara queimar com a mulher e os filhos.

2º Os abusos que essa constituição corrige subsistiram depois da morte de Clotário I e foram até levados ao cúmulo durante a fraqueza do reinado de Gontrão, a crueldade do de Chilperico e as detestáveis regências de Fredegunda e de Brunilda. Ora, como a nação teria podido suportar gravames tão solenemente proscritos, sem jamais ter reclamado do retorno contínuo de tais vexações? Como não teria feito então o que fez quando, tendo Chilperico II retomado as velhas violências[27], forçou-o a ordenar que, nos julgamentos, a lei e os costumes fossem obedecidos, como antigamente[28]?

3º Por fim, essa constituição, feita para corrigir as afrontas, não pode dizer respeito a Clotário I, pois não havia em seu reinado queixas no reino a esse respeito e a sua autoridade era muito sólida, sobretudo nos tempos em que se data essa constituição; ao passo que convém

---

[24] Ibid., artigo 18. (N. do A.)

[25] Na edição dos capitulares de Baluze, t. I, p. 7. (N. do A.)

[26] Falei no livro anterior destas imunidades, que eram concessões de direitos de justiça e continham proibições aos juízes reais de exercer qualquer função no território, e eram equivalentes à criação ou concessão de um feudo. (N. do A.)

[27] Começou a reinar por volta do ano 670. (N. do A.)

[28] Vide a vida de São Legério. (N. do A.)

muito bem aos acontecimentos ocorridos sob o reinado de Clotário II, que causaram uma revolução no estado político do reino. Temos de esclarecer a história pelas leis, e as leis pela história.

Capítulo III
Autoridade dos mordomos do paço

Disse que Clotário II se comprometera a nunca tirar de Varnacário o cargo de mordomo do paço. A revolução teve outro efeito. Antes desse tempo, o mordomo era o mordomo do rei; ele se tornou o mordomo do reino. Escolhia-o o rei; passou a escolhê-lo a nação. Protário, antes da revolução, fora criado mordomo por Teodorico[29], e Landerico por Fredegunda[30]; mas desde então a nação teve o poder de eleger[31].

Assim, não devemos confundir, como o fazem por vezes certos autores, esses mordomos do paço com os que tinham essa dignidade antes da morte de Brunilda, os mordomos do rei com os mordomos do reino. Vemos pela lei dos borguinhões que entre eles o cargo de mordomo não era um dos primeiros do Estado[32]; tampouco foi um dos mais eminentes entre os primeiros francos[33].

Clotário acalmou os que possuíam cargos e feudos; e, depois da morte de Varnacário, tendo esse príncipe perguntado aos senhores reunidos em Troyes quem eles queriam colocar em seu lugar, todos exclamaram que não elegeriam; e, pedindo-lhe o seu favor, entregaram-se em suas mãos[34].

---

[29] *Instigante* Brunichilde, Theodorico *jubente*, etc. Fredegário, capítulo XXVII, sobre o ano 605. (N. do A.)

[30] *Gesta regum Francorum*, capítulo XXXVI. (N. do A.)

[31] Vide Fredegário, *Crônica*, capítulo LIV, sobre o ano 626; e o seu continuador anônimo, capítulo CI, acerca do ano 695; e capítulo CV, sobre o ano 715. Aimoin, livro IV, capítulo XV. Eginhard, *Vida de Carlos Magno*, capítulo XLVIII. *Gesta regum Francorum*, capítulo XVL. (N. do A.)

[32] Vide a lei dos borguinhões, *in praefat.*, e o segundo suplemento a essa lei, título XIII. (N. do A.)

[33] Vide Gregório de Tours, livro IX, capítulo XXXVI. (N. do A.)

[34] *Eo anno*, Clotarius *cum proceribus et leudibus Burgundiae Trecassinis conjungitur; cum eorum esset sollicitus, si vellent jam*, Warnachario *discesso, alium in ejus honoris gradum sublimare: sed omnes unanimiter denegantes se nequaquam velle majoremdomus eligere, regis gratiam obnixe petentes,*

Reuniu Dagoberto, como seu pai, toda a monarquia; a nação confiou totalmente nele e não lhe deu nenhum mordomo. Esse príncipe sentiu-se em liberdade; e, tranquilizado aliás pelas vitórias, retomou o plano de Brunilda. Mas deu-se tão mal, que os leudes da Austrásia se deixaram vencer pelos esclavões[35], voltaram para casa e as marcas da Austrásia caíram em poder dos bárbaros.

Ele tomou o partido de oferecer aos austrasianos ceder a Austrásia a seu filho Sigeberto, mais um tesouro, e entregar o governo do reino e do palácio a Cuniberto, bispo de Colônia, e ao duque Adalgiso. Não entra Fredegário em pormenores acerca das convenções que foram estabelecidas na época: mas o rei as confirmou a todas por meio de cartas e logo a Austrásia foi posta fora de perigo[36].

Sentindo que morria, Dagoberto recomendou aos cuidados de Egas a sua esposa Nantilda e o filho Clóvis. Os leudes da Nêustria e da Borgonha escolheram esse jovem príncipe como seu rei[37]. Egas e Nantilda governaram o palácio[38]; devolveram todos os bens que Dagoberto tomara[39]; e as queixas cessaram na Nêustria e na Borgonha, como haviam cessado na Austrásia.

Depois da morte de Egas, a rainha Nantilda fez os senhores da Borgonha prometerem eleger Floachato mordomo[40]. Este enviou aos bispos e aos principais senhores do reino da Borgonha cartas pelas quais lhes prometia conservar suas honras e suas dignidades para sempre, ou seja, por toda a vida[41]. Confirmou a sua palavra por um

---

cum rege transegere. *Crônica* de Fredegário, capítulo LVI, acerca do ano 626. (N. do A.)

[35] *Istam victoriam quam Vinidi contra Francos meruerunt, non tantum Sclavinorum fortitudo obtinuit, quantum dementatio Austrasiorum, dum se cernebant cum* Dagoberto *odium incurrisse, et assidue expoliarentur*. *Crônica* de Fredegário, capítulo LXVIII, acerca do ano 630. (N. do A.)

[36] *Deinceps Austrasii eorum studio limitem et regnum Francorum contra Vinidos utiliter defensasse noscuntur*; ibid., capítulo LXXV, acerca do ano 632. (N. do A.)

[37] Ibid., capítulo LXXIX, sobre o ano 638. (N. do A.)

[38] Ibid. (N. do A.)

[39] Ibid., capítulo LXXX, sobre o ano 639. (N. do A.)

[40] *Crônica* de Fredegário, capítulo LXXXIX, sobre o ano 641. (N. do A.)

[41] Ibid., Floachatus *cunctis ducibus a regno Burgundiae, seu et pontificibus, per epistolam etiam et sacramentis firmavit unicuique gradum honoris et dignitatem, seu et amicitiam, perpetuo conservare*. (N. do A.)

juramento. É aqui que o autor do livro da casa real aponta como o começo da administração do reino por mordomos do paço[42].

Fredegário, que era borguinhão, forneceu mais pormenores acerca dos mordomos da Borgonha nos tempos da revolução de que falamos, do que sobre os mordomos da Austrásia e da Nêustria: mas as convenções que foram feitas na Borgonha foram pelas mesmas razões feitas na Nêustria e na Austrásia.

Creu a nação que era mais seguro depositar o poder nas mãos de um mordomo por ela eleito e a quem pudesse impor condições do que nas de um rei cujo poder fosse hereditário.

Capítulo IV
Qual era, em relação aos mordomos, o gênio nacional

Parece muito extraordinário um governo em que uma nação que tinha um rei elegia aquele que devia exercer o poder régio: mas, independentemente das circunstâncias da época, creio que os francos tiravam, a esse respeito, suas ideias de muito longe.

Eles descendiam dos germanos, de que Tácito diz que, na escolha dos reis, se determinavam pela nobreza; e, na escolha do chefe, pela virtude[43]. Eis os reis da primeira raça e os mordomos do paço; os primeiros eram hereditários, os segundos eram eletivos.

Não há dúvida de que esses príncipes, que, na assembleia nacional, se erguiam e se ofereciam como chefes de algum empreendimento a todos os que quisessem segui-los, em sua maioria reunisse em sua pessoa a autoridade do rei e o poder do mordomo. Sua nobreza dera-lhes a realeza; e sua virtude, fazendo que muitos voluntários os seguissem, tomando-os como chefes, dava-lhes o poder do mordomo. Foi pela dignidade real que os nossos primeiros reis presidiram tribunais e assembleias e baixaram leis com o consentimento dessas assembleias; foi pela dignidade de duque ou de chefe que fizeram as suas expedições e comandaram os seu exércitos.

---

[42] *Deinceps, a temporibus* Clodovel, *qui fuit filius* Dagoberti *inclyti regis, pater vero* Theoderici, *regnum Francorum decidens per majores domus caepit ordinari. De majoribusdomus regiae.* (N. do A.)

[43] *Reges ex nobilitate, duces ex virtute sumunt. De morib. Germanorum.* (N. do A.)

Para conhecer o gênio dos primeiros francos a esse respeito, basta considerar o comportamento de Arbogasto, de nacionalidade franca, a quem Valentiniano dera o comando do exército[44]. Ele prendeu o imperador no palácio; não permitiu que ninguém lhe falasse sobre nenhuma questão civil ou militar. Arbogasto fez então o que os Pepinos fizeram mais tarde.

Capítulo V
Como obtiveram os mordomos o comando dos exércitos

Enquanto os reis comandaram os exércitos, a nação não pensou em escolher um chefe. Clóvis e os seus quatro filhos estiveram à frente dos franceses e os levaram de vitória em vitória. Teobaldo, filho de Teodeberto, príncipe jovem, fraco e doente, foi o primeiro dos reis que permaneceu em seu palácio[45]. Recusou-se a fazer uma expedição à Itália contra Narses e teve a dor de ver os francos escolherem dois chefes que os conduziram até lá[46]. Dos quatro filhos de Clotário I, Gontrão foi o que mais negligenciou o comando dos exércitos[47]: outros reis seguiram esse exemplo. E, para passar, sem perigo, o comando para outras mãos, eles o deram a vários chefes ou duques[48].

Nasceram daí numerosos inconvenientes: já não houve disciplina, já não se soube obedecer; os exércitos passaram a ser funestos só aos seus próprios países: enchiam-se de despojos antes de chegarem até o inimigo. Vemos em Gregório de Tours uma pintura viva de todos

---

[44] Vide Sulpício Alexandre, em Gregório de Tours, livro II. (N. do A.)

[45] No ano 552. (N. do A.)

[46] Leutheris *vero et* Butilinus, *tametsi id regi eorum minime placebat, belli cum eis societatem inierunt.* Agathias, livro I; Gregório de Tours, livro IV, capítulo IX. (N. do A.)

[47] Gontrão sequer levou adiante a expedição contra Gondovaldo, que se dizia filho de Clotário e reclamava a sua parte do reino. (N. do A.)

[48] Às vezes em número de vinte. Vide Gregório de Tours, livro V, capítulo XXVII; livro VIII, capítulos XVIII e XXX; livro X, capítulo III. Dagoberto, que não tinha mordomo na Borgonha, adotou a mesma política e enviou contra os gascões dez duques e muitos condes que não tinham duques sob cujas ordens estivessem. *Crônica* de Fredegário, capítulo LXXVIII, do ano 636. (N. do A.)

esses males[49]. "Como conseguir a vitória", dizia Gontrão, "se não conservamos o que os nossos pais obtiveram para nós? Nossa nação já não é a mesma..."[50] Coisa curiosa! A nação já estava em decadência nos tempos dos netos de Clóvis.

Era, pois, natural que se viesse a ter um duque único; um duque que tivesse autoridade sobre essa multidão infinita de senhores e de leudes que já não conheciam os seus compromissos; um duque que restabelecesse a disciplina militar e comandasse contra o inimigo uma nação que já não sabia fazer a guerra senão contra si mesma. Entregaram o poder aos mordomos do paço.

A primeira função dos mordomos do paço foi o governo econômico das casas reais. Eles tiveram, conjuntamente com outros funcionários, o governo político dos feudos[51]; e, por fim, dispuseram sozinhos deles. Receberam também a administração dos negócios de guerra e o comando dos exércitos; e essas duas funções se viram necessariamente ligadas às duas outras. Naquele tempo, era mais difícil reunir os exércitos do que comandá-los: e que outro além daquele que dispensava os favores podia ter tal autoridade? Nesta nação independente e guerreira, era preciso mais inventar do que obrigar; era mister dar ou fazer esperar os feudos que ficavam vacantes pela morte do possuidor, recompensar sem cessar, fazer temer as preferências: aquele que tinha a superintendência do paço devia, pois, ser o general do exército.

Capítulo VI
Segunda época do declínio dos reis da primeira raça

Desde o suplício de Brunilda, os mordomos passaram a ser os administradores do reino, sob os reis; e, embora tivessem o comando da guerra, os reis estavam na chefia dos exércitos, e o mordomo e a nação combatiam sob suas ordens. Mas a vitória do duque Pepino

---

[49] Gregório de Tours, livro VIII, capítulo XXX; e livro X, capítulo III. Ibid., livro VIII, capítulo XXX. (N. do A.)

[50] Ibid. (N. do A.)

[51] Vide o segundo suplemento à lei dos borguinhões, título 13; e Gregório de Tours, livro IX, capítulo XXXVI. (N. do A.)

sobre Teodorico e seu mordomo[52] acabou por degradar os reis[53]: a vitória alcançada por Carlos Martel sobre Chilperico e o seu mordomo Rainfredo[54] confirmou tal degradação. A Austrásia venceu duas vezes a Nêustria e a Borgonha: e, como o mordomado da Austrásia estava como que vinculado à família dos Pepinos, esse mordomado se ergueu sobre todos os outros mordomados, e essa casa sobre todas as outras casas. Temeram os vencedores que algum homem de respeito se apoderasse da pessoa dos reis para provocar problemas. Eles os mantiveram numa casa real, como numa espécie de prisão[55]. Uma vez por ano, eram mostrados ao povo. Ali faziam ordenanças[56], mas eram as do mordomo; respondiam aos embaixadores, mas eram as respostas do mordomo. Foi nesse tempo que os historiadores nos falam do governo dos mordomos sobre os reis que lhes estavam sujeitos[57].

O delírio nacional pela família dos Pepinos foi tão longe, que esta elegeu mordomo um de seus netos, ainda infante[58]; estabeleceu-o sobre um certo Dagoberto e pôs um fantasma sobre um fantasma.

Capítulo VII
Dos altos cargos e dos feudos, sob os mordomos do paço

Os mordomos do paço não se preocuparam em restabelecer a amovibilidade dos cargos e dos ofícios; só reinavam pela proteção que concediam à nobreza, sob esse aspecto; assim, os altos cargos

---

[52] Vide os anais de Metz, para os anos 687 e 688. (N. do A.)

[53] *Illis quidem nomina regnum imponens, ipse totius regni habens privilegium*, etc. Ibid., para o ano 695. (N. do A.)

[54] Ibid., para o ano 719. (N. do A.)

[55] *Sedemque illi regalem sub sua ditione concessit*: anais de Metz para o ano 719. (N. do A.)

[56] *Ex chronico Centulensi*, livro II. *Ut responsa quae erat edoctus, vel potius jussus, ex sua velut potestate redderet*. (N. do A.)

[57] Anais de Metz para o ano 691: *Anno principatus* Pippini *super* Theodoricum... Anais de Fulda ou de Laurisham. Pippinus, *dux Francorum, obtinuit regnum Francorum per annos 27, cum regibus sibi subjectis*. (N. do A.)

[58] *Posthaec* Theodoaldus, *filius ejus* (Grimoaldi) *parvulus, in loco ipsius, cum praedicto rege* Dagoberto, *majordomus palatii effectus est*. O continuador anônimo de Fredegário, sobre o ano 714, capítulo XIV. (N. do A.)

continuaram a ser dados de modo vitalício, e essa prática foi cada vez mais se confirmando.

Mas tenho algumas reflexões particulares a fazer acerca dos feudos. Não há dúvida de que, já naqueles tempos, a maioria deles já se tivesse tornado hereditária.

No tratado de Andeli[59], Gontrão e o sobrinho Childeberto se obrigam a manter as liberalidades feitas aos leudes e às igrejas pelos reis seus predecessores; e fica permitido às rainhas, às filhas, às viúvas dos reis dispor por testamento e para sempre das coisas que recebiam do fisco[60].

Escrevia Marculfo as suas fórmulas nos tempos dos mordomos[61]. Vemos várias delas em que os reis doam tanto à pessoa quanto aos herdeiros[62]; e, como as fórmulas são as imagens dos atos ordinários da vida, provam que, no fim da primeira raça, parte dos feudos já passava aos herdeiros. Naqueles tempos, estava-se longe de ter a ideia de um domínio inalienável; isso é algo muito moderno e que na época não se conhecia nem na teoria nem na prática.

Logo veremos provas de fato sobre isso: e, se mostro um tempo em que já não se viram benefícios para o exército, nem nenhum fundo para a manutenção dele, será preciso convir que os antigos benefícios haviam sido alienados. Esse é o tempo de Carlos Martel, fundador de novos feudos que temos de distinguir dos primeiros.

Quando os reis começaram a doar para sempre, quer pela corrupção que se introduziu no governo, quer pela própria constituição, que fazia que os reis fossem obrigados a recompensar sem cessar, era natural que eles começassem a doar perpetuamente de preferência os feudos do que os condados. Privar-se de algumas terras era pouca coisa; renunciar aos altos cargos era perder o próprio poder.

---

59 Citado por Gregório de Tours, livro IX. Vide também a edição de Clotário II, do ano 615, artigo 16. (N. do A.)

60 *Ut si quid de agris fiscalibus vel speciebus atque praesidio, pro arbitrii sui voluntate, facere, aut cuiquam conferre valuerint, fixa stabilitate perpetuo conservatur*. (N. do A.)

61 Vide as fórmulas 24 e 34 do livro I. (N. do A.)

62 Vide a fórmula 14 do livro I, que se aplica também aos bens fiscais doados diretamente para sempre, ou doados primeiro como benefícios e em seguida para sempre: *Sicut ab illo, aut a fisco nostro, fuit possessa*. Vide também a fórmula 17, ibid. (N. do A.)

Capítulo VIII
Como as terras alodiais se transformaram em feudos

Encontra-se numa fórmula de Marculfo a maneira de transformar um bem alodial em feudo[63]. Dava alguém a sua terra ao rei; ele a devolvia ao doador como usufruto ou benefício, e este designava ao rei os seus herdeiros.

Para descobrir as razões que tiveram para desnaturar assim o seu bem alodial, tenho de pesquisar, como em abismos, as antigas prerrogativas dessa nobreza, que há onze séculos está coberta de poeira, de sangue e de suor.

Os que possuíam feudos tinham imensas vantagens. A composição por ofensa que lhes fosse feita era maior do que a dos homens livres. Mostram as fórmulas de Marculfo que era um privilégio do vassalo do rei que aquele que o matasse pagaria seiscentos soldos de composição. Esse privilégio era determinado pela lei sálica[64] e pela dos ripuários[65] e, enquanto essas duas leis ordenavam seiscentos soldos pela morte do vassalo do rei, não exigiam mais do que duzentos pela morte de um ingênuo, franco, bárbaro ou homem sob a lei sálica; e cem pela de um romano[66].

Esse não era o único privilégio de que gozavam os vassalos do rei. Deve-se saber que quando um homem era citado em julgamento e não se apresentava ou não obedecia as ordens dos juízes, era chamado diante do rei[67]; e, se persistisse na contumácia, era excluído da proteção do rei e ninguém podia recebê-lo em casa, nem sequer dar-lhe pão[68]; ora, se ele fosse de condição ordinária, seus bens eram confiscados[69], mas, se fosse vassalo do rei, não o eram[70]. Supunha-se que o primeiro, pela contumácia, fosse culpado do crime; e não o segundo. Aquele,

---

[63] Livro I, fórmula 13. (N. do A.)

[64] Título 44. Vide também o título 66, § 3 e 4; e o título 74. (N. do A.)

[65] Título 11. (N. do A.)

[66] Vide a lei dos ripuários, título 7; e a lei sálica, título 44, artigos 1 e 4. (N. do A.)

[67] Lei sálica, títulos 59 e 76. (N. do A.)

[68] *Extra sermonem regis*: lei sálica, títulos 59 e 76. (N. do A.)

[69] Lei sálica, título 59, § 1. (N. do A.)

[70] Ibid., título 76, § 1. (N. do A.)

nos menores crimes, era submetido à prova da água fervente[71]; este só era condenado em caso de assassínio[72]. Enfim, um vassalo do rei não podia ser obrigado a jurar em justiça contra outro vassalo[73]. Tais privilégios foram sempre aumentando; e o capitular de Carlomano faz aos vassalos do rei a honra de não se poder fazer que eles próprios jurassem, mas só pela boca de seus vassalos[74]. Além disso, quando aquele que tivesse as honras não se tivesse apresentado ao exército, sua pena era abster-se de carne e de vinho durante todo o tempo que tivesse faltado ao serviço; mas o homem livre que não tivesse seguido o conde[75] pagava uma composição de sessenta soldos e caía em estado de servidão até pagar[76].

É, portanto, fácil entender que os francos que não eram vassalos do rei, e ainda mais os romanos, procurassem tornar-se tais e, para não perder as suas propriedades, houvessem imaginado a prática de dar seu alódio ao rei, recebê-lo dele como feudo e lhe designar seus herdeiros. Tal prática persistiu; e se deu sobretudo nas desordens da segunda raça, em que todos precisavam de um protetor e queriam unir-se aos outros senhores e entrar, por assim dizer, na monarquia feudal, porque não se tinha mais a monarquia política[77].

Isso continuou na terceira raça, como vemos em diversas cartas[78], quer dando-se o alódio para retomá-lo pelo mesmo ato, quer declarando-o alódio e reconhecendo-o como feudo. Tais feudos eram chamados feudos de retomada.

Isso não significa que os que tinham feudos os governassem como bons pais de família; e, embora os homens livres muito se esforçassem para ter feudos, tratavam esse tipo de bens como hoje se administram os usufrutos. Foi o que fez que Carlos Magno, o mais vigilante e atento príncipe que já tivemos, baixasse muitos

---

[71] Ibid., títulos 56 e 59. (N. do A.)

[72] Ibid., título 76, § 1. (N. do A.)

[73] Ibid., título 76, § 2. (N. do A.)

[74] Apud *Vernis palatium*, do ano 883, artigos 4 e 11. (N. do A.)

[75] Capitular de Carlos Magno, que é o segundo do ano 812, artigos 1 e 3. (N. do A.)

[76] *Heribannum*. (N. do A.)

[77] *Non infirmis reliquit haredibus*, diz Lambert d'Ardres, em Du Cange, verbete *alodis*. (N. do A.)

[78] Vide as citadas por Du Cange no verbete *alodis*; e as que cita Galland, *Traité du franc-alleu*, p. 14 e ss. (N. do A.)

regulamentos[79] para impedir que os feudos fossem degradados em favor das propriedades. Isso só prova que, no seu tempo, a maioria dos benefícios era ainda vitalícia; e, por conseguinte, se dava maior atenção aos alódios que aos benefícios: mas isso não impede que ainda se preferisse ser vassalo do rei a ser homem livre. Podiam-se ter razões para dispor de certa porção particular de um feudo; mas não se queria perder a própria dignidade.

Sei também muito bem que Carlos Magno se queixa, num capitular[80], de que, nalguns lugares, havia gente que dava seus feudos como propriedade e em seguida os resgatava como propriedade. Mas não digo que se preferisse a propriedade ao usufruto; digo apenas que quando se podia fazer de um alódio um feudo que passasse para os herdeiros, o que é o caso da fórmula de que falei, havia grandes vantagens em fazê-lo.

Capítulo IX
Como os bens eclesiásticos foram convertidos em feudos

Os bens fiscais não deveriam ter tido outro destino senão servir aos dons que os reis podiam fazer para convidar os francos a novos empreendimentos, os quais aumentavam, por outro lado, os bens fiscais; e era esse, como disse, o espírito nacional. Mas os dons tomaram outro curso. Temos um discurso de Chilperico[81], neto de Clóvis, que já se queixava de que quase todos esses bens haviam sido dados às igrejas. "O nosso fisco empobreceu", dizia ele; "as nossas riquezas foram transferidas para as igrejas[82]: só os bispos reinam; vivem na grandeza, e nós, não mais".

Isso fez que mordomos, que não ousavam atacar os senhores,

[79] Capitular II, do ano 802, artigo 10; e o capitular VII do ano 803, artigo 3; e o capitular I, *incerti anni*, artigo 49; e o capitular do ano 806, artigo 7. (N. do A.)

[80] O quinto do ano 806, artigo 8. (N. do A.)

[81] Em Gregório de Tours, livro VI, capítulo XLVI. (N. do A.)

[82] Isto fez que anulasse os testamentos feitos em favor das igrejas e até os dons feitos por seu pai; restabeleceu-os Gontrão, e até fez novos dons. Gregório de Tours, livro VII, capítulo VII. (N. do A.)

pilhassem as igrejas; e uma das razões alegadas por Pepino para entrar na Nêustria[83] foi ter sido convidado pelos eclesiásticos, para deter as ações dos reis, ou seja, dos mordomos, que despojavam a Igreja de todos os seus bens.

Os mordomos da Austrásia, ou seja, a casa dos Pepinos, haviam tratado a Igreja com mais moderação do que o haviam feito na Nêustria e na Borgonha; e isso fica bem claro em nossas crônicas[84], em que os monges não se cansam de admirar a devoção e a liberalidade dos Pepinos. Eles próprios haviam ocupado os primeiros lugares da Igreja. "Um corvo não fura os olhos de um corvo", como dizia Chilperico aos bispos[85].

Subjugou Pepino a Nêustria e a Borgonha; tendo, porém, usado, para destruir os mordomos e os reis, o pretexto da opressão das igrejas, não podia mais pilhá-las sem contradizer o seu título e demonstrar que zombava da nação. A conquista, todavia, de dois grandes reinos e a destruição do partido oposto proporcionaram-lhe meios suficientes para contentar os seus capitães.

Apoderou-se Pepino da monarquia, protegendo o clero: Carlos Martel, seu filho, só pôde manter-se oprimindo-a. Ao ver que parte dos bens reais e dos bens fiscais havia sido dada de modo vitalício ou como propriedade à nobreza, e que o clero, recebendo das mãos dos ricos e dos pobres, adquirira grande parte até dos alódios, esse príncipe pilhou as igrejas: e, como os feudos da primeira divisão já não subsistiam, formou feudos uma segunda vez[86]. Tomou para si e para os seus capitães os bens das igrejas e as próprias igrejas; e fez cessar um abuso que, ao contrário dos males comuns, era tanto mais fácil de curar quanto era extremo.

---

[83] Vide os anais de Metz, referentes ao ano 687: *Excitor imprimis querelis sacerdotum et servorum dei, qui me saepius adierunt ut pro sublatis injuste patrimonis*, etc. (N. do A.)

[84] Ibid. (N. do A.)

[85] Em Gregório de Tours. (N. do A.)

[86] Karolus *plurima juri ecclesiastico detrahens, praedia fisco sociavit, ac deinde militibus dispertivit: ex chronico Centulensi*, lib. II. (N. do A.)

Capítulo X
Riquezas do clero

O clero recebia tanto, que nas três raças devem ter-lhe dado várias vezes todos os bens do reino. Mas, se os reis, a nobreza e o povo encontraram um jeito de lhes dar todos os seus bens, também descobriram um jeito de tirá-los dele. Fez a piedade fundarem-se igrejas na primeira raça: mas o espírito guerreiro fez que estas fossem dadas aos militares, que as dividiram com os filhos. Quantas terras não saíram das propriedades fundiárias do clero! Os reis da segunda raça abriram as mãos e fizeram ainda enormes liberalidades; os normandos chegam, pilham e devastam; perseguem sobretudo os sacerdotes e os monges; procuram as abadias; observam onde podem encontrar algum lugar religioso: pois atribuem aos eclesiásticos a destruição dos seus ídolos e todas as violências de Carlos Magno, que os obrigara, um após outro, a se refugiarem no norte. Eram ódios que quarenta ou cinquenta anos não haviam podido fazer esquecer. Nessa situação, quantos bens perdeu o clero! Mal sobraram eclesiásticos para reclamá-los. Assim, restaram à piedade da terceira raça muitas fundações a fazer e terras a dar; as opiniões difundidas e acreditadas naqueles tempos teriam privado os leigos de todos os seus bens, se eles tivessem sido gente suficientemente honesta. Mas, se os eclesiásticos eram ambiciosos, os leigos também o eram: se o moribundo fazia uma doação, o sucessor queria retomá-la. Só se veem brigas entre os senhores e os bispos, os fidalgos e os abades; e deviam exercer muita pressão contra os eclesiásticos, pois eles foram obrigados a procurar a proteção de certos senhores, que os defendiam por um momento e depois os oprimiam.

Ao longo da terceira raça, estabeleceu-se uma melhor polícia, que permitia aos eclesiásticos aumentar os seus bens. Apareceram os calvinistas, e mandaram cunhar moedas com todo o ouro e a prata que encontraram nas igrejas. Como poderia o clero estar seguro sobre a sua riqueza? Não estava seguro nem da sua própria sobrevivência. Quando tratava de matérias controversas, queimavam seus arquivos. De que valia pedir de volta a uma nobreza sempre arruinada o que esta não tinha mais ou havia hipotecado de mil maneiras? O clero sempre adquiriu, sempre devolveu e continua adquirindo.

Capítulo XI
Estado da Europa nos tempos de Carlos Martel

Carlos Martel, que se empenhou em pilhar o clero, viu-se nas mais felizes circunstâncias: era temido e amado pelos militares e trabalhava em favor deles; tinha o pretexto de suas guerras contra os sarracenos[87]; por mais odiado que fosse pelo clero, não precisava dele para nada; o papa, ao qual era necessário, estendia-lhe os braços: é célebre a embaixada que lhe enviou Gregório III[88]. Essas duas potências foram muito unidas, porque não podiam dispensar uma à outra: o papa precisava dos francos para apoiá-lo contra os lombardos e contra os gregos; Carlos Martel precisava do papa para humilhar os gregos, confundir os lombardos, tornar-se mais respeitável em seu país e legitimar os títulos que tinha e os que ele e seus filhos poderiam obter[89]. Não podia, portanto, falhar em suas ações.

Santo Euquério, bispo de Orléans, teve uma visão que espantou os príncipes. Tenho de citar, a esse respeito, a carta que os bispos reunidos em Reims escreveram a Luís, o Germânico[90], que adentrara as terras de Carlos, o Calvo; porque essa carta nos mostra muito bem qual era o estado de coisas e a situação dos espíritos naqueles tempos. Dizem eles[91] que, "tendo Santo Euquério sido arrebatado pelo céu, viu Carlos Martel atormentado no inferno inferior, por ordem dos santos que devem assistir com Jesus Cristo ao juízo final; que ele fora condenado a essa pena antes do tempo, por ter despojado as igrejas de seus bens e com isso se tornado culpado dos pecados de todos os que as haviam dotado; que o rei Pepino reuniu um concílio para tratar do assunto; que mandou devolver às igrejas tudo o que ele tirara

[87] Vide os *Anais de Metz*. (N. do A.)

[88] *Epistolam quoque, decreto romanorum principium, sibi praedictus praesul* Gregorius *miserat, quod sese populus romanus, relicta imperatoris dominatione, ad suam defensionem et invictam clementiam convertere voluisset*: Anais de Metz do ano 741. *Eo pacto patrato, ut a partibus imperatoris recederet*: Fredegário. (N. do A.)

[89] Podemos ver nos autores dessa época a impressão que a autoridade dos papas provocou na mente dos franceses. Embora o rei Pepino já tivesse sido coroado pelo arcebispo de Mogúncia, considerou a unção que recebeu do papa Estêvão algo que o confirmava em todos os seus direitos. (N. do A.)

[90] *Anno 858, apud Carisiacum*, edição de Baluze, t. II, p. 101. (N. do A.)

[91] Ibid., t. II, artigo 7, p. 109. (N. do A.)

dos bens eclesiásticos; que, como só conseguiu reaver parte deles, por causa de seu conflito com Vaifre, duque de Aquitânia, emitiu em favor das igrejas cartas precárias do resto[92]; e determinou que os leigos pagassem um dízimo dos bens que receberam das igrejas e doze denários cada casa; que Carlos Magno não deu os bens da Igreja; que, ao contrário, fez um capitular pelo qual se comprometia, a si mesmo e a seus sucessores, a não dá-los jamais; que tudo o que propõem está escrito; e que muitos deles ouviram Luís, o Bonachão, pai dos dois reis, contar esta história".

A ordenação do rei Pepino de que falam os bispos foi redigida no concílio reunido em Leptines[93]. Tinha a Igreja com isso a vantagem de que aqueles que haviam recebido tais bens só os tinham de maneira precária; e, de resto, a Igreja recebia por eles um dízimo e doze denários de cada casa que lhe houvesse pertencido. Esse era, porém, um remédio paliativo, e o mal persistia.

Mesmo isso encontrou oposição: e Pepino foi obrigado a fazer outro capitular[94], em que ordenou que aqueles que tivessem esses benefícios pagassem esse dízimo e essa multa, e também sustentassem as casas do bispado ou do mosteiro, sob pena de perder os bens doados. Carlos Magno renovou as ordenações de Pepino[95].

O que os bispos dizem na mesma carta, que Carlos Magno prometeu, por si mesmo e por seus sucessores, não dividir os bens das igrejas com os militares, está de acordo com o capitular desse príncipe dado em Aix-la-Chapelle no ano 803, feito para acalmar os terrores do clero a esse respeito: as doações já feitas, porém, subsistiram[96].

---

[92] *Precaria, quod precibus utendum conceditur*, diz Cujas, em suas notas sobre o livro I dos feudos. Encontro num diploma do rei Pepino datado do terceiro ano do seu reinado que esse príncipe não foi o primeiro a emitir tais cartas precárias; o texto cita uma feita pelo mordomo Ebroíno e continuada depois. Vide o diploma desse rei, no tomo V dos *Historiadores de França* dos beneditinos, artigo 6. (N. do A.)

[93] O ano 743. Vide o livro V dos capitulares, artigo 3, edição de Baluze, p. 825. (N. do A.)

[94] O de Metz, do ano 756, artigo 4. (N. do A.)

[95] Vide o seu capitular do ano 803, dado em Worms, edição de Baluze, p. 411, em que ele regulamenta o contrato precário; e o de Frankfurt, do ano 794, p. 267, artigo 24, sobre as reparações das casas; e o do ano 800, p. 330. (N. do A.)

[96] Como mostram a nota anterior e o capitular de Pepino, rei da Itália, em que se diz que o rei daria como feudo os mosteiros aos que se candidatassem

Acrescentam os bispos, e com razão, que Luís, o Bonachão, seguiu a conduta de Carlos Magno e não deu os bens da Igreja aos soldados.

Foram tão longe, porém, os velhos abusos, que, sob os filhos de Luís, o Bonachão, os leigos nomeavam padres para as suas igrejas ou os demitiam sem o consentimento dos bispos[97]. As igrejas eram divididas entre os herdeiros[98]; e, quando mantidas de maneira indecente, os bispos não tinham outro recurso senão retirar delas as relíquias[99].

O capitular de Compiègne estabeleceu que o enviado do rei poderia visitar com o bispo todos os mosteiros[100], com o consentimento e na presença daquele que o mantinha[101]; e essa regra mostra que o abuso era geral.

Não que faltassem leis para a restituição dos bens das igrejas. Tendo o papa censurado aos bispos a sua negligência quanto ao restabelecimento dos mosteiros, eles escreveram a Carlos, o Calvo, que não tinham sido atingidos pela admoestação, por não serem culpados; e o avisaram do que fora prometido, resolvido e estatuído em tantas assembleias nacionais[102]. Com efeito, citam nove delas.

A discussão persistia. Chegaram os normandos e todos entraram em acordo.

Capítulo XII
Estabelecimento dos dízimos

As ordenações feitas sob o rei Pepino haviam dado à Igreja mais a esperança de um alívio do que um alívio efetivo; e, como Carlos Martel encontrou todo o patrimônio público nas mãos dos eclesiásticos, Carlos Magno encontrou os bens dos eclesiásticos nas mãos

---

aos feudos. Esse capitular foi acrescentado à lei dos lombardos, livro III, título I, § 30, e às leis sálicas, coletânea das leis de Pepino, em Echard, p. 195, título 26, artigo 4. (N. do A.)

[97] Vide a constituição de Lotário I, nas leis dos lombardos, livro III, lei I, § 43. (N. do A.)

[98] Ibid., § 44. (N. do A.)

[99] Ibid. (N. do A.)

[100] Dado no vigésimo oitavo ano do reinado de Carlos, o Calvo, no ano 868, edição de Baluze, p. 203. (N. do A.)

[101] *Cum concilio et consensu ipsius qui locum retinet*. (N. do A.)

[102] *Concilium apud Bonoilum*, décimo sexto ano de Carlos, o Calvo, no ano 856, edição de Baluze, p. 78. (N. do A.)

dos militares. Não se podia mandar que estes restituíssem o que lhes haviam dado; e as circunstâncias da época tornavam a coisa ainda mais impraticável do que já o era por natureza. Por outro lado, o cristianismo não devia perecer, por falta de ministros, de templos e de instruções[103].

Isso fez que Carlos Magno estabelecesse os dízimos[104], novo gênero de bens que teve a vantagem para o clero de tornar mais fácil em seguida reconhecer as usurpações, uma vez que era dado singularmente à Igreja.

Quiseram dar a esse estabelecimento datas muito mais remotas: mas as autoridades citadas parecem-me ser testemunhas contra os que as alegam. A constituição de Clotário[105] diz apenas que não se cobrariam certos dízimos sobre os bens da Igreja[106]. Muito longe de arrecadar dízimos naqueles tempos, toda a sua pretensão era ser isentada deles. O segundo concílio de Mâcon[107], reunido no ano 585, que ordena o pagamento dos dízimos, diz, na verdade, que estes haviam sido pagos nos velhos tempos: mas diz também que no seu tempo já não eram pagos.

Quem duvida de que antes de Carlos Magno tivessem aberto a Bíblia e pregado os dons e as oferendas do Levítico? Mas digo que, antes desse príncipe, os dízimos podiam ser pregados, mas não haviam sido estabelecidos.

Eu disse que as ordenações feitas pelo rei Pepino tinham submetido ao pagamento de dízimos e às reparações das igrejas os que possuíssem como feudo os bens eclesiásticos. Era algo grande obrigar

---

[103] Nas guerras civis que eclodiram nos tempos de Carlos Martel, os bens da igreja de Reims foram doados aos leigos. Deixaram o clero subsistir como pudesse, diz a vida de São Remi. Surius, t. I, p. 279. (N. do A.)

[104] Lei dos lombardos, livro III, título 3, § 1 e 2. (N. do A.)

[105] É aquela de que tanto falei no capítulo IV, acima, que se encontra na edição dos capitulares de Baluze, t. I, artigo 11, p. 9. (N. do A.)

[106] *Agraria et pascuaria, vel decimas porcorum, ecclesiae concedimus; ita ut actor aut decimatur in rebus ecclesiae nullus accedat.* O capitular de Carlos Magno, do ano 800, edição de Baluze, p. 336, explica muito bem o que era esse tipo de dízimo de que Clotário isenta a Igreja; era a décima parte dos porcos que se levavam às florestas do rei para engordarem: e Carlos Magno determina que os seus juízes o paguem como os demais, para darem o exemplo. Vemos que era um direito senhorial ou econômico. (N. do A.)

[107] *Canone V, ex tomo primo conciliorum antiquorum Galiae, opera Jacobi Sirmundi.* (N. do A.)

por uma lei, cuja justiça era discutível, os principais da nação a dar o exemplo.

Carlos Magno fez mais do que isso; e vemos pelo capitular de Willis[108] que ele obrigou suas próprias terras a pagar dízimos: era mais um grande exemplo.

A arraia-miúda, porém, não é capaz de abandonar pela força de exemplos os seus interesses. O sínodo de Frankfurt[109] apresentou-lhe um motivo mais premente para pagar o dízimo. Fizeram nele um capitular em que se dizia que, na última fome, as espigas de trigo foram achadas vazias; haviam sido devoradas pelos demônios e haviam sido ouvidas suas vozes, que reclamavam porque o dízimo não era pago[110], e por conseguinte foi ordenado a todos os que mantinham bens eclesiásticos que pagassem o dízimo e, também por conseguinte, este foi ordenado a todos.

O projeto de Carlos Magno de início não foi bem-sucedido: tal ônus pareceu demasiado[111]. O pagamento do dízimo, entre os judeus, participara do plano de fundação de sua república; mas aqui o pagamento do dízimo era um encargo independente dos do estabelecimento da monarquia. Podemos ver nas disposições acrescentadas à lei dos lombardos[112] a dificuldade encontrada em fazer o dízimo ser aceito pelas leis civis; podemos julgar pelos diferentes cânones dos concílios a dificuldade que houve em fazê-lo ser aceito pelas leis eclesiásticas.

O povo, por fim, aceitou pagar o dízimo, com a condição de poder resgatá-lo. As constituições de Luís, o Bonachão[113] e do imperador Lotário, seu filho[114], não o permitiram.

As leis de Carlos Magno sobre o estabelecimento do dízimo eram

---

[108] Artigo 6, edição de Baluze, p. 332. Foi dado no ano 800. (N. do A.)

[109] Reunido sob Carlos Magno, no ano 794. (N. do A.)

[110] *Experimenta enim didicimus in anno quo illa valida fames irrepsit, ebullire vacuas annonas a daemonibus devoratas, et voces exprobationis auditas*, etc.; edição de Baluze, p. 267, artigo 23. (N. do A.)

[111] Vide, entre outros, o capitular de Luís, o Bonachão, do ano 829, edição de Baluze, p. 663, contra os que, para não pagar o dízimo, não cultivavam as suas terras; e artigo 5: *Nonis quidem et decimis, unde et genitor noster et nos frequenter, in diversis placitis, admonitionem fecimus*. (N. do A.)

[112] Entre outras, a de Lotário, livro III, título 3, capítulo VI. (N. do A.)

[113] Do ano 829, artigo 7, em Baluze, tomo I, p. 663. (N. do A.)

[114] Lei dos lombardos, livro III, título 3, § 8. (N. do A.)

obra da necessidade; só a religião teve sua parte nelas, e nenhuma a superstição.

A famosa divisão que ele fez do dízimo em quatro partes, para a construção de igrejas, para os pobres, para o bispo e para os clérigos[115], prova que ele queria dar à Igreja esse estado fixo e permanente que esta havia perdido.

Mostra o seu testamento que ele quis acabar de reparar os males que Carlos Martel, seu avô, cometera[116]. Dividiu seus bens mobiliários em três partes iguais: determinou que duas dessas partes fossem divididas em vinte e uma, para as vinte e uma metrópoles do seu império; cada parte devia ser subdividida entre a metrópole e os bispados dela dependentes. Dividiu o terço que restava em quatro partes; deu uma aos filhos e aos netos, outra foi acrescentada aos dois terços já dados, os dois outros foram empregados em obras de caridade. Parece que ele considerava a imensa doação que acabava de fazer às igrejas menos como um ato religioso do que como uma distribuição política.

Capítulo XIII
Das eleições nos bispados e abadias

Tendo-se empobrecido as igrejas, os reis abandonaram as nomeações aos bispados e a outros benefícios eclesiásticos[117]. Os príncipes tiveram menos problemas para nomear os seus ministros, e os competidores reivindicaram menos a autoridade deles. Assim, a Igreja recebia uma espécie de compensação pelos bens que lhe haviam sido retirados.

E, se Luís, o Bonachão, deixou ao povo romano o direito de eleger os papas[118], isso foi o efeito do espírito geral da época: lidaram com a sé de Roma como faziam com as outras.

---

[115] Ibid., § 4. (N. do A.)

[116] É uma espécie de codicilo citado por Eginhart e que é diferente do próprio testamento, que se encontra em Goldaste e Baluze. (N. do A.)

[117] Vide o capitular de Carlos Magno, do ano 803, artigo 2, edição de Baluze, p. 379; e o edito de Luís, o Bonachão, do ano 834, em Goldaste, *Constitut. impériale*, t. I.

[118] É o que diz o famoso cânon *Ego Ludovicus*, que é visivelmente falso. Está na edição de Baluze, p. 591, sobre o ano 817.

Capítulo XIV
Dos feudos de Carlos Martel

Não direi se Carlos Martel, ao dar os bens da Igreja como feudo, os deu de modo vitalício ou perpétuo. Tudo o que sei é que no tempo de Carlos Magno[119] e de Lotário I[120] havia esse tipo de bens que passavam aos herdeiros e eram divididos entre eles.

Vejo, além disso, que uma parte foi doada como alódio e outra parte como feudo[121].

Eu disse que os proprietários dos alódios estavam sujeitos ao serviço como os possuidores dos feudos. Sem dúvida, isso foi em parte causa de que Carlo Martel doasse tanto como alódio quanto como feudo.

Capítulo XV
Continuação do mesmo assunto

Cumpre observar que, tendo-se transformado os feudos em bens da Igreja, e tendo-se transformado os bens da Igreja em feudos, os feudos e os bens da Igreja tomaram reciprocamente algo da natureza de um e de outro. Assim, os bens da Igreja tiveram os privilégios dos feudos, e os feudos tiveram os privilégios dos bens da Igreja: foi o caso dos direito honoríficos nas igrejas, que vemos nascer naqueles tempos[122]. E, como tais direitos sempre estiveram ligados à alta justiça, de preferência ao que hoje chamamos de feudo, segue-se que as justiças patrimoniais já estavam estabelecidas nos tempos desses direitos.

---

[119] Como fica claro por seu capitular do ano 801, artigo 17, em Baluze, t. I, p. 360. (N. do A.)

[120] Vide a constituição inserida no código dos lombardos, livro III, título I, § 44. (N. do A.)

[121] Vide a constituição acima; e o capitular de Carlos, o Calvo, do ano 846, capítulo XX, *in villa Sparnaco*, edição de Baluze, t. II, p. 31; e a do ano 854, *apud Attiniacum*, capítulo X, edição de Baluze, t. II, p. 70. Vide também o capitular primeiro de Carlos Magno, *incerti anni*, artigos 49 e 56, edição de Baluze, t. I, p. 519. (N. do A.)

[122] Vide os *Capitulares*, livro V, artigo 44; e o edito de Pistes, do ano 866, artigos 8 e 9, em que vemos os direitos honoríficos dos senhores estabelecidos tais como são hoje. (N. do A.)

Capítulo XVI
Confusão da realeza e do mordomado. Segunda raça

A ordem das matérias fez que eu embaralhasse a ordem dos tempos; assim, falei de Carlos Magno antes de ter falado da famosa época da translação da coroa aos Carolíngios, feita sob o rei Pepino: algo que, ao contrário dos acontecimentos ordinários, talvez seja mais notado hoje do que na própria época em que se deu.

Os reis não tinham autoridade, mas tinham um nome; o título de rei era hereditário, e o de mordomo era eletivo. Embora os mordomos, nos últimos tempos, tivessem levado ao trono o merovíngio que queriam, não haviam tomado rei de outra família; e a velha lei que dava a coroa a certa família não se apagara do coração dos francos. A pessoa do rei era quase desconhecida na monarquia; mas a realeza não o era. Pepino, filho de Carlos Martel, julgou que seria bom confundir esses dois títulos; confusão que deixaria sempre certa incerteza sobre se a nova realeza era hereditária ou não: e isso bastava para aquele que unia à realeza um grande poder. A autoridade do mordomo foi então unida à autoridade real. Na mescla dessas duas autoridades, deu-se uma espécie de conciliação. O mordomo fora eletivo e o rei, hereditário: a coroa, no começo da segunda raça, foi eletiva, porque o povo escolhia; foi hereditária, porque escolhia sempre na mesma família[123].

O padre Le Cointe, malgrado a fé de todos os monumentos[124], nega que o papa tenha autorizado essa grande mudança[125]; uma de suas razões é que com isso teria cometido uma injustiça. E é admirável ver um historiador julgar o que os homens fizeram pelo que deveriam ter feito! Com essa maneira de raciocinar, não haveria mais história.

Seja como for, é certo que desde a vitória do duque Pepino a sua família passou a ser reinante e a dos merovíngios já não o foi. Quando seu neto Pepino foi coroado rei, aquilo foi só mais uma cerimônia e

---

[123] Vide o testamento de Carlos Magno; e a divisão que Luís, o Bonachão, fez para os seus filhos, na assembleia dos Estados reunida em Quierzy e citada por Goldaste: *Quem populus eligere velit, ut patri suo succedat in regni haereditate*. (N. do A.)

[124] O anônimo sobre o ano 752; e *Chron. Centul.*, sobre o ano 754. (N. do A.)

[125] *Fabella quae post* Pippini *mortem excogitata est, aequitati ac sanctitati* Zachariae *papae plurimum adversatur... Annales écclésiastiques des Français*, t. II, p. 319. (N. do A.)

um fantasma a menos: ele não adquiriu nada com isso, a não ser os ornamentos reais; nada mudaria na nação.

Eu disse isso para determinar o momento da revolução, para que não haja engano, considerando-se uma revolução o que era só consequência da revolução.

Quando Hugo Capeto foi coroado rei no começo da terceira raça, a mudança foi maior; porque o Estado passou da anarquia a um governo qualquer: mas quando Pepino foi coroado se passou de um governo ao mesmo governo.

Quando Pepino foi coroado rei, só mudou de nome: mas quando Hugo Capeto foi coroado rei, a coisa mudou; porque um grande feudo, unido à coroa, acabou com a anarquia.

Quando Pepino foi coroado rei, o título de rei foi unido ao maior cargo; quando Hugo Capeto foi coroado, o título de rei foi unido ao maior feudo.

Capítulo XVII
Algo particular na eleição dos reis da segunda raça

Vemos na fórmula da consagração de Pepino[126] que Carlos e Carlomano também foram ungidos e abençoados; e que os senhores franceses se comprometeram, sob pena de interdição e excomunhão, a jamais eleger ninguém de outra raça[127].

Fica claro pelos testamentos de Carlos Magno e de Luís, o Bonachão, que os francos escolhiam dentre os filhos dos reis; o que se harmoniza muito bem com a cláusula acima. E, quando o império passou por uma casa diferente da de Carlos Magno, a faculdade de eleger, que era restrita e condicional, tornou-se pura e simples; e se afastaram da antiga constituição.

Sentindo-se perto do fim, Pepino convocou os senhores eclesiásticos e leigos a Saint-Denis[128]; e dividiu o reino entre os dois filhos, Carlos e Carlomano. Não temos as atas dessa assembleia, mas

---

[126] Tomo V dos *Historiens de France*, dos padres beneditinos, p. 9. (N. do A.)

[127] *Ut nunquam de alterius lumbis regem in aevo praesumant eligere, sed ex ipsorum*; ibid., p. 10. (N. do A.)

[128] No ano 768. (N. do A.)

achamos o que nela se passou no autor da antiga coleção histórica editada por Canisius[129] e no dos anais de Metz, como observou o sr. Baluze[130]. E vejo ali duas coisas, por assim dizer, contrárias: que ele fez a divisão com o consentimento dos poderosos; e em seguida que a fez por um direito paterno. Isso prova o que eu disse, que o direito do povo, nessa raça, era eleger na família: era, falando propriamente, mais um direito de excluir do que um direito de eleger.

Essa espécie de direito de eleição vê-se confirmada pelos monumentos da segunda raça. É o caso deste capitular da divisão do império que Carlos Magno fez entre os três filhos, em que, depois de ter formado a partilha, diz que "se um dos três irmãos tiver um filho, tal que o povo queira elegê-lo para a sucessão do reino do pai, seus tios consentirão"[131].

Essa disposição encontra-se na partilha que Luís, o Bonachão, fez entre os três filhos, Pepino, Luís e Carlos, no ano 837, na assembleia de Aix-la-Chapelle[132]; e também em outra partilha do mesmo imperador, feita vinte anos antes, entre Lotário, Pepino e Luís[133]. Podemos ver também o juramento que Luís, o Tartamudo, fez em Compiègne, quando foi coroado. "Eu, Luís, constituído rei pela misericórdia de Deus e pela eleição do povo prometo..."[134] O que digo é confirmado pelas atas do concílio de Valência, reunido no ano 890, para a eleição de Luís, filho de Bosão, ao reino de Arles[135]. Nele se elegeu Luís; e apresentam como as principais razões de sua eleição o fato de ser da família imperial[136], de Carlos, o Gordo, ter-lhe conferido a dignidade real e de o imperador Arnulfo ter-lhe dado a investidura pelo cetro e pelo ministério de seus embaixadores. O reino de Arles, como os outros desmembrados ou dependentes do império de Carlos Magno, era eletivo e hereditário.

---

[129] Tomo II, *lectionis antiquae*. (N. do A.)

[130] Edição dos capitulares, t. I, p. 188. (N. do A.)

[131] No capitular primeiro do ano 806, edição de Baluze, p. 439, artigo 5. (N. do A.)

[132] Em Goldaste, *Constitutions impériales*, t. II, p. 19. (N. do A.)

[133] Edição de Baluze, p. 574, artigo 14. *Si vere aliquis illorum decedens, legitimos filios reliquerit, non inter eos potestas ipsa dividatur; sed pocius populus, pariter conveniens, unum ex iis, quem dominus voluerit, eligat; et hunc senior frater in loco fratris et filii suscipiat*. (N. do A.)

[134] Capitular do ano 877, edição de Baluze, p. 272. (N. do A.)

[135] Em Dumont, corpo diplomático, t. I, artigo 36. (N. do A.)

[136] Pelo lado das mulheres. (N. do A.)

Capítulo XVIII
Carlos Magno

Tentou Carlos Magno impor limites ao poder da nobreza e impedir a opressão do clero e dos homens livres. Moderou de tal forma as ordens do Estado, que estas foram contrabalançadas e ele permaneceu como o senhor. Tudo foi unido pela força do seu gênio. Conduziu continuamente a nobreza, de expedição em expedição; não lhe deu tempo de formar planos e ocupou-a inteiramente em seguir os seus. Manteve-se o império pela grandeza do chefe: o príncipe era grande; o homem, ainda mais. Seus filhos reis foram seus primeiros súditos, instrumentos do seu poder e modelos de obediência. Fez ordenações admiráveis; e mais: fez que fossem executadas. Seu gênio espalhou-se por todas as partes do império. Vemos nas leis desse príncipe um espírito de previdência que tudo compreende, e certa força que tudo arrasta. São suprimidos os pretextos para eludir os deveres; as negligências são corrigidas, os abusos reformados ou prevenidos[137]. Sabia punir; sabia ainda mais perdoar. Grande nos desígnios, simples na execução, ninguém teve em mais alto grau a arte de fazer as maiores coisas com facilidade, e as difíceis com rapidez. Percorria sem cessar seu vasto império, levando socorro para onde iria cair. Os problemas renasciam em toda parte, ele os resolvia em toda parte. Jamais um príncipe soube melhor enfrentar os riscos, jamais um príncipe soube melhor evitá-los. Zombou de todos os perigos e em especial daqueles de que quase sempre padecem os grandes conquistadores, a saber, as conspirações. Esse príncipe prodigioso era extremamente moderado; seu caráter era manso, suas maneiras simples; gostava de viver com as pessoas da corte. Foi, talvez, muito sensível ao prazer das mulheres: mas um príncipe que sempre governou por si mesmo e passou a vida trabalhando pode merecer mais desculpas. Impôs uma ordem admirável às despesas: explorou seus domínios com sabedoria, atenção e economia; um pai de família poderia aprender, em suas leis, como governar a casa[138]. Vemos em seus capitulares a

---

[137] Vide o seu capitular III, do ano 811, p. 486, artigos 1, 2, 3, 4, 5, 6, 7 e 8; e o primeiro capitular do ano 812, p. 490, artigo 1; e o capitular do mesmo ano, p. 494, artigos 9 e 11; e outros. (N. do A.)

[138] Vide o capitular de Willis, do ano 800; seu capitular II, do ano 813, artigos 6 e 19; e o livro V dos capitulares, artigo 303. (N. do A.)

fonte pura e sagrada de que tirou as riquezas. Não direi mais do que uma palavra: ele ordenava que se vendessem os ovos dos galinheiros de suas propriedades e as ervas daninhas dos seus jardins[139]; e havia distribuído aos seus povos todas as riquezas dos lombardos e os imensos tesouros daqueles hunos que haviam pilhado o universo.

Capítulo XIX
Continuação do mesmo assunto

Carlos Magno e os seus primeiros sucessores temiam que os que puseram em lugares distantes fossem tentados a se revoltar; acreditaram que encontrariam maior docilidade nos eclesiásticos: fundaram, portanto, um grande número de bispados na Alemanha e a eles vincularam grandes feudos[140]. Mostram algumas cartas que as cláusulas que continham as prerrogativas desses feudos não eram diferentes das que de ordinário constavam dessas concessões[141], embora hoje vejamos os principais eclesiásticos da Alemanha detentores do poder soberano. Seja como for, eram peças que eles avançavam contra os saxões. O que não podiam esperar da indolência ou das negligências de um leude, acreditaram dever esperar do zelo e da atenção ativa de um bispo: além disso, um tal vassalo, muito longe de se servir contra eles dos povos submetidos, precisaria, ao contrário, deles para se sustentar contra os seus povos.

---

[139] Capitular de Willis, artigo 39. Vide todo esse capitular, que é uma obra-prima de prudência, de boa administração e de economia. (N. do A.)

[140] Vide, entre outras, a fundação do arcebispado de Bremen, no capitular de 789, edição de Baluze. (N. do A.)

[141] Por exemplo, a proibição de entrada dos juízes reais no território, para exigir os *freda* e outros direitos. Falei muito a esse respeito no livro anterior. (N. do A.)

Capítulo XX
Luís, o Bonachão

Estando no Egito, Augusto mandou abrir o túmulo de Alexandre: perguntaram-lhe se queria que abrissem os dos Ptolomeus; disse ele que viera ver o rei, não os mortos. Assim, na história dessa segunda raça, procuramos Pepino e Carlos Magno; gostaríamos de ver os reis, e não os mortos.

Um príncipe, títere de suas paixões e ludibriado por suas próprias virtudes; um príncipe que jamais conheceu a sua força nem a sua fraqueza; que não foi capaz de se fazer nem temer, nem amar; que, com poucos vícios no coração, tinha todo tipo de defeitos na mente, tomou em mãos as rédeas do império que Carlos Magno havia segurado.

Enquanto o universo está em pranto pela morte de seu pai, nesta hora de espanto, em que todos pedem Carlos e não o encontram mais, no momento em que ele aperta o passo para ir ocupar o seu posto, manda à sua frente pessoas de confiança para deter os que haviam contribuído para a desordem do comportamento de suas irmãs. Isso causa tragédias sangrentas[142]. Eram imprudências muito precipitadas. Começou a vingar os crimes domésticos antes de ter chegado ao palácio; e a revoltar os espíritos antes de ser o senhor.

Mandou furar os olhos de Bernardo, rei da Itália, seu sobrinho, que viera implorar clemência e morreu alguns dias depois; isso lhe multiplicou os inimigos. O medo que isso lhe provocou decidiu-o a mandar tonsurar os irmãos, o que aumentou ainda mais o número de inimigos. Estes dois últimos artigos lhe foram muito criticados[143]: não faltou quem dissesse que ele havia violado o seu juramento e as promessas solenes que fizera ao pai no dia da coroação[144].

Depois da morte da imperatriz Hermengarda, com quem teve três filhos, desposou Judith; teve com ela três filhos: e logo, misturando as complacências de um marido velho com todas as fraquezas de um

[142] O autor desconhecido da vida de Luís, o Bonachão, na coletânea de Duchesne, t. II, p. 295. (N. do A.)

[143] Vide as atas de sua degradação na coletânea de Duchesne, t. II, p. 333. (N. do A.)

[144] Ordenou-lhe ter pelas irmãs, os irmãos e os sobrinhos uma clemência sem limites, *indeficientem misericordiam*. Tégan, na coletânea de Duchesne, t. II, p. 333. (N. do A.)

velho rei, provocou tal desordem na família, que acarretou a queda da monarquia.

Mudou sem cessar as heranças que deixara para os filhos. Tais divisões, porém, haviam sido confirmadas, uma após outra, por seus juramentos, pelos de seus filhos e dos senhores. Era querer tentar a fidelidade dos súditos; era procurar provocar confusão, escrúpulos e equívocos na obediência; era confundir os diversos direitos dos príncipes, sobretudo numa época em que, sendo raras as fortalezas, o primeiro baluarte da autoridade eram a palavra dada e a palavra recebida.

Os filhos do imperador, para manter suas heranças, recorreram ao clero e lhe deram direitos inauditos até então. Tais direitos eram enganosos, pois faziam o clero garantir algo que haviam querido que este autorizasse. Agobardo comunicou a Luís, o Bonachão, que havia enviado Lotário a Roma para fazê-lo ser declarado imperador; que estabelecera heranças para os filhos depois de ter consultado o céu durante três dias de jejum e de oração[145]. Que podia fazer um príncipe supersticioso, atacado, aliás, pela própria superstição? Percebe-se que fracasso a autoridade soberana sofreu duas vezes pela prisão desse príncipe e pela penitência pública. Quiseram degradar o rei, degradaram a realeza.

Temos inicialmente dificuldade em compreender como um príncipe que tinha várias boas qualidades, esclarecido, que amava naturalmente o bem e, para tudo dizer, enfim, filho de Carlos Magno, pôde ter inimigos tão numerosos, tão violentos, tão irreconciliáveis, tão ardentes em ofendê-lo, tão insolentes em sua humilhação, tão decididos a perdê-lo[146]. E o teriam perdido duas vezes sem remédio, se os seus filhos, no fundo mais honestos do que ele, tivessem podido seguir um plano e entrar em acordo sobre algo.

---

[145] Vide as suas cartas. (N. do A.)

[146] Vide as atas da sua degradação na coletânea de Duchesne, t. II, p. 331. Vide também a sua vida escrita por Tégan. *Tanto enim odio laborabat, ut taederet eos vita ipsius*, diz o autor desconhecido em Duchesne, t. II, p. 307. (N. do A.)

Capítulo XXI
Continuação do mesmo assunto

A força que Carlos Magno injetara na nação subsistiu o bastante sob Luís, o Bonachão, para que o Estado pudesse conservar-se em sua grandeza e ser respeitado pelos estrangeiros. O príncipe era pouco inteligente; mas a nação era guerreira. Perdia-se a autoridade no interior, sem que a potência parecesse diminuir no exterior.

Carlos Martel, Pepino e Carlos Magno governaram um depois do outro a monarquia. O primeiro adulou a avareza dos militares; os dois outros, a do clero; Luís, o Bonachão, deixou a ambos descontentes.

Na constituição francesa, o rei, a nobreza e o clero tinham nas mãos todo o poder do Estado. Carlos Martel, Pepino e Carlos Magno algumas vezes se coligaram por interesse a uma das duas partes, para conter a outra, e quase sempre com ambas: mas Luís, o Bonachão, distanciou-se de ambos esses corpos. Indispôs-se com os bispos por regulamentos que lhes pareceram rigorosos, porque ele ia mais longe do que eles mesmos queriam ir. Há ótimas leis feitas fora de hora. Acostumados na época a ir a guerras contra os sarracenos e os saxões, os bispos estavam muito longe do espírito monástico[147]. Por outro lado, tendo perdido toda espécie de confiança na sua nobreza, promoveu pessoas de baixa condição[148]. Privou a nobreza dos seus cargos, despediu-a do palácio, convocou estrangeiros[149]. Separara-se desses dois corpos, e foi abandonado por eles.

---

[147] "Os bispos e os clérigos começaram, então, a deixar de lado os cinturões e os boldriés de ouro, as facas cravejadas de pedras preciosas que a estes se suspendiam, os trajes de bom gosto, as esporas cuja riqueza lhes atormentava os calcanhares. Mas o inimigo do gênero humano não suportou tal devoção, que levantou contra si os eclesiásticos de todas as ordens e declarou guerra a si mesma." O autor desconhecido da *Vida de Luís, o Bonachão*, na coletânea de Duchesne, t. II, p. 298. (N. do A.)

[148] Diz Tégan que o que raramente se fazia sob Carlos Magno se fazia com frequência sob Luís. (N. do A.)

[149] Querendo refrear a nobreza, admitiu como camareiro um certo Bernardo, que acabou com as últimas esperanças dela. (N. do A.)

Capítulo XXII
Continuação do mesmo assunto

Mas o que mais enfraqueceu a monarquia é que esse príncipe dissipou os seus domínios[150]. É aqui que Nitardo, um dos mais judiciosos historiadores de que dispomos, Nitardo, neto de Carlos Magno, que era ligado ao partido de Luís, o Bonachão, e escreveu a história por ordem de Carlos, o Calvo, deve ser escutado.

Diz ele "que um tal Adelardo exercera durante certo tempo tal domínio sobre a mente do imperador, que esse príncipe seguia a vontade dele em todas as coisas; que, por instigação desse favorito, dera os bens fiscais a todos os que o quiseram[151]; e com isso havia aniquilado a república"[152]. Fez ele assim em todo o império o que eu disse que fizera na Aquitânia[153]; algo que Carlos Magno conseguiu consertar, e ninguém mais.

O Estado foi levado àquela exaustão em que Carlos Martel o encontrou quando obteve o mordomado; e as circunstâncias eram tais, que nem sequer se cogitava num golpe de autoridade para restabelecê-lo.

O fisco viu-se tão pobre, que, sob Carlos, o Calvo, ninguém conservou seus privilégios; ninguém conseguia segurança, senão por dinheiro[154]: quando podiam destruir os normandos, deixavam-nos escapar por dinheiro[155]; e o primeiro conselho que Hincmar deu a Luís, o Tartamudo, foi o de pedir numa assembleia algo com que sustentar as despesas da casa.

---

[150] *Villas regias, quae erant sui et avi et tritavi, fidelibus suis tradidit eas in possessiones sempiternas: fecit enim hoc diu tempore*; Tégan, *de gestis Ludovici pii*. (N. do A.)

[151] *Hinc libertates, hinc publica in propriis usibus distribuere suasit.* Nitardo, livro IV, fim. (N. do A.)

[152] *Rem publicam penitus annulavit*; ibid. (N. do A.)

[153] Vide o livro XXX, capítulo XIII. (N. do A.)

[154] Hincmar, primeira carta a Luís, o Tartamudo. (N. do A.)

[155] Vide o fragmento da crônica do mosteiro de Saint-Serge de Angers, em Duchesne, t. II, p. 401. (N. do A.)

Capítulo XXIII
Continuação do mesmo assunto

O clero teve motivos para arrepender-se da proteção que havia concedido aos filhos de Luís, o Bonachão. Esse príncipe, como eu disse, jamais dera nenhuma *preceptio* dos bens da Igreja aos leigos[156]; mas logo Lotário, na Itália, e Pepino, na Aquitânia, abandonaram o plano de Carlos Magno e retomaram o de Carlos Martel. Os eclesiásticos recorreram ao imperador contra os filhos: mas eles próprios haviam debilitado a autoridade que solicitavam. Na Aquitânia, houve certa condescendência; na Itália, não obedeceram.

As guerras civis, que haviam sido um estorvo na vida de Luís, o Bonachão, foram o germe das que se seguiram à sua morte. Os três irmãos, Lotário, Luís e Carlos, procuraram, cada um por seu lado, atrair os poderosos para o seu partido; e obter partidários. Deram aos que quiseram segui-los *preceptiones* dos bens da Igreja; e para conquistar a nobreza entregaram-lhe o clero.

Vemos nos capitulares que esses príncipes foram obrigados a ceder à insistência das solicitações e que com frequência lhes arrancaram o que não teriam querido dar[157]; vemos também que o clero se julgava mais oprimido pela nobreza do que pelos reis. Fica claro também que Carlos, o Calvo, foi o que mais atacou o patrimônio do clero[158]; quer porque estivesse mais irritado contra este, porque depusera seu pai por sua causa, quer porque fosse o mais tímido. Seja

---

156 Vide o que dizem os bispos no sínodo do ano 845, *apud Teudonis villam*, artigo 4. (N. do A.)

157 Vide o sínodo do ano 845, *apud Teodonis villam*, artigos 3 e 4, que descreve muito bem a situação; e também o do mesmo ano, reunido no palácio de Vernes, artigo 12; e o sínodo de Beauvais, também do mesmo ano, artigos 3, 4 e 6; e o capitular *in villa Sparnaco*, do ano 846, artigo 20; e a carta que os bispos reunidos em Reims escreveram, no ano 858, a Luís, o Germânico, artigo 8. (N. do A.)

158 Vide o capitular *in villa Sparnaco* do ano 846. A nobreza irritara o rei contra os bispos, de modo que ele os expulsou da assembleia. Escolheram alguns cânones dos sínodos e declararam que seriam os únicos a ser observados; concederam-lhes apenas o que seria impossível negar-lhes. Vide os artigos 20, 21 e 22. Vide também a carta que os bispos reunidos escreveram no ano 858 a Luís, o Germânico, artigo 8; e o edito de Pistes do ano 864, artigo 5. (N. do A.)

como for, vemos nos capitulares brigas intermináveis entre o clero que reclamava os seus bens e a nobreza que recusava, que eludia, que adiava a restituição; e os reis entre os dois[159].

É um espetáculo digno de piedade ver a situação da época. Enquanto Luís, o Bonachão, fazia imensas doações dos seus domínios às igrejas, seus filhos distribuíam os bens do clero aos leigos. Não raro a mesma mão que fundava as abadias novas pilhava as velhas. O clero não tinha um estado fixo. Tiravam-lhe algo, este o recuperava: mas a coroa perdia sempre.

No fim do reinado de Carlos, o Calvo, e a partir desse reinado, já não houve brigas entre o clero e os leigos acerca da restituição dos bens da Igreja. Os bispos ainda soltaram alguns suspiros em suas representações a Carlos, o Calvo, que encontramos no capitular do ano 856 e na carta que escreveram a Luís, o Germânico, no ano 858[160]: mas propunham coisas e cobravam promessas tantas vezes eludidas, que é visível que não tinham nenhuma esperança de alcançá-las.

Já não se cogitou de reparar de modo geral as ofensas cometidas na Igreja e no Estado[161]. Os reis comprometiam-se a não tirar dos leudes os seus homens livres e a já não dar os bens eclesiásticos por *preceptiones*[162]; de sorte que o clero e a nobreza pareceram unir seus interesses.

As estranhas devastações dos normandos, como já disse, muito contribuíram para dar um fim a essas contendas.

A cada dia menos respeitados, pelas razões que mencionei e pelas

---

[159] Vide o mesmo capitular do ano 846, *in villa Sparnaco*. Vide também o capitular da assembleia reunida *apud Marsnam*, do ano 847, artigo 4, na qual o clero se limitou a pedir que lhes devolvessem a posse de tudo aquilo de que gozara sob o reinado de Luís, o Bonachão. Vide também o capitular do ano 851, *apud Marsnam*, artigos 6 e 7, que conservam a nobreza e o clero em suas posses; e o *apud Bonoilum*, do ano 856, que é uma admoestação dos bispos ao rei por não terem sido reparados os males depois de feitas tantas leis; e enfim a carta que os bispos, reunidos em Reims, escreveram no ano 858 a Luís, o Germânico, artigo 8. (N. do A.)

[160] Artigo 8. (N. do A.)

[161] Vide o capitular do ano 851, artigos 6 e 7. (N. do A.)

[162] Carlos, o Calvo, no sínodo de Soissons, diz que "prometera aos bispos não dar *preceptiones* dos bens da Igreja". Capitular do ano 853, artigo 11, edição de Baluze, t. II, p. 56. (N. do A.)

que direi, julgaram não ter outro partido a tomar senão pôr-se nas mãos dos eclesiásticos. O clero, porém, debilitara os reis, e os reis haviam debilitado o clero.

Em vão Carlos, o Calvo, e os seus sucessores convocaram o clero para apoiar o Estado e impedir a sua queda[163]; em vão se serviram do respeito que os povos tinham por esse corpo, para manter o que se devia ter por eles[164]; em vão procuraram dar autoridade a suas leis pela autoridade dos cânones[165]; em vão uniram as penas eclesiásticas às penas civis[166]; em vão, para contrabalançar a autoridade do conde, deram a cada bispo a qualidade de seu enviado às províncias[167]: foi impossível para o clero reparar o mal que havia feito; e uma estranha desgraça, de que logo falarei, fez cair a coroa por terra.

Capítulo XXIV
Que os homens livres se tornaram aptos a possuir feudos

Eu disse que os homens livres iam à guerra sob o comando do conde e os vassalos sob o comando de seu senhor. Isso fazia que as ordens do Estado se equilibrassem umas às outras; e, embora os

---

[163] Vide em Nitardo, livro IV, como, depois da fuga de Lotário, os reis Luís e Carlos consultaram os bispos para saber se poderiam tomar e dividir o reino que eles haviam abandonado. Com efeito, como os bispos formavam entre si um corpo mais unido dos que os leudes, convinha a esse príncipe garantir os seus direitos por uma decisão dos bispos, que poderiam levar todos os outros senhores a acompanhá-los. (N. do A.)

[164] Vide o capitular de Carlos, o Calvo, *apud Saponarias*, do ano 859, artigo 3. "Sagrou-me Venilon, que eu criara bispo de Sens; e eu não deveria ser expulso do reino por ninguém, *saltem sine audientia et judicio episcoporum, quorum ministerio in regem sum consecratus, et qui throni dei sunt dicti, in quibus deus sedet, et per quos sua decernit judicia; quorum paternis correctionibus et castigatoriis judiciis me subdere fui paratus, et in praesenti sum subditus*." (N. do A.)

[165] Vide o capitular de Carlos, o Calvo, de Carisiaco, do ano 857, edição de Baluze, t. II, p. 88, artigos 1, 2, 3, 4 e 7. (N. do A.)

[166] Vide o sínodo de Pistes, do ano 862, artigo 4; e o capitular de Carlomano e de Luís II, *apud Vernis palatium*, do ano 883, artigos 4 e 5. (N. do A.)

[167] Capitular do ano 876, sob Carlos, o Calvo, *in synodo Pontigonensi*, edição de Baluze, artigo 12. (N. do A.)

leudes tivessem vassalos sob seu comando, podiam ser refreados pelo conde, que estava à frente de todos os homens livres da monarquia.

Primeiro[168] esses homens livres não podiam candidatar-se a um feudo, mas em seguida, sim: e acho que essa mudança ocorreu entre o reinado de Gontrão e o de Carlos Magno. Provo-o pela comparação que se pode fazer do tratado de Andely[169], entre Gontrão, Childeberto e a rainha Brunilda, com a partilha feita por Luís, o Bonachão[170]. Esses três atos contêm disposições mais ou menos iguais acerca dos vassalos; e, como ali são tratados os mesmos pontos e aproximadamente nas mesmas circunstâncias, o espírito e a letra desses três tratados são mais ou menos os mesmos a esse respeito.

Mas, no que diz respeito aos homens livres, há uma diferença capital. O tratado de Andely não diz que pudessem candidatar-se a um feudo; ao passo que vemos nas partilhas de Carlos Magno e de Luís, o Bonachão, cláusulas específicas para que possam candidatar-se: o que mostra que, depois do tratado de Andely, se introduzira uma nova prática, pela qual os homens livres se tornavam aptos a essa grande prerrogativa.

Isso teve de acontecer quando, tendo Carlos Martel distribuído os bens da Igreja aos soldados e tendo-os dado, parte como feudos, parte como alódios, ocorreu uma espécie de revolução nas leis feudais. É provável que os nobres, que já tinham feudos, tenham achado mais vantajoso receber as novas doações como alódio; e que os homens livres tenham-se achado felicíssimos por recebê-los como feudo.

Capítulo XXV
A principal causa do enfraquecimento da segunda raça. Mudança nos alódios

Carlos Magno, na partilha que mencionei no capítulo anterior[171], determinou que depois de sua morte os homens de cada rei recebes-

---

[168] Vide o que eu disse acima, no livro XXX, último capítulo, perto do fim. (N. do A.)

[169] Do ano 587, em Gregório de Tours, livro IX. (N. do A.)

[170] Vide o capítulo seguinte, em que falo mais longamente destas partilhas, e as notas em que são citadas. (N. do A.)

[171] Do ano 806, entre Carlos, Pepino e Luís II. É citada por Goldaste e por Baluze, t. I, p. 439. (N. do A.)

sem benefícios nos reinos de seu rei e não no reino de outro[172]; ao passo que os alódios seriam conservados em qualquer reino. Mas acrescenta que todo homem livre poderia, depois da morte de seu senhor, candidatar-se a um feudo nos três reinos, junto a quem quisesse, assim como aquele que jamais tivesse tido senhor[173]. Vemos as mesmas disposições na partilha feita por Luís, o Bonachão, para os filhos, no ano 817[174].

Mas, embora os homens livres se candidatassem a um feudo, a milícia do conde não se enfraquecia com isso: o homem livre continuava a ter de contribuir por seu alódio e de preparar pessoas que fizessem o seu serviço, à razão de um homem para cada quatro solares; ou então de preparar um homem que servisse por ele o feudo; e, como se introduziram a esse respeito alguns abusos, estes foram corrigidos, como mostram as constituições de Carlos Magno[175] e a de Pepino, rei da Itália[176], que se explicam umas às outras.

O que os historiadores disseram, que a batalha de Fontenay causou a ruína da monarquia, é totalmente verdadeiro: mas peço que me seja permitido considerar brevemente as funestas consequências daquela jornada.

Algum tempo depois da batalha, os três irmãos, Lotário, Luís e Carlos, fizeram um tratado em que há cláusulas que deveriam mudar todo o estado político entre os franceses[177].

Na anunciação[178] que Carlos fez ao povo da parte desse tratado

---

[172] Artigo 9, p. 443. O que está conforme ao tratado de Andely, em Gregório de Tours, livro IX. (N. do A.)

[173] Artigo 10. E não se fala disto no tratado de Andely. (N. do A.)

[174] Em Baluze, t. I, p. 174. *Licentiam habeat unusquisque liber homo qui seniorem non habuerit, cuicumque ex his tribus fratribus voluerit, se commendandi*, artigo 9. Vide também a partilha feita pelo mesmo imperador no ano 837, artigo 6, edição de Baluze, p. 686. (N. do A.)

[175] Do ano 811, edição de Baluze, t. I, p. 486, artigos 7 e 8; e a do ano 812, ibid., p. 490, artigo I. *Ut omnis liber homo qui quatuor mansos vestitos de proprio suo, sive de alicujus beneficio, habet, ipse se praeparet, et ipse in hostem pergat, sive cum seniore suo*, etc. Vide também o capitular do ano 807, edição de Baluze, t. I, p. 458. (N. do A.)

[176] Do ano 793, inserida nas leis dos lombardos, livro III, título 9, capítulo IX. (N. do A.)

[177] No ano 847, citado por Aubert le Mire e Baluze, t. II, p. 42, *conventus apud Marsnam*. (N. do A.)

[178] *Adnunciatio*. (N. do A.)

que lhe dizia respeito, diz ele que todo homem livre poderia escolher quem quisesse para senhor, o rei ou outros senhores[179]. Antes desse tratado, o homem livre podia candidatar-se a um feudo: mas o seu alódio permanecia sob o poder imediato do rei, ou seja, sob a jurisdição do conde; e ele só dependia do senhor ao qual propusera a sua candidatura em razão do feudo que dele obtivera. Depois desse tratado, todo homem livre pôde submeter o seu alódio ao rei ou a outro senhor, à escolha. Não se trata daqueles que se candidatavam a um feudo, mas dos que transformavam seu alódio em feudo e saíam, por assim dizer, da jurisdição civil para entrar no poder do rei ou do senhor que escolhessem.

Assim, aqueles que antes estavam totalmente sob o poder do rei, na qualidade de homens livres sob o conde, se tornaram aos poucos vassalos uns dos outros; pois cada homem livre podia escolher o senhor que quisesse, ou o rei ou outros senhores.

Pois, quando um homem transformava em feudo uma terra que possuísse em caráter perpétuo, tais feudos não podiam mais ser vitalícios. Por isso vemos logo em seguida surgir uma lei geral para dar os feudos aos filhos do possessor: essa lei é de Carlos, o Calvo, um dos três príncipes que participaram do acordo[180].

O que eu disse da liberdade que tiveram todos os homens da monarquia, desde o tratado dos três irmãos, de escolher quem quisessem como senhor, o rei ou outros senhores, é confirmado pelas atas lavradas desde aqueles tempos.

Nos tempos de Carlos Magno, quando um vassalo tivesse recebido algo de um senhor, mesmo que só valesse um soldo, ele não podia mais abandoná-lo[181]. Sob Carlos, o Calvo, porém, os vassalos passaram a poder seguir impunemente os seus próprios interesses ou caprichos; e esse príncipe se exprime com tanta energia a esse respeito, que parece mais convidá-los a gozar dessa liberdade do

---

179 *Ut unusquisque liber homo in nostre regno seniorem quem voluerit, in nobis et in nostris fidelibus, accipiat*: artigo 2 da anunciação de Carlos. (N. do A.)

180 Capitular do ano 877, título 53, artigos 9 e 10, *apud Carisiacum*: *Similiter et de nostris vassallis faciendum est*, etc. Esse capitular está relacionado a outro do mesmo ano e do mesmo lugar, artigo 3. (N. do A.)

181 Capitular de Aix-la-Chapelle, do ano 813, artigo 16. *Quod nullus seniorem suum dimittat, postquam ab eo acceperit valente solidum unum*. E o capitular de Pepino, do ano 783, artigo 5. (N. do A.)

que restringi-la[182]. No tempo de Carlos Magno, os benefícios eram mais pessoais do que reais; em seguida, se tornaram mais reais do que pessoais.

Capítulo XXVI
Mudança nos feudos

Não foram menores as mudanças nos feudos do que nos alódios. Vemos pelo capitular de Compiègne, instituído sob o rei Pepino[183], que aqueles a quem o rei desse um benefício davam eles próprios parte desse benefício a diversos vassalos; mas essa parte não se distinguia do todo. Retirava-a o rei, quando retirava o todo; e, na morte do leude, o vassalo também perdia seu retrofeudo; vinha um novo beneficiário, que também estabelecia novos retrofeudos. Assim, o retrofeudo não dependia do feudo; a pessoa é que dependia. Por um lado, o subvassalo voltava ao rei, porque não estava vinculado para sempre ao vassalo; e o retrofeudo também voltava ao rei, porque era o próprio feudo, e não uma dependência do feudo.

Assim era a subvassalagem, quando os feudos eram amovíveis; assim o era ainda enquanto os feudos eram vitalícios. Isso mudou quando os feudos passaram aos herdeiros e os retrofeudos também. O que dependia imediatamente do rei passou a depender só mediatamente; e a potência régia recuou, por assim dizer, um grau, às vezes dois e não raro até mais.

Vemos nos livros dos feudos[184] que, embora os vassalos do rei pudessem doar como feudo, isto é, como retrofeudo do rei, esses subvassalos ou pequenos vavassalos não podiam doar também como feudo; de modo que sempre podiam retomar o que haviam doado. Tal

---

[182] Vide o capitular de Carisiaco, do ano 856, artigos 10 e 13, edição de Baluze, t. II, p. 83, em que o rei e os senhores eclesiásticos e leigos concordaram no seguinte: *Et si aliqui, de vobis sit cui suus senioratus non placet, et illi simulat ad alium seniorem melius quam ad illum acaptare possit, veniat ad illum, et ipse tranquille et pacifico animo donet illi commeatum.* [...] *Et quod deus illi cupieret ad alium seniorem acaptare potuerit, pacifice habeat*. (N. do A.)

[183] Do ano 757, artigo 6, edição de Baluze, p. 181.

[184] Livro I, capítulo I.

concessão, aliás, não passava para os filhos, como os feudos, porque não se julgava que fosse feita segundo a lei dos feudos.

Se compararmos o estado em que se achava a subvassalagem da época em que os dois senadores de Milão escreviam esses livros com a situação nos tempos do rei Pepino, veremos que os subfeudos conservaram por mais tempo a sua natureza primitiva do que os feudos[185].

Mas, quando esses senadores escreveram, haviam imposto exceções tão gerais a essa regra, que a tinham quase aniquilado. Pois, se aquele que tivesse recebido um feudo do pequeno vavassalo o tivesse seguido até Roma numa expedição, adquiria todos os direitos de vassalo; da mesma forma, se tivesse dado dinheiro ao pequeno vavassalo para obter o feudo, este não podia tirá-lo dele, nem impedi-lo de transmiti-lo ao filho, até que tivesse devolvido o dinheiro[186]. Enfim, essa regra já não era seguida no senado de Milão[187].

Capítulo XXVII
Outra mudança ocorrida nos feudos

No tempo de Carlos Magno[188], as pessoas eram obrigadas, sob penas pesadas, a obedecer a qualquer convocação para a guerra; não se aceitavam desculpas; e o conde que tivesse isentado alguém teria sido ele mesmo punido. Mas o tratado dos três irmãos[189] introduziu a esse respeito uma restrição que tirou, por assim dizer, a nobreza das mãos do rei[190]: já não se tinha a obrigação de seguir o rei na guerra senão quando esta fosse defensiva. Podia-se optar, nos outros casos, entre seguir seu senhor ou continuar cuidando dos próprios negócios. Esse tratado está ligado a outro, estabelecido cinco anos antes entre os irmãos Carlos, o Calvo, e Luís, rei da Germânia, pelo qual os dois

---

185 Pelo menos na Itália e na Alemanha.

186 Livro I dos feudos, capítulo I.

187 Ibid.

188 Capitular do ano 802, artigo 7, edição de Baluze. (N. do A.)

189 *Apud Marsnam*, no ano 847, edição de Baluze, p. 42. (N. do A.)

190 *Volumus ut cujuscumque nostrum homo, in cujuscumque regno sit, cum seniore suo in hostem, vel aliis suis utilitatibus, pergat; nisitalis regni invasio quam* Lamtuveri *dicunt, quod absit, acciderit, ut omnis populus illius regni ad eam repellendam communiter pergat*: artigo 5, ibid., p. 44. (N. do A.)

irmãos dispensaram os vassalos de segui-los na guerra, no caso de atacarem um ao outro; algo que ambos os príncipes juraram e fizeram que os dois exércitos jurassem[191].

A morte de cem mil franceses na batalha de Fontenay fez que o que ainda restava da nobreza percebesse que, pelas brigas particulares de seus reis sobre sua herança, seria por fim exterminada; e que a ambição e os ciúmes deles fariam derramar tudo o que ainda havia de sangue a verter[192]. Instituíram a lei de que a nobreza não seria obrigada a seguir os príncipes numa guerra, senão quando se tratasse de defender o Estado contra uma invasão estrangeira. Essa lei esteve em vigor durante muitos séculos[193].

Capítulo XXVIII
Mudanças ocorridas nos altos cargos e nos feudos

Parecia que tudo adquirisse um defeito particular e se corrompesse ao mesmo tempo. Eu disse que nos primeiros tempos vários feudos eram alienados de modo perpétuo: mas esses eram casos particulares, e os feudos em geral conservavam sua própria natureza; e, se a coroa tinha perdido os feudos, os havia substituído por outros. Eu disse ainda que a coroa não tinha jamais alienado perpetuamente os altos cargos[194].

Mas Carlos, o Calvo, instituiu um regulamento geral, que afetou igualmente os altos cargos e os feudos: estabeleceu em seus capitulares que os condados seriam dados aos filhos do conde; e determinou que esse regulamento também se aplicasse aos feudos[195].

---

191 *Apud Argentoratum*, em Baluze, capitular, t. II, p. 39. (N. do A.)

192 Efetivamente, foi a nobreza que fez este tratado. Vide Nitardo, livro IV. (N. do A.)

193 Vide a lei de Guido, rei dos romanos, entre aquelas que foram acrescentadas à lei sálica e à lei dos lombardos, título 6, § 2, em Echard. (N. do A.)

194 Disseram alguns autores que o condado de Toulouse fora dado por Carlos Martel e passou de herdeiro em herdeiro até o último Raymond: mas, se assim é, foi por causa de algumas circunstâncias que levaram a escolher os condes de Toulouse dentre os filhos do último possuidor. (N. do A.)

195 Vide o seu capitular do ano 877, título 53, artigos 9 e 10, *apud Carisiacum*. Esse capitular está relacionado com outro do mesmo ano e do mesmo lugar, artigo 3. (N. do A.)

Veremos logo mais que esse regulamento recebeu uma abrangência maior; de modo que os altos cargos e os feudos passaram a parentes mais distantes. Seguiu-se daí que a maioria dos senhores, que dependia diretamente da coroa, passou a depender apenas mediatamente. Esses condes, que antes administravam a justiça nos tribunais do rei, se viram entre o rei e os seus homens livres: e o poder recuou ainda mais um grau.

Além disso, mostram os capitulares que os condes tinham benefícios vinculados aos seus condados e vassalos sob suas ordens[196]. Quando os condados passaram a ser hereditários, esses vassalos do conde deixaram de ser vassalos imediatos do rei; os benefícios ligados aos condados deixaram de ser os benefícios do rei; os condes tornaram-se mais poderosos, porque os vassalos que já tinham deram-lhes condições de obter outros.

Para bem perceber a debilidade por isso provocada no fim da segunda raça, basta ver o que aconteceu no começo da terceira, em que a multiplicação dos retrofeudos levou os grandes vassalos ao desespero.

Era um costume do reino que, quando o primogênito dava partilhas a seus irmãos mais moços, estes prestassem homenagem a ele[197]; de modo que o senhor dominante passava a tê-los só como retrofeudo. Filipe Augusto, o duque de Borgonha, os condes de Nevers, de Boulogne, de Saint-Paul, de Dampierre e outros senhores declararam que daí em diante, quer fosse o feudo dividido por sucessão, quer não, o todo dependeria sempre do mesmo senhor, sem nenhum senhor intermediário[198]. Essa ordenação nem sempre foi seguida, pois, como eu disse em outro lugar, era impossível fazer naquele tempo ordenações gerais; mas vários dos nossos costumes basearam-se nela.

---

[196] O capitular III do ano 812, artigo 7; e o do ano 815, artigo 6, sobre os espanhóis; a coletânea de capitulares, livro V, artigo 228; e o capitular do ano 869, artigo 2; e o do ano 877, artigo 13, edição de Baluze. (N. do A.)

[197] Como mostra Otão de Frissingue, *Dos atos de Frederico*, livro II, capítulo XXIX. (N. do A.)

[198] Vide a ordenação de Filipe Augusto do ano 1209, na nova coletânea. (N. do A.)

Capítulo XXIX
Da natureza dos feudos, desde o reinado de Carlos, o Calvo

Eu disse que Carlos, o Calvo, determinara que, quando o possuidor de um alto cargo ou de um feudo deixasse um filho ao morrer, o cargo ou o feudo lhe seria dado. Seria difícil seguir o progresso dos abusos que isso causou e a extensão que foi dada a essa lei em cada região. Leio nos livros dos feudos[199] que no começo do reinado do imperador Conrado II os feudos, nos países sob o seu domínio, não passavam para os netos; passavam só para os filhos do último possessor que o senhor tivesse escolhido[200]: os feudos eram, assim, dados por uma espécie de eleição que o senhor fez entre os filhos.

Expliquei no capítulo XVII deste livro como, na segunda raça, a coroa era, sob certos aspectos, eletiva e, sob outros, hereditária. Era hereditária porque os reis eram sempre escolhidos dentre os daquela raça; era-o também porque os filhos sucediam; era eletiva porque o povo escolhia um dos filhos. Como as coisas caminham sempre gradualmente e uma lei política sempre está ligada a outra lei política, presidiu a sucessão dos feudos o mesmo espírito que presidira a sucessão à coroa[201]. Assim, os feudos passaram para os filhos, por direito de sucessão e por direito de eleição; e cada feudo passou a ser, como a coroa, eletivo e hereditário.

Esse direito de eleição, na pessoa do senhor, já não subsistia[202] nos tempos dos autores dos livros dos feudos[203], ou seja, sob o reinado do imperador Frederico I.

---

[199] Livro I, título 1. (N. do A.)

[200] *Sic progressum est, ut ad filios deveniret in quem dominus hoc vellet beneficium confirmare*; ibid. (N. do A.)

[201] Ao menos na Itália e na Alemanha. (N. do A.)

[202] *Quod hodie ita stabilitum est, ut ad omnes aequaliter veniat*; livro I dos feudos, título 1. (N. do A.)

[203] Gerardus Niger e Aubertus de Orto. (N. do A.)

Capítulo XXX
Continuação do mesmo assunto

Diz o livro dos feudos[204] que, quando o imperador Conrado partiu para Roma, os fiéis que estavam a seu serviço lhe pediram que decretasse uma lei pela qual os feudos, que passavam para os filhos, passassem também para os netos; e que aquele cujo irmão morresse sem herdeiros legítimos pudesse suceder a seu pai comum: isso foi concedido.

Acrescenta-se, e devemos lembrar que quem fala vivia[205] nos tempos do imperador Frederico I[206], "que os velhos jurisconsultos haviam sempre sustentado que a sucessão dos feudos em linha colateral não ia além dos primos-irmãos; embora, em tempos mais recentes, tenha sido levada até o sétimo grau, como, pelo direito novo, a haviam levado em linha reta até o infinito"[207]. Assim é que a lei de Conrado foi aos poucos sendo ampliada.

Suposto tudo isso, a mera leitura da história da França mostrará que a perpetuidade dos feudos se estabeleceu antes na França do que na Alemanha. Quando o imperador Conrado II começou a reinar, em 1024, as coisas na Alemanha ainda se passavam como já estavam na França sob o reinado de Carlos, o Calvo, que morreu em 877. Mas na França, desde o reinado de Carlos, o Calvo, tantas mudanças foram feitas, que Carlos, o Simples, se viu incapacitado de disputar com uma casa estrangeira os seus direitos incontestáveis ao império; e que enfim, nos tempos de Hugo Capeto, a casa reinante, despojada de todos os seus domínios, não foi capaz nem sequer de conservar a coroa.

A pouca inteligência de Carlos, o Calvo, introduziu a mesma fraqueza no Estado francês. Mas como Luís, o Germânico, seu irmão, e alguns dos que sucederam a eles tiveram qualidades superiores, a força de seu Estado conservou-se por mais tempo.

Que digo? Talvez o temperamento fleumático e, se ouso dizê-lo, a imutabilidade do espírito da nação alemã tenham resistido por mais tempo do que os da nação francesa a essa disposição das coisas, que

---

[204] Livro I dos *Feudos*, título I. (N. do A.)

[205] Cujas provou-o muito bem. (N. do A.)

[206] Frederico I, o Barba-Roxa (1122-1190). (N. do T.)

[207] Livro I dos *Feudos*, título I. (N. do A.)

fazia que os feudos, como por uma tendência natural, se perpetuassem nas famílias.

Acrescento que o reino da Alemanha não foi devastado e, por assim dizer, aniquilado como o foi o da França por esse tipo particular de guerra que travaram os normandos e os sarracenos. Havia menos riquezas na Alemanha, menos cidades a saquear, menos litoral a percorrer, mais pântanos a atravessar, mais florestas a penetrar. Os príncipes, que não viram a cada instante o Estado prestes a cair, tiveram menos necessidade de seus vassalos, ou seja, dependeram menos deles. E parece que, se os imperadores da Alemanha não tivessem sido obrigados a ser coroados em Roma e a fazer contínuas expedições à Itália, os feudos teriam conservado por mais tempo em seu país a sua natureza primitiva.

Capítulo XXXI
Como o império saiu da casa de Carlos Magno

O império, que, em detrimento do ramo de Carlos, o Calvo, já fora dado aos bastardos da casa de Luís, o Germânico[208], passou mais uma vez para uma casa estrangeira, pela eleição de Conrado, duque da Francônia, no ano 912. O ramo que reinava na França e mal podia disputar algumas aldeias estava ainda menos capacitado a disputar o império. Temos um acordo entre Carlos, o Simples, e o imperador Henrique I, que sucedera a Conrado. É o chamado pacto de Bonn[209]. Os dois príncipes entraram num navio ancorado no meio do Reno e juraram eterna amizade. Valeram-se de um *mezzo termine* bastante bom. Carlos tomou o título de rei da França ocidental e Henrique, o de rei da França oriental. Carlos fez um acordo com o rei da Germânia, não com o imperador.

---

[208] Arnoldo e seu filho, Luís IV. (N. do A.)

[209] Do ano 926, citado por Aubert Le Mire, código *donationum piarum*, capítulo XXVII. (N. do A.)

Capítulo XXXII
Como a coroa francesa passou para a casa de Hugo Capeto

A herança dos feudos e o estabelecimento geral dos retrofeudos extinguiram o governo político e formaram o governo feudal. Em vez daquela multidão incontável de vassalos que os reis haviam tido, passaram a ter apenas alguns, de que os demais dependiam. Os reis passaram a quase não ter nenhuma autoridade direta: um poder que devia passar por tantos outros poderes e por tão grandes poderes deteve-se ou se perdeu antes de chegar ao termo. Tão grandes vassalos já não obedeceram; e se serviram até de seus subvassalos para não mais obedecerem. Privados dos seus domínios, reduzidos às cidades de Reims e de Laon, os reis ficaram à mercê deles. A árvore estendeu demais os seus ramos, e a cabeça secou. O reino viu-se sem domínio, como hoje o império. A coroa foi dada a um dos mais poderosos vassalos.

Os normandos devastavam o reino: vinham em jangadas ou pequenos barcos e entravam na foz dos rios, subiam o seu curso e devastavam as regiões dos dois lados. As cidades de Orléans e de Paris detinham esses bandidos[210]; e eles não podiam avançar nem pelo Sena, nem pelo Loire. Hugo Capeto, que possuía essas duas cidades, tinha nas mãos as duas chaves dos infelizes restos do reino; concederam-lhe uma coroa que ele era o único capaz de defender. Foi assim que, mais tarde, o império foi dado à casa que mantinha imóveis as fronteiras com os turcos.

O império saiu da casa de Carlos Magno na época em que a hereditariedade dos feudos só se estabelecia como uma condescendência. Tal hereditariedade esteve em vigor até mais tarde entre os alemães do que entre os franceses[211]: isso fez que o império, considerado como um feudo, passasse a ser eletivo. Quando, ao contrário, a coroa de França saiu da casa de Carlos Magno, os feudos eram realmente hereditários nesse reino: a coroa, como um grande feudo, também passou a sê-lo.

---

[210] Vide o capitular de Carlos, o Calvo, do ano 877, apud *Carisiacum*, acerca da importância de Paris, de Saint-Denys e dos castelos do Loire naqueles tempos. (N. do A.)

[211] Vide supra, capítulo XXX. (N. do A.)

De resto, foi um grande erro datar dessa revolução todas as mudanças que haviam acontecido e que aconteceriam mais tarde. Tudo se reduzia a dois eventos; mudou a família reinante e a coroa foi vinculada a um grande feudo.

Capítulo XXXIII
Algumas consequências da perpetuidade dos feudos

Seguiu-se da perpetuidade dos feudos que os direitos de prelação e de primogenitura se estabeleceram entre os franceses. Esses direitos não eram conhecidos na primeira raça[212]: a coroa era dividida entre os irmãos; os alódios também eram divididos assim; e os feudos, amovíveis ou vitalícios, como não eram objeto de sucessão, não podiam ser objeto de herança.

Na segunda raça, o título de imperador que Luís, o Bonachão, tinha e com que ele honrou Lotário, seu filho mais velho, fez que imaginasse dar a esse príncipe uma espécie de primado sobre os irmãos mais moços. Os dois reis deviam ir encontrar o imperador a cada ano, levar-lhe presentes e dele receber outros maiores; deviam discutir com ele os assuntos comuns[213]. Foi o que deu a Lotário aquelas pretensões que tanto mal lhe causaram. Quando Agobardo escreveu para esse príncipe[214], alegou a disposição do próprio imperador, que associara Lotário ao império, depois de, por três dias de jejum e pela celebração dos santos sacrifícios, por orações e esmolas, Deus ter sido consultado; que a nação lhe prestara juramento e não podia cometer perjúrio; que ele enviara Lotário a Roma para ser confirmado pelo Papa. Ele insiste em tudo isso, e não no direito de primogenitura. Diz, sim, que o imperador designara uma herança para os filhos mais moços e dera preferência ao primogênito: mas dizer que ele preferira o primogênito era ao mesmo tempo dizer que teria podido preferir os filhos mais jovens.

Mas, quando os feudos passaram a ser hereditários, o direito de

---

212 Vide a lei sálica e a lei dos ripuários, no título *Dos alódios*. (N. do A.)

213 Vide o capitular do ano 817, que contém a primeira partilha que Luís, o Bonachão, fez entre os filhos. (N. do A.)

214 Vide as suas duas cartas a este respeito, das quais uma tem como título *de divisione imperii*. (N. do A.)

primogenitura se estabeleceu na sucessão dos feudos; e, pela mesma razão, na da coroa, que era o grande feudo. A velha lei, que formava partilhas, desapareceu: como os feudos estavam encarregados de um serviço, o possuidor tinha de ter capacidade para desempenhá-lo. Estabeleceu-se um direito de primogenitura; e a razão da lei feudal se sobrepôs à lei política ou civil.

Passando os feudos para os filhos do possuidor, os senhores perdiam a liberdade de dele dispor; e, para ressarcir-se, estabeleceram um direito que foi chamado de direito de resgate, de que falam os nossos costumes, que de início se pagava em linha reta e, por costume, passou a ser pago só em linha colateral.

Logo os feudos puderam ser transferidos para os estrangeiros, como um bem patrimonial. Isso fez nascer o direito de laudêmio e de vendas, estabelecido em quase todo o reino. Tais direitos foram de início arbitrários; mas, quando a prática de conceder essas permissões se tornou geral, esses direitos foram fixados em cada região.

Devia o direito de resgate ser pago a cada mutação de herdeiro e até se pagou, de início, em linha reta[215]. O costume mais geral o definira como equivalente a um ano de renda. Isso era oneroso e incômodo para o vassalo e afetava, por assim dizer, o feudo. Muitas vezes o vassalo conseguiu, no ato de homenagem, que o senhor não exigisse pelo resgate mais do que certa quantia de dinheiro[216], a qual, pelas mudanças por que passaram as moedas, se tornou insignificante: assim, o direito de resgate se vê hoje reduzido a quase nada, ao passo que o de laudêmio e o de vendas persistiram em toda a sua extensão. Como esse direito não diz respeito nem ao vassalo nem aos herdeiros, mas é um caso fortuito que não se devia nem prever nem esperar, não fizeram esse tipo de estipulação e continuaram a pagar certa parte do preço.

Quando os feudos eram vitalícios, não se podia dar parte do feudo para conservá-lo a título perpétuo como retrofeudo; teria sido absurdo que um mero usufrutuário tivesse disposto da propriedade

---

215 Vide a ordenação de Filipe Augusto, do ano 1209, acerca dos feudos. (N. do A.)

216 Vemos nas cartas muitas destas convenções, como no capitular de Vendôme e no da abadia de Saint Cyprien, em Poitou, do qual o sr. Galland, p. 55, forneceu excertos. (N. do A.)

da coisa. Mas, quando se tornaram perpétuos, isso foi permitido[217], com certas restrições impostas pelos costumes[218], o que chamam de desmembrar o feudo[219].

Tendo a perpetuidade dos feudos feito que se estabelecesse o direito de resgate, as filhas puderam suceder a um feudo, na ausência de varões. Pois, ao dar o senhor o feudo à filha, ele multiplicava os casos de seu direito de resgate, porque o marido devia pagá-lo tanto quanto a mulher[220]. Essa disposição não podia aplicar-se à coroa; pois, como esta não dependia de ninguém, não podia haver direito de resgate sobre si.

A filha de Guilherme V, conde de Tolosa, não sucedeu ao condado. Em seguida, Alienor obteve a sucessão da Aquitânia e Matilde, a da Normandia: e o direito de sucessão das filhas pareceu, na época, tão bem estabelecido, que Luís, o Moço, depois da dissolução do seu casamento com Alienor, não opôs nenhuma dificuldade em lhe devolver a Guyenne. Como esses dois exemplos se seguiram muito de perto ao primeiro, a lei geral que chamava as mulheres à sucessão deve ter-se introduzido mais tarde no condado de Tolosa do que nas outras províncias do reino[221].

A constituição de diversos reinos da Europa seguiu o estado em que se encontravam os feudos no tempo em que esses reinos foram fundados. As mulheres não sucederam nem à coroa da França nem ao império, porque no estabelecimento dessas duas monarquias as mulheres não podiam suceder nos feudos; mas tiveram a sucessão dos reinos cujo estabelecimento se seguiu ao da perpetuidade dos feudos, tais como os que foram fundados pelas conquistas dos normandos, os que foram fundados pelas conquistas feitas aos mouros e outros, enfim, que para além das fronteiras da Alemanha e em tempos bas-

---

[217] Mas não se podia abreviar o feudo, isto é, estender uma porção dele. (N. do A.)

[218] Elas determinaram a porção que podia ser desmembrada. (N. do A.)

[219] No original, "*se jouer de son fief*", alienar parte do feudo de modo que a alienação não supere os dois terços, ou a parte determinada pelo direito consuetudinário local (cf. De Ferrière, Claude-Joseph, *Dictionnaire de Droit et de Pratique*; Toulouse, 1779, T. II, verbete *jouer*, ou *se jouer de son fief*). (N. do T.)

[220] É por isso que o senhor obrigava a viúva a casar novamente. (N. do A.)

[221] A maioria das grandes casas tinha as suas próprias leis de sucessão. Vide o que nos diz o sr. Thaumassière acerca das casas do Berri. (N. do A.)

tante modernos tiveram, por assim dizer, um segundo nascimento pelo estabelecimento do cristianismo.

Quando os feudos eram amovíveis, eram dados a pessoas que tinham condições de servi-los; e nunca a menores. Mas, quando passaram a ser perpétuos, os senhores conservavam o feudo até a maioridade, quer para aumentar os lucros, quer para educar o pupilo no exercício das armas[222]. É o que o direito consuetudinário francês chama *garde-noble* ou guarda das crianças nobres, a qual se fundamenta em princípios diferentes dos da tutela e é completamente distinta desta.

Quando os feudos eram vitalícios, as pessoas candidatavam-se a um feudo; e a tradição real, que se fazia pelo cetro, confirmava o feudo, como hoje a homenagem o confirma. Não vemos que os condes, e nem mesmo os emissários do rei, recebessem as homenagens nas províncias; e tal função não se encontra nas comissões desses funcionários que nos foram conservadas nos capitulares. Por vezes estes ordenavam que prestassem juramento de fidelidade todos os súditos[223]: mas tal juramento estava tão longe de ter a mesma natureza da homenagem que mais tarde se estabeleceu, que, nesta última, o juramento de fidelidade era uma ação vinculada à homenagem, que ora a esta se seguia, ora a precedia, que não acontecia em todas as homenagens, que era menos solene do que a homenagem e completamente diferente dela[224].

Os condes e os emissários do rei também mandavam, ocasionalmente, dar aos vassalos cuja fidelidade fosse suspeita uma garantia

---

[222] Vemos no capitular do ano 877, *apud Carisiacum*, artigo 3, edição de Baluze, t. II, p. 169, o momento em que os reis mandaram que os feudos fossem administrados, a fim de conservá-los para os menores; exemplo que foi seguido pelos senhores e deu origem ao que chamamos *garde-noble* ou guarda das crianças nobres. (N. do A.)

[223] Encontramos a sua fórmula no capitular II do ano 802. Vide também o capitular do ano 854, artigo 13; e outros. (N. do A.)

[224] O sr. Du Cange, no verbete *hominium*, p. 1163, e no verbete *fidelitas*, p. 474, cita as cartas das antigas homenagens, em que se encontram essas diferenças, e grande número de autoridades que podemos ver. Na homenagem, o vassalo punha a sua mão na do senhor e jurava; o juramento de fidelidade era feito sobre os Evangelhos. A homenagem era feita de joelhos; o juramento de fidelidade, de pé. Só o senhor podia receber a homenagem; mas os seus funcionários podiam tomar o juramento de fidelidade. Vide Littleton, seções 91 e 92. *Fé e homenagem* quer dizer fidelidade e homenagem. (N. do A.)

a que chamavam *firmitas*[225]; mas essa garantia não podia ser uma homenagem, pois os reis a davam uns aos outros[226].

Pois, se o abade Suger fala de uma cátedra de Dagoberto, em que, segundo o testemunho da Antiguidade, os reis de França tinham o costume de receber as homenagens dos senhores[227], é claro que emprega aqui as ideias e a linguagem do seu tempo.

Quando os feudos passaram aos herdeiros, o reconhecimento do vassalo, que nos primeiros tempos era apenas algo ocasional, tornou-se uma ação regulamentada: passou a ser feito de maneira mais grandiosa, ganhou mais formalidades, porque devia conservar a memória dos deveres recíprocos do senhor e do vassalo, em todas as épocas.

Eu poderia crer que as homenagens começaram a se estabelecer nos tempos do rei Pepino, que foi quando eu disse que vários benefícios foram dados a título perpétuo; mas creria nisso com precaução, e só na suposição de que os autores dos antigos anais dos francos não fossem tão ignorantes, que, ao descreverem as cerimônias do ato de fidelidade que Tassílio, duque da Baviera, prestou a Pepino[228], falassem segundo os usos que viam ser praticados em seu tempo[229].

Capítulo XXXIV
Continuação do mesmo assunto

Quando os feudos eram amovíveis ou vitalícios, quase só pertenciam às leis políticas: é por isso que, nas leis civis daquela época, tão poucas menções eram feitas acerca das leis dos feudos. Mas, quando se tornaram hereditários, e puderam ser dados, vendidos e legados, passaram a pertencer às leis políticas e às leis civis. O feudo, considerado uma obrigação ao serviço militar, estava ligado ao direito

---

225 Capitular de Carlos, o Calvo, do ano 860, *post reditum a Confluentibus*, artigo 3, edição de Baluze, p. 145. (N. do A.)

226 Ibid., artigo 1. (N. do A.)

227 *Lib. de administratione sua*. (N. do A.)

228 *Anno* 757, capítulo XVII. (N. do A.)

229 Tassilio *venit in vassatico se commendans, per manus sacramenta juravit multa et innumerabilia, reliquiis sanctorum manus imponens, et fidelitatem promisit* Pippino. Parece que haveria aí uma homenagem e um juramento de fidelidade. Vide a nota *224* deste capítulo. (N. do A.)

político; considerado um tipo de bem comercial, estava ligado ao direito civil. Isso deu origem às leis civis sobre os feudos.

Tendo os feudos se tornado hereditários, as leis acerca da ordem das sucessões tiveram de ser relativas à perpetuidade dos feudos. Assim se estabeleceu, apesar da disposição do direito romano e da lei sálica[230], esta regra do direito francês, *les propres ne remontent point*, os ascendentes não herdam os bens imobiliários[231]. O feudo tinha de ser servido; mas um avô ou um tio-avô teriam sido maus vassalos para o senhor: por isso essa regra de início só valeu para os feudos, como nos ensina Boutillier[232].

Tendo-se tornado os feudos hereditários, os senhores, que deviam velar para que o feudo fosse servido, exigiram que as filhas que deviam suceder ao feudo[233], e, creio, às vezes também os varões, não pudessem casar sem o seu consentimento; de modo que os contratos de casamento se tornaram, para os nobres, uma disposição feudal e uma disposição civil. Em tal ato, feito na presença do senhor, foram estabelecidas disposições para a sucessão futura, com a ideia de que o feudo pudesse ser servido pelos herdeiros; assim, no começo, só os nobres tinham a liberdade de dispor das sucessões futuras por contrato de matrimônio, como observaram Boyer[234] e Aufrério[235].

É inútil dizer que a reversão por linhagem, baseada no antigo direito dos parentes, que é um mistério da nossa antiga jurisprudência francesa que não tenho tempo de desenvolver, não pôde aplicar-se aos feudos, senão quando estes se tornaram perpétuos.

Italiam, Italiam...[236] Concluí este tratado dos feudos no ponto em que a maioria dos autores começou.

---

230 No título *Dos alódios*. (N. do A.)

231 Livro IV, *de feudis*, título 59. (N. do A.)

232 *Somme rurale*, livro I, título 76, p. 447. (N. do A.)

233 Segundo uma ordenação de São Luís, do ano 1246, para confirmar o direito consuetudinário de Anjou e do Maine, os que tiverem a guarda de uma jovem herdeira de um feudo assegurarão ao senhor que ela só se casará com o consentimento dele. (N. do A.)

234 Decisão 155, nº 8; e 204, nº 38. (N. do A.)

235 *In Capell. Thol.*, decisão 453. (N. do A.)

236 *Eneida*, livro III, verso 523. (N. do A.)

Sumário

Do espírito das leis

Primeira Parte
Livro I – Das leis em geral

Livro II – Das leis que derivam diretamente da natureza do governo

Livro III – Da diferença dos três governos

Livro IV – Que as leis da educação devem ser relativas aos princípios do governo

Livro V – Que as leis que o legislador decreta devem estar relacionadas com o princípio do governo

Livro VI – Consequências dos princípios dos diversos governos em relação à simplicidade das leis civis e criminais, a forma dos julgamentos, a determinação das penas

Livro VII – Consequências dos diferentes princípios dos três governos, em relação às leis suntuárias, ao luxo e à condição das mulheres

Livro VIII – Da corrupção dos princípios dos três governos

SEGUNDA PARTE

Livro IX – Das leis na relação que têm com a força defensiva

Livro X – Das leis, na relação que têm com a força ofensiva

Livro XI – Das leis que formam a liberdade política em sua relação com a constituição

Livro XII – Das leis que formam a liberdade política em sua relação com o cidadão

Livro XIII – Das relações que a arrecadação dos tributos e a magnitude das rendas públicas têm com a liberdade

Terceira Parte

Livro XIV – Das leis na relação que têm com a natureza do clima

Livro XV – Como se relacionam as leis da escravidão civil com a natureza do clima

Livro XVI – Como as leis da escravidão doméstica se relacionam com a natureza do clima

Livro XVII – Como as leis da escravidão política se relacionam com a natureza do clima

Livro XVIII – Das leis, na relação que têm com a natureza do solo

Livro XIX – Das leis, na relação que têm com os princípios que formam o espírito geral, os costumes e as maneiras de uma nação

Quarta Parte

Livro XX – Das leis, na relação que têm com o comércio, considerado em sua natureza e em suas distinções

Livro XXI – Das leis, na relação que têm com o comércio, considerado nas revoluções por que passou no mundo

Livro XXII – Das leis, na relação que têm com o uso da moeda

Livro XXIII – Das leis, na relação que têm com o número de habitantes

Quinta Parte

Livro XXIV – Das leis, na relação que têm com a religião estabelecida em cada país, considerada em suas práticas e em si mesma

Livro XXV – Das leis, na relação que têm com o estabelecimento da religião de cada país e com a sua ordem exterior

Livro XXVI – Das leis, na relação que devem ter com a ordem das coisas acerca das quais estatuem

SEXTA PARTE
Livro XXVII

Livro XXVIII – Da origem e das revoluções das leis civis entre os franceses

Livro XXIX – Da maneira de compor as leis

Livro XXX – Teoria das leis feudais entre os francos, na relação que têm com o estabelecimento da monarquia

Livro XXXI – Teoria das leis feudais entre os francos, nas relações que têm com as revoluções de sua monarquia

Os Objetivos, a Filosofia e a Missão da Editora Martin Claret

O principal Objetivo da MARTIN CLARET é continuar a desenvolver uma grande e poderosa empresa editorial brasileira, para melhor servir a seus leitores.

A Filosofia de trabalho da MARTIN CLARET consiste em criar, inovar, produzir e distribuir, sinergicamente, livros da melhor qualidade editorial e gráfica, para o maior número de leitores e por um preço economicamente acessível.

A Missão da MARTIN CLARET é conscientizar e motivar as pessoas a desenvolver e utilizar o seu pleno potencial espiritual, mental, emocional e social.

A MARTIN CLARET está empenhada em contribuir para a difusão da educação e da cultura, por meio da democratização do livro, usando todos os canais ortodoxos e heterodoxos de comercialização.

A MARTIN CLARET, em sua missão empresarial, acredita na verdadeira função do livro: o livro muda as pessoas.

A MARTIN CLARET, em sua vocação educacional, deseja, por meio do livro, claretizar, otimizar e iluminar a vida das pessoas.

Revolucione-se: leia mais para ser mais!

MARTIN CLARET

Relação dos Volumes Publicados

1. **Dom Casmurro** *Machado de Assis*
2. **O Príncipe** *Maquiavel*
3. **Mensagem** *Fernando Pessoa*
4. **O Lobo do Mar** *Jack London*
5. **A Arte da Prudência** *Baltasar Gracián*
6. **Iracema / Cinco Minutos** *José de Alencar*
7. **Inocência** *Visconde de Taunay*
8. **A Mulher de 30 Anos** *Honoré de Balzac*
9. **A Moreninha** *Joaquim Manuel de Macedo*
10. **A Escrava Isaura** *Bernardo Guimarães*
11. **As Viagens - "Il Milione"** *Marco Polo*
12. **O Retrato de Dorian Gray** *Oscar Wilde*
13. **A Volta ao Mundo em 80 Dias** *Júlio Verne*
14. **A Carne** *Júlio Ribeiro*
15. **Amor de Perdição** *Camilo Castelo Branco*
16. **Sonetos** *Luís de Camões*
17. **O Guarani** *José de Alencar*
18. **Memórias Póstumas de Brás Cubas** *Machado de Assis*
19. **Lira dos Vinte Anos** *Álvares de Azevedo*
20. **Apologia de Sócrates / Banquete** *Platão*
21. **A Metamorfose/Um Artista da Fome/Carta a Meu Pai** *Franz Kafka*
22. **Assim Falou Zaratustra** *Friedrich Nietzsche*
23. **Triste Fim de Policarpo Quaresma** *Lima Barreto*
24. **A Ilustre Casa de Ramires** *Eça de Queirós*
25. **Memórias de um Sargento de Milícias** *Manuel Antônio de Almeida*
26. **Robinson Crusoé** *Daniel Defoe*
27. **Espumas Flutuantes** *Castro Alves*
28. **O Ateneu** *Raul Pompéia*
29. **O Noviço / O Juiz de Paz da Roça / Quem Casa Quer Casa** *Martins Pena*
30. **A Relíquia** *Eça de Queirós*
31. **O Jogador** *Dostoiévski*
32. **Histórias Extraordinárias** *Edgar Allan Poe*
33. **Os Lusíadas** *Luís de Camões*
34. **As Aventuras de Tom Sawyer** *Mark Twain*
35. **Bola de Sebo e Outros Contos** *Guy de Maupassant*
36. **A República** *Platão*
37. **Elogio da Loucura** *Erasmo de Rotterdam*
38. **Caninos Brancos** *Jack London*
39. **Hamlet** *William Shakespeare*
40. **A Utopia** *Thomas More*
41. **O Processo** *Franz Kafka*
42. **O Médico e o Monstro** *Robert Louis Stevenson*
43. **Ecce Homo** *Friedrich Nietzsche*
44. **O Manifesto do Partido Comunista** *Marx e Engels*
45. **Discurso do Método / Regras para a Direção do Espírito** *René Descartes*
46. **Do Contrato Social** *Jean-Jacques Rousseau*
47. **A Luta pelo Direito** *Rudolf von Ihering*
48. **Dos Delitos e das Penas** *Cesare Beccaria*
49. **A Ética Protestante e o Espírito do Capitalismo** *Max Weber*
50. **O Anticristo** *Friedrich Nietzsche*
51. **Os Sofrimentos do Jovem Werther** *Goethe*
52. **As Flores do Mal** *Charles Baudelaire*
53. **Ética a Nicômaco** *Aristóteles*
54. **A Arte da Guerra** *Sun Tzu*
55. **Imitação de Cristo** *Tomás de Kempis*
56. **Cândido ou o Otimismo** *Voltaire*
57. **Rei Lear** *William Shakespeare*
58. **Frankenstein** *Mary Shelley*
59. **Quincas Borba** *Machado de Assis*
60. **Fedro** *Platão*
61. **Política** *Aristóteles*
62. **A Viuvinha / Encarnação** *José de Alencar*
63. **As Regras do Método Sociológico** *Émile Durkheim*
64. **O Cão dos Baskervilles** *Sir Arthur Conan Doyle*
65. **Contos Escolhidos** *Machado de Assis*
66. **Da Morte / Metafísica do Amor / Do Sofrimento do Mundo** *Arthur Schopenhauer*
67. **As Minas do Rei Salomão** *Henry Rider Haggard*
68. **Manuscritos Econômico-Filosóficos** *Karl Marx*
69. **Um Estudo em Vermelho** *Sir Arthur Conan Doyle*
70. **Meditações** *Marco Aurélio*
71. **A Vida das Abelhas** *Maurice Materlinck*
72. **O Cortiço** *Aluísio Azevedo*
73. **Senhora** *José de Alencar*
74. **Brás, Bexiga e Barra Funda / Laranja da China** *Antônio de Alcântara Machado*
75. **Eugênia Grandet** *Honoré de Balzac*
76. **Contos Gauchescos** *João Simões Lopes Neto*
77. **Esaú e Jacó** *Machado de Assis*
78. **O Desespero Humano** *Sören Kierkegaard*
79. **Dos Deveres** *Cícero*
80. **Ciência e Política** *Max Weber*
81. **Satíricon** *Petrônio*
82. **Eu e Outras Poesias** *Augusto dos Anjos*
83. **Farsa de Inês Pereira / Auto da Barca do Inferno / Auto da Alma** *Gil Vicente*
84. **A Desobediência Civil e Outros Escritos** *Henry David Toreau*
85. **Para Além do Bem e do Mal** *Friedrich Nietzsche*
86. **A Ilha do Tesouro** *R. Louis Stevenson*
87. **Marília de Dirceu** *Tomás A. Gonzaga*
88. **As Aventuras de Pinóquio** *Carlo Collodi*
89. **Segundo Tratado Sobre o Governo** *John Locke*
90. **Amor de Salvação** *Camilo Castelo Branco*
91. **Broquéis/Faróis/ Últimos Sonetos** *Cruz e Souza*
92. **I-Juca-Pirama / Os Timbiras / Outros Poemas** *Gonçalves Dias*
93. **Romeu e Julieta** *William Shakespeare*
94. **A Capital Federal** *Arthur Azevedo*
95. **Diário de um Sedutor** *Sören Kierkegaard*
96. **Carta de Pero Vaz de Caminha a El-Rei Sobre o Achamento do Brasil**
97. **Casa de Pensão** *Aluísio Azevedo*
98. **Macbeth** *William Shakespeare*

99. Édipo Rei/Antígona
Sófocles

100. Lucíola
José de Alencar

101. As Aventuras de Sherlock Holmes
Sir Arthur Conan Doyle

102. Bom-Crioulo
Adolfo Caminha

103. Helena
Machado de Assis

104. Poemas Satíricos
Gregório de Matos

105. Escritos Políticos / A Arte da Guerra
Maquiavel

106. Ubirajara
José de Alencar

107. Diva
José de Alencar

108. Eurico, o Presbítero
Alexandre Herculano

109. Os Melhores Contos
Lima Barreto

110. A Luneta Mágica
Joaquim Manuel de Macedo

111. Fundamentação da Metafísica dos Costumes e Outros Escritos
Immanuel Kant

112. O Príncipe e o Mendigo
Mark Twain

113. O Domínio de Si Mesmo pela Auto-Sugestão Consciente
Émile Coué

114. O Mulato
Aluísio Azevedo

115. Sonetos
Florbela Espanca

116. Uma Estadia no Inferno / Poemas / Carta do Vidente
Arthur Rimbaud

117. Várias Histórias
Machado de Assis

118. Fédon
Platão

119. Poesias
Olavo Bilac

120. A Conduta para a Vida
Ralph Waldo Emerson

121. O Livro Vermelho
Mao Tsé-Tung

122. Oração aos Moços
Rui Barbosa

123. Otelo, o Mouro de Veneza
William Shakespeare

124. Ensaios
Ralph Waldo Emerson

125. De Profundis / Balada do Cárcere de Reading
Oscar Wilde

126. Crítica da Razão Prática
Immanuel Kant

127. A Arte de Amar
Ovídio Naso

128. O Tartufo ou O Impostor
Molière

129. Metamorfoses
Ovídio Naso

130. A Gaia Ciência
Friedrich Nietzsche

131. O Doente Imaginário
Molière

132. Uma Lágrima de Mulher
Aluísio Azevedo

133. O Último Adeus de Sherlock Holmes
Sir Arthur Conan Doyle

134. Canudos - Diário de uma Expedição
Euclides da Cunha

135. A Doutrina de Buda
Siddharta Gautama

136. Tao Te Ching
Lao-Tsé

137. Da Monarquia / Vida Nova
Dante Alighieri

138. A Brasileira de Prazins
Camilo Castelo Branco

139. O Velho da Horta/Quem Tem Farelos?/Auto da Índia
Gil Vicente

140. O Seminarista
Bernardo Guimarães

141. O Alienista / Casa Velha
Machado de Assis

142. Sonetos
Manuel du Bocage

143. O Mandarim
Eça de Queirós

144. Noite na Taverna / Macário
Álvares de Azevedo

145. Viagens na Minha Terra
Almeida Garrett

146. Sermões Escolhidos
Padre Antonio Vieira

147. Os Escravos
Castro Alves

148. O Demônio Familiar
José de Alencar

149. A Mandrágora / Belfagor, o Arquidiabo
Maquiavel

150. O Homem
Aluísio Azevedo

151. Arte Poética
Aristóteles

152. A Megera Domada
William Shakespeare

153. Alceste/Electra/Hipólito
Eurípedes

154. O Sermão da Montanha
Huberto Rohden

155. O Cabeleira
Franklin Távora

156. Rubáiyát
Omar Khayyám

157. Luzia-Homem
Domingos Olímpio

158. A Cidade e as Serras
Eça de Queirós

159. A Retirada da Laguna
Visconde de Taunay

160. A Viagem ao Centro da Terra
Júlio Verne

161. Caramuru
Frei Santa Rita Durão

162. Clara dos Anjos
Lima Barreto

163. Memorial de Aires
Machado de Assis

164. Bhagavad Gita
Krishna

165. O Profeta
Khalil Gibran

166. Aforismos
Hipócrates

167. Kama Sutra
Vatsyayana

168. O Livro da Jângal
Rudyard Kipling

169. De Alma para Alma
Huberto Rohden

170. Orações
Cícero

171. Sabedoria das Parábolas
Huberto Rohden

172. Salomé
Oscar Wilde

173. Do Cidadão
Thomas Hobbes

174. Porque Sofremos
Huberto Rohden

175. Einstein: o Enigma do Universo
Huberto Rohden

176. A Mensagem Viva do Cristo
Huberto Rohden

177. Mahatma Gandhi
Huberto Rohden

178. A Cidade do Sol
Tommaso Campanella

179. Setas para o Infinito
Huberto Rohden

180. A Voz do Silêncio
Helena Blavatsky

181. Frei Luís de Sousa
Almeida Garrett

182. Fábulas
Esopo

183. Cântico de Natal/ Os Carrilhões
Charles Dickens

184. Contos
Eça de Queirós

185. O Pai Goriot
Honoré de Balzac

186. Noites Brancas e Outras Histórias
Dostoiévski

187. Minha Formação
Joaquim Nabuco

188. Pragmatismo
William James

189. Discursos Forenses
Enrico Ferri

190. Medéia
Eurípedes

191. Discursos de Acusação
Enrico Ferri

192. A Ideologia Alemã
Marx & Engels

193. Prometeu Acorrentado
Ésquilo

194. Iaiá Garcia
Machado de Assis

195. Discursos no Instituto dos Advogados Brasileiros / Discurso no Colégio Anchieta
Rui Barbosa

196. Édipo em Colono
Sófocles

197. A Arte de Curar pelo Espírito
Joel S. Goldsmith

198. Jesus, o Filho do Homem
Khalil Gibran

199. Discurso sobre a Origem e os Fundamentos da Desigualdade entre os Homens
Jean-Jacques Rousseau

200. Fábulas
La Fontaine

201. O Sonho de uma Noite de Verão
William Shakespeare

202. Maquiavel, o Poder
José Nivaldo Junior

203. Ressurreição
Machado de Assis

204. O Caminho da Felicidade
Huberto Rohden

205. A Velhice do Padre Eterno
Guerra Junqueiro

206. O Sertanejo
José de Alencar

207. Gitanjali
Rabindranath Tagore

208. Senso Comum
Thomas Paine

209. Canaã
Graça Aranha

210. O Caminho Infinito
Joel S. Goldsmith

211. Pensamentos
Epicuro

212. A Letra Escarlate
Nathaniel Hawthorne

213. Autobiografia
Benjamin Franklin

214. Memórias de Sherlock Holmes
Sir Arthur Conan Doyle

215. O Dever do Advogado / Posse de Direitos Pessoais
Rui Barbosa

216. O Tronco do Ipê
José de Alencar

217. O Amante de Lady Chatterley
D. H. Lawrence

218. Contos Amazônicos
Inglês de Souza

219. A Tempestade
William Shakespeare

220. Ondas
Euclides da Cunha

221. Educação do Homem Integral
Huberto Rohden

222. Novos Rumos para a Educação
Huberto Rohden

223. Mulherzinhas
Louise May Alcott

224. A Mão e a Luva
Machado de Assis

225. A Morte de Ivan Ilicht / Senhores e Servos
Leon Tolstói

226. Álcoois e Outros Poemas
Apollinaire

227. Pais e Filhos
Ivan Turguêniev

228. Alice no País das Maravilhas
Lewis Carroll

229. À Margem da História
Euclides da Cunha

230. Viagem ao Brasil
Hans Staden

231. O Quinto Evangelho
Tomé

232. Lorde Jim
Joseph Conrad

233. Cartas Chilenas
Tomás Antônio Gonzaga

234. Odes Modernas
Anntero de Quental

235. Do Cativeiro Babilônico da Igreja
Martinho Lutero

236. O Coração das Trevas
Joseph Conrad

237. Thais
Anatole France

238. Andrômaca / Fedra
Racine

239. As Catilinárias
Cícero

240. Recordações da Casa dos Mortos
Dostoiévski

241. O Mercador de Veneza
William Shakespeare

242. A Filha do Capitão / A Dama de Espadas
Aleksandr Púchkin

243. Orgulho e Preconceito
Jane Austen

244. A Volta do Parafuso
Henry James

245. O Gaúcho
José de Alencar

246. Tristão e Isolda
Lenda Medieval Celta de Amor

247. Poemas Completos de Alberto Caeiro
Fernando Pessoa

248. Maiakósvski
Vida e Poesia

249. Sonetos
William Shakespeare

250. Poesia de Ricardo Reis
Fernando Pessoa

251. Papéis Avulsos
Machado de Assis

252. Contos Fluminenses
Machado de Assis

253. O Bobo
Alexandre Herculano

254. A Oração da Coroa
Demóstenes

255. O Castelo
Franz Kafka

256. O Trovejar do Silêncio
Joel S. Goldsmith

257. Alice na Casa dos Espelhos
Lewis Carrol

258. Miséria da Filosofia
Karl Marx

259. Júlio César
William Shakespeare

260. Antônio e Cleópatra
William Shakespeare

261. Filosofia da Arte
Huberto Rohden

262. A Alma Encantadora das Ruas
João do Rio

263. A Normalista
Adolfo Caminha

264. Pollyanna
Eleanor H. Porter

265. As Pupilas do Senhor Reitor
Júlio Diniz

266. As Primaveras
Casimiro de Abreu

267. Fundamentos do Direito
Léon Duguit

268. Discursos de Metafísica
G. W. Leibniz

269. Sociologia e Filosofia
Émile Durkheim

270. Cancioneiro
Fernando Pessoa

271. A Dama das Camélias
Alexandre Dumas (filho)

272. O Divórcio / As Bases da Fé / e outros textos
Rui Barbosa

273. Pollyanna Moça
Eleanor H. Porter

274. O 18 Brumário de Luís Bonaparte
Karl Marx

275. Teatro de Machado de Assis
Antologia

276. Cartas Persas
Montesquieu

277. Em Comunhão com Deus
Huberto Rohden

278. Razão e Sensibilidade
Jane Austen

279. Crônicas Selecionadas
Machado de Assis

280. Histórias da Meia-Noite
Machado de Assis

281. Cyrano de Bergerac
Edmond Rostand

282. O Maravilhoso Mágico de Oz
L. Frank Baum

283. Trocando Olhares
Florbela Espanca

284. O Pensamento Filosófico da Antiguidade
Huberto Rohden

285. Filosofia Contemporânea
Huberto Rohden

286. O Espírito da Filosofia Oriental
Huberto Rohden

287. A Pele do Lobo / O Badejo / o Dote
Artur Azevedo

288. Os Bruzundangas
Lima Barreto

289. A Pata da Gazela
José de Alencar

290. O Vale do Terror
Sir Arthur Conan Doyle

291. O Signo dos Quatro
Sir Arthur Conan Doyle

292. As Máscaras do Destino
Florbela Espanca

293. A Confissão de Lúcio
Mário de Sá-Carneiro

294. Falenas
Machado de Assis

295. O Uraguai / A Declamação Trágica
Basílio da Gama

296. Crisálidas
Machado de Assis

297. Americanas
Machado de Assis

298. A Carteira de Meu Tio
Joaquim Manuel de Macedo

299. Catecismo da Filosofia
Huberto Rohden

301. Rumo à Consciência Cósmica
Huberto Rohden

302. Cosmoterapia
Huberto Rohden

303. Bodas de Sangue
Federico García Lorca

304. Discurso da Servidão Voluntária
Étienne de La Boétie

305. Categorias
Aristóteles

306. **Manon Lescaut**
Abade Prévost

307. **Teogonia / Trabalho e Dias**
Hesíodo

308. **As Vítimas-Algozes**
Joaquim Manuel de Macedo

309. **Persuasão**
Jane Austen

Série Ouro
(Livros com mais de 400 p.)

1. **Leviatã**
Thomas Hobbes

2. **A Cidade Antiga**
Fustel de Coulanges

3. **Crítica da Razão Pura**
Immanuel Kant

4. **Confissões**
Santo Agostinho

5. **Os Sertões**
Euclides da Cunha

6. **Dicionário Filosófico**
Voltaire

7. **A Divina Comédia**
Dante Alighieri

8. **Ética Demonstrada à Maneira dos Geômetras**
Baruch de Spinoza

9. **Do Espírito das Leis**
Montesquieu

10. **O Primo Basílio**
Eça de Queirós

11. **O Crime do Padre Amaro**
Eça de Queirós

12. **Crime e Castigo**
Dostoiévski

13. **Fausto**
Goethe

14. **O Suicídio**
Émile Durkheim

15. **Odisséia**
Homero

16. **Paraíso Perdido**
John Milton

17. **Drácula**
Bram Stocker

18. **Ilíada**
Homero

19. **As Aventuras de Huckleberry Finn**
Mark Twain

20. **Paulo – O 13º Apóstolo**
Ernest Renan

21. **Eneida**
Virgílio

22. **Pensamentos**
Blaise Pascal

23. **A Origem das Espécies**
Charles Darwin

24. **Vida de Jesus**
Ernest Renan

25. **Moby Dick**
Herman Melville

26. **Os Irmãos Karamazovi**
Dostoiévski

27. **O Morro dos Ventos Uivantes**
Emily Brontë

28. **Vinte Mil Léguas Submarinas**
Júlio Verne

29. **Madame Bovary**
Gustave Flaubert

30. **O Vermelho e o Negro**
Stendhal

31. **Os Trabalhadores do Mar**
Victor Hugo

32. **A Vida dos Doze Césares**
Suetônio

34. **O Idiota**
Dostoiévski

35. **Paulo de Tarso**
Huberto Rohden

36. **O Peregrino**
John Bunyan

37. **As Profecias**
Nostradamus

38. **Novo Testamento**
Huberto Rohden

39. **O Corcunda de Notre Dame**
Victor Hugo

40. **Arte de Furtar**
Anônimo do século XVII

41. **Germinal**
Émile Zola

42. **Folhas de Relva**
Walt Whitman

43. **Ben-Hur — Uma História dos Tempos de Cristo**
Lew Wallace

44. **Os Maias**
Eça de Queirós

45. **O Livro da Mitologia**
Thomas Bulfinch

46. **Os Três Mosqueteiros**
Alexandre Dumas

47. **Poesia de Álvaro de Campos**
Fernando Pessoa

48. **Jesus Nazareno**
Huberto Rohden

49. **Grandes Esperanças**
Charles Dickens

50. **A Educação Sentimental**
Gustave Flaubert

51. **O Conde de Monte Cristo (Volume I)**
Alexandre Dumas

52. **O Conde de Monte Cristo (Volume II)**
Alexandre Dumas

53. **Os Miseráveis (Volume I)**
Victor Hugo

54. **Os Miseráveis (Volume II)**
Victor Hugo

55. **Dom Quixote de La Mancha (Volume I)**
Miguel de Cervantes

56. **Dom Quixote de La Mancha (Volume II)**
Miguel de Cervantes

58. **Contos Escolhidos**
Artur Azevedo

59. **As Aventuras de Robin Hood**
Howard Pyle